Planung koordinierter Wertschöpfungspartnerschaften

Jörg Becker · Torben Bernhold
Ralf Knackstedt · Martin Matzner
(Hrsg.)

Planung koordinierter Wertschöpfungspartnerschaften

Herausgeber
Jörg Becker
Münster, Deutschland

Ralf Knackstedt
Hildesheim, Deutschland

Torben Bernhold
Münster, Deutschland

Martin Matzner
Nürnberg, Deutschland

ISBN 978-3-662-55361-9   ISBN 978-3-662-55362-6   (eBook)
DOI 10.1007/978-3-662-55362-6

Die Deutsche Nationalbibliothek verzeichnet diese Publikation in der Deutschen Nationalbibliografie; detaillierte bibliografische Daten sind im Internet über http://dnb.d-nb.de abrufbar.

Springer Gabler
© Springer-Verlag GmbH Deutschland 2017
Das Werk einschließlich aller seiner Teile ist urheberrechtlich geschützt. Jede Verwertung, die nicht ausdrücklich vom Urheberrechtsgesetz zugelassen ist, bedarf der vorherigen Zustimmung des Verlags. Das gilt insbesondere für Vervielfältigungen, Bearbeitungen, Übersetzungen, Mikroverfilmungen und die Einspeicherung und Verarbeitung in elektronischen Systemen.
Die Wiedergabe von Gebrauchsnamen, Handelsnamen, Warenbezeichnungen usw. in diesem Werk berechtigt auch ohne besondere Kennzeichnung nicht zu der Annahme, dass solche Namen im Sinne der Warenzeichen- und Markenschutz-Gesetzgebung als frei zu betrachten wären und daher von jedermann benutzt werden dürften.
Der Verlag, die Autoren und die Herausgeber gehen davon aus, dass die Angaben und Informationen in diesem Werk zum Zeitpunkt der Veröffentlichung vollständig und korrekt sind. Weder der Verlag noch die Autoren oder die Herausgeber übernehmen, ausdrücklich oder implizit, Gewähr für den Inhalt des Werkes, etwaige Fehler oder Äußerungen. Der Verlag bleibt im Hinblick auf geografische Zuordnungen und Gebietsbezeichnungen in veröffentlichten Karten und Institutionsadressen neutral.

Gedruckt auf säurefreiem und chlorfrei gebleichtem Papier

Springer Gabler ist Teil von Springer Nature
Die eingetragene Gesellschaft ist Springer-Verlag GmbH Deutschland
Die Anschrift der Gesellschaft ist: Heidelberger Platz 3, 14197 Berlin, Germany

Geleitwort

Die heutige ökonomische Realität ist vielfältigen technischen lebensweltlichen Einflüssen unterworfen, die zur Neustrukturierung existierender und zur Etablierung neuer Geschäftsmodelle führen. Aus der Forschung stammende Schlagworte wie Big Data, Digitalisierung, SmartServices und hybride Wertschöpfung haben direkten Einzug in den gesellschaftlichen und privatwirtschaftlichen Sprachgebrauch gehalten. Den Begriffen zugrunde liegende Konzepte und Methoden werden zunehmend von Unternehmen genutzt, um ihre Geschäftsmodelle zu überarbeiten und neue Märkte zu erschließen.

Dies trifft in besonderem Maße auf die hybride Wertschöpfung zu. Wo ehedem Unternehmen sequenziell und vielfach getrennt voneinander Produkte und Services entwickelten, gestalten sich Innovationen heutzutage zunehmend auf der Ebene von Wertschöpfungsnetzwerken. Wo bisher häufig nur die gemeinschaftliche Entwicklung betrachtet wurde, dient heute die produktlebenszyklusphasenübergreifende Integration der Beteiligten dazu, Kunden ganzheitliche Lösungen zur Verfügung zu stellen. Entsprechende Geschäftsmodelle verlangen jedoch nach einer ganzheitlichen Planung der Wertschöpfungsnetzwerke, idealerweise im Vorfeld der Leistungserstellung. So gilt es, die Aufgaben der beteiligten heterogenen Unternehmen zu definieren, Kooperationsprozesse zu modellieren und Schnittstellen netzwerkweit abzustimmen. Durch das prozessuale Erfahren der Wertschöpfungsnetzwerke kann eben dies noch während der Planung erreicht werden. Die ehemals solitären Einzelbeiträge werden nicht erst im eigentlichen Leistungserstellungsprozess konfiguriert. Stattdessen wird die prozessuale Ausgestaltung der Kooperation bereits im Vorfeld gedanklich vorweggenommen.

Diesem Aspekt haben die Forschenden im vom Bundesministerium für Bildung und Forschung geförderten Verbundprojekt *Cooperation Experience* Rechnung getragen und damit einen wichtigen Forschungsbeitrag zur Erfahrbarkeit und Simulation von Wertschöpfungsnetzwerken zur Gestaltung und Ausformung hybrider Leistungsbündel erstellt. Durch die Integration und Weiterentwicklung existierender Ansätze konnte eine neuartige Methode geschaffen werden, die die visuelle Planung des kooperativen Leistungserstellungsprozesses unterstützt. Aufbauend auf dem kooperativen Geschäftsmodell, ermöglicht sie die schrittweise Verfeinerung der das Wertschöpfungsnetzwerk definierenden Prozesse und Informationsobjekte sowie, durch eingebundene Softwareprototypen, die interaktive Simulation der Zusammenarbeit.

Damit steht das Projekt in direktem Kontext zu dem neuen Förderprogramm „Innovationen für die Produktion, Dienstleistung und Arbeit von morgen" des Bundesministeriums für Bildung und Forschung mit dem Ziel, technologisches Know-how zielgerichtet und von Beginn an mit Dienstleistungs-Know-how zu verknüpfen. Gerade diese Produkt-Dienstleistungs-Kombinationen und die prozessuale Visualisierung der Wertschöpfungspartnerschaft ermöglichen es, Innovationen gezielter und strukturierter zu entwickeln und damit auch die Time-to-Market insgesamt zu verkürzen sowie die Leistungsbündel deutlich strukturierter auf die individuelle Problemsituation des Kunden auszurichten. Dabei entwickeln sich sowohl für traditionelle Produzenten wie auch für klassische Dienstleistungsunternehmen durch die geplante symbiotische Zusammenarbeit neue Bereiche und Potenziale der Produkterstellung sowie der Gestaltung gänzlich neuer Geschäftsmodelle im Netzwerk. Das im Projekt gewählte Anwendungsfeld der ganzheitlichen, Lebenszyklusphasen-überspannenden Integralen Planung und Dokumentation von Immobilien darf dabei als neues und vor allem potenzialreiches Anwendungsgebiet verstanden werden, in dem verschiedenartige Unternehmen und Fachdisziplinen aus Planung, Bau und Immobilienbetrieb an einer spezifischen Problemlösung arbeiten.

Das vorliegende Buch kann als Leitfaden zur Umsetzung dieser Wertschöpfungspartnerschaften verstanden werden, welches weit über die Grenzen der Immobiliendomäne hinaus breite Anwendung erfahren dürfte. Anwendungsbereiche von *Cooperation Experience* sind vor allem funktions-, verfügbarkeits- und ergebnisorientierte hybride Betreibermodelle. Die Forschungsergebnisse eröffnen zudem die Perspektive der Entwicklung neuartiger softwaregestützter Kooperationssimulationswerkzeuge und bereiten Standardisierungen vor.

Klaus Zühlke-Robinet

Deutsches Zentrum für Luft- und Raumfahrt e. V. (DLR)
Projektträger | Innovative Arbeitsgestaltung und Dienstleistung

Vorwort

Innovative Produkte und Dienstleistungen werden immer häufiger im Rahmen von Unternehmenskooperationen entwickelt und vermarktet. Wertschöpfungsnetzwerke verknüpfen die Kompetenzen und Ressourcen hochspezialisierter Produktions- und Dienstleistungsunternehmen. Der Vorteil: Jeder Partner kann sich auf seine Stärken konzentrieren und von verschiedenen Spezialisierungsvorteilen profitieren. Die Kooperation führt die Stärken der Einzelnen zusammen und ermöglicht das Angebot neuartiger Produkt-Dienstleistungs-kombinationen.

Am längsten erprobt sind derartige Unternehmenskooperationen in der Industrie. Der Begriff *hybride Wertschöpfung* wurde geprägt, um auf Kooperationen von Produzenten und Dienstleistern zu verweisen. Das Industrieunternehmen verkauft in einem solchen Geschäftsmodell zum Beispiel eine Turbine nicht mehr an seinen Kunden, sondern die Betriebsstunde wird durch den Kunden samt aller erforderlichen Beratungs-, Inbetriebnahme-, Wartungs-, Instandsetzungs- und Schulungsdienste pauschal als Dienstleistung vergütet.

Das Angebot maßgeschneiderter Produkt-Dienstleistungs-Kombinationen im Rahmen der sogenannten *hybriden Wertschöpfung* bringt für Produzenten wirtschaftliche Vorteile. Es erschwert zum Beispiel das Imitieren innovativer Produkte durch den Wettbewerb. Empirische Studien zeigen zudem, dass Dienstleistungsgeschäftsmodelle regelmäßig zu höheren Margen führen. Hybride Wertschöpfung erfordert aber auch eine – für den Kunden in weiten Teilen unsichtbare – Planung, Koordination und Zusammenarbeit der beteiligten Firmen in der Kooperation.

Der Dienstleistungssektor hat – unter anderem wegen hybrider Wertschöpfung – in den vergangenen Jahren eine zunehmend wichtigere Position in den Volkswirtschaften der entwickelten Industrienationen eingenommen. Das produzierende Gewerbe nutzt Dienstleistungsgeschäftsmodelle, um neue Geschäftssegmente zu entwickeln und um sich vom Wettbewerb zu unterscheiden. Beispiele für hybride Wertschöpfung gibt es auch abseits klassischer Produktionsunternehmen, wie zum Beispiel beim integrierten Bau und Betrieb von Gebäuden. Wir verwenden dieses Geschäftsmodell häufig als erläuterndes Beispiel in diesem Buch.

Derzeit ist *Digitalisierung* als Sammelbegriff für umfassende Veränderungsphänomene, die durch Innovationssprünge in der Informations- und Kommunikationstechnik ausgelöst werden, in aller Munde. Digitalisierung befördert die zunehmende Vernetzung wirtschaftlicher Akteure aus verschiedenen Gründen zusätzlich. Zum Beispiel entkoppelt die zunehmende Automatisierung wertschöpfender Tätigkeit das Angebot von der regionalen Verfügbarkeit dienstleistenden Personals. Des Weiteren stellen Produkte digitale Dienstleisterschnittstellen bereit, die zu erhöhter Verfügbarkeit und besserer Auswertbarkeit von Betriebs- und Nutzungsdaten führen. Mit Ansätzen wie *Industrie 4.0* und *cyber-physischen Systemen* ist das Zusammenführen vormals isolierter physischer und informationstechnischer Teilsysteme zu dienstleistungsorientierten Wertschöpfungsnetzen in der Produktion verbunden. Digitalisierung ermöglicht deshalb neuartige digitale und digital modifizierte Geschäftsmodelle für Wertschöpfungsnetzwerke.

In zahlreichen Praxisprojekten beobachteten wir, dass sich Unternehmen bei der Konzeption neuer Wertschöpfungsnetzwerke an der Schnittstelle zwischen der Organisationsgestaltung und der Konzeption geeigneter IT-Unterstützung für die Kooperation immer wieder dieselben Fragen stellen:

- Wann sind welche Informationen wem zur Verfügung zu stellen?
- Welche Aufgaben werden durch welchen Kooperationspartner verantwortet?
- Soll den anderen Partnern über die Durchführung berichtet werden?
- Welche Aufgaben können von den Partnern nur gemeinsam bearbeitet werden?

Organisations- und IT-Gestalter der Partner müssen auf der Suche nach Antworten auf diese Fragen eine Serie von Arbeitsschritten wiederholt durchlaufen, bis eine einvernehmliche Lösung gefunden werden kann:

- Gestaltung eines vorläufigen Lösungskonzepts für die Aufbau- und Ablauforganisation sowie die IT-Unterstützung;
- Verständnis und Interpretation der Konsequenzen für die individuellen Partner und das gesamte Netzwerk durch jeden einzelnen Partner;
- Verhandlung über zu beschreitende Lösungswege, Weiterentwicklung der vorläufigen Lösungskonzepte.

Bislang stand Managern in der Konzeptionsphase einer neuen Unternehmenskooperation jedoch kein Leitfaden im Sinne eines methodischen Vorgehens oder einer spezifischen Software-Unterstützung für dieses Gestaltungsproblem zur Verfügung. Wir beobachteten deshalb in der Praxis einige wiederkehrende Probleme: Eine Folge vorab nicht näher geplanter Workshops wird eingerichtet, um die Sequenz aus Analyse-, Konzeptions-, und Verhandlungsaktivitäten in einem unsystematischen Prozess zu adressieren. Dieser Prozess wird bei jeder Kooperationsanbahnung neu erfunden. Organisations- und IT-Konzept werden als abstrakte „Gedankengebilde" behandelt. Es fällt den Workshop-Mitgliedern schwer, darüber konkret zu sprechen, die Implikationen für das jeweilige und das gemeinsame Wirtschaften zu verstehen und über die weitere Ausgestaltung zu verhandeln. Den Workshops mangelt es zudem häufig an einer systematischen Dokumentation der Verhandlungsergebnisse, der getroffenen Vereinbarungen und des Entwicklungsfortschritts von Organisations- und IT-Konzeptionen.

Vor diesem Hintergrund entwickelte das Forschungsprojekt *Cooperation Experience* (CXP) neuartige Methoden und Werkzeuge, um die Planung und Modellierung von Wertschöpfungsnetzwerken zu unterstützen. Dieses Buch stellt die Lösungsbeiträge unserer Projektarbeit vor:

- Die *CXP-Modellierungsmethode* fußt auf einer Technik, mit der Workshop-Ergebnisse mithilfe von Informationsmodellen effizient, verständlich und intuitiv erfahrbar dokumentiert werden können.
- Die *CXP-Werkzeugunterstützung* umfasst mehrere Software-Prototypen, die Funktionalität für die Dokumentation und Modellierung bzw. zur Erhöhung der Erfahrbarkeit bereitstellen.

- Das *CXP-Referenzmodell* beschleunigt die Modellierung, indem es unser Erfahrungswissen über die Planung von Unternehmenskooperationen für andere Modellierer zugänglich macht.

- Das *Workshop-Konzept des CXP-Ansatzes* führt den Modellierungsansatz, die Software-Unterstützung und die Referenzinhalte zusammen und bettet sie in ein systematisches Vorgehen ein.

Diese Ergebnisse sind das Resultat einer fruchtbaren Zusammenarbeit von Forschern in Unternehmen und an verschiedenen Hochschulen. Wir danken den Mitarbeitern an den folgenden Einrichtungen, die zur Entstehung der Projektergebnisse und dieses Buches beigetragen haben:

- Fachhochschule Münster, Fachbereich Oecotrophologie – Facility Management

- Stiftung Universität Hildesheim, Institut für Betriebswirtschaft und Wirtschaftsinformatik, Abteilung Informationssysteme und Unternehmensmodellierung

- Westfälische Wilhelms-Universität Münster, European Research Center for Information Systems (ERCIS) – Lehrstuhl für Wirtschaftsinformatik und Informationsmanagement

- Bilfinger HSG Facility Management GmbH

- CLAAS KGaA mbH

- Kreis Coesfeld

Wir danken weiterhin den zahlreichen Studentinnen und Studenten an den beteiligten Hochschulen, die unsere Forschung im Rahmen von Seminaren und wissenschaftlichen Abschlussarbeiten als kreative und kritische Begleiter hinterfragt und uns wertvolle Hinweise für die Weiterentwicklung der CXP-Werkzeuge gegeben haben.

Unser besonderer Dank gebührt dem Bundesministerium für Bildung und Forschung, das das Forschungsprojekt *Cooperation Experience* finanzierte.

Den Mitarbeitern des Projektträgers *Arbeitsgestaltung und Dienstleistungen* im Deutschen Zentrum für Luft- und Raumfahrt e. V., insbesondere Klaus Zühlke-Robinet und Katharina Chortani, danken wir für die gewohnt kompetente, engagierte und freundliche Betreuung des Forschungsprojekts.

Hildesheim, Münster und Nürnberg

Jörg Becker
Torben Bernhold
Ralf Knackstedt
Martin Matzner

Inhaltsübersicht

Geleitwort V

Vorwort VII

Cooperation Experience-Ansatz 1

Der Cooperation Experience-Ansatz – Überblick der Methoden und Werkzeuge
Jörg Becker, Torben Bernhold, Sebastian Bräuer, Ralf Knackstedt, Martin Matzner 3

Workshop-Konzept des Cooperation Experience-Ansatzes
Matthias Strotmeier, Nathalie Günther 25

Cooperation Experience-Modellierungsmethode 59

Grundlagen der Informationsmodellierung
Sebastian Bräuer, Ralf Knackstedt, Hendrik Scholta, Martin Matzner 61

Modellierungstechniken für Unternehmenskooperationen im Vergleich
Thorsten Schoormann, Erik Kolek, Ralf Knackstedt 79

Entwicklung und Anwendung der Cooperation Experience-Modellierungsmethode
Sebastian Bräuer, Hendrik Scholta, Matthias Strotmeier, Ralf Knackstedt 109

Cooperation Experience-Prototypen zur Werkzeugunterstützung 159

Modellierung von Prozessen in hybriden Wertschöpfungsnetzwerken mit icebricks
Nico Clever 161

Management von Informationsobjekten in hybriden Wertschöpfungsnetzwerken
Florian Runschke, Jan C. Dagefördе, Hendrik Scholta, Sebastian Bräuer 179

Integriertes Softwarewerkzeug für die Cooperation Experience-Modellierungssprache
Matthias Strotmeier, Patrick Jähne, Max Riffel, Arthur Winter 203

Erfahrbare Wertschöpfungspartnerschaften mithilfe von Enterprise-Wikis
Matthias Strotmeier, Patrick Jähne 235

Erfahrbarkeit von hybriden Wertschöpfungsnetzwerken:
Die Cooperation Experience-App
Sebastian Bräuer, Hendrik Scholta 255

Cooperation Experience-Referenzmodell 281

Referenzmodellierung Integraler Planung
Jana Koers, Torben Bernhold, Nathalie Günther 283

Umsetzung des Referenzmodells am Beispiel der Integralen Planung
Jana Koers, Torben Bernhold, Christian Junker 293

Cooperation Experience-Ansatz in der Anwendung **319**

Kooperationsvisualisierung in Unternehmen – Ausgangslage, Analyseraster und Hypothesen zu Entwicklungspfaden
Erik Kolek 321

Fallstudien zur Anwendung des Cooperation Experience-Ansatzes
Bilfinger HSG Facility Management GmbH, CLAAS KGaA mbH, Kreis Coesfeld
Torben Bernhold 375

Übergreifender Vergleich der Anwendungsfälle
Nathalie Günther, Christian Junker, Frank Riemenschneider 395

Autorenverzeichnis **403**

Inhaltsverzeichnis

Geleitwort V

Vorwort VII

1 Cooperation Experience-Ansatz 1

1.1 Der Cooperation Experience-Ansatz – Überblick der Methoden und Werkzeuge
Jörg Becker, Torben Bernhold, Sebastian Bräuer, Ralf Knackstedt, Martin Matzner ... 3

    1.1.1 Bedeutung von Wertschöpfungspartnerschaften 3

    1.1.2 Ziele und Nutzen des Cooperation Experience-Ansatzes 5

    1.1.3 Komponenten des Cooperation Experience-Ansatzes 10

    1.1.4 Lesehinweise für ausgewählte Zielgruppen 19

1.2 Workshop-Konzept des Cooperation Experience-Ansatzes
Matthias Strotmeier, Nathalie Günther 25

    1.2.1 Überblick 25

    1.2.2 Workshops 29

    1.2.3 Anpassung des Workshop-Konzepts im praktischen Einsatz 47

    1.2.4 Gamification und Serious Gaming als Weiterentwicklungsperspektiven ... 51

    1.2.5 Fazit 55

2 Cooperation Experience-Modellierungsmethode 59

2.1 Grundlagen der Informationsmodellierung
Sebastian Bräuer, Ralf Knackstedt, Hendrik Scholta, Martin Matzner 61

    2.1.1 Modelle und Informationsmodelle 61

    2.1.2 Modellierungssprache, Modellierungstechnik und Modellierungsmethode ... 63

    2.1.3 Metamodelle 67

    2.1.4 Referenzmodelle 69

    2.1.5 Versions- und Variantenmanagement 73

    2.1.6 Zusammenfassung und Ausblick 74

2.2 Modellierungstechniken für Unternehmenskooperationen im Vergleich
Thorsten Schoormann, Erik Kolek, Ralf Knackstedt 79

2.2.1 Motivation 79

2.2.2 Methodisches Vorgehen 80

2.2.3 Analyse einzelner Modellierungstechniken 85

2.2.4 Zusammenfassung des Vergleichs 103

2.2.5 Diskussion und Schlussfolgerung 105

2.3 Entwicklung und Anwendung der Cooperation Experience-Modellierungsmethode
Sebastian Bräuer, Hendrik Scholta, Matthias Strotmeier, Ralf Knackstedt 109

2.3.1 Neue Impulse für die Modellierung von Wertschöpfungsnetzwerken 109

2.3.2 Anwendungsfallgetriebene Einführung der CXP-Modellierungsmethode 112

2.3.3 Fachliche Fundierung, sprachbasierte Metamodelle und visuelle Repräsentationen der CXP-Modellierungsmethode 127

2.3.4 Ebenenübergreifendes prozessbasiertes Metamodell (Vorgehensmodell) 151

2.3.5 Zusammenfassung und Ausblick 154

3 Cooperation Experience-Prototypen zur Werkzeugunterstützung 159

3.1 Modellierung von Prozessen in hybriden Wertschöpfungsnetzwerken mit icebricks
Nico Clever 161

3.1.1 Einleitung 161

3.1.2 Die icebricks-Prozessmodellierungsumgebung 163

3.1.3 Das icebricks-Prozessmodellierungswerkzeug 169

3.1.4 Zusammenfassung und Ausblick 175

3.2 Management von Informationsobjekten in hybriden Wertschöpfungsnetzwerken
Florian Runschke, Jan C. Dageförde, Hendrik Scholta, Sebastian Bräuer 179

3.2.1 Toolunterstützung für die Informationsobjektmodellierung 179

3.2.2 Vorgehen bei der Entwicklung des CXP-Informationsobjektmodellierungstools 181

3.2.3 Das CXP-Informationsobjektmodellierungstool in der Anwendung 191

3.2.4 Schlussfolgerungen und Ausblick 200

3.3 Integriertes Softwarewerkzeug für die Cooperation Experience-Modellierungssprache
Matthias Strotmeier, Patrick Jähne, Max Riffel, Arthur Winter 203

3.3.1 Motivation 203

3.3.2 Anwendungsfallgetriebene Werkzeugeinführung 204

3.3.3 Grundlegende Entscheidungen bei der Implementierung des Cooperation Managers 213

3.3.4 Beschreibung und Implementierung der Ebenen 215

3.3.5 Fazit 231

3.4 Erfahrbare Wertschöpfungspartnerschaften mithilfe von Enterprise-Wikis
Matthias Strotmeier, Patrick Jähne 235

3.4.1 Motivation 235

3.4.2 Anwendungsfallgetriebene Werkzeugeinführung 236

3.4.3 Grundlegende Entscheidungen bei der Implementierung der Erfahrbarkeitsumgebung 245

3.4.4 Implementierung der Erfahrbarkeitsumgebung 248

3.4.5 Fazit 253

3.5 Erfahrbarkeit von hybriden Wertschöpfungsnetzwerken: Die Cooperation Experience-App
Sebastian Bräuer, Hendrik Scholta 255

3.5.1 Mit der Cooperation Experience-App zu einem besseren Verständnis von hybriden Wertschöpfungsnetzwerken 255

3.5.2 Der Begriff „Erfahrbarkeit" und das Vorgehen bei der Entwicklung der Prototypen 258

3.5.3 Anforderungen an die Cooperation Experience-App und an die unterstützende Infrastruktur 262

3.5.4 Die Cooperation Experience-App 266

3.5.5 Zusammenfassung und Ausblick 275

3.5.6 Danksagung 277

4 Cooperation Experience-Referenzmodell 281

4.1 Referenzmodellierung Integraler Planung
Jana Koers, Torben Bernhold, Nathalie Günther 283

4.1.1 Integrale Planung verbindet Bau und Betrieb von Gebäuden – Der Lebenszyklusgedanke und kontextbezogene Herausforderungen 283

4.1.2 Integrale Dokumentation und Informationslogistik – Herausforderung Übergang Bau zu Betrieb 287

4.1.3 Zusammenfassung und Ausblick 289

4.2 Umsetzung des Referenzmodells am Beispiel der Integralen Planung
Jana Koers, Torben Bernhold, Christian Junker 293

4.2.1 Anforderungen an ein Immobilien-Referenzmodell aus Fallbeispielen der Immobilienwirtschaft 293

4.2.2 Beschreibung des Referenzmodells 295

4.2.3 Weiterer Forschungsbedarf und Ausblick – Datenmodell für den Informationsaustausch in der Kooperation als nächster Schritt 316

5 Cooperation Experience-Ansatz in der Anwendung 319

5.1 Kooperationsvisualisierung in Unternehmen – Ausgangslage, Analyseraster und Hypothesen zu Entwicklungspfaden
Erik Kolek 321

5.1.1 Kooperationsvisualisierung in Unternehmen 321

5.1.2 Überblick über den Forschungsprozess 324

5.1.3 Studie zur Beschreibung der Ausgangslage der Kooperationsvisualisierung in Unternehmen 328

5.1.4 Expertenbefragung zur Gestaltung eines Analyserasters zur Kooperationsvisualisierung in Unternehmen 341

5.1.5 Delphi-Studie zur Hypothesenbildung zu Entwicklungspfaden der Kooperationsvisualisierung in Unternehmen 355

5.1.6 Diskussion der Forschungsergebnisse 367

5.2 Fallstudien zur Anwendung des Cooperation Experience-Ansatzes
Bilfinger HSG Facility Management GmbH, CLAAS KGaA mbH, Kreis Coesfeld
Torben Bernhold 375

  5.2.1 Fallbeispiel Bilfinger HSG Facility Management GmbH 376

  5.2.2 Fallbeispiel CLAAS E-Systems 381

  5.2.3 Fallbeispiel Kreis Coesfeld 391

5.3 Übergreifender Vergleich der Anwendungsfälle
Nathalie Günther, Christian Junker, Frank Riemenschneider 395

  5.3.1 Gemeinsame Ziele 395

  5.3.2 Referenzbausteine für andere Anwendungen 396

  5.3.3 CXP-Entwicklungsperspektiven 398

  5.3.4 Fazit 401

Autorenverzeichnis **403**

1 Cooperation Experience-Ansatz

1.1 Der Cooperation Experience-Ansatz – Überblick der Methoden und Werkzeuge

Jörg Becker, Torben Bernhold, Sebastian Bräuer, Ralf Knackstedt, Martin Matzner

Zur Entwicklung und Erbringung innovativer Leistungen schließen sich Unternehmen zunehmend zu hybriden Wertschöpfungsnetzwerken zusammen. Die erfolgreiche Umsetzung dieser Kooperationen von Sach- und Dienstleistern erfordert eine detaillierte Planung der zugrunde liegenden Organisation. Dies schließt insbesondere die gemeinsame und integrierte Spezifikation von Aufgaben, Rollen, auszutauschenden Informationen und Schnittstellen zwischen den Kooperationspartnern ein. Bestehende Methoden unterstützen diese ganzheitliche Planung sowie die Erfahrbarkeit der Kooperation bisher nur unzureichend. Während die hybride Wertschöpfung im Maschinen- und Anlagenbau bereits Verbreitung gefunden hat, sind ihre Potenziale beim Bau und Betrieb von Gebäuden bisher kaum ausgeschöpft. Der Cooperation Experience (CXP)-Ansatz trägt dazu bei, diese Lücken zu schließen. Dieses Kapitel gewährt einen Überblick der Methoden und Werkzeuge des CXP-Ansatzes zur integrierten Planung von hybriden Wertschöpfungsnetzwerken. Lesehinweise für ausgewählte Zielgruppen unterstützen zudem den Umgang mit den Inhalten der nachfolgenden Kapitel.

1.1.1 Bedeutung von Wertschöpfungspartnerschaften

Wertschöpfungsnetzwerke bezeichnen langfristige Partnerschaften von Unternehmen, die den Teilnehmern im Verbund eine bessere Wettbewerbsposition verschaffen. Hybride Wertschöpfungsnetzwerke zeichnen sich dadurch aus, dass sachleistungsproduzierende und dienstleistende Unternehmen ihre komplementären Kompetenzen und Ressourcen zur Erzeugung kundenspezifischer Lösungen einbringen. Diese Lösungen werden *hybride Leistungsbündel* genannt. Empirische Studien belegen, dass Unternehmen durch das Angebot solcher Lösungen – neben weiteren Vorteilen – die Zufriedenheit ihrer Kunden steigern und sich besser von Wettbewerbern differenzieren können (Sturm, Bading, Schubert 2007).

Die Potenziale der hybriden Wertschöpfung wurden in den vergangenen Jahren insbesondere im Maschinen- und Anlagenbau erkannt. Für Maschinen und technische Anlagen wurde eine Vielzahl an Dienstleistungen identifiziert, die sich entlang des gesamten Lebenszyklus der Sachleistung zu neuartigen, kundenindividuellen Problemlösungen kombinieren lassen. Beispielsweise ergänzen in der Vornutzungsphase Finanzierung, Engineering und Beratung, in der Nutzungsphase Instandhaltung, Wartung und Betrieb sowie in der Nachnutzungsphase Entsorgung, Remarketing und Recycling die Sachleistungen des Maschinenbaus um Dienstleistungsanteile (Spath, Demuß 2006; Sturm, Bading, Schubert 2007; Aurich et al. 2007; Leimeister, Glauner 2008).

Die im Rahmen der hybriden Wertschöpfung durchzuführenden Tätigkeiten umfassen dabei sowohl den Front-Office-Bereich als auch den Back-Office-Bereich. Während im Front-Office-Bereich die Spezifikation des Sach- und Dienstleistungsbündels, das der Kunde für seine Problemlösung zu nutzen plant, im Vordergrund steht, ist im Back-Office-Bereich die Zusammenarbeit und Koordination der Wertschöpfungspartner zu betrachten. Das Back Office betreffen z. B. die Fragen, wie eine koordinierte, gemeinsame Kundenakquise durchzuführen ist, die Absatzprognose durch gemeinsame Datennutzung verbessert werden kann, die Produktentwicklung partnerübergreifend gestaltet wird sowie bei der Erbringung der Leistungen die einzelnen Wertschöpfungsbeiträge optimal aufeinander abgestimmt werden können (Durugbo et al. 2011; Becker, Kugeler, Rosemann 2012).

Ein Resultat dieser Entwicklungen sind zunehmend vernetzte Unternehmen, in denen frühzeitig, d. h. bereits während der Planung, geklärt sein sollte, welche Akteure wem welche Informationen zu welchem Zweck und Zeitpunkt zur Verfügung stellen müssen. In vielen Fällen werden diese Fragen während der Durchführung der Kooperationsaktivitäten geklärt, sodass erst im Laufe der Zusammenarbeit Optimierungspotenziale erkannt und Nachverhandlungen notwendig werden, die unter Umständen zur Verstimmung unter den Partnern beitragen (Gierl 2001). Häufig sind die Rollen der einzelnen Beteiligten auch nicht hinreichend untereinander abgestimmt, sodass trotz bester Absichten Informationen aus Unkenntnis ihrer Verfügbarkeit bzw. bestehender Bedarfe den Partnern nicht zur Verfügung gestellt werden. Der Bau und Betrieb von Gebäuden ist ein hybrides Leistungsbündel, in das die Dienstleistung des Facility Managements integriert werden sollte. Für diese lässt sich in der Praxis aber eine große Unkenntnis und Unsicherheit hinsichtlich sinnvoller Formen der Integration in Wertschöpfungspartnerschaften feststellen (Becker, Beverungen, Knackstedt 2008). So ist unklar, welche Informationen das Facility Management den anderen am Bau und Betrieb von Gebäuden beteiligten Akteuren wie z. B. Architekten, Bauunternehmen, Handwerkern, Verwaltungen, Bauherren wann und in welcher Bündelung sinnvoll zur Verfügung stellen sollte und welche Informationen das Facility Management selbst von den Partnern benötigt, um eine optimale Integration der Leistungsbeiträge aller Akteure zu erreichen. Während z. B. Bauleistungen, Kosten und Fertigstellung oft detailliert in Verträgen geregelt sind, mangelt es häufig an verständlichen Übersichten über die Zusammenarbeit, die klären, welche Informationen geteilt werden und wer welche Koordinationsbeträge leistet. Der Cooperation Experience (CXP)-Ansatz verfolgt die im Folgenden beschriebenen drei hauptsächlichen Ziele und trägt so dazu bei, diese Lücken gezielt zu füllen.

1.1.2 Ziele und Nutzen des Cooperation Experience-Ansatzes

1.1.2.1 Ziele

Unterstützung der Kooperationsplanung durch Modellierung

Ein wesentliches Hindernis bei der Realisierung der Vorteile der hybriden Wertschöpfung besteht darin, dass die Komplexität der Integration der heterogenen beteiligten Akteure bisher nur unzureichend beherrscht wird (Burianek et al. 2007). So bestehen beispielsweise regelmäßig keine Einigkeit und Transparenz darüber, welche Informationen von den einzelnen Akteuren im Laufe des Produktlebenszyklus dem Wertschöpfungsnetzwerk zur Verfügung gestellt werden müssen. Dies gilt im Maschinen- und Anlagenbau genauso wie beim Bau und Betrieb von Gebäuden.

Ein wesentlicher Ansatz, die Komplexität zu beherrschen, stellt die Visualisierung der geplanten oder aktuellen Zusammenarbeit in grafischen Diagrammen dar (Rosemann 1995). Durch die Darstellungen werden Objekte geschaffen, auf die sich die Kooperationspartner aus unterschiedlichen Disziplinen in ihrer Kommunikation gemeinsam beziehen können und mit denen Transparenz über gemeinsame und differierende Vorstellungen über wesentliche Bestandteile der Kooperation hergestellt werden kann. Ziel des Cooperation Experience-Ansatzes ist es daher, die Kooperationsplanung durch eine geeignete Modellierungsmethode zu unterstützen.

Der Betrachtungsschwerpunkt liegt dabei insbesondere auf der bedarfsgerechten Koordination der Wertschöpfungsnetzwerke im Back-Office-Bereich. Während im Front-Office-Bereich die Spezifikation des Sach- und Dienstleistungsbündels, das der Kunde für seine Problemlösung zu nutzen plant, im Vordergrund steht, ist im Back-Office-Bereich die Zusammenarbeit und Koordination der Wertschöpfungspartner zu betrachten, ohne welche die effiziente Realisierung hybrider Leistungsbündel nicht möglich ist.

Förderung von Modellverständlichkeit und -erfahrbarkeit

Über die Visualisierung der Kooperation hinaus wird mit dem CXP-Ansatz zudem das Ziel verfolgt, die Modellverständlichkeit und Erfahrbarkeit der Kooperationsplanung besonders zu fördern. Sowohl im Maschinen- und Anlagenbau als auch im Bau und Betrieb von Gebäuden fehlt es an Werkzeugen, welche die Abstimmung zwischen den Wertschöpfungspartnern bereits in frühen Phasen der Planung erlebbar machen und damit die kritisch-konstruktive und realistische Bewertung durch die beteiligten Akteure erleichtern.

Mit dem Cooperation Experience-Ansatz wurde daher eine innovative Konzeptionsmethode entwickelt, welche sich sowohl durch eine visuell unterstützte Kooperationsplanung als auch durch deren möglichst unmittelbare Erfahrbarkeit im Rahmen softwaregestützter Testumgebungen auszeichnet. Durch die Softwareunterstützung werden realistischere Tests der Modellinhalte möglich, als dies alleine mit den formalen Spezifikationen der Fall wäre.

Dabei steht der Informationsaustausch zwischen Partnern eines Wertschöpfungsnetzwerkes im Fokus.

Die Erfahrbarkeitsansätze vermitteln den in die Wertschöpfungsnetzwerke integrierten Akteuren einen realistischeren Eindruck ihrer Aufgaben und Pflichten, sodass sie besser nachvollziehen können, wie ihre Einbindung in die gemeinsamen Wertschöpfungsprozesse vorgesehen ist. Es lässt sich somit leichter nachvollziehen, welche Informationen die Akteure in welchen Situationen zur Verfügung stellen sollen bzw. über welche Informationen sie wann verfügen. Die Umgebungen werden dabei teilautomatisch auf Basis von um zusätzliche Informationen angereicherten und ganzheitlichen Modellen der Wertschöpfungsnetzwerke generiert. Änderungen sind somit schnell nachvollziehbar und überprüfbar. Die am Wertschöpfungsnetzwerk Beteiligten können so frühzeitig einschätzen, ob sie ihre Zusammenarbeit entsprechend der Spezifikation gestalten oder ob sie diese anpassen wollen.

Aufwandsreduktion durch Bereitstellung eines Referenzmodells

Der Cooperation Experience-Ansatz setzt voraus, dass die Kooperation modelliert wird. Die Bereitstellung von Referenzmodellen, die als Ausgangsbasis für die Modellierung dienen können, stellt einen vielversprechenden Ansatz dar, um den Aufwand der Modellierung gering zu halten. Referenzlösungen für die umfassende Integration der Akteure liegen derzeit in vielen Bereichen hybrider Wertschöpfung noch nicht vor. Um die Effizienz der Visualisierung von Kernbereichen der Interaktion zwischen den Akteuren zu erhöhen, wurde für den Cooperation Experience-Ansatz ein innovatives Referenzmodell für den lebenszykluskostenoptimierten Bau und Betrieb von Gebäuden konstruiert. Das Referenzmodell dient den Partnern sich neu bildender Wertschöpfungsnetzwerke als Ausgangspunkt ihrer Überlegungen zur gemeinsamen Vorgehensweise und leistet damit einen wesentlichen Beitrag dazu, dass derartige Abstimmungen im Vorfeld von Projekten nicht aus Zeitmangel oder wegen des zu hohen Aufwands unterlassen werden.

Die Erfahrungen in der Praxis zeigen, dass eine große Unsicherheit darüber besteht, welche Informationen von welchen Akteuren zu welchem Zeitpunkt bereitgestellt werden sollen bzw. können, um eine optimale Wertschöpfung zu realisieren. Weil sich die Wertschöpfungspartner nicht bereits zu Beginn ihrer Kooperation detaillierte Klarheit über ihre Zusammenarbeit verschaffen, kommt es häufig zu Reibungsverlusten und die Projektziele werden verfehlt. Das Referenzmodell umfasst eine konfigurierbare Spezifikation der Zusammenarbeit, welche die jeweils Beteiligten an ihre eigenen Bedürfnisse möglichst leicht anpassen können. Die Reflexion der *Best* bzw. *Common Practices* durch die Wertschöpfungspartner zeigt Potenziale auf, die ohne diese Vorgaben nur in sehr viel aufwändigeren projektspezifischen Analysen hätten erkannt werden können.

1.1.2.2 Nutzen

Der Cooperation Experience (CXP)-Ansatz ist als methodischer und inhaltlicher Beitrag zur anwendungsorientierten Grundlagenforschung im Service Engineering einzuordnen (Bullinger, Scheer 2006).[1]

Mit dem CXP-Ansatz wird ein neues methodisches Vorgehen für das modellbasierte Entwickeln von Kooperationen vorgeschlagen (*Cooperation Engineering*). Die Modellierungsmethode verbindet dazu Konzepte, die bisher in unverbundenen Modellierungstechniken umgesetzt waren, zu einem neuen ganzheitlichen Modellsystem, das in mehrere Ebenen unterschiedlicher Gliederungstiefe unterteilt ist. Die computerbasierte Unterstützung des methodischen Vorgehens wurde durch die Entwicklung verschiedener sich ergänzender Softwareprototypen untersucht (*Computer Aided Cooperation Engineering*). Mit den CXP-Prototypen liegen für sämtliche Teile des Modellierungsansatzes IT-Artefakte vor, mit denen die Vor- und Nachteile unterschiedlicher Ansätze zur softwaretechnischen Umsetzung anschaulich studiert werden können. Neben der Konzeptintegration zeichnet sich der CXP-Ansatz zudem dadurch aus, dass das Computer Aided Cooperation Engineering neuartig mit Konzepten zur Erhöhung der Erfahrbarkeit der Konzeptionsergebnisse verbunden wird. Die im Projekt entwickelten Ansätze zur Erhöhung der Modellverständlichkeit wurden ebenfalls durch Softwareprototypen anschaulich gemacht (Experience-Ansätze). Die Erfahrbarkeitsumgebungen ermöglichen es den Kooperationsbeteiligten, Teile der Kooperation interaktiv nachzuvollziehen.

Inhaltlich trägt der CXP-Ansatz zur anwendungsorientierten Grundlagenforschung durch die Identifikation von branchentypischen Kooperationsstrukturen bei. Mithilfe der methodischen CXP-Werkzeuge wurden Kooperationen vor allem in der Baubranche untersucht und damit inhaltliche Bausteine für ein Referenzmodell zur Einbindung des Facility Managements in hybride Wertschöpfungspartnerschaften des Baus und Betriebs von Gebäuden entwickelt. Diese Referenzmodellbestandteile schließen eine wesentliche Lücke in der Analyse der hybriden Wertschöpfung, die sich bisher im Vergleich zur Baubranche wesentlich detaillierter mit hybriden Leistungsbündeln des Maschinenbaus auseinandergesetzt hat.

Mit diesen beiden wesentlichen Ergebnissen zur anwendungsorientierten Grundlagenforschung wird es möglich, unter anderem den folgenden Herausforderungen des Service Engineerings zu begegnen:

---

[1] Das Kapitel 1.1.2.2 Nutzen wurde aus dem offiziellen Schlussbericht zum BMBF-Verbundprojekt Cooperation Experience zitiert. Der gesamte Schlussbericht kann auf der Webseite des Verbundprojektes unter www.cooperation-experience.de heruntergeladen werden.

- *Erfahrbarkeit der Kooperation durch interaktives Testen*
  Nicht bei allen an der Konzeption einer Kooperation Beteiligten kann vorausgesetzt werden, dass sie mithilfe formaler Diagrammdarstellungen zutreffende kognitive Modelle über den geplanten bzw. tatsächlichen Ablauf einer Kooperation herstellen. Mit den Konzepten und Prototypen von CXP liegen nun Ansätze vor, mit denen das interaktive Testen und Animieren der grafischen Darstellungen ermöglicht werden. Damit wird der Schaffung eines breiteren und vertieften Verständnisses unter den Kooperationsbeteiligten Vorschub geleistet.

- *Synchronisierung von Visualisierung und Testumgebung*
  Die CXP-Prototypen sehen vor, dass die Simulationen automatisiert aus dem Modellsystem generiert werden können. Neben der Förderung der Akzeptanz derartiger Ansätze durch Reduktion des Aufwandes bzw. durch Vermeidung zusätzlichen Aufwands stellt diese Konzeption sicher, dass das Modellsystem und die Test-/Simulationsumgebung leicht konsistent zueinander gehalten werden können.

- *Steigerung der Planungsqualität durch bessere Nachvollziehbarkeit*
  Durch die erhöhte Erfahrbarkeit und Verständlichkeit der Kooperationsmodelle wird die Voraussetzung geschaffen, dass wesentliche Aspekte der Kooperation frühzeitig nachvollzogen und hinterfragt werden können. Der Visualisierungsansatz erleichtert es, Modellierungslaien in die Konzeption der Kooperation einzubeziehen und deren Ideen bzw. Bedenken gezielt zu berücksichtigen. Es ist davon auszugehen, dass diese Erhöhung der Partizipation zur Steigerung der Planungsqualität beiträgt.

- *Verringerung von Planungszeiten durch Rückgriff auf Referenzmodelle*
  Modellbasierte Konzeption ist ein zeit- und ressourcenaufwändiger Prozess. Dieser Umstand kann die Akzeptanz und Verbreitung des Ansatzes durchaus negativ beeinflussen. Daher ist es wichtig, auch die inhaltliche Dimension der Modellierung zu nutzen, um den Planungsaufwand gering zu halten. Mit der Entwicklung von Referenzmodellen wird ein in der Informationssystemmodellierung etablierter Ansatz aufgegriffen, der eine Reduktion der Modellierungsaufwände verspricht, indem Ausgangslösungen zur Verfügung gestellt werden, die sich mit weniger Aufwand anpassen lassen, als es eine gänzlich neue Entwicklung erfordern würde.

- *Bereitstellung von Mustern der Zusammenarbeit insbes. für den Bau und Betrieb von Gebäuden*
  Die Entwicklung von Referenzmodellen für die hybride Wertschöpfung kann aufgrund der Vielfalt ihrer Erscheinungsformen kaum branchenunabhängig erfolgen. Das CXP-Projekt hat für die Bereitstellung von Referenzmodellbausteinen daher bewusst einen Fokus auf die Konzeption von Wertschöpfungspartnerschaften gesetzt.

Die adressierten Herausforderungen legen die Basis, damit Unternehmen mit den neuartigen CXP-Verfahren und -Werkzeugen die Integration im Rahmen ihrer Wertschöpfungspartnerschaft bedarfsgerecht planen können. Die CXP-Modellierungsmethode ermöglicht es, die Interaktion zwischen den Wertschöpfungspartnern sowohl aus dynamischer (Prozessablauf) als auch statischer Sicht (Informationsobjektstrukturen) zu planen. Mit dem CXP-Ansatz werden die Akteure angeleitet, sich darüber abzustimmen, welche Akteure der Wertschöpfungspartnerschaft welche Aktivitäten übernehmen sollen und für welche koordinativen Beiträge welcher Wertschöpfungspartner zuständig ist. Darüber hinaus wird sichergestellt, dass die Akteure sich zu Beginn der Planung darüber verständigen, welche Dokumente und Daten sie innerhalb der Kooperation untereinander austauschen möchten bzw. welche Informationen ggf. aus Geheimhaltungsgründen vielleicht auch bewusst nicht ausgetauscht werden sollen. Durch die frühzeitige und mit den erfahrbarkeitserhöhenden Ansätzen in ihrer Klarheit verbesserte Festlegung wird die Transparenz und Einigkeit über die Kooperationsdurchführung erhöht. Spätere Fehler und Streitigkeiten aufgrund von Unklarheiten werden durch die frühzeitige, vertiefte Diskussion der kooperativen Zusammenarbeit vermieden. Durch die frühe Klärung der Rahmenbedingungen und den Rückgriff auf wiederverwendbare Muster wird die Effizienz der bedarfsgerechten Planung der Integration erhöht.

Die aus dem Verbundprojekt resultierenden Ergebnisse werden die Planungsqualität erhöhen sowie zu verkürzten Planungszeiten und somit zu einer verringerten Time-to-Market im Maschinenbau sowie bei dem lebenszyklusphasenübergreifenden Bau und Betrieb von Gebäuden führen. Planer verfügen über einen höheren Detaillierungsgrad, eine bessere Reflexion durch höhere Verständlichkeit sowie eine größere Konsistenz der Planungsergebnisse. Diese Nutzeffekte fördern insgesamt die Bildung hybrider Wertschöpfungsnetzwerke und die Verwirklichung der mit der hybriden Wertschöpfung verbundenen Vorteile. Zu den wichtigsten Vorzügen der hybriden Wertschöpfung zählen die Ermöglichung einer Differenzierung gegenüber Wettbewerbern und eine gleichzeitige Erhöhung der Kundenbindung und -zufriedenheit (Becker, Krcmar 2008; Baines et al. 2009). Damit wird letztlich durch die CXP-Projektergebnisse ein Beitrag zur Steigerung der Wettbewerbsfähigkeit der diese neuen Ansätze nutzenden Unternehmen geleistet. Abb. 1.1 fasst die nutzenbasierten Projektzusammenhänge zusammen.

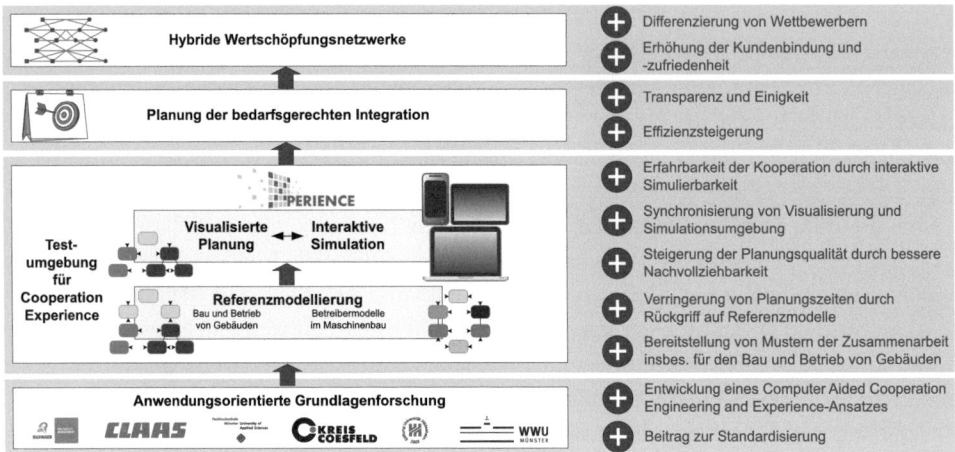

Abb. 1.1 Angestrebter Nutzen des CXP-Ansatzes

1.1.3 Komponenten des Cooperation Experience-Ansatzes

1.1.3.1 Aufbau des Buches

Der Cooperation Experience (CXP)-Ansatz unterstützt die Konzeption von Wertschöpfungspartnerschaften und fördert durch Erfahrbarkeitskonzepte die Verständlichkeit der Spezifikationen. Durch die Bereitstellung eines Referenzmodells wird gezielt dazu beigetragen, den Aufwand der Modellierung zu reduzieren. Im Folgenden werden der Aufbau des Buches und damit die wesentlichen Bestandteile des CXP-Ansatzes erläutert (vgl. Abb. 1.2).

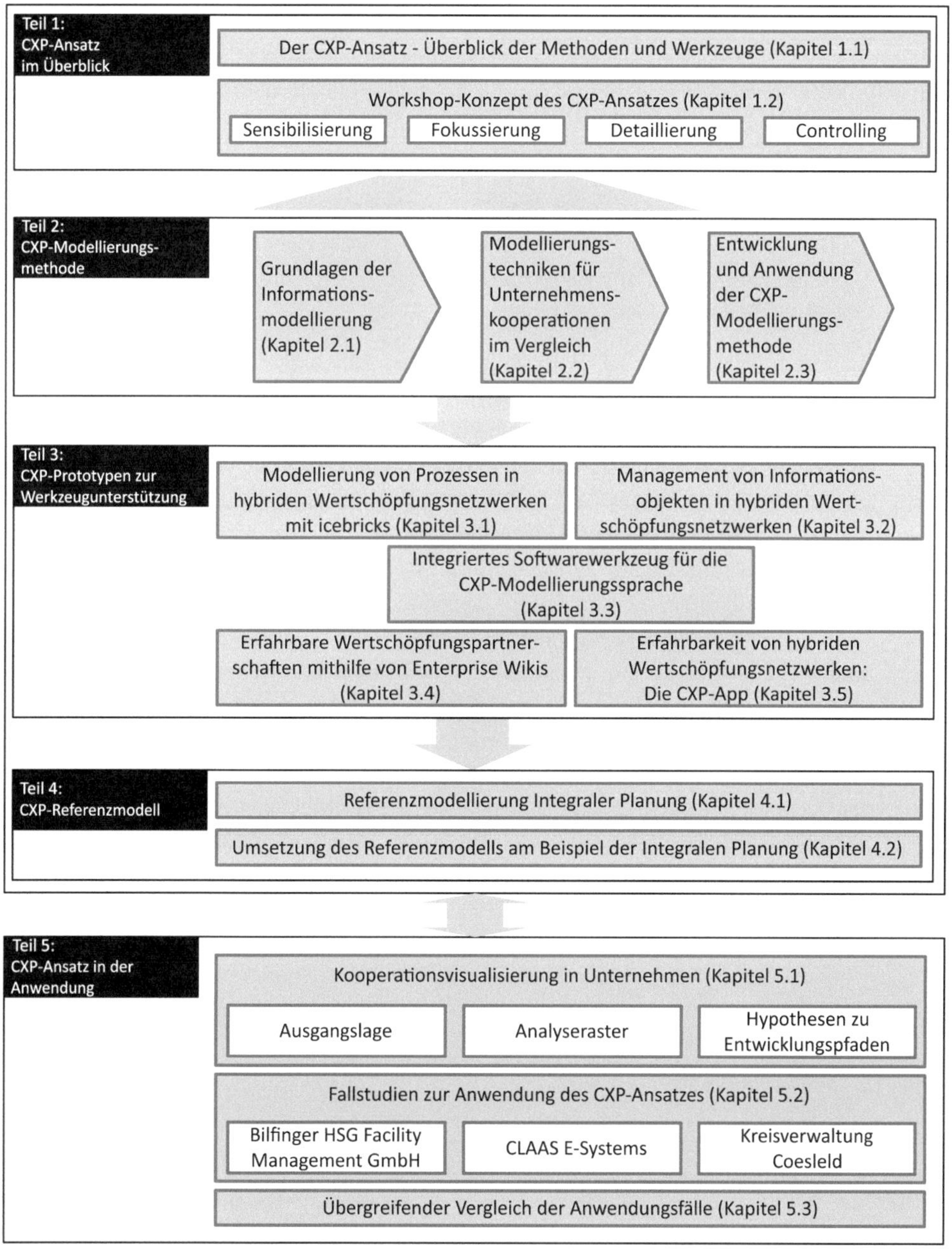

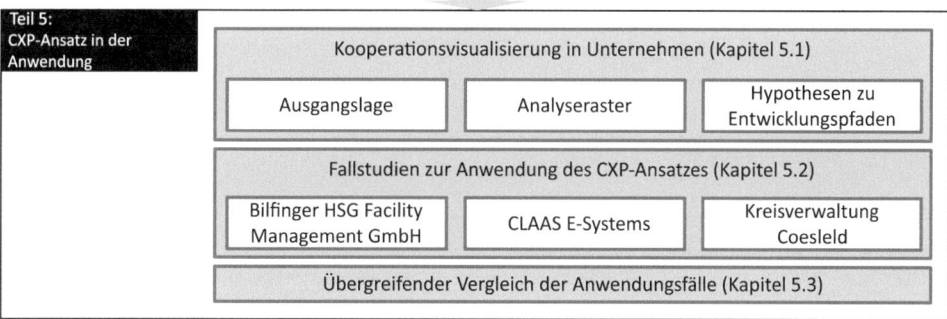

Abb. 1.2 Visualisierung der Gliederung des Buches

1.1.3.2 CXP-Ansatz im Überblick

Mit dem Teil 1 des Buches wird das Ziel verfolgt, dem Leser eine erste Orientierung über den CXP-Ansatz zu liefern und den Einsatz der CXP-Methoden und -werkzeuge in der Praxis im Überblick zu beschreiben.

- Zunächst wird die Entwicklung des CXP-Ansatzes motiviert und die Gliederung dieses Buches beschrieben (vorliegendes Kapitel 1.1). Darüber hinaus werden Lesehinweise für unterschiedliche Zielgruppen des Buches formuliert, die eine fokussierte Erschließung der Inhalte ermöglichen.

- Daraufhin wird das CXP-Workshop-Konzept zur Planung von Wertschöpfungspartnerschaften vorgestellt (vgl. Kapitel 1.2). Das Workshop-Konzept wurde über ein Phasenmodell realisiert. Dieses berücksichtigt, dass es zunächst wichtig ist, die Bedeutung einer genauen Planung der Zusammenarbeit zu verdeutlichen und die Zielsetzung des Einsatzes des CXP-Ansatzes festzuhalten (Sensibilisierung). In den folgenden Phasen werden das Geschäftsmodell und der Anwendungsbereich des CXP-Ansatzes abgegrenzt (Fokussierung). Der Hauptteil der Arbeit entfällt auf die genaue Spezifikation der Wertschöpfungspartnerschaft (Detaillierung). Nach der Umsetzung der Spezifikation – die selbst nicht Gegenstand der Workshop-Serie ist – wird untersucht, inwieweit die geplanten Vorgaben tatsächlich eingehalten werden oder ob Anpassungs- und Verbesserungsbedarfe bestehen (Controlling). Entlang der Projektphasen Sensibilisierung, Fokussierung, Detaillierung und Controlling werden im Workshop-Konzept verschiedene Arten von Arbeitssitzungen differenziert. Die Arbeitssitzungen werden anhand der mit ihnen zu verfolgenden Ziele, der einzusetzenden Methoden und Werkzeuge sowie der zu erzielenden Ergebnisse beschrieben und voneinander abgegrenzt (vgl. Abb. 1.3).

Abb. 1.3 Aufbau des Workshop-Konzepts

1.1.3.3 CXP-Modellierungssprache

Die CXP-Modellierungsmethode wird in Teil 2 des Buches hergeleitet. Mit der CXP-Modellierungsmethode wird das Ziel verfolgt, den an einer Wertschöpfungspartnerschaft Beteiligten Sprachkonzepte zur Verfügung zu stellen, mit denen die spätere bzw. aktuelle Zusammenarbeit detailliert beschrieben werden kann (vgl. Kapitel 2.1.1 zum Ziel *Unterstützung der Kooperationsplanung durch Modellierung*).

- Zunächst werden Grundlagen der Informationsmodellierung dargestellt, auf die im weiteren Verlauf der Darstellung im Buch zurückgegriffen wird (vgl. Kapitel 2.1). Die

Autoren des Gesamtbandes haben allerdings angestrebt, dass die einzelnen Kapitel auch ohne ausführliche Auseinandersetzung mit diesen Grundlagen verständlich sind. Für an den methodischen Grundlagen Interessierte wird daher an dieser Stelle kompakt auf weiterführende Forschungs- und Diskussionsbereiche verwiesen.

- Es existieren bereits Modellierungstechniken, die für die Abbildung ausgewählter Aspekte von Kooperationen verwendet werden können. Mittels eines szenario- und kriterienbasierten Vergleichs werden ausgewählte Modellierungstechniken gegenübergestellt (vgl. Kapitel 2.2). Der Vergleich stellt Konzepte vor, die bei der Entwicklung der CXP-Modellierungsmethode aufgegriffen und zusammengeführt wurden.

- Die CXP-Modellierungsmethode ermöglicht die ausführliche Spezifikation der geplanten bzw. aktuellen Zusammenarbeit (vgl. Kapitel 2.3). Sie gliedert sich in drei Ebenen mit von oben nach unten zunehmendem Detaillierungsgrad (vgl. Abb. 1.4). Die Ebene des Ordnungsrahmens ermöglicht es, die wesentlichen Aktivitäten der Wertschöpfungspartnerschaft festzulegen und in einen anschaulichen Zusammenhang zu stellen. Darüber hinaus werden die wichtigsten Wertschöpfungspartner identifiziert und den Aktivitäten zugeordnet. Auf der Ebene der Kooperationsszenarien werden die Informationsflüsse zwischen den Kooperationspartnern ausführlich beschrieben. Damit wird sichergestellt, dass geklärt ist, welcher Akteur welche Informationsobjekte wann und zu welchem Zweck den übrigen Akteuren zur Verfügung stellt. Die dritte Ebene dient dazu, die Ablauf- und Informationsobjektspezifikationen um weitere Details anzureichern. In den Prozessdetailmodellen wird der sachlogische Ablauf mittels logischer Konnektoren detailliert beschrieben. Mit Informationsobjektmodellen lässt sich festhalten, in welchen Dokumenten sich Informationsobjekte in welcher Form wiederfinden und wie Formulare, Dokumente und Dokumentsammlungen untereinander in Beziehung stehen.

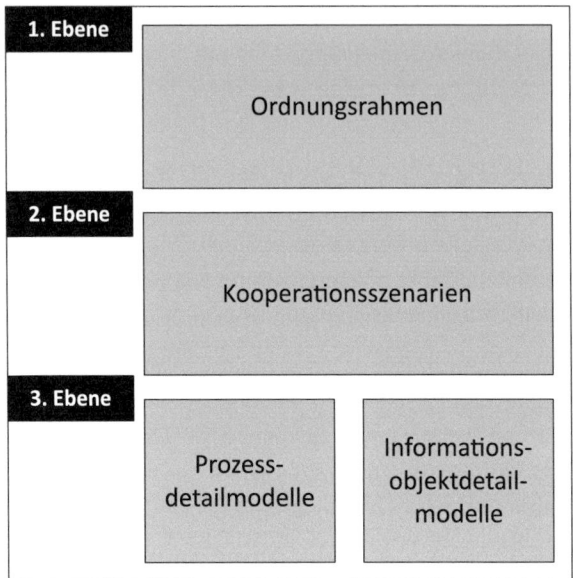

Abb. 1.4 Ebenen der Modellierungssprache

1.1.3.4 CXP-Prototypen zur Werkzeugunterstützung

Die in Teil 3 des Buches vorgestellten CXP-Prototypen zur Werkzeugunterstützung zielen letztlich darauf ab, die Verständlichkeit der Kooperationsspezifikation durch Interaktionsmöglichkeiten und frühzeitige Erfahrbarkeit der geplanten Zusammenarbeit zu erhöhen. Darüber hinaus zeigen die CXP-Prototypen, wie sich eine softwaregestützte Verwaltung und Pflege von CXP-Modellen umsetzen lässt. Dementsprechend lassen sich die Prototypen den beiden Schwerpunkten *Modellierung der Kooperation* und *Realisierung von Erfahrbarkeit* zuordnen (vgl. Abb. 1.5).

- Anhand des Softwareprototyps *icebricks* wird gezeigt, wie sich die CXP-Modellierungsmethode mit einem attributbasierten Modellierungswerkzeug umsetzen lässt (vgl. Kapitel 3.1). Die freie Attributpflege des Werkzeugs bietet den Vorteil, dass sich eine Erweiterung um zusätzliche Sprachkonstrukte sehr einfach ohne Programmierung durch die Modellierenden realisieren lässt.

- Anhand des Informationsobjektmodellierungswerkzeugs wird gezeigt, wie sich spezielle Softwarewerkzeuge für die Repräsentation der Informationsobjektstrukturen gestalten lassen (vgl. Kapitel 3.2). Dieses Themenfeld wurde bei der Entwicklung der anderen Prototypen bewusst ausgespart bzw. weniger stark vertieft.

- Mit dem Cooperation Manager wird gezeigt, wie ein Editor gestaltet werden kann, der sich sehr eng an die Symbolik und Typologie der originären CXP-Modellierungssprache anlehnt (vgl. Kapitel 3.3). Da der Beitrag neben der softwarebasierten Modellierung auch die Realisierung von mehr Erfahrbarkeit mittels Animation von Kooperationsszenarien diskutiert, lässt sich das Kapitel beiden in Abb. 1.5 unterschiedenen Gestaltungsbereichen zuordnen.

- Über die bereits genannten Softwarewerkzeuge hinaus wurden zwei weitere Prototypen entwickelt um zu zeigen, wie sich die CXP-Modelle erfahrbarer gestalten lassen und verständlicher zwischen Wertschöpfungspartnern kommuniziert werden können, als dies mit herkömmlichen Modellierungseditoren der Fall ist. Der CXP-Wiki-Ansatz folgt dem Grundsatz, CXP-Modelle quasi auf Knopfdruck in eine Enterprise Wiki-Umgebung zu überführen, in der die Wertschöpfungspartner ihre Rollen zur Durchführung einer Kooperation nachstellen können (vgl. Kapitel 3.4). Wird das CXP-Modell geändert, lässt sich die Simulationsumgebung umgehend konsistent zu den Änderungen anpassen.

- Ein weiterer Prototyp zeigt, wie sich die Kooperationsprozesse mittels einer mobilen CXP-App interaktiv nachempfinden lassen, sodass auf diesem Wege ein vertieftes Verständnis der kooperativen Zusammenarbeit gefördert wird (vgl. Kapitel 3.5). Die beiden Prototypen CXP-Wiki und CXP-App veranschaulichen die Umsetzung der Erfahrbarkeit auf jeweils unterschiedlichen IT-Plattformen und mittels variierender Interaktionsansätze, sodass sie sich gegenseitig sinnvoll ergänzen.

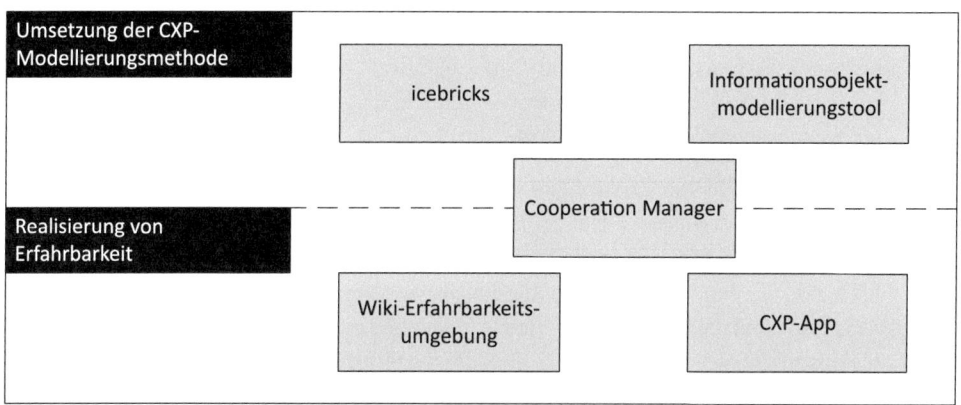

Abb. 1.5 Einordnung der CXP-Prototypen

1.1.3.5 CXP-Referenzmodell

Eine wesentliche Barriere für die Spezifikation und Visualisierung von Kooperationen stellt der Aufwand der Modellierung dar. Einen Ansatz zur Verringerung der Modellierungskosten stellt die Bereitstellung von Ausgangsmodellen dar, die sich mit möglichst geringem Aufwand zur Repräsentation der geplanten und aktuellen Zusammenarbeit nutzen lassen. Teil 4 des Buches beschreibt die Entwicklung eines Referenzmodells, das einen solchen Beitrag zur Aufwandsreduktion für den Bereich des Baus und Betriebs von Gebäuden leisten soll (vgl. Kapitel 2.1.4 zum Ziel *Aufwandsreduktion durch Bereitstellung eines Referenzmodells*).

- Die Entwicklung des Referenzmodells wird motiviert durch eine Einführung in die Herausforderungen der Integralen Planung von Immobilienbau und -betrieb (vgl. Kapitel 4.1). Es muss heute davon ausgegangen werden, dass die am Bau und Betrieb von Immobilien beteiligten Akteure keineswegs über konsistente Kenntnisse darüber verfügen, welcher Akteur welchem Projektpartner welche Informationen wann sinnvoll zur Verfügung stellen kann bzw. welche Informationen benötigt werden. Beispielsweise ist das Aufgabenspektrum des Facility Managements teilweise nicht bekannt, so ist die Einbindung dieser Rolle in umfassenden Wertschöpfungspartnerschaften unzureichend geklärt. Indem das Referenzmodell als Ausgangsbasis der Diskussion zur Verfügung gestellt wird, soll es zukünftig möglich werden, frühzeitig Klarheit über die Anforderungen einer guten Zusammenarbeit zu erlangen.

- Im Anschluss wird der Aufbau des Referenzmodells ausführlich beschrieben (vgl. Kapitel 4.2). Den Ebenen der CXP-Modellierungsmethode folgend, enthält das Referenzmodell einen Ordnungsrahmen, der sechzehn sich gegenseitig beeinflussende und zum Teil aufeinander aufbauende Kernprozesse unterscheidet. Den Kernprozessen wurden die relevanten Informationsobjekte des Baus und Betriebs von Gebäuden in Form von kernprozessorientierten Leitdokumenten zugeordnet, die über eingehende Dokumente und Formulare im Detail beschrieben werden. Darüber hinaus wurden insgesamt dreizehn Kernakteure definiert, die weitere Einzelakteure zusammenfassen, um die in der Realität herrschende Akteursvielfalt beherrschen zu können. Den Kernprozessen wurden rund 600 Prozessschritte untergeordnet, die den Ablauf der Kooperation in Kooperationsszenarien und Choreografiediagrammen in weiteren Detaillierungsebenen beschreiben (vgl. Abb. 1.6).

- Abgerundet wird die Darstellung des Referenzmodells durch eine Diskussion der Generalisierbarkeit der erzielten Ergebnisse (vgl. Kapitel 5.3). Die im CXP-Referenzmodell für den Bau und Betrieb von Gebäuden spezifizierten Informationsobjekttypen werden hierzu mit Standardisierungen verglichen, die für andere Branchen – insbesondere den Maschinen- und Anlagenbau – vorgelegt wurden. Als eine Vergleichsgrundlage dient dabei die DIN PAS 1091:2010 *Schnittstellenspezifikationen zur Integration von Sach- und Dienstleistung,* welche relevante Dokumenttypen für die hybride Wertschöpfung im Allgemeinen beschreibt.

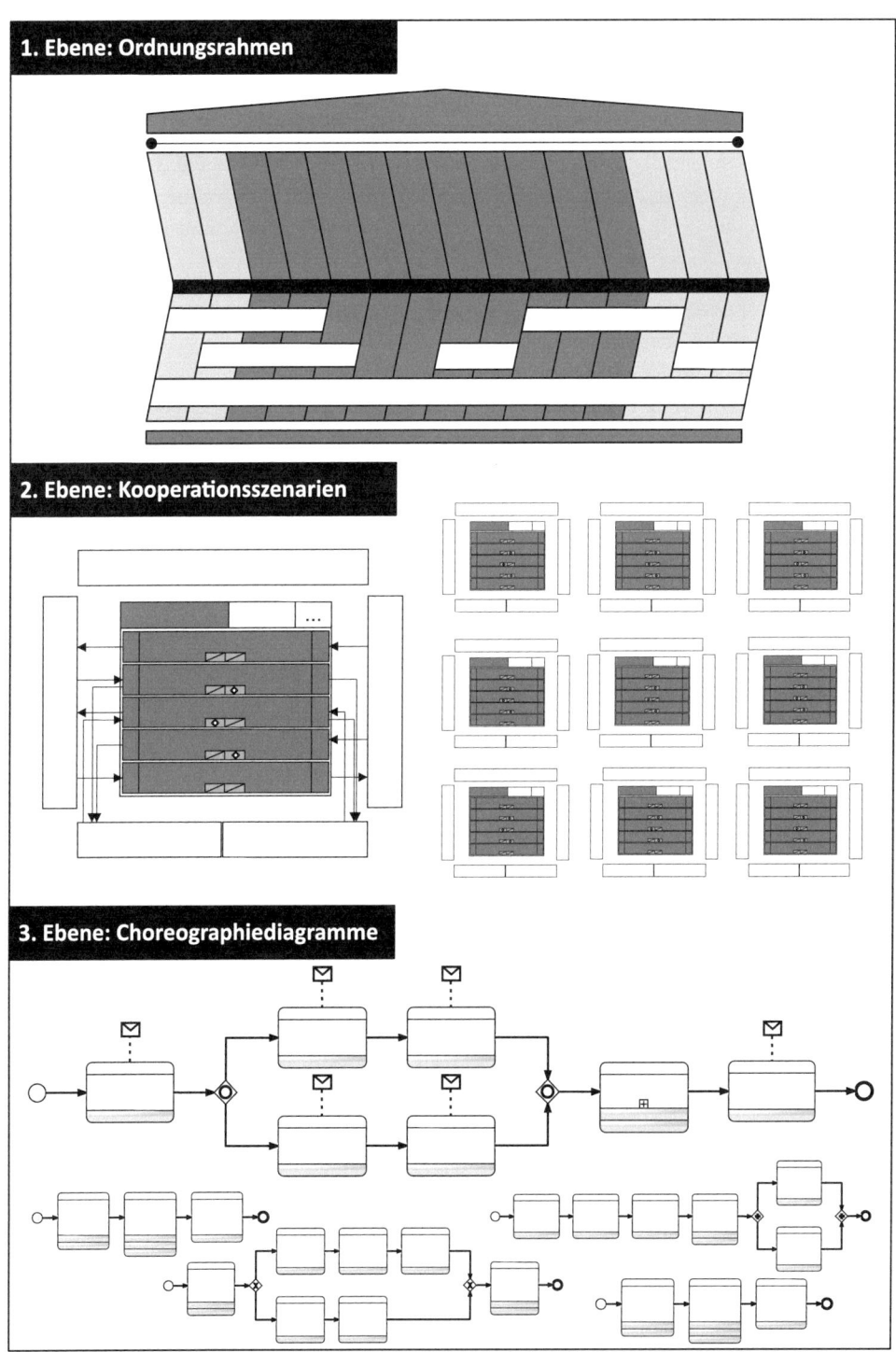

Abb. 1.6 Aufbau des Referenzmodells

1.1.3.6 CXP-Ansatz in der Anwendung

Die Einsatzvoraussetzungen und die Anwendung des CXP-Ansatzes in der Praxis werden im abschließenden Teil 5 des Buches aus unterschiedlichen Perspektiven diskutiert. Die Beiträge thematisieren einerseits Barrieren, die für einen erfolgreichen Einsatz des CXP-Ansatzes gezielt adressiert werden sollten, und zeigen andererseits anhand von Fallbeispielen anschaulich die Nutzenpotenziale auf, die durch Einsatz der vorgestellten Methoden und Werkzeuge realisiert werden können.

- Zunächst wird die Kooperationsvisualisierung allgemein, unabhängig von einem spezifischen Modellierungsansatz betrachtet (vgl. Kapitel 5.1). Mittels einer quantitativen Befragung wurde zunächst die Ausgangslage ermittelt, wie sie heute in Unternehmen für die Einführung bzw. Etablierung von Kooperationsvisualisierungen vorzufinden ist. Die über standardisierte Fragebögen erhobenen Daten verdeutlichen, dass Anregungen zur visuellen Unterstützung der Kooperationsanbahnung und -verbesserung tatsächlich notwendig sind. Für die unternehmensspezifische Analyse der Einsatzvoraussetzungen der Kooperationsvisualisierung und damit auch des CXP-Ansatzes, wurde ein Analyseraster entwickelt. Mittels leitfragenbasierter Experteninterviews wurden Treiber, Barrieren, Methoden, Chancen und Risiken als wesentliche Aspekte zur Beschreibung der Einsatzvoraussetzungen identifiziert. Diese Aspekte werden im vorgestellten Analyseraster anhand des Visualisierungspotenzials, der Visualisierungserstellung, des Visualisierungsergebnisses und des Visualisierungssystems differenziert (vgl. Abb. 1.7). Unternehmen können durch Analyse dieser Aspekte einschätzen, wie aussichtsreich oder schwierig sich die Einführung bzw. Etablierung der Kooperationsvisualisierung gestaltet. Darüber hinaus werden für die methodische Dimension Hypothesen zu Entwicklungspfaden formuliert, die aufzeigen, wie ein schrittweiser Ausbau der eigenen Kooperationsvisualisierungstechniken, -kompetenzen und -IT-Infrastrukturen gestaltet werden kann.

- Fallbeispiele zum Einsatz des CXP-Ansatzes in Unternehmen aus unterschiedlichen Branchen ergänzen die grundsätzlichen Überlegungen zur Kooperationsvisualisierung in der Praxis (vgl. Kapitel 5.2). Das erste Fallbeispiel entstammt dem Bau und Betrieb von Gebäuden. Hybride Leistungsbündel bestehen hier aus den Gebäuden als Sachleistungen und lebenszyklusphasenbegleitenden Dienstleistungen wie der Planung des Gebäudes oder der Optimierung der Gebäudenutzung. Die Bilfinger HSG Facility Management GmbH hat den CXP-Ansatz mitentwickelt, um ihre Immobilienplanung und -bewirtschaftung zu integrieren und um insgesamt die Zusammenarbeit mit ihren Wertschöpfungspartnern kontinuierlich zu verbessern. Die Einbindung der Verwaltung in Projekte der hybriden Wertschöpfung im Bau und Betrieb von Gebäuden wird im zweiten Fallbeispiel betrachtet. Das zweite Fallbeispiel ergänzt die Sicht durch ein Unternehmen des Maschinen- und Anlagenbaus. Die CLAAS KGaA mbH beteiligte sich an der Entwicklung des CXP-Ansatzes, um die Entwicklung von Geschäftsmodellen und Kooperationen im Bereich CLAAS E-Systems methodisch zu unterstützen. Dabei bestand die Herausforderung darin, allen Beteiligten in dem

Kooperationsmodell mit ihrer jeweiligen Ausrichtung auf Technik und Business gerecht zu werden. Die Kreisverwaltung Coesfeld wirkte insbesondere bei der Erarbeitung des CXP-Referenzmodells für den Bau und Betrieb von Gebäuden mit. Der Schwerpunkt lag hierbei auf der Reflexion der kommunalen immobilienwirtschaftlichen Prozesse und auf der Untersuchung der Schnittstellen zur Einbindung der Verwaltung in privatwirtschaftliche Wertschöpfungspartnerschaften.

- Mit einem Ausblick auf die den CXP-Ansatz weiterführenden Forschungen und Entwicklungen wird das Buch abgeschlossen (vgl. Kapitel 5.3).

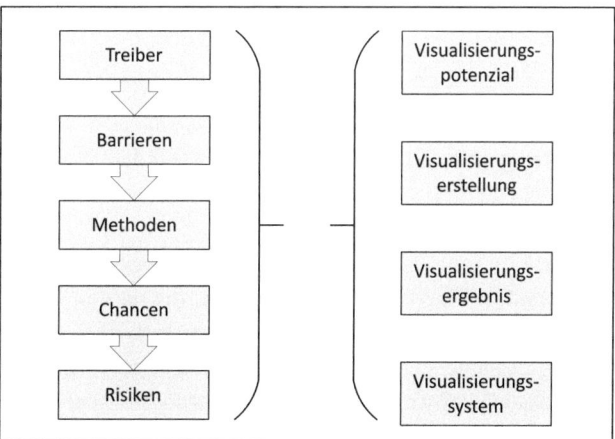

Abb. 1.7 Aufbau des Analyserasters

1.1.4 Lesehinweise für ausgewählte Zielgruppen

1.1.4.1 Fokussierte Orientierung

Die einzelnen Teile und Kapitel des Buches sind für verschiedene Zielgruppen von unterschiedlicher Relevanz. Lesern, die sich zunächst schnell und fokussiert über Kernbereiche des CXP-Ansatzes informieren möchten, seien die folgenden Beiträge besonders empfohlen. Im Anschluss kann sich der orientierte Leser selektiv in Bereiche entsprechend seinen Interessen vertiefen, die sich gegebenenfalls mit denen der weiteren Zielgruppen überschneiden.

- Kapitel 1.1 *(Der Cooperation Experience Ansatz – Überblick der Methoden und Werkzeuge)* gibt einen Überblick über die einsetzbaren Instrumente und Werkzeuge.
- Kapitel 2.3 *(Die Entwicklung und Anwendung der Cooperation Experience-Modellierungsmethode)* beschreibt ausführlich die in diesem Buch präsentierte Spezifikationsmethode.

- Kapitel 3.4 *(Erfahrbare Wertschöpfungspartnerschaften mithilfe von Wikis)* vermittelt am Anwendungsbeispiel die Idee der Realisierung von Erfahrbarkeit mittels Enterprise Wikis.

- Kapitel 3.5 *(Erfahrbarkeit in hybriden Wertschöpfungsnetzwerken – Die Cooperation Experience-App)* ergänzt einen weiteren Ansatz zur Realisierung von Erfahrbarkeit.

- Kapitel 4.2 *(Umsetzung des Referenzmodells am Beispiel der Integralen Planung)* beschreibt das entwickelte Referenzmodell und zeigt damit auf, welche Ausgangsmodelle sich nutzen lassen, um den Modellierungsaufwand zu verringern.

- Die Fallbeispiele in Kapitel 5.2 *(Bilfinger HSG Facility Management GmbH, CLAAS E-Systems, Kreisverwaltung Coesfeld)* illustrieren über die zuvor bereits aufgezeigten Anwendungsszenarien hinaus die Einsatzpotenziale des CXP-Ansatzes in der Praxis.

1.1.4.2 Entwicklung von Softwarewerkzeugen für das Kooperationsmanagement

Der CXP-Ansatz zeigt Konzepte für fortgeschrittene Softwarewerkzeuge im Bereich des Computer Aided Cooperation Engineerings auf. Lesern, die an der Entwicklung bzw. Weiterentwicklung entsprechender Softwarelösungen interessiert sind, werden die folgenden Beiträge zur Beachtung besonders empfohlen. In den Beiträgen werden sowohl funktionale Konzepte vorgestellt als auch softwaretechnische Umsetzungsentscheidungen diskutiert, die bei der Implementierung eigener Lösungen übernommen bzw. berücksichtigt werden können.

- Kapitel 1.1 *(Der Cooperation Experience-Ansatz – Überblick der Methoden und Werkzeuge)* sollte berücksichtigt werden, um die einzelnen Beiträge in einen Gesamtzusammenhang stellen zu können.

- Kapitel 1.2 *(Workshop-Konzept des Cooperation Experience-Ansatzes)* zeigt insbesondere zusätzliche Gestaltungsfelder auf, die den CXP-Ansatz ergänzen können. Für diese Bereiche einsetzbare bestehende Softwarelösungen können mit den CXP-Prototypen zu ganzheitlichen Lösungen verbunden werden.

- Kapitel 2.3 *(Die Entwicklung und Anwendung der Cooperation Experience-Modellierungsmethode)* stellt das sprachorientierte Metamodell für Kernbereiche des CXP-Ansatzes zur Verfügung und unterstützt damit die Implementierung von Modellrepositorien.

- Kapitel 3.1 *(Modellierung von Prozessen in hybriden Wertschöpfungsnetzwerken mit icebricks)* vermittelt Konzepte zur Umsetzung einer attributbasierten Prozessmodellierung.

- Kapitel 3.2 *(Management von Informationsobjekten in hybriden Wertschöpfungsnetzwerken)* zeigt auf, wie sich Editoren zur Spezifikation von Informationsobjektstrukturen gestalten lassen.

- Kapitel 3.3 *(Integriertes Softwarewerkzeug für die Cooperation Experience-Modellierungssprache)* diskutiert, wie sich wesentliche Diagrammtypen des CXP-Ansatzes in einer Eigenentwicklung umsetzen lassen.
- Kapitel 3.4 *(Erfahrbare Wertschöpfungspartnerschaften mithilfe von Enterprise Wikis)* zeigt, wie sich Enterprise Wikis auf der Basis von CXP-Modellen automatisiert konfigurieren lassen.
- Kapitel 3.5 *(Erfahrbarkeit in hybriden Wertschöpfungsnetzwerken – Die Cooperation Experience-App)* zeigt, wie Kooperationsmodelle über Apps interaktiv zur Verfügung gestellt werden können.
- Kapitel 4.2 *(Umsetzung des Referenzmodells am Beispiel der Integralen Planung)* gibt Anregungen zur Integration von standardisierten Modellinhalten in Modellierungswerkzeuge für die Kooperationsplanung.

1.1.4.3 Bau und Betrieb von Gebäuden

Der Aufbau hybrider Wertschöpfungsnetzwerke wurde zuletzt vor allem am Beispiel des Maschinen- und Anlagenbaus diskutiert. Detaillierte Analysen für den Bau und Betrieb von Gebäuden sind dagegen selten. Der CXP-Ansatz trägt dazu bei, diese Lücke durch die Entwicklung des CXP-Referenzmodells für den Bau und Betrieb von Gebäuden zu schließen. Lesern, die besonders an diesem Wirtschaftsbereich interessiert sind, werden die folgenden Beiträge besonders empfohlen.

- Kapitel 1.1 *(Der Cooperation Experience-Ansatz – Überblick der Methoden und Werkzeuge)* stellt insbesondere auch die CXP-Beiträge für den Bau und Betrieb von Gebäuden in einen Gesamtzusammenhang.
- Kapitel 2.3 *(Die Entwicklung und Anwendung der Cooperation Experience-Modellierungsmethode)* bildet die methodische Grundlage für die Referenzmodellierung und sollte daher besonders beachtet werden.
- Kapitel 4.1 *(Referenzmodellierung Integraler Planung)* führt in die inhaltlichen Grundlagen für die Erstellung des Referenzmodells ausführlich ein.
- Kapitel 4.2 *(Umsetzung des Referenzmodells am Beispiel der Integralen Planung)* beschreibt die Ausgangsmodelle für den Bau und Betrieb von Gebäuden, die mit dem CXP-Referenzmodell zur Verfügung gestellt werden.
- Anhand der Fallbeispiele in Kapitel 5.2 werden die Entwicklung und der Einsatz des CXP-Ansatzes am Beispiel der Immobilienwirtschaft diskutiert.
- Kapitel 5.3 *(Übergreifender Vergleich der Anwendungsfälle)* vergleicht das CXP-Referenzmodell mit der Dokumentsammlung anderer Branchen hybrider Wertschöpfung und vermittelt damit einen Eindruck davon, wie branchenspezifisch die Inhalte des CXP-Referenzmodells tatsächlich sind.

1.1.4.4 Grundlegende Vertiefungen zur Kooperationsvisualisierung

Spezifische Grundlagen der Kooperationsvisualisierung werden in einigen Beiträgen besonders vertieft. Diese Beiträge werden den an einer Vertiefung interessierten Lesern empfohlen. Zu diesem Kreis zählen die Autoren insbesondere eine heterogene Menge Studierender unterschiedlicher Disziplinen wie z. B. der Betriebswirtschaftslehre, der Wirtschaftsinformatik, des Facility Managements, des Bauingenieurwesens, des Maschinenbaus – jeweils auf Bachelor- und Masterniveau.

- Kapitel 1.2 *(Workshop-Konzept des Cooperation Experience-Ansatzes)* verweist auf etablierte Methoden und Werkzeuge, die im Zusammenhang mit dem CXP-Ansatz ebenfalls zum Einsatz kommen sollten.

- Kapitel 2.1 *(Grundlagen der Informationsmodellierung)* führt in die Bedeutung von Unternehmensmodellen, Metamodellen und Referenzmodellen ein.

- Kapitel 2.2 *(Modellierungstechniken für Unternehmenskooperationen im Vergleich)* stellt mit der CXP-Modellierungsmethode vergleichbare Diagrammsprachen vor und bereichert damit die eigenen Kenntnisse über Modellierungsansätze. Darüber hinaus wird die Anwendung des kombinierten kriterien- und szenariobasierten Vergleichs von Modellierungssprachen im Detail nachvollziehbar.

- Kapitel 2.3 *(Die Entwicklung und Anwendung der Cooperation Experience-Modellierungsmethode)* zeigt die Entwicklung einer Modellierungsmethode und ihre Dokumentation mithilfe von Metamodellen auf.

- Kapitel 5.1 *(Kooperationsvisualisierung in Unternehmen)* diskutiert ausführlich empirische Forschungsansätze zur Analyse der Rahmenbedingungen der Kooperationsvisualisierung.

1.1.4.5 Checklisten zur Zusammenfassung einzelner Beiträge

Die Beiträge des Buches werden jeweils mit einer Checkliste abgeschlossen, die den Transfer der Inhalte in die Praxis unterstützen soll. Dabei werden zwei Arten von Einträgen unterschieden, die durch zwei unterschiedliche Symbole ausgezeichnet werden.

✓ **Zusammenfassung wesentlicher Umsetzungsaktivitäten**

- Es werden wesentliche Aktivitäten, die zur Umsetzung des CXP-Ansatzes oder der Kooperationsvisualisierung allgemein notwendig sind, pointiert zusammengefasst.
- Checklisten zur Zusammenfassung wesentlicher Umsetzungsaktivitäten werden mit einem Kasten, in dem ein Häkchen positioniert ist, markiert.

! **Wiederholung wesentlicher Inhalte und Konzepte**

- Es werden wesentliche Inhalte und Konzepte wiederholt, die in dem jeweiligen Beitrag von besonderer Bedeutung sind.
- Checklisten zur Wiederholung wesentlicher Inhalte und Konzepte werden mit einem Kasten, in dem ein Ausrufezeichen positioniert ist, markiert.

Literatur

Aurich, J. C., Schweitzer, E., Siener, M., Fuchs, C., Jenne, F., & Kirsten, U. (2007). Life cycle management investiver PSS. wt Werkstattstechnik online, 97 (7).

Baines, T., Braganza, A., Kingston, J. et al. (2009). State-of-the-art in product service-systems. Proceedings of the Institution of Mechanical Engineers, Part B: Journal of Engineering Manufacture.

Becker, J., Beverungen, D., & Knackstedt, R. (2008). Wertschöpfungsnetzwerke von Produzenten und Dienstleistern als Option zur Organisation der Erstellung hybrider Leistungsbündel. In J. Becker, R. Knackstedt, D. Pfeiffer (Hrsg.): Wertschöpfungsnetzwerke, 3-31, Heidelberg: Physika-Verlag.

Becker, J., & Krcmar, H. (2008). Integration von Produktion und Dienstleistung – Hybride Wertschöpfung. Wirtschaftsinformatik, 50 (3).

Becker, J., Kugeler, M., & Rosemann, M. (Hrsg.) (2012). Prozessmanagement: Ein Leitfaden zur prozessorientierten Organisationsgestaltung. 7. Auflage. Berlin/Heidelberg: Springer.

Bullinger, H. J., & Scheer, A.-W. (2006). Service Engineering – Entwicklung und Gestaltung innovativer Dienstleistungen. In Service Engineering. Berlin, Heidelberg: Springer.

Burianek, F., Ihl, C., Bonnemeier, S., & Reichwald, R. (2007). Typologisierung hybrider Produkte. Ein Ansatz basierend auf der Komplexität der Leistungserbringung. Arbeitsbericht Nr. 01/2007. Technische Universität München.

Durugbo, C., Hutabarat, W., Tiwari, A., & Alcock, J. R. (2011). Modelling collaboration using complex networks. Information Sciences, 181 (15).

Gierl, H. (2001). Opportunismus in Geschäftsbeziehungen – Ursachen und Gegenmaßnahmen. Der Markt, 40 (2-3).

Leimeister, J. M., & Glauner, C. (2008). Hybride Produkte – Einordnung und Herausforderungen für die Wirtschaftsinformatik. Wirtschaftsinformatik, 50 (3).

Mont, O. (2002). Clarifying the concept of product-service system. Journal of cleaner production, 10 (3).

Rosemann, M. (1995). Komplexitätsmanagement in Prozessmodellen. Wiesbaden: Springer.

Spath, D., & Demuß, L. (2006). Entwicklung hybrider Produkte – Gestaltung materieller und immaterieller Leistungsbündel. In Service Engineering. Berlin, Heidelberg: Springer.

Sturm, F., Bading, A., & Schubert, M. (2007). Investitionsgüterhersteller auf dem Weg zum Lösungsanbieter: Eine empirische Studie. Stuttgart: Fraunhofer-IRB-Verlag.

1.2 Workshop-Konzept des Cooperation Experience-Ansatzes

Matthias Strotmeier, Nathalie Günther

Um den Einsatz der CXP-Werkzeuge zu sortieren und diese mit nachhaltiger Wirkung einzusetzen, wird der Kooperationsplanungsprozess durch ein aus vier Phasen bestehendes Workshop-Konzept begleitet. Die Workshops dienen dabei insbesondere dazu, die Kooperation zwischen den Partnern zu strukturieren und den Informationsaustausch innerhalb der Kooperation zu fördern. Für die Phasen Sensibilisierung, Fokussierung, Detaillierung und Controlling wurden jeweils Workshops konzipiert, die unabhängig voneinander und mit verschiedenen Teilnehmern durchgeführt werden. Jede Phase verfolgt spezielle Ziele und stellt Ergebnisse bereit, die mithilfe von insbesondere CXP-Methoden und Werkzeugen erarbeitet werden. Diese werden an einigen Stellen durch weitere Werkzeuge aus anderen Bereichen ergänzt. Darüber hinaus wurden Ansätze der Gamification und Serious Games identifiziert, mit denen die Vermittlung der Workshop-Inhalte zusätzlich unterstützt werden kann.

1.2.1 Überblick

Unternehmen, die sich früher hauptsächlich auf ihre Kernkompetenzen fokussiert haben, stehen heute in Konkurrenz mit zunehmend vernetzten, engmaschigen und kooperativen Formen der Wertschöpfung. Um am Markt noch konkurrieren zu können, ist es häufig sinnvoll oder sogar erforderlich, Kooperationen mit anderen Unternehmen einzugehen, um das Angebot zu erweitern und dem Kunden nicht mehr nur ein spezielles Produkt anzubieten, sondern hybride Leistungsbündel, die das Angebot für den Kunden attraktiver machen. Bei einer neuen Kooperation sollen die individuellen Prozesse der Unternehmen bestehen bleiben, jedoch müssen zusätzlich kooperative Prozesse geplant und eingeführt werden, damit eine effektive und störungsfreie Kooperation ermöglicht wird.

Um diese Planung zu unterstützen, wurde eine neue Modellierungssprache entwickelt, die in Kapitel 2.3 beschrieben wurde. Bei der Modellierung der Prozesse der Kooperation ist es nötig, die beteiligten Unternehmen darauf vorzubereiten, was es heißt, mit anderen Unternehmen zu kooperieren und diese beispielsweise nicht nur als Zulieferer anzusehen. In der Praxis fehlen jedoch Strukturen, die einen Rahmen für die Kooperationsplanung bilden. Aus diesem Grund wird ein Workshop-Konzept benötigt, das den Planungsvorgang strukturiert und die Kooperation auch während der Durchführung begleitet.

Das Workshop-Konzept wurde auf Basis bestehender methodischer Ansätze entwickelt, die in den Kontext der Kooperationsplanung überführt und konkret für die beschriebenen Fragestellungen ausgestaltet wurden. Neben den verwendeten Methoden in den einzelnen Workshops wird dabei auch beleuchtet, welche Teilnehmergruppe in welchen Workshops

angesprochen werden soll und wie die kooperationsübergreifende Kommunikation zwischen den Akteuren sichergestellt werden kann.
Der zeitliche Umfang der einzelnen Workshops ist von einer Vielzahl von Faktoren wie z. B. Anzahl der Kooperationspartner, vorhandene Vorarbeiten, Prozesstransparenz, Kenntnis über Modellierungssprachen usw. abhängig. Daher wird für jede Phase des Workshops ein Ziel festgelegt, das als Zwischenergebnis erreicht sein muss, bevor die nächste Phase begonnen wird. Der hierfür benötigte zeitliche Rahmen kann entsprechend den individuellen Gegebenheiten zu Beginn geplant und festgelegt werden.

1.2.1.1 Phasenkonzept

Eine sorgfältige Kooperationsplanung ist ebenso wichtig wie die fortwährende Überprüfung der Planung und, falls nötig, deren Anpassung an veränderte Rahmenbedingungen. Dieser Ansatz der kontinuierlichen Verbesserung findet sich so auch im PDCA-Zyklus, der die Basis für viele Prozessoptimierungsstrategien und -methoden bildet (Simon 2005). Der PDCA-Zyklus oder Deming-Kreis setzt sich aus folgenden Elementen zusammen (Pfeifer 2014):

1. Plan
2. Do
3. Check
4. Act

Diese stellen die einzelnen Schritte der kontinuierlichen Verbesserung dar, die sich fortwährend wiederholen (Müller 2011). Durch eine so gestaltete ständige Prozessanpassung an die sich ändernden Gegebenheiten kann eine hohe Prozessqualität und Prozessleistung sichergestellt werden (Richter-von Hagen 2004).

Dieser Ansatz ist aus zwei Gründen besonders geeignet, um das Workshop-Konzept und damit die Einführung der Cooperation Experience-Methodik in einer Kooperation zu verankern:

1. Die Prozesse in einer Kooperation sind aufgrund verschiedener Teilnehmer und einer Vielzahl an Umwelteinflüssen besonders dynamisch (Zentes 2005), sodass die laufende Anpassung an Veränderungen ein wesentlicher Bestandteil der Kooperationssteuerung ist.

2. Die Sicherstellung eines effizienten Informationsaustauschs aufgrund der abteilungs- und sogar organisationsübergreifenden Kooperationsaktivitäten ist besonders wichtig und gleichzeitig schwierig zu realisieren (Pastors 2008). Die Nutzung von Rückkopplungen im Prozess unterstützt die Akteure dabei, die Auswirkung ihres eigenen Handels auf die Kooperationspartner besser zu verstehen und entsprechend zu berücksichtigen (Syska 2006).

Abb. 1.8 Phasenkonzept

Das CXP-Workshop-Konzept sieht eine durchgängige Projektbegleitung über die vier Phasen vor (vgl. Abb. 1.8):

1. Sensibilisierung
2. Fokussierung
3. Detaillierung
4. Controlling

Dabei wird in der letzten Phase des Controllings sichergestellt, dass Abweichungen von der ursprünglichen Planung gleichzeitig Auslöser für einen neuen Planungsprozess sind und dieser so kontinuierlich verbessert wird.

Die Workshops in den Phasen unterscheiden sich jeweils hinsichtlich ihrer Teilnehmer sowie ihrer Ziele und Ergebnisse. Während in der Sensibilisierungsphase die Entwicklung und Fixierung einer gemeinsamen Grundlage im Vordergrund stehen, werden in den folgenden Phasen der Fokussierung und Detaillierung konkrete und teilweise sehr umfangreiche Inhalte erarbeitet. Allen Phasen gemein ist die Anforderung an die Teilnehmer, die eigene Perspektive so zu erweitern, dass die Handlungen, Erwartungen und Ziele der anderen Kooperationspartner ersichtlich werden. Diese kooperationsübergreifende Perspektive ermöglicht eine prozessorientierte Gestaltung der Kooperationsaktivitäten und sichert eine effiziente Bereitstellung aller Informationsobjekte innerhalb der Kooperation.

Das Gesamtziel der Workshops ist es, die Kooperationsprozesse definiert, abgestimmt und in der Modellierungssprache von Cooperation Experience modelliert zu haben. Um diese Komplexität steuerbar zu machen, ist jede Phase grundsätzlich eigenständig und schließt mit einem konkreten Zwischenziel ab. Die Ziele einer Phase dienen dabei als Prozessinput der nächsten. Auch wenn es durch diese Ziel- bzw. Ergebnisorientierung möglich ist, die Ergebnisse einzelner Phasen nicht über den entsprechenden Workshop, sondern in anderen Prozessen zu erreichen, wird empfohlen, das Workshop-Konzept vollständig umzusetzen. Auf diesem Wege wird neben der Erreichung der inhaltlichen Ziele auch der Informationsaustausch zwischen den Akteuren sichergestellt und diese ausreichend auf den gesamten Kooperationsprozess sensibilisiert.

1.2.1.2 Teilnehmer

Das Workshop-Konzept sieht vor, dass in den vier Phasen verschiedene Ebenen und damit unterschiedliche Teilnehmer angesprochen werden. Da sich die Ziele jedes einzelnen Akteurs durchaus von den Gesamtzielen des Prozesses unterscheiden können, muss über alle Phasen und Teilnehmergruppen hinweg jedoch zusätzlich sichergestellt werden, dass die beteiligten Akteure auf die neue prozessorientierte Perspektive sensibilisiert werden. In Kooperationsprozessen stehen der Orientierung am Gesamtprozess nicht nur Funktions- und Bereichsgrenzen, sondern auch Organisationsgrenzen entgegen (Müller-Stewens 2011). Es sind eine Vielzahl von Teilnehmern aus unterschiedlichen Bereichen und Organisationen mit entsprechend unterschiedlichem Fokus und Bezugsrahmen in den Prozess involviert, die letztendlich verschiedene Sprachen sprechen (Behle 2009).

Aufgrund der Erfahrungen aus den Cooperation Experience-Fallstudien wurde eine Zuordnung der Teilnehmer zu den einzelnen Phasen vorgenommen (vgl. Abb. 1.9). In anderen Anwendungsfällen kann jedoch eine Anpassung der Zuordnung und damit der verwendeten Methoden sinnvoll oder notwendig sein. Die Teilnehmer sollten daher zu Beginn der Workshops kritisch hinterfragt und mit Bedacht festgelegt werden.

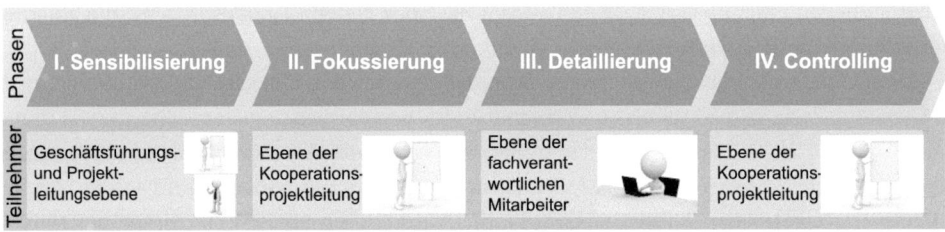

Abb. 1.9 Zuordnung der Teilnehmer zu den Phasen

Die Initiierung der Kooperation erfolgt meist durch die Geschäftsführung oder in größeren Unternehmen oder bei auf einzelne Geschäftsbereiche begrenzte Kooperationen durch eine andere Managementebene. Da die Initiatoren in die konkrete Kooperationsplanung und operative Durchführung meist wenig bis gar nicht involviert sind, werden in der Sensibilisierungsphase die Zielstellungen, Aufgaben und Rahmenbedingungen der Kooperation an die operativ verantwortlichen Projektleiter übergeben. Die Projektleiterebene agiert als Multiplikator für alle anderen Teilnehmergruppen, sie hat also eine große Bedeutung für die gesamte Kooperation. Es empfiehlt sich daher, die ersten Workshops gemeinsam mit den Initiatoren und der Projektleitung durchzuführen.

In der Fokussierungsphase wird die Kooperation beschrieben, ohne dabei einzelne Prozesse detailliert zu betrachten. Teilnehmer in dieser Phase sind die Projektleiter, die zuvor sensibilisiert wurden und die operative Verantwortung für die folgenden Aktivitäten haben. In kleineren Unternehmen kann bereits in dieser Phase eine Beteiligung der fachlich verantwortlichen Mitarbeiter sinnvoll sein. Da diese aber häufig in sehr viel detaillierteren Mustern denken und handeln, die eine übergreifende Fokussierung erschweren, wird dies nicht grundsätzlich empfohlen.

Im Gegensatz dazu kommt die Detaillierungsphase nicht ohne fachliche Expertise aus, sodass die Workshops hier ausschließlich mit den Mitarbeitern durchgeführt werden, die die Kooperationsaktivitäten tatsächlich ausführen.

Die Teilnehmer in den Workshops der abschließenden Controllingphase sind die Projektleiter, die als Verantwortliche der Kooperation auch für deren Überwachung und ggf. die Einleitung von Anpassungsmaßnahmen zuständig sind. Eine Beteiligung von einzelnen Mitarbeitern stellt hier einen Interessenkonflikt dar, da die Mitarbeiter sich nicht selbst überwachen können. Insbesondere für die später beschriebene Ursachenanalyse ist ihr fachlicher Input jedoch zwingend erforderlich und muss von den jeweiligen Projektleitern ermittelt und berücksichtigt werden.

1.2.2 Workshops

1.2.2.1 Sensibilisierungs-Workshop

Der Kooperationsvertrag, der meist durch die Unternehmensführung selbst oder deren unmittelbare Vertreter erstellt wird, ist ein abgestimmter und von allen beteiligten Organisationen akzeptierter Rahmen für die Kooperation und dient den Verantwortlichen als Leitfaden für die Kooperationsaktivitäten. Der erfolgreich geschlossene Kooperationsvertrag ist der Auslöser der Sensibilisierungsphase.

Abb. 1.10 Inhalte des Sensibilisierungs-Workshops in der Phase Sensibilisierung

In der Sensibilisierungsphase (vgl. Abb. 1.10) wird die Kooperationsaktivität aufgenommen und die Verantwortung von der Unternehmensführung an die (Projekt-)Leitung der Kooperation übergeben. Die Herausforderung hierbei ist es, die strategisch geplante Zusammenarbeit auf die operativen Kooperationsaktivitäten abzuleiten und diese, ebenso wie die Kooperationsziele, im Handeln der Mitarbeiter zu verankern. Das CXP-Workshop-Konzept unterstützt die Kooperation in der Sensibilisierungsphase, um den beschriebenen Verantwortungs- und Fokuswechsel nachhaltig positiv zu beeinflussen.

Ziel

Hintergrund jeder Kooperation ist der Umstand, dass ein Kooperationsziel durch ein Einzelunternehmen nicht oder nur deutlich schlechter erreicht werden kann als durch die Zusammenarbeit der Kooperationspartner (Behle 2009). Daher ist für den Erfolg von Kooperationen und Kooperationsprojekten eine durchgängige Prozessorientierung elementar. Die Beteiligten müssen bei der Erstellung ihrer Leistungen stets auch die Auswirkungen auf andere Kooperationspartner und die Gesamtleistung berücksichtigen. Schon innerhalb einer Organisation stellt eine durchgängige Prozessorientierung eine große Herausforderung an die Aufbauorganisation und jeden einzelnen Mitarbeiter dar (Becker 2012). Die Gründe hierfür sind unter anderem:

- Konkurrenz zwischen individuellen Zielen und Prozesszielen
- Fehlende Informationen aus vor- und nachgelagerten Prozessschritten
- Fehlende Zusammenarbeit zwischen den Prozessschritten
- Unkenntnis über die Auswirkungen des eigenen Handelns auf den Prozess (Becker 2012)

Diese wirken in Kooperationen noch wesentlich stärker gegen die Prozessorientierung, da nicht nur Abteilungs-, sondern Unternehmensgrenzen die einzelnen Prozessschritte trennen. Zusätzlich unterscheiden sich die Informations- und Kommunikationsprozesse und -mechanismen zwischen den Unternehmen, sodass eine bedarfsgerechte Versorgung mit Informationen über die Kooperation nur sehr schwer realisiert werden kann (Zentes 2005).

Die Workshops in der Sensibilisierungsphase fokussieren daher auf den Informationsaustausch innerhalb der Kooperation und dienen der *Sensibilisierung der Kooperationspartner für die Bedeutung des Informationsaustauschs*. Die Akteure werden dabei einerseits auf die Bedeutung der Informationen für ihre eigenen Aufgaben als auch auf die Auswirkungen sensibilisiert, die eine nicht, falsch oder unvollständig bereitgestellte Information verursacht.

Methoden und Werkzeuge

Moderation mithilfe von verschiedenen Techniken

Zur Erreichung der festgelegten Ziele der Sensibilisierungsphase werden mehrere Methoden verwendet. Durch eine durchgängige Moderation wird sichergestellt, dass die Phasenziele stets im Fokus der Teilnehmer bleiben. Dabei werden z. B. die Erwartungen der Teilnehmer durch kurze Befragungen ermittelt, um diese als Leitlinien für die Diskussionsführung zu verwenden.

Die Priorisierung einzelner Workshop-Inhalte durch die Teilnehmer über Umfragen (offen oder anonym) hilft dabei, die Teilnehmer auf ein gemeinsames Ziel auszurichten, und kann außerdem verwendet werden, um beispielsweise bestehende Lücken im Informationsfluss zu identifizieren.

Die Auswirkungen von solchen Informationslücken kann den Teilnehmern durch Befragungen und die Verwendung von Fallbeispielen verdeutlicht werden. Die Teilnehmer werden hier z. B. aufgefordert, ihre eigenen Erfahrungen zu berichten, die gezielt durch Fallbeispiele auf anderen Bereichen oder Erzählungen aus anderen Workshops durch den Moderator angereichert werden. Zur Festigung werden die wesentlichen Auswirkungen gemeinsam gesammelt und visualisiert.

Gruppenarbeit

Um ein gemeinsames Verständnis der Teilnehmer für das Kooperationsziel zu erreichen, beginnt der Workshop mit einer Gruppenarbeit. Diese erste Übung wird durch eine Vorstellung der Kooperation durch ausgewählte Führungskräfte eingeleitet, die an der Initiierung der Kooperation beteiligt waren und die Bedeutung der Kooperation und damit der Workshops herausstellen. Die Teilnehmer beantworten anschließend ihrerseits in kleinen, arbeitsfähigen Gruppen von 3 bis 5 Teilnehmern Fragen zum Hintergrund und Umfang der Kooperation.

Die konkreten Fragen ergeben sich individuell aus der Kooperation bzw. deren Struktur, haben aber das Ziel, dass die Teilnehmer sich über den Kooperationshintergrund austauschen. Auch das Kennenlernen der Teilnehmer ist Ziel der ersten Gruppenarbeit, um so den zukünftigen Informationsaustausch innerhalb der Kooperation zu unterstützen. Daher ist bei der Zusammenstellung der Gruppen darauf zu achten, diese möglichst organisations- und bereichsübergreifend zu bilden. Die Ergebnisse werden anschließend präsentiert und in einer angeleiteten Diskussion zwischen den Teilnehmern abgestimmt.

Ergebnisse

Kennenlernen der Kooperationspartner

Das Kennenlernen der Akteure innerhalb der Kooperation bildet die Grundlage für die prozessorientierte Zusammenarbeit. Die Projektleiter lernen sich in den Sensibilisierungs-Workshops kennen und machen in den Gruppenarbeiten erste Erfahrungen mit der Zusammenarbeit. Dieser erste Austausch reduziert in der späteren Kooperationsdurchführung die Widerstände und Grenzen zwischen den Beteiligten und ist daher explizit gewünscht und sollte gefördert werden. Nach den Sensibilisierungs-Workshops wissen alle Beteiligten, mit wem sie in welcher Konstellation zusammenarbeiten. Sie kennen die Vorerfahrungen der anderen Teilnehmer und können diese so besser einschätzen.

Verständnis für den Austausch von Informationen ist geschaffen

Den Akteuren wird vermittelt, dass der Informationsfluss in der Kooperation von dem Tun und Unterlassen jedes Einzelnen abhängt. Sie erhalten Transparenz darüber, an welchen Stellen im Prozess die von ihnen bereitgestellte Information verwendet oder benötigt wird. Dieses Wissen erleichtert den Akteuren einerseits, selbst zu entscheiden, wem sie wann welche Information bereitstellen müssen, und fördert außerdem das Verantwortlichkeitsgefühl für die Leistung der gesamten Kooperation. Die Teilnehmer haben nach dem Sensibilisierungs-Workshop verstanden, dass jeder einzelne eine wichtige Rolle im Kooperationsprozess wahrnimmt und die Kooperationsleistung durch sein Tun oder Unterlassen sowohl positiv als auch negativ beeinflussen kann.

1.2.2.2 Geschäftsmodell-Workshop

In der Phase der Fokussierung werden die ersten Kooperationsstrukturen entwickelt und von den Projektleitern, die an der Sensibilisierungsphase teilgenommen haben, zusammen mit einem Moderator dokumentiert. Die Phase der Fokussierung teilt sich in zwei Workshops auf – den Geschäftsmodell-Workshop und den Ordnungsrahmen-Workshop (vgl. Abb. 1.11).

Basis der Kooperationsplanung ist die gemeinsame Vorstellung über das spätere Produkt. Um diese Vorstellung zu entwickeln, können unterschiedliche Methoden (beispielsweise das *Design Thinking*) verwendet werden, die jedoch nicht Gegenstand dieses Buches sind. Im Geschäftsmodell-Workshop wird mithilfe unterschiedlicher Methoden und Werkzeuge das Geschäftsmodell dokumentiert.

Abb. 1.11 Inhalte des Geschäftsmodell-Workshops in der Phase Fokussierung

Ziel

Das Geschäftsmodell ist essenziell für ein Unternehmen, da es die Zusammenhänge und Ziele eines Unternehmens strukturiert auflistet (Burkhart 2011). Bei einer Kooperation von verschiedenen Unternehmen sind darüber hinaus ein definiertes Ziel und die Definition der Zusammenarbeit entscheidend, da jedes Unternehmen zusätzlich individuelle Ziele verfolgt. Die Dokumentation des Geschäftsmodells der Kooperation ist nach der Sensibilisierung der Unternehmen ein wichtiger Schritt, damit ein *einheitliches Verständnis des Geschäftsmodells* entsteht. Zudem wird das Umfeld der Kooperation beschrieben, was als Vorbereitung für die weiteren Schritte in der Planung notwendig ist.

Methoden und Werkzeuge

Geschäftsmodellanalyse zum Beispiel mithilfe des Business Model Canvas

Um ein Geschäftsmodell zu dokumentieren, existieren viele verschiedene Methoden. Die Business Model Generation erlaubt eine Beschreibung, Gestaltung, Erprobung, Erfindung und Veränderung der darauf angewandten Geschäftsmodelle. Sie dient dazu, die Hauptmerkmale für die Wertschöpfung der Kooperation zu veranschaulichen und sich auf diese zu konzentrieren (Osterwalder, Pigneur 2010).

An der Erstellung des Geschäftsmodells sind die Projektleiter der verschiedenen Unternehmen beteiligt. Um das optimale Ergebnis zu erzielen, gibt es einen Moderator, der die Beteiligten durch den Workshop führt und die Informationen, die nötig sind, um das Geschäftsmodell zu erstellen, erfragt:

- Welche Kundensegmente soll die Kooperation bedienen?
- Welche Kundenprobleme und Kundenbedürfnisse sollen befriedigt werden?
- Wie werden die Kundensegmente erreicht?
- Wie wird die Beziehung zu den Kundensegmenten aufrechterhalten?
- Wie generiert die Kooperation Umsatz?
- Was sind die Schlüsselressourcen der Kooperation
- Was sind die Schlüsselaktivitäten der Kooperation?
- Was sind die Schlüsselpartner der Kooperation?
- Welche Kosten entstehen innerhalb der Kooperation?

Nachdem das Geschäftsmodell der Kooperation definiert und dokumentiert ist, überprüft der Moderator zusammen mit den Anwesenden die Vollständigkeit des Geschäftsmodells.

Darstellung des Geschäftsmodells mithilfe von Comics

Das Verwenden von illustrativen Comics bietet insbesondere für den Geschäftsmodell-Workshop unterschiedliche Unterstützungspotenziale wie z. B. eine allgemeinverständliche Darstellung von Inhalten. Da das Visualisieren der Elemente eines Geschäftsmodells den Prozess des Verstehens unterstützen kann, ergeben sich hier Potenziale für die Verwendung von Comics. Comics ermöglichen das Darstellen von z. B. Kooperationsakteuren, Kooperationsaufgaben oder Kooperationsergebnissen auf einer abstrakten (allgemeinen) Ebene.

Ergebnisse

Dokumentiertes Geschäftsmodell der Kooperation

Im Gegensatz zu einem einzelnen Unternehmen sind an einer Kooperation mehrere Unternehmen beteiligt, wobei jedes individuelle Interessen in die Kooperation einbringen will. Aus diesem Grund ist es wichtig, dass die Verantwortlichen in der Sensibilisierungsphase erfahren haben, dass das Teilen von Informationen und die Zusammenarbeit mit den Partnern essenziell für das Funktionieren der Kooperation sind. Das dokumentierte Geschäftsmodell legt die gemeinsamen Ziele, Werte und Ergebnisse für alle folgenden Kooperationsaktivitäten fest.

1.2.2.3 Ordnungsrahmen-Workshop

Aufbauend auf dem Geschäftsmodell wird der Ordnungsrahmen erstellt, der die Prozesse aus dem Strategischen Management und dem Controlling, die Kernprozesse der Kooperation, und die Supportprozesse beinhaltet. In dem Ordnungsrahmen-Workshop, der den zweiten Teil der Fokussierung darstellt (vgl. Abb. 1.12), geht es vor allem darum, den wertschöpfenden Prozess in mehrere Kernprozesse zu teilen und die Verantwortlichkeiten bei diesen Kernprozessen zu definieren.

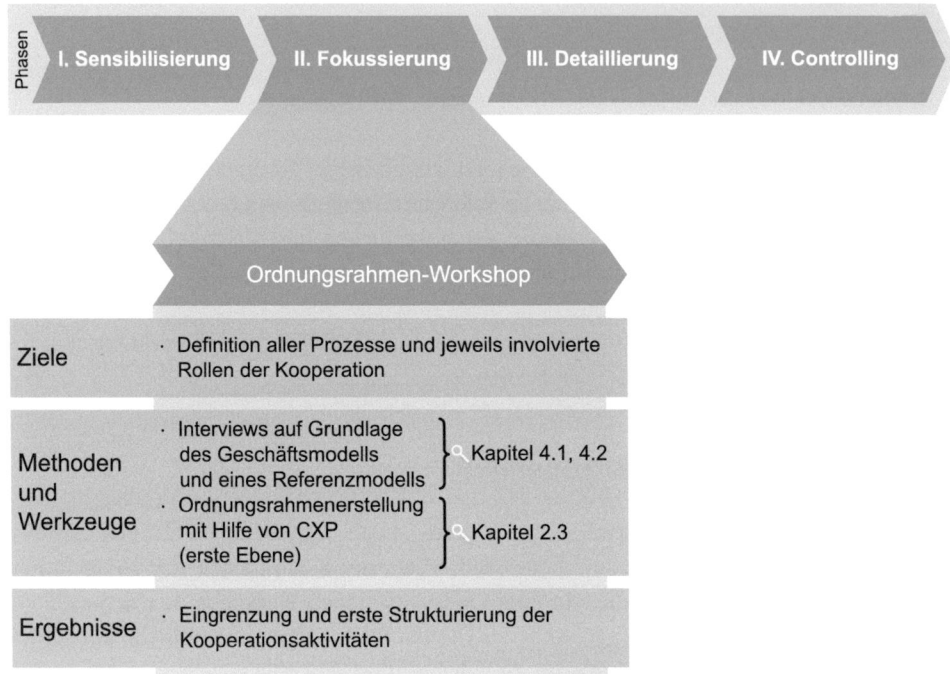

Abb. 1.12 Inhalte des Ordnungsrahmen-Workshops in der Phase Fokussierung

Ziel

Mithilfe des Ordnungsrahmens werden die Prozesse, die innerhalb der Kooperation nötig sind, strukturiert. Er bietet einen Überblick über die notwendigen Elemente und Beziehungen der Kooperation auf einer hohen Abstraktionsebene. Der Nutzen des Ordnungsrahmens ist die schnelle Übersicht über die darunterliegenden detaillierten Prozesse und die Beziehungen, die diese untereinander verbindet (Meise 2001).

Eine Kooperationen besteht aus mehreren Unternehmen, die miteinander agieren, um beispielsweise ein Produkt zu erstellen. Die Koordination der Prozesse ist komplex, da zusätzlich Kunden oder andere Rollen an den Prozessen beteiligt sind. Das Ziel im Workshop zum Ordnungsrahmen ist die *Definition aller Prozesse und der jeweils involvierten Rollen der Kooperation*.

Methoden und Werkzeuge

Interviews auf Grundlage des Geschäftsmodells und eines Referenzmodells

An der Erstellung des Ordnungsrahmens sind die Projektleiter der verschiedenen Unternehmen beteiligt. Um das optimale Ergebnis zu erzielen, gibt es zusätzlich einen Moderator, der die Beteiligten durch den Workshop führt und die Informationen, die nötig sind, um den Ordnungsrahmen zu erstellen, erfragt. Der Interviewer befragt hierbei nicht nur eine Person, sondern alle Projektleiter der beteiligten Unternehmen.

Aufgrund ihrer Bedeutung werden die Kernprozesse der Kooperation zuerst betrachtet. Um die Kernprozesse zu modellieren, fordert der Moderator die Projektleiter auf, aus ihrer Sicht zu schildern, wie die Kooperation ablaufen soll. Als Hilfsmittel wird hierbei das Geschäftsmodell genutzt, das in dem Geschäftsmodell-Workshop erstellt wurde. Nachdem so ein erster Eindruck über den konkreten Ablauf der Kooperation entstanden ist, werden die Kernprozesse mithilfe der folgenden Fragen strukturiert:

- Welche Rollen sind an diesem Kernprozess beteiligt?
- Wer initiiert diesen Kernprozess?
- Welche Informationen werden durch den Initiator versendet?
- Wer sendet die letzte Information in diesem Kernprozess?
- Welche Information wird als letztes versandt?

Bei der Modellierung des Ordnungsrahmens kann auch ein Referenzmodell als Unterstützung genutzt werden. Möchte die Kooperation beispielsweise im Bereich der Baubranche tätig werden, so sollte überprüft werden, ob in diesem Bereich Referenzmodelle existieren, die verwendet werden können. Auf der Grundlage des Referenzmodells kann dann auf effektive Weise ein passendes Modell für die Kooperation erstellt werden.

Details hierzu werden in den Kapiteln 4.1, 4.2, 5.2 erläutert.

Ordnungsrahmenerstellung mithilfe von CXP (erste Ebene)

Bei der Modellierung des Ordnungsrahmens ist zu beachten, dass jedes an der Kooperation beteiligte Unternehmen ein eigenes Kerngeschäft hat und die dokumentierten oder nicht dokumentierten individuellen Prozesse berücksichtigt werden. Die Kooperationsprozesse müssen

1. die Wertschöpfung der Kooperation unterstützen,
2. möglichst an die Prozesse der Unternehmen angelehnt sein.

Die Planung beginnt beim Ordnungsrahmen, daher ist es wichtig, schon bei dessen Erstellung zusammenzuarbeiten. Durch die gemeinsame Erstellung der Kooperationsprozesse wird eine hohe Akzeptanz der geplanten Prozesse erreicht.

Der Ordnungsrahmen soll die Prozesse der Kooperation strukturieren und besteht aus folgenden drei Teilen:

- Prozesse aus dem strategischen Management und Controlling
- Kernprozesse der Kooperation
- Supportprozesse

Prozesse aus dem strategischen Management und Controlling dienen der Steuerung der Kooperation. Die Kernprozesse bilden den Schwerpunkt der Kooperation, da sie die Wertschöpfung strukturieren. Supportprozesse sind unterstützende Prozesse, die keinen direkten Nutzen für den Kunden generieren, aber die Kooperation bei den Kernprozessen unterstützen. Die Prozesse aus dem strategischen Management und Controlling und Supportprozesse werden ober-, beziehungsweise unterhalb der Kernprozesse der Kooperation angeordnet und nur namentlich genannt. Details hierzu werden in Kapitel 2.3 erläutert.

Ergebnisse

Eingrenzung und erste Strukturierung der Kooperationsaktivitäten

Durch die Definition des Ordnungsrahmens wird den Prozessen der Kooperation eine Struktur gegeben. Der Ordnungsrahmen dient als Inhaltsverzeichnis für die in den kommenden Prozessmodellierungs-Workshops zu modellierenden Prozesse. Zudem bietet er einen Überblick über die Kernprozesse der Kooperation und stellt durch die Informationen über die Rollen und der initiierenden und beendenden Informationsobjekte die Zusammenhänge der Kernprozesse dar.

1.2.2.4 Prozessmodellierungs-Workshop

In der Phase der Detaillierung (vgl. Abb. 1.13) werden die Strukturen, die in der Fokussierungsphase definiert wurden, detailliert. Als Ergebnis aus den vorherigen Phasen liegt den Mitarbeitern das Geschäftsmodell vor. Weiterhin wurde der Ordnungsrahmen auf der Basis des Geschäftsmodells erstellt und dient als Grundgerüst für die Detaillierung der Prozesse.

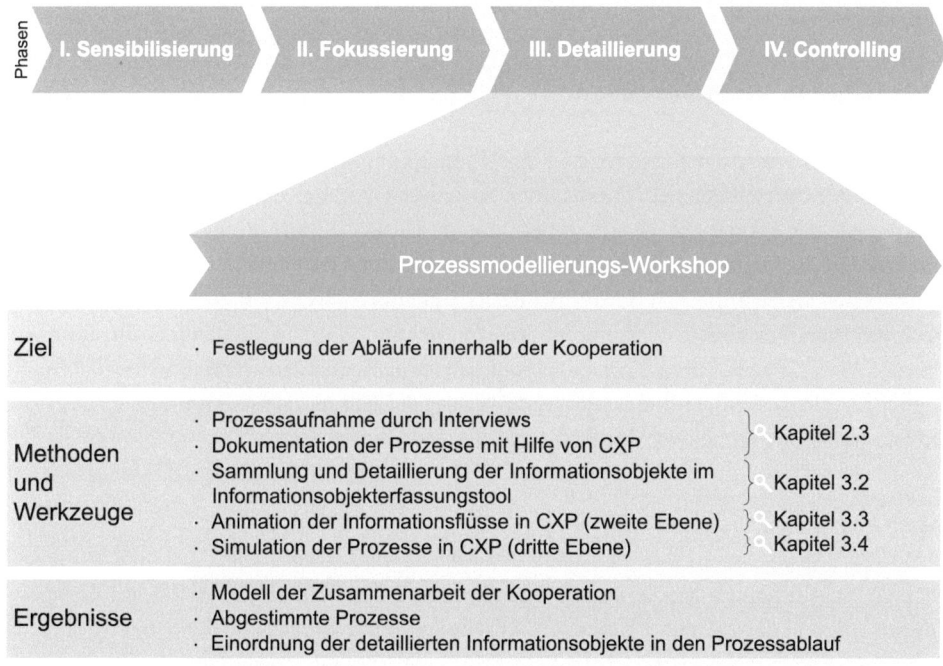

Abb. 1.13 Inhalte des Prozessmodellierungs-Workshops in der Phase Detaillierung

In dieser Phase werden Teilnehmer ausgewählt, die die Mitarbeiter repräsentieren, die später die Prozesse in der Kooperation bearbeiten.

Ziel

Das Ziel der Prozessmodellierungs-Workshops ist es, die *Abläufe innerhalb der Kooperation festzulegen.* Am Ende der Prozessmodellierungs-Workshops soll eine Dokumentation der Kooperationsszenarien und Kernprozesse erstellt sein. Die Kooperationsszenarien geben einen optimalen Fluss der Informationsobjekte unter den Kooperationspartnern an und die Prozesse liefern zusätzlich Informationen über Schleifen oder Verzweigungen im Ablauf.

Informationsobjekte spielen in Kooperationen eine wesentliche Rolle. Sie sind die Nachrichten, die zwischen den Unternehmen ausgetauscht werden. Der Umfang eines Informationsobjekts ebenso wie die Art der Übermittlung kann dabei sehr unterschiedlich sein. Ein Informationsobjekt kann sowohl ein Anruf sein, der auf einen Termin hinweist oder in dem eine Information abgefragt wird, als auch die CAD-Zeichnung eines Gebäudes, die via E-Mail an mehrere Kooperationspartner versandt wird. Damit keine unnötigen Rückfragen während der Durchführung der Kooperation entstehen, müssen die Informationsobjekte den Kooperationsaktivitäten zugeordnet und genau definiert werden.

Methoden und Werkzeuge

Prozessaufnahme durch Interviews

Bei der Modellierung der Kernprozesse der Kooperation arbeiten die fachverantwortlichen Mitarbeiter der verschiedenen Unternehmen zusammen. Um das optimale Ergebnis zu erzielen, gibt es einen Moderator, der die Beteiligten durch den Workshop führt und die Informationen, die nötig, sind um die Kenprozesse der Kooperation zu modellieren, erfragt.

Als erstes werden die von den Projektleitern identifizierten Kernprozesse der Kooperation hinterfragt. Hierdurch wird eine Diskussion erzeugt, die das Verständnis für die Kernprozesse erhöht. Die Kernprozesse sollen nicht zwingend verändert werden, wobei dies auch möglich ist. Hauptsächlich findet eine Detaillierung der Kernprozesse mithilfe der CXP-Modellierungssprache durch den Moderator und die Teilnehmer statt.

Dokumentation der Prozesse mithilfe von CXP

Der erste Schritt bei der Modellierung der Prozessdetailmodelle besteht darin, die Kooperationsszenarien in der zweiten Ebene der CXP-Modellierungssprache anzulegen. Hierzu wird ein Kernprozess aus der ersten Ebene ausgewählt, der modelliert werden soll. Es empfiehlt sich, mit dem Kernprozess zu beginnen, mit dem auch die Wertschöpfung beginnt. In der Phase der Fokussierung wurde dieser schon benannt und die beteiligten Rollen bestimmt. Da die Definition durch die Projektleiter durchgeführt wurde und in der Phase der Detaillierung die Mitarbeiter anwesend sind, kann eine Veränderung der Rollen vorgenommen werden, wenn dies nötig sein sollte.

Um diese Modellierung durchzuführen, werden vom Moderator für jedes Kooperationsszenario iterierend folgende Fragen gestellt (vgl. Abb. 1.14):

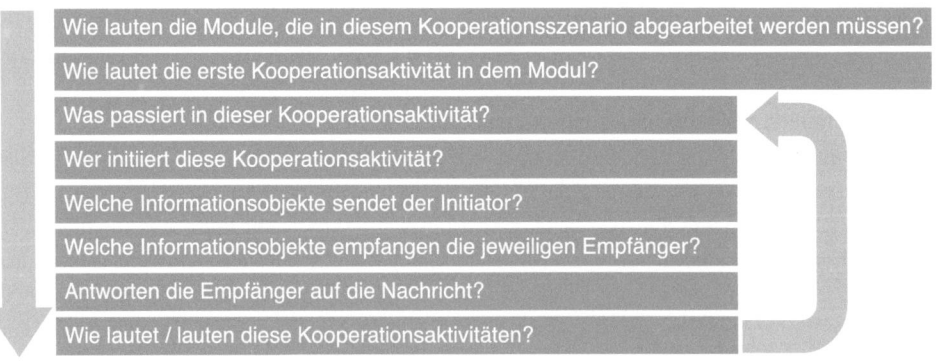

Abb. 1.14 Exemplarisches Vorgehen des Moderators zur Erstellung von Ebene 2

Nachdem das Kooperationsszenario definiert wurde, muss das Prozessdetailmodell erstellt werden. Mit dem Cooperation Manager werden auf der dritten Ebene die Kernprozesse mit einem Choreografiediagramm visualisiert. Das Choreografiediagramm beinhaltet zusätzliche Informationen, kann aber in einer ersten Version automatisiert aus der zweiten Ebene erstellt werden. Die Modellierung kann alternativ zum Cooperation Manager auch mit *icebricks* erfolgen. Dies ist detailliert in Kapitel 3.1 beschrieben.

Animation der Informationsflüsse in CXP (zweite Ebene)

Da die zweite Ebene bei vielen Interaktionen dazu neigt, unübersichtlich zu werden, wurde an einem Konzept gearbeitet, das die Interaktionen Schritt für Schritt anzeigt. Es gibt zwei Varianten, wie die Animation der Pfeile durchgeführt werden kann. Mithilfe der Animationstaste werden alle Pfeile ausgeblendet und dann nach und nach automatisch in der Reihenfolge, in der die Aktivitäten später durchgeführt werden, eingeblendet. Alternativ kann der Benutzer die „Schritt für Schritt"-Variante wählen, in der alle Pfeile ausgeblendet werden und der Benutzer per Mausklick den nächsten Pfeil einblenden oder den vorherigen ausblenden kann. Mithilfe dieser Animation soll es dem Benutzer leichter gemacht werden, die Übersicht in der zweiten Ebene zu bewahren.

Sammlung und Detaillierung der Informationsobjekte im Informationsobjekterfassungstool

Die Informationsobjekte, die in den Kooperationsszenarien zwischen den Kooperationspartnern ausgetauscht werden, werden nicht nur namentlich genannt, sondern können auch mithilfe des CXP-Informationserfassungstools weiter detailliert werden.

Um die Informationsobjekte zu modellieren ist ein erheblicher Aufwand nötig, da auf der einen Seite meist sehr viele Informationsobjekte in einer Kooperation involviert sind und auf der anderen Seite der Umfang eines Informationsobjektes erheblich sein kann. Aus diesem Grund ist es nur möglich, die Informationsobjekte in dem Prozessmodellierungs-Workshop zu benennen, aber nicht, diese detailliert zu modellieren. Die Modellierung der Informationsobjekte findet im Anschluss in Eigenarbeit der Mitarbeiter der Unternehmen statt. Das CXP-Informationsobjektmodellierungstool kann bei der detaillierten Definition der Informationsobjekte unterstützend helfen.

Simulation der Prozesse in CXP (dritte Ebene)

Mithilfe der Simulationsumgebung (T-Wiki) werden die erarbeiteten Prozesse auf praktische Art für die Kooperationspartner verständlich gemacht. Das Ziel ist es, die Prozesse nicht nur als grafische Modelle zu präsentieren, sondern die spätere Zusammenarbeit zu simulieren und einen ersten Eindruck über die Arbeitsweise in der Kooperation für die Kooperationspartner zu erreichen. Da die Aktionen, die in der Simulationsumgebung durchgeführt werden müssen, mit den Prozessmodellen übereinstimmen, können die Kooperationspartner zusätzlich überprüfen, ob die Prozesse richtig geplant wurden oder ob weitere Anpassungen erforderlich sind. Die Prozesse werden so von den Kooperationspartnern verstanden und sind abgestimmt. Die CXP-App kann zusätzlich in den Workshops eingesetzt werden, um die Kooperationen erfahrbar zu machen. Details hierzu sind in Kapitel 3.5 dargestellt.

Ergebnisse

Modell der Zusammenarbeit der Kooperation

Mit dem Abschluss der Prozessmodellierungs-Workshops ist das Modell der Zusammenarbeit der Kooperation fertiggestellt. Dieses umfasst drei Ebenen:

- Ebene 1: Ordnungsrahmen
- Ebene 2: Kooperationsszenarien
- Ebene 3: Prozessdetailmodelle und detaillierte Informationsobjekte

Die Inhalte der drei Ebenen greifen ineinander über und sind aufeinander abgestimmt.

Abgestimmte Prozesse

Abgestimmte Prozesse in einem Unternehmen sind wichtig, um die Arbeit zwischen mehreren Mitarbeitern und Abteilungen zu organisieren. Bei Kooperationen sind nicht nur unterschiedliche Mitarbeiter und Abteilungen involviert, sondern unterschiedliche Unternehmen, die unterschiedliche IT-Systeme nutzen, was die prozessorientierte Zusammenarbeit zusätzlich erschwert. Aus diesem Grund ist es wichtig, dass alle Kooperationspartner die Prozesse verstanden haben und diese unterstützen. Hierzu wird in der CXP-Modellierungssprache nicht nur die grafische Darstellung der Prozesse genutzt (Kapitel 2.3), sondern zusätzlich auch noch die Simulationsumgebung (T-Wiki, Kapitel 3.4).

Einordnung der detaillierten Informationsobjekte in den Prozessablauf

Bei der Modellierung der Prozesse werden die Informationsobjekte, die in der Kooperation zwischen den Kooperationspartnern ausgetauscht werden, den korrekten Kooperationsszenarien zugeordnet. Hierbei ist es wichtig, nicht nur die Namen der Objekte zu definieren, sondern anschließend den Inhalt des Informationsobjektes zu spezifizieren. Sollte beispielsweise für eine CAD-Zeichnung nicht genau spezifiziert sein, welche Informationen abgebildet sein müssen, so kann der Empfänger unter Umständen erst nach Rückfrage beim Sender weiterarbeiten, wodurch der Prozess aufgehalten wird. Die Detaillierung der Informationsobjekte ist sehr aufwendig, aber für den reibungslosen Ablauf der Kooperation notwendig.

1.2.2.5 Controlling-Workshop

Nachdem die Kooperation in der Detaillierungsphase geplant und die Prozesse innerhalb der Kooperation abgestimmt wurden, können diese in den Unternehmen etabliert werden. Entsprechend dem Ansatz der kontinuierlichen Verbesserung, der über das Phasenkonzept integriert wurde, wird der Prozess während der Kooperationslebensdauer laufend überwacht und ggf. angepasst. Das bedeutet, dass die geplanten Kooperationsaktivitäten zur Erreichung des Kooperationsziels mit den tatsächlich durchgeführten verglichen, Abweichungen festgestellt und analysiert werden. Diese der Planung folgenden Aktivitäten werden in der Phase Kooperationscontrolling (vgl. Abb. 1.15) zusammengefasst.

Die in den vorangegangenen Phasen vorgestellten Werkzeuge und Methoden der Kooperationsplanung können auch im Kooperationscontrolling unterstützen. So ist es möglich, mithilfe der für die Modellierung genutzten Werkzeuge jederzeit die einzelnen Prozesse zu visualisieren und so einen detaillierten Überblick über die im Folgenden geplanten Aktivitäten und Prozessschritte zu erhalten. Jeder Akteur ist somit selbst in der Lage, den gemeinsam geplanten Austausch der Informationsobjekte vor der Durchführung der einzelnen Prozessschritte zu visualisieren und die Informationsbereitstellung entsprechend der Kooperationsplanung sicherzustellen. Änderungen und Verbesserungen der Prozesse müssen jedoch grundsätzlich mit allen Kooperationspartnern abgestimmt und durch die Projektleitung begleitet werden, damit die Akzeptanz der Beteiligten bei Änderungen gleichbleibend hoch ist und die korrekte Informationsbereitstellung auch bei Veränderungen jederzeit sichergestellt ist.

Abb. 1.15 Inhalte des Controlling-Workshops in der Phase Controlling

Ziel

Die Steuerung der Kooperation über deren gesamte Lebensdauer zielt auf die nachhaltige *Steigerung der Effizienz der Kooperation* ab, wodurch das Ergebnis der Kooperation positiv beeinflusst wird.

Insbesondere bei langfristigen Kooperationen und solchen, die in einem volatilen Umfeld aktiv sind, können sich die Planungsprämissen während der Kooperationsdauer verändern. Aber auch in einem augenscheinlich konstanten Kooperationsumfeld können sich im Laufe der Kooperationsaktivitäten Änderungen ergeben. Ursachen hierfür sind beispielsweise:

- Veränderte Marktanforderungen
- Geänderte Akteure
- Neue Restriktionen für das Produkt oder den Produkterstellungsprozess
- Abweichungen zur Ursprungsplanung

In funktionierenden Kooperationen werden die Abweichungen in der Regel von den fachlich verantwortlichen Mitarbeitern bemerkt und die Aktivitäten entsprechend angepasst. Dies führt jedoch dazu, dass die tatsächlichen Prozesse nicht mehr den vorab geplanten entsprechen und ein Optimum im Zusammenspiel aller Prozesse evtl. nicht mehr gegeben ist. Ein besseres Vorgehen im Umgang mit Abweichungen ist eine Anpassung der Planung, um die Effizienz der Kooperation unter variablen Gegebenheiten zu gewährleisten.

Methoden und Werkzeuge

Prozesseinhaltungscheck mithilfe von CXP-Werkzeugen

Um eine strukturierte kontinuierliche Verbesserung der Kooperationsprozesse an die Stelle kleiner Ad-hoc-Prozessänderungen zu setzen, werden sogenannte Prozesseinhaltungschecks mit den Teilnehmern durchgeführt. Hierfür werden die ursprünglich geplanten Prozesse mithilfe der CXP-Werkzeuge erneut visualisiert und Abweichungen zu den tatsächlich durchgeführten Prozessen festgehalten. Die Ist-Prozesse können dabei entweder durch Beobachtung und/oder Befragung einzelner Mitarbeiter ermittelt oder innerhalb eines Workshops gemeinsam mit allen Beteiligten erarbeitet werden. Auch wenn das Vorgehen über Workshops zeitaufwendiger ist, sollte es aufgrund der zu erwartenden höheren Akzeptanz der Mitarbeiter gegenüber der Beobachtung bevorzugt bzw. mit dieser kombiniert werden. Idealerweise verfügt der Moderator der Workshops über ausreichende Kenntnisse der Ist-Prozesse, sodass eine kritische Diskussion möglich ist und durch den Moderator angeregt werden kann.

Die Ergebnisse der Prozesseinhaltungschecks sind die Grundlage für zwei Verbesserungsmaßnahmen:

1. Sensibilisieren und Nachschulen der Mitarbeiter
2. Offenlegen und Übernehmen von Best Practices

Welche der beiden Maßnahmen im Falle einer festgestellten Abweichung durchgeführt wird, ergibt sich aus der Abweichung und deren Ursache.

Abweichungs- und Ursachenanalysen

Nachdem Abweichungen festgestellt wurden, ist es daher sinnvoll und notwendig, mit Abweichungsanalysen den Grund für das Auftreten zu bestimmen (Wöltje 2011). Hierfür eignen sich beispielsweise Werkzeuge zur Ursachenanalyse aus dem Kaizen wie Ishikawa-Diagramme, 5-Why-Methode etc. (Bruhn 2013). Deren Ziel ist es, durch wiederholtes Nachfragen oder Betrachtung aller Einflussfaktoren des Prozesses die tatsächliche Ursache der Veränderung zu bestimmen, damit dieser gezielt optimiert werden kann und verhindert wird, dass nur die Auswirkungen (Symptome) im Prozess durch die abgeleiteten Maßnahmen beeinflusst werden.

Bei Abweichungen aufgrund von Unkenntnis oder mangelnder Information der Akteure sollte der ursprüngliche Planungszustand wiederhergestellt werden. Dies geschieht in der Regel durch Nachschulungen und regelmäßige Überprüfung der Prozesseinhaltung.

Demgegenüber gibt es auch Abweichungen, durch die die Prozesse verbessert wurden. In diesem Fall haben die Akteure während der Durchführung der Prozesse Optimierungspotenziale entdeckt und den Prozess direkt angepasst und so sein Ergebnis positiv beeinflusst. Hier würden Maßnahmen zur Wiederherstellung des ursprünglichen Planungszustands gegen eine Optimierung wirken und sollten daher vermieden werden. In diesen Fällen sollten vielmehr die Änderungen offengelegt und die Ursprungsplanung angepasst werden. Die Abweichungen werden so zum Bestandteil der Planung. Die Abweichungsanalyse kann in weiteren Schritten, beispielsweise durch die Einführung von Kooperationskennzahlen, erweitert werden.

Kennzahlenanalysen

Die Kooperationskennzahlen können dabei in den Controlling-Workshops vorgestellt und deren Entwicklung besprochen werden. Die Teilnehmer werden so nicht nur an dem Erfolg der Kooperation beteiligt, sondern entwickeln eine Vorstellung davon, wie sie diesen selbst durch ihre Arbeit beeinflussen können.

Kennzahlen stellen außerdem die Grundlage der Prozesssteuerung dar. Durch sie werden Prozesse messbar, sodass Änderungen oder Abweisungen vom Plan sichtbar gemacht werden können. Im unternehmensübergreifenden Kontext kommen dabei modifizierte Controlling-Instrumente und -Kennzahlen zum Einsatz, die den speziellen Informationsanforderungen genügen (Steven 2008). Neben klassischen Finanzkennzahlen, die in Kooperationen idealerweise aus den Finanzkennzahlen der einzelnen Akteure verdichtet werden, sind für das Kooperationscontrolling zusätzlich spezielle Kooperationskennzahlen hilfreich (Siepermann 2008). Im Folgenden werden insbesondere die Kooperationskennzahlen dargestellt, die auf den Informationsaustausch in Kooperationen fokussieren und damit den Betrachtungsschwerpunkt des CXP-Ansatzes und des Workshop-Konzepts teilen.

Siepermann hat auf Basis der derzeit existenten Ansätze eine Gestaltungsempfehlung inkl. der Auflistung geeigneter Kennzahlen formuliert. Beispielhaft genannt seien genannt:

- *Anzahl Schnittstellen pro Partner*
  Dabei sollten für eine vom Automatisierungsgrad unabhängige Aussage nicht nur System-, sondern auch organisatorische Schnittstellen berücksichtigt werden.

- *Informationsaustauschquote*
  Die auch als Kommunikationshäufigkeit zu findende Kennzahl wird aus den Faktoren Anzahl der Kommunikationskanäle und Frequenz deren Nutzung ermittelt (Reichl 2001). Entsprechend kann se auch für verschiedene Kanäle separat ermittelt werden, um eine zielgerichtete Steuerung zu ermöglichen.

- *Informationsverfügbarkeitsgrad*
  Die Informationsverfügbarkeit ist dann besonders hoch, wenn die Zugriffsmöglichkeit auf Informationen gewährleistet ist und diese möglichst umfassend bereitgestellt werden (Reichel 2001).

- *Verflechtungsquote*
  Je nach Betrachtungsschwerpunkt ist eine hohe Verflechtungsquote beispielsweise bei vielen Vorstandsdoppelmandaten (Mellewigt 2001) oder einem hohen Anteil an

Mitarbeitern mit Kooperationsaufgaben gegeben. Darüber hinaus wäre auch die Gegenüberstellung von gemeinsam genutzten Systemen und solchen, die nur unternehmensintern verwendet werden, denkbar.

Kennzahlen bilden die Basis für eine Unterstützung des Prozesscontrollings durch Informationssysteme. Wenn Kennzahlen festgelegt und die Prozesse mit diesen bewertet wurden, können Informationssysteme eingesetzt werden, um die Einhaltung der Kennzahlen zu überwachen und z. B. bei Abweichungen aktiv zu warnen. Unabhängig davon, ob die Überwachung der Erfolgskennzahlen automatisch erfolgt, wird hierdurch sichergestellt, dass Abweichungen frühzeitig erkannt und korrigierende Maßnahmen eingeleitet werden können.

Ergebnisse

Vergleich der tatsächlichen Kooperationsaktivitäten mit den zuvor geplanten Kooperationsaktivitäten und Ursachenanalyse bei Abweichungen

Die Phase des Projektcontrollings wird durch einzelne Workshops unterstützt, die in regelmäßigen Abständen mit möglichst allen Prozessbeteiligten durchgeführt werden. Die Workshops dienen der Überprüfung der Planung, sodass am Ende jedes Controlling-Workshops ein Vergleich zwischen den geplanten und den tatsächlich durchgeführten Kooperationsprozessen erstellt ist.

Für die Einleitung zielgerichteter Maßnahmen liegen außerdem Ursachenanalysen der Abweichungen vor, die die Basis für die folgenden Steuerungsaktivitäten sind.

1.2.3 Anpassung des Workshop-Konzepts im praktischen Einsatz

Das Workshop-Konzept muss vor dem praktischen Einsatz auf der Grundlage von unterschiedlichen Parametern der Kooperation angepasst werden. Zu diesen Parametern gehört der Umfang der Projekte, die Fluktuation innerhalb der Kooperation, die Verfügbarkeit eines Referenzmodells und der Detaillierungsgrad der Modelle. Auf Basis dieser Parameter wurde ein Morphologischer Kasten (vgl. Abb. 1.16) entwickelt, der die unterschiedlichen Parameter und deren Ausprägungen beinhaltet. Der Umfang und die Dauer der einzelnen Phasen und der dazugehörigen Workshops werden von links nach rechts aufsteigend immer höher. Exemplarisch wurden die Parameter *kleiner Umfang des Projektes, moderate Fluktuation innerhalb der Kooperation, ein vorhandenes Referenzmodell* und *ein hoher Detaillierungsgrad ausgewählt*.

Parameter	Ausprägungen der Paramenter		
Umfang der Projekte	klein	mittel	groß
Fluktuation innerhalb der Kooperation	niedrig	moderat	hoch
Referenzmodell	vorhanden	teilweise vorhanden	nicht vorhanden
Detaillierungsgrad	fein	mittel	grob

Umfang/Dauer der einzelnen Phasen und Workshops →

Abb. 1.16 Morphologischer Kasten des Workshop-Konzepts

Umfang der Projekte

Vom Umfang der Projekte hängen auch die Komplexität und die Größe der Kooperation ab. Die vier unterschiedlichen Phasen können je nach Größe der Kooperation angepasst werden (vgl. Abb. 1.17).

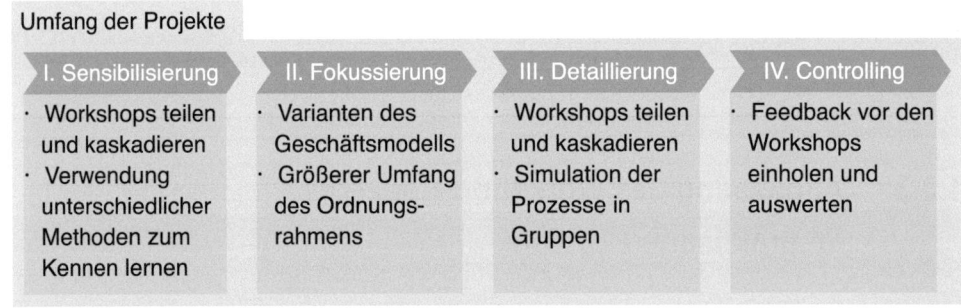

Abb. 1.17 Einfluss vom Umfang der Projekte auf die vier Phasen

Um dennoch die Kooperationspartner für die Zusammenarbeit in der Kooperation zu sensibilisieren, sollten die Vertreter der Unternehmen auf mehrere kleine Workshops aufgeteilt werden, da ein zu großer Workshop diese Sensibilisierung nicht optimal unterstützen kann. Da die Sensibilisierungsphase die Grundlage für die anderen Phasen darstellt, ist es essenziell, hier alle Unternehmen zu involvieren. In der Phase der Fokussierung werden das Geschäftsmodell und der Ordnungsrahmen definiert. Bei einer großen Kooperation kann es durchaus sein, dass mehrere Varianten eines Geschäftsmodells entstehen, die dann in mehreren Geschäftsmodell-Workshops dokumentiert werden müssen. In der Phase der Detaillierung können bei sehr vielen Kooperationspartnern eine Teilung und anschließende Kaskadierung der Ergebnisse vorgenommen werden. Hierdurch würden die Gruppen nicht zu groß und eine Diskussion so ermöglicht. Die Simulation der Prozesse sollte ebenfalls erst in den kleineren

Gruppen stattfinden. Um die Phase des Controllings durchführen zu können, sollten vor der Durchführung des Workshops die Kooperationspartner nach umgesetzten oder gewünschten Änderungen befragt werden. Hierdurch kann der Workshop besser geplant und zielgerichtet moderiert werden.

Fluktuation innerhalb der Kooperation

Sollte eine ständige Fluktuation der Kooperationspartner stattfinden, sollten die vier Phasen angepasst werden (vgl. Abb. 1.18).

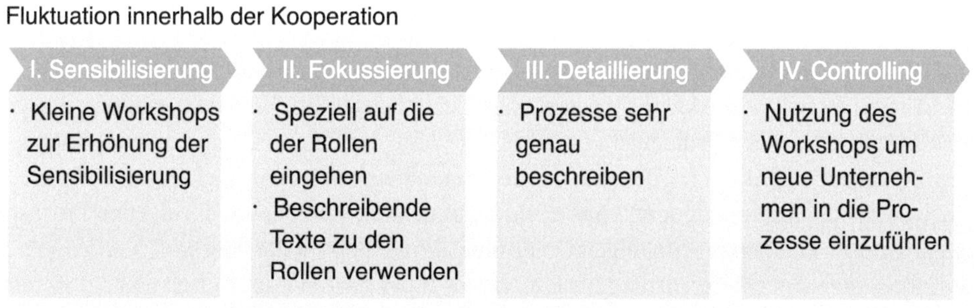

Fluktuation innerhalb der Kooperation

I. Sensibilisierung	II. Fokussierung	III. Detaillierung	IV. Controlling
· Kleine Workshops zur Erhöhung der Sensibilisierung	· Speziell auf die der Rollen eingehen · Beschreibende Texte zu den Rollen verwenden	· Prozesse sehr genau beschreiben	· Nutzung des Workshops um neue Unternehmen in die Prozesse einzuführen

Abb. 1.18 Einfluss der Fluktuation innerhalb der Kooperation auf die vier Phasen

Während der Durchführung der Kooperation sollten in regelmäßigen Abständen Workshops stattfinden, in denen die neuen Unternehmen für den Nachrichtenaustausch und das Zusammenarbeiten in der Kooperation sensibilisiert werden. Bei der Dokumentation des Geschäftsmodells und des Ordnungsrahmens sollten vor allem die Rollen nicht nur benannt, sondern auch erläutert werden, da ein neuer Kooperationspartner sich hierdurch schneller mit seiner Rolle in der Kooperation identifizieren kann. Die Prozesse, die in der Phase der Detaillierung modelliert werden, sollten sehr genau beschrieben werden, da neue Unternehmen sich in den Prozess der Kooperation schnell einfinden sollen, ohne dass ein Workshop durchgeführt werden muss. Der regelmäßige Controlling-Workshop bietet eine gute Möglichkeit, um die neuen Unternehmen in die Prozesse einzuführen und die Verständlichkeit dieser zu überprüfen.

Referenzmodell

Sollte der Kooperation ein Referenzmodell zur Verfügung stehen, das teilweise oder sogar komplett für die Modellerstellung verwendet werden kann, so steigert dies die Effizienz der Workshops (vgl. Abb. 1.19).

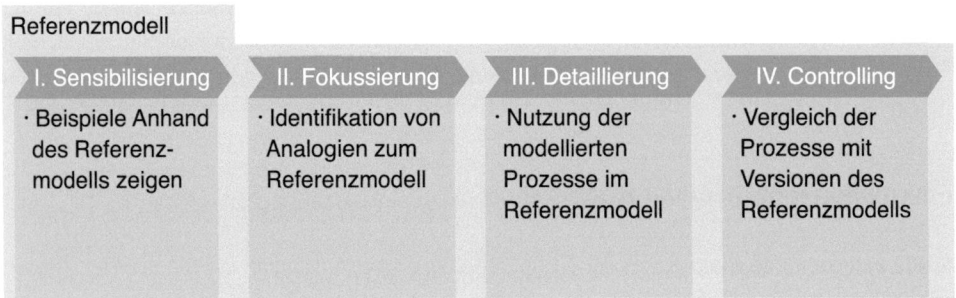

Abb. 1.19 Einfluss des Referenzmodells auf die vier Phasen

Die Workshops in der Phase der Sensibilisierung können auf der Grundlage eines Referenzmodells aufgebaut werden. Beispiele aus dem Referenzmodell unterstützen beispielsweise die Sensibilisierung der Akteure für den Informationsaustausch. Bei der Erstellung des Geschäftsmodells und des Ordnungsrahmens in der Phase der Fokussierung können Analogien identifiziert und diskutiert werden, um das Ergebnis so schneller zu erreichen. Die definierten Prozesse in dem Referenzmodell können als Input genutzt werden, um die eigenen Prozesse zu entwickeln. Bei den regelmäßigen Controlling-Workshops sollte überprüft werden, ob es neue Versionen eines Referenzmodells gibt, die als Input für Änderungsideen genutzt werden können.

Detaillierungsgrad

Der Grad der Detaillierung der einzelnen Phasen hängt von der Anwendung der Modelle ab. Dienen die Modelle nur als grobe Richtlinie, so werden die Prozesse nicht bis ins kleinste Detail ausgearbeitet. Sollten die Mitarbeiter der Unternehmen die Prozesse jedoch als detaillierte Arbeitsanweisungen nutzen, so sollte der Grad sehr hoch sein. Der Detaillierungsgrad der Modelle hat Einfluss auf jede der Phasen (vgl. Abb. 1.20).

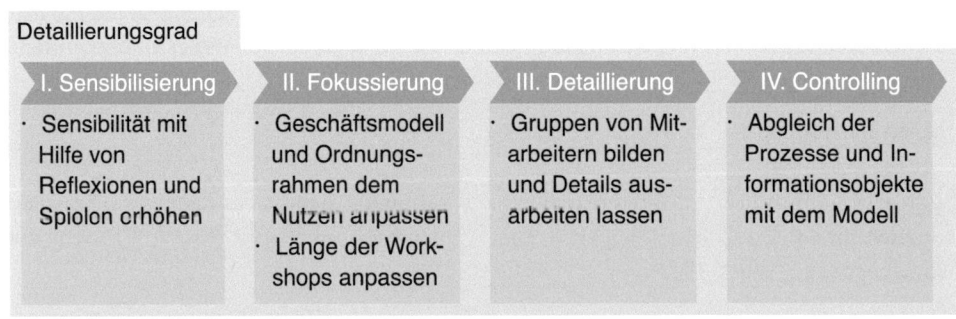

Abb. 1.20 Einfluss des Detaillierungsgrades auf die vier Phasen

Je höher der gewünschte Grad der Detaillierung ist, desto wichtiger ist es, die Kooperationspartner für die Zusammenarbeit und den Informationsaustausch zu sensibilisieren. Um dies zu erreichen, können verschiedene Spiele (vgl. Kapitel 1.2.4) in den Workshops eingebaut werden und beispielsweise eine Reflexion über das Verhalten in Kooperationen vorgesehen werden. Das Geschäftsmodell und der Ordnungsrahmen, die in der Phase der Fokussierung erstellt werden, können mithilfe von Beschreibungen detailliert werden. Zudem ist zu überlegen, wie die kooperativen Kernprozesse, die in dem Ordnungsrahmen definiert werden, untereinander abgegrenzt werden, und wie viele nötig sind, um die Wertschöpfung der Kooperation darzustellen. In der Phase der Detaillierung sollten nach den Workshops Gruppen gebildet werden, die die Prozesse hinterfragen und überlegen, ob jeder Schritt ausreichend detailliert wurde. Die Informationsobjekte sollten bei einem hohen Detaillierungsgrad auf jeden Fall genau definiert werden, was bei einem geringen Detaillierungsgrad nicht zwingend notwendig ist. In den Workshops der Controllingphase sollten bei einem hohen Detaillierungsgrad nicht nur die Prozesse, sondern auch die Informationsobjekte, die in der Kooperation verwendet werden, mit dem Modell abgeglichen werden.

1.2.4 Gamification und Serious Gaming als Weiterentwicklungsperspektiven

1.2.4.1 Spielerische Konzepte zur Wissensvermittlung

Für die Steigerung des Engagements der Teilnehmer bei allen Bestandteilen des Workshop-Konzepts können zusätzlich zu den bereits vorgestellten Methoden weitere Ansätze eingesetzt und das Konzept um diese erweitert werden. Eine mögliche Weiterentwicklungsperspektive stellt die Integration spielerischer Konzepte zur Wissensvermittlung dar. Grundsätzlich sind sowohl Ansätze aus der Gamification als auch Serious Games denkbar, jedoch bieten sich in jeder Phase unterschiedliche Konzepte besonders an.

Gamification

Gamification ist ein Ansatz, der Elemente und Mechanismen von Spielen auf nichtspielerische Aktivitäten anwendet (Stampfl 2012). Gamification lässt sich dabei beispielsweise als methodische Unterstützung für Perspektiv- und Rollenwechsel verwenden (Aichinger 2014) und eignet sich daher gut dafür, das Verständnis von Kooperationsakteuren füreinander zu verbessern.

Spielen unterstützt das neurologische Wachstum und die persönliche Entwicklung und ist damit wesentlicher Treiber für das Lernen. Spiele beeinflussen das Verhalten, aber auch durch die Einbeziehung des Spielers in den Zielerreichungsprozess. Häufig verwendete Gamification-Ansätze, die sich diesen Umstand zu eigen machen, sind beispielsweise Statusvorteile durch Flugmeilen oder visualisierte Fortschrittsanzeigen. Durch die aktive Partizipation werden sowohl Motivation als auch die spätere Akzeptanz des erreichten Ziels positiv beeinflusst (Schlager 2014). Das Sammeln von Treuepunkte beim Einkaufen oder

Flugmeilen sind Ansätze, die Interaktion für den Kunden zu einem unterhaltsamen Erlebnis zu machen. Diese Ansätze zur extrinsischen Motivation dienen der mittelbaren oder instrumentellen Bedürfnisbefriedigung (Stampfl 2012). Das Ziel (Statusmeilen, Bonuspunkte) ist in diesem Fall das Mittel zum Zweck, um beispielsweise Bonusgeschenke, Statusvorteile oder ähnliches zu erhalten (Robson 2015).

Die Anwendungen von Spielprinzipien haben auch eine soziale Komponente: Die Spieler sind vernetzt und agieren miteinander. Dies fördert den Wettbewerb, der die Menschen immer schon zu besonderen Leistungen motiviert hat (Köhler 2012). Durch die Verbreitung und Integration von Social Media und anderen web-basierenden und mobilen Anwendungen wird die soziale Komponente von Spielen und spielerischen Elementen über räumliche Distanzen hinweg ermöglicht (Gutmann 2013).

Durch Gamification wird das Cooperation Experience-Workshop-Konzept daher methodisch auf drei Ebenen unterstützt:

1. Erhöhung der intrinsischen Motivation durch Spiele und spielerische Elemente innerhalb der Workshops

2. Steigerung der extrinsischen Motivation durch spielerische Belohnungsmechanismen

3. Nutzung der sozialen Komponente für die Erreichung des primären Projektziels, die Zusammenarbeit und das Verständnis der Kooperationspartner untereinander zu verbessern

Serious Games

Im Gegensatz zur Gamification, bei dem durch spielerische Elemente eine Steigerung der Produktivität oder Effektivität in Prozessen erreicht werden soll, dienen Serious Games vor allem der Vermittlung von Wissen. Sie nutzen unterhaltende Elemente, um Informationen oder Wissen zu vermitteln, und stellen so einen Zusammenhang zwischen Lernen und Spielen her (Helm 2011).

Bekannt sind Serious Games, die nicht ausschließlich der Unterhaltung dienen, sondern zusätzlich Inhalte vermitteln sollen (Lampert 2009), vor allem aus dem Bildungsbereich. Im Rahmen des Workshop-Konzepts geht es um die grundsätzlichen Möglichkeiten von Spielen und spielerischen Elementen im Kontext von Workshops, sodass in diesem Kapitel die sonst häufig zu findende Eingrenzung auf digitale Spiele aufgehoben wird. Im Kontext von Kooperationen können Spiele genutzt werden, um den Teilnehmern Wissen und Informationen zu vermitteln. Die Teilnehmer sollen Kenntnisse darüber erlangen, welche Informationen im Kooperationsprozess auf welche Art ausgetauscht werden müssen. Daher bieten sich im Rahmen des Workshop-Konzepts insbesondere Serious Games an, mit denen die Kooperationsprozesse simuliert und den Teilnehmern so die Prozesse, aber insbesondere auch deren Interaktion verdeutlicht werden.

1.2.4.2 Anwendungspotenziale im CXP-Workshop-Konzept

Sensibilisierungsphase

Um den Akteuren zu vermitteln, dass der Informationsfluss in der Kooperation von dem Tun und Unterlassen jedes Einzelnen abhängt, ist es beispielsweise denkbar, den Workshop zu Beginn mit einem Serious Game, z. B. dem im Folgenden beschriebenen Ballspiel zu unterstützen. Dieses kann insbesondere zu Beginn eines Workshops neben der inhaltlichen Sensibilisierung auch zu einer Unterstützung der Arbeitsatmosphäre beitragen.

Das Spiel wird durch eine Befragung der Teilnehmer eingeleitet, bei der die im Prozess erzeugten Informationsobjekte ermittelt werden. Diese kann sowohl durch den Moderator zu Beginn des Workshops als auch im Vorfeld über einen Fragebogen durchgeführt werden. Zweiteres bietet sich insbesondere bei kooperationsunerfahrenen Gruppen an, um sie

1. auf die Fragestellung des Sensibilisierungs-Workshops vorzubereiten und
2. ihre Kenntnisse über den Kooperationsinhalt zu ermitteln.

Die von den Teilnehmern identifizierten relevanten Informationsobjekte werden auf Bälle aufgebracht, d. h. jeweils ein Ball wird mit einem Informationsobjekt beschriftet und dem Teilnehmer gegeben, der das Informationsobjekt im Kooperationsprozess erstmalig erzeugt. Die Teilnehmer werden dann aufgefordert, die Informationsobjekte (Bälle) entsprechend ihres tatsächlichen Flusses im Prozess über Würfe auszutauschen. Dabei wird ein Ball immer von dem Akteur ins Spiel gebracht, der die Information auch im Kooperationsprozess erzeugt. Sollte ein Akteur eine Information nicht weiterverteilen, so behält er den entsprechenden Ball, ansonsten übergibt er ihn an den Akteur, den er für den richtigen Adressaten hält. Wenn alle Bälle verteilt sind, wird von den Teilnehmern erfragt,

1. ob alle Bälle am richtigen Ort sind,
2. ob Bälle an bestimmten Stellen fehlen,
3. ob Teilnehmer Bälle hatten, die sie im Prozess nicht benötigen.

Auf diese Weise können z. B. bereits vor der detaillierten Prozessmodellierung die Schnittstellen innerhalb des Prozesses offengelegt und den Akteuren so verdeutlicht werden, welche Rolle der Austausch von Informationsobjekten insbesondere an den Schnittstellen zukommt. Der Informationsfluss wird innerhalb der Kooperation anschaulich simuliert, ohne dass alle Mitarbeiter detaillierte Kenntnis über den gesamten Kooperationsprozess haben. Die Ergebnisse zeigen den Teilnehmern auf, wie gut ihr Verständnis des Informationsflusses ist und an welchen Stellen im Prozess die einzelnen Information verwendet oder benötigt werden.

Spiele eignen sich auch dazu, die Teilnehmer in Workshops zu aktivieren und Berührungsängste in unbekannten Gruppen zu reduzieren. Durch die Nutzung von unterhaltsamen Elementen (hier einem Serious Game) wird die Atmosphäre zusätzlich positiv beeinflusst und die Zusammenarbeit zwischen den Teilnehmern gefördert.

Fokussierungsphase

In der Fokussierungsphase könnte mit spielerischen Ansätzen ein gemeinsames Teamgefühl erreicht werden. Hierfür könnten die Inhalte beispielsweise des Ordnungsrahmens über Gruppenarbeit erfolgen, wobei die Ergebnisse über ein Punktesystem bewertet werden. Die Teilnehmer spielen gegen den Spielleiter (Moderator), um keine Wettbewerbssituation zwischen den Teilnehmern zu erzeugen. Die erreichten Punkte können beispielsweise in Teamprämien (z. B. gemeinsames Abendessen) umgewandelt werden.

Ein exemplarischer Spielplan könnte folgendermaßen aussehen:

1. Die Teilnehmer benennen die Kooperationsprozesse, dabei gibt es für jeden genannten Prozess zwei Punkte.

2. Die Teilnehmer benennen die am Prozess beteiligten Akteure, die ihre Beteiligung jeweils bestätigen müssen. Korrekte Nennungen geben jeweils zwei Punkte und für falsche Nennungen wird jeweils ein Punkt abgezogen.

3. Die Gruppe beschließt gemeinsam, wann alle Kooperationsprozesse erfasst sind und ob die beteiligten Akteure vollständig sind, und kann die gemeinsam erspielten Punkte gegen eine Teamprämie tauschen.

In diesem Beispiel wird deutlich, dass eine Diskussion der Teilnehmer und die Erreichung einer Einigung im Vorfeld für das Gruppenergebnis positiv ist. Unabgestimmte Beiträge sind dahingegen fehleranfällig und können so zu Punktabzug und damit einem schlechteren Ergebnis für das Team führen.

Detaillierungsphase

Neben analogen Spielen und spielerischen Elementen, die in der Workshop-Moderation unterstützt werden können, bieten die CXP-Werkzeuge und -methoden zusätzlich auch erhebliches Potenzial für die Integration von digitalen Spielelementen. Beispielsweise kann das T-Wiki, mit dessen Hilfe der geplante Kooperationsprozess simuliert werden kann, um Fortschrittsanzeigen oder Quizelemente ergänzt werden (vgl. Kapitel 3.4). Fortschrittsanzeigen, die beispielsweise über Farbverlaufsbalken realisiert werden, verdeutlichen, dass es bei dem Prozess letztlich darum geht, ein definiertes Ziel (Prozessergebnis) zu erreichen und visualisieren den aktuellen Zielerreichungsgrad.

Quizelemente können sowohl zu Beginn als auch am Ende der Prozesssimulation ins T-Wiki integriert werden. Um einen Anreiz zu schaffen, dass die Teilnehmer die im T-Wiki simulierten Prozesse für die Wissensvermittlung nutzen, könnten Kontrollfragen die Simulation abschließen. Möglich wäre auch eine aufeinander aufbauende Prozesssimulation, bei der die erfolgreiche Beantwortung der Kontrollfragen die Voraussetzung für die Simulation des nächsten Kooperationsprozesses ist.

Da in diesem Fall die Vertiefung des Wissens bei jedem Einzelnen gefördert werden soll, kann auch eine Wettbewerbssituation zwischen den Teilnehmern geschaffen werden und beispielsweise der Teilnehmer mit den meisten richtig beantworteten Kontrollfragen einen Preis oder eine kleine Ehrung erhalten, die am Ende der Detaillierungs-Workshops verliehen wird.

Controllingphase

In der Controllingphase des Workshop-Konzepts wird die Einhaltung der geplanten Prozesse überprüft. Daher scheint es im ersten Eindruck sinnvoll, spielerische Anreize für die Übereinstimmung von geplanten und tatsächlich durchgeführten Prozessen zu schaffen. Jedoch sind Abweichungen nicht grundsätzlich schlecht, sondern können, ganz im Gegenteil, auch zu Verbesserungen führen und daher sinnvoll oder sogar notwendig sein. Anstelle eines Anreizsystems für die Einhaltung der Prozesse ist daher vielmehr eines für das Auffinden von Abweichungen ratsam. Auf diese Weise werden sowohl Nachschulungsbedarfe aufgedeckt als auch die kontinuierliche Weiterentwicklung der Prozesse gefördert.

Da hier nicht die Zusammenarbeit und der Informationsaustausch innerhalb der Kooperationsaktivitäten fokussiert wird, könnte die Überprüfung der Prozesse beispielsweise als Wettbewerb durchgeführt werden, wobei jeweils die Gruppe mit den meisten identifizierten Abweichungen gewinnt. Damit sich auch über das Spiel hinaus keine Grenzen zwischen den Akteuren aufbauen, bietet es sich an, die Teams möglichst heterogen zu besetzen.

Als alternative Möglichkeit, um die Controllingphase mit spielerischen Ansätzen zu begleiten, könnte auch ein Tippspiel angeboten werden. Dabei wetten die Teilnehmer vor den Prozesseinhaltungschecks auf die jeweilige Abweichungsquote. Um die kontinuierliche Prozessverbesserung zu fördern, könnten auch konkrete Verbesserungsvorschläge abgefragt und gemeinsam überprüft werden, ob diese bereits umgesetzt sind. Je nach vereinbartem Spielplan werden entweder richtige Tipps oder Verbesserungsvorschläge mit Punkten bewertet und evtl. mit (Team-)Prämien belohnt.

1.2.5 Fazit

  Das CXP-Workshop-Konzept: Sensibilisierungsphase

- Das Ziel der Phase ist die Sensibilisierung der Kooperationspartner für die Bedeutung des Informationsaustausches und der Zusammenarbeit in der Kooperation.
- Die Teilnehmer der Workshops sind die Initiatoren der Kooperation (meist Geschäftsführung) und die Projektleiter.
- Die Inhalte werden über Moderation und in Gruppenarbeiten erarbeitet.
- Nach der Phase kennen sich die Kooperationspartner und haben ein Verständnis über den Austausch von Informationen.
- Je nach Ausprägung der Umgebung muss der Sensibilisierungs-Workshop gesplittet oder eine zusätzliche Reflexion eingebaut werden.
- Die Workshops können beispielsweise durch ein Informations-Ballspiel unterstützt werden.

✓ **Das CXP-Workshop-Konzept: Fokussierungsphase**

- In der Fokussierung sollen die Teilnehmer ein einheitliches Verständnis des Geschäftsmodells bekommen und die wertschöpfenden Prozesse mit den involvierten Rollen abgegrenzt sein.
- Teilnehmer der Workshops sind die Projektleiter.
- Um das Geschäftsmodell zu dokumentieren, werden die Business Model Generation und Comics genutzt. Der Ordnungsrahmen wird mithilfe der CXP-Modellierungssprache erstellt.
- Am Ende der Phase sind das Geschäftsmodell und die Kooperationsaktivitäten innerhalb der Kooperation strukturiert.
- Je nach Ausprägung der Umgebung wird der Umfang des Ordnungsrahmens größer und die Beschreibung der involvierten Rollen detaillierter.
- Spiele mit Teamprämien helfen bei der Erreichung eines Wir-Gefühls.

✓ **Das CXP-Workshop-Konzept: Detaillierungsphase**

- Die Festlegung der Abläufe innerhalb der Kooperation ist das Ziel in dieser Phase.
- Teilnehmer der Detaillierungs-Workshops sind die fachlich verantwortlichen Mitarbeiter.
- Mithilfe der CXP-Modellierungssprache können die Prozesse modelliert, animiert und auch simuliert werden.
- Am Ende der Phase stehen das Modell der Zusammenarbeit und die detaillierten Informationsobjekte fest. Zudem sind sie durch die Simulation innerhalb der Kooperation abgestimmt.
- Je nach Ausprägung der Umgebung müssen die Vertreter der Unternehmen auf mehrere Workshops aufgeteilt werden, um die Prozesse und Informationsobjekte mit dem nötigen Grad der Detaillierung zu dokumentieren.
- Zur Erhöhung der Motivation können beispielsweise Fortschrittsanzeigen und Quizelemente im T-Wiki ergänzt werden.

✓ **Das CXP-Workshop-Konzept: Controllingphase**

- Mit den Workshops wird die Effektivität der Kooperation gesteigert.
- Teilnehmer der abschließenden Phase sind die Projektleiter, die den fachlichen Input der Mitarbeiter nutzen.
- Es werden Prozesseinhaltungschecks, Abweichungs- und Ursachen- und Kennzahlenanalysen zur Zielerreichung genutzt.
- Im Ergebnis werden die tatsächlichen mit den geplanten Kooperationsaktivitäten verglichen.
- Je nach Ausprägung der Umgebung müssen schon vor den Workshops Informationen der Unternehmen eingeholt werden und der Nutzen der Workshops kann leicht erweitert werden.
- Anreize für entdeckte Abweichungen können die extrinsische Motivation in der Controllingphase steigern.

Literatur

Aichinger, H. (2014). Explorieren und Fehlermachen erlaubt. Der Standard. 15, 10.

Becker, J., Kugeler, M., & Rosemann, M. (Hrsg.) (2012). Prozessmanagement: Ein Leitfaden zur prozessorientierten Organisationsgestaltung. 7. Auflage. Berlin/Heidelberg: Springer.

Behle, C., Vom Hofe, R., & Detroy, E. (2009). Handbuch Vertriebsmanagement – Vertriebsstrategie, Distribution und Kundenmanagement – Mitarbeitersuche, Motivation und Förderung – Profitsteigerung, Effizienzerhöhung und Controlling. 1. Auflage. München: mi-Wirtschaftsbuch.

Bruhn, M. (2013). Qualitätsmanagement für Dienstleistungen. Handbuch für ein erfolgreiches Qualitätsmanagement. Grundlagen – Konzepte – Methoden. In Qualitätsmanagement für Dienstleistungen.

Burkhart T., Krumeich J., Werth D., & Loos P. (2011). Analyzing the Business Model Concept – A Comprehensive Classification of Literature. ICIS 2011 Proceedings. 1-19.

Deming, W. E. (1998). Out of the crisis. 26. print. Cambridge, Mass.: Massachusetts Institute of Technology.

Gutmann, J., & Schwuchow, K. (2013). Personalentwicklung 2013. Themen, Trends, Best Practice. 1. Auflage. München: Haufe Verlag.

Helm, M., & Theis, F. (2011). Digitale Lernwelt – Serious Games. Einsatz in der beruflichen Weiterbildung. Bielefeld: Bertelsmann.

Köhler, Th. R. (2012). Der programmierte Mensch. Wie uns Internet und Smartphone manipulieren. In Der programmierte Mensch.

Kubny-Lüke, B. (Hrsg.) (2009). Ergotherapie im Arbeitsfeld Psychiatrie. 40 Tabellen. 2. Auflage. Stuttgart: Thieme.

Lau, J. (2014): Lernen für den Highscore des Lebens. Der Standard 15, 15.

Meise, V. (2001). Ordnungsrahmen zur prozessorientierten Organisationsgestaltung. Studien zur Wirtschaftsinformatik. Band 10. Hamburg: Kovač.

Mellewigt, T, & Matiaske, W. (2001). Konzernmanagement – Stand der empirischen und betriebswirtschaftlichen Forschung. In H. Albach (Hrsg.): Konzernmanagement. Wiesbaden: Gabler Verlag.

Müller, A., Schröder, H., & Thienen, L. (2011). Lean IT-Management. Was die IT aus Produktionssystemen lernen kann. Wiesbaden: Gabler.

Müller-Stewens, G., & Lechner, C. (2011). Strategisches Management. Wie strategische Initiativen zum Wandel führen. 4. Auflage. Stuttgart: Schäffer-Poeschel.

Osterwalder, A., & Pigneur, Y. (2010). Business Model Generation. Ein Handbuch für Visionäre, Spielveränderer und Herausforderer. Frankfurt/New York: Campus Verlag.

Pastors, P. M. (2008). Risiken des Unternehmens – vorbeugen und meistern. Mering: Rainer Hampp Verlag.

Pfeifer, T., & Schmitt, R. (2014). Masing Handbuch Qualitätsmanagement. 6. Auflage. München.

Reichl, F. (2001). Methode zum Management der Kooperation von Fabrik- und Technologieplanung (Diss). München: Herbert Utz Verlag.

Richter-von Hagen, C., & Stucky, W (2004). Business-Process- und Worflow-Management: Prozessverbesserung durch Prozess-Management. Wiesbaden: Vieweg+Teubner Verlag.

Robson, K., Plangger, K., Kietzmann, J. H., McCarthy, I., & Pitt, L. (2015). Is it all a game? Understanding the principles of gamification. Business Horizons 58, Ausgabe 4, 411-420.

Seaborn, K., & Fels, D. (2015). Gamification in theory and action: A survey. International Journal of Human-Computer Studies 74, 14-31.

Simon, W. (2005). GABALs großer Methodenkoffer. Offenbach: GABAL.

Stampfl, N. S. (2012). Die verspielte Gesellschaft. Gamification oder Leben im Zeitalter des Computerspiels. 1. Auflage. Hannover: Heise.

Steven, M., & Pollmeier, I. (2008). Aufgaben von Controllingsystemen zur Koordination von Supply Chains. In J. Becher, R. Knackstedt, D. Pfeiffer, Wertschöpfungsnetzwerke. Heidelberg: Springer Verlag.

Siepermann, C., & Vockeroth, J. (2008). Gestaltungsansätze einer Netzwerk Balanced Scorecard. In J. Becker, R. Knackstedt, D. Pfeiffer, Wertschöpfungsnetzwerke. Heidelberg: Springer.

Syska, A. (2006). Produktionsmanagement. Das A - Z wichtiger Methoden und Konzepte für die Produktion von heute. 1. Auflage. Wiesbaden: Gabler.

Schlager T., & Turi, J.(2014). Sie wollen nur spielen. business impact 2014, 66.

Wöltje, J. (2011). Betriebswirtschaftliche Formelsammlung. In Betriebswirtschaftliche Formelsammlung.

Zentes, J. (Hrsg.) (2005). Kooperationen, Allianzen und Netzwerke. Grundlagen – Ansätze – Perspektiven. 2. Auflage. Wiesbaden: Gabler.

2 Cooperation Experience-Modellierungsmethode

2.1 Grundlagen der Informationsmodellierung

Sebastian Bräuer, Ralf Knackstedt, Hendrik Scholta, Martin Matzner

Cooperation Experience unterstützt die Planung und Analyse von Unternehmenskooperationen mithilfe von Informationsmodellen. Dieses Kapitel führt deshalb den Begriff des Informationsmodells ein und erläutert das Instrumentarium der Informationsmodellierung. Somit wird das Rüstzeug für die spätere Entwicklung der CXP-Modellierungsmethode und des CXP-Referenzmodells bereitgestellt.

2.1.1 Modelle und Informationsmodelle

Modelle bilden einen Gegenstandsbereich verkürzt und zielgerichtet ab. Stachowiak (1973) bezeichnet diese Eigenschaften als das Abbildungs-, das Verkürzungs- und das pragmatische Merkmal von Modellen (vgl. Abb. 2.1). So wie ein Grundriss ein bestehendes oder zu erstellendes Gebäude abbildet, repräsentiert jedes Modell ein reales oder erdachtes Original (*Abbildungsmerkmal*). Ein Grundriss beschreibt ausgewählte Elemente eines Gebäudes, nämlich die bebaute Fläche mit Wänden, Türen, Fenstern und Treppen, aber nicht die Wandfarbe. Gleichsam ist jedes Modell eine Beschreibung, die nicht alle Bestandteile und Eigenschaften des Originals einschließt (*Verkürzungsmerkmal*) und auch zusätzliche Attribute enthalten kann. Die Auswahl dieser Elemente und die Art ihrer Darstellung folgen dem Zweck der Modellerstellung. Ein Grundriss wird zum Beispiel im Rahmen der Bauplanung um weitere geometrische und statische Informationen ergänzt, wenn er zur Dokumentation von baulichen Gegebenheiten oder zur Planung einer Umbaumaßnahme dienen soll (*pragmatisches Merkmal*).

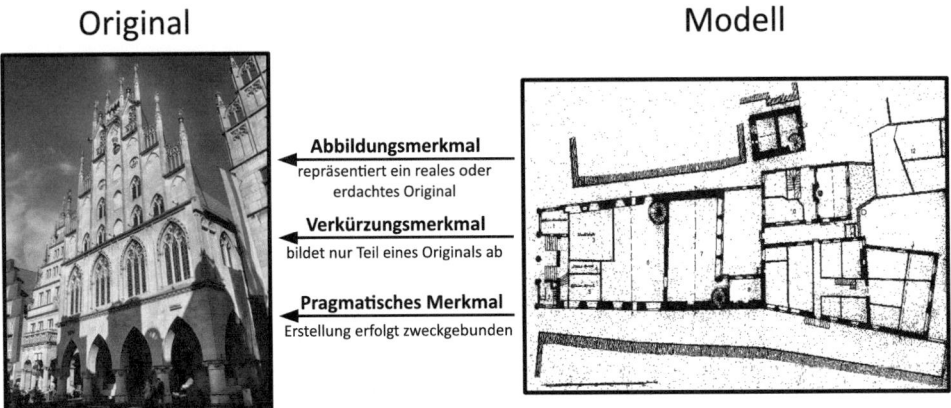

Abb. 2.1 Merkmale von Modellen am Beispiel des historischen Rathauses von Münster[2]

Es gibt konkurrierende Sichtweisen auf das Original eines Modells, die zur Prägung eines abbildungsorientierten und eines konstruktionsorientierten Verständnisses von Modellen führten (Schütte 1998; vom Brocke 2003). Dem *abbildungsorientierten Modellverständnis* liegt die Annahme zugrunde, dass die Merkmale eines Originals vom Betrachter unabhängig existieren. Im Rahmen der Modellerstellung müssten diese Aspekte des Gegenstandsbereichs entdeckt und in das Modell eingefügt werden (Thomas 2006). Das *konstruktionsorientierte Modellverständnis* (dem sich die Beiträge in diesem Buch anschließen) betont den wichtigen Einfluss des Modellerstellers (des „Modellierers") und des Modellnutzers auf die Modellerstellung. Nach Schütte ist das Modell nämlich „das Ergebnis einer Konstruktion eines Modellierers, der für Modellnutzer eine Repräsentation eines Originals zu einer Zeit als relevant mithilfe einer Sprache deklariert [...]. Ein Modell setzt sich somit aus der Konstruktion des Modellierers, dem Modellnutzer, einem Original, der Zeit und einer Sprache zusammen" (Schütte 1998, 59). Verschiedene Modellierer können einen Modellgegenstand unterschiedlich wahrnehmen und verschiedene Modellnutzer können dasselbe Modell auf unterschiedliche Weisen interpretieren. Das konstruktionsorientierte Modellverständnis hat Konsequenzen (Köster 1995; Delfmann 2006):

- Modelle können nicht objektiv „richtig" oder „falsch" sein.

- Modelle sind vielmehr „zweckmäßig" oder „weniger zweckmäßig".

- Die Entscheidungen des Modellerstellers bestimmen den Inhalt und die Erscheinungsform des Modells. Häufig sind viele verschiedene Darstellungen möglich.

- Damit das Modell seinen Zweck erfüllen kann, muss der Ersteller verstehen, wie der Nutzer das Modell verwenden möchte.

---

[2] Grundriss gemeinfrei aus Geisberg (1933).

Informationsmodelle sind spezielle Modelle, die betriebliche Objektsysteme wie zum Beispiel Wertschöpfungsnetzwerke „aus Sicht der in diesem verarbeiteten Informationen" (Becker, Schütte 2004, 67) repräsentieren. Informationsmodelle unterstützen den Zweck der Informationssystem- und Organisationsgestaltung. Ein Informationssystem sollte einem Entscheidungsträger die für eine Entscheidungssituation relevanten Informationen zur Verfügung zu stellen. Hierfür sind die notwendigen Abläufe und Strukturen zu spezifizieren, die eine effiziente Aufbereitung der Informationen in einer Organisation ermöglichen. Die Spezifikation erfolgt mit Informationsmodellen, deren Inhalte in einem Informationssystem umgesetzt werden.

2.1.2 Modellierungssprache, Modellierungstechnik und Modellierungsmethode

Informationsmodelle werden in der Regel nicht in natürlicher Sprache beschrieben. Stattdessen existiert eine Vielzahl spezialisierter *Modellierungssprachen* für die systematische und strukturierte Beschreibung von Informationssystemen. Dies wird auch als Informationsmodellierung bezeichnet (Brombacher et al. 1993). Die den Modellierungssprachen zugrunde liegenden Modellkonzepte können in drei Klassen unterteilt werden (Heine 1999; Mertens et al. 2000). *Strukturorientierte Modellkonzepte* zielen auf den Aufbau eines Informationssystems ab und erlauben es, die Systemkomponenten und deren Beziehungen zu visualisieren. Die etwa zur Modellierung von Datenbankstrukturen einsetzbaren Entity-Relationship-Modelle (ERM) oder die zur Repräsentation von Unternehmensstrukturen geläufigen Organigramme folgen diesem strukturorientierten Modellkonzept. Daran schließen sich *verhaltensorientierte Modellkonzepte* an. Diese fokussieren die Darstellung der Funktionen eines Informationssystems und ihrer Abhängigkeiten. Beispiele sind Funktionsbäume zur Zerlegung von Funktionen eines Systems in Teilfunktionen oder auch die Structured Analysis and Design Technique (SADT) zur Darstellung von Funktionsabläufen. Die Unified Modeling Language (UML) als objektorientierte Modellierungssprache erlaubt die Erstellung von Diagrammen, die strukturorientierten oder verhaltensorientierten Konzepten folgen. Die letzte Klasse bilden *ablauforientierte Modellkonzepte*, die zur Darstellung von Tätigkeitsabläufen dienen. Hierzu zählen insbesondere Prozessmodellierungssprachen wie die Business Process Model and Notation (BPMN) und Petri-Netz-Darstellungen. In Abb. 2.2 wird die BPMN als ablauforientierte Modellierungssprache dem ERM als strukturorientierte Modellierungssprache beispielhaft gegenübergestellt.

Strukturorientierte Modellierungssprachen können in Wertschöpfungsnetzwerken verwendet werden, um gemeinsam genutzte Informationsobjekte wie Dokumente zu beschreiben. Ein Informationsobjekt-Strukturmodell für die Planung und den Betrieb von Gebäuden könnte dokumentieren, dass ein Bauantrag nicht nur den Antrag selbst, sondern auch Bauzeichnungen im Maßstab 1:100, einen Lageplan im Maßstab 1:1000 und eine detaillierte Baubeschreibung umfasst. Strukturmodelle können auch bei der Entwicklung und Konfiguration konkreter Anwendungssysteme verwendet werden. Eine detaillierte Beschreibung der

Nachrichtenbestandteile bis auf Symbolebene kann sicherstellen, dass die Nachricht mit dem Bauantrag auch (teil-) automatisch verarbeitet wird.

Verhaltensorientierte Modellierungssprachen erlauben die Detaillierung der Zustände und Zustandsübergänge eines Informationsobjektes. Somit kann im Rahmen der Planung und des Betriebes von Gebäuden für den Bauantrag erfasst werden, welche Bearbeitungszustände möglich sind. Die Anforderungen an die Zustandsübergänge lassen sich ebenfalls spezifizieren und visualisieren.

Modellierungssprachen aller drei Klassen sind nützlich für die Informationssystemgestaltung in Wertschöpfungsnetzwerken. Strukturorientierte Modellierungssprachen können in Wertschöpfungsnetzwerken verwendet werden, um gemeinsam genutzte Informationsobjekte wie Dokumente zu beschreiben." *Ablauforientierte* Modellierungssprachen können zum Beispiel verwendet werden, um Geschäftsprozesse zu dokumentieren, die durch mehrere Netzwerkteilnehmer gemeinsam bearbeitet werden müssen. Ablaufmodelle zeigen an, in welcher Reihenfolge die Partner ihre Arbeit erledigen sollten, welche Entscheidungen durch welchen Partner im Rahmen des Prozesses gefällt werden müssen und welche Daten zur Erledigung der Aufgaben und zur Entscheidungsfindung bereitzustellen sind (Becker et al. 2013). Ein Ablaufmodell für die Planung und den Betrieb von Gebäuden könnte zum Beispiel beschreiben, zu welchem Zeitpunkt und nach dem Abschluss welcher vorbereitenden Tätigkeiten ein Bauantrag vom Architekten an das Bauordnungsamt zur Genehmigung übergeben werden sollte.

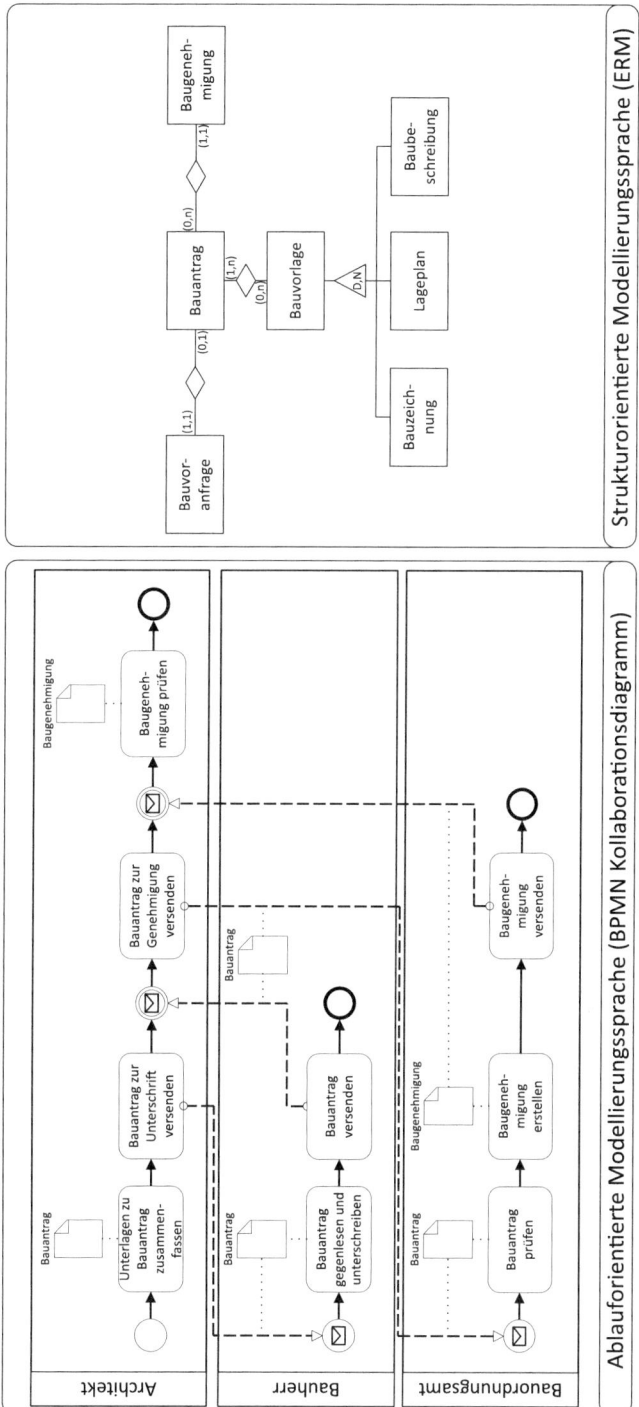

Abb. 2.2 Beispielhafte Informationsmodelle, die in einer ablauforientierten und in einer strukturorientierten Modellierungssprache beschrieben sind

Eine Modellierungssprache ist durch ihre Syntax, ihre Semantik und eine oder mehrere mögliche Visualisierungsformen definiert (Holten 2000). Die Syntax einer Sprache beschreibt die zulässigen Konstrukte einer Sprache und wie diese miteinander in Beziehung gesetzt werden können, dass also zum Beispiel in einem ERM-Strukturdiagramm, wie es in Abb. 2.2 rechts dargestellt ist, Entity-Typen (Kästchen) mit Relationship-Typen (Rauten) verbunden werden dürfen. Die Semantik der Modellierungssprache beschreibt die Bedeutung der Sprachelemente, also zum Beispiel, dass unter einem „Ereignis" die Durchführung von Tätigkeiten oder das Treffen von Entscheidungen in einem Geschäftsprozess zu verstehen sei. Die Semantik einer Sprache wird häufig in natürlicher Sprache beschrieben. Syntax und Semantik bilden den sogenannten *konzeptionellen Aspekt* einer Modellierungssprache und sind für jede Sprache universell (Holten 2000). Der *repräsentationelle Aspekt* einer Sprache kann mehrere alternative Darstellungsformen für die Sprachkonstrukte zulassen (Holten 2000). So kann eine Sprache zum Beispiel eine farbige Darstellung von Sprachelementen auf einem Bildschirm und eine monochrome Darstellung für den Ausdruck vorsehen.

Die *Modellierungstechnik* umfasst die Modellierungssprache sowie *Handlungsanweisungen* zu ihrer Nutzung (Becker et al. 2001). Die folgenden Handlungsanweisungen hätten zum Beispiel bei der Erstellung des in Abb. 2.2 (links) dargestellten Ablaufdiagramms zugrunde liegen können: Identifiziere alle Tätigkeiten, die im Rahmen des betrachteten Geschäftsprozesses anfallen können! Bringe diese Tätigkeiten in ihre zeitliche und sachlogische Abfolge! Stelle die Tätigkeiten mithilfe des Aktivitätensymbols als Modellelement dar und verbinde die Tätigkeiten durch Kontrollflüsse!

Die Modellierungsmethode schließlich erklärt, wie eine einzelne oder mehrere Modellierungstechniken in Kombination im Rahmen eines Modellierungsprojekts eingesetzt werden, um ein konkretes Informationssystem- oder Organisationsgestaltungsproblem zu adressieren (vgl. Abb. 2.3) (Teubner 1999; Becker et al. 2001). Modellierungsmethoden unterscheiden dabei in der Regel mehrere Phasen der Problemlösung. Die ARIS (Architektur integrierter Informationssysteme)-Methode (Scheer 1992) empfiehlt zum Beispiel verschiedene Modellierungstechniken zur Darstellung von Daten, Funktionen, Prozessen und Organisationsstrukturen in Unternehmen. Diese Modelle sollen jeweils schrittweise verfeinert werden: Ausgehend von einem Fachkonzept solle ein implementierungsnahes Datenverarbeitungskonzept erstellt werden, das schließlich implementiert werde.

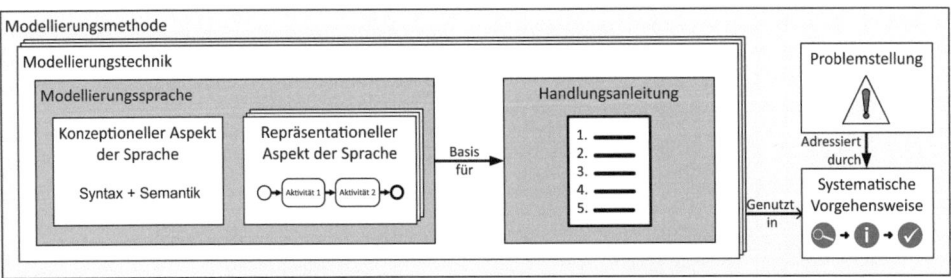

Abb. 2.3 Unterscheidung Modellierungssprache, -technik und -methode (vgl. Holten 2000)

2.1.3 Metamodelle

Metamodelle sind Modelle, deren Gegenstandsbereich andere Modelle sind (Strahringer 1998). Metamodelle können genutzt werden, um die Syntax einer Modellierungssprache oder die Handlungsanweisungen zur Verwendung einer Sprache zu beschreiben. Strahringer (1998) unterscheidet entsprechend die zwei folgenden Arten von Metamodellen:

- Ein *sprachbasiertes Metamodell* trifft Aussagen zum konzeptionellen Aspekt einer Modellierungssprache. Es beschreibt die bei der Erstellung des Modells verwendbaren Elemente und deren Zusammenhänge.

- Ein *prozessbasiertes Metamodell* beschreibt die bei der Modellerstellung durchzuführenden Schritte.

Die Sprachstufentheorie (Strahringer 1999) führt eine Reihe spezieller Bezeichner ein, um das Zusammenspiel verschiedener Modelle und Modellierungssprachen zu beschreiben (vgl. Abb. 2.4). Demnach bezeichnet das Objektmodell (auf „unterster" Ebene) das Modell, das das erdachte oder reale Original, das Objektsystem, beschreibt. Die Objektsprache ist die Modellierungssprache, die zur Konstruktion dieses Modell verwendet wurde. Im zuvor eingeführten Beispiel ist der Prozess der Bauplanung mithilfe der Objektsprache BPMN 2.0 in einem BPMN-Kollaborationsdiagramm abgebildet.

Die Objektsprache selbst kann durch ein (sprachbasiertes) Metamodell (Strahringer 1998) beschrieben werden. Die Metasprache ist die Modellierungssprache, die zur Konstruktion dieses Metamodells verwendet wird. Die Modellelemente der BPMN und deren Beziehungen können zum Beispiel mithilfe von Strukturmodellen in ERM-Notation oder durch UML-Klassendiagramme beschrieben werden.

Ein prozessbasiertes Metamodell spezifiziert den Modellerstellungsprozess und ist in einer ablauforientierten Modellierungssprache als Metasprache formuliert (z. B. EPK, UML-Aktivitätsdiagramme oder BPMN-Kollaborationsdiagramme) (Strahringer 1998). Wird im Beispiel die BPMN gewählt, dann ist sie zugleich Objekt- und Metasprache. Die Verwendung der Metasprache zur Erstellung des prozessbasierten Metamodells wird durch einen Metamodellierungsprozess beschrieben.

Die Anwendung der sprach- oder prozessbasierten „Metaisierung" kann beliebig fortgesetzt werden (Strahringer 1998): Metametamodelle könnten konstruiert werden, die in einer Metametasprache die Elemente und Elementzusammenhänge der Metasprache darstellen, wobei die für die Modellerstellung angewendete Vorgehensweise durch den Metametaprozess beschrieben wird und so weiter.

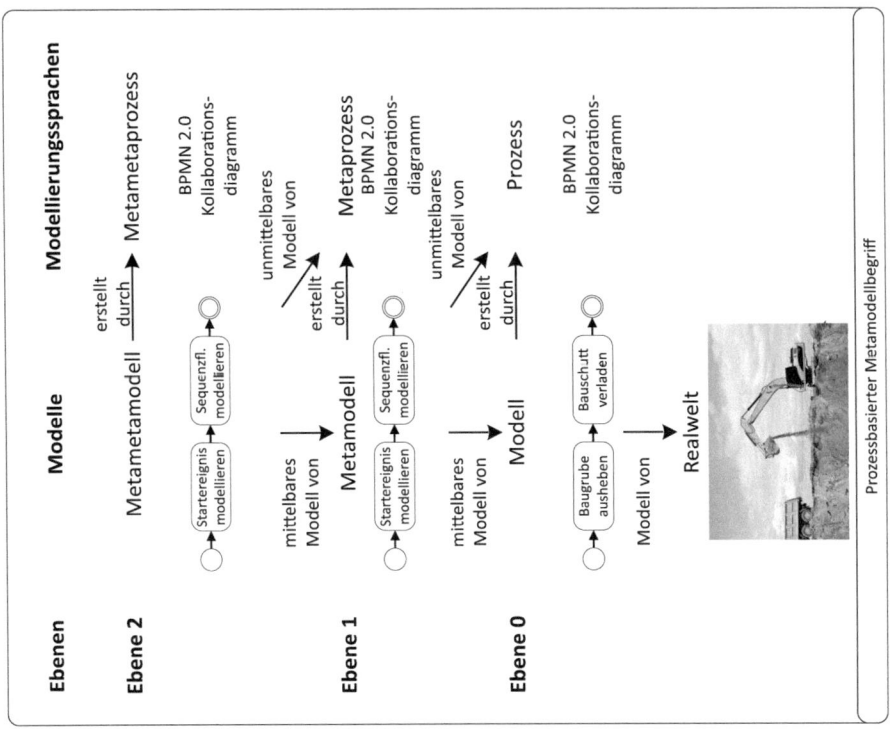
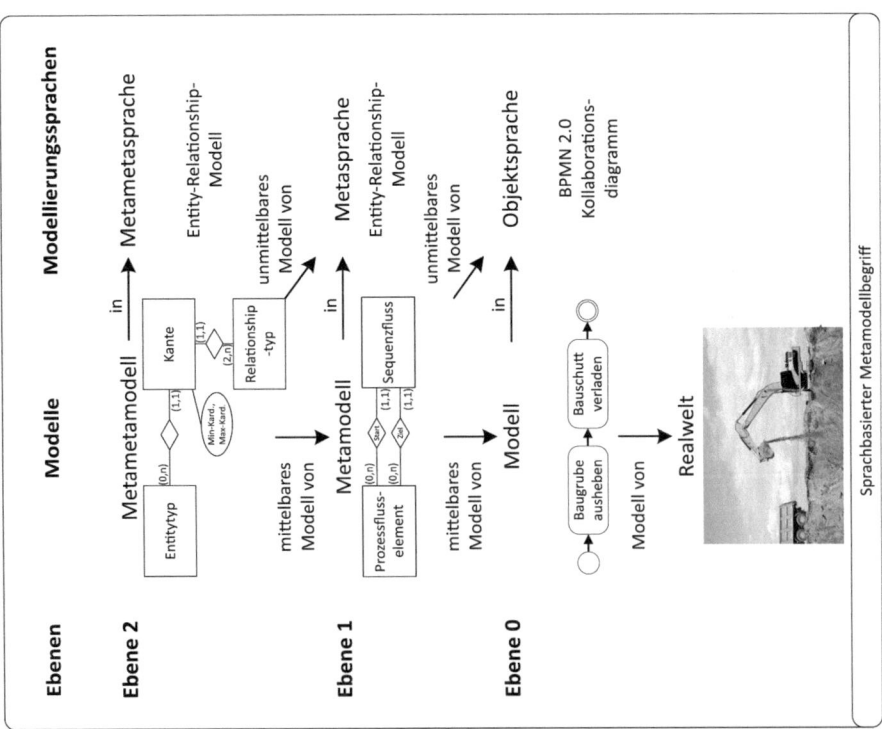

Abb. 2.4 Metaisierungsprinzipien (vgl. Strahringer 1998, 3-4)

Die Sprachstufen der Metamodellierung haben Forscher auch im Kontext der Modellierung von Produkten und Prozessen hybrider Wertschöpfung angewendet. Becker et al. nutzen etwa die Metamodelle verschiedener Sprachen, um den Funktionsumfang dieser Sprachen zu vergleichen und deren Eignung zur Abbildung hybrider Leistungsbündel und zur Modellierung von Prozessen in Wertschöpfungsnetzwerken zu analysieren (Becker et al. 2009). Die FlexNet-Modellierungssprache, die Prozesse und Informationsflüsse in Wertschöpfungsnetzwerken abbilden kann, wird mithilfe eines sprachbasierten Metamodells beschrieben (Becker et al. 2013). Zur Überprüfung der syntaktischen Korrektheit eines Modelles ist das Vorliegen eines explizierten Metamodells signifikant (Becker et al. 2000).

2.1.4 Referenzmodelle

Ein Referenz-Informationsmodell, kurz *Referenzmodell*, ist ein Informationsmodell, das etabliertes Wissen über einen Betrachtungsgegenstand für einen allgemeineren Anwendungskontext als die einmalige Problemlösung bereitstellt. In der Literatur existieren verschiedene Definitionen für Referenzmodelle (Fettke, Loos 2007). Dem folgenden Abschnitt liegt die Definition von Schütte zugrunde. Ein Referenzmodell bezeichnet demnach „das Ergebnis einer Konstruktion eines Modellierers, der für Anwendungssystem- und Organisationsgestalter Informationen über allgemeingültig zu modellierende Elemente eines Systems zu einer Zeit als Empfehlungen mit einer Sprache deklariert, [sodass] ein Bezugspunkt für ein Informationssystem geschaffen wird" (Schütte 1998). Beispielsweise kann aus der Beobachtung eines besonders gut organisierten Wareneingangsprozesses ein Referenzprozessmodell für Industrieunternehmen entwickelt werden, indem der Modellierer unternehmensspezifische Details ausblendet. Das „Handels-H" (Becker, Schütte 2004) ist ein Beispiel für eine Sammlung von Referenzmodellen. Es stellt Referenzmodelle in den drei Sichten „Funktionen", „Daten" und „Prozesse" für alle Funktionsbereiche eines Handelsunternehmens, wie zum Beispiel „Marketing", „Warenausgang" und „Rechnungsprüfung" bereit.

Der Rückgriff auf Referenzmodelle kann zu geringeren Kosten und höherer Ergebnisqualität bei der Informationsmodellerstellung und der Informationssystemgestaltung führen (Schütte 1998). Der Modellierer kann Modellierungszeit einsparen, indem Modellelemente in unternehmensspezifische Modelle übernommen und eingepasst werden (Becker, Meise 2012). Die Adoption qualitativ guter Modellinhalte kann positive Kosten- und Leistungseffekte haben, zum Beispiel in der Form schnellerer Logistikprozesse. und eine gesteigerte Kundenzufriedenheit. Durch eine Orientierung an bewährten Konzepten können Risiken in der Informations- und Organisationsgestaltung reduziert werden, weil die Modellinhalte in der Praxis bereits erprobt und evaluiert wurden (Becker, Meise 2012).

Abb. 2.5 veranschaulicht den Lebenszyklus eines Referenzmodells (Fettke, Loos 2007), der in zwei Bereiche aufgeteilt ist: die Konstruktion und die Anwendung. Die Konstruktion beginnt, ausgehend vom Modellierungszweck, mit der Erstellung einer Anforderungsliste im Rahmen der Problemdefinition. Darauf aufbauend erfolgt die eigentliche Entwicklung des Referenzmodells. Bei der Entwicklung werden zwei Arten von Ansätzen unterschieden (vom Brocke 2003): induktive und deduktive Verfahren. Deduktive Verfahren basieren auf allgemeingültigen Theorien und Artefakten, die während des Entwicklungsprozesses für eine Domäne und Modellart spezifiziert und detailliert werden. Induktive Ansätze (z.B. Scholta 2016) erstellen ein aggregiertes und generalisiertes Modell aus einer Menge an existierenden Informationsmodellen, indem von unternehmerischen Details abstrahiert und *Common Practices* oder *Best Practices* identifiziert werden. Die meisten Referenzmodelle werden deduktiv abgeleitet (Walter et al. 2013). Um die fachliche Korrektheit und Nützlichkeit des Modells sicherzustellen, findet eine Evaluation statt. Nach der erstmaligen Erstellung des Referenzmodells ist eine regelmäßige Wartung notwendig, damit das Modell an veränderte Rahmenbedingungen wie rechtliche Grundlagen oder technologische Entwicklungen angepasst wird.

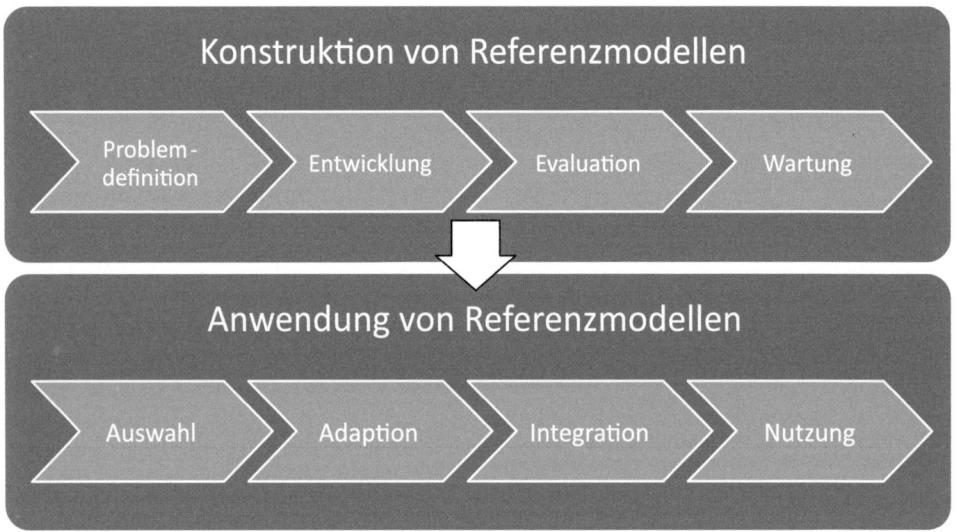

Abb. 2.5 Referenzmodellierungsprozess (vgl. Fettke, Loos 2007, 9)

Die Anwendung eines Referenzmodells für ein konkretes betriebliches Szenario beginnt mit der Auswahl eines geeigneten Referenzmodells. Hierbei sind die Modellart und die Anwendungsdomäne sowie das Ziel der Nutzung zu beachten. Anschließend wird das Referenzmodell an die individuellen Gegebenheiten und Bedürfnisse des Szenarios angepasst und mit anderen Artefakten, z. B. anderen Referenzmodellen zusammengeführt. Danach erfolgt die eigentliche Nutzung, z. B. die Erstellung eines unternehmensspezifischen Datenmodells, basierend auf dem Referenzmodell.

Referenzmodelle unterscheiden sich – neben ihren fachlichen Inhalten – insbesondere durch die Nutzung einzelner oder miteinander kombinierter Mechanismen, welche die projektspezifische Anpassung des Referenzmodells unterstützen. Diese Mechanismen unterscheiden sich dadurch, inwieweit die Anpassung und Erstellung projektspezifischer Varianten des Referenzmodells durch das Modell selbst eingeschränkt bzw. vorweggenommen werden. Ausgehend von einem großen Freiheitsgrad der Anpassung, der zunehmend durch explizite Anpassungsregeln eingeschränkt wird, lassen sich die folgenden grundsätzlichen

Mechanismen unterscheiden, die in Referenzmodellen aber auch kombiniert zum Einsatz kommen können (vom Brocke 2003; Becker et al. 2004; Becker et al. 2007):

- *Freie Anpassung*: Die freie Anpassung schreibt dem Anwender keine bestimmte Verwendung des Referenzmodells vor bzw. leitet ihn bei der Verwendung des Referenzmodells nicht zusätzlich an. Die Modellierungstechniken des Referenzmodells können deshalb vollkommen denjenigen der projektspezifischen Modelle entsprechen. Im Rahmen des Variantenmanagements (das im kommenden Abschnitt näher erläutert wird) ist es sinnvoll nachzuhalten, welche Veränderungen am Referenzmodell bei der Anwendung vorgenommen wurden, um für die entstehenden Modellvarianten auch nachträglich noch feststellen zu können, welche Modellteile des projektspezifischen Modells mit dem Referenzmodell übereinstimmen und welche im Rahmen der Variantenbildung bzw. Referenzmodellanwendung entstanden sind.

- *Spezialisierung*: Häufig wird der Detaillierungsgrad eines Referenzmodells bewusst geringer gehalten, als es für die projektspezifische Variante, auf deren Basis beispielsweise eine Softwareentwicklung erfolgen soll, notwendig ist. In diesem Fall wird bereits bei der Erstellung des Referenzmodells davon ausgegangen, dass viele Konzepte des Referenzmodells für den angestrebten Anwendungsfall spezialisiert werden müssen. Im Rahmen der Modellanwendung wird der Umfang des Referenzmodells, gemessen in Modellelementen, durch diese Modellerweiterungen häufig verdoppelt oder verdreifacht. Das Variantenmanagement sollte dann darauf ausgelegt sein, die sachlogisch vorgenommenen Spezialisierungen adäquat nachhalten zu können, sodass ersichtlich bleibt, welche generellen Konzepte durch welche speziellen Konzepte konkretisiert und/oder ersetzt wurden.

- *Analogiebildung*: Eine besondere Form der Referenzierung auf vorliegende Modelle stellt das Bilden von Analogien dar. Hierbei werden Strukturen und/oder Inhalte eines Referenzmodells auf neue Sachverhalte übertragen. Da nicht notwendigerweise einzelne Referenzmodellelemente unverändert übernommen werden, ist der Zusammenhang zwischen der ideengebenden Referenz und einem Ergebnis häufig kaum offensichtlich. Das Variantenmanagement sollte daher dem Nutzer die Möglichkeit einräumen, seine der Analogiebildung zugrunde liegenden Gedanken möglichst flexibel festzuhalten und die Bezugspunkte in beiden Modellen möglichst bidirektional aufeinander in Beziehung zu setzen.

- *Aggregation*: Die Aggregation zeichnet sich dadurch aus, dass dem Referenzmodellnutzer Modellbausteine zur Verfügung gestellt werden, mit denen er neue Modellvarianten zusammensetzen kann. Die Bausteine sollten dafür über wohldefinierte Schnittstellen verfügen. Die Schnittstellen stellen eine Außensicht auf den Modellbaustein zur Verfügung, mittels derer Rahmenbedingungen zur Verbindung des Modellbausteins mit anderen Modellen bzw. Modellbausteinen vorgegeben werden. Bei Prozessbausteinen können dies beispielsweise als Vorbedingungen (Input) Ereignisse sein, die für das Anstoßen des Bausteins eingetreten sein müssen, und auch die Nachbedingungen (Output) eines Prozessbausteins können als Ereignisse formuliert werden, die Zustände beschreiben, die nach Durchführung der Funktionen des Bausteins gegeben sind bzw. sein können – je nach logischer Verknüpfung der Ereignisse. Zusätzlich sollten die Bausteine mit Attributen versehen werden, die ein Auffinden und Auswählen derjenigen Bausteine erleichtern, die für eine Aggregation in Betracht kommen. Referenzmodellierungssprachen müssen die Definition von Modellbausteinen und die Beschreibung ihrer Schnittstellen und Suchattribute zusätzlich unterstützen, wenn die Aggregation ermöglicht werden soll.

- *Instanziierung*: Die Instanziierung beruht darauf, im Referenzmodell bewusst Lücken einzubauen, die erst im Rahmen der Referenzmodellanwendung geschlossen werden. Die vorzusehenden Lücken unterscheiden sich dabei durch die Art ihrer Wertebereiche. Neben einfachen deterministischen Werten (z. B. Längen- oder Volumenangaben) können auch komplizierter strukturierte Werte (z. B. Stammdatensätze) und ganze Modellausschnitte (z. B. Prozessketten) vorgehen werden. Mit der Einschränkung der Domäne wird der Referenzmodellanwender in seiner Modelladaption einerseits angeleitet und andererseits wird ihm bewusst gestalterischer Freiraum gewährt. Für die Referenzmodellierungssprache ergibt sich mit der Instanziierung die Notwendigkeit, die bewusst gesetzten Lücken markieren und ihre Wertebereiche spezifizieren zu können. Das Variantenmanagement sollte nachhalten, dass Inhalte der erzeugten Modellvarianten auf das Füllen von Lücken, die im genutzten Referenzmodell zuvor noch vorhanden waren, zurückzuführen sind.

- *Konfiguration*: Besonders weitreichend vorweggenommen wird die Referenzmodellanpassung durch die Konfiguration. Konfigurierbare Referenzmodelle zeichnen sich durch Regeln aus, welche die Ableitung von Modellvarianten genau vorgeben. Durch die Formulierung der Regeln lässt sich die Anpassung des Referenzmodells z. B. an bestimmte Unternehmensmerkmalsausprägungen und für bestimmte Modellnutzungszwecke und Nutzungsgruppen vorgeben. Die Referenzmodellierungstechnik muss dafür so erweitert werden, dass sich die Regelbasis adäquat ausdrücken lässt. In der konfigurativen Referenzmodellierung werden unterschiedliche Mechanismen vorgeschlagen, mit denen sich Anpassungsregeln unterschiedlichen Detaillierungsgrads und verschiedener Wirkungsweise spezifizieren lassen. Mit der Modelltypselektion lassen sich Modellbestandteile gleichen Diagrammtyps projektspezifisch ein- bzw. ausblenden. Die Modellelementselektion zielt dagegen auf die detaillierte Anpassung der Modelltypen selbst. Die Ein- und Ausblendung von Modellelementtypen wirkt sich auf alle Modelle aus, die auf dem variierten Typ basieren. Einzelne Modellelemente lassen sich über die Modellelementselektion ein- und ausblenden, um detaillierte inhaltliche Modellvarianten vorzugeben. Die Bezeichnungsvariation ermöglicht die Definition von Varianten, die sich in den verwendeten Fachbegriffen unterscheiden. Dass es in unterschiedlichen Anwendungskontexten auch sinnvoll sein kann, die Symbole und Anordnungstypologien der Modelle zu variieren, wird durch die Darstellungsvariation berücksichtigt. Die konfigurative Referenzmodellierung hat nicht den Anspruch, dass die Regelmenge alle Referenzmodellanpassungen vorwegnimmt. Die erzeugten Varianten sollen aber für die projektspezifische Modellierung geeigneter sein als die Ausgangsmodelle, sodass der Anpassungsaufwand für den Referenzmodellanwender gezielt reduziert wird. Eine kombinierte Anwendung der Konfiguration mit den übrigen Mechanismen der Referenzmodellierung ist daher empfehlenswert.

2.1.5 Versions- und Variantenmanagement

Die Version eines Informationsmodells informiert über den zeitlichen Gültigkeitsbereich eines Modells (Thomas 2007). Ein bestehendes Modell kann durch Änderungen wie dem Löschen, Hinzufügen und Modifizieren seiner Elemente weiterentwickelt werden. Zu einem Zeitpunkt kann die Weiterentwicklung zum gültigen Modell erklärt werden und das bisherige Modell ersetzen. Häufig wird jedoch der Versionsverlauf des Modells in einer Historie dokumentiert, um diese Änderungen später nachvollziehen zu können. Die vollständige Versionshistorie eines Informationsmodells umfasst also neben dem gültigen Modell auch alle Modelle, die in der Vergangenheit einmal gültig waren, und dokumentiert somit alle vorgenommenen Modelländerungen von der erstmaligen Erstellung bis zur Löschung.

Modellvarianten sind neue Modelle, die aus dem Ursprungsmodell abgeleitet werden. Im Beispiel wird das Informationsmodel *IM'* aus dem Informationsmodell *IM* abgeleitet. *IM'* ist also eine Variante von *IM*. Im Zeitraum der ersten Betrachtungsperiode t = 1 existiert die Version IM_{v1}. Diese Version wird in t = 2 durch eine zweite Version IM_{v2} ersetzt. Abb. 2.6 illustriert die Unterschiede zwischen dem Varianten- und Versionsmanagement von Modellen an einem abstrakten Beispiel:

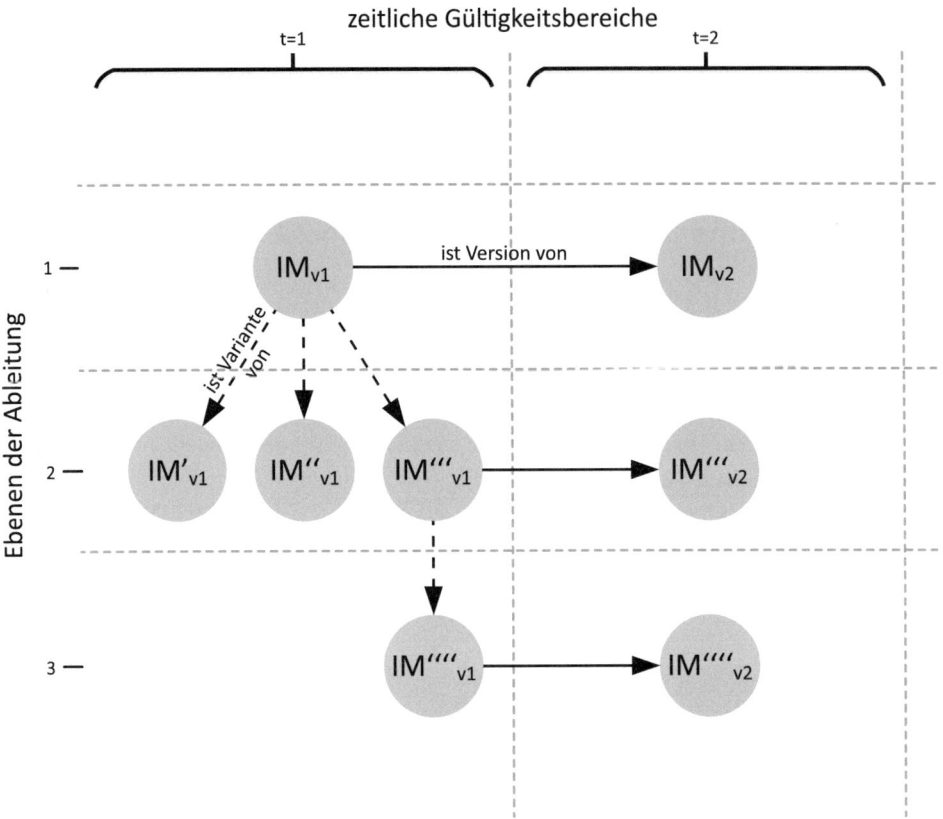

Abb. 2.6 Version vs. Variante

2.1.6 Zusammenfassung und Ausblick

In diesem Kapitel haben wir den Begriff des Informationsmodells eingeführt und das Instrumentarium der Informationsmodellierung erläutert. Die Ausführungen stellen die Grundlage für die weiteren Inhalte des Buches dar. Die entsprechenden Zusammenhänge zwischen dem vorliegenden Kapitel und den weiteren Kapiteln des Buches werden in nachfolgender Tabelle erläutert.

[!] **Informationsmodelle**

- … beschreiben betriebliche Objektsysteme – wie zum Beispiel hybride Wertschöpfungsnetzwerke – aus der Sicht der in ihr verarbeiteten Informationen.
- Informationsmodelle finden sich in zahlreichen Kapiteln wieder wie etwa zur Visualisierung des Fallbeispiels Landau im Rahmen des Kapitels 2.3 zur CXP-Modellierungsmethode.

[!] **Modellierungssprache, -technik und -methode**

- Informationsmodelle werden häufig mithilfe spezieller Modellierungssprachen (und nicht in natürlicher Sprache) beschrieben.
- Die Modellierungstechnik ergänzt eine Modellierungssprache um Handlungsanweisungen.
- Eine Modellierungsmethode erklärt, wie eine oder mehrere Modellierungstechniken in Kombination im Rahmen eines Modellierungsprojekts verwendet werden.
- Im Kapitel 2.3 wird in die CXP-Modellierungsmethode eingeführt.

[!] **Metamodelle**

- … sind Modelle, deren Gegenstandsbereich andere Modelle sind. Sie können insb. verwendet werden, um andere Modellierungssprachen zu beschreiben.
- Metamodelle werden in den Kapiteln 2.3 und 3.1 genutzt, um die Syntax der dort dargestellten Modellierungssprachen zu detaillieren.

[!] **Referenzmodelle**

- … stellen Wissen für einen allgemeineren Anwendungskontext als die einmalige Problemlösung bereit.
- Das in Teil 4 vorgestellte Referenzmodell soll Lösungsschablonen für die Konzeptionen von Kooperationen in der Integralen Planung von Gebäuden liefern.

[!] **Versions- und Variantenmanagement**

- Versionen eines Modells spiegeln den Ablauf des zeitlichen Gültigkeitsbereichs eines Modells wider.
- Modellvarianten sind neue Modelle, die aus dem Ursprungsmodell abgeleitet wurden.
- Die CXP-Methode (Kapitel 2.3) und *icebricks* (Kapitel 3.1) integrieren Ansätze des Versionsmanagements.

Literatur

Becker, J., Beverungen, D., Knackstedt, R., Matzner, M., Müller, O., & Pöppelbuß, J. (2013). Designing interaction routines in service networks: A modularity and social construction-based approach. Scandinavian Journal of Information Systems 25, 17-47.

Becker, J., Delfmann P., & Knackstedt, R. (2004). Konstruktion von Referenzmodellierungssprachen – Ein Ordnungsrahmen zur Spezifikation von Adaptionsmechanismen für Informationsmodelle. Wirtschaftsinformatik 46, 251-264.

Becker, J., Delfmann, P., & Knackstedt, R. (2007). Adaptive Reference Modeling: Integrating Configurative and Generic Adaptation Techniques for Information Models. In J. Becker, P. Delfmann (Hrsg.), Reference Modeling, 27-58, Heidelberg: Physica-Verlag.

Becker, J., Knackstedt, R., Beverungen, D., Bräuer, S., Bruning, D., Christoph, D., Greving, S., Jorch, D., Joßbächer, F., Jostmeier, H., Wiethoff, S., & Yeboah, A. (2009). Modellierung der hybriden Wertschöpfung: Eine Vergleichsstudie zu Modellierungstechniken. Münster.

Becker, J., Knackstedt, R., Holten, R., Hansmann, H., & Neumann, S. (2001). Konstruktion von Methodiken: Vorschläge für eine begriffliche Grundlegung und domänenspezifische Anwendungsbeispiele. Münster.

Becker, J., & Meise, V. (2012). Strategie und Ordnungsrahmen. In J. Becker, M. Kugeler, M. Rosemann (Hrsg.), Prozessmanagement – Ein Leitfaden zur prozessorientierten Organisationsgestaltung (S. 113-164), 7. Aufl. Berlin et al.: Springer.

Becker, J., Rosemann, M., & von Uthmann, C. (2000). Guidelines of Business Process Modeling. In W. van der Aalst, J. Desel, A. Overweis A (Hrsg.), Business Process Management: Models, Techniques and Empirical Studies, 30-49. Berlin: Springer.

Becker, J., & Schütte, R. (2004). Handelsinformationssysteme, 2. Aufl. Frankfurt: Redline Wirtschaft.

Brombacher, R., Hars, A., & Scheer, A.-W. (1993). Informationsmodellierung. In A.-W. Scheer (Hrsg.), Handbuch Informationsmanagement: Aufgaben – Konzepte – Praxislösungen, 173-188. Wiesbaden: Gabler.

Delfmann, P. (2006). Adaptive Referenzmodellierung. Methodische Konzepte zur Konstruktion und Anwendung wiederverwendungsorientierter Informationsmodelle. Westfälische Wilhelms-Universität Münster.

Fettke, P., & Loos, P. (2007). Perspectives on Reference Modeling. In P. Fettke, P. Loos (Hrsg.), Reference Modeling for Business Systems Analysis, 1-20. Hershey: Idea Group Publishing.

Geisberg, M. (1933). Die Bau- und Kunstdenkmäler von Westfalen, Teilband 41, 2. Münster: Aschendorff.

Heine, P. (1999). Unternehmensweite Datenintegration – Modular-integrierte Datenlogistik in betrieblichen Informationssystemen. Stuttgart, Leipzig: Teubner Verlag.

Holten, R. (2000). Entwicklung einer Modellierungstechnik für Data-Warehouse-Fachkonzepte. In Proceedings der Fachtagung Modellierung betrieblicher Informationssysteme (MobIS 2000), 3-21. Siegen.

Köster, L. (1995). Von Saussure zum Konnektionismus. Wiesbaden: Deutscher Universitätsverlag.

Mertens, P., Bodendorf, F., König, W., Picot, A., & Schumann, M. (2000). Grundzüge der Wirtschaftsinformatik. Berlin: Springer.

Scheer, A.-W. (1992). Architektur integrierter Informationssysteme. Berlin, Heidelberg: Springer.

Scholta, H. (2016). Semi-Automatic Inductive Derivation of Reference Process Models that Represent Best Practices in Public Administrations. In Proceedings of the European Conference on Information Systems (ECIS 2016). Istanbul.

Schütte, R. (1998). Grundsätze ordnungsmäßiger Referenzmodellierung: Konstruktion konfigurations- und anpassungsorientierter Modelle. Wiesbaden: Gabler.

Stachowiak, H. (1973). Allgemeine Modelltheorie. Wien: Springer.

Strahringer, S. (1998). Ein sprachbasierter Metamodellbegriff und seine Verallgemeinerung durch das Konzept des Metaisierungsprinzips. In K. Pohl, A. Schürr, G. Vossen (Hrsg.), CEUR Workshop Proceedings zur Modellierung '98, 1-6. Münster.

Strahringer, S. (1999). Probleme und Gefahren im Umgang mit „Meta"-Begriffen: ein Plädoyer für eine sorgfältige Begriffsbildung. In Proceedings of the International Knowledge Technology Forum (KnowTechForum). Potsdam.

Teubner, R. A. (1999). Organisations- und Informationssystemgestaltung. Wiesbaden: Deutscher Universitätsverlag.

Thomas, O. (2006). Das Referenzmodellverständnis in der Wirtschaftsinformatik: Historie, Literaturanalyse und Begriffsexplikation. Saarbrücken.

Thomas, O. (2007). Industrielles Versions- und Variantenmanagement in der Referenzmodellierung. HMD Praxis der Wirtschaftsinformatik 44, 46-54.

vom Brocke, J. (2003). Referenzmodellierung: Gestaltung und Verteilung von Konstruktionsprozessen. Berlin: Logos-Verlag.

Walter, J., Fettke, P., & Loos, P. (2013). How to Identify and Design Successful Business Process Models: An Inductive Method. In J. Becker, M. Matzner (Hrsg.), Promoting Business Process Management Excellence in Russia – Proceedings and Report of the PropelleR 2012 Workshop. Innovation Forum PropelleR (PropelleR-2012), 89-96. Münster: European Research Center for Information Systems.

2.2 Modellierungstechniken für Unternehmenskooperationen im Vergleich

Thorsten Schoormann, Erik Kolek, Ralf Knackstedt

Die Planung von Kooperationen ist in der Regel mit einer erheblichen Komplexität verbunden. Die Modellierung von Konzeptionen kann einen wichtigen Beitrag zur Handhabung dieser Komplexität leisten. Ziel dieses Beitrags ist es, ausgewählte Modellierungstechniken miteinander zu vergleichen, um eine Orientierungshilfe für die (Weiter-)Entwicklung von Modellierungstechniken für die Planung von Kooperationen zu leisten. Das Vorgehen basiert auf einer Kombination aus einem kriterien- und szenariobasierten Vergleich. Die Kombination beider Vorgehensweisen beruht darauf, dass relevante Bewertungskriterien bei der Konstruktion des Szenarios verwendet werden und die Ergebnisse der Modellierung des Szenarios zur Bewertung der Modellierungstechniken gemäß den Kriterien verwendet werden. Das verwendete Szenario entstammt dabei dem Anwendungsbereich des Facility Managements. Der Vergleich zeigt, dass die analysierten Modellierungstechniken verschiedene Perspektiven und Abstraktionsniveaus adressieren und damit unterschiedliche Vorzüge zur Kooperationsmodellierung aufweisen, die im Rahmen des CXP-Ansatzes möglichst sinnvoll kombiniert berücksichtigt werden sollen.

2.2.1 Motivation

Die Konzeption und die Gestaltung von Kooperationen sowie deren unternehmensübergreifende Abläufe sind meist durch eine hohe Komplexität geprägt. Kooperationen erfordern z. B. das Koordinieren und Integrieren sowohl von internen als auch externen Geschäftsprozessen, was für viele Unternehmen eine große Herausforderung darstellt. Dabei muss insbesondere geklärt werden, welcher Kooperationspartner welche Informationen zu welchem Zweck in welcher Form wann zur Verfügung stellt.

Modellierungstechniken können bei der Planung einer Kooperation eine wichtige Unterstützung leisten, indem sie dazu beitragen, komplexe Strukturen einheitlich und strukturiert zu visualisieren. Mehrstufige Modelle ermöglichen es, unterschiedliche Abstraktions- bzw. Detailierungsperspektiven einzunehmen, die zur Übersichtlichkeit beitragen. Relevanzunterschiede zwischen inhaltlichen Aspekten einer Kooperation kann durch die Berücksichtigung verschiedener Modelltypen Rechnung getragen werden.

Ziel des Beitrages ist es, Vorteile und Eignungsschwerpunkte ausgewählter bestehender Modellierungstechniken miteinander zu vergleichen. Das Aufzeigen positiver wie negativer Aspekte ist von Bedeutung für die Entwicklung bzw. Weiterentwicklung der CXP-Modellierungssprache, weil das Analyseergebnis als Orientierungshilfe für die weiteren Schritte der Methodenkonstruktion dient.

Die Analyse bedient sich im Folgenden einer Kombination aus kriterien- und szenariobasiertem Vergleich. Für die Durchführung des Vergleichs werden ein umfassender Kriterienkatalog, eine facettenreiche Szenariobeschreibung und ein einheitliches Bewertungsschema vorgestellt (Abschnitt 2.2.2). Jede der hier diskutierten Modellierungstechniken wird im Folgenden angewendet, um das vorgestellte Szenario zu modellieren und um sie anhand der Kriterien zu bewerten. (Abschnitt 2.2.3). Abschließend werden die Vergleichsresultate tabellarisch übersichtlich zusammengefasst (Abschnitt 2.2.4). Der Beitrag endet damit, Perspektiven für die Entwicklung neuer Modellierungsansätze für Kooperationen abzuleiten (Abschnitt 2.2.5).

2.2.2 Methodisches Vorgehen

2.2.2.1 Überblick

Für die Analyse und den Vergleich von Modellierungstechniken werden zunächst zur Durchführung eines *kriterienbasierten Vergleichs* Bewertungsaspekte für die Modellierung von Unternehmenskooperationen abgeleitet. Ziel der Entwicklung der Kriterienkataloge (vgl. Abschnitt 2.2.2.2) ist es, eine detaillierte und nachvollziehbare Bewertungsgrundlage für die Modellierungstechniken zu schaffen. Zur Erhöhung der Übersichtlichkeit unterscheiden wir die Bereiche der Kernmerkmale für die Modellierung von Abläufen und Interaktionen verschiedener Akteure sowie den Bereich der Erweiterungsmerkmale, die nicht notwendigerweise im Fokus stehen, jedoch für die Visualisierung von Unternehmenskooperationen nützlich sein können.

Als Voraussetzung zur Durchführung eines *szenariobasieren Vergleichs* werden die zuvor erarbeiteten Kriterien in einen praxisorientierten Anwendungsfall – hier aus dem Bereich des Facility Managements – überführt. Das Szenario selbst gilt damit als Vergleichsstandard, auf dessen Basis erstellte Modelle gegenübergestellt werden können, um Ausdrucksmächtigkeit der Modellierungstechnik sowie deren Repräsentationsansätze grafisch zu verdeutlichen. Dabei erfolgt die Zuordnung eines Kriteriums jeweils über die festgelegte Identifikationsnummer (ID), die direkt an eine entsprechende Textpassage der Szenariobeschreibung (Abschnitt 2.2.2.3) notiert wird. Die Identifikationsnummern der Kriterien werden nur beim erstmaligen Abdecken eines Kriteriums durch den Szenariotext aufgeführt, auch wenn sie später noch häufiger im Szenario vorkommen sollten. Das Darstellen der Prozesse soll insbesondere die Kommunikation und die Koordination der beteiligten Akteure sowie deren Austausch von Informationen und Informationsobjekte veranschaulichen. Wir gliedern das gesamte Szenario (Abschnitt 2.2.2.3) zur Erstellung eines Entwurfsplans (Facility Management) in vier Szenario-Teile. Das grundsätzliche Ziel ist es, das Szenario vollständig zu modellieren. Aufgrund des Platzbedarfes und der Übersicht werden jedoch je nach Modellierungstechnik und Bedarf einzelne Szenario-Teile fokussiert.

In der Analyse (Abschnitt 2.2.3) werden die erstellten Modelle hinsichtlich der Kriterienkataloge untersucht. Die jeweilige Bewertung (Abschnitt 2.2.2.4) eines Kriteriums erfolgt direkt im Analysetext mithilfe einer festgelegten Identifikationsnummer, die die konkrete

Bewertung zu einem Kriterium zuordnet. Die Zusammenfassung (Abschnitt 2.2.4) greift die integrierten Bewertungen schließlich auf und stellt die Resultate in zwei Tabellen übersichtlich dar.

2.2.2.2 Kriterienkatalog

Vorstellung der Kriterienkataloge

Kernmerkmale für die Modellierung von Kooperationen

Kernmerkmale adressieren Konzepte, die für die Modellierung von Abläufen und der Interaktion zwischen verschiedenen Akteuren von Relevanz sind. Insbesondere die Prozessdimension erfordert neben allgemeinen Ablaufeigenschaften auch Möglichkeiten zur Koordination und Integration interner und externer Elemente. Die Kernmerkmale werden in Tab. 2.1 aufgeführt.

ID	Kriterium	Beschreibung
1.01	Zeitlogischer Ablauf	Darstellung der zeitlichen Abfolge einzelner Aktivitäten und Schritte im Prozess wie z. B. mit einer Zeitachse
1.02	Sachlogischer Ablauf	Darstellung der sachlogischen Abfolge einzelner Aktivitäten wie z. B. Parallelisierungen, Zyklen, Alternativen und Bedingungen
1.03	Aktivität	Darstellung von Aktivitäten wie z. B. einzelne Prozessschritte
1.04	Ressourcenverbrauch	Darstellung von Ressourcenverbräuchen durch Aktivitäten oder Prozessteile wie z. B. Materialien und Rohstoffe
1.05	Voraussetzung	Darstellung von Voraussetzungen, die als nötig gelten, um eine Aktivität durchzuführen wie z. B. Qualifikationen oder Rohstoffe
1.06	Frist/Termin	Darstellung von Fristen und weiteren zeitlichen Restriktionen, die den Prozess betreffen
1.07	Sichtbarkeit sämtlicher Prozesse	Darstellung von Prozessteilen eines Kooperationspartners, die bekannt bzw. explizit nicht bekannt sind wie z. B. Akteur A hat keinen Einblick in die Prozesse von Akteur B (Black Box)
1.08	Akteur	Darstellung von Akteuren, die Aktivitäten durchführen oder für die Durchführung verantwortlich sind wie z. B. Kooperationsunternehmen, Organisationseinheiten, Stellen und Rollen
1.09	Prozessschnittstelle	Darstellung von Prozessschnittstellen – die Dynamik in Kooperationen erfordert häufig ein individuelles Zusammensetzen von verschiedenen Prozessteilen für einen angepassten Zweck

Tab. 2.1 Kriterienkatalog der Kernmerkmale

Erweiterungsmerkmale für die Modellierung von Kooperationen

Neben den Kernmerkmalen existieren weitere Kriterien, die für die Visualisierung von Kooperationen nützlich sein können. Eine zentrale Rolle bei den Interaktionen zwischen Unternehmen kann z. B. die Modellierung von Flüssen spielen. Der Austausch von verschiedenen Ressourcen und Leistungen wie Informationen, Dienstleistungen oder Güter kann mithilfe der Flussmodellierung vereinfacht dargestellt werden. Damit wird ein Beitrag zur Abstimmung einzelner Prozesse auf die Erfordernisse prozessübergreifender Zusammenarbeit geleistet. Die entsprechenden Erweiterungsmerkmale für den Vergleich ausgewählter Modellierungstechniken sind in Tab. 2.2 dargestellt.

ID	Kriterium	Beschreibung
2.01	Informationsfluss	Darstellung der inner- und außerbetrieblichen Informations- und Datenflüsse
2.02	Wissensfluss	Darstellung der inner- und außerbetrieblichen Wissensflüsse. Wissen umfasst über die explizite Informationen hinaus auch Erfahrungen und Know-how von den beteiligten Akteuren
2.03	Leistungsfluss	Darstellung der inner- und außerbetrieblichen Leistungsflüsse wie z. B. Materialien, Produkte und Ersatzteile
2.04	Finanzfluss	Darstellung der inner- und außerbetrieblichen Finanzflüsse, die während der Kooperation übertragen und ausgetauscht werden
2.05	Artefakt	Darstellung des Artefakts (Objekt), das übertragen wird, wie z. B. Dokumente und Informationsobjekte
2.06	Übertragungskanal	Darstellung von Kanälen, über die Artefakte übertragen werden können, wie z. B. ein Informationsfluss via E-Mail und Post
2.07	Input/Output	Darstellung, ob ein Artefakt in einer Aktivität oder einem Prozessteil verbraucht, weitergeleitet oder verarbeitet wird
2.08	Artefakt-Format	Darstellung des Formats des Artefaktes (z. B. durch Symbole), um gegebenenfalls Konvertierungsmaßnahmen zu identifizieren
2.09	Akteur-Fluss-Zuordnung	Darstellung der Zuordnung von Akteuren (z. B. Organisationseinheiten, Rollen und Stellen) zu Flüssen und deren Artefakte
2.10	Vertrauen	Darstellung, welcher Fluss ein hohes Maß an Vertrauen voraussetzt, wie z. B. Weitergeben interner Informationen nach außen

Tab. 2.2 Kriterienkatalog der Erweiterungsmerkmale

2.2.2.3 Szenario

Vorstellung des Szenarios

Vor dem Hintergrund des Lebenszyklusgedankens des Facility Managements können Planung, Errichtung und Betrieb einer Immobilie nicht unabhängig voneinander betrachtet und ausgeübt werden. So werden z. B. Unterlagen aus der Planungsphase für die Konzeption und Kontrolle der Wartungsprozesse von Anlagen (z. B. Heizung und Solaranlagen) im Betrieb benötigt. Andererseits werden Erfahrungen aus dem Betrieb von derzeitig verwendeten Anlagen und Systemen hinsichtlich ihrer Wartungsintensität oder Störanfälligkeit in die Planung einbezogen. Das FM kann hierbei unterstützen (Bernhold et al. 2007). Speziell in der Bauplanung müssen verschiedene Akteure wie z. B. Architekt, Ingenieur, Facility Manager, Auftraggeber, Bauunternehmer so aufeinander abgestimmt werden, dass die Wertschöpfung in allen Lebenszyklusphasen eines Gebäudes bestmöglich geplant und umgesetzt werden kann. Dies erfordert einen hohen Aufwand an Kooperation und Koordination (Schäfermeyer und Rosenkranz 2008; Pfnür 2011).

Exemplarisch wird im Rahmen unseres Szenarios der Fokus auf den Ausschnitt der Erstellung eines Entwurfsplans gelegt, der chronologisch nach der Vorentwurfsplanung und vor der Phase zur Genehmigungsplanung bei der entsprechenden Behörde einzuordnen ist. In den Prozess sind verschiedene Akteure involviert, zu denen Auftraggeber, Projektmanagement, Generalunternehmer/Generalübernehmer (GU/GÜ), Architektenbüro, Ingenieure für die Technische Gebäudeausrüstung (TGA), Fachplaner (Außenanlagen, Tragwerk, Akustik, Bauphysik), Facility Management (FM) und Behörden zählen.

Prozesssicht zur Durchführung einer Entwurfsplanung

Auf Grundlage der Vorplanung werden die Planungsunterlagen, z. B. Dokumentationen, Berechnungen und Pläne für den Entwurf mit den folgend beschriebenen Schritten finalisiert, sodass im Anschluss die Genehmigung des Vorhabens von der zuständigen Behörde eingeholt werden kann.

Erstellung der Entwurfspläne und -konzepte (Szenario-Teil I)

Zunächst werden die Planungsunterlagen für die Architektur, die Statik und die Technische Gebäudeausstattung (TGA) sowie ergänzende Konzepte für die Akustik (Raum und Bauakustik), die Thermische Bauphysik und die Sicherheit von den zuständigen Akteuren erstellt und zusammengeführt. Zur Planung der Architektur wird unter anderem die Investitionskostenberechnung nach DIN 276 (2.03) benötigt, die das Mitwirken mehrerer Akteure voraussetzt. Ein Architekt und ein GU/GÜ (1.08) sind dabei zwar die federführenden Parteien, benötigten allerdings die Unterstützung der TGA-Ingenieure und der zuständigen Fachplaner. Abgeschlossene Berechnungen müssen jeweils an den Auftraggeber, das Projektmanagement und das FM gesendet werden (2.01). Die Informationen müssen den anderen Kooperationspartnern zur Verfügung gestellt werden, da diese – zum Teil – darauf aufbauend ihre Aufgaben bearbeiten. Als Beispiel sendet ein Architekt (2.09) nach der Annahme durch den Auftraggeber das Belegungs- und Möblierungskonzept als PDF (2.08) via E-Mail (2.05) an das Planungsbüro für Akustik (2.07, Output). Dort nehmen Sachbearbeiter mit geeigneten Qualifikationen (1.05) hinsichtlich der Gebäudeakustik die Informationen entgegen (2.07, Input) und pflegen (1.03) sie in ihr Anwendungssystem ein, um darauf basierend die Konzeption für die Akustik vorzunehmen (1.09). Liegen die benötigten Informationen vor und die Pläne wurden vom Auftraggeber freigegeben, können diese in eine erste Version der Entwurfsplanung integriert werden. Ist eine der Voraussetzungen nicht erfüllt, müssen einzelne Schritte wiederholt (1.02) und Planungsunterlagen angepasst werden.

Prüfung der Genehmigungsfähigkeit (Szenario-Teil II)

Zur Prüfung, ob der Planungsstand als genehmigungsfähig gilt, kann sich ein Architekt mit den zuständigen Behörden abstimmen. Dazu wird in einem ersten Schritt (1.01) die Einhaltung gesetzlicher Vorgaben vom Architekten in Zusammenarbeit mit GU/GÜ, TGA-Ingenieuren und Fachplanern für Außenanlagen ausgewertet. Aufgrund verschiedener Anwendungsbereiche und Anforderungen ist die spezifische Expertise (2.02) der beteiligten Akteure für die Antragsstellung wichtig. Die Freigabe des Wissens erfordert ein hohes Maß an Vertrauen (2.10) gegenüber den beteiligten Kooperationspartnern. Sind diese in Ordnung, wird anschließend eine Voranfrage via E-Mail an die Abteilung der Genehmigungserteilung gesendet. Das Vorgehen der Abteilung ist dabei für die einreichenden Akteure nicht expliziert sichtbar (1.07). Abschließend wird entweder ein Vorabbescheid zurückgesendet oder ein telefonischer Hinweis zur Nachbesserung gegeben.

Erstellung des Betriebskonzeptes (Szenario-Teil III)

Das FM erstellt zudem für den Betrieb des Gebäudes ein Kurzkonzept und eine FM-Kostenrechnung, die an den Auftraggeber und das Projektmanagement weitergeleitet werden. Die Energieabteilung des Facility Managers erarbeitet und simuliert zudem das Energiekonzept. Zur Simulation werden Prototypen konstruiert, für die Materialien wie Dämmungsstoffe verbraucht (1.04) werden. Sämtlich beteiligte Partner (GU/GÜ, FM, Architekt und Projektmanagement) unterzeichnen eine Schnittstellenvereinbarung.

Erstellung der bauausführenden Unterlagen (Szenario-Teil IV)

Sind die vorherigen Schritte erfolgreich abgeschlossen, wird der Entwurfsplan mithilfe des Anwendungssystems (PlanDirekt) generiert und via E-Mail im PDF-Format (2.08) an den Auftraggeber übermittelt. Dieser kann innerhalb von 14 Tagen (1.06) Änderungen zurückmelden, die ein Architekt nachbessern muss. Aufgrund rechtlicher Bedingungen darf der finalisierte Entwurfsplan ausschließlich über dem Postweg (2.06) an den Auftraggeber geschickt werden, der die Planungsfreigabe unterzeichnet und anschließend den Entwurfsplan an den Architekten sowie das Projektmanagement zurücksendet. Danach wird die Baubeschreibung an die weiteren Akteure in der Unternehmenskooperation übermittelt.

2.2.2.4 Bewertungsschema

Zur Bewertung der analysierten Modellierungstechnik wird ein Bewertungsschema (vgl. Tab. 2.3) spezifiziert, anhand dessen eine Beurteilung der Ausprägung einzelner Kriterien erfolgt. Das Bewertungsschema unterscheidet dabei drei Abstufungen: Ein Plus (+) repräsentiert eine explizit vorgesehene Umsetzung, der Durchschnitt (o) eine indirekte bzw. teilweise Berücksichtigung und ein Minus (-) eine unzureichende Darstellung eines Kriteriums.

Bewertung	Beschreibung
+	Die Modellierungstechnik sieht die Umsetzung des Kriteriums explizit vor, stellt diese vollständig dar und deckt sämtliche Aspekte ab
o	Die Modellierungstechnik deckt Teile des Kriteriums ab oder lässt sich mithilfe vorgesehener Konstrukte aufwandsarm so erweitern, dass das Kriterium gut berücksichtigt werden kann
-	Die Modellierungstechnik sieht die Umsetzung des Kriteriums in ihrem ursprünglichen Konzept nicht vor und kann diese in keiner Weise darstellen

Tab. 2.3 Spezifikation des Bewertungsschemas

2.2.3 Analyse einzelner Modellierungstechniken

2.2.3.1 Unified Modeling Language (UML)

Aktivitätsdiagramm

Das Aktivitätsdiagramm der UML ist auf die Repräsentation des Ablaufs von Aktivitäten spezialisiert. Dabei handelt es sich um eine Variante der Zustandsgraphen, die Schritte einer Berechnung oder eines Geschäftsprozesses visualisieren (Gebhardt 2014). Das Aktivitätsdiagramm zählt zu den Verhaltensdiagrammen der UML, die das Visualisieren, das Spezifizieren, das Konstruieren und das Dokumentieren von dynamischen Aspekten eines Systems unterstützen (Booch et al. 1999).

Aus Übersichtlichkeitsgründen wird im Folgenden Szenario-Teil IV als Aktivitätsdiagramm dargestellt, in dem die bauausführenden Unterlagen erarbeitet, erstellt und abschließend vom Auftraggeber freigegeben werden (vgl. Abb. 2.7). Die beteiligten Akteure (Architektenbüro und Auftraggeber) werden dabei in sogenannten Schwimmbahnen dargestellt. In den vertikal ausgerichteten Bahnen werden die zugehörigen Aktivitäten zeitlich (von oben nach unten) abgebildet.

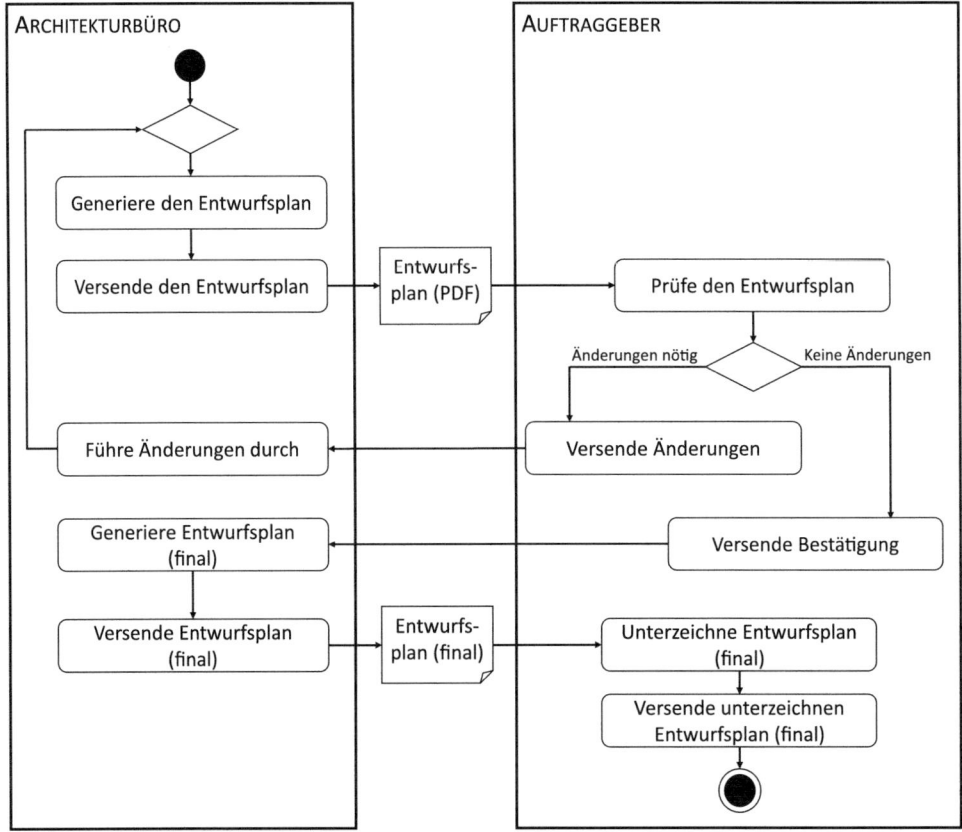

Abb. 2.7 Modellbeispiel – Szenario-Teil IV als Aktivitätsdiagramm (UML)[3]

Das Aktivitätsdiagramm der UML konzentriert sich vor allem auf das Visualisieren von Abläufen und somit die *Kernmerkmale*. Positive Bewertungen sind bei der Darstellung des zeitlogischen Ablaufs (1.01, +), des sachlogischen Ablaufs (1.02, +), der Aktivitäten (1.03, +) und der Akteure (1.08, +). Das Diagramm erlaubt die Modellierung von Eingangs- und Ausgangsparametern (1.05, +) und durch das Zusammenfassen größerer Aufgaben auch die Modularisierung des Prozesses (1.09, +). Das Darstellen des Ressourcenverbrauchs (1.04, o) und der Fristen (1.06, o) kann implizit über freie Annotationen erfolgen.

Bei der Umsetzung der *Erweiterungsmerkmale* erzielt das Diagramm bei der Visualisierung des Leistungsflusses (2.03, +), der Artefakte (2.05, +) und deren Beziehungen (2.07, +) positive Bewertungen. Neben physischen Dokumenten können implizit auch Informationen (2.01, o) übertragen werden. Durch freie Annotationen können ergänzende Informationen

---

[3] Erstellt mit yEd Graph Editor, www.yworks.com/products/yed, abgerufen am 01.02.2016.

wie Artefakt-Formate (2.08, o), Akteur-Zuordnungen (2.09, o) oder Vertrauen (2.10, o) dargestellt werden.

Anwendungsfalldiagramm

Das UML-Anwendungsfalldiagramm (*Use Case*) visualisiert Funktionen eines Systems sowie deren Interaktion mit externen Anwendern. Dabei wird deutlich, welche Funktionen ein System bei entsprechenden Eingaben ausführt. Die Anwendungsfälle selbst werden durch eine textuelle Beschreibung und ein weiteres (dafür ausgelegtes) Diagramm dokumentiert (Gebhardt 2014).

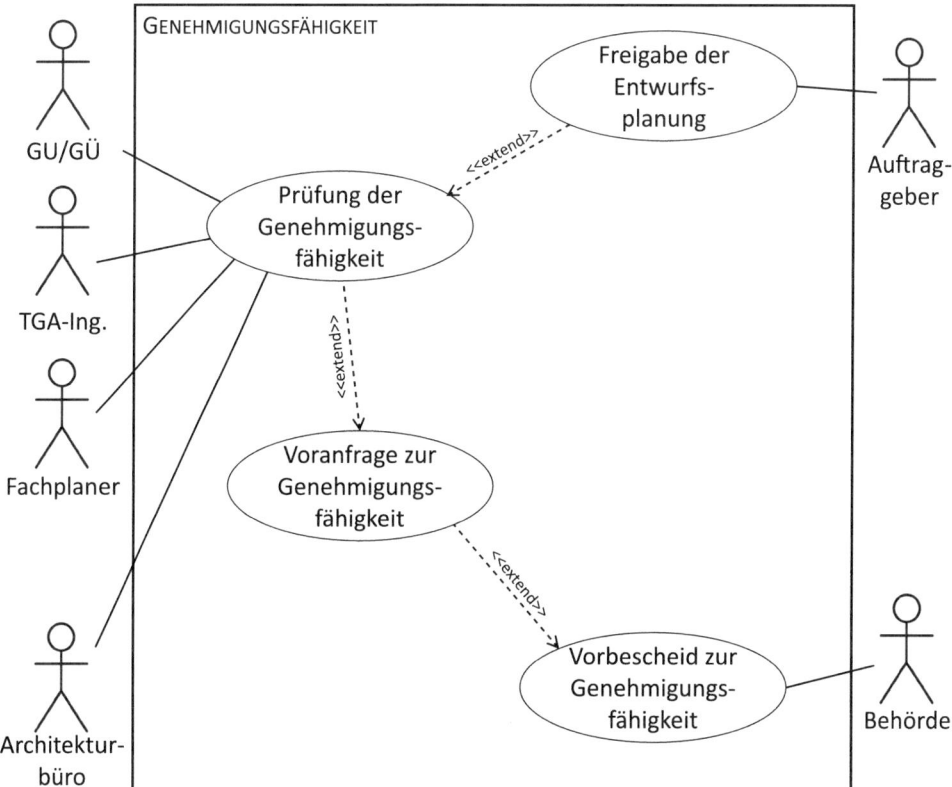

Abb. 2.8 Modellbeispiel – Szenario-Teil II als Anwendungsfalldiagramm (UML)[4]

Das Diagramm (vgl. Abb. 2.8) zeigt Szenario-Teil II zur Genehmigungsfähigkeit auf einem hohen Abstraktionsniveau, wodurch Gesamtzusammenhänge zwischen Akteuren und System deutlich werden können. Das Abstraktionsniveau kann zudem einen Beitrag zur Dis-

---

[4] Erstellt mit Signavio Academic, http://academic.signavio.com, abgerufen am 26.01.2016.

kussion von verschiedenen Stakeholdern leisten, da auch ohne detaillierte Kenntnisse das Modell gelesen werden kann.

Das Anwendungsfalldiagramm der UML adressiert zwar im ursprünglichen Sinn Bereiche eines technischen Informations- oder Anwendungssystems sowie deren Interaktion mit den Anwendern, bietet allerdings auch Potenziale für die Visualisierung von Kooperationen. Es handelt sich um ein Übersichtsmodell, das zwar zur Allgemeinverständlichkeit beitragen kann, dadurch jedoch formale Details ausblendet. Die Modellierung der *Kernmerkmale* ist damit eingeschränkt. Zwar sind explizite Darstellungsmöglichkeiten von Akteuren (1.08, +) und von Aktivitäten (1.03, +) gegeben, aber zeitlogische (1.01, o) und sachlogische Abläufe (1.02, o) können nur indirekt über die Anordnung der Elemente und Voraussetzungen (1.05, o) mithilfe der Relationskanten modelliert werden.

Aus dem Kriterienkatalog der *Erweiterungsmerkmale* für die Modellierung können Informationen (2.01, o), Artefakte (2.05, o) und deren Beziehungen (2.07, o) sowie Akteure (2.09, o) durch textuelle Informationen ergänzt werden.

2.2.3.2 Business Model and Notation 2.0 (BPMN)

Kollaborationsdiagramm

Die von der OMG (Object Management Group) standardisierte Business Process Model and Notation 2.0 (BPMN) umfasst Diagrammtypen zur Darstellung von internen Prozessen, Kollaborationen, Choreografien und Konversationen. Das Prozessdiagramm dient der Darstellung einer Sequenz von Aktivitäten innerhalb einer Organisation. Für die Repräsentation unternehmensübergreifender Abläufe kann das Kollaborationsdiagramm genutzt werden, welches eine Kombination von Modellelementen des Prozess- und Choreografiediagramms vorsieht. Damit wird eine Perspektive auf die Interaktion mehrerer Akteure bereitgestellt (Zimmer 2012). Besonders hervorgehoben werden dabei die Berührungspunkte zwischen den einzelnen Akteuren innerhalb des Ablaufs (OMG 2011).

Das Modellbeispiel (vgl. Abb. 2.9) zeigt Szenario-Teil IV, in dem die bauausführenden Unterlagen erarbeitet, erstellt und vom Auftraggeber freigegeben werden. Das Architektenbüro und der Auftraggeber werden in Schwimmbahnen dargestellt. In den horizontal ausgerichteten Bahnen werden jeweils die Aktivitäten, die Ablaufstrukturen und die verwendeten IT-Systeme abgebildet.

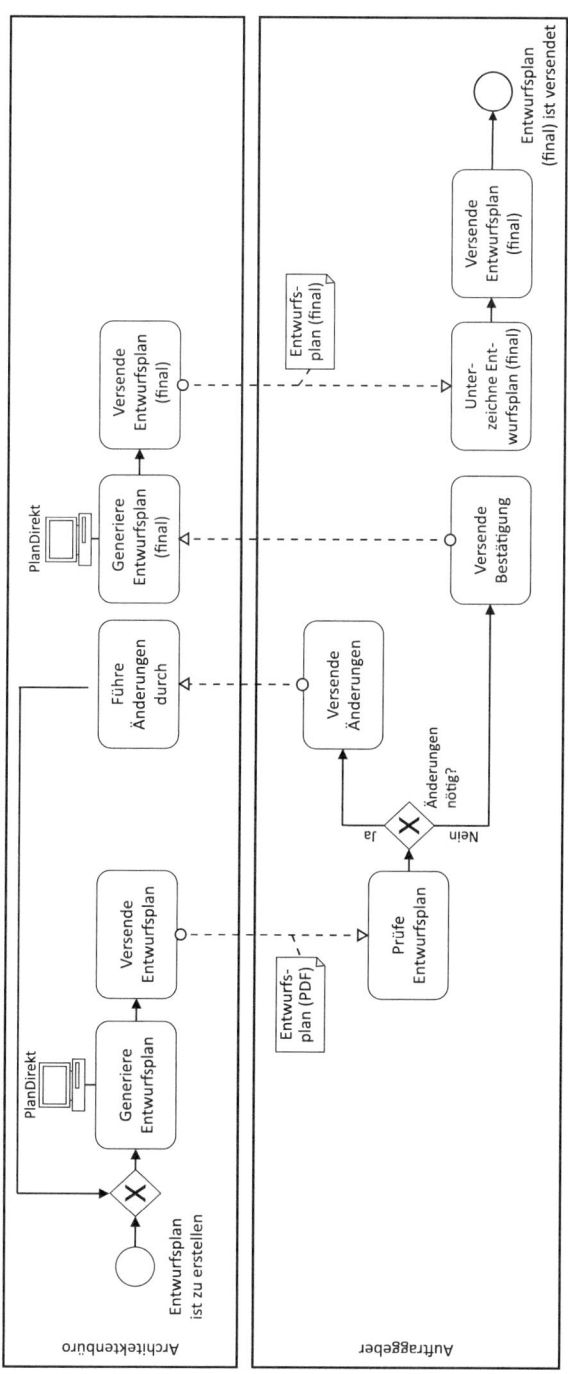

Abb. 2.9 Modellbeispiel – Szenario-Teil IV als Kollaborationsdiagramm[5] (BPMN)

---

[5] Erstellt mit Signavio Academic, http://academic.signavio.com, abgerufen am 26.01.2016.

Im Bereich der *Kernmerkmale* werden folgende Kriterien erfüllt: Darstellung des zeitlogischen (1.01, +) und sachlogischen Ablaufs (1.02, +), der Aktivitäten (1.03, +), der Akteure (1.08, +) und der Fristen (1.06, +). Darüber hinaus können Sichtbarkeiten (1.07, +) durch die Differenzierung in private und öffentliche Bereiche modelliert werden. Schnittstellen (1.09, +) können z. B. via verschiedene Event-Typen oder Unterprozesse abgebildet werden. Voraussetzungen (1.05, o) und Verbräuche (1.04, o) sind mit freien Annotationen zu ergänzen.

Im Bereich der *Erweiterungsmerkmale* wird das Darstellen von Informationsflüssen (2.01, +), den damit verbundenen Artefakten (2.05, +) sowie deren Input-/Output-Relationen (2.07, +) explizit unterstützt. Das Übermitteln von Leistungen (2.03, o) kann anhand unterschiedlicher Artefakte erfolgen. Das Artefakt kann entweder durch die Bezeichnung des Flusses oder mittels eines annotierten Datenobjekts, z. B. ein Briefsymbol, abgeleitet werden. Anhand des Symbols kann zudem auf den Übertragungskanal (2.06, o) geschlossen werden. Die Zuordnung von Akteuren (2.09, o) erfolgt indirekt über die Schwimmbahnen und das Kriterium Vertrauen (2.10, o) kann mithilfe von freien Textannotationen erfüllt werden.

Choreografiediagramm

Bei den Choreografien stehen besonders Muster von Nachrichtenwechsel im Mittelpunkt. Das Organisieren unternehmensübergreifender Abläufe erfordert exakte Beschreibungen der Kommunikationswege zwischen den Akteuren, weshalb die Nachrichtenübergänge eine zentrale Rolle einnehmen. Der eigentliche Ablauf von Nachrichten wird explizit definiert, wodurch die Reihenfolge der Austausche sichtbar wird. BPMN 2.0 ermöglicht eine formale Modellierung von Choreografien, sodass diese als Basis für Schnittstellenspezifikationen oder vertragliche Kommunikationsprotokolle dienen können (Grinwgel et al. 2012). In Abb. 2.10 wird exemplarisch die Prüfung der Genehmigungsfähigkeit (Szenario-Teil II) modelliert. Dabei interagieren verschiedene Akteure zunächst mit dem Architektenbüro, das nach Vollständigkeit der Unterlagen eine Voranfrage an die entsprechende Behörde zur Genehmigungsbeurteilung sendet.

Der Diagrammtyp legt den Fokus auf den Austausch von Nachrichten und erfüllt dabei folgende *Kernmerkmale*: zeitlogischer (1.01, +) und sachlogischer Ablauf (1.02, +) sowie die Darstellung von Akteuren (1.09, +), Aktivitäten (1.03, +) und Fristen (1.06, +). Zusätzlich können Voraussetzungen (1.05, o) sowie Ressourcenverbräuche (1.04, o) durch ergänzende Annotationen modelliert werden. Schnittstellen (1.09, o) können über Subprozesse integriert werden.

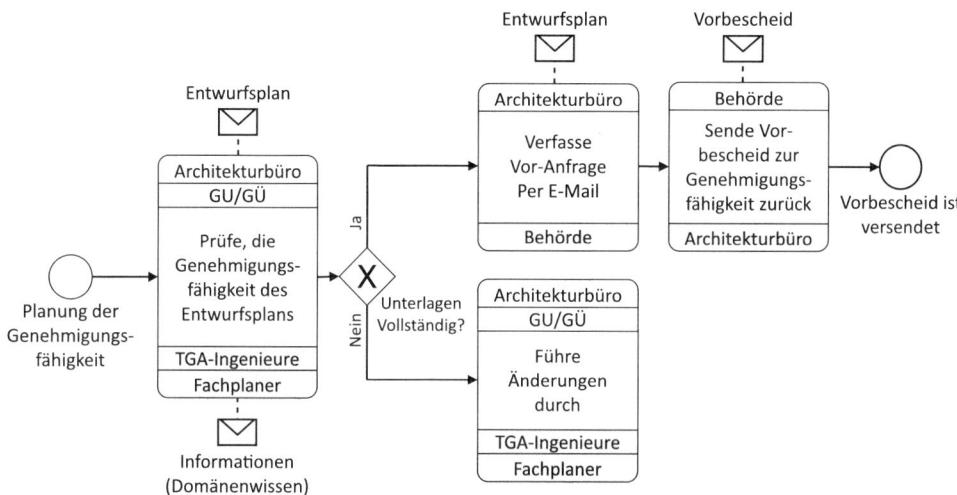

Abb. 2.10 Modellbeispiel – Szenario-Teil II als Choreografiediagramm[6] (BPMN)

In Bezug auf die *Erweiterungsmerkmale* werden Informationsflüsse (2.01, +) und die Zuordnung von Akteuren (2.09, +) adressiert. Dabei bestehen Möglichkeiten, den Übertragungskanal (2.06, o), das Artefakt (2.05, o) und deren Beziehungen (2.07, o) sowie das Kriterium des Vertrauens (2.10, o) zu ergänzen.

Konversationsdiagramm

Das Konversationsdiagramm der BPMN 2.0 betrachtet primär die Beziehungen und Interaktionen von Akteuren. Das Diagramm befindet sich dabei auf einem hohen Abstraktionslevel, weshalb das Modellieren von Details hier nicht im Vordergrund steht (Allweyer 2009).

In Abb. 2.11 wird das Szenario vollständig dargestellt. Dabei wird bereits sichtbar, dass es sich um ein Modell handelt, dass zur Gesamtübersicht beitragen kann. Die beteiligten Akteure werden dabei jeweils über die Konversationen (Sechsecke) und den dazugehörigen Konversationslink verknüpft, um die Abläufe der Interaktionen und der Kommunikationen zu visualisieren.

Durch das hohe Abstraktionsniveau und die geringe Anzahl an Elementen können auch Modelllesende, die nicht mit der Syntax und der Semantik des Diagrammtyps vertraut sind, schnell in die Lage versetzt werden zu erkennen, welche Unternehmen beteiligt sind und welche Informationen zwischen ihnen fließen. Mithilfe von Subkonversationen können darüber hinaus weitere Details zum Informationsaustausch dargestellt werden. Das Level der Abstraktion reduziert allerdings auch die Repräsentation der Kernmerkmale, bei denen Akteure (1.08, +) und Aktivitäten (1.03, o) durch spezifische Benennungen abgebildet werden können.

---

[6] Erstellt mit Signavio Academic, http://academic.signavio.com, abgerufen am 26.01.2016.

Hinsichtlich der *Erweiterungsmerkmale* befasst sich der Diagrammtyp meist (ausschließlich) mit dem Darstellen von Kommunikationspunkten und dem damit verbundenen Austausch von Informationen (2.01, +). Dabei wird zwar deutlich, welche Akteure beteiligt sind, aber nicht, welche (2.09, o) Rolle diese jeweils übernehmen. Weitere Kriterien wie der Übertragungskanal (2.06, o), das Objekt (2.05, o), Input-/Output-Beziehungen (2.07, o) und der Vertrauensanspruch (2.10, o) können indirekt mit freien Textannotationen ergänzt werden.

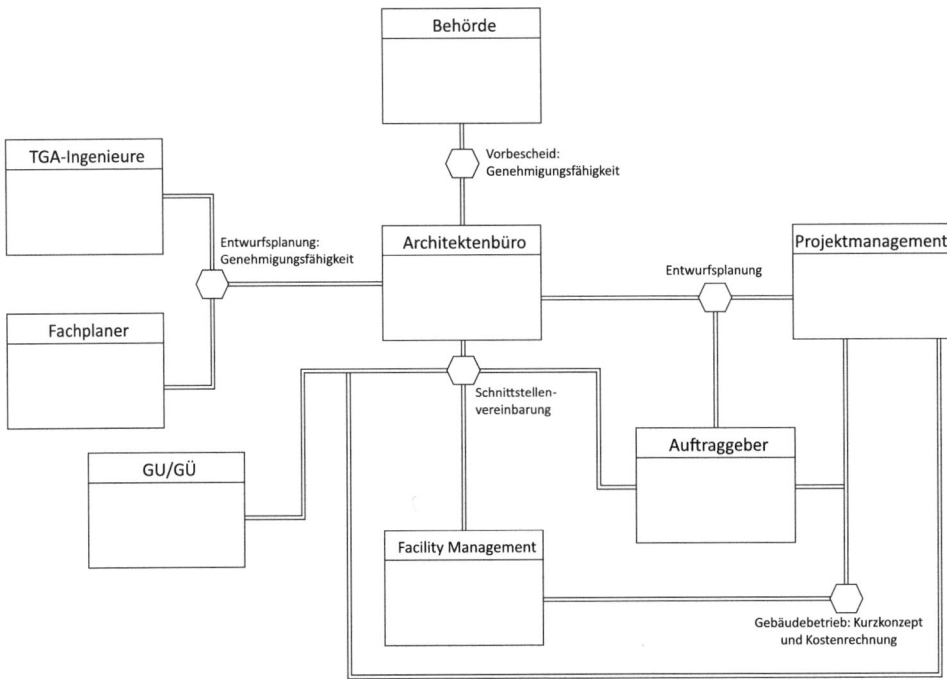

Abb. 2.11 Modellbeispiel – vollständiges Szenario als Konversationsdiagramm[7] (BPMN)

2.2.3.3 Erweiterte Ereignisgesteuerte Prozesskette (eEPK)

Die eEPK unterstützt die Dokumentation von Geschäftsprozessen und gilt als weitverbreiteter Ansatz in der Unternehmenspraxis (Nüttgens, Rump 2002). Die Modellierungstechnik kann durch verschiedene Erweiterungen und Darstellungsvarianten die Darbietung von Kooperationen unterstützen. Im Allgemeinen werden die zeitlich-sachlogischen Abhängigkeiten von Funktionen beschrieben, die in alternierender Reihenfolge mit eintretenden beziehungsweise auslösenden Ereignissen in Relation stehen. Durch ein auslösendes Ereignis werden bestimmte Funktionen direkt ausgeführt. Eintretende Ereignisse führen den Prozess erst dann weiter, wenn die entsprechenden Bedingungen erfüllt bzw. eingetreten sind (Krcmar 2010; Scheer et al. 1995).

---

[7] Erstellt mit Signavio Academic, http://academic.signavio.com, abgerufen am 26.01.2016.

In Abb. 2.12 wird Szenario-Teil IV dargestellt. Die Akteure Architektenbüro und Auftraggeber werden mit Organisationseinheiten beziehungsweise Rollen abgebildet. Die Ausrichtung ist vertikal, sodass die Ablaufinformationen von oben nach unten zu lesen sind. Erweiterungsobjekte sind in dem Beispiel Organisationseinheiten, Anwendungssysteme sowie Input- und Output-Dokumente.

Besonders stark ist das Modell bei der Darstellung der *Kernmerkmale*. Zeitlogische (1.01, +) und sachlogische Abläufe (1.02, +) sowie Akteure (1.08, +) und durchzuführende Aktivitäten (1.03, +) können dargestellt werden. Die eEPK bietet zudem ein Element für die Verknüpfung verschiedener Prozesse an, die Prozessschnittstelle (1.09, +). Weitere Eigenschaften wie z. B. Voraussetzungen (1.05, o), Ressourcenverbrauch (1.04, o) oder Fristen (1.06, o) können durch freie Textannotationen ergänzt werden.

Bei der Umsetzung der *Erweiterungsmerkmale* werden trotz der nur indirekten Darstellung von Flüssen einige Aspekte von der eEPK erfüllt: Repräsentation von Objekten (2.05, +), Input-/Output-Beziehungen (2.07, +) und Akteur-Zuordnungen (2.09, +). Informations- (2.01, o) und Leistungsflüsse (2.03, o) sind indirekt aus den Objekten ableitbar, die jeweils an verschiedene Funktionen annotiert sind. Objektformate (2.08, o) sowie das Berücksichtigen des Kriteriums für Vertrauensansprüche (2.10, o) können mit freien textuellen Annotationen abgebildet werden.

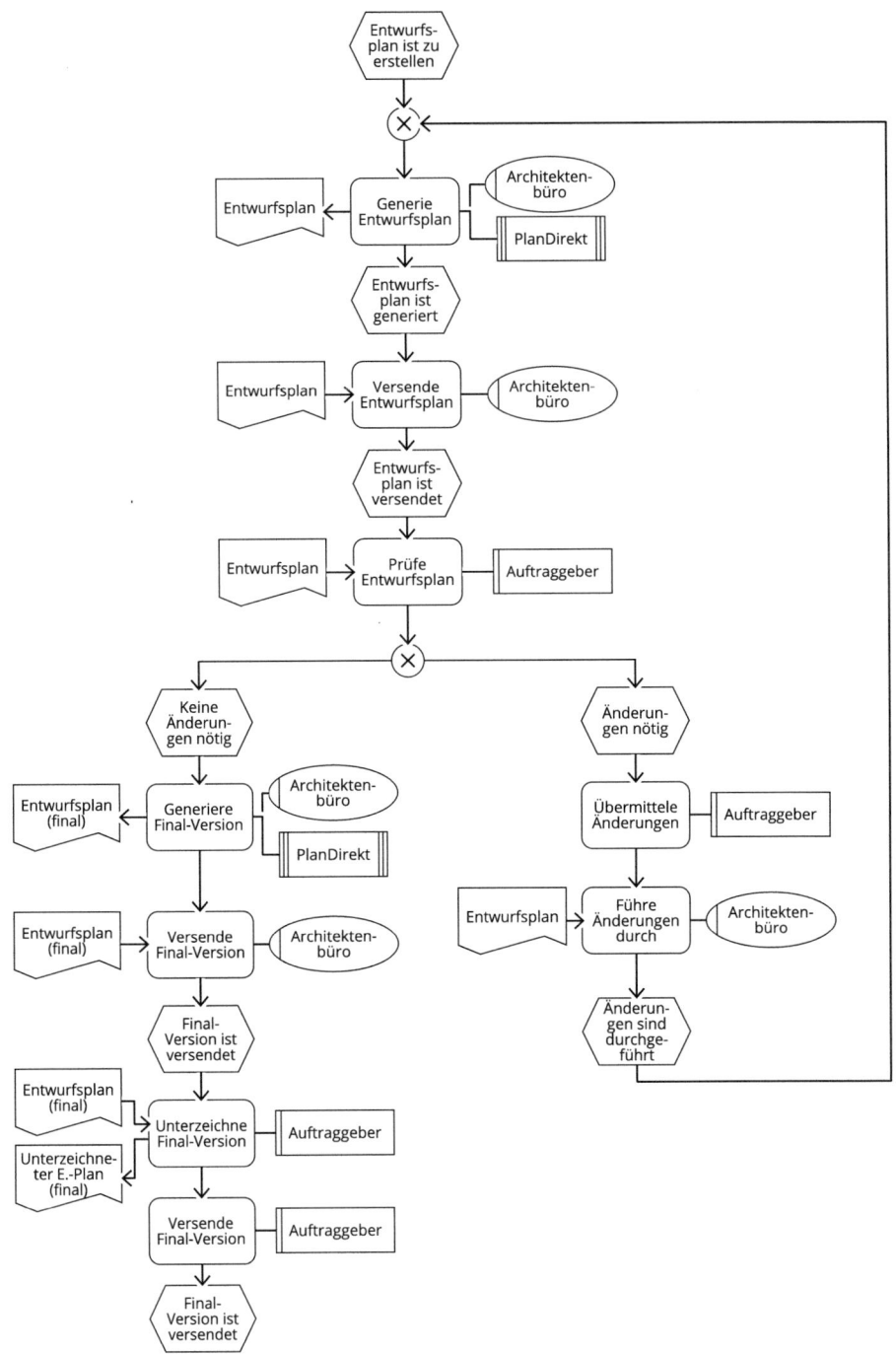

Abb. 2.12 Modellbeispiel – Szenario-Teil IV als eEPK[8]

---

[8] Erstellt mit Signavio Academic, http://academic.signavio.com, abgerufen am 26.01.2016.

2.2.3.4 Flussdiagramm

Ein Flussdiagramm bildet eine vereinfachte Sicht auf den Austausch verschiedener Artefakte, der intern und extern durchgeführt wird. Die Interaktionspunkte und die Austauscharten zwischen den Akteuren werden durch entsprechende Modelle veranschaulicht. Es gibt verschiedene Ausprägungen von Flüssen wie Informationen, Daten, Finanzen sowie Sach- und Dienstleistungen, die während einer Kooperation beachtet werden müssen. Insbesondere die Typen der Informations- und Datenflüsse werden wir aufgrund der Relevanz für Kooperationen betrachten.

In Abb. 2.13 wird das Szenario als Flussdiagramm abgebildet, das durch den hohen Grad der Abstraktion das vollständige Szenario zeigt. Flussdiagramme bieten eine abstrahierte Perspektive auf den Gesamtzusammenhang und damit eine geeignete Kommunikationsbasis zwischen verschiedenen Stakeholdern. Die beteiligten Akteure – innerhalb und außerhalb einer Unternehmenskooperation – werden in die Lage versetzt, die Abläufe der Informationsübergänge zu verstehen.

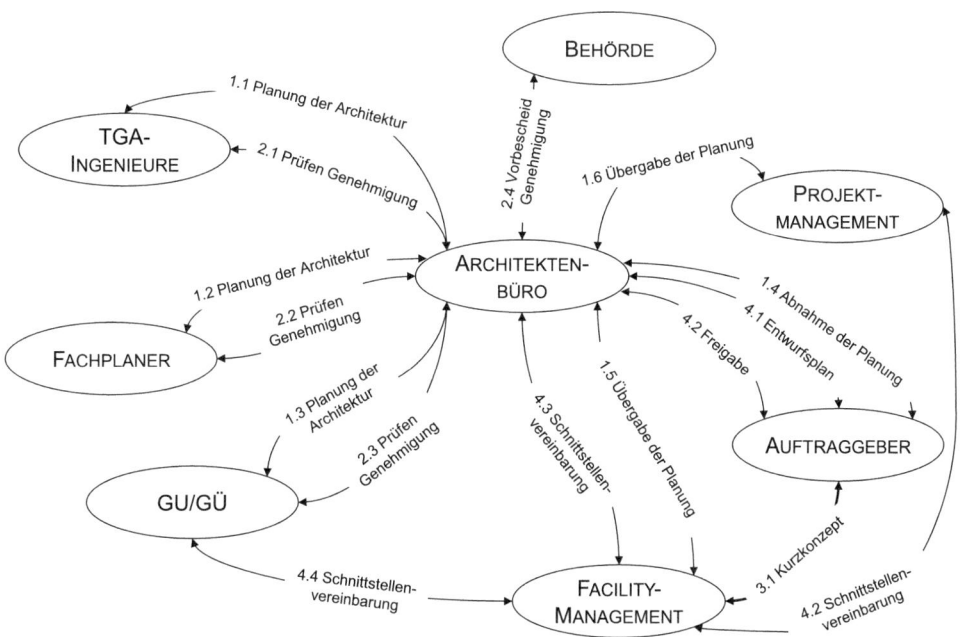

Abb. 2.13 Modellbeispiel – vollständiges Szenario als Flussdiagramm[9]

In Bezug auf die *Kernmerkmale* können Akteure (1.08, +) explizit und zeit-logische Strukturen (1.01, o) mit z. B. Reihenfolgennummern an den Flüssen (1.03, o) textuell ergänzt werden.

---

[9] Erstellt mit Microsoft PowerPoint 2013.

Bei der Darstellung der *Erweiterungsmerkmale* werden die Kriterien des Informations- (2.01, +), Materials- (2.03, +) und Finanzflusses (2.04, +) erfüllt. Allerdings wird meist einer dieser Typen fokussiert. Wissensflüsse (2.02, o), Objekte (2.05, o) und deren Beziehungen (2.07, o) sowie Akteur-Zuordnungen (2.09, o) können durch weitere Annotationen indirekt visualisiert werden.

2.2.3.5 SCOR-Modell

Während sich das Supply Chain Management (SCM) in den ersten Ansätzen eher dem Beschaffungsvorgang widmete, weitet sich heute die Sicht auf die gesamte Logistikkette aus. SCM umfasst die „Planung, Steuerung und Kontrolle aller Material-, Güter-, Geld-, Dienstleistungs- und Informationsflüsse" (Krcmar 2010). Für die Visualisierung existieren verschiedene Techniken, die meist eine Kombination aus textueller Beschreibung und dem Verwenden von Informationsflüssen darstellen. Das SCOR-Modell des Supply Chain Councils[10] bietet ein Referenzdesign für das SCM. Als Basis werden die fünf zusammenhängenden Abschnitte der Planung, Beschaffung, Herstellung, Lieferung und Retournierung des SCM betrachtet (Krcmar 2010).

Das Prozess-Referenzmodell bietet eine Basis für eine effektive Kommunikation und Koordination zwischen mehreren Akteuren innerhalb einer Wertschöpfungskette. Das Referenzmodel stellt bereits relevante Charakteristika und *Best Practices* zur Verfügung, anhand deren eine Orientierung stattfinden kann. Durch das Erfassen der Inhalte in verschiedenen Ebenen existieren sowohl strategische Modelle in einer hohen Abstraktion als auch operative Darstellungen von Abläufen wie z. B. auf der dritten Ebene, der Gestaltungsebene.

Im Folgenden wird aus Gründen der Übersichtlichkeit Szenario-Teil IV fokussiert, in dem die bauausführenden Unterlagen erarbeitet, erstellt und vom Auftraggeber freigegeben werden (vgl. Abb. 2.14). Zur Prozesssicht nutzen wir die Gestaltungsebene (III) des SCOR-Modells.

Folgende *Kernmerkmale* werden erfüllt: sachlogische Abläufe (1.02, +), Aktivitäten (1.03, +) und Schnittstellen (1.09, +). Die Darstellung des zeitlichen Ablaufs (1.01, o), der Voraussetzungen (1.05, o), der Akteure (1.08, o) und des Ressourcenverbrauchs (1.04, o) sind indirekt durch Annotationen zu ergänzen.

---

[10] Non-Profit-Organisation von Unternehmen und Forschungsinstituten, http://people.ischool.berkeley.edu/~glushko/IS243Readings/SCORV8.pdf, abgerufen am 20.01.2016.

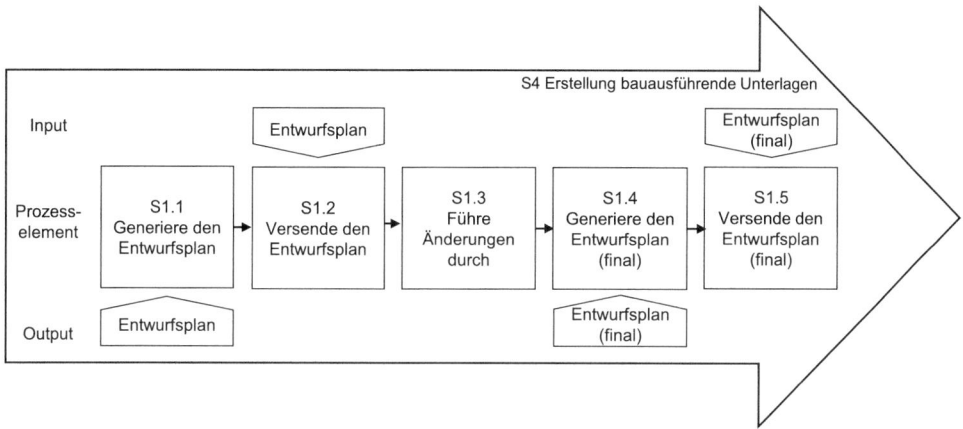

Abb. 2.14 Modellbeispiel – Szenario-Teil IV als dritte Ebene des SCOR-Modells

Für den Kriterienkatalog der *Erweiterungsmerkmale* können sowohl Informations- (2.01, +), Leistungs- (2.03, +) und Finanzflüsse (2.04, +) als auch deren Artefakte (2.05, +) und Beziehungen (2.07, +) veranschaulicht werden. Die Darstellung von Übertragungskanälen (2.06, o), Artefakt-Formaten (2.08, o) und der Akteur-Fluss-Zuordnungen (2.09, o) erfolgt indirekt beziehungsweise auf anderen Ebenen des SCOR-Modells.

2.2.3.6 FlexNet Architect

Der FlexNet Architect befasst sich primär mit flexiblen Informationsarchitekturen für hybride Wertschöpfungspartnerschaften. Der Fokus liegt dabei auf der Analyse- und Konzeptionsphase eines Netzwerks sowie auf der Kooperation zwischen den beteiligten Akteuren (vgl. Abb. 2.15). Die Modellierung erfolgt durch Informationsflüsse, die mehrere Akteure verknüpfen (Becker et al. 2011).

Hinsichtlich der *Kernmerkmale* werden folgende Kriterien erfüllt: Sichtbarkeit (1.07, +) – durch ein- und ausblenden von Flüssen – sowie Aktivitäten (1.03, +) und Akteure (1.08, +). Zeitlogische Abläufe (1.01, o), Voraussetzungen (1.05, o) und Schnittstellen (1.09, o) können indirekt abgebildet werden, indem z. B. ein Prozessmodell hinterlegt wird.

Stärken befinden sich bei den *Erweiterungsmerkmalen*, da ein Fokus auf dem Austausch von Informationen (2.01, +) liegt, der explizit mit der Verknüpfung von dazugehörigen Artefakten (2.05, +) – Objektvorlagen können z. B. mit XML erstellt und verwendet werden –, deren Formate (2.08, +) sowie der Akteur-Zuordnungen (2.09, +) definiert werden können. Input-/Output-Beziehungen können indirekt (2.07, o) (z. B. durch hinterlegte Prozessmodelle) abgebildet werden.

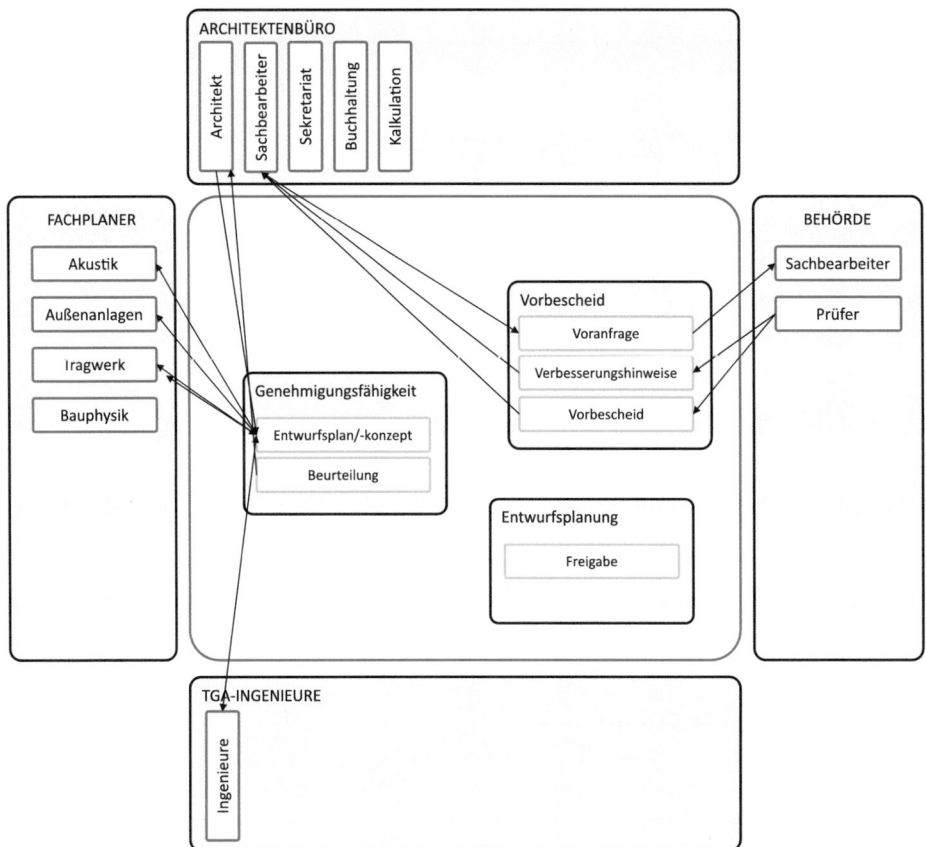

Abb. 2.15 Modellbeispiel – vollständiges Szenario mit dem FlexNet Architect[11]

2.2.3.7 Knowledge Modeling and Description Language (KMDL®)

Die KMDL® ist eine Beschreibungssprache zur Modellierung, Analyse und Bewertung wissensintensiver Geschäftsprozesse. KMDL® ermöglicht die Darstellung von sowohl explizitem als auch implizitem Wissen wie z. B. Erfahrungen. Im Allgemeinen kann ein Ablauf als wissensintensiv angesehen werden, wenn die resultierende Wertschöpfung sehr stark von dem Wissen der beteiligten Akteure abhängt. Das Modell gliedert sich in drei verschiedene Sichten: Prozesssicht (zeitlich-sachlogischer Ablauf von Aufgaben, denen Rollen und Informationssysteme zugeordnet sind), Aktivitätssicht (Abbildung von Wissenskonversionen) und die Kommunikationssicht. Konversionen können wiederum in die vier Ausprägungen Sozialisation, Externalisierung, Kombination und Internalisierung eingeteilt werden (Gronau, Fröming 2006).

---

[11] FlexNet Architect: www.flexnet-architect.ercis.de, abgerufen am 26.01.2016.

Mit dem Verwenden mehrerer Sichten auf einen Ablauf werden verschiedene Aspekte fokussiert. Ein Vorteil ist dabei die Möglichkeit, Wissen, Informationen und entsprechende Anforderungen, z. B. notwendige Qualifikationen von Akteuren, abzubilden. Der Austausch von Informationen mit der Differenzierung zwischen Daten und Wissen ist von großer Bedeutung innerhalb der KMDL®, womit sich der Ansatz von den anderen analysierten Modellierungstechniken abgrenzt. In Abb. 2.16 ist der Szenario-Teil IV abgebildet, in dem die bauausführenden Unterlagen erarbeitet, erstellt und vom Auftraggeber freigegeben werden.

Hinsichtlich der *Kernmerkmale* können zeit- (1.01, +) und sachlogische Abläufe (1.02, +), Aktivitäten (1.03, +), Akteure (1.08, +), Schnittstellen (1.09, +) und Voraussetzungen (1.05, +) modelliert werden. Das Kriterium der Darstellung von Fristen (1.06, o) kann durch textuelle Ergänzungen erfolgen.

Für die *Erweiterungsmerkmale* ermöglicht die KMDL® als Besonderheit das differenzierte Darstellen von Informations- (2.01, +) und Wissensflüssen (2.02, +). Zusätzlich erlaubt die Modellierungstechnik das Festlegen von Objekten (2.05, +) und deren Beziehungen (2.07, +) sowie Akteur-Zuordnungen (2.09, +). Objektformate (2.08, o) und das Kriterium des Vertrauensanspruchs (2.10, o) sind allerdings nur mit textuellen Hinweisen zu integrieren.

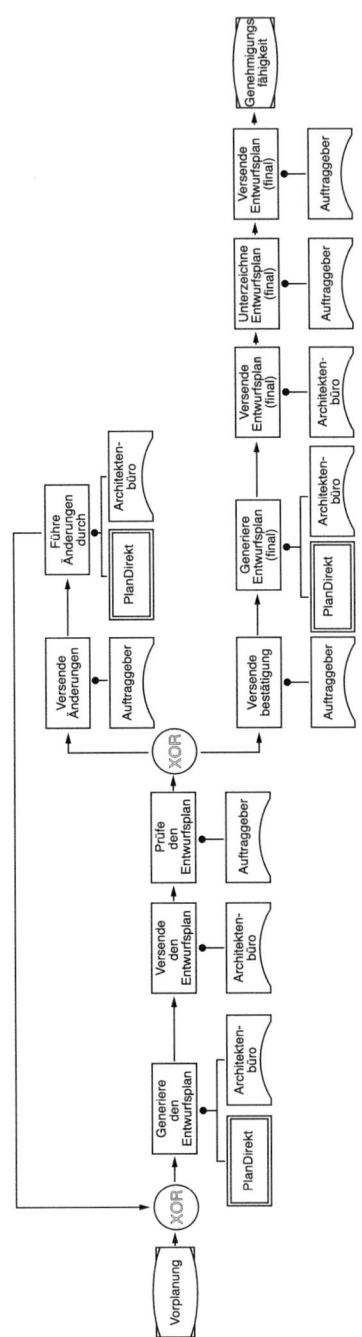

Abb. 2.16 Modellbeispiel – Szenario-Teil IV in der Prozesssicht der KMDL®[12]

---

[12] Erstellt mit dem K-Modeler, www.kmdl.de/de/download, abgerufen am 26.01.2016.

2.2.3.8 Mindmapping

Das Mindmapping unterstützt das Darstellen von Ideen und Assoziationen sowie deren Relationen zueinander. Ein Vorteil besteht in der einfachen Anwendung der Methode, die darauf abzielt, kreatives Denken zu fördern (Davis 2010).

In Abb. 2.17 wird das vollständige Szenario als Mind Map dargestellt. Dabei wird vor allem die Kommunikation zwischen den Akteuren verdeutlicht (Akteure sind in der Abbildung grau eingefärbt). Durch das hohe Abstraktionsniveau der Visualisierung können *Kernmerkmale* wie Fristen (1.06, o), Aktivitäten (1.03, o) und Akteure (1.08, o) in textueller Form visualisiert werden.

Erweiterungsmerkmale sind ebenfalls nur begrenzt darstellbar. Übertragungskanäle (2.06, o), Artefakte (2.05, o), Artefakt-Formate (2.08, o) und die Zuordnung der Akteure (2.09, o) können lediglich textuell ergänzt werden.

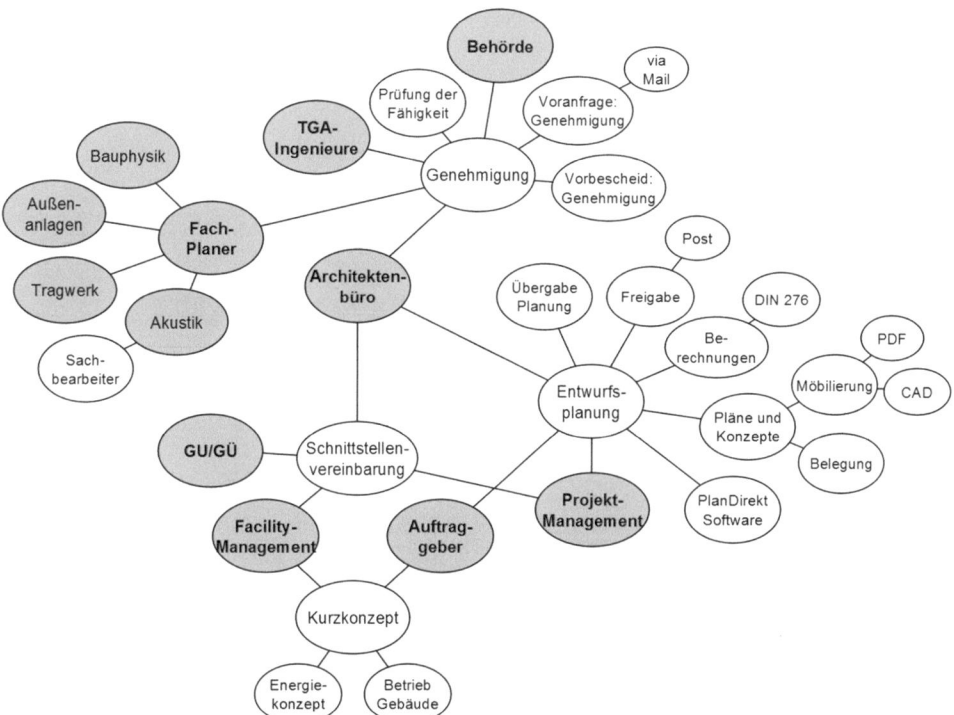

Abb. 2.17 Modellbeispiel – vollständiges Szenario als Mind Map[13]

---

[13] Erstellt mit yGraph Editor, www.yworks.com/products/yed, abgerufen am 05.02.2016.

2.2.3.9 e3 Value

Die Modellierungstechnik e3 Value stellt einen Ansatz dar, der den Austausch von Werten innerhalb einer Kooperation grafisch unterstützen kann. Die Technik geht davon aus, dass Akteure binnen eines Wertschöpfungsnetzwerkes Werte gegen Werte austauschen (Gordijn, Akkerman 2001; Gordijn 2002).

In Abb. 2.18 wird die Prüfung der Genehmigungsfähigkeit (Szenario-Teil II) modelliert. Im Bereich der *Kernmerkmale* unterstützt e3 Value die Darstellung von Aktivitäten (1.03, +), die für die Wertschöpfung relevant sind, sowie für die Repräsentation von Akteuren (1.08, +), die im Netzwerk agieren. Der zeitlogische (1.01, o) und sachlogische Ablauf (1.02, o) – nur ODER- und UND-Verknüpfungen –, Termine (1.06, o) sowie Prozessschnittstellen (1.09, o) sind indirekt durch textuelle Annotationen zu ergänzen.

Hinsichtlich der *Erweiterungsmerkmale* wird das Abbilden von Informations- (2.01, +), Wissens- (2.02, +), Leistungs- (2.03, +) und Finanzflüssen (2.04, +) unterstützt, da eine beliebige Differenzierung der Art des Flusses vorgenommen werden kann. Zudem ist die Zuordnung von Akteuren (2.09, +) sowie die Integration von Werteobjekten (2.05, o) ein fester Bestandteil des Modellierungsansatzes. Übertragungskanäle (2.06, o) sind nicht ausdrücklich vorgesehen, können jedoch mithilfe von Textinformationen verdeutlicht werden.

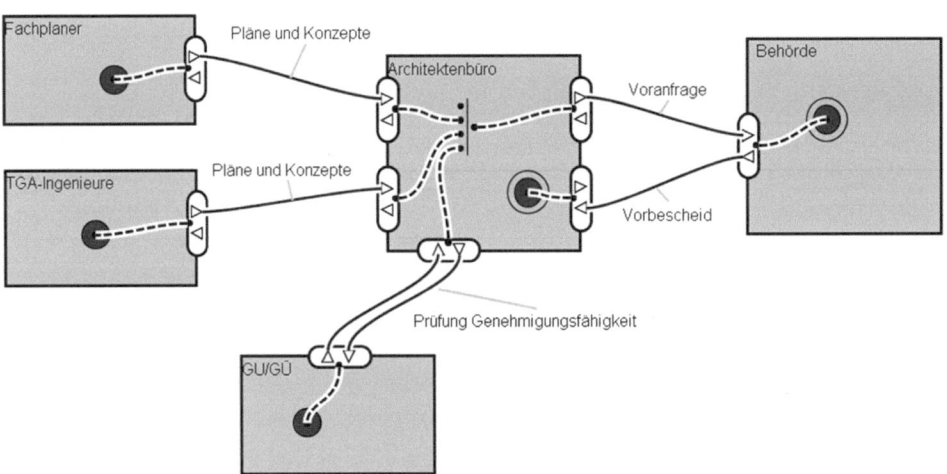

Abb. 2.18 Modellbeispiel – Szenario-Teil II als e3 Value-Modellierung[14]

---

[14] Erstellt mit dem e3 Value Editor, http://e3value.few.vu.nl/tools/xp/, abgerufen am 26.01.2016.

2.2.4 Zusammenfassung des Vergleichs

Im Rahmen dieses Beitrages wurde ein multimethodisches Vorgehen gewählt, um Modellierungstechniken hinsichtlich der Eignung zur Darstellung von Unternehmenskooperationen zu untersuchen. Modellierungstechniken werden anhand der Abbildung eines einheitlichen (Praxis-)Szenarios sowie anhand definierter Kriterienkataloge verglichen. Der Vergleich schließt mit der tabellarischen Zusammenfassung der Bewertung der *Kern- und Erweiterungsmerkmale*.

Klassifikation der Kernmerkmale

Im Segment der *Kernmerkmale* schneiden vor allem das Aktivitätsdiagramm der UML, das Kollaborations- und das Choreografiediagramm der BPMN, die eEPK sowie die KMDL® besonders positiv ab (vgl. Tab. 2.4).

Geeignete Modellierungstechniken bieten jeweils verschiedene Unterstützungspotenziale für die Prozessdimension. Die Modellierungstechniken, die ein höheres Abstraktionsniveau vorsehen und damit eher die Gesamtzusammenhänge zeigen, wie z. B. das Konversationsdiagramm der BPMN oder das Flussdiagramm, verzichten dabei meist auf detaillierte Informationen, die jedoch für die ausführliche Beschreibung der Prozesse von Relevanz sind.

	ID	Kriterium	Aktivitätsdiagramm (UML)	Anwendungsfalldiagramm (UML)	Kollaborationsdiagramm (BPMN)	Choreographiediagramm (BPMN)	Konversationsdiagramm (BPMN)	eEPK	Flussdiagramm	SCOR-Modell	FlexNet Architect	KMDL®	Mind Mapping	e3 Value
Kernmerkmale	1.01	Zeitlogischer Ablauf	+	o	+	+	-	+	o	o	o	+	-	o
	1.02	Sachlogischer Ablauf	+	o	+	+	-	+	-	+	-	+	-	o
	1.03	Aktivität	+	+	+	+	o	+	o	+	+	+	o	+
	1.04	Ressourcen-verbrauch	o	-	o	o	-	o	-	o	-	-	-	-
	1.05	Voraussetzung	+	o	o	o	-	o	-	o	o	+	-	-
	1.06	Frist/Termin	o	-	+	+	-	o	-	-	-	o	o	o
	1.07	Sichtbarkeit	-	-	+	-	-	-	-	-	+	-	-	-
	1.08	Akteur	+	+	+	+	+	+	+	o	+	+	o	+
	1.09	Prozessschnittstelle	+	-	+	o	-	+	-	+	o	+	-	o

Tab. 2.4 Bewertung der Kernmerkmale für die Modellierung von Kooperationen

Bewertung der Erweiterungsmerkmale

In Tab. 2.5 werden die Bewertungen der Erweiterungsmerkmale zusammengefasst. Bei der Bewertung der *Erweiterungsmerkmale* ist zu erkennen, dass weniger positive Bewertungen vorhanden sind als bei den Kernmerkmalen. Zu den stärkeren Ansätzen zählen das SCOR-Modell, die KMDL®, e3 Value sowie der FlexNet Architect, die meist den Fokus auf die Kommunikation und den Austausch von Artefakten zwischen verschiedenen Akteuren legen.

ID	Kriterium	Aktivitätsdiagramm (UML)	Anwendungsfalldiagramm (UML)	Kollaborationsdiagramm (BPMN)	Choreografiediagramm (BPMN)	Konversationsdiagramm (BPMN)	eEPK	Flussdiagramm	SCOR-Modell	FlexNet Architect	KMDL®	Mind Mapping	e3 Value
2.01	Informationsfluss	o	o	+	+	+	o	+	+	+	+	-	+
2.02	Wissensfluss	-	-	-	-	-	-	o	-	-	+	-	+
2.03	Leistungsfluss	+	-	o	-	-	o	+	+	-	-	-	+
2.04	Finanzfluss	-	-	-	-	-	-	+	+	-	-	-	+
2.05	Artefakt	+	o	+	o	o	+	o	+	+	+	o	o
2.06	Übertragungskanal	o	-	o	o	o	-	-	o	-	-	o	o
2.07	Input/Output	+	o	+	o	o	+	o	+	o	+	-	-
2.08	Artefakt-Format	o	-	-	-	-	o	-	o	+	o	o	-
2.09	Akteur-Fluss-Zuordnung	o	o	o	+	o	+	o	o	+	+	o	+
2.10	Vertrauen	o	-	o	o	o	o	-	-	-	o	-	-

Tab. 2.5 Bewertung der Erweiterungsmerkmale für die Modellierung von Kooperationen

2.2.5 Diskussion und Schlussfolgerung

Die Gegenüberstellung der Modellierungstechniken zeigt, dass bestimmte Merkmalsbereiche fokussiert und andere Merkmale ausgeblendet werden. Insgesamt ist es aufgrund der hohen organisatorischen Komplexität für die Visualisierung von Unternehmenskooperationen wichtig, dass Teilaspekte primär betrachtet werden können. Das Einnehmen von Perspektiven auf den gesamten Prozess kann dazu einen Beitrag leisten und das Beherrschen der Komplexität unterstützen.

Aktueller Stand

Positiv ist, dass einige Anforderungen an die Darstellung von Kooperationen – vor allem *Kernmerkmale* – bereits unterstützt werden. Hervorzuheben ist der Standard des BPMN-Kollaborationsdiagramms, der sowohl eine präzise Formalisierung zur Ausführbarkeit von Prozessen als auch eine allgemeinverständliche Notation für Dokumentationszwecke ermöglicht. Darüber hinaus können innerhalb der BPMN 2.0 verschiedene Sichten modelliert und miteinander verknüpft werden. Der Kriterienkatalog der *Erweiterungsmerkmale* kann auch unterstützt werden, z. B. durch e3 Value, der das Abbilden verschiedener Flussarten erlaubt.

Im Hinblick auf die steigende Relevanz von *Kommunikation sowie dem damit verbundenen Austausch und der Integration von Informationen* existieren allerdings noch einige Defizite. Kommunikation ermöglicht das Durchführen von Planungen und Konzeptionen in Kooperationen und benötigt daher entsprechende Darstellungsansätze. Nachteile sind z. B. das Fehlen von differenzierten Flussarten oder das Abbilden von Übertragungs- und Kommunikationskanälen. Zudem existieren wenige Möglichkeiten für die Zuordnung von Artefakten zu Kanälen. Ferner hängt eine erfolgreiche Durchführung von Aktivitäten oftmals an Voraussetzungen wie z. B. Informationen, Kompetenzen und Qualifikationen, die in vielen Modellen nicht explizit berücksichtigt werden können.

Darüber hinaus ist der *Austausch von Dokumenten* innerhalb von Kooperationen notwendig, z. B. Formulare oder Verträge. Bei der Abbildung von Dokumenten sind primär die Modellierungstechniken des Kollaborationsdiagramms (BPMN) und des FlexNet Archtitects zu nennen. Diese erlauben das Visualisieren der eigentlichen Dokumente und (zum Teil) das Definieren dieser.

Auch bei der eindeutigen *Zuordnung von Akteuren zu Informationsobjekten* sind Weiterentwicklungspotenziale vorhanden. Insbesondere für die Simulation von Prozessen, in denen beteiligte Akteure eines Wertschöpfungsnetzwerks die Kooperation „*durchspielen*" sollen, ist das spezifische Zuordnen von Akteuren von Bedeutung.

Weiterentwicklungsperspektiven

Für die (Weiter-)Entwicklung einer neuen Modellierungstechnik zur Darstellung und Unterstützung von Unternehmenskooperationen können die auf Basis der Vergleichsstudie erarbeiteten Konzepte und gewonnenen Erkenntnisse berücksichtigt werden. Relevante Anforderungen wie die Integration von (konkreten) Dokumenten, die Abbildung von Akteuren und die formale Beschreibung der Prozessdimension können in der Modellierung eine unterstützende Rolle einnehmen.

Eine Möglichkeit, die Modellierung von Unternehmenskooperationen zu unterstützen, ist das Verwenden von Architekturen und Perspektiven. Verschiedene Perspektiven und Ebenen, die es ermöglichen, aus abstrakten Sichtweisen in verfeinerte Detailansichten zu gelangen, können, abhängig von Stakeholder oder Anwendungsfall, große Unterstützungspotenziale bieten und zur Komplexitätsreduzierung beitragen.

Das Schaffen einer Lösung für eine Darstellung, die logische Formalität der Geschäftsprozesse, eine visuell nachvollziehbare Navigation sowie die Möglichkeit zur Simulation bietet, erscheint jedoch als lohnende Herausforderung.

> **Modellierungstechniken für Unternehmenskooperationen im Vergleich**
>
> - Für die Analyse und den Vergleich von Modellierungstechniken werden Kriterienkataloge für die Modellierung von Unternehmenskooperationen abgeleitet und erarbeitet.
> - Die Kriterienkataloge differenzieren die Bereiche der Kernmerkmale für die Modellierung von Abläufen und Interaktionen verschiedener Akteure sowie der Erweiterungsmerkmale, die nicht notwendigerweise im Fokus stehen, jedoch für die Abbildung von Unternehmenskooperationen nützlich sein können.
> - Das Szenario selbst gilt als Vergleichsstandard, auf dessen Basis erstellte Modelle gegenübergestellt werden können, um Ausdrucksmächtigkeit der Modellierungstechnik sowie deren Repräsentationsmechanismen grafisch zu verdeutlichen..
> - Als ein Ergebnis wird deutlich, dass insbesondere die Kermerkmale für die Darstellung von Prozessen bereits weitestgehend unterstützt werden. Hinsichtlich der steigenden Relevanz von Kommunikation und Koordination bestehen allerdings Weiterentwicklungspotenziale wie z. B. das Darstellen von Kommunikationskanälen, Flussarten und auszutauschende Objekte.
> - Neben den Weiterentwicklungspotenzialen ist vor allem das Schaffen von Architekuren und Perspektiven, die zur Komplexitätsreduzierung beitragen, ein interessanter Lösungsansatz.

Literatur

Allweyer, T. (2009). Kollaboration, Choreographien und Konversationen in BPMN 2.0 – Erweiterte Konzepte zur Modellierung übergreifender Geschäftsprozesse. Fachhochschule Kaiserslautern.

Becker, J., Knackstedt, R., Beverungen, D., Matzner, M., Müller, O., & Pöppelbuß, J. (2011). Flexible Informationssystem-Architekturen für hybride Wertschöpfungsnetzwerke (FlexNet). In J. Becker et al. (Hrsg.), Arbeitsbericht des Instituts für Wirtschaftsinformatik, Nr. 130. Westfälische Wilhelms-Universität Münster.

Bernhold, T., Nitsche, F., & Rosenkranz, C. (2007). Ein Ordnungsrahmen für lebenszyklusorientierte Planung im Facility Management. In Bilcher et al. (Hrsg.), Multikonferenz Wirtschaftsinformatik (MKWI), 1625-1636.

Booch, G., Rumbaugh, J., & Jacobson, I. (1999). Das UML-Benutzerhandbuch. Bonn: Addison-Wesley.

Davies, M. (2010). Concept Mapping, mind mapping and argument mapping: what are the differences and do they matter? Higher Education, DOI 10.1007/s10734-010-9387-6.

Eppler, M. J. (2006). A comparison between concept maps, mind maps, conceptual diagrams, and visual metaphors as complementary tools for knowledge construction and sharing. Information Visualization,202-210.

Gebhardt, F. (2014). UML – Unified Modeling Language. Duale Hochschule Baden Württemberg, Stuttgart. http://wwwlehre.dhbw-stuttgart.de/~kfg/uml/uml.pdf. Aufgerufen 13. August 2014.

Gringel, P., Gudenkauf, S., & Kruse, S. (2012). Eine Domänenspezifische Sprache zur Modellierung von Choreography-Frist Szenarien. In D. C. Mattfeld, S. Robra-Bissantz (Hrsg.), Multikonferenz Wirtschaftsinformatik 2012, Tagungsband der MKWI 2012 (S. 1661-1674). Braunschweig: Institut für Wirtschaftsinformatik.

Gordijn, J., & Akkermans, H. (2001). Designing and evaluating e-business models. IEEE intelligent Systems 4,11-17.

Gordijn, J. (2002). Value-based requirements Engineering: Exploring innovative e-commerce ideas. PhD thesis, Vrije Universiteit Amsterdam.

Gronau, N., & Fröming, J. (2006) KMDL® Eine semiformale Beschreibungssprache zur Modellierung von Wissenskonversionen. Lehrstuhl für Wirtschaftsinformatik und Electronic Goverment, Universität Potsdam. Wirtschaftsinformatik 48, 349-360. Wiesbaden, Springer Vieweg Verlag.

Krcmar, H. (2010). Informationsmanagement. 5. Aufl. Berlin, Heidelberg: Springer-Verlag.

Nüttgens, M., & Rump, J. F. (2002). Syntax und Semantik ereignisgesteuerter Prozessketten (EPK). In J. Desel, M. Weske (Hrsg.), Promise 2002 – Prozessorientierte Methoden und Werkzeuge für die Entwicklung von Informationssystemen, Proceedings des GI-Workshops und Fachgruppentreffens, LNI Vol. P-21, Bonn, 64-77.

Object Management Group OMG (2011). Business Process Model and Notation (BPMN), Version 2.0.

Pfnür, A. (2011). Modernes Immobilienmanagement. Immobilieninvestment, Immobiliennutzung, Immobilienentwicklung und -betrieb. 3. Aufl., Berlin, Heidelberg: Springer.

Schäfermeyer, M., & Rosenkranz, C. (2008). Inhibiting factors for adopting enterprise systems in networks of small and medium-sized enterprises – an exploratory case study. In Proceedings of the Fourteenth Americas Conference on Information Systems (AMCIS). Toronto, Ontario, Kanada.

Scheer, A.-W., Nüttgens, M., & Zimmermann, V. (1995). Rahmenkonzept für ein integriertes Geschäftsprozessmanagement. Wirtschaftsinformatik 37(5), 426-434.

Zimmer, C. (2012). BPMN 2.0 Metamodel. Fachhochschule Aachen, Aachen. www.fassbender.fh-aachen.de/Download/ISE_Seminar/Ausarbeitungen/Zimmer%20BPMN_2.pdf. Aufgerufen 11. Dezember 2013.

2.3 Entwicklung und Anwendung der Cooperation Experience-Modellierungsmethode

Sebastian Bräuer, Hendrik Scholta, Matthias Strotmeier, Ralf Knackstedt

Das Anbieten kundenproblemzentrierter hybrider Leistungsbündel und die damit verbundene Schaffung unternehmensübergreifender Wertschöpfungsnetzwerke ist ein Mittel, um dem zunehmenden internationalen Wettbewerb entgegenzutreten. Die Zusammenarbeit der verschiedenen Akteure in einem Wertschöpfungsnetzwerk erfordert sowohl während der Planung als auch bei der eigentlichen Leistungserbringung ein hohes Maß an Koordination. Die Entwicklung konzeptioneller Modelle kann dabei behilflich sein. Die in diesem Kapitel vorgestellte CXP-Modellierungsmethode bildet einen ganzheitlichen Ansatz zur Planung von Wertschöpfungsnetzwerken auf drei Abstraktionsebenen: auf der Ebene von Ordnungsrahmen, auf der Ebene von Kooperationsszenarien und auf der Ebene von Prozess- und Informationsobjektdetailmodellen. Sie zeichnet sich durch eine leichte Erlernbarkeit und die Unterstützung einer papierbasierten Anwendung in Workshops aus. In diesem Kapitel wird die Anwendung der Modellierungsmethode zunächst praxisorientiert anhand eines Fallbeispiels beschrieben. Anschließend erfolgt die detaillierte fachliche Fundierung der in der Modellierungsmethode verwendeten Modellierungstechniken anhand ihrer sprachbasierten Metamodelle und visuellen Repräsentationen. Die Darstellung des Gesamtvorgehensmodells zur integrierten Anwendung der Modellierungstechniken schließt das Kapitel.

2.3.1 Neue Impulse für die Modellierung von Wertschöpfungsnetzwerken

Der steigende internationale Wettbewerb setzt zahlreiche Branchen zunehmend unter Druck. Konsequenzen sind sinkende Margen und daraus resultierende stärkere Differenzierungsbestrebungen der betroffenen Unternehmen (Bullinger et al. 2003; Baines et al. 2009). Das Anbieten sogenannter kundenproblemzentrierter hybrider Leistungsbündel ist ein potenzieller Schlüssel zur Differenzierung von Wettbewerbern und somit zur Erhöhung der Margen (Becker, Krcmar 2008; Baines et al. 2009).

Mit Blick auf den gesamten Lebenszyklus einer zentralen Sachleistung wie einer Maschine oder einem Gebäude umfasst ein hybrides Leistungsbündel zusätzliche Dienstleistungen, etwa Finanzierungsangebote, Verbrauchs- und Leistungsgarantien oder Wartungsleistungen (Aurich et al. 2006). Das zentrale Ziel besteht dabei in der Erhöhung des individuellen Kundennutzens durch die gegenseitige Abstimmung von Sach- und Dienstleistungen. Dazu schließen sich meist hochspezialisierte Unternehmen mit ergänzenden Leistungsportfolios zu Wertschöpfungsnetzwerken zusammen (Becker et al. 2013). Auch der Kunde als „Co-Creator of Value" ist Bestandteil dieser Netzwerke (Becker et al. 2010).

Die Zusammenarbeit der verschiedenen Akteure in einem Wertschöpfungsnetzwerk erfordert ein hohes Maß an Koordination, sowohl während der Planung als auch bei der eigentlichen Leistungserbringung (Becker et al. 2010). Die Entwicklung konzeptioneller Modelle kann dabei behilflich sein. Konzeptionelle Modelle ermöglichen es, das Leistungsangebot vorab zu spezifizieren, die zentralen Aufgaben der Akteure festzulegen, die einzelnen Wertschöpfungsprozesse der Akteure aufeinander abzustimmen und ihre Rechte und Pflichten zu definieren.

Für die Erstellung dieser konzeptionellen Modelle kann auf eine Vielzahl existierender Modellierungstechniken zurückgegriffen werden (vgl. Kapitel 2.2). Vielen der aufgeführten Techniken mangelt es jedoch an Spezifität, um die komplexen Problemstellungen in hybriden Wertschöpfungsnetzwerken ganzheitlich erfassen zu können. Erst durch geschickte Integration und Erweiterung existierender Ansätze lässt sich ein ganzheitliches Bild schaffen.

Die in diesem Kapitel vorgestellte Cooperation Experience (CXP)-Modellierungsmethode adressiert diese Problemstellung. Mit der CXP-Modellierungsmethode schlagen wir nicht nur spezifische Modellierungstechniken zur Darstellung und Detaillierung der Partnerinteraktionen in Wertschöpfungsnetzwerken vor, sondern spezifizieren auch ein Vorgehensmodell zur integrierten Anwendung dieser Modellierungstechniken. Die CXP-Methode fügt sich in das CXP-Workshop-Konzept ein (vgl. Abb. 2.19). Sie zeichnet sich durch eine leichte Erlernbarkeit und die Unterstützung einer papierbasierten Anwendung in Workshops aus und basiert auf einem iterativen Vorgehen. Sie besteht aus vier aufeinander aufbauenden und die Sachverhalte in Wertschöpfungsnetzwerken zunehmend detaillierenden Modellierungstechniken:

- Der *Ordnungsrahmen* strukturiert die zentralen Wertschöpfungsprozesse und zeigt Beziehungen zwischen ihnen auf. Auch werden die zentralen Informationsobjekte dokumentiert.

- *Kooperationsszenarien* detaillieren Wertschöpfungsprozesse weiter und beschreiben Kooperationspartner und die von diesen ausgeführten Tätigkeiten genauer. Im Vordergrund steht dabei die Repräsentation der für die Kooperation und Koordination erforderlichen Informationsflüsse zwischen den durch Rollen gekennzeichneten Kooperationspartnern. Jeder Informationsfluss beinhaltet dabei immer mindestens ein Informationsobjekt, das zwischen den Kooperationspartner ausgetauscht wird.

- *Geschäftsprozessmodelle* erlauben die detaillierte Beschreibung der Tätigkeiten der Akteure sowie das detaillierte Aufzeigen von Sequenzflüssen durch Verzweigungen.

- *Informationsstrukturmodelle* beinhalten Dokumentationen über den Aufbau der für die Partnerinteraktionen relevanten Informationsobjekte, die die ausgetauschten Informationen kapseln.

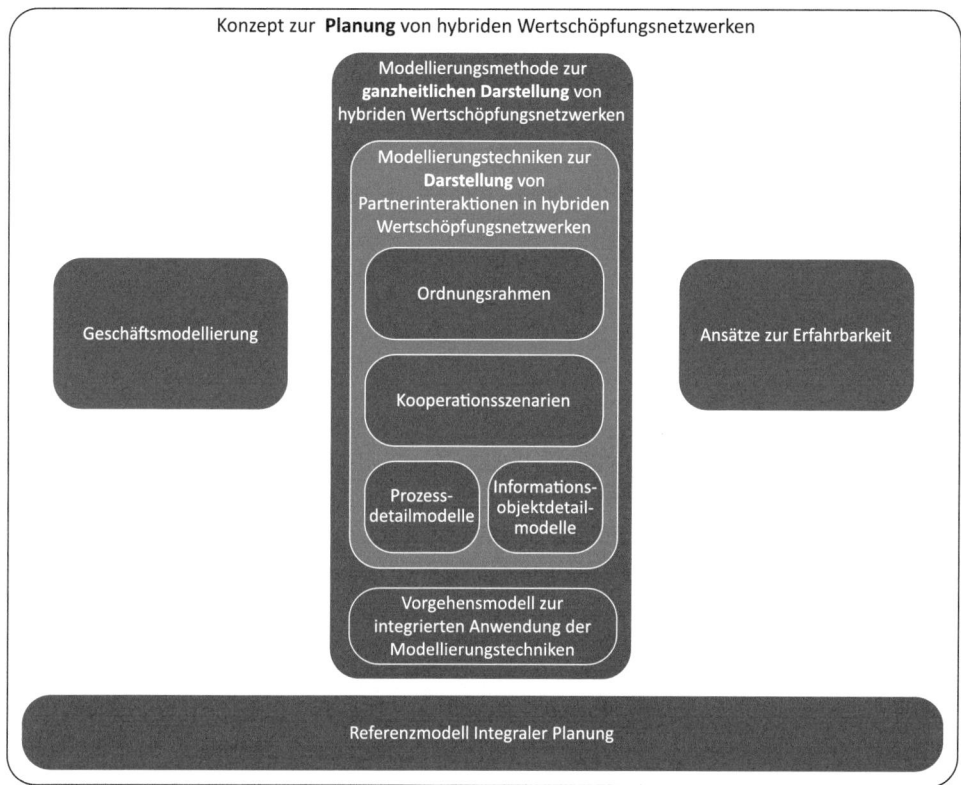

Abb. 2.19 Integration der CXP-Modellierungsmethode in das CXP-Workshop-Konzept

Im weiteren Verlauf dieses Kapitels werden die Modellierungstechniken der CXP-Modellierungsmethode zunächst anhand eines Fallbeispiels anschaulich beschrieben. In diesem setzt sich der fiktive Erntemaschinenhersteller Landau mit einem Performance-Contracting-Geschäftsmodell auseinander. Das Geschäftsmodell fußt nicht mehr auf dem Verkauf von Erntemaschinen, sondern auf der Einbringung der Ernte als Dienstleistung für den Kunden. Dieser Teil ist speziell für Leser relevant, die einen schnellen Überblick über die Funktionsweise der CXP-Modellierungsmethode gewinnen möchten. Anschließend erfolgt eine tiefergehende Auseinandersetzung mit den verschiedenen Techniken. Diese enthält jeweils eine fachliche Fundierung sowie die Detaillierung der Techniken anhand ihrer sprachbasierten Metamodelle und visuellen Repräsentationen. Dieser Teil ist speziell für Leser interessant, die detaillierte Informationen über den Kontext der Modellierungstechniken und formale Erläuterungen ihrer Komponenten wünschen. Anschließend erfolgt die Darstellung des Vorgehensmodells zur integrierten Anwendung der in der CXP-Modellierungsmethode enthaltenen Modellierungstechniken. Das Kapitel schließt mit einer kurzen Zusammenfassung und einem Ausblick.

2.3.2 Anwendungsfallgetriebene Einführung der CXP-Modellierungsmethode

2.3.2.1 Anwendungskontext

Rund die Hälfte der Fläche der Bundesrepublik Deutschland wird landwirtschaftlich genutzt (Bundesministerium für Ernähung und Landwirtschaft 2014). Die Wertschöpfungskette besteht aus 285.000 landwirtschaftlichen Betrieben. Die rund eine Million Beschäftigten erzeugen jährlich Waren im Wert von mehr als 50 Milliarden Euro. Der Bedarf an hochwertigen Nahrungsmitteln und erneuerbaren Rohstoffen ist in den letzten Jahren stetig gewachsen.

Die Wirtschaftlichkeit der landwirtschaftlichen Betriebe hängt von einer erfolgreichen Ernte ab. Unter dem Begriff der Ernte wird eine Vielzahl von Tätigkeiten zusammengefasst, die mit dem Einbringen landwirtschaftlicher Gewächse und Früchte in Zusammenhang stehen. Ein zentrales Anliegen der landwirtschaftlichen Betriebe ist es, die Verluste während der Ernte zu minimieren (Kelemen, Komlódi 2003). Zentrale Einflussfaktoren sind

- die Bestimmung eines optimalen Erntezeitpunktes, der abhängig vom Reifungsgrad des Ernteguts und dem Anbauzweck ist (etwa für menschlichen oder tierischen Verzehr);
- die Optimierung der Sortenzusammensetzung und Düngung (BayWa AG 2010);
- die Berücksichtigung der Witterungseinflüsse (Kelemen, Komlódi 2003);
- die erfolgreiche Koordination der vielfältigen Erntetätigkeiten unter Einsatz ausfallsicherer und individuell konfigurierter Erntemaschinen sowie eines geschulten Personals (VSD Versuchsstation Dethlingen 2009; Feiffer 2013).

Vor allem durch die sinkenden Margen steigt der Erfolgsdruck der Landwirte zunehmend. So begreifen branchenfremde Konzerne Ackerland als Anlageobjekte und treiben durch ihre Investitionen die Pachtpreise in die Höhe (Fritz 2010; Reents 2010; Bund-Länder-Arbeitsgruppe „Bodenmarktpolitik" 2015). Gleichzeitig führt der Preiskampf der Handels-Discounter zu niedrigen Preisniveaus für Agrarprodukte (Agence France-Presse 2014; Kuhr 2014).

Insbesondere Kleinbetriebe und mittelgroße Betriebe (< 50 ha bzw. < 100 ha Nutzfläche) sind von diesen Entwicklungen in ihrer Existenz bedroht. Zur Reduzierung der Ernteausfälle müsste stärker in neue, besser technologisierte Landmaschinen und qualifizierteres Personal zur Bedienung der Maschinen investiert werden. Gleichzeitig steigen die Anschaffungs- und Betriebskosten der Landmaschinen zunehmend an. Durch fehlenden Zugang zu State-of-the-Art-Landmaschinen und geschultem Personal wächst die Kluft zwischen kleinen bzw. mittelgroßen Betrieben und den Großbetrieben. Der Landmaschinenhersteller Landau[15] will sich dieser Entwicklungen annehmen.

Landau ist ein 1921 gegründetes familiengeführtes Unternehmen, das sich im letzten Jahrzehnt zunehmend von einem reinen Produzenten von Landmaschinen mit produktnahen Dienstleistungen wie der Wartung und Finanzierung der Maschinen zu einem Betrieb gewandelt hat, der die gesamte Wertschöpfungskette abdeckt. Das aktuelle Leistungsspektrum beginnt mit der Unterstützung der Aussaat und reicht über die Bewirtschaftung der Flächen bis hin zur Ernte und dem Transport sowie der Aufbereitung der Ernteerzeugnisse. Zentraler Bestandteil des Werteangebots sind dabei hochtechnologisierte Landmaschinen, die Erntehelfer in vielerlei Hinsicht bei ihren Aufgaben unterstützen. So erfassen Maschinen ihren Standort und Erntefortschritt anhand von GPS und digitalem Kartenmaterial, bestimmen automatisch an die Witterungsbedingungen, das Erntegut und die jeweiligen Flächen angepasste Einstellungen für die Werkzeuge und kommunizieren direkt mit weiteren Maschinen in der Wertkette. Zahlreiche Sensoren dokumentieren kleinste Abweichungen in der Arbeitsweise der Einzelkomponenten der Maschinen und erlauben die frühzeitige Feststellung von Wartungsbedarfen und die rechtzeitige Produktion bzw. Bestellung notwendiger Ersatzteile. Mögliche Ausfallzeiten während der Ernten können somit erheblich reduziert werden.

Für kleine und mittelständische landwirtschaftliche Betriebe soll ein neues Performance-Contracting-Geschäftsmodell eingeführt werden. Hier plant Landau, für den Kunden die Ernte und Teile der vorgelagerten Wertschöpfungsaktivitäten zu übernehmen und soll mit einem Teil der Ernte vergütet werden. Der Kunde muss sich lediglich um die Weiterverarbeitung des Ernteguts und ausgewählte Tätigkeiten kümmern, jedoch für die Ernte keine Maschinen und Personal stellen. Soweit das Vertriebsnetz es erlaubt, stellt Landau die Erntemaschinen. Andernfalls werden Personal von der Landjob GmbH und Erntemaschinen von Agrotech angemietet. Auch Saatgut und Dünger bezieht Landau extern vom Saatguthersteller Aaseesaat und stellt diese anschließend zur Verfügung. Der Kunde kommuniziert jedoch ausschließlich mit Landau (*one face to the customer*).

Gleichzeitig strebt Landau eine hohe Transparenz für den Kunden an. Zur Planung der Erntezeitpunkte, Koordination der eingesetzten Maschinen und Erntehelfer, Integration externer Dienste (etwa Wettervorhersage, Informationen zum Reifefortschritt) und Abrechnung in Anspruch genommener Leistungen wird Landau auf eine integrierte Weblösung setzen. Kunden besitzen jeweils individuelle Zugangspunkte, erhalten in einem Dashboard eine Übersicht über Erntefortschritt und Erntemengen und können weitere Dienstleistungen buchen oder direkt über die Plattform rund um die Uhr mit Landau kommunizieren. Das Webportal wird von einem IT-Dienstleister konzipiert und gewartet. Das Content-Management übernimmt Landau selbst.

Die größte Herausforderung bildet die für den Kunden im Idealfall unsichtbare Koordination der Ernteabläufe zwischen Landau, der Landjob GmbH und Agrotech. So trägt Landau gegenüber dem Kunden das Risiko für Ernteausfälle, die aus einer nicht optimalen operati-

---

[15] Der Landmaschinenhersteller in unserem Fallbeispiel ist ein fiktives Unternehmen. Die Inhalte des Fallbeispiels wurden lediglich einer grundlegenden Plausibilitätsprüfung unterzogen. Parallelen zu existierenden Unternehmen bestehen rein zufällig.

ven Ressourcenplanung oder etwaigen Defekten und daraus resultierenden Verzögerungen in den Ernteabläufen entstehen. Gleichzeitig gibt das Performance-Contracting-Geschäftsmodell Landau alle Freiheiten bei der Ausgestaltung der Ressourcenplanung. So garantiert Landau den Kunden Mindesterntemengen, legt jedoch nicht vorab fest, durch den Einsatz welcher Ressourcen die Ernte eingefahren wird. Entsprechend ist Landau in der Lage, den Einsatz fast autonom operierender hochtechnologisierter Erntemaschinen aus dem eigenen Haus durch den Einsatz älterer Erntemaschinen von Agrotech bei gleichzeitigem hohen Personaleinsatz von Mitarbeitern der Landjob GmbH kurzfristig zu substituieren.

Um die Flexibilität der Back-Office-Tätigkeiten sicherzustellen, ist eine umfassende Planung des Wertschöpfungsnetzwerkes und der für die unternehmensübergreifende Wertschöpfung notwendigen Prozesse und Informationsaustausche notwendig. Die weiteren Abschnitte dieses Kapitels zeigen, wie die einzelnen Ebenen der CXP-Modellierungsmethode helfen, diese Aufgabe strukturiert und durch Visualisierungen unterstützt zu erfüllen.

2.3.2.2 CXP-Modellierungsmethode – Ebene 1: Ordnungsrahmen

Auf der höchsten Ebene der CXP-Modellierungsmethode dient der Ordnungsrahmen der Strukturierung der für die Kooperation zentralen Prozesse auf einem hohen Abstraktionsniveau. Als „Top-down-Startpunkt" (Becker et al. 2012, 21) kann der Ordnungsrahmen auf dem Geschäftsmodell des hybriden Wertschöpfungsnetzwerkes aufbauen und bei der Operationalisierung der im Geschäftsmodell dokumentierten strategischen Betrachtungen unterstützen. Durch die Dokumentation der die Kooperation bestimmenden Begriffe, Kooperationspartner und Aufgaben bildet der Ordnungsrahmen eine zentrale Grundlage für die Etablierung eines kooperationspartnerübergreifenden Verständnisses innerhalb des hybriden Wertschöpfungsnetzwerkes.

Ein mit der CXP-Modellierungsmethode erstellter Ordnungsrahmen besteht aus drei Teilen: kooperative *Kernprozessen*, die die Wertschöpfung des Netzwerks bedingen, *Managementprozessen* zur Steuerung und *Supportprozessen* zur Unterstützung der Kernprozesse. Da die Kernprozesse die zentralen Prozesse des hybriden Wertschöpfungsnetzwerks sind, werden sie bei der Erstellung des Ordnungsrahmens zuerst spezifiziert und in eine zeitliche Abfolge gebracht. Anschließend müssen die Rollen entsprechend ihrer Kompetenzen den Kernprozessen zugeordnet werden. Zusätzlich werden die einen Kernprozess auslösenden und die aus einem Kernprozess resultierenden Informationsobjekte dargestellt. Ein Informationsobjekt kapselt die zwischen Akteuren des Netzwerks ausgetauschten Informationen. Auch die einen Kernprozess initiierenden Akteure und die einen Kernprozess beendenden Akteure können im Ordnungsrahmen abgebildet werden. Nach der Modellierung der Kernprozesse werden die Managementprozesse und die Supportprozesse aufgeführt. Eine detaillierte Spezifizierung von Managementprozessen und Supportprozessen (z. B. in ihrer zeitlichen Reihenfolge) ist in der CXP-Modellierungsmethode nicht vorgesehen.

In dem Beispiel des Landmaschinenherstellers Landau wird der Ordnungsrahmen auf der Grundlage des Geschäftsmodells aufgebaut, das in der Einführung beschrieben wurde. Aus den dort benannten Wertangeboten und Schlüsselaktivitäten werden kooperative Kernprozesse abgeleitet. Zudem können die Kundensegmente und Schlüsselpartner extrahiert und den kooperativen Kernprozessen zugeordnet werden. Um die Kooperation zu beschreiben, werden, angelehnt an die PAS 1094 (Deutsches Institut für Normung e.V. 2009), fünf Kernprozesse, beginnend mit dem Vertrieb, d. h. der Erstellung und Bepreisung des kundenindividuellen Leistungsangebotes, und endend mit dem Abschluss, d. h. der Fakturierung und der Dokumentation der Leistungserbringung, definiert und im Ordnungsrahmen von links nach rechts in Ausführungsreihenfolge angeordnet (vgl. Abb. 2.20). Anschließend werden die beteiligten Rollen, beispielsweise Landau und Kunde für den Kernprozess Vertrieb, dokumentiert. Da der Kunde die Wertschöpfungskette und den Kernprozess Vertrieb mit einer Anfrage initiiert, wird seine Rolle mit einem „I" in Klammern annotiert. Zudem wird die Anfrage als das den Kernprozess auslösende Informationsobjekt angegeben. Der Kernprozess endet, indem ein Leistungsangebot an Landau gesendet wird, d. h. Landau ist der Beender (B) des Kernprozesses. Um die Beteiligung einer Rolle an einem Kernprozess auf den ersten Blick zu veranschaulichen, sind gleiche Rollen über die Kernprozesse hinweg entlang einer gedachten horizontalen Linie angeordnet. Nach dem Vertrieb folgt die Veranlassung mit dem Kunden als Initiator und dem Auftrag als auslösendes Informationsobjekt sowie Landau als Beender und der Austragsbestätigung als resultierendes Informationsobjekt. Weitere beteiligte Akteure dieses Kernprozesses sind Agrotech und AaseeSaat, die im Rahmen des Performance-Contracting-Geschäftsmodells zentrale Dienstleistungen übernehmen. In der sich anschließenden operativen Ressourceneinsatzplanung wird die Erbringung des hybriden Leistungsbündels unter Berücksichtigung eines kurzen Planungshorizontes determiniert. Dabei stehen insbesondere die Festlegung der für die Durchführung der Leistungserbringung notwendigen Ressourcen sowie der mögliche Rückgriff auf Alternativressourcen und Alternativprozesse im Vordergrund. Entsprechend sind hier alle an der späteren Erbringung beteiligten Kooperationspartner vorzusehen. Mit einer Einsatzanfrage initiiert der Kunde diesen Kernprozess. Am Ende des Kernprozesses steht eine von Landau übermittelte Terminbestätigung für die Erbringung des Leistungsangebotes. Die folgenden Kernprozesse werden analog ausgestaltet.

Nach der Modellierung der Kernprozesse werden die Managementprozesse benannt. Die strategische Planung des Wertschöpfungsnetzwerkes, das unternehmensübergreifende Werte- und Kulturmanagement sowie das Controlling des Wertschöpfungsnetzwerkes bilden das Dach des Ordnungsrahmens. Um die Kooperation zu unterstützen, sind Supportprozesse nötig, die sich in diesem Beispiel aus dem Informationsmanagement, dem Technologiemanagement und dem Rechtsmanagement zusammensetzen.

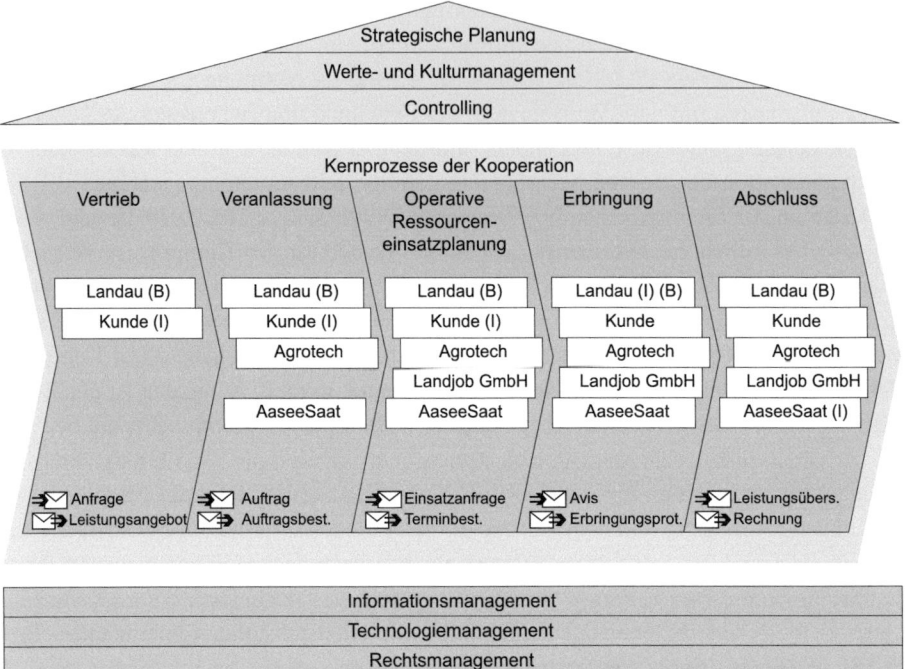

Abb. 2.20 Ordnungsrahmen für das Wertschöpfungsnetzwerk um Landau

Der Informationsaustausch innerhalb der Kernprozesse, der zwischen den Kooperationspartnern stattfindet, wird bei der Erstellung des Ordnungsrahmens nicht modelliert. Der Informationsaustausch wird auf der folgenden Ebene der Kooperationsszenarien adressiert. Aus der Ebene des Ordnungsrahmens fungieren die Kernprozesse, die beteiligten Rollen und die zugeordneten Informationsobjekte als Schnittstellen zur zweiten Ebene.

2.3.2.3 CXP-Modellierungsmethode – Ebene 2: Kooperationsszenarien

Auf der zweiten Ebene der CXP-Modellierungsmethode, den Kooperationsszenarien, werden die auf der ersten Ebene definierten Kernprozesse tiefergehend detailliert, indem die innerhalb der Kernprozesse durchgeführten Informationsaustausche erfasst werden. Der Fokus liegt somit auf den chronologischen, auf dieser Ebene linearen, Reihenfolgen von Interaktionen zwischen Rollen innerhalb der Kernprozesse. Da Kooperationen durch Interaktionen der beteiligten Partner getrieben werden, sind die Sequenzen von Informationsflüssen von hoher Relevanz für die Planung hybrider Wertschöpfungsnetzwerke.

Für jeden auf der ersten Ebene definierten Kernprozess wird ein Kooperationsszenario erstellt. Ein Kooperationsszenario besteht aus einer linearen Folge von Kooperationsaktivitäten, die Informationsflüsse zwischen den Partnern beinhalten. Aus Übersichtlichkeitsgründen können die Kooperationsaktivitäten in Kooperationsmodulen zu sachlogischen Einheiten zusammengefasst werden.

Die textuelle Festlegung des Ziels eines Kooperationsszenarios zu Beginn der Modellierung dient der Festigung eines gemeinsamen Verständnisses. Anschließend werden die das Kooperationsszenario bestimmenden Kooperationsaktivitäten entsprechend ihrer zeitlichen und sachlogischen Abfolge – ggf. unter Verwendung verschiedener Kooperationsmodule zur Zusammenfassung logischer Einheiten – definiert. Aus dem Ordnungsrahmen werden die an den Kooperationsaktivitäten beteiligten Rollen übertragen. Darauf aufbauend werden Schritt für Schritt Informationsflüsse von einer Rolle oder mehreren Rollen (Sender) über die jeweilige Kooperationsaktivität zu einer Rolle oder mehreren Rollen (Empfänger) modelliert und die jeweils involvierten Informationsobjekte werden dokumentiert. Existieren mehrere sendende oder empfangende Rollen, so muss durch die Verwendung von Operatoren gekennzeichnet werden, welche Abhängigkeiten zwischen den eingehenden und ausgehenden Informationsflüssen bestehen. Der Informationsaustausch einer Kooperationsaktivität ist immer unidirektional, d. h. eine Rolle kann nicht Quelle und Senke eines Informationsaustausches einer einzigen Kooperationsaktivität sein.

Für den Anwendungsfall Landau wird der Kernprozess *Operative Ressourceneinsatzplanung* mithilfe eines Kooperationsszenarios detailliert (vgl. Abb. 2.21). Die fünf an dem Kooperationsszenario beteiligten Rollen werden im Viereck um die später zu definierende Folge von Kooperationsaktivitäten angeordnet. Nach dieser Anordnung wird das Kooperationsszenario entsprechend der Planungsobjekte unter anderem in die Kooperationsmodule *Ernteeinsatz planen* und *Aussaat planen* unterteilt.

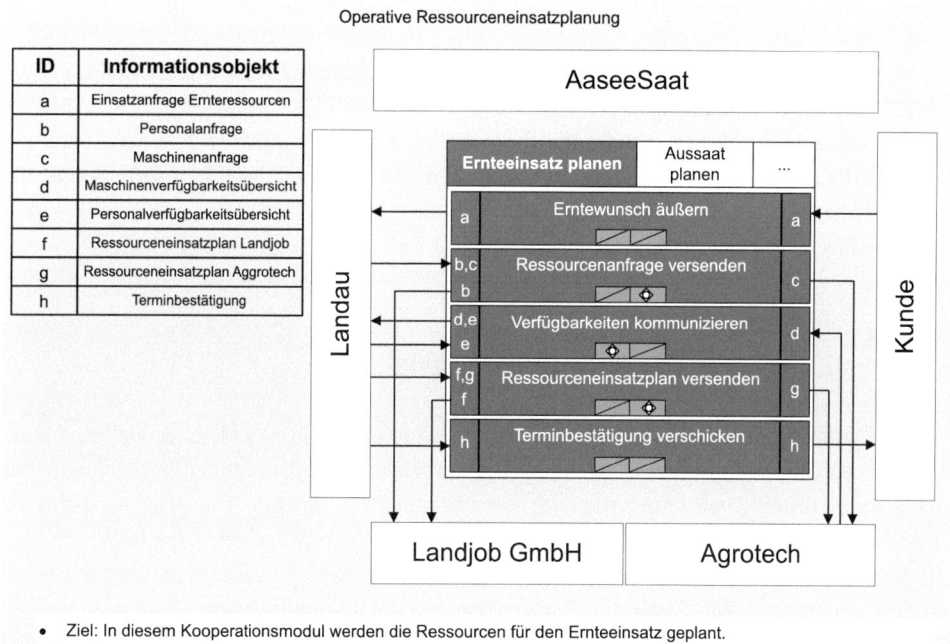

- Ziel: In diesem Kooperationsmodul werden die Ressourcen für den Ernteeinsatz geplant.

Abb. 2.21 Kooperationsszenario für den Kernprozess *Operative Ressourceneinsatzplanung* und das Kooperationsmodul *Ernteeinsatz planen*

Anschließend werden die Kooperationsaktivitäten innerhalb des von den Rollen aufgespannten Vierecks modelliert. In dem Modul *Ernteeinsatz planen* wird zunächst ein Erntewunsch geäußert, anschließend eine Ressourcenanfrage geschickt, Verfügbarkeiten kommuniziert, der Ressourceneinsatzplan versendet und daraufhin eine Terminbestätigung verschickt. Danach werden die Kooperationsaktivitäten ausgestaltet. Im Rahmen von *Erntewunsch äußern* übermittelt der Kunde eine *Einsatzanfrage Ernteressourcen* an Landau. Landau muss im Folgenden Ressourcenanfragen an seine Partner senden, sodass Landau eine Personalanfrage und Maschinenanfrage zur Kooperationsaktivität *Ressourcenanfrage versenden* beiträgt. Die Landjob GmbH und Agrotech erhalten die entsprechenden Informationen aus der Kooperationsaktivität, d. h. von Landau. Die Operatorsymbole in der Mitte der Kooperationsaktivitäten geben an, ob beide ausgehenden (eingehenden) Informationsflüsse durchgeführt werden können, nur maximal einer von beiden oder beide verpflichtend ausgeführt werden. In diesem Fall kann das jeweilige Informationsobjekt an die Landjob GmbH oder Agrotech oder beide übermittelt werden.

Die folgende Kooperationsaktivität *Verfügbarkeiten kommunizieren* beinhaltet zwei eingehende Informationsflüsse. Die Landjob GmbH und Agrotech tragen ihre jeweiligen Verfügbarkeitsübersichten bei, welche im Rahmen der Kooperationsaktivität an Landau versendet werden. In diesem Fall bezieht sich das links in der Mitte der Kooperationsaktivität modellierte Symbol auf die eingehenden Informationsflüsse, sodass sowohl der Informationsfluss der Landjob GmbH als auch der von Agrotech oder beide zur Erbringung der Kooperationsaktivität verwendet werden bzw. notwendig sind. Die weiteren Kooperationsaktivitäten *Ressourceneinsatzplan versenden* und *Terminbestätigung verschicken* sind analog modelliert.

Auf der zweiten Ebene der CXP-Modellierungsmethode wird eine lineare Reihenfolge von Kooperationsaktivitäten angenommen. Um komplexere Prozesssequenzen und nicht-lineare Sequenzflussbeziehungen zwischen Aktivitäten abzubilden, kann die dritte Ebene verwendet werden. Zusätzlich erlaubt die dritte Ebene im Gegensatz zur zweiten Ebene die Modellierung von nicht unmittelbar kooperativen Aktivitäten. Die Schnittstellen sind die Kooperationsmodule, Kooperationsaktivitäten, Rollen bzw. Funktionsbereiche und Informationsobjekte.

2.3.2.4 CXP-Modellierungsmethode – Ebene 3 a: Prozessdetailmodelle

Auf der dritten Ebene der CXP-Modellierungsmethode, den Prozessdetailmodellen, lassen sich die auf der vorherigen Ebene der Kooperationsszenarien dokumentierten Kooperationsmodule weiter detaillieren. Anstelle der Fokussierung auf den Informationsaustausch steht hier eine prozessuale Sicht auf die Kooperation im Vordergrund. Dies bedeutet, dass die genauen Abhängigkeiten und Übergänge zwischen den Aktivitäten weitergehend detailliert werden können. Auch die Erweiterung um unternehmensinterne Aktivitäten eines Kooperationspartners ist denkbar. Dafür stehen mit BPMN-Kollaborationsdiagrammen und BPMN-Choreografiediagrammen zwei standardisierte und in der Praxis verbreitete Diagrammarten zur Verfügung.

BPMN-Kollaborationsdiagramme sind seit 2004 Bestandteil der Business Process Model and Notation (BPMN; zuvor Business Process Modeling Notation) und haben eine hohe Verbreitung in Wissenschaft und Praxis erfahren. Kollaborationsdiagramme unterstützen die detaillierte Darstellung von Prozessen als Abfolgen von Aktivitäten und Ereignissen. Durch Konnektoren lassen sich Verzweigungen in Prozessen und Entscheidungspunkte kennzeichnen. Auch die Durchführung von Aktivitäten unterstützende Elemente wie Datenobjekte oder IT-Systeme lassen sich in Kollaborationsdiagrammen dokumentieren. Unternehmensübergreifende Prozesse einer Kooperation werden unter Verwendung von Pools und Swimlanes visualisiert. Während Pools einzelne Organisationen kennzeichnen, dienen Swimlanes der Unterscheidung innerhalb eines Pools, zum Beispiel zur Repräsentation verschiedener Organisationseinheiten innerhalb einer Organisation. Übergänge zwischen verschiedenen Organisationen werden durch Nachrichtenflüsse zwischen den Pools gekennzeichnet.

Bei der Erstellung eines Kollaborationsdiagrammes sollte zunächst mit der Festlegung der an einem Kooperationsmodul beteiligten Kooperationspartner und der innerhalb der Kooperationspartner beteiligten Organisationseinheiten begonnen werden. Entsprechend dieser Festlegung werden die Pools und Lanes erstellt. Der Pool des Prozessinitiators wird typischerweise ganz oben oder bei einer intensiven Interaktion mit mehreren Partnern in der Mitte des Modelles angeordnet. Anschließend beginnt die Dokumentation des Prozesspfades mit der Festlegung des Starterereignisses und der Modellierung der ersten Aktivität. Modelliert wird von links nach rechts. Jeder Prozesspfad schließt mit einem Endereignis.

Im Falle des Anwendungsbeispiels wird das Kooperationsmodul Ernteeinsatzplanung weiter detailliert. Der Kunde tritt in diesem Fall als Initiator auf (vgl. Abb. 2.22). Da ein Großteil der Interaktion für den Kunden verborgen bleibt und Landau die Rolle des steuernden Partners im Wertschöpfungsnetzwerk einnimmt, ist Landau mittig positioniert. Zunächst äußert der Kunde einen Erntewunsch in Form einer Einsatzanfrage gegenüber Landau. Da Landau und der Kunde nicht einer gemeinsamen Organisation angehören und deswegen in unterschiedlichen Pools modelliert sind, wird der Prozess durch einen Nachrichtenfluss vom Kunden zu Landau fortgesetzt. Das Informationsobjekt *Einsatzanfrage Ernteressourcen* lässt sich an den Nachrichtenfluss annotieren.

Für Landau beginnt der Prozess mit einem Nachrichtenstartereignis. Dieses tritt ein, sobald die genannte Nachricht eintrifft. Anhand der folgenden Aktivität wird deutlich, dass das Kollaborationsdiagramm einen höheren Detaillierungsgrad aufweist als die Darstellung auf der Ebene der Kooperationsszenarien. So wird die Prüfung des Anforderungsprofils des Kunden und der Ressourcenverfügbarkeit im Modell auf Ebene drei festgehalten, wohingegen auf Ebene zwei die nicht unmittelbar die Kooperation betreffende Aktivität ausgespart wurde. Zudem wird dokumentiert, dass Landau für die Durchführung der Aktivität auf das hauseigene IT-System zugreift. Abhängig von der Verfügbarkeit eigener Ressourcen, fragt Landau anschließend entweder Personal bei der Landjob GmbH an oder sendet eine Anfrage zum Verleih von Erntemaschinen an Agrotech. Auch ist es möglich, dass Landau beide Anfragen versendet. Im Modell ist diese Verzweigung mit einem inklusiven OR-Konnektor gekennzeichnet. Ein inklusiver OR-Konnektor repräsentiert eine nicht exklusive Entscheidung. Dies bedeutet, dass nachfolgend entweder die Personalanfrage oder die Maschinenanfrage oder beide Anfragen versendet werden können.

Der Prozess wird anschließend bei der Landjob GmbH und bei Agrotech fortgesetzt. Bei Landau geht der Prozess weiter, wenn eins der beiden modellierten Nachrichtenereignisse (Personalverfügbarkeitsübersicht oder Maschinenverfügbarkeitsübersicht erhalten) eintritt. In Verbindung mit dem folgenden schließenden inklusiven OR-Konnektor bedeutet dies, dass der Prozess fortgesetzt wird, wenn entweder die Landjob GmbH die Personalverfügbarkeit übermittelt hat oder Agrotech die Maschinenverfügbarkeit kommuniziert hat oder beide eine entsprechende Nachricht versendet haben. Anschließend nimmt Landau unter Zuhilfenahme des hauseigenen IT-Systems die Ressourceneinsatzplanung vor und dokumentiert diese.

Sowohl der Landjob GmbH als auch Agrotech werden anschließend individuelle Ressourceneinsatzpläne zugesandt. Der an dieser Stelle im Modell verwendete zugeklappte Teilprozess (durch das „+" im Modellelement gekennzeichnet) verdeutlicht, dass der Ablauf dieser Aktivität durch einen in einem weiteren Modell detailliert dokumentierten Teilprozess beschrieben wird. Dieser Teilprozess ist in Abb. 2.23 dargestellt. Entsprechend des Bedarfs versendet Landau entweder den Personaleinsatzplan an die Landjob GmbH oder den Maschineneinsatzplan an Agrotech oder beide Pläne. Da die Prozessschritte von Landau durchgeführt werden, sind die Landjob GmbH und Agrotech als zugeklappte Pools modelliert, d. h. ohne Detaillierung der dort befindlichen Prozessschritte. Nach Beendigung des Teilprozesses wird der ursprüngliche Prozess wieder fortgesetzt (vgl. erneut Abb. 2.22). Während bei der Landau GmbH nun das Personal eingeplant wird und bei Agrotech die Maschine(n) eingeplant werden, versendet Landau eine Terminbestätigung zum Ernteeinsatz an den Kunden. Die Prozessstränge in den einzelnen Pools enden jeweils mit einem individuellen Endereignis.

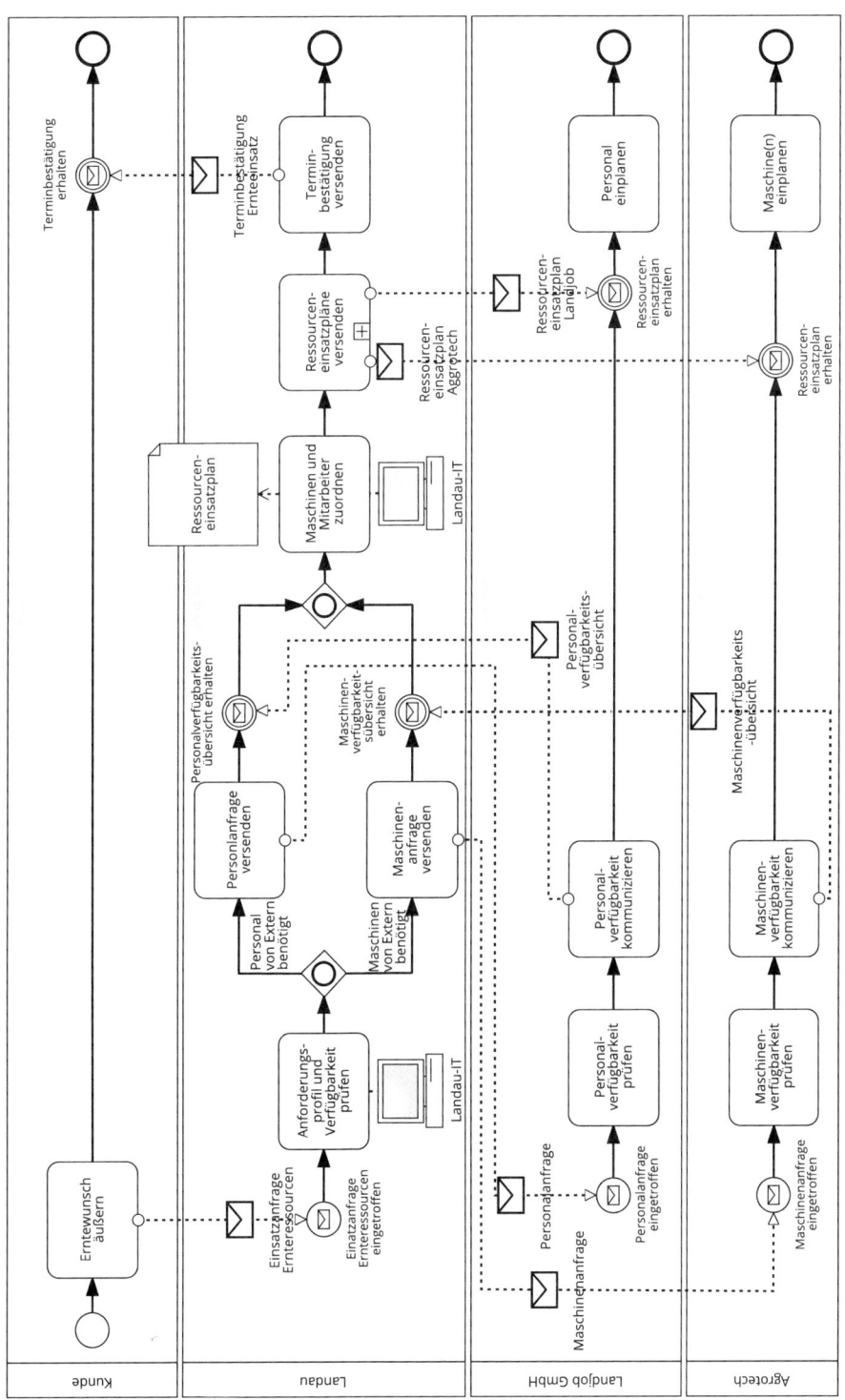

Abb. 2.22 BPMN-Kollaborationsdiagramm für das Kooperationsmodul Ernteeinsatz planen

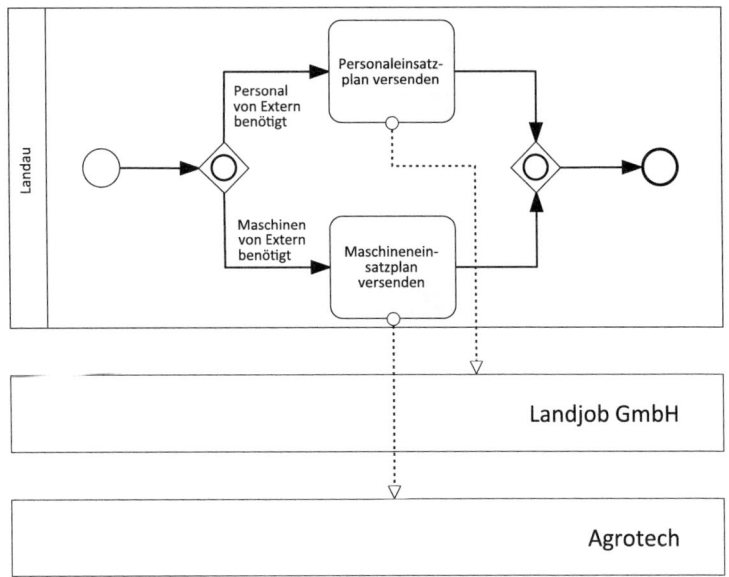

Abb. 2.23 BPMN-Kollaborationsdiagramm für den Teilprozess Ressourceneinsatzpläne versenden

Von den beiden genannten BPMN-Diagrammarten haben BPMN-Choreografiediagramme bis zum heutigen Zeitpunkt die geringere Verbreitung erfahren. So wurden sie erst 2011 in den BPMN-2.0-Standard eingeführt. Im Gegensatz zu Kollaborationsdiagrammen fokussieren sich Choreografiediagramme ausschließlich auf solche Aktivitäten, die einen Nachrichtenaustausch zwischen Kooperationspartnern beinhalten. Der für die Dokumentation von Aktivitäten gewählte Abstraktionsgrad ähnelt somit der Ebene der Kooperationsszenarien unter Berücksichtigung von Prozessverzweigungen durch Konnektoren. Zur Modellierung der Kooperationspartner wird dabei nicht auf die Unterteilung des Modelles mithilfe von Pools und Swimlanes zurückgegriffen. Stattdessen wird bei Choreografiediagrammen der Sender (oben) und der oder die Empfänger (unten) eines Informationsaustausches in die Repräsentation einer Aktivität integriert.

Die Modellierung wird von links nach rechts vorgenommen und beginnt mit einem Starterereignis. Anschließend werden Schritt für Schritt solche Aktivitäten als Choreografieaufgaben modelliert, die durch einen organisationsübergreifenden Informationsaustausch gekennzeichnet sind. Auch im vorliegenden Anwendungsfall (vgl. Abb. 2.24 rechts) beginnt die Modellierung mit der Definition des Starterereignisses. Anschließend dokumentiert die Choreografieaufgabe *Erntewunsch äußern*, dass der Kunde – als weiß hinterlegter und damit initiierender Beteiligter der Aufgabe repräsentiert – die *Einsatzanfrage Ernteressourcen* an Landau – als grau hinterlegter und damit empfangender Beteiligter repräsentiert – versendet. Im Gegensatz zum Kollaborationsdiagramm wird die anschließende von Landau durchgeführte und nicht unmittelbar kooperationsbezogene Aktivität zum Prüfen des Anforderungsprofils des Kunden und der Ressourcenverfügbarkeit nicht im Choreografiediagramm dokumentiert. Der Schwerpunkt liegt ausschließlich auf Aktivitäten mit organisationseinheitsübergreifendem Informationsaustausch. Anschließend spaltet sich der Prozess am inklusiven OR-Konnektor auf und Landau versendet entweder eine Personalanfrage an die Landjob GmbH oder eine Maschinenanfrage an Agrotech oder beides. Da die im Kooperationsszenario dokumentierte Kooperationsaktivität *Ressourcenanfrage versenden* zwei Empfänger vorsieht, ist entweder eine Aufspaltung in zwei Choreografieaufgaben vorzunehmen oder ist die Verwendung eines Choreografieteilprozesses notwendig. Im vorliegenden Fall wurde eine Aufspaltung in zwei Choreografieaufgaben vorgenommen. Nach Übermitteln einer der Übersichten oder beider Übersichten und anschließendem Erhalt der Personen- und/oder Maschinenverfügbarkeitsübersicht versendet Landau die Ressourceneinsatzpläne an die Landjob GmbH und an Agrotech. Da erneut zwei unterschiedliche Unternehmen im Zuge dieser Choreografieaufgabe als Empfänger von Informationen fungieren, ist keine direkte Übernahme der Kooperationsaktivität als Choreografieaufgabe möglich. In diesem Fall kommt ein Choreografieteilprozess zum Einsatz. Im Modell ist dies durch das „+" im Modellelement erkennbar. Der Teilprozess ist in Abb. 2.24 (links) dokumentiert. Anschließend versendet Landau die Terminbestätigung an den Kunden und der Prozess endet.

Besteht ein Interesse an detaillierteren Informationen zu den Informationsobjekten, die zwischen den Kooperationspartnern ausgetauscht werden oder innerhalb der Organisationen Verwendung finden, so können diese auf der parallelen Ebene der Informationsobjektdetailmodelle genauer spezifiziert werden. Eine weitere Detaillierung der Prozesse sieht die CXP-Modellierungsmethode hingegen nicht vor.

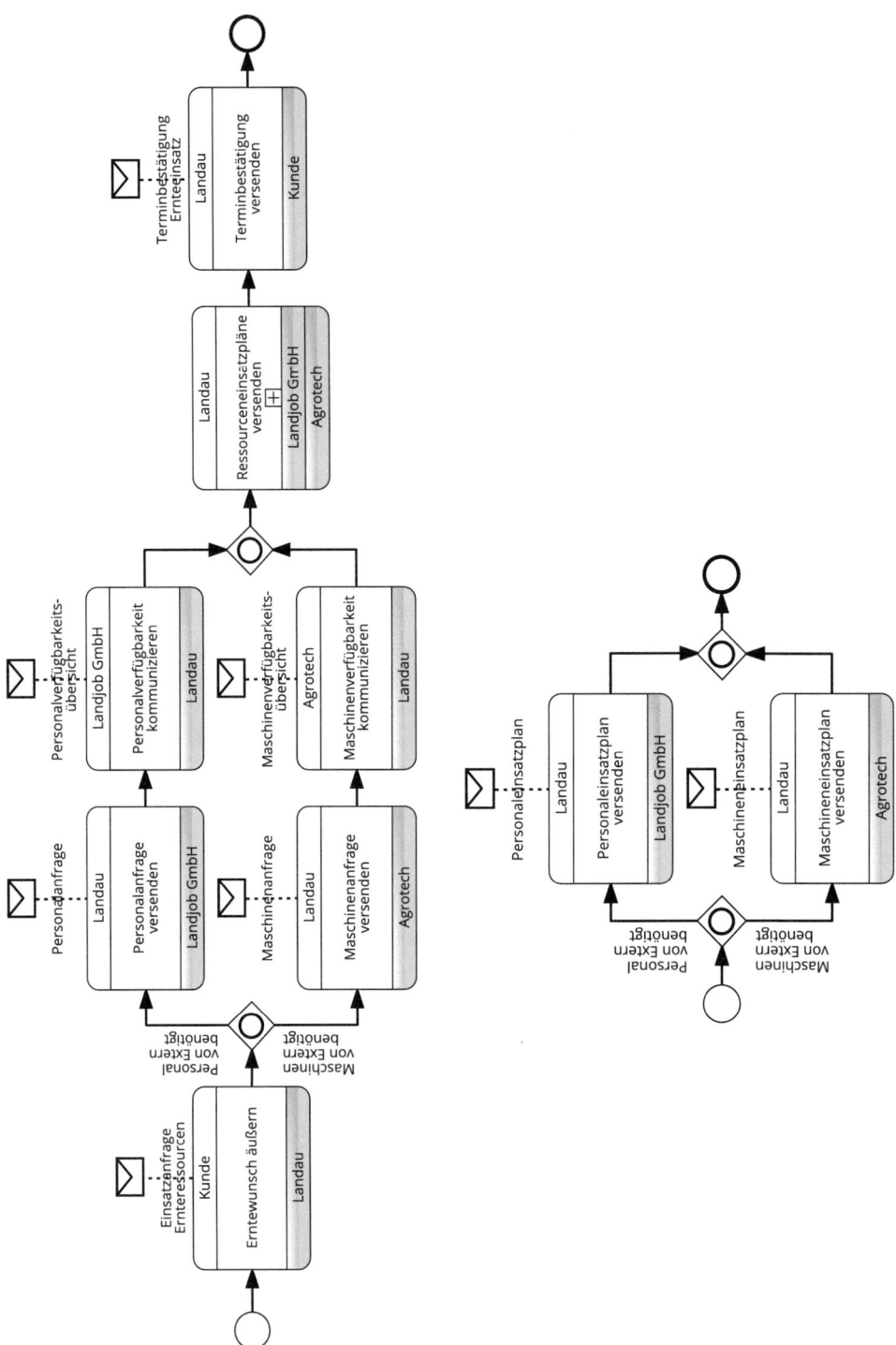

Abb. 2.24 BPMN-Choreografiediagramm für das Kooperationsmodul Ernteeinsatz planen (rechts) und für den Choreografieteilprozess Ressourceneinsatzpläne versenden (links)

2.3.2.5 CXP-Modellierungsmethode –
Ebene 3 b: Informationsobjektdetailmodelle

Informationsobjekte wie Formulare, Dokumente und Nachrichten kapseln die Informationen, die in hybriden Wertschöpfungsnetzwerken ausgetauscht werden. Innerhalb der vorherigen Ebenen der CXP-Modellierungsmethode werden die ausgetauschten Informationsobjekte benannt, eine Spezifikation ihrer Strukturen erfolgt jedoch nicht. Auf dieser Ebene der CXP-Modellierungsmethode können die auftretenden Informationsobjekte tiefergehend beschrieben werden. Viele Modellierungssprachen und -tools stellen zahlreiche Symbole zur Repräsentation von Informationsobjekten zur Verfügung, zum Beispiel Briefumschläge und Datenspeicher. Informationsobjekte sind zentrale Elemente des Informationsaustausches innerhalb einer Kooperation, da sie die transportierten Daten enthalten. Aus diesem Grund ist für eine erfolgreiche Planung von Kooperationen nicht nur entscheidend, welche Informationsobjekte wann zwischen welchen Beteiligten ausgetauscht werden, sondern auch, welche Informationen sie beinhalten und wie diese strukturiert sind.

Bei der Modellierung auf dieser Ebene werden Informationsobjekte zunächst als holistische Objekte und deren Beziehungen erfasst. Bei den Beziehungen handelt es sich etwa um die Zuordnung von Beispielobjekten, die Berücksichtigung von Vorlagen und das Zusammenführen einzelner Informationsobjekte zu zusammengesetzten Informationsobjekten (Informationsobjektsammlungen). Anschließend erfolgt die strukturelle Aufgliederung der holistischen Informationsobjekte in Felder und Feldgruppen.

Für das Anwendungsbeispiel Landau wird im Folgenden das Informationsobjekt *Terminbestätigung Ernteeinsatz* betrachtet (vgl. Abb. 2.25). Das Informationsobjekt *Terminbestätigung Ernteeinsatz* ist eine Sammlung von anderen Informationsobjekten. Es besteht aus einem Dokument *Anschreiben Terminbestätigung Ernteeinsatz* (Informationsobjekt ohne Angabe einer Struktur) und enthält als Anhang das Formular Ressourceneinsatzplan (Informationsobjekt mit Angabe einer Struktur) in einfacher Ausführung. Die Zahl oberhalb des Verbinders ist die Vorkommenshäufigkeit eines Informationsobjekts in einer Informationsobjektsammlung (z. B. können „Einstellungsunterlagen" einen Vertrag in zweifacher Ausfertigung beinhalten), die mit einer vorangestellten Raute versehene Zahl unterhalb des Verbinders gibt die Position innerhalb der Informationsobjektsammlung an. Für das *Anschreiben Terminbestätigung Ernteeinsatz* ist im Kontext der *Terminbestätigung Ernteeinsatz* ein Beispiel-Informationsobjekt hinterlegt. Als Vorlage dient ein generisches Dokument *Anschreiben*, an dem sich das *Anschreiben Terminbestätigung Ernteeinsatz* orientiert.

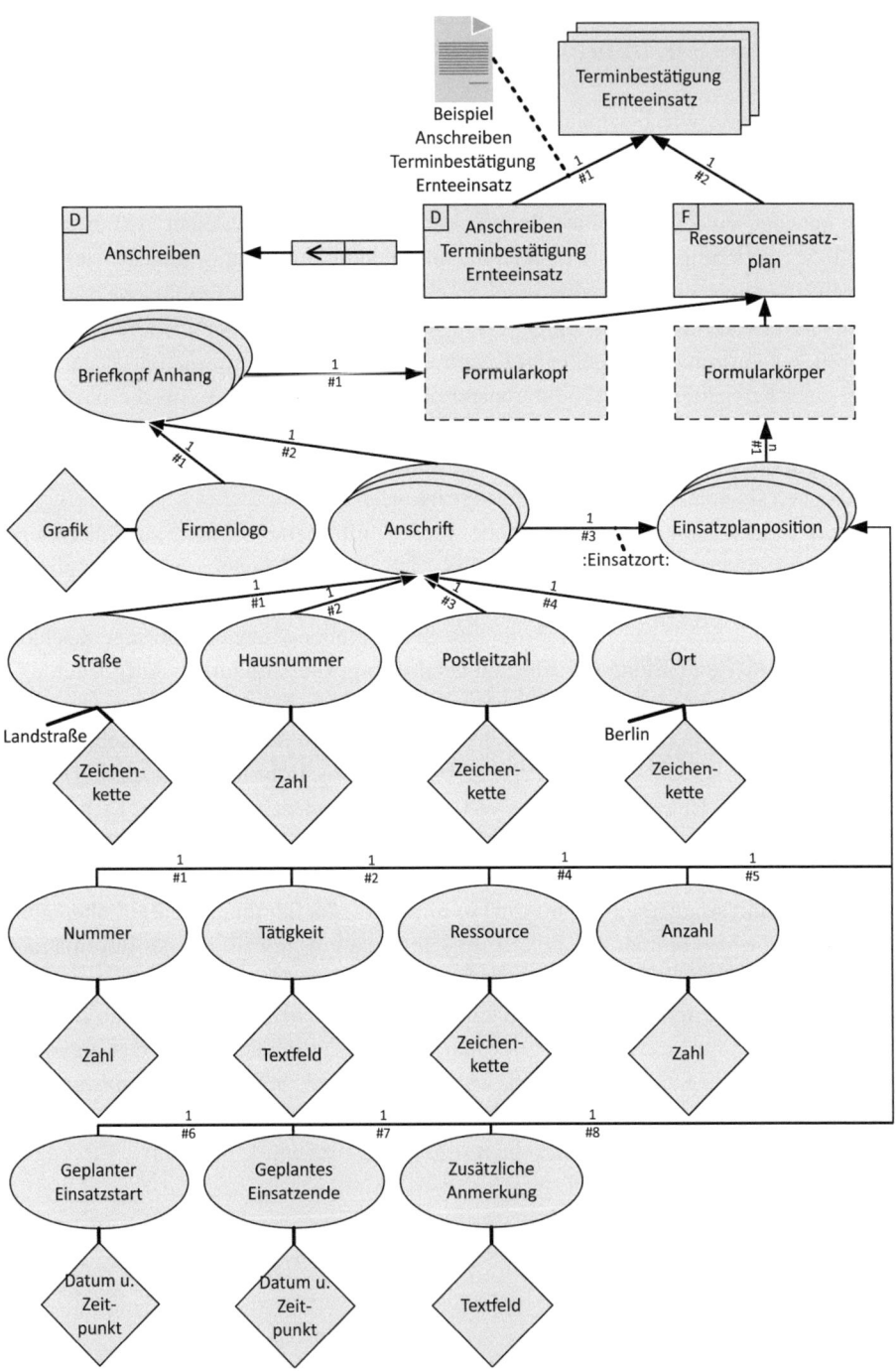

Abb. 2.25 Informationsobjektdetailmodell für die Informationsobjektsammlung Terminbestätigung Ernteeinsatz

Zur strukturellen Aufgliederung des *Ressourceneinsatzplans* wird das Formular in einen Formularkopf und einen Formularkörper unterteilt. Im Formularkopf enthält der *Ressourceneinsatzplan* einen speziellen Briefkopf für Anhänge (Feldgruppe „Briefkopf Anhang"), welcher ein „Firmenlogo" (Feld vom Datentyp Grafik) und die „Anschrift" (Feldgruppe) enthält. Die Anschrift umfasst zunächst das Feld „Straße" (Datentyp: Zeichenkette), gefolgt von dem Feld „Hausnummer" (Datentyp: Zahl), dem Feld „Postleitzahl" (Datentyp: Zeichenkette) und dem Feld „Ort" (Datentyp: Zeichenkette). Beispielsweise kann in das Feld „Straße" der Wert „Landstraße" und in das Feld „Ort" der Wert „Berlin" eingetragen werden. Im Formularkörper besteht der *Ressourceneinsatzplan* aus mehreren *Einsatzplanpositionen*. Diese Feldgruppe besteht aus mehreren Feldern: Zunächst verfügen „Einsatzplanpositionen" über eine fortlaufende „Nummer" (ID) und eine Beschreibung der „Tätigkeit". An dritter Stelle befindet sich die „Anschrift", die für eine „Einsatzplanposition" deren „Einsatzort" beschreibt. Weitere Felder sind die verwendete „Ressource", deren „Anzahl", „Geplanter Einsatzstart", „Geplantes Einsatzende" und „Zusätzliche Anmerkung".

2.3.3 Fachliche Fundierung, sprachbasierte Metamodelle und visuelle Repräsentationen der CXP-Modellierungsmethode

Die der CXP-Modellierungsmethode zugrunde liegenden Konzepte werden nachfolgend detailliert beschrieben. Zur Darstellung der Modellierungssprache wird dabei auf eine Reihe zusammenhängender, durch sprachbasierte Metaisierung entstandener Metamodelle (vgl. Kapitel 2.1) zurückgegriffen, die die wesentlichen Elemente der Sprache und ihre Beziehungen repräsentieren. Die Metamodelle beinhalten somit die zentrale Semantik und Syntax zur Beschreibung von Wertschöpfungsnetzwerken. Die Darstellung der Metamodelle erfolgt in Form von Entity-Relationship-Modellen (Chen 1976) (vgl. Abb. 2.26).

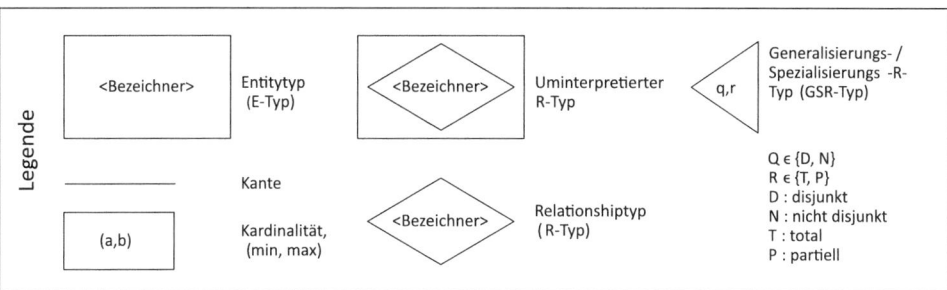

Abb. 2.26 Legende mit den zentralen Elementen von Entity-Relationship-Modellen

2.3.3.1 CXP-Modellierungsmethode – Ebene 1: Ordnungsrahmen

Fachliche Fundierung

Im CXP-Workshop-Konzept (vgl. Kapitel 1.2) bildet ein zwischen den Partnern des Wertschöpfungsnetzwerkes abgestimmtes Geschäftsmodell den Ausgangspunkt für die weitere Ausgestaltung der Partnerinteraktionen. In Geschäftsmodellen wird eine strategische Perspektive auf das Wertangebot des Wertschöpfungsnetzwerkes, die Architektur des Netzwerkes (d. h. die zentralen Aktivitäten, Ressourcen und Akteure) und die Kosten- und Erlösstrukturen eingenommen. Im Ordnungsrahmen liegt der Fokus nun jedoch nicht mehr auf einer strategischen Betrachtung, sondern auf der Operationalisierung der einzelnen Aufgaben in Form von unternehmensübergreifenden Prozessen.

Ein *Ordnungsrahmen* (im Englischen *framework*) dient als „Top-down-Startpunkt für die Prozessmodellierung" (Becker et. al. 2012). Er unterstützt an der Wertschöpfung beteiligte Organisationen und Mitarbeiter dabei, sich im Gesamtablauf bzw. Gesamtaufbau wiederzufinden (Becker, Meise 2012). Hierfür strukturiert er zentrale Elemente der Kooperation in einer zwei- oder dreidimensionalen Darstellung und definiert Grenzen und Schnittstellen nach außen (Meise 2001).

Dem Ordnungsrahmen werden zwei wichtige Funktionen zuteil (Becker, Meise 2012): Erstens führt er grundlegende Begriffe und Bezeichnungen auf und erläutert die Beziehungen zentraler Elemente auf einer abstrakten Ebene. Zweitens kann er im Rahmen der hybriden Wertschöpfung als Repräsentation der unternehmensübergreifenden Organisationsstruktur gesehen werden.

Geprägt wird der Ordnungsrahmen von den Zielen, die das Wertschöpfungsnetzwerk als quasi virtuelle Organisation verfolgt. Ein Teil dieser Ziele ergibt sich aus dem Geschäftsmodell der Kooperation und vorgelagerten strategischen Betrachtungen. So gilt es, durch Kombination der ressourcen- und marktbasierten Sicht die Kompetenz der beteiligten Akteure zu identifizieren und nach einer Marktbetrachtung Grundstrategien für die Erreichung von Wettbewerbsvorteilen (Kostenführerschaft vs. Differenzierung) in den anvisierten Marktsegmenten festzulegen (Becker, Meise 2012). Entsprechend können sich im Ordnungsrahmen sowohl Anknüpfungspunkte an das Geschäftsmodell als auch an die Unternehmensstrategie wiederfinden.

Der eigentlichen Konstruktion eines Ordnungsrahmen liegt in der Regel keine vordefinierte Modellierungssprache zugrunde (Becker und Meise 2012). Allerdings existieren verschiedene domänenneutrale und domänenspezifische Referenzdesigns, auf denen die Ausgestaltung eines Ordnungsrahmens aufbauen kann. Hierzu zählen etwa der Ordnungsrahmen des ARIS-Haus (Scheer 2002), das Y-CIM-Modell (Scheer 1997), das Handels-H (Becker, Schütte 2004) (vgl. auch Abb. 2.27) oder auch der in der PAS 1094 beschriebene Ordnungsrahmen der hybriden Wertschöpfung (Deutsches Institut für Normung e.V. 2009).[16] Wenn auch die Verwendung von Referenzdesigns aufgrund einer aus dem Einsatz resultierenden fehlenden Exklusivität der Ordnungsrahmenrepräsentation mit Nachteilen verbunden sein kann (Becker, Meise 2012), empfiehlt sich der Rückgriff auf existierende strukturerelle Vorgaben für die Ausgestaltung eines Ordnungsrahmens. Detaillierte Begründungen und Empfehlungen liefern hierzu Becker und Meise (2012, 140-159).

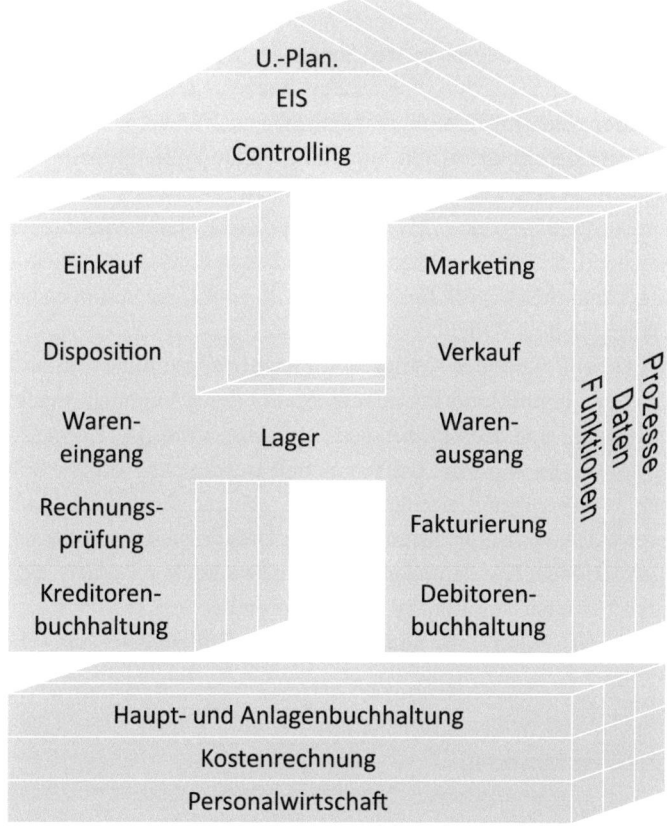

Abb. 2.27 Beispielhafter Ordnungsrahmen Handels-H (Becker, Schütte 2004)

Eine Möglichkeit zur Strukturierung von Ordnungsrahmen liegt in der Unterscheidung von Kernprozessen, Supportprozessen und Führungsprozessen (Becker, Meise 2012), die sich in der Definition von Prozesslandkarten für das Qualitätsmanagement nach ISO 9001 wieder-

---

[16] Unter dem Begriff Enterprise Architecture Framework findet sich eine Vielzahl von Ordnungsrahmen, die weniger die Strukturierung von Prozessen fokussieren, sondern sich schwerpunktmäßig mit der gesamten Unternehmensarchitektur, d. h. dem Zusammenspiel von Informationstechnologie und den Unternehmenstätigkeiten, auseinandersetzen. Zu den bekanntesten Beispielen zählen das Zachman Framework, das NIST Enterprise Architecture Model und TOGAF. Ein Vergleich verschiedener Enterprise Architecture Frameworks findet sich etwa in (Matthes 2011).

spiegelt. Beispiele für entsprechend strukturierte Ordnungsrahmen sind das Handels-H und der Ordnungsrahmen der hybriden Wertschöpfung.

Kernprozesse beinhalten Aktivitäten, Entscheidungen sowie Informations- und Materialflüsse, durch die ein Wettbewerbsvorteil geschaffen werden kann (Osterloh und Frost 2006; Becker, Meise 2012). Da sie die organisatorische Umsetzung der identifizierten Kernkompetenzen darstellen, spielen Kernprozesse für die Wertschöpfung eines Unternehmens bzw. eines Netzwerks eine entscheidende Rolle. Merkmale wie Unternehmensspezifität, unmittelbare Ausrichtung auf den Kundennutzen und Nicht-Imitierbarkeit zeichnen Kernprozesse aus (Osterloh, Frost 2006).

Support- oder Unterstützungsprozesse dienen der Unterstützung der Kernprozesse, indem sie diesen zuarbeiten (Osterloh, Frost 2006; Becker, Meise 2012). Supportprozesse generieren somit weder einen für Externe wahrnehmbaren Nutzen, noch tragen sie durch den meist hohen Standardisierungsgrad (und somit eine leichte Imitierbarkeit) zu einer Erhöhung des Wettbewerbsvorteils bei.

Führungs-, Koordinations- und Managementprozesse dienen der Steuerung der Kernprozesse entsprechend der Unternehmensstrategie bzw. gemeinsamer Ziele des Wertschöpfungsnetzwerkes (Deutsches Institut für Normung e.V. 2009). Sie umfassen beispielsweise die Strategieentwicklung und das Qualitätsmanagement.

Zur weiteren Detaillierung der Kernprozesse sollten diese mit Informationen über ihre Prozessauslöser (bzw. Inputs) und Prozessergebnisse (bzw. Outputs) angereichert werden. Auch eine Gruppierung von Kernprozessen bietet sich an. Beim Handels-H erfolgt eine Gruppierung entsprechend den Funktionsbereichen Beschaffung (linker Schenkel mit Einkauf, Disposition, Wareneingang etc.) und Vertrieb (rechter Schenkel mit Marketing, Verkauf, Warenausgang etc.). Zudem sollten die Grenzen des Ordnungsrahmens und die Schnittstellen zu anderen Organisationen, Kunden oder Prozessen beschrieben werden. Becker und Meise (2012) empfehlen bei einer Anordnung der Kernprozesse in Leserichtung von links nach rechts die Input-Schnittstellen links und die Output-Schnittstellen rechts des Kernprozessblocks zu platzieren.

Sprachbasiertes Metamodell

Abb. 2.28 enthält die für die Beschreibung von Ordnungsrahmen auf der ersten Ebene der CXP-Modellierungsmethode relevanten Elemente und ihre Beziehungen in Form eines Metamodells. Die potenziell aus Geschäftsmodellen zu übernehmenden Elemente sind grau schraffiert dargestellt. Die für die nachfolgende Ebene, die Ebene der Kooperationsszenarien, relevanten Elemente sind grau unterlegt.

Prozesse als zentrale strukturgebende Elemente können in *Managementprozesse, Supportprozesse* und *Kernprozesse* differenziert werden. Prozesse lassen sich gruppieren (Entitätstyp *Gruppe*). Durch Relationen zu den Entitätstypen *Schlüsselaktivität* und *Kundenaufgabe* können Verbindungen zum Geschäftsmodell hergestellt werden. Zur Detaillierung der auf den weiteren Ebenen detaillierter betrachteten Kernprozessen lassen sich für diese auf Ebene des Ordnungsrahmens Abhängigkeiten durch die dargestellte *Vorgänger/Nachfolger-Struk-*

tur repräsentieren. Zudem können für Kernprozesse jeweils ein auslösendes und ein aus dem Prozess resultierendes *Informationsobjekt* dokumentiert werden.

Auf der Ebene des Ordnungsrahmens wird zudem dargestellt, welche *Rollen* an einem Prozess beteiligt sind. Eine Rolle kann durch einen oder mehrere *Akteure* wahrgenommen werden. Umgekehrt kann auch ein Akteur mehrere Rollen übernehmen. Eine entsprechende Differenzierung gewährleistet eine höhere Flexibilität und eine leichtere Generalisierung eines erstellten Ordnungsrahmens. So können Konstellationen im Bau und Betrieb von Gebäuden abgebildet werden, bei denen eine Personalunion zwischen den Rollen Bauherr, Nutzer des Gebäudes und Architekt besteht. Ohne das Rollenkonzept könnte in diesen Fällen nur festgehalten werden, dass Herr Meier die Prozesse ausführt, nicht jedoch, mit welcher Funktion er an diesen beteiligt ist.

Die Relationen zwischen Rolle, Kompetenz und Akteur ermöglichen die Definition von *Anforderungsprofilen* und *Kompetenzprofilen*. Somit ist darstellbar, dass spezifische *Kompetenzen* die Voraussetzung für die Ausübung einer Rolle sind. Durch den uminterpretierten Relationship-Typen Anforderungsprofil lässt sich dokumentieren, dass bestimmte Kompetenzen und Rollen Voraussetzung für die Beteiligung an einem Prozess sind.

Kunden, die sich aus den *Kundensegmenten* im Geschäftsmodell ergeben, werden als Rolle modelliert. Abhängig vom gewählten Detaillierungsgrad können die im Geschäftsmodell aufgeführten *Schlüsselpartner* in Rollen oder Akteure überführt werden.

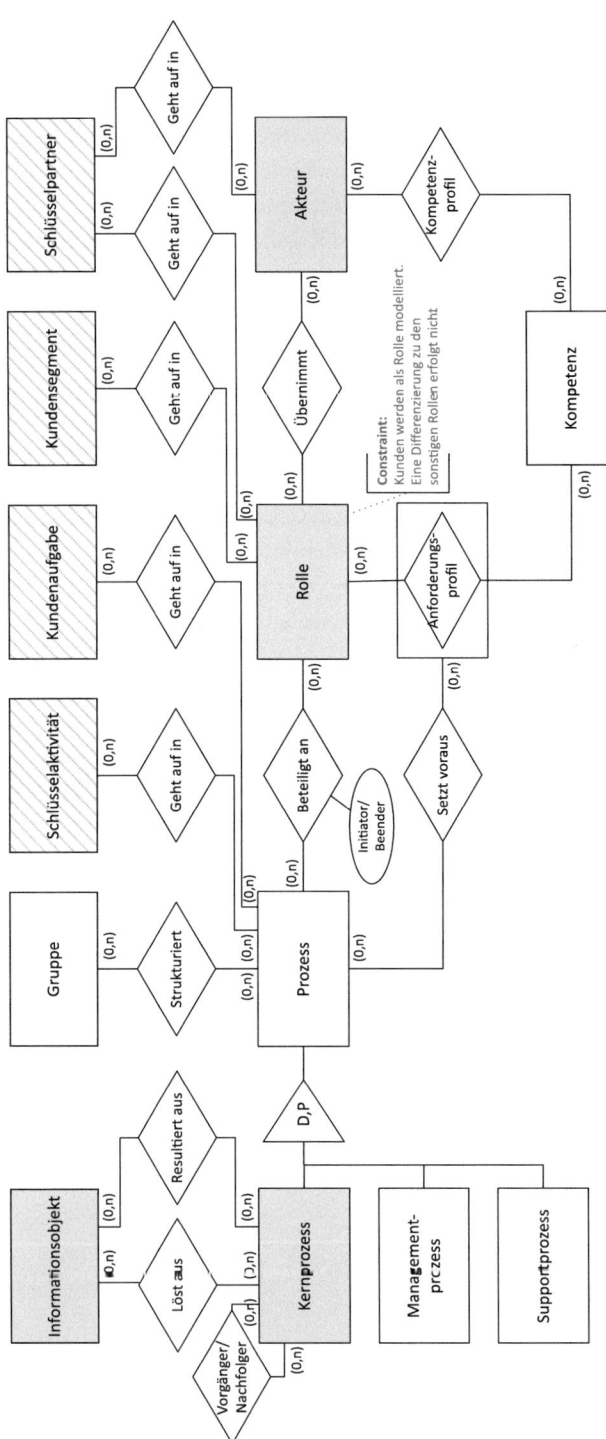

Abb. 2.28 Ausschnitt des CXP-Metamodells zur Darstellung von Ordnungsrahmen

Repräsentationeller Aspekt

Um Ordnungsrahmen zu modellieren, stehen im Rahmen der CXP-Modellierungsmethode die in Abb. 2.29 präsentierten Symbole zur Verfügung. Kompetenzen sowie Kompetenz- und Anforderungsprofile werden ergänzend in eigenständigen Tabellen gepflegt.

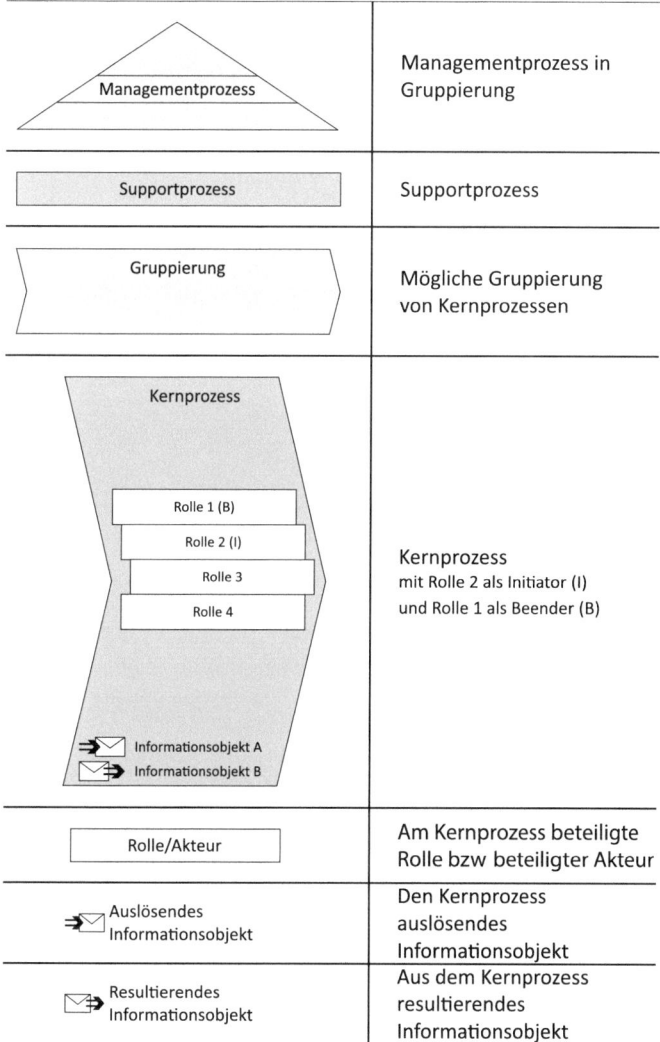

Abb. 2.29 Symbolpalette der Ebene 1 (Ordnungsrahmen)

Um die Interpretation eines Ordnungsrahmens zu erleichtern, werden seine Elemente häufig in der Forms eines Hauses angeordnet (vgl. Abb. 2.30) (Meise 2001). Die Managementprozesse bilden das Dach des Hauses, die wertschöpfenden Kernprozesse sind im Körper des Hauses angeordnet und die Supportprozesse bilden das Fundament des Hauses.

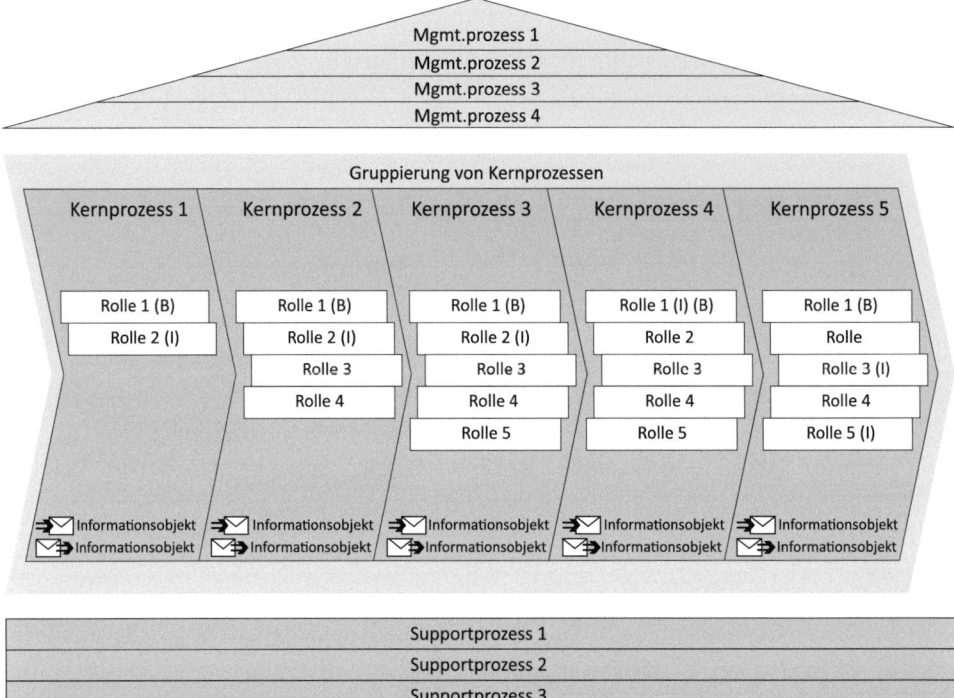

Abb. 2.30 Exemplarischer Aufbau eines Ordnungsrahmens

2.3.3.2 CXP-Modellierungsmethode – Ebene 2: Kooperationsszenarien

Fachliche Fundierung

Während auf Ordnungsrahmenebene die Unterteilung in Kern-, Support- und Managementprozesse sowie die Zuordnung von Rollen und Feststellung von Kompetenzen im Vordergrund stehen, liegt der Fokus auf der Ebene der Kooperationsszenarien in der Detaillierung der Interaktionen zwischen den Kooperationspartnern. Den Ausgangspunkt bilden hierbei die für die Wertschöpfung entscheidenden Kernprozesse sowie die an dem jeweiligen Kernprozess beteiligten Akteure und ihre Rollen. Eine Detaillierung von Managementprozessen oder Supportprozessen durch Kooperationsszenarien ist nicht vorgesehen.

Die Basis für die Entwicklung des Metamodells zur Darstellung von Kooperationsszenarien bildet der FlexNet-Ansatz (Becker et al. 2013). Der FlexNet-Ansatz stellt eine Dienstleistungsnetzwerkinteraktions-Modellierungssprache (Service Network Interaction Modeling Notation) bereit, der ein modulares Design zugrunde liegt. Ergänzt wird die FlexNet-Modellierungssprache um einen Workshop-Ansatz, der Kooperationspartner bei der Identifikation und Definition von Interaktionsroutinen (*design*), dem Abgleich des Entwurfs mit den individuellen Zielstellungen und Anforderungen (*sense-making*) und der Konfliktauflösung und Einigung (*negotiation*) unterstützt.

Die FlexNet-Modellierungssprache (vgl. Abb. 2.31) sieht vor, dass Interaktionen in Dienstleistungsnetzwerken in einzelne Szenarien unterschieden werden. Innerhalb eines Szenarios können bis zu vier Akteure und ihre jeweiligen Funktionsbereiche (z. B. Abteilungen) modelliert werden. Jedem Szenario liegt eine Interaktionsfläche zugrunde, in der einzelne Interaktionen zwischen Wertschöpfungspartnern zu Bausteinen und diese wiederum zu Modulen als logische Einheiten zusammengefasst werden. In den Funktionsbereichen werden verschiedene Aufgaben durchgeführt, die durch Aktivitäten repräsentiert werden. Wird eine Aktivität durch eine andere Aktivität eines Wertschöpfungspartners beeinflusst bzw. beeinflusst diese, wird die entsprechende Interaktion als Informationsfluss dargestellt, der die Funktionsbereiche über den Baustein miteinander verbindet. Zur Detaillierung von Bausteinen und zur Darstellung von funktionsbereichsspezifischen Aufgaben können Prozessmodelle hinterlegt werden.

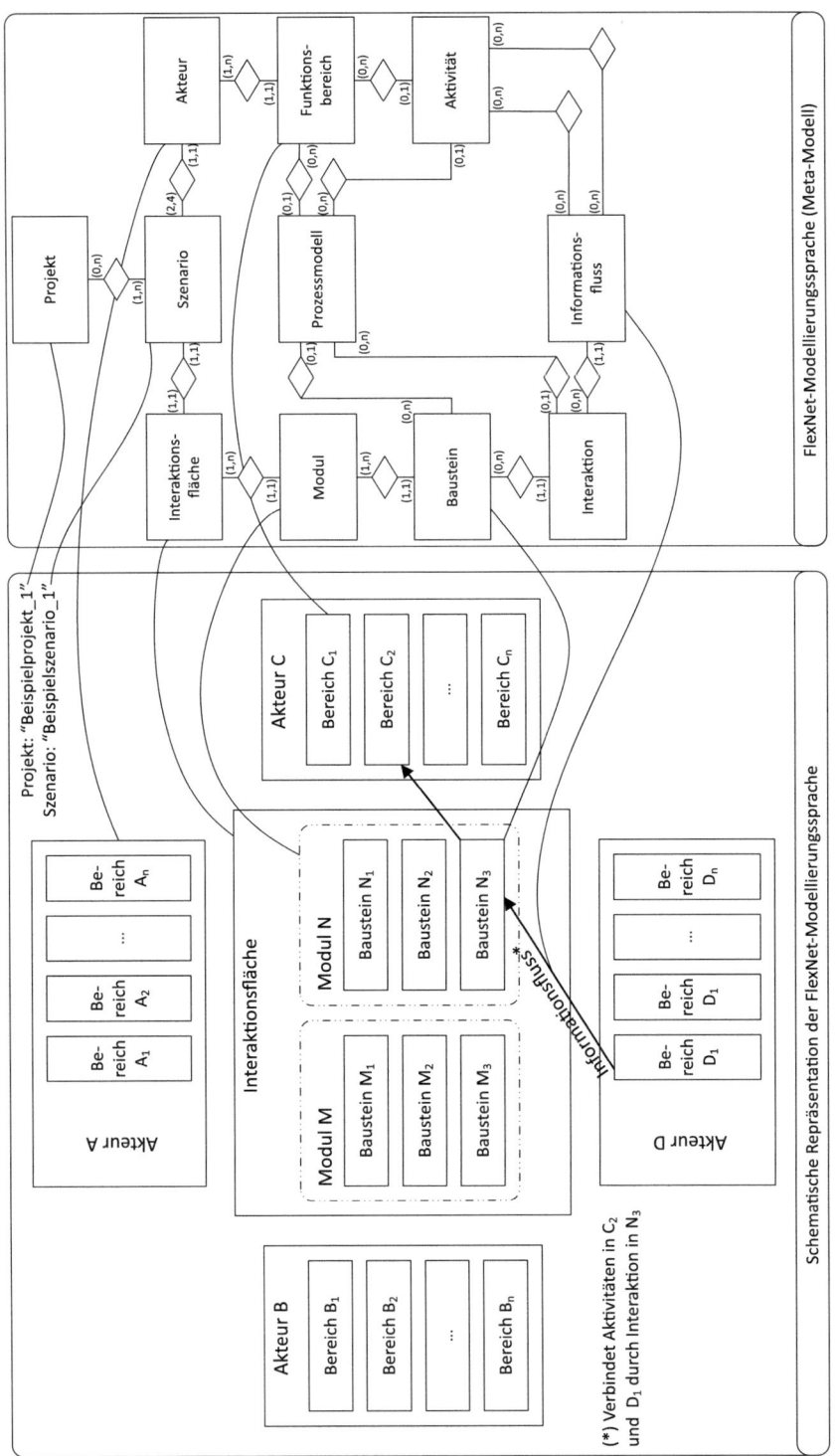

Abb. 2.31 Die FlexNet-Modellierungssprache (Becker et al. 2013)

Sprachbasiertes Metamodell

Für die Ebene der Kooperationsszenarien der CXP-Modellierungsmethode wurde der Flex-Net-Ansatz aufgegriffen und unter anderem um ein Varianten- und Vorlagenkonzept ergänzt. Details lassen sich dem in der nachfolgenden Abb. 2.32 dargestellten Metamodell entnehmen. Ziel der Visualisierung auf dieser Ebene ist die Darstellung der Partnerinteraktionen, die sich innerhalb eines einzelnen Kernprozesses abspielen. Entsprechend gilt es, jeden Kernprozess in einem eigenen Kooperationsszenario zu modellieren. Dabei steht der Informationsaustausch zwischen den an den Kernprozessen beteiligten Akteuren bzw. ihrer Funktionsbereiche im Vordergrund.

Wie bereits auf Ordnungsrahmenebene modelliert, sind an einem *Kernprozess* mehrere *Rollen* beteiligt, die von einem oder mehreren *Akteuren* übernommen werden. Zusätzlich ist es möglich, Rollen in *Funktionsbereiche* zu unterteilen. In *Rollenvorlagen* lassen sich, entsprechend zu einzelnen Rollen wie dem Bauunternehmen, vordefinierte Funktionsbereiche wie Auftragsakquisition, Kalkulation, Arbeitsvorbereitung und Bauausführung spezifizieren.

Jeder Kernprozess lässt sich durch ein *Kooperationsszenario* detaillieren, das beliebig viele entsprechend ihrer zeitlichen Abfolge angeordnete *Kooperationsmodule* enthält. Eine *Kernprozessvorlage* enthält eine vordefinierte Anzahl an Kooperationsmodulvorlagen. Durch die Integration eines Variantenmanagementansatzes lassen sich zu einzelnen Kernprozessen auch Kernprozessvarianten bilden. Tritt ein Bauunternehmen etwa als Generalunternehmer auf, so ändert sich nicht zwangsweise der gesamte Ordnungsrahmen mit allen Kernprozessen, sondern es entstehen einzelne, abweichende Abläufe, die sich in Kernprozessvarianten kapseln lassen. Dies gilt analog für *Kooperationsmodulvarianten*, in denen abweichende Kooperationsaktivitäten dokumentiert werden können.

In *Kooperationsmodulen* werden die feingranularen *Kooperationsaktivitäten* zu inhaltlich zusammenhängenden Einheiten zusammengefasst. Kooperationsaktivitäten stellen die kleinste auf der Ebene der Kooperationsszenarien abzubildende Einheit dar. Bei einer Kooperationsaktivität handelt es sich um eine für die Partnerinteraktion relevante Tätigkeit, die im Rahmen der Kooperation im Wertschöpfungsnetzwerk von einem der Kooperationspartner (in Form von Funktionsbereichen einer Rolle) verantwortet wird. Die Kooperationsaktivität repräsentiert den Informationstaustauch zwischen Kooperationspartnern, d. h. sie umfasst *Informationsflüsse* zwischen Rollen bzw. ihren Funktionsbereichen im Rahmen einer Kooperationsaktivität. Individuelle Aktivitäten, die keine direkten Auswirkungen auf die Interaktionen mit den Kooperationspartnern haben, werden auf dieser Ebene nicht modelliert. Zudem ist der Modellierer auf der Ebene der Kooperationsszenarien an der ungefähren zeitlichen Reihenfolge der für die Kooperation relevanten Aktivitäten interessiert. Prozessflussabhängigkeiten (d. h. Abhängigkeiten zwischen Aktivitäten), die beispielsweise durch Operatoren wie inklusive OR-Konnektoren, exklusive OR-Konnektoren oder AND-Konnektoren expliziert werden könnten, werden auf dieser Ebene nicht spezifiziert. Stattdessen lassen sich einzelne Kooperationsmodule und die in diesen enthaltenen Kooperationsaktivitäten in Prozessdetailmodellen (z. B. in BPMN-Kollaborationsdiagrammen oder BPMN-Choreografiediagrammen) auf der dritten Ebene der CXP-Modellierungsmethode detaillieren.

Zur Detaillierung eines Informationsaustausches lassen sich Abhängigkeiten zwischen Informationsflüssen einer Kooperationsaktivität darstellen. Umfasst eine Kooperationsaktivität mehrere eingehende Informationsflüsse, so kann etwa durch einen AND-*Operator* verdeutlicht werden, dass alle eingehenden Informationsflüsse zur Durchführung der Kooperationsaktivität notwendig sind. Analog lassen sich Abhängigkeiten von ausgehenden Informationsflüssen kennzeichnen. Zudem stehen ein „Inklusives OR" und ein „Exklusives OR" als weitere Operatoren zur Verfügung. Dieses Konzept orientiert sich an der e3-Value-Notation (Gordijn et al. 2009). Zur Kennzeichnung von eingehenden und ausgehenden Informationsflüssen steht das Attribut *Richtung* zur Verfügung. Die Richtung gibt an, ob ein Kooperationspartner Informationen für die Ausführung einer Kooperationsaktivität bereitstellt (eingehend) oder Informationen aus der Ausführung erhält (ausgehend). Die im Rahmen eines Informationsaustausches kommunizierten Informationen werden zu logischen Einheiten, den sogenannten *Informationsobjekten*, gekapselt. Informationen zur Detaillierung von Kooperationsmodulen und -aktivitäten in Prozessmodellen und zur genaueren Spezifikation von Informationsobjekten in Strukturdiagrammen folgen in den nächsten Abschnitten.

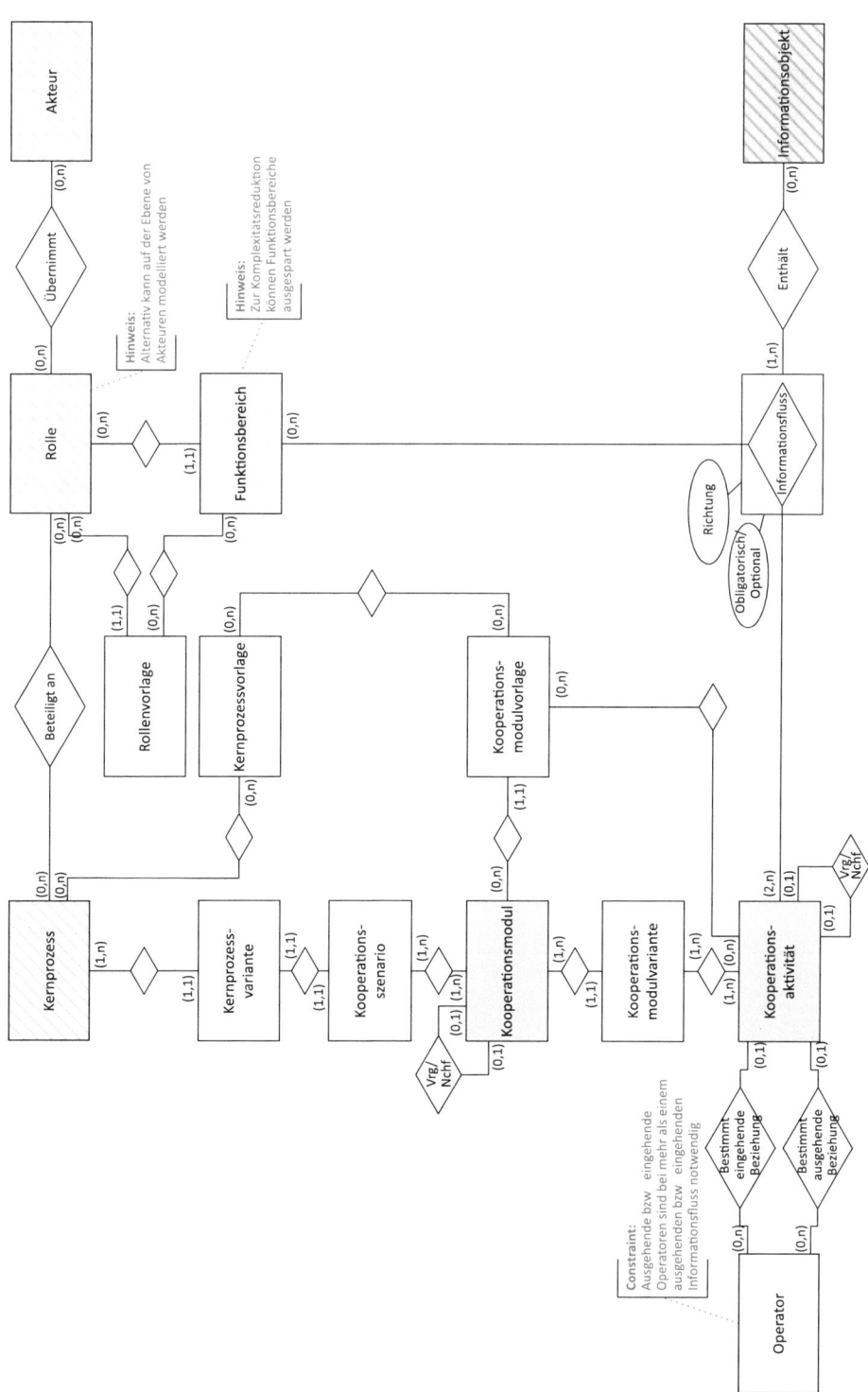

Abb. 2.32 Ausschnitt des CXP-Metamodells für Kooperationsszenarien

Repräsentationeller Aspekt

Um Kooperationsszenarien zu modellieren, können die in Abb. 2.33 visualisierten Symbole verwendet werden.

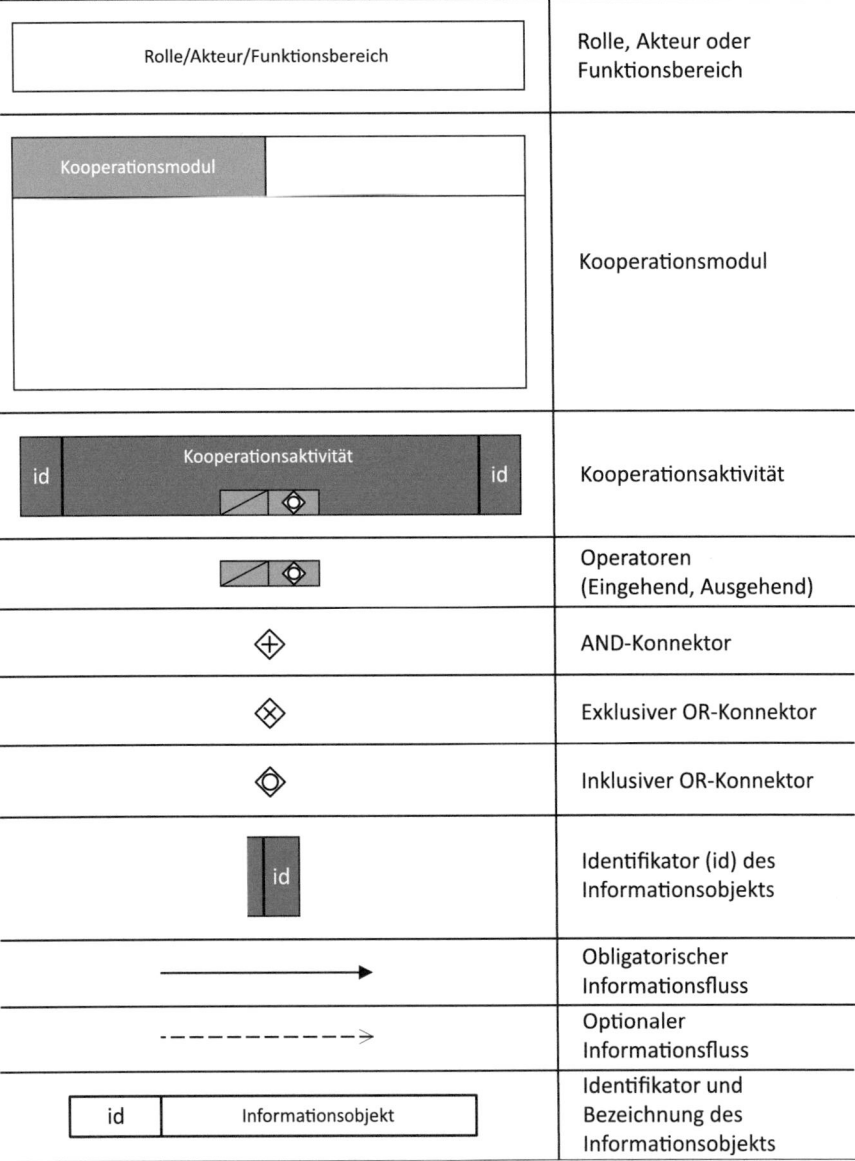

Abb. 2.33 Symbolpalette der Ebene 2 (Kooperationsszenarien)

2.3.3.3 CXP-Modellierungsmethode – Ebene 3 a: Prozessdetailmodelle

Fachliche Fundierung

Während in der vorausgehenden Stufe der Fokus auf die Spezifikation der Interaktion zwischen den Akteuren einer Kooperation und deren Informationsaustausch gelegt wird, wird nun eine prozessuale Sichtweise eingenommen. Dies führt dazu, dass nicht mehr nur die Sender und Empfänger von Informationen das Ziel der Betrachtung sind, sondern ebenfalls die Reihenfolge und Kontrollflussbeziehungen von Aktivitäten und Informationsaustausche sowie deren Charakteristika. Ein prozessbasiertes Design und Management von Organisationen hat in den letzten Jahren zunehmend an Relevanz gewonnen (Becker, Kahn 2011).

Geschäftsprozessmanagement hat zum Ziel, Methoden, Techniken und Software bereitzustellen, um Prozesse zu designen, auszuführen, zu kontrollieren und zu analysieren (van der Aalst et al. 2003). Geschäftsprozessmanagement wird häufig durch ein prozessorientiertes Reorganisationsprojekt eingeführt, welches die folgenden Phasen durchläuft (Becker et al. 2011): (1) Vorbereitung der Modellierung, (2) Entwicklung eines Ordnungsrahmens, (3) Durchführung der IST-Modellierung, (4) Durchführung der SOLL-Modellierung, (5) Entwicklung des prozessorientierten Organigramms und (6) Einführung der Neuorganisation. Anschließend wird ein kontinuierliches Prozessmanagement etabliert. Im Rahmen von Geschäftsprozessmanagement spielen demzufolge Prozessmodelle zur Dokumentation von Prozessen eine wichtige Rolle (van der Aalst 2013). Prozessmodelle können unter anderem zur Organisationsdokumentation, zur prozessorientierten Reorganisation, zum Benchmarking, zum Wissensmanagement, zur Softwareentwicklung und zum Workflow-Management eingesetzt werden (Rosemann et al. 2011).

Zur Dokumentation von Prozessen empfiehlt sich die Verwendung einer dedizierten Modellierungssprache. Diese repräsentierten vielfach einen Prozess als Graphen (Breuker et al. 2012), dessen Aktivitäten durch Knoten abgebildet sind. Die Sequenzfolge wird durch knotenverbindende Kanten spezifiziert. Es existiert ein umfangreiches Portfolio an Prozessmodellierungssprachen. Eine in der Praxis weltweit weit verbreite Sprache und ein von der Object Management Group definierter Standard ist BPMN (Object Management Group 2011). Aufgrund des hohen Verbreitungsgrads ist BPMN in die CXP-Modellierungsmethode integriert, um die Anschlussfähigkeit an einen weiterverbreiteten Standard sicherzustellen. Die BPMN sieht et. al. die zwei Diagrammarten BPMN-Kollaborationsdiagramme und BPMN-Choreografiediagramme zur Dokumentation von Prozessen vor. Während sich Choreografiediagramme auf die prozessuale Repräsentation des Informationsaustauschs zwischen Kooperationspartnern fokussieren, erlauben Kollaborationsdiagramme auch die Spezifikation der Prozesse innerhalb eines Kooperationspartners.

Sprachbasiertes Metamodell

Die zur Prozessmodellierung mit Kollaborationsdiagrammen im Rahmen der CXP-Modellierungsmethode verwendbaren Elemente sind in dem Metamodell in Abb. 2.34 vereinfacht dargestellt.

Ein *Kooperationsmodul* eines Kooperationsszenarios kann durch ein *Kollaborationsdiagramm* aus prozessualer Sicht detailliert werden, wobei die *Kooperationsaktivitäten* den *Aktivitäten* in diesem Diagramm entsprechen. Hierdurch wird sichergestellt, dass nicht nur die Abläufe innerhalb einer Kooperationsaktivität spezifiziert werden, sondern auch die prozessualen Abhängigkeiten zwischen den Kooperationsaktivitäten. Jede Kooperationsaktivität findet sich in einem Kollaborationsdiagramm wieder und wird durch eine oder mehrere Aktivitäten repräsentiert bzw. verfeinert. Dabei muss nicht jede Aktivität einer Kooperationsaktivität zugewiesen werden, da nicht jede Aktivität des Prozessmodels kooperationsrelevant ist.

Prozessflüsse werden durch *Aktivitäten*, *Ereignisse* und *Konnektoren* („Inklusives Oder", „Exklusives Oder", „Und") sowie deren sequenzflussbezogene Beziehungen (*Sequenzfluss*) visualisiert. Ein Sequenzfluss besteht aus einer Folge von Aktivitäten und Ereignissen. Verzweigungen, d. h. das Aufteilen oder Zusammenführen des Kontrollflusses, werden durch Konnektoren berücksichtigt. Aktivitäten sind entweder atomar (*Aufgabe*) oder werden durch hinterlegte Prozessmodelle weitergehend auf einer tieferen Granularitätsebene detailliert (*Teilprozess*).

Um Aktivitäten dem Verantwortungsbereich einer Rolle oder einem Funktionsbereich zuzuweisen, werden die Aktivitäten durch Pools gruppiert, die in Bahnen (Lanes) unterteilt werden. Beispielsweise kann es sich bei einem Pool um eine Organisation handeln, deren Organisationseinheiten durch Bahnen abgebildet sind. Damit die Elemente des Kollaborationsdiagramms mit weiteren Informationen angereichert werden, können den Elementen Artefakte zugewiesen werden. Beispielsweise können *Datenobjekte* von Aktivitäten angegeben werden. Informationsaustausche werden durch Informationsflüsse zwischen Pools, Ereignissen und Aktivitäten visualisiert. Die Informationen sind in *Nachrichten* oder Datenobjekten gekapselt, die wiederum *Informationsobjekte* darstellen.

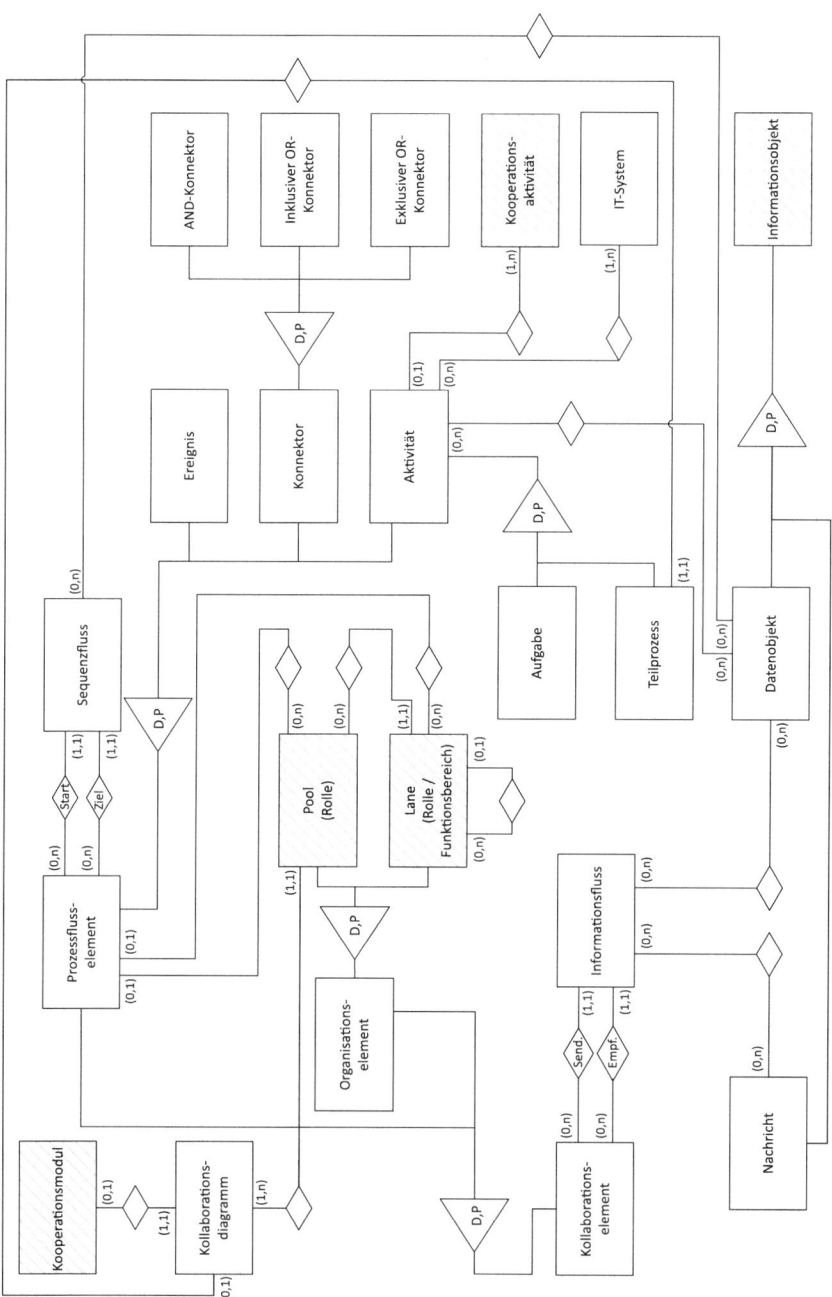

Abb. 2.34 Ausschnitt des CXP-Metamodells für die Prozessmodellierung mit Kollaborationsdiagrammen (vgl. Korherr, List 2007; Becker et al. 2008)[17]

---

[17] Die Bezeichnungen der Elemente weichen aus Konsistenzgründen zu den anderen Ebenen der CXP-Modellierungsmethode zum Teil vom BMPN-Standard ab.

Choreografiediagramme fokussieren die prozessuale Sicht auf die Interaktion zwischen mehreren Partnern und deren Informationsaustausch. Eine vereinfachte Darstellung der in der CXP-Modellierungsmethode verwendbaren Elemente beinhaltet das Metamodell in Abb. 2.35. Ähnlich zu Kollaborationsdiagrammen sind die Anknüpfungspunkte zur vorhergehenden Ebene das *Kooperationsmodul*, die *Kooperationsaktivität* und der *Beteiligte*. Zudem wird der Sequenzfluss mittels Aktivitäten, Konnektoren und Ereignissen sowie deren ablaufbezogenen Beziehungen repräsentiert.

Im Unterschied zu Kollaborationsdiagrammen wird jedoch nicht jede Art von Aktivitäten modelliert, sondern nur jene, die sich mit dem Informationsaustausch zwischen zwei oder mehreren Akteuren befassen. Jede *Choreografieaktivität*, d. h. jede Interaktion, wird durch einen Beteiligten – beispielsweise durch das Senden einer *Nachricht* – initiiert (*Initiator*). Abhängig davon, ob eine *Choreografieaktivität* durch ein weiteres Choreografiediagramm detailliert wird oder nicht, kann es einen oder mehrere zusätzliche an der Choreografieaktivität Beteiligte geben. Aufgrund der restriktiveren Modellierung auf Ebene zwei der CXP-Modellierungsmethode gibt es im Unterschied zum BPMN-Standard nicht die Möglichkeit zur Angabe eines direkten Antwort-Informationsobjekts bei der *Choreografieaufgabe*.

Ein weiterer Unterschied zu Kollaborationsdiagrammen ist die Modellierung von Organisationen und Rollen. Während in Kollaborationsdiagrammen Aktivitäten durch Gruppierung Pools und Lanes zugewiesen werden, werden bei Choreografieaktivitäten die Beteiligten explizit oberhalb und unterhalb der Aktivitäten annotiert.

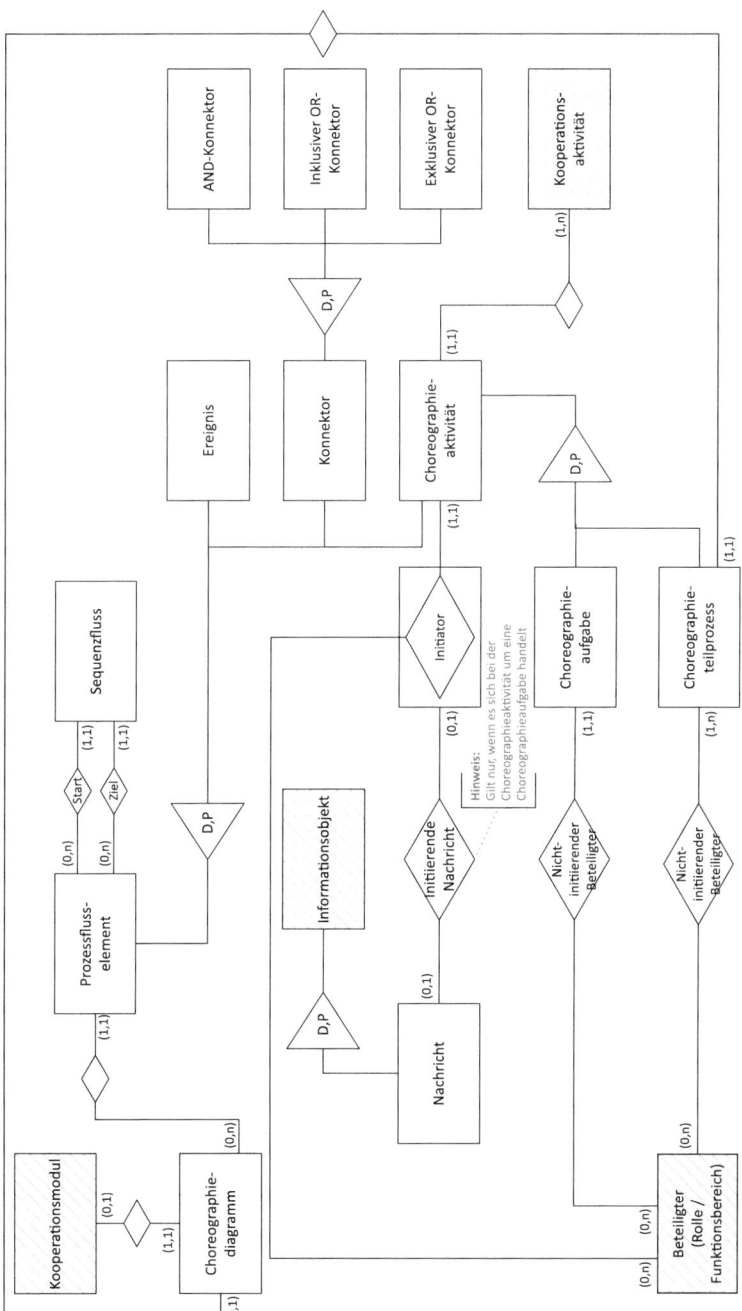

Abb. 2.35 Ausschnitt des CXP-Metamodells für die Prozessmodellierung mit Choreografiediagrammen[18]

---

[18] Die Bezeichnungen der Elemente weichen aus Konsistenzgründen zu den anderen Ebenen der CXP-Modellierungsmethode zum Teil vom BMPN-Standard ab.

Repräsentationeller Aspekt

Abb. 2.36 und Abb. 2.37 präsentieren Ausschnitte der Symbolpaletten, die die CXP-Modellierungsmethode zur Erstellung von Prozessdetailmodellen anbietet.

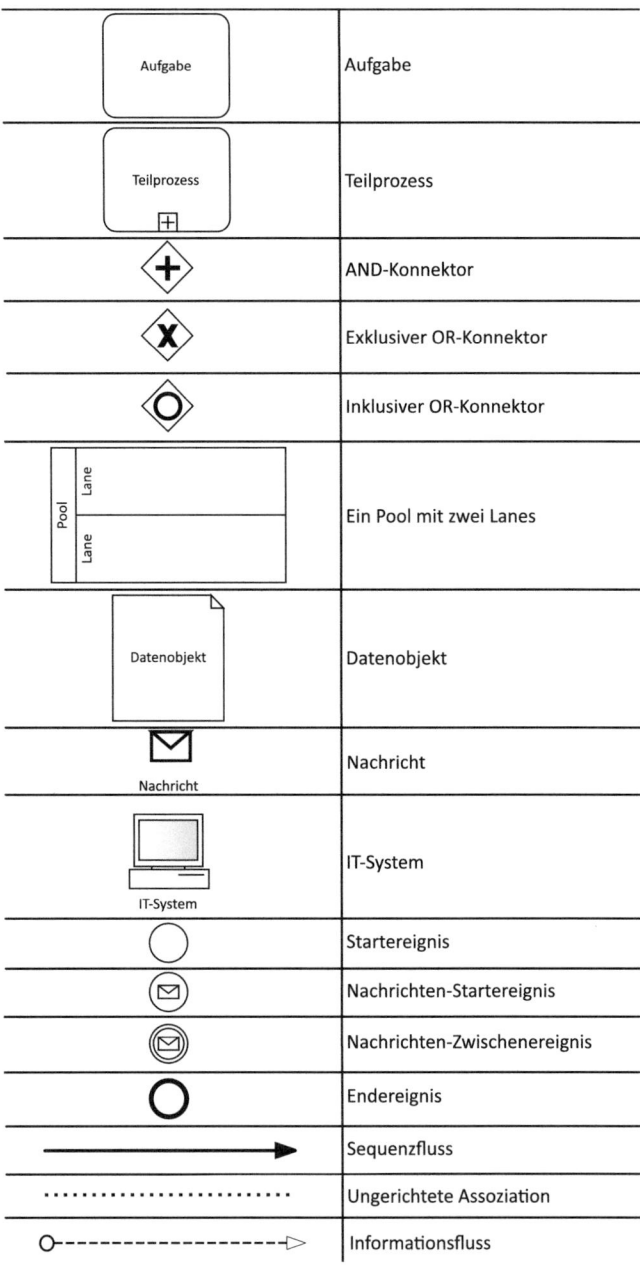

Abb. 2.36 Ausschnitt der Symbolpalette für Kollaborationsdiagramme der Ebene 3 a (Prozessdetailmodelle)

Symbol	Bedeutung
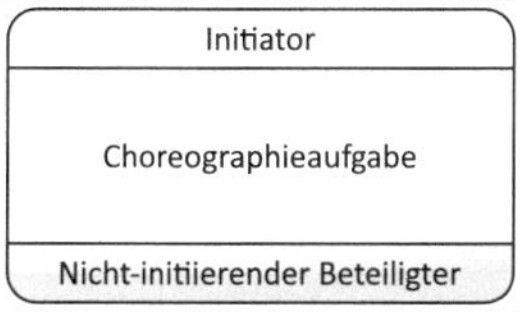 Initiator / Choreographieaufgabe / Nicht-initiierender Beteiligter	Choreographieaufgabe mit einem Initiator und einem nicht-initiierenden Beteiligten
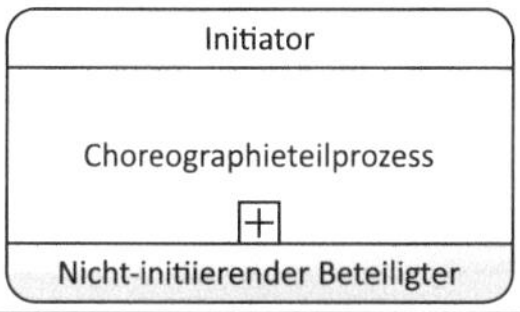 Initiator / Choreographieteilprozess [+] / Nicht-initiierender Beteiligter	Choreographieteilprozess mit einem Initiator und einem nicht-initiierenden Beteiligten
 ⊕	AND-Konnektor
 ⊗	Exklusiver OR-Konnektor
 ⊙	Inklusiver OR-Konnektor
 ✉ Nachricht	Nachricht
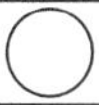 ○	Startereignis
 ◯	Endereignis
 ⟶	Sequenzfluss
 ⋯⋯⋯	Ungerichtete Assoziation

Abb. 2.37 Ausschnitt der Symbolpalette für Choreografiediagramme der Ebene 3 a (Prozessdetailmodelle)

2.3.3.4 CXP-Modellierungsmethode – Ebene 3 b: Informationsobjektdetailmodelle

Fachliche Fundierung

Vorherige Ebenen in der CXP-Modellierungsmethode ermöglichen die Spezifikation von Informationsflüssen im Rahmen einer Kooperation und die Repräsentation der prozessualen Abfolge. Neben dieser prozessgetriebenen Sicht auf eine Kooperation ist auch eine weitergehende Detaillierung der ausgetauschten Informationen notwendig (Glushko, McGrath 2005). In der Literatur existieren verschiedene Synonyme zur Bezeichnung der Träger von ausgetauschten Informationen: Geschäftsentitäten (*business entities*) (Hull et al. 2010), Geschäftsartefakte (*business artefacts*) (Nigam, Caswell 2003; Liu et al. 2007), Nachrichten (*messages*) (Object Management Group 2011) und Informationsobjekte (*information objects*) (Soffer et al. 2001). Im Folgenden wird der Bezeichner „Informationsobjekte" verwendet.

Bei Informationsobjekten handelt es sich beispielsweise um Formulare, Dokumente, Urkunden, Anträge, Zeichnungen oder Nachrichten. Informationsobjekte werden genutzt, um Informationen zu kapseln und bereitzustellen. Bei Informationsobjekten wie Formularen, die über einen strukturierten Aufbau verfügen, handelt es sich um Sichten auf Daten (van der Aalst et al. 2005). Die in einer Datenbank hinterlegten Daten werden auf einem Formular mithilfe bestimmter Darstellungsformen wie Textfelder, Checkboxen und Labels abgefragt oder repräsentiert. Zudem können spezifischere und verständlichere Bezeichnungen gewählt werden als die Attributnamen einer Datenbanktabelle.

Die Repräsentation von Informationsobjekten wird im Rahmen existierender Prozessmodellierungssprachen auf unterschiedliche Weisen berücksichtigt. BPMN erlaubt beispielsweise die Annotation von Datenobjekten und Datenspeichern und die Spezifikation von Nachrichtenflüssen. Neben aktivitätszentrierten Prozessmodellierungssprachen wie BPMN existieren artefaktzentrierte Prozessmodellierungssprachen (Nigam und Caswell 2003), die sich auf die Repräsentation des Lebenszyklus von Informationsobjekten im Rahmen eines Prozesses fokussieren. Keine der Prozessmodellierungssprachen zielt jedoch auf eine detaillierte Repräsentation der Struktur von Informationsobjekten ab. Im Unterschied zu Prozessmodellierungssprachen befassen sich Notationen zur Erstellung von Datenmodellen wie Entity-Relationship-Modelle (Chen 1976) mit der Repräsentation von Strukturen, berücksichtigen jedoch keine Spezifika von Informationsobjekten. Die CXP-Modellierungsmethode setzt hier an und erlaubt die Spezifikationen von Strukturen von Informationsobjekten.

Sprachbasiertes Metamodell

Die CXP-Modellierungsmethode stellt die in Abb. 2.38 dargestellten konzeptionellen Konstrukte zur Spezifikation der Struktur von Informationsobjekten bereit. Bei *Informationsobjekten* kann es sich um *Formulare* (Informationsobjekte mit einer hinterlegten Struktur), *Dokumente* (Informationsobjekte ohne hinterlegte Struktur) oder *Informationsobjektsammlungen* (z. B. ein Antrag bestehend aus mehreren einzelnen Formularen) handeln. Informationsobjektsammlungen bestehen aus mehreren anderen Informationsobjekten, die in einer bestimmten Reihenfolge (Position), unterschiedlichen Häufigkeiten (Kardinalität) und Bezeichnungen einfließen. Da sich der Aufbau eines Informationsobjekts an dem Aufbau eines anderen Informationsobjekts orientieren kann, können Vorlagen für Informationsobjekte hinterlegt werden (IO-*Vorlage*). Aufgrund der nicht weitergehenden strukturellen Unterteilung von Dokumenten existiert eine Möglichkeit zur Spezifikation des Aufbaus ausschließlich für Formulare. Die CXP-Modellierungsmethode schlägt eine Aufteilung in drei Sektionen vor: Der *Formularkopf* für generelle Informationen mit Anwendbarkeit für das gesamte Formular, der *Formularkörper* zum Eintragen oder Präsentieren der relevanten Daten und der *Formularfuß* für Schlussbemerkungen.

Die Spezifikation der strukturellen Inhalte eines Formulars erfolgt anhand eines Bausteinprinzips, d. h. wiederkehrende Bausteine werden einem Formular zugewiesen. Hierbei handelt es sich um *Felder* wie „Vorname", „Geburtsname" und „Familienname" sowie *Feldgruppen* wie „Name", welche sich in diesem Fall aus den drei oben genannten Feldern zusammensetzt. Da diese Feldgruppe Bestandteil mehrerer Formulare sein kann, kann sie mehreren Formularen zugewiesen werden, sodass sie nur einmal spezifiziert werden muss und damit der Modellierungsaufwand reduziert wird. Zur Verdeutlichung können einem Feld *Beispielwerte* und einem Informationsobjekt *Beispiel-IOs* zugeordnet werden.

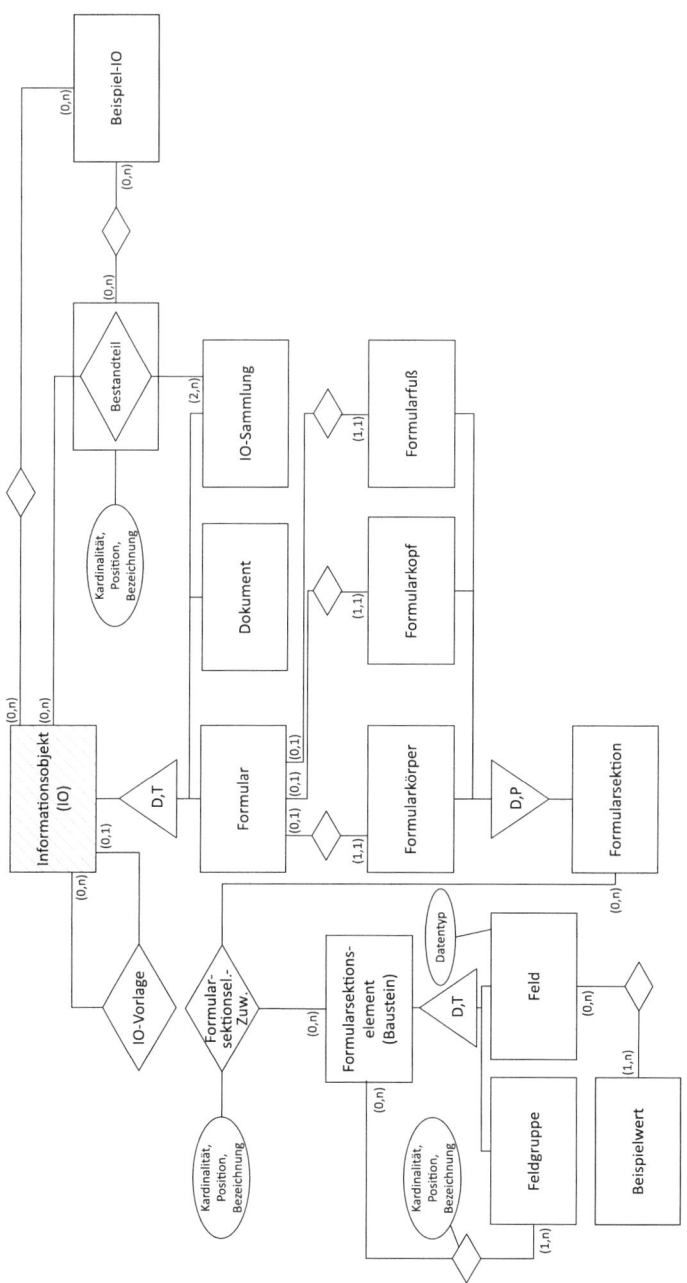

Abb. 2.38 Ausschnitt des CXP-Metamodells für die Modellierung von Informationsobjekten (Informationsobjektdetailmodelle)

Repräsentationeller Aspekt

Der konzeptionelle Aspekt aus Abb. 2.38 zur Spezifikation von Informationsobjekten werden im Rahmen der CXP-Modellierungsmethode durch die in Abb. 2.39 dargestellte Symbolpalette grafisch repräsentiert.

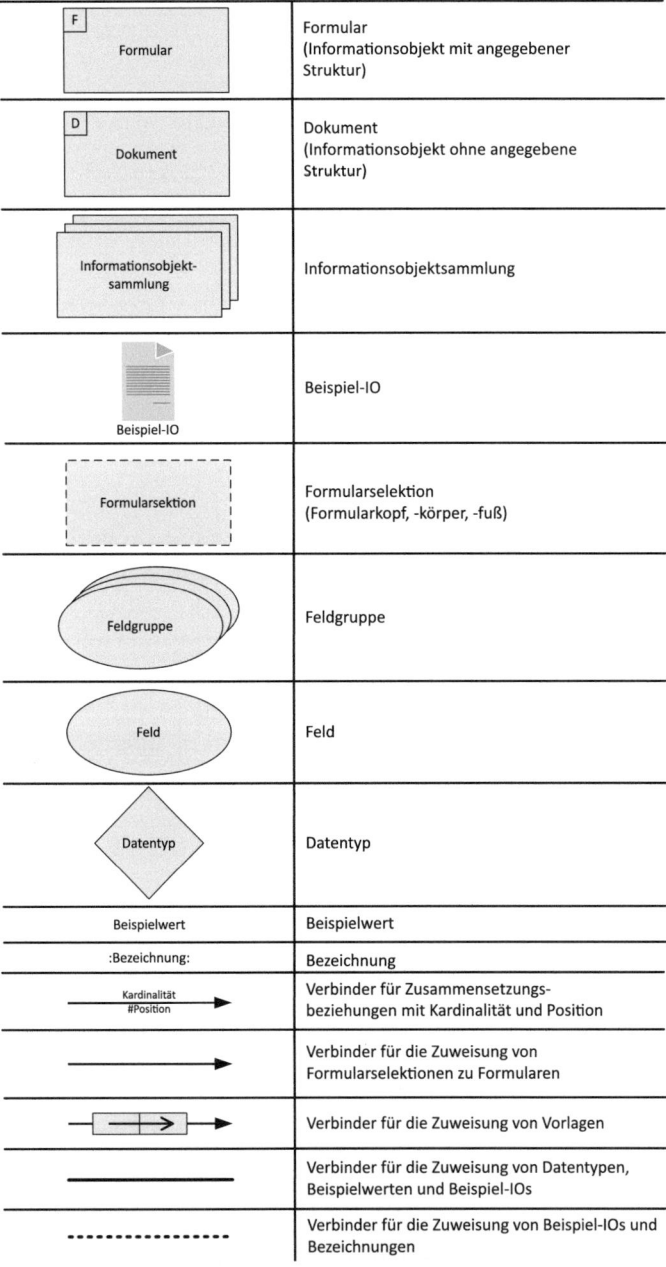

Abb. 2.39 Symbole der Ebene 3 b (Informationsobjektdetailmodelle)

2.3.4 Ebenenübergreifendes prozessbasiertes Metamodell (Vorgehensmodell)

Das Vorgehensmodell zur integrierten und ebenenübergreifenden Anwendung der CXP-Modellierungsmethode ist in Abb. 2.40[19] als BPMN-Kollaborationsdiagramm dargestellt. Die Modellierung beginnt mit der Erstellung des *Ordnungsrahmens* auf der ersten Ebene der CXP-Modellierungsmethode. Dazu werden zunächst die für die Kooperation relevanten Kernprozesse identifiziert. Wurde ein Geschäftsmodell für das hybride Wertschöpfungsnetzwerk erstellt, können die Kernprozesse aus dem Geschäftsmodell übernommen werden. Entsprechend ihrer groben zeitlichen und sachlogischen Abfolge können die Kernprozesse anschließend angeordnet und gruppiert werden. Dabei kann ein existierendes Ordnungsrahmendesign zugrunde gelegt werden (wie etwa das hier verwendete Haus). Zur Identifikation geeigneter Kooperationspartner, die die Kernprozesse unterstützen, sollten anschließend zunächst die für die Ausführung der Prozesse notwendigen Kompetenzen ermittelt werden. Darauf aufbauend können Rollen bzw. Akteure entsprechend ihrer Kompetenzen den Kernprozessen zugeordnet werden. Nach der Annotation der Rollen bzw. Akteure werden jeweils den Kernprozess auslösende und aus dem Kernprozess resultierende Informationsobjekte dokumentiert. Zudem werden die initiierenden und beendenden Rollen gekennzeichnet. Abschließend wird der Ordnungsrahmen durch die Modellierung der Management- und Supportprozesse vervollständigt.

Auf der zweiten Ebene wird für jeden Kernprozess ein eigenes *Kooperationsszenario* erstellt. Zu Beginn der Modellierung ist es hilfreich, das Ziel des Kooperationsszenarios bzw. des Kernprozesses textuell zu dokumentieren. Anschließend werden die den Kernprozess detaillierenden Kooperationsaktivitäten bestimmt und ggf. in Form von Kooperationsmodulen zu sachlogischen Einheiten gruppiert. Zudem erfolgt die Anordnung der Kooperationsaktivitäten entsprechend ihrer zeitlichen und sachlogischen Abfolge. Nachdem der Kern des Kooperationsszenarios festgelegt wurde, werden nun die im Ordnungsrahmen an den Kernprozess annotierten Rollen in das Kooperationsszenario übertragen und bilden den Rahmen um die Kooperationsaktivitäten bzw. Kooperationsmodule. Abschließend werden die die Kooperationsaktivitäten determinierenden Informationsflüsse eingetragen und die jeweils involvierten Informationsobjekte annotiert. Abhängigkeiten zwischen den Informationsflüssen werden durch die Verwendung von Operatoren gekennzeichnet.

Nach der Modellierung eines Kooperationsszenarios können entweder die Abhängigkeiten der Kooperationsaktivitäten in den Kooperationsmodulen in Form von BPMN-Kollaborations- oder -Choreografiediagrammen oder die annotierten Informationsobjekte weiter detailliert werden.

Bei der Verwendung von *BPMN-Kollaborationsdiagrammen* werden in einem ersten Schritt die an einem Kooperationsmodul beteiligten Rollen als Pools bzw. Lanes in das Mo-

---

[19] Die Modellierung der Kooperationsszenarien sowie der Prozess- und Informationsobjektdetailmodelle ist im Modell jeweils als sequenzielle Mehrfachausführung gekennzeichnet. Dies bedeutet, dass der jeweilige Unterprozess für jedes zu detaillierende Element als eigene Instanz durchlaufen wird.

dell übertragen. Anschließend erfolgt die Modellierung des Prozesspfades, der vor allem durch die Kooperationsaktivitäten und die Ergänzung weiterer kooperationspartnerindividueller Aktivitäten determiniert wird. Das genaue Vorgehen bei der Erstellung von BPMN-Kollaborationsdiagrammen wird in anderen Werken hinlänglich detailliert beschrieben und somit an dieser Stelle ausgespart.

Bei der Verwendung von *BPMN-Choreografiediagrammen* werden die Kooperationsaktivitäten als Choreografieaktivitäten im Modell repräsentiert. Besitzt eine Kooperationsaktivität zwei Empfänger, so ist entweder die Definition eines Choreografieteilprozesses oder die Überführung der Kooperationsaktivität in zwei Choreografieaufgaben notwendig. Entsprechend ergibt sich der Prozesspfad aus der Sequenz der Choreografieaktivitäten und möglicher Operatoren. Bei der Erstellung der Choreografieaktivitäten werden gleichzeitig die auf der Ebene der Kooperationsszenarien dokumentierten Rollen in das Modellelement übernommen. Informationsobjekte lassen sich nur an Choreografieaufgaben annotieren.

In den *Informationsobjektdetailmodellen* lassen sich die Informationsobjekte genauer spezifizieren. Dafür können zunächst die Informationsobjekte aus der Ebene der Kooperationsszenarien übernommen und die Beziehungen zwischen den Informationsobjekten detailliert werden. Im Falle einer Informationsobjektsammlung werden ihre konstituierenden Informationsobjekte spezifiziert. Abschließend wird jedes Formular in seine Felder und Feldgruppen aufgegliedert.

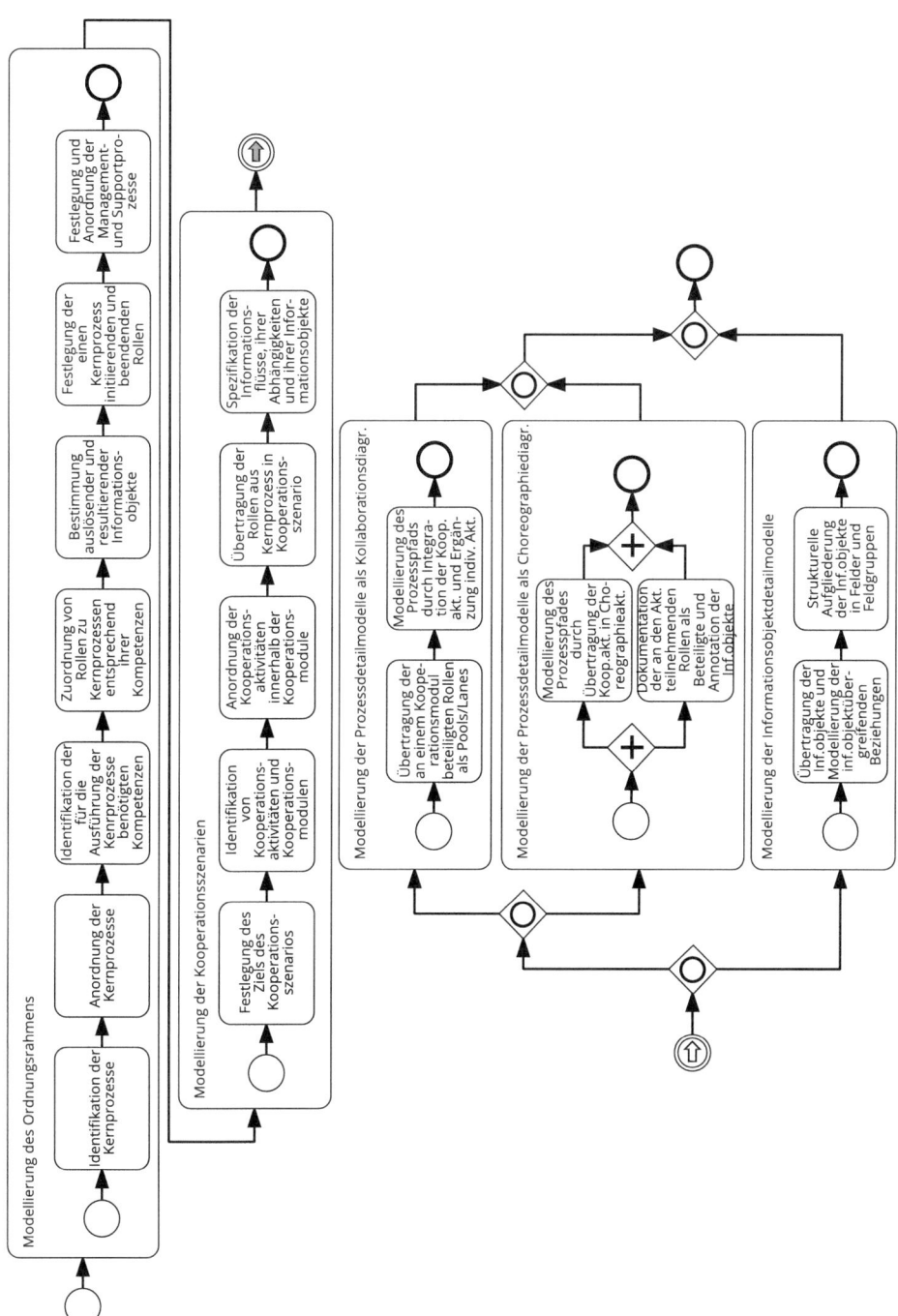

Abb. 2.40 Ebenenübergreifendes Vorgehensmodell der CXP-Modellierungsmethode

2.3.5 Zusammenfassung und Ausblick

Um die Planung von hybriden Wertschöpfungsnetzwerken zu unterstützen, wurde im Rahmen dieses Kapitels eine auf diese Aufgabe zugeschnittene Methode zur Erstellung von konzeptionellen Modellen vorgestellt. Die CXP-Modellierungsmethode sieht eine Modellierung auf drei Ebenen vor: (1) Ordnungsrahmen, (2) Kooperationsszenarien sowie (3) Prozess- und Informationsobjektdetailmodelle. Die Methode ist insbesondere für die Nutzung im Rahmen von Modellierungs-Workshops geeignet.

Die CXP-Modellierungsmethode nimmt eine prozess- und informationsobjektgetriebene Sicht auf Kooperationen ein. Obwohl sie eine Repräsentation von Rollen und Akteuren vorsieht, könnten sich Erweiterungen anderen Facetten von Kooperationen wie einer detaillierten strukturellen Organisationsdokumentation widmen. Zudem lässt sich durch eine mögliche Integration in Workflow-Managementsysteme nicht nur die Planung, sondern auch die Durchführung der Kooperation aktiv unterstützen. Es gibt verschiedene Möglichkeiten, die in diesem Kapitel konzeptionell vorgestellte Methode zu implementieren. In diesem Buch werden in den Kapiteln 3.1 und 3.3 zwei Varianten zur technischen Realisierung präsentiert.

> **!** **Die CXP-Modellierungsmethode**
>
> - Die CXP-Modellierungsmethode eignet sich zur Planung von hybriden Wertschöpfungsnetzwerken auf drei Abstraktionsebenen.
>   - Der *Ordnungsrahmen* strukturiert die zentralen Wertschöpfungsprozesse und zeigt Beziehungen zwischen ihnen auf.
>   - *Kooperationsszenarien* detaillieren Wertschöpfungsprozesse weiter und beschreiben Kooperationspartner und die von diesen ausgeführten Tätigkeiten genauer. Im Vordergrund steht dabei die Repräsentation der für die Kooperation und Koordination erforderlichen Informationsflüsse zwischen den durch Rollen gekennzeichneten Kooperationspartnern.
>   - *Geschäftsprozessmodelle* erlauben die detaillierte Beschreibung der Tätigkeiten der Akteure sowie das detaillierte Aufzeigen von Sequenzflüssen durch Verzweigungen.
>   - *Informationsstrukturmodelle* beinhalten Dokumentationen über den Aufbau der für die Partnerinteraktionen relevanten Informationsobjekte, die die ausgetauschten Informationen kapseln.
> - Die CXP-Modellierungsmethode ist auf den Einsatz in papierbasierten Planungs-Workshops zugeschnitten.

Literatur

Agence France-Presse (2014). Bauernverband kritisiert Preiskampf beim Billigfleisch. http://www.handelsblatt.com/unternehmen/handel-konsumgueter/lebensmittel-discounter-bauernverband-kritisiert-preiskampf-beim-billigfleisch/9636330.html. Aufgerufen 25. Oktober 2015.

Aurich, J. C., Fuchs, C., Wagenknecht, C. (2006). Life cycle oriented design of technical Product-Service Systems. Journal of Cleaner Production, 14, 1480-1494.

Baines, T. S., Braganza, A., Kingston, J. et al. (2009). State-of-the-art in product service-systems. Proceedings of the Institution of Mechanical Engineers, Part B: Journal of Engineering Manufacture 221, 1543-1552.

BayWa AG (2010). Studien zeigen: Optimale Düngung wesentlicher Erfolgsfaktor für gute Ernten. http://www.baywa.de/agrar/aktuelles/news/article/studien-zeigen-optimale-duengung-wesentlicher-erfolgsfaktor-fuer-gute-ernten/. Aufgerufen 25. Oktober 2015.

Becker, J., Bergener, P., Lis, Ł., Pfeiffer, D., & Räckers, M. (2008). Migrating process models between PICTURE and BPMN/EPC. In M. Niedźwiedziński, K. Lange-Sadzińska (Hrsg.), Wybrane Problemy Elektronicznej Gospodarki, Łódź, 9-20.

Becker, J., Berning, W., & Kahn, D. (2012). Projektmanagement. In J. Becker, M. Kugeler, M. Rosemann (Hrsg.), Prozessmanagement – Ein Leitfaden zur prozessorientierten Organisationsgestaltung (S. 17-46). Berlin et al: Springer.

Becker, J., Beverungen, D., & Knackstedt, R. (2010). The challenge of conceptual modeling for product-service systems: status quo and perspectives for reference models and modeling languages. Information Systems and e-Business Management 8, 33-66.

Becker, J., Beverungen, D., Knackstedt, R., Matzner, M., Müller, O., & Pöppelbuß, J. (2013). Designing interaction routines in service networks: A modularity and social construction-based approach. Scandinavian Journal of Information Systems 25, 17-47.

Becker, J., & Kahn, D. (2011). The Process in Focus. In J. Becker, M. Kugeler, M. Rosemann (Hrsg.), Process Management: A Guide for the Design of Business Processes (S. 3-13). Berlin, Heidelberg: Springer-Verlag.

Becker, J., Kahn, D., & Wernsmann, C. (2011). Project Management. In J. Becker, M. Kugeler, M. Rosemann (Hrsg.), Process Management: A Guide for the Design of Business Processes (S. 15-40). Berlin, Heidelberg: Springer-Verlag.

Becker, J., & Krcmar, H. (2008). Integration von Produktion und Dienstleistung – Hybride Wertschöpfung. Wirtschaftsinformatik 50, 169-171.

Becker, J., & Meise, V. (2012). Strategie und Ordnungsrahmen. In J. Becker, M. Kugeler, M. Rosemann (Hrsg.), Prozessmanagement – Ein Leitfaden zur prozessorientierten Organisationsgestaltung, 113-164. Berlin et al.: Springer.

Becker, J., & Schütte, R. (2004). Handelsinformationssysteme, 2. Aufl. Frankfurt: Redline Wirtschaft.

Breuker, D., Dietrich, H.-A., Steinhorst, M., Steinhorst, M., Becker, J., & Delfmann, P.(2012). Effiziente Prozessmodellanalyse mit Algorithmen der Subgraphisomorphie. In D. C. Mattfeld, S. Robra-Bissantz (Hrsg.), Proceedings der Multikonferenz Wirtschaftsinformatik 2012, 1613-1624. Braunschweig.

Bullinger, H. J., Fähnrich, K. P., & Meiren, T. (2003). Service engineering – Methodical development of new service products. International Journal of Production Economics 85, 275-287.

Bundesministerium für Ernähung und Landwirtschaft (2014). Landwirtschaft verstehen. Berlin.

Bund-Länder-Arbeitsgruppe „Bodenmarktpolitik" (2015). Landwirtschaftliche Bodenmarktpolitik: Allgemeine Situation und Handlungsoptionen. Berlin.

Chen, P.P.-S. (1976). The entity-relationship model – toward a unified view of data. ACM Transactions on Database Systems 1, 9-36.

Deutsches Institut für Normung e.V. (2009). PAS 1094:2009-12 – Hybride Wertschöpfung – Integration von Sach- und Dienstleistung. Berlin: Beuth Verlag.

Feiffer, A. (2013). Checkliste zur Ernterallye. https://feiffer-consult.de/WebRoot/Store7/Shops/98b24c59-03ca-45e0-8edd-de39a259db15/MediaGallery/top_agrar_Oesterreich_6-2013_Planung.pdf. Aufgerufen 20. April 2017.

Fritz, T. (2010). Das große Bauernlegen – Agrarinvestitionen und der Run auf's Land. Berlin.

Glushko, R., & McGrath, T. (2005). Document Engineering: analyzing and designing the semantics of Business Service Networks. In Proceedings of the IEEE EEE05 International Workshop on Business Services Networks. Hong Kong.

Gordijn, J., Eck, P. Van, & Wieringa, R. (2009). Requirements Engineering Techniques for e-Services. In D. Georgakopoulos, M. P. Papazoglou (Hrsg.), Service-Oriented Computing: Cooperative Information Systems Series, 331-352. Cambridge: The MIT Press.

Hull, R., Damaggio, E., & Fournier, F. (2010). Introducing the guard-stage-milestone approach for specifying business entity lifecycles. In M. Bravetti, T. Bultan (Hrsg.), Proceedings of the 7th International Workshop on Web Services and Formal Methods, 1-24. Hoboken.

Kelemen, Z., & Komlódi, I. (2003). Möglichkeiten der Verlustsenkung bei Mähdreschern. Landtechnik in den Ackerbaugebieten in Ungarn, Slowakei und Österreich. Bükfürdo, 73-75.

Korherr, B., & List, B. (2007). Extending the EPC and the BPMN with Business Process Goals and Performance Measures. In J. Cardoso, J. Cordeiro, J. Filipe (Hrsg.), Proceedings of the 9th International Conference on Enterprise Information Systems (ICEIS), Funchal, 287-294.

Kuhr, D. (2014). Verramschte Eier. http://www.sueddeutsche.de/wirtschaft/preiskampf-der-discounter-verramschte-eier-1.1869656. Aufgerufen 25. Oktober 2015.

Liu, R., Bhattacharya, K., & Wu, F. Y. (2007). Modeling Business Contexture and Behavior Using Business Artifacts. In J. Krogstie, A. Opdahl, G. Sindre (Hrsg.), Proceedings of the 9th International Conference on Advanced Information Systems Engineering, 324-339. Trondheim.

Matthes, D. (2011). Enterprise Architecture Frameworks Kompendium – Über 50 Rahmenwerke für das IT-Management. Berlin et al.: Springer.

Meise, V. (2001). Ordnungsrahmen zur prozessorientierten Organisationsgestaltung – Modelle für das Management komplexer Reorganisationsprojekte. Hamburg: Verlag Dr. Kovač.

Nigam, A., & Caswell, N. S. (2003). Business artifacts: An approach to operational specification. IBM Systems Journal 42, 428-445.

Object Management Group (2011). Business Process Model and Notation (BPMN): Version 2.0. http://www.omg.org/spec/BPMN/2.0/PDF. Aufgerufen 3. November 2014.

Osterloh, M., & Frost, J. (2006). Prozessmanagement als Kernkompetenz – Wie Sie Business Reengineering strategisch nutzen können. Berlin et al: Springer.

Reents, H. (2010). Ackerland wird für Anleger interessant. http://www.welt.de/wams_print/article1284116/Ackerland-wird-fuer-Anleger-interessant.html. Aufgerufen 25. Oktober 2015.

Rosemann, M., Schwegmann, A., & Delfmann, P. (2011). Preparation of Process Modeling. In J. Becker, M. Kugeler, M. Rosemann (Hrsg.), Process Management: A Guide for the Design of Business Processes, 41-89. Berlin, Heidelberg: Springer-Verlag.

Scheer, A.-W. (2002). ARIS – Vom Geschäftsprozeß zum Anwendungssystem, 4. Aufl. Berlin et al.: Springer.

Scheer, A.-W. (1997). Wirtschaftsinformatik – Referenzmodelle für industrielle Geschäftsprozesse, 7. Aufl. Berlin et al.: Springer.

Soffer, P., Golany, B., Dori, D., & Wand Y. (2001). Modelling Off-the-Shelf Information Systems Requirements: An Ontological Approach. Requirements Engineering 6, 183-199.

van der Aalst, W. M. P. (2013). Business Process Management: A Comprehensive Survey. ISRN Software Engineering 2013, 1-37.

van der Aalst, W. M. P., ter Hofstede, A. H. M., & Weske, M. (2003). Business Process Management: A Survey. In W. M. P. van der Aalst, A. ter Hofstede, M. Weske (Hrsg.), Proceedings of the 2003 International Conference on Business Process Management, 1-12. Berlin, Heidelberg: Springer-Verlag.

van der Aalst, W. M. P., Weske, M., & Grünbauer, D. (2005). Case handling: a new paradigm for business process support. Data & Knowledge Engineering 53, 129-162.

VSD Versuchsstation Dethlingen (2009). Beschädigungsarme Ernte – Wie ging das noch? Munster.

3 Cooperation Experience-Prototypen zur Werkzeugunterstützung

3.1 Modellierung von Prozessen in hybriden Wertschöpfungsnetzwerken mit icebricks

Nico Clever

Hybride Wertschöpfungsnetzwerke zu verwalten, ist eine komplexe Aufgabe, die sowohl ein unternehmensübergreifendes Geschäftsprozessmanagement, auch Business Process Management (BPM) genannt, als auch das Management von Informationsbedarfen und Informationsobjekten mit einschließt. Die Modellierung von Prozessen ist dabei untrennbarer Bestandteil von BPM. Es existiert eine Vielzahl an Prozessmodellierungssprachen und unterstützenden Modellierungswerkzeugen. Die Modellqualität und Modellvergleichbarkeit leidet jedoch darunter, dass existierende Modellierungskonventionen, die zur Steigerung der Qualität und Vergleichbarkeit der Modelle dienen sollen, nur unzureichend bei der Erstellung von Prozessmodellen beachtet werden. Dies führt dazu, dass die Prozessmodelle nicht von hoher Qualität sind und in der Praxis nicht wiederverwendet werden. Das Konzept des hier vorgestellten Prozessmodellierungswerkzeugs icebricks sorgt dafür, dass die bestehenden Konventionen und Richtlinien zur nachhaltigen Modellierung von Prozessen bereits zur Modellierungszeit eingehalten werden und fördert so eine hohe Modellqualität und Modellvergleichbarkeit. Hierzu zählen eine klar vorgegebene, einfache Syntax und Struktur der Sprache, eine semantische Standardisierung der Modellelemente, eine einfache Wiederverwendung von Modellinhalten und die Auslagerung von Modellkomplexität in Attribute. Die Verwendung von hierarchischen Strukturen innerhalb des icebricks-Werkzeugs ermöglichen zusätzlich die Verwaltung von Informationsobjekten und Zuweisung von Verantwortlichkeiten. Das Fachkonzept und die technische Realisierung des icebricks-Modellierungswerkzeugs werden in diesem Beitrag beschrieben.

3.1.1 Einleitung

Das Management unternehmensübergreifender hybrider Wertschöpfungsnetzwerke ist ein komplexes Unterfangen und schließt sowohl das unternehmensübergreifende Geschäftsprozessmanagement (im Engl. *Collaborative Business Process Management*, cBPM; Adam et al. 2005; Niehaves, Plattfaut 2011; Aleem et al. 2012; Becker et al. 2013a) als auch die Abstimmung von Informationsbedarfen und Informationsobjekten mit ein (Becker et al. 2008; Becker et al. 2013a). Als Wertschöpfungsnetzwerke werden dabei langfristige Partnerschaften von Unternehmen bezeichnet, die den Teilnehmern im Verbund eine bessere Wettbewerbsposition verschaffen (Becker et al. 2013a). *Hybride Wertschöpfungsnetzwerke* kennzeichnen dabei diejenigen Verbünde, in die mehrere Produzenten und dienstleistende Unternehmen ihre komplementären Kompetenzen und Ressourcen zur Erzeugung kundenspezifischer Lösungen, *hybride Leistungsbündel* genannt, einbringen (Becker et al. 2008; Becker et al. 2013a).

BPM als Ursprung des cBPM hat in den vergangenen Jahren immer weiter an Bedeutung gewonnen, sowohl in der Praxis als auch in der Forschung. Die Modellierung von Prozessen als wichtiges Mittel zur Erstaufnahme und dauerhaftem Kommunikationsmedium umfasst hierbei die Nutzung von Modellierungssprachen in geeigneten Softwarewerkzeugen unter Beachtung relevanter Modellierungskonventionen (Kettinger et al. 1997). Der Softwareentwicklungsterminologie folgend, wird die vorstehende Kombination aus Modellierungssprache, -werkzeug und Einhaltung von Modellierungskonventionen als Modellierungsumgebung bezeichnet. Es existiert eine Vielzahl an Prozessmodellierungssprachen, z. B. Ereignisgesteuerte Prozessketten (EPK), Business Process Model and Notation (BPMN) oder Aktivitätsdiagramme der Unified Modeling Language (UML)-Notation. Um die Modellierung mit diesen Sprachen zu unterstützen, werden immer aufwendigere und umfangreichere Werkzeuge in Form von BPM-Modellierungswerkzeugen genutzt.

Die Problematik am aktuellen Entwicklungsstand dieser Modellierungswerkzeuge ist die unzureichende Integration sinnvoller Modellierungskonventionen. Es existieren eine Vielzahl solcher Konventionen, die die Qualität der Prozessmodelle heben und demzufolge auch die mit der Modellierung verbundenen Kosten reduzieren helfen können, darunter die Grundsätze ordnungsmäßiger Modellierung (GoM) (Becker et al. 2011), die Seven Process Modeling Guidelines (7PMG) (Mendling et al. 2010) und zu vermeidende Pitfalls (Rosemann 2006a; Rosemann 2006b). Die Einhaltung dieser Konventionen ist daher notwendige Bedingung für eine effektive und effiziente Modellierung von Prozessen, speziell in unternehmensübergreifenden Wertschöpfungsnetzwerken mit einer Vielzahl beteiligter Unternehmen. Diese Integration von Modellierungssprache und -werkzeug unter Beachtung der vorstehenden Konventionen ist im Prozessmodellierungswerkzeug *icebricks* realisiert, welches im Weiteren vorgestellt wird. In Abb. 3.1 sind die zentralen Aspekte von *icebricks* dargestellt, welche sich in einer hierarchischen Ebenenstruktur der Prozesse – Ordnungsrahmen, Hauptprozesse, Detailprozesse – und der Attribuierung sämtlicher Ebenen widerspiegeln. Die *icebricks*-Ebenen Ordnungsrahmen, Hauptprozesse und Detailprozesse können verwendet werden, um die Ebenen 1 (Ordnungsrahmen), 2 (Kooperationsszenarien) und 3 a (Prozessdetailmodelle) der CXP-Modellierungsmethode (vgl. Kapitel 2.3) umzusetzen.

Darüber hinaus unterstützt *icebricks* auch den zweiten Aspekt des Managements hybrider Wertschöpfungsnetzwerke, die Abstimmung von Informationsbedarfen und Informationsobjekten. Durch die Verwendung von hierarchischen Strukturen verschiedener Typen können u. a. Informationsobjekte (z. B. im Rahmen der Ebene 3 b (Informationsobjektdetailmodelle) der CXP-Modellierungsmethode), Organisationsstrukturen oder IT-Architekturen abgebildet werden und so z. B. Zuständigkeiten, Verantwortlichkeiten oder IT-Unterstützungen adressiert werden.

Die *icebricks*-Modellierungsmethode respektive das *icebricks*-Modellierungswerkzeug sind zusammenfassend gut dafür geeignet, für das Management von hybriden Wertschöpfungsnetzwerken bzw. unternehmensübergreifenden Kooperationen eingesetzt zu werden. Die Einfachheit der Modellierungssprache ermöglicht eine Kommunikation auch mit Prozessunerfahrenen und die in der Praxis in kollaborativen Projekten so schwierig durchsetzbaren Modellierungskonventionen werden durch die Methode leicht über Unternehmensgrenzen hinweg bereits zur Modellierungszeit durchgesetzt.

Im folgenden Abschnitt findet sich die konzeptionelle Beschreibung der *icebricks*-Prozessmodellierungsumgebung. Im Anschluss daran wird eine Beschreibung der technischen Realisierung gegeben und auf die anforderungsbasierte Weiterentwicklung im Rahmen des Verbundprojektes Cooperation Experience eingegangen. Das Kapitel wird mit einem Fazit geschlossen.

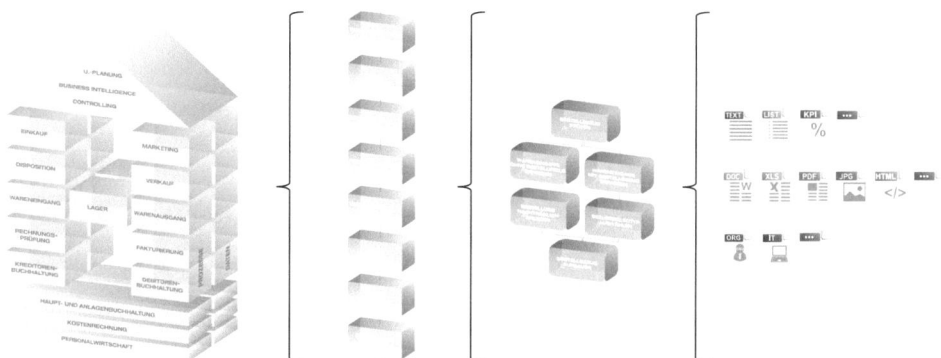

Abb. 3.1 Zentrale Aspekte von *icebricks* in der Übersicht

3.1.2 Die *icebricks*-Prozessmodellierungsumgebung

Die *icebricks*-Modellierungsumgebung besteht aus einer Prozessmodellierungssprache und dem dazugehörigen Werkzeug und wurde mit dem Ziel entwickelt, Prinzipien aus existierenden Methoden, Konventionen und Richtlinien zur Erhöhung der Modellqualität zu integrieren. Da eine A-posteriori-Anwendung der bereits im vorstehenden Abschnitt genannten Richtlinien zeit- und kostspielig ist, wird hier der Ansatz gewählt, die Einhaltung der Konventionen bereits zur Modellierungszeit durchzusetzen. Dies beinhaltet zum einen die Einschränkung des Freiheitsgrads für Modellierer, was zu einer erhöhten Modellvergleichbarkeit führt – wichtig vor allem in großen, verteilten Modellierungsprojekten. Zum anderen beinhaltet dies die Forcierung zur Modellierungszeit ohne weitere notwendige Interaktion des Modellierers, um die Einfachheit der Modellierungsumgebung zu garantieren. Dies führt letzten Endes zur Schaffung einer einfach zu handhabenden und transparenten Modellierungsumgebung, mit deren Nutzung die Erstellung von Modellen hoher Qualität und Vergleichbarkeit sichergestellt ist.

icebricks ist dabei in seinem hierarchisch strukturierten Aufbau sehr ähnlich zur CXP-Modellierungsmethode beschaffen, die, ausgehend von einem Ordnungsrahmen, eine immer feinere Detaillierung der Prozesslandschaft kennzeichnet. Somit sind die beiden Methoden bzw. Tools hervorragend für das Management hybrider Wertschöpfungsnetzwerke geeignet. Im Folgenden werden die der *icebricks*-Modellierungssprache zugrunde liegenden Prinzipien erläutert.

3.1.2.1 Syntax und Struktur

Zahlreiche der in der Einleitung dieses Kapitels angesprochenen angesprochenen Modellierungssprachen nutzen eine Vielzahl von Modellelementen, um relevante Informationen in den Modellen abzubilden; z. B. stellt die EPK eine Auswahl von 20, BPMN eine Auswahl von über 90 verschiedenen Modellelementen zur Verfügung. Studien haben indes gezeigt, dass während konkreter Modellierungsprojekte nur ein kleiner Teil der verfügbaren Elemente tatsächlich auch genutzt werden (Siau et al. 2005; zur Muehlen, Recker 2008). Daher stellt *icebricks* dem Modellierer zur Darstellung des reinen Prozessablaufs lediglich zwei Elemente im Hinblick auf eine Komplexitätsreduktion zur Verfügung: Aktivitäten und einen Kontrollfluss. Aktivitäten als ausgeführte Prozessschritte sind in jeder Prozessmodellierungssprache vorhanden. Der Kontrollfluss in *icebricks* unterscheidet sich wiederum von anderen Sprachen in Bezug auf die durch ihn ausdrückbare Komplexität. Es sind nur einfache Verzweigungen erlaubt, die Flussrichtung ist immer von oben nach unten innerhalb eines Modells festgelegt und es darf immer nur eine Startaktivität eines Prozesses geben. Ereignisse als häufig genutzte Elemente in Prozessmodellierungssprachen gibt es in *icebricks* nicht. Gründe liegen in der häufig fehlenden Kapselung von Mehrinformationen im Hinblick auf die mit ihnen verbundenen Aktivitäten. Stattdessen können Zusatzinformationen in Form von Attributen festgehalten werden.

Die Modellierung mit *icebricks* ist zur weiteren Komplexitätsreduktion strikt in vier Ebenen unterteilt, was einen vergleichbaren Grad an Modellierungsdetail ermöglicht (Becker et al. 2000; Mendling et al. 2010). Auf oberster Ebene befindet sich der Ordnungsrahmen (Umsetzung der Ebene 1 der CXP-Modellierungsmethode), in dem die Prozesslandschaft abgebildet ist und dessen Prozesselemente frei platziert und gestaltet werden können, um beliebige Prozessrahmen abbilden zu können. Die Prozesselemente des Ordnungsrahmens, die sogenannten Hauptprozesse, stehen nicht mittels des Kontrollflusses miteinander in Verbindung. Die Hauptprozesse (Umsetzung der Ebene 2 der CXP-Modellierungsmethode) bestehen auf der Ebene darunter wiederum aus Detailprozessen, die mittels des Kontrollflusses in Verbindung stehen. Dies gilt gleichfalls für die atomaren Prozessbausteine, die auf der Ebene unterhalb der Detailprozesse (Umsetzung der Ebene 3 a der CXP-Modellierungsmethode) ebenfalls mit einem Kontrollfluss verbunden sind. In Abb. 3.2 ist diese Ebenenstruktur der *icebricks*-Modellierungssprache abgebildet.

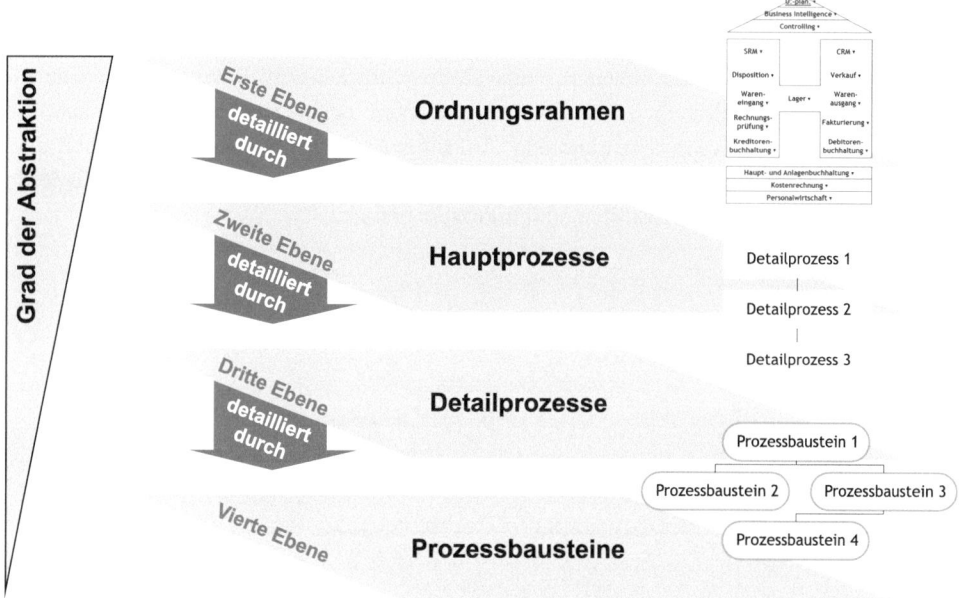

Abb. 3.2 Ebenenstruktur der *icebricks*-Modellierungssprache (Clever 2016)

3.1.2.2 Prozessvarianten und Prozessreferenzen

Um die Nutzung von Verzweigungen weiter einzudämmen und damit die Modellqualität weiter zu erhöhen, macht *icebricks* Gebrauch von einem Variantenkonzept und von Prozesselementreferenzen. Wann immer substanziell unterschiedliche Varianten eines Prozesses abgebildet werden sollen, können auf der Ebene der Hauptprozesse und Detailprozesse beliebig viele Varianten angelegt werden. Dieser Sachverhalt ist im fachkonzeptionellen Datenmodell von *icebricks* in Abb. 3.3 dargestellt. Zum Beispiel könnte der Hauptprozess *Bearbeite Antrag* in die Varianten *Bearbeite Antrag manuell* und *Bearbeite Antrag automatisch* aufgeteilt werden, die sich in ihrem Ablauf deutlich voneinander abgrenzen. Das hier beschriebene Variantenkonzept unterscheidet sich dabei von den in Kapitel 2.1 erläuterten Varianten eines Referenzmodells. In *icebricks* ist mit einer Prozessvariante nicht ein auf einen Sachverhalt angepasster Referenzprozess gemeint, sondern eine substanziell verschiedene Variation eines standardmäßig ablaufenden Prozesses. Substanziell verschieden können Prozessvarianten etwa sein, wenn sich die Input- und/oder Outputobjekte der Varianten unterscheiden oder mindestens ein Prozessschritt innerhalb der Variante grundsätzlich verschieden ist.

Darüber hinaus ist in *icebricks* die (Wieder-)Verwendung von Referenzen realisiert. Wann immer ein Prozessschritt, z. B. ein Haupt- oder Detailprozess, an mehreren Stellen in der Prozesslandschaft exakt gleichartig ausgeführt wird, kann im Prozessmodell eine Referenz auf dieses auf derselben Ebene liegende Element angelegt werden. Dies macht die erneute Anlage inklusive durchzuführender Attribuierung überflüssig und stellt sicher, dass bei mehrfacher Verwendung der Referenz bei einer Überarbeitung des Elements keine Stelle übersehen wird, an der sich das Element im Prozess befindet.

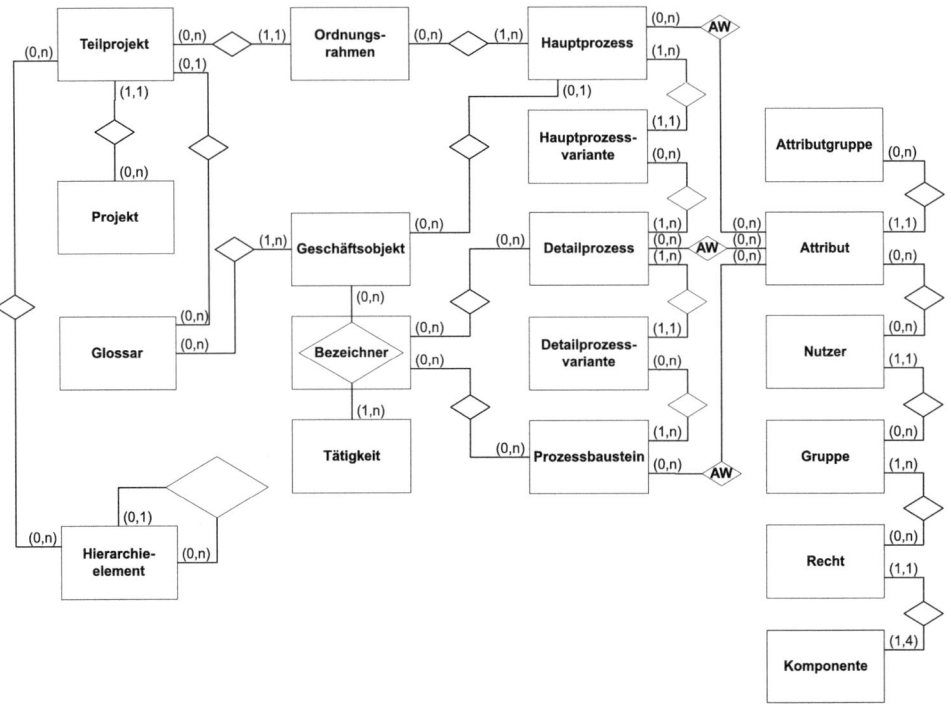

Abb. 3.3 Fachkonzeptionelles Datenmodell von *icebricks* (Clever 2016)

3.1.2.3 Semantische Standardisierung

Um eine automatische Auswertung der erstellten Prozessmodelle zu ermöglichen und die Modellqualität zu erhöhen, setzt die *icebricks*-Modellierungssprache eine semantische Standardisierung durch. Es hat sich gezeigt, dass eine Vereinheitlichung der Benennung von Prozessschritten zu einer hohen Modellqualität führt (Delfmann et al. 2009). Ebenfalls hat sich gezeigt, dass sich für eine solche einheitliche Benennung einfache Verb-Objekt-Phrasen am besten eignen (Mendling et al. 2010). In *icebricks* ist daher diese Phrasenstruktur vollständig vorgegeben. Es gibt Geschäftsobjekte, Tätigkeiten und Kombinationen der beiden, die angeben, welche Tätigkeiten auf welchen Geschäftsobjekten ausgeführt werden können (vgl. Abb. 3.4). So ist zur Modellierungszeit sichergestellt, dass nur erlaubte und sinnvolle Prozessschritte in den Prozessmodellen verwendet werden können. Die Erstellung des Glossars (Geschäftsobjekte, Tätigkeiten und valide Kombinationen) im Vorlauf eines Modellierungsprojektes erfordert zwar einige Zeit und Aufwand, stellt aber so die Weiterverwendbarkeit der erstellten Modelle sicher. Alternativ ist auch die Wiederverwendung einmalig erstellter und gepflegter Glossare möglich.

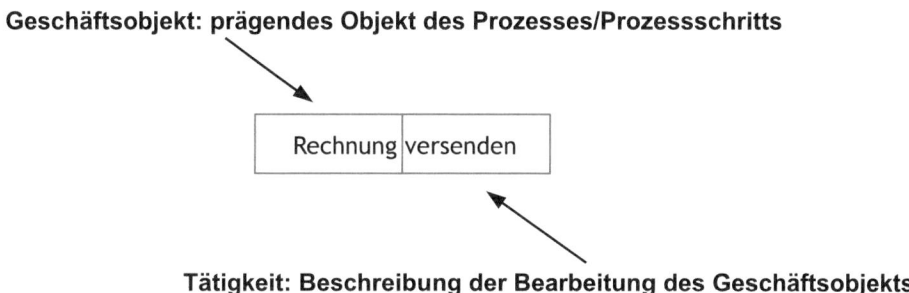

Abb. 3.4 Semantische Standardisierung in der *icebricks*-Prozessmodellierungsumgebung

3.1.2.4 Wiederverwendung von Inhalten

Wie in den letzten beiden Abschnitten angerissen, wird in *icebricks* konsequent auf die Wiederverwendung von Inhalten gesetzt. So lassen sich Referenzen auf Prozesselemente erstellen und auch die Wiederverwendung von Glossaren in verschiedenen Projekten ist ein Grundprinzip. Darüber hinaus ist es in *icebricks* möglich, auf sämtlichen Ebenen Prozesselemente gänzlich „auszuschneiden" und an anderer Stelle wieder einzufügen, etwa wenn ein ähnlicher, aber nicht genau gleicher Prozess abgebildet werden soll.

3.1.2.5 Erstellung von Hierarchien

Um komplexe Strukturen innerhalb eines Unternehmens oder einer Organisation abbilden zu können, besteht in *icebricks* die Möglichkeit, Hierarchien anzulegen. Diese Hierarchien können beispielsweise IT-Architekturen, den organisationalen Aufbau oder die Struktur eines Informationsobjektes (Umsetzung der Ebene 3 b der CXP-Modellierungsmethode) widerspiegeln. In Abb. 3.5 ist beispielhaft die Struktur des Informationsobjektes *Terminbestätigung Ernteeinsatz* im *icebricks*-Modellierungswerkzeug abgebildet.

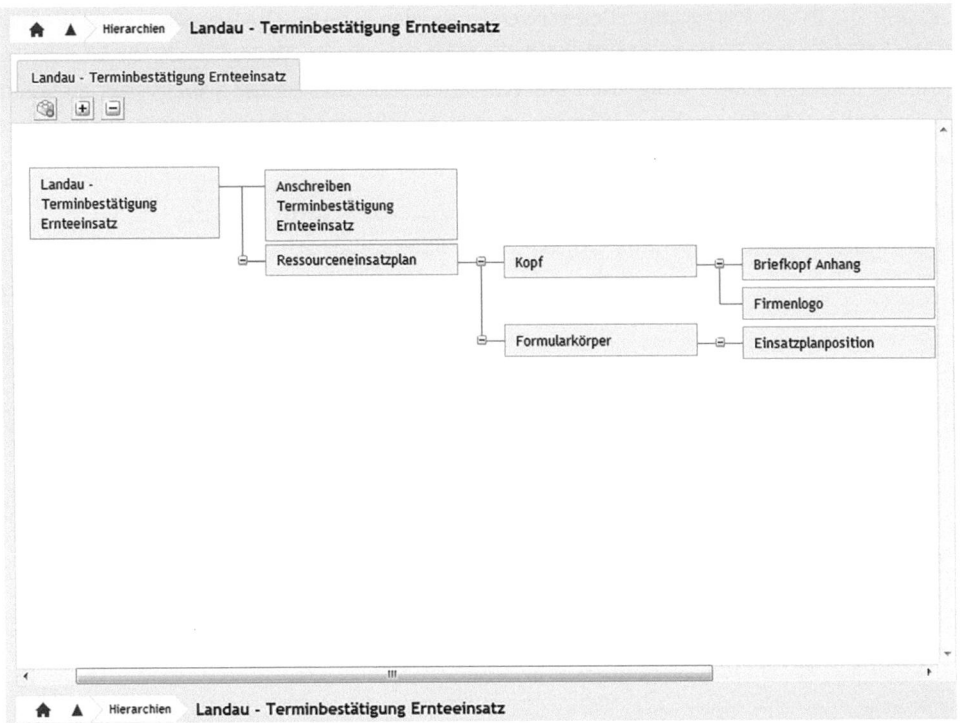

Abb. 3.5 Hierarchien in *icebricks*

3.1.2.6 Attribuierung

Ein weiteres zentrales Konzept von *icebricks* ist die strikte Verlagerung jeglicher Komplexität aus dem Prozessmodell heraus in die den Prozesselementen zugeordneten Attribute. Prozessschritten auf allen Ebenen kann eine beliebige Anzahl unterschiedlich typisierter Attribute zugeordnet werden. Diese Attribute können beispielsweise textuelle oder numerische Attribute sein. Hyperlinks, Dateien, Auswahllisten und -boxen, Prozessbeziehungen (auf andere Prozessschritte) und die Zuordnung von Hierarchieelementen sind ebenfalls möglich. Die einzelnen Attribute werden in sogenannten Attributgruppen gepflegt, um beispielsweise *Verantwortlichkeiten* von *Allgemeinen Prozessinformationen* übersichtlich trennen zu können. Die Attribuierung erlaubt eine Anreicherung der Prozesse mit Informationen, ohne dabei neue Sprachelemente erschaffen zu müssen und die Modelleinfachheit zu boykottieren.

Die in diesem gesamten Abschnitt beschriebenen Grundprinzipien schaffen eine Prozessmodellierungsumgebung, die bereits zur Modellierungszeit die Einhaltung von Modellierungsrichtlinien und -konventionen sicherstellt. In Tab. 3.1 sind die 7PMG und die GoM gegenüber den Grundprinzipien abgetragen, die die Einhaltung der jeweiligen Richtlinie gewährleisten.

7PMG		GoM	Vorgegeben (✓) oder ermöglicht (o) durch:	
1	So wenig Elemente wie möglich im Modell nutzen	Klarheit, Vergleichbarkeit, Wirtschaftlichkeit	o	Syntax, Struktur
2	Verzweigungen pro Element minimieren	Klarheit, Richtigkeit	✓	Syntax
3	Ein Start- und ein Endereignis nutzen	Klarheit, Vergleichbarkeit, systematischer Aufbau	o	Syntax
4	So strukturiert wie möglich modellieren	Klarheit, Vergleichbarkeit, Wirtschaftlichkeit	✓	Struktur, Varianten
5	ODER-Verzweigungen vermeiden	Klarheit	✓	Syntax
6	Verb-Objekt-Aktivitätsbezeichner nutzen	Klarheit, systematischer Aufbau	✓	Glossar
7	Modelle mit mehr als 50 Elementen aufspalten	Klarheit, systematischer Aufbau	o	Syntax, Struktur

Tab. 3.1 Richtlinien der Prozessmodellierung und Erfüllung in *icebricks* (Becker et al. 2013b)

3.1.3 Das *icebricks*-Prozessmodellierungswerkzeug

3.1.3.1 Technische Realisierung

icebricks ist als webbasiertes BPM-Werkzeug realisiert. Die Oberfläche des Tools ist in Abb. 3.6 dargestellt. Das Werkzeug ist eine mit dem MVC-Framework Ruby on Rails (RoR) entwickelte Webanwendung, die im Frontend mit der JavaScript-Bibliothek jQuery angereichert ist und im Backend auf einer beliebigen mit RoR kompatiblen Datenbank wie beispielsweise MySQL operiert. Im Werkzeug ist ein ausgefeiltes Rechte- und Rollenkonzept implementiert, welches die Trennung von Nutzern in verteilten Modellierungsprojekten von großem Umfang und mit vielen verschiedenen Stakeholdern ermöglicht.

Am oberen Bildschirmrand befindet sich die Hauptnavigation von *icebricks*, die den Direktzugriff auf das Benutzerprofil (1) und die zentralen Bausteine von *icebricks* – Projekte, Hierarchien, Glossare, Berichte und Attribute – erlaubt (2). Direkt darunter befindet sich der projektspezifische Navigationspfad, der auch am unteren Bildschirmrand wiederholt wird (3). Entsprechend des hierarchischen Aufbaus von *icebricks* lässt sich somit in höhere Hierarchieebenen des Modells springen. Darunter beginnt der modellspezifische Bereich. *icebricks* unterstützt die Pflege von Modellvarianten (4). Dies bedeutet, dass ein Prozess parallel in mehreren Varianten gleichzeitig existieren kann. Darunter ist links die eigentliche Modellierungsfläche mit einem Prozessmodell auf der Detailprozessebene zu sehen (5). Auf der rechten Seite befindet sich die Werkzeugleiste von *icebricks* (6). Hier lassen sich neue Prozesselemente hinzufügen, existierende Prozesselemente bearbeiten, Attribute zu den Prozesselementen verwalten und Teile des Modells importieren oder exportieren. Im vorliegenden Screenshot sind die Attribute des Prozessbausteins *Terminbestätigung versenden* zu sehen.

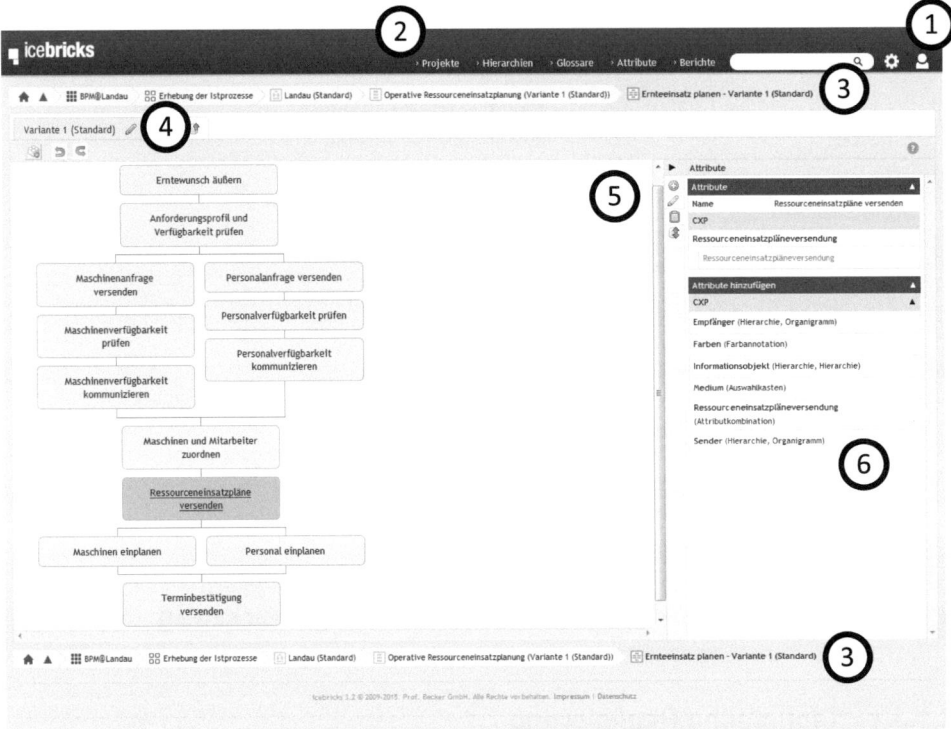

Abb. 3.6 Oberfläche der *icebricks*-Modellierungsumgebung

3.1.3.2 Anforderungsbasierte Weiterentwicklung im Kontext von hybriden Wertschöpfungsnetzwerken

Mit der Erarbeitung der in Kapitel 2.3 beschriebenen CXP-Modellierungsmethode wurden auch Anforderungen an die Erweiterungen der Funktionalitäten von *icebricks* zur besseren Unterstützung der von unternehmensübergreifenden Prozessen geprägten hybriden Wertschöpfungsnetzwerke erhoben. Da insbesondere das Grundprinzip der Einfachheit der Prozessmodellierung nicht angetastet werden sollte, betrafen die Anforderungen vor allem die Erweiterungen der Attribuierungsmöglichkeiten sowie die Visualisierung von Attributausprägungen im Modell. Die Anforderungen umfassten die Einführung von Kombinationsattributen, die Visualisierung von Attributausprägungen durch farbliche Annotationen von Prozesselementen sowie die Möglichkeit der Ausgabe einer geeigneten, ganzheitlichen Prozessdokumentation. Die entsprechenden Anforderungen und ihre Umsetzung in *icebricks* werden im Folgenden detailliert beschrieben.

Kombinationsattribute

Im Kontext hybrider Wertschöpfungsnetzwerke ergeben sich durch den unternehmensübergreifenden Charakter der zugrunde liegenden Prozessmodelle häufig komplexe Sachverhalte, die in anderen Prozessmodellierungsumgebungen durch Schleifen, Nachrichtenflüsse oder eine Vielzahl annotierter und im Modell visualisierter Elemente dargestellt werden müssen. *icebricks* setzt stattdessen auf die Verwendung von Attributen. Allerdings verlangt die Darstellung komplexer Sachverhalte die Verknüpfung unterschiedlicher Attribute. So kann ein einzelner Prozessschritt etwa das Versenden unterschiedlicher Informationsobjekte an verschiedene Empfänger verlangen. Zur Illustration ist in Tab. 3.2 der Fall *Ein Sender versendet die Ressourceneinsatzpläne in unterschiedlichen Ausführungen über abweichende Kanäle an mehrere Empfänger* dargestellt.

Rolle	Sender/Empfänger	Informationsobjekt	Medium
Landau	Sender	Maschineneinsatzplan	Mail
Landau	Sender	Personaleinsatzplan	Fax
Agrotech	Empfänger	Maschineneinsatzplan	Mail
Landjob GmbH	Empfänger	Personaleinsatzplan	Fax

Tab. 3.2 Attribute des Prozessschritts *Ressourceneinsatzpläne versenden*

Zur sinnvollen und übersichtlichen Abbildung dieser in Verbindung stehenden Vorgänge reicht die Abbildung über die bereits bestehenden Attributtypen nicht aus. Es wurde ein neuer Attributtyp mit der Bezeichnung *Kombinationsattribut* geschaffen. Mithilfe von Kombinationsattributen lassen sich mehrere Attribute, z. B. ein Informationsobjekt, dessen Sender und Empfänger und der verwendete Nachrichtenkanal direkt miteinander in Bezug bringen. Damit ist es im oben dargestellten Anwendungsfall möglich zu zeigen, dass Landau als Prozessverantwortlicher den Maschineneinsatzplan an Agrotech per Mail versendet, während die Landjob GmbH den Personeneinsatzplan per Fax erhält. Die Darstellung von Kombinationsattributen innerhalb der Modellierungsumgebung wird in Abb. 3.7 verdeutlicht.

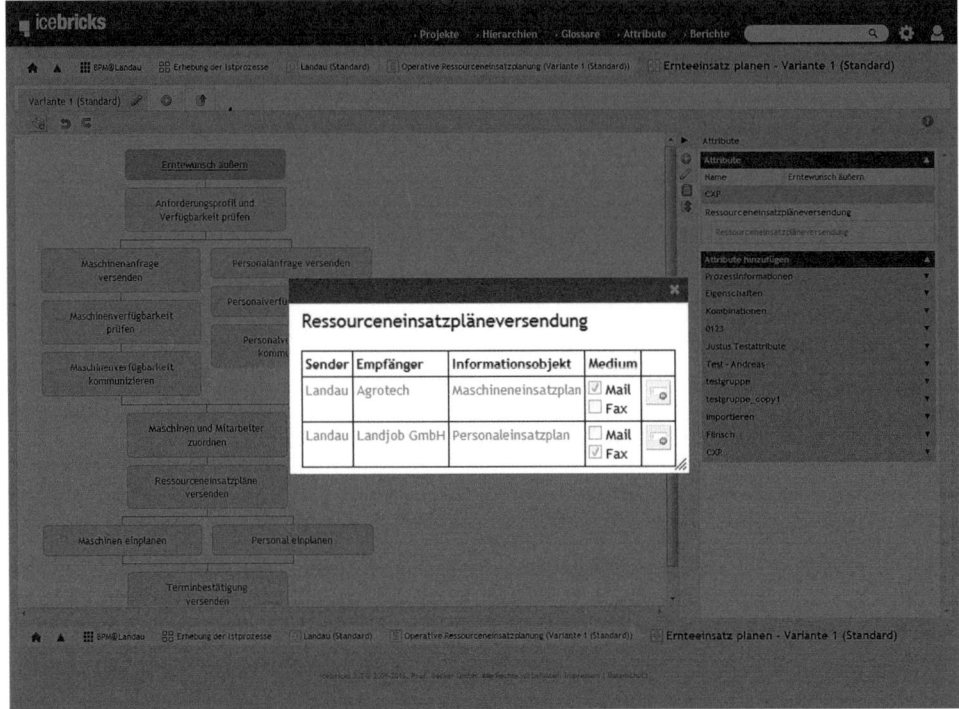

Abb. 3.7 Kombinationsattribute in *icebricks*

Farbannotationen

Aufgrund der Vielzahl innerhalb hybrider Wertschöpfungsnetzwerke an einem einzelnen Prozess beteiligter Akteure ist es zentral, dass bei der Prozessmodellbetrachtung Rollenzuordnungen und Verantwortlichkeiten bereits „auf den ersten Blick" wahrnehmbar sind und nicht erst zusätzliche Menüs geöffnet werden müssen. Da ursprünglich speziell für das unternehmensinterne Geschäftsprozessmanagement sämtliche Komplexität aus den Prozesselementen in Attribute verlagert wurde, war eine grundlegende Anpassung notwendig. Mithilfe des neuen Attributtyps *Farbannotation* lässt sich die visuelle Ausgestaltung von Prozessbausteinen flexibel über Attributausprägungen steuern. So lassen sich etwa alle Prozessschritte, die in der Verantwortlichkeit eines Unternehmens liegen, einheitlich einfärben und sind auf den ersten Blick erkennbar. Die Darstellung im Werkzeug ist in Abb. 3.8 festgehalten. Es können dabei zusätzlich zur Auswahl der Farbe einstellige Kürzel definiert werden, um eine weitere Unterscheidung zu ermöglichen.

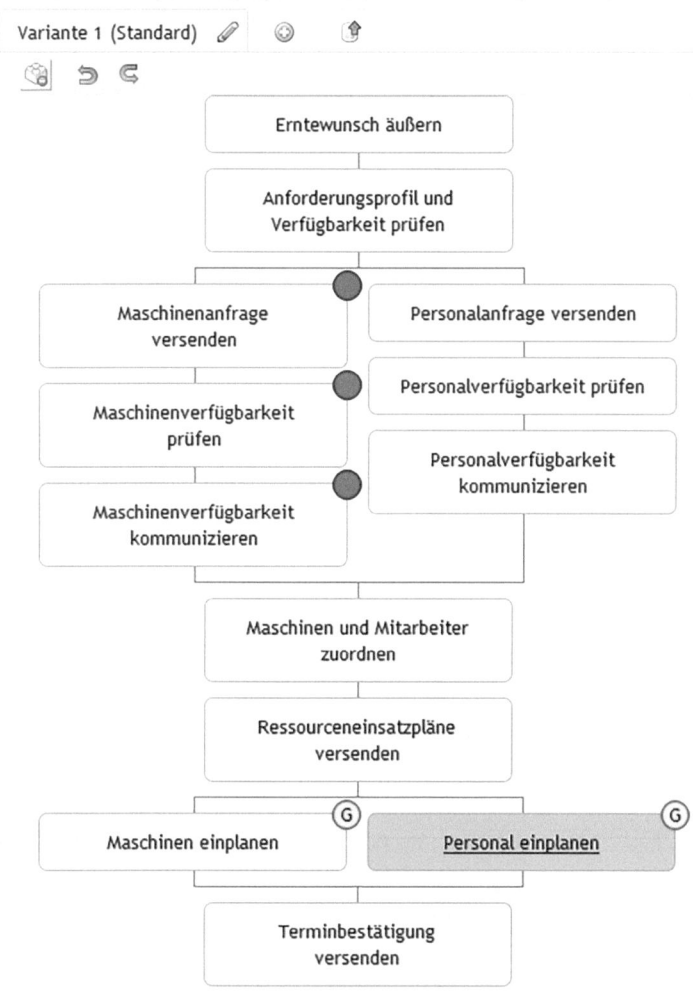

Abb. 3.8 Farbannotationen in *icebricks*

Prozessdokumentation

Die Anforderung, nach Beendigung eines Projekts eine umfassende und geeignete Prozessdokumentation direkt aus der Modellierungsumgebung heraus zu erstellen, wird nun ebenfalls von der *icebricks*-Modellierungsumgebung erfüllt. Durch den eingebauten Microsoft-Word-Export kann die gesamte Prozessdokumentation inklusive der Modelle und aller zu Prozessschritten zugeordneten Attribute aus der Modellierungsumgebung extrahiert und anschließend weiterbearbeitet werden. Mithilfe der Exportfunktion lässt sich somit schnell eine konsistente Dokumentation der in der *icebricks*-Modellierungsumgebung dokumentierten Prozessmodelle erstellen. In Abb. 3.9 ist ein Beispielexport dargestellt.

12 Rechnungsprüfung

Atributname	Atributwert
Beschreibung: Rechnungsprüfung	Der Funktionsbereich der Rechnungsprüfung umfasst die Rechnungserfassung und -kontrolle, die Rechnungsfreigabe, die Rechnungsnachbearbeitung und die Kontrolle nachträglicher Vergütungen.
Datenmodell	Rechnungsprüfung
IT-Unterstützung	ERP, ABC-Trade IT-Architektur, WWS
Schwachstellen	n/a
Verbesserungsvorschläge	n/a
Process Owner	Herr Reiter
Beschreibung	Der Funktionsbereich der Rechnungsprüfung umfasst die Rechnungserfassung und -kontrolle, die Rechnungsfreigabe, die Rechnungsnachbearbeitung und die Kontrolle nachträglicher Vergütungen.

Tabelle 177: Attribute von "Rechnungsprüfung"

12.1 Rechnungsprüfung (Manuelle Rechnungsprüfung)

Abbildung 68: Prozess "Rechnungsprüfung (Manuelle Rechnungsprüfung)"

12.1.1 Rechnung erfassen

Atributname	Atributwert
Schwachstellen	n/a
Verbesserungsvorschläge	n/a

Tabelle 178: Attribute von "Rechnung erfassen"

12.1.1.1 Rechnung erfassen (Standard)

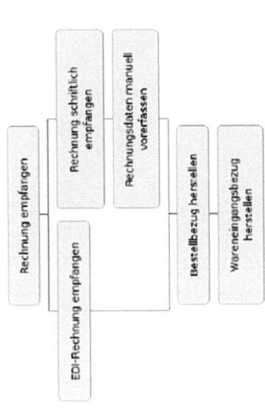

Abbildung 69: Prozess "Rechnung erfassen (Standard)"

12.1.1.1.1 Rechnung empfangen

Atributname	Atributwert
Schwachstellen	n/a
Verbesserungsvorschläge	n/a

Tabelle 179: Attribute von "Rechnung empfangen"

12.1.1.1.2 EDI-Rechnung empfangen

Abb. 3.9 Beispiel für den Word-Export aus *icebricks*

3.1.4 Zusammenfassung und Ausblick

Geschäftsprozessmanagement ist in Unternehmen und Organisationen von immer größerer Bedeutung. Dies gilt in besonderem Maße auch im Kontext von hybriden Wertschöpfungsnetzwerken. Die meisten in der Praxis und Forschung vorhandenen Sprachen und Werkzeuge zur Modellierung von Prozessen haben jedoch in ihrer Benutzung einen zu hohen Freiheitsgrad, sodass die erstellten Modelle eine niedrige Qualität, Vergleichbarkeit und dementsprechend geringe Wiederverwendbarkeit aufweisen. Zu diesem Zweck unterstützt die *icebricks*-Modellierungsumgebung als Integration von Sprache und Werkzeug die Einhaltung von Modellierungsrichtlinien und -konventionen zur Modellierungszeit und stellt so eine hohe Modellqualität und Wiederverwendbarkeit sicher. Die in *icebricks* genutzten hierarchischen Strukturen von Prozessen und Informationsobjekten entsprechen hierbei der CXP-Modellierungsmethode zum effektiven und effizienten Management hybrider Wertschöpfungsnetzwerke.

Die im Rahmen des Verbundprojektes Cooperation Experience erhobenen und in *icebricks* umgesetzten Anforderungen bereichern die *icebricks*-Prozessmodellierungsumgebung. Sie tragen dazu bei, dass sich die hybriden Wertschöpfungsnetzwerken zugrunde liegenden Prozesse konsistent, verständlich und visuell ansprechend in der Modellierungsumgebung dokumentieren lassen.

Die Umsetzung weiterer im Rahmen des Verbundprojektes konzipierter Funktionen wird die Weiterentwicklung von *icebricks* in den kommenden Monaten begleiten. Hierzu zählt ein an das aus Microsoft Word bekannte *Format übertragen*-Werkzeug angelehnte Hilfsmittel zum direkten Übertragen von Attributen und deren Ausprägungen von einem Modellelement auf weitere Modellelemente, die Vererbung von Attributen sowie eine durch den Informationsobjektmodellierungsprototypen motivierte Vorlagenverwaltung für Hierarchien.

> **Das Prozessmodellierungswerkzeug** *icebricks*
>
> - Die *icebricks*-Modellierungsmethode ermöglicht die Modellierung von Prozesslandschaften auf vier Ebenen.
> - Der *Ordnungsrahmen* (Umsetzung der Ebene 1 der CXP-Modellierungsmethode) verschafft einen Überblick über die gesamte Prozesslandschaft.
> - Die *Hauptprozesse* (Umsetzung der Ebene 2 der CXP-Modellierungsmethode) des Ordnungsrahmens kennzeichnen i. d. R. die Hauptfunktionsbereiche der abgebildeten Unternehmung.
> - Die aus den atomaren *Prozessbausteinen* bestehenden *Detailprozesse* (Umsetzung der Ebene 3 a der CXP-Modellierungsmethode) geben die durchgeführten Prozessaktivitäten mit dem höchsten Detaillierungsgrad wieder.
> - Die zur Modellierungszeit forcierten *Modellierungskonventionen* und *Modellierungsrichtlinien* der *icebricks*-Modellierungsmethode stellen eine hohe Modellqualität und Modellvergleichbarkeit sicher.
> - *Hierarchische Strukturen* für Informationsobjekte (Umsetzung der Ebene 3 b der CXP-Modellierungsmethode), Organisationstrukturen und IT-Architekturen ermöglichen eine gezielte Verwaltung aller Aspekte des Managements hybrider Wertschöpfungsnetzwerke.
> - Das webbasierte *icebricks*-Modellierungswerkzeug ist auf den praktischen Einsatz in kollaborativen Modellierungsprojekten zugeschnitten.

Literatur

Adam, O., Hofer, A., Zang, S., Hammer, C., Jerrentrup, M. & Leinenbach, S. (2005). A Collaboration Framework for Cross-enterprise Business Process Management. In First International Conference on Interoperability of Enterprise Software and Applications (INTEROP-ESA'05). Genf.

Aleem, S., Lazarova-Molnar, S., & Mohamed, N. (2012). Collaborative Business Process Modeling Approaches: A Review. In Proc. of the 2012 IEEE 21st International workshop on Enabling Technologies: Infrastructure for Collaborative Enterprises, 274-279.

Becker, J., Beverungen, D., & Knackstedt, R. (2008). Wertschöpfungsnetzwerke von Produzenten und Dienstleistern als Option zur Organisation der Erstellung hybrider Leistungsbündel. In J. Becker, R. Knackstedt, D. Pfeiffer D (Hrsg.), Wertschöpfungsnetzwerke – Konzepte für das Netzwerkmanagement und Potenziale aktueller Informationstechnologien, 3-31. Heidelberg: Physica-Verlag.

Becker, J., Beverungen, D., Knackstedt, R., Matzner, M., Müller, O. & Pöppelbuß, J. (2013a). Designing interaction routines in service networks: A modularity and social construction-based approach. Scandinavian Journal of Information Systems 25, 17-47.

Becker, J., Clever, N., Holler, J., Püster, J., & Shitkova, M. (2013b). Integrating Process Modeling Methodology, Language and Tool – A Design Science Approach. In Proceedings of the 6th IFIP WG 8.1 working conference on the Practice of Enterprise Modeling (PoEM). Riga, 221-235.

Becker, J., Kugeler, M., & Rosemann, M. (2011). Process Management: A Guide for the Design of Business Processes. Berlin: Springer.

Becker, J., Rosemann, M., & von Uthmann, C. (2000). Guidelines of Business Process Modeling. In W. van der Aalst, J. Desel, A. Overweis (Hrsg.), Business Process Management: Models, Techniques and Empirical Studies, 30-49. Berlin et al.: Springer.

Clever, N. (2016). icebricks. Konstruktion und Anwendung eines Prozessmodellierungswerkzeugs. Dissertation an der Westfälischen Wilhelms-Universität Münster. Advances in Information Systems and Management Science: Vol. 56. Berlin: Logos.

Delfmann, P., Herwig, S., & Lis, Ł. (2009). Unified Enterprise Knowledge Representation with Conceptual Models – Capturing Corporate Language in Naming Conventions. In ICIS 2009 Proceedings. Phoenix.

Kettinger, W. J., Teng, J. T., & Guha, S. (1997). Business Process Change: A Study of Methodologies, Techniques, and Tools. MIS Quarterly 21, 55-80.

Mendling, J, Reijers, H. A., & van der Aalst W. M. P. (2010). Seven process modeling guidelines (7PMG). Information and Software Technology 52, 127-136.

Niehaves, B., & Plattfaut, R. (2011). Collaborative business process management: status quo and quo vadis. Business Process Management Journal 17, 384-402.

Rosemann, M. (2006a). Potential pitfalls of process modeling: part A. Business Process Management Journal 12, 249-254.

Rosemann, M. (2006b). Potential pitfalls of process modeling: part B. Business Process Management Journal 12, 377-384.

Siau, K., Erickson, J., & Lee L. (2005). Theoretical vs. Practical Complexity: The Case of UML. Journal of Database Management 16, 40-57.

zur Muehlen, M., & Recker, J. (2008). How Much Language Is Enough? Theoretical and Practical Use of the Business Process Modeling Notation. In Proceedings of the 20th International Conference on Advanced Information Systems Engineering (CAiSE 2008), 465-479. Montpellier.

3.2 Management von Informationsobjekten in hybriden Wertschöpfungsnetzwerken

Florian Runschke, Jan C. Dageförde, Hendrik Scholta, Sebastian Bräuer

Unternehmen finden sich heutzutage verstärkt zu organisationsübergreifenden Netzwerken zusammen, um ihren Kunden innovative Produkte anbieten zu können. Um die Leistungserbringung zu koordinieren, spielt der Austausch von Informationen, die in Informationsobjekten gekapselt werden, im Rahmen dieser Netzwerke eine entscheidende Rolle. Existierende Tools zur Modellierung von Strukturen sind jedoch nicht auf die Spezifika von Informationsobjekten zugeschnitten. Im Rahmen dieses Kapitels wird eine prototypische Anwendung vorgestellt, welche die Komponenten zur Informationsobjektmodellierung der CXP-Modellierungsmethode implementiert und die spezifischen Attribute, Strukturen und Beziehungen von Informationsobjekten berücksichtigt. Der Prototyp ist das Ergebnis eines dreistufigen Entwicklungsprozesses, welcher von den folgenden Zielen geleitet wurde: (1) Detaillierte Modellierung von Informationsobjekten für die Anbindung an Erfahrbarkeitsumgebungen, (2) Implementierung eines Baukastens zur Berücksichtigung der Modularität von Informationsobjekten, (3) Implementierung von Schnittstellen zu anderen Modellierungstools und (4) intuitive Installation und Bedienbarkeit. Das Tool steht unter den Bedingungen der Apache License 2.0 auf www.cooperation-experience.de zum Download bereit.

3.2.1 Toolunterstützung für die Informationsobjektmodellierung

Um dem steigenden internationalen Wettbewerb und damit verbundenen sinkenden Margen zu begegnen, finden sich Unternehmen in hybriden Wertschöpfungsnetzwerken zusammen (Beverungen et al. 2013). Durch den Zusammenschluss können die zunehmend spezialisierten Unternehmen den Kunden ganzheitliche, aber zugleich individuell zugeschnittene Leistungen anbieten (Baines et al. 2009). Mit dem Streben nach immer stärker optimierten Unternehmensabläufen stehen die kooperierenden Unternehmen dabei zunehmend in der Pflicht, auch die unternehmensübergreifenden Prozesse und Informationssysteme weiter zu verbessern, etwa durch eine stärkere unternehmensübergreifende Verzahnung (Becker et al. 2013). Ein Schlüssel zum Erfolg liegt dabei in der Koordination der zentralen Wertschöpfungsaktivitäten, d. h. dem Management der Abhängigkeiten zwischen diesen.

Dem Informationsaustausch kommt dabei eine zentrale Rolle zu. Sowohl in unternehmensspezifischen als auch unternehmensübergreifenden Szenarien ist der Informationsaustausch eine Voraussetzung dafür, dass sämtliche Akteure über die relevanten Informationen verfügen. Er trägt dazu bei, dass die individuellen Aufgaben der Partner kohärent ausgeführt werden und dass Entscheidungen effizient getroffen werden können. Dies setzt jedoch ein gemeinsames Verständnis der Kooperationspartner sowohl für die Prozesse als auch für die auszutauschenden Informationen voraus.

Für die Dokumentation von Prozessen haben sich zahlreiche Modellierungssprachen und Modellierungstools etabliert, die teilweise eine Dokumentation des Informationsaustausches zwischen Kooperationspartnern unterstützen. So lässt sich die unternehmensübergreifende Kommunikation in BPMN-Kollaborationsdiagrammen etwa durch Nachrichtenflüsse zwischen Pools darstellen. Auch UML-Sequenzdiagramme (Sommerville 2007) oder der FlexNet-Ansatz (Becker et al. 2013) erlauben die Darstellung eines Informationsaustauschs. Viele aktuell verbreitete Modellierungssprachen haben jedoch gemein, dass eine weitere Detaillierung der ausgetauschten Informationen nicht explizit vorgesehen ist.

Für die ausgetauschten Informationen existieren in der Literatur zahlreiche Bezeichnungen. Die Object Management Group (2011) verwendet beispielsweise die Bezeichnung Nachrichten (*messages*), Liu et al. (2007) und Nigam, Caswell (2003) sprechen von Geschäftsartefakten (*business artifacts*), Hull et al. (2010) von Geschäftsentitäten (*business entities*) und Soffer et al. (2001) von Informationsobjekten (*information objects*). Im Folgenden wird der Begriff Informationsobjekt verwendet und bezeichnet beispielsweise Anträge, Urkunden, Zeichnungen, E-Mails und Briefe. Es werden drei Arten von Informationsobjekten unterschieden: (1) Formulare: Informationsobjekte, für die eine Struktur hinterlegt ist bzw. werden soll, (2) Dokumente: Informationsobjekte, für die keine Struktur hinterlegt werden soll und (3) Informationsobjektsammlungen, die aus mehreren anderen Informationsobjekten bestehen.

Eine Recherche nach existierenden, auf die Spezifikation von Informationsobjekten zugeschnittenen Modellierungssprachen und auf diesen Sprachen aufbauenden frei verwendbaren und leicht adaptierbaren Modellierungstools blieb erfolglos. Tools wie Enterprise Architect (SparxSystems) oder Visual Paradigm (Visual Paradigm) zur Erstellung von Strukturmodellen wie Entity-Relationship-Modellen und UML-Klassendiagrammen erlauben die Repräsentation von generischen Strukturen und eignen sich beispielsweise zur Datenmodellierung. Alternativ können mithilfe von Domänen-Ontologien beliebige Objekte einer Domäne, sog. Begriffe, und jede Art von Beziehung zwischen diesen Objekten ausgedrückt werden. Für solche Methoden verfügbare Tools wie z. B. protégé (Stanford University) eignen sich somit für den Austausch von Beziehungsinformationen (Gruber 1993) und werden dem generischen Anspruch von Ontologien mit wahlfreien Begriffs- und Beziehungstypen gerecht. Die genannten Tools verfolgen einen generischen Modellierungsansatz und erlauben daher hohe Freiheitsgrade bei der Modellierung. Sie sind somit nicht auf die Modellierung von Informationsobjekten mit ihren spezifischen Attributen, Strukturen und Beziehungen zugeschnitten.

Aus diesem Grund wurde ein eigener Informationsobjektmodellierungstool-Prototyp (IOMT) entwickelt. Der in diesem Kapitel vorgestellte Prototyp baut auf der CXP-Modellierungsmethode auf, welche speziell auf die Anforderungen zur Dokumentation von Informationsobjekten zugeschnitten ist. Die CXP-Modellierungsmethode und die darin enthaltene Komponente zur Modellierung von Informationsobjekten sieht die Dokumentation von Informationsobjekten auf der Abstraktionsebene von Feldgruppen und Feldern vor. Eine Unterteilung von Informationsobjekten in Kopf, Körper und Fuß wird unterstützt. Zudem werden spezifische Attribute (z. B. Dokumenttyp und Trägermedium) bereitgestellt sowie die Repräsentation von Beziehungen von Informationsobjekten (z. B. Vorgänger- und Nachfolgerinformationsobjekte) ermöglicht. Die Entwicklung des Prototyps orientierte sich dabei an vier zentralen Zielen:

- Das Tool muss die Informationsobjekte potenziell so detailliert dokumentieren können, dass eine Integration der Informationsobjekte in die im CXP-Workshop-Konzept vorgesehenen Erfahrbarkeitsumgebungen möglich ist.
- Das Tool muss einen Baukasten liefern, um Informationsobjekte modular konstruieren und die Bestandteile von Informationsobjekten leicht wiederverwenden zu können.
- Das Tool soll Schnittstellen vorweisen können, mit denen sich dokumentierte Informationsobjekte in andere Modellierungstools übertragen lassen. Zudem muss der Austausch von Datenbeständen zwischen einzelnen Instanzen des Tools möglich sein.
- Das Tool muss sich von Domänenexperten ohne detaillierte Modellierungskenntnisse leicht installieren und bedienen lassen.

Im weiteren Verlauf dieses Beitrages wird zunächst das Vorgehen zur Implementierung des IOMT beschrieben. Anschließend werden Anforderungen erläutert, die in dem Tool umgesetzt sind. In der folgenden Sektion werden die Funktionalitäten anhand von Anwendungsfällen vorgestellt. Zuletzt wird ein Fazit gezogen und ein Ausblick auf Erweiterungen des Tools gegeben.

3.2.2 Vorgehen bei der Entwicklung des CXP-Informationsobjektmodellierungstools

Die Produktvision für die Entwicklung des Informationsobjektmodellierungstools wurde zunächst durch die vier Ziele festgelegt. Diese Ziele wurden anschließend in einem iterativen Vorgehen mit Voranschreiten des Forschungsprojektes durch sich klarer abzeichnende Anforderungen operationalisiert und weitergehend detailliert. Mit typischen Aspekten, die aus Vorgehensmodellen wie „Scrum" oder „Kanban" bekannt sind und daraus entlehnt wurden, war es möglich, die Entwicklungsfortschritte kontinuierlich zu überwachen und in kurzen Zyklen Einfluss auf die Entwicklung des Prototyps zu nehmen. Aufgrund des voraussichtlich vergleichsweise geringen Umfangs des IOMT wurde auf formale Eigenschaften der Vorgehensmodelle verzichtet, wie zum Beispiel die Festlegung eines Scrum-Masters (Scrum) oder verschiedener Arbeitstypen (Kanban).

Wie in Abb. 3.10 dargestellt, lässt sich die Entwicklung in drei Phasen unterteilen. Zum Ende jeder Phase wurde der Prototyp zur Evaluation der Funktionalitäten den weiteren Partnern des Verbundprojektes Cooperation Experience präsentiert, geäußerte Verbesserungsvorschläge wurden dokumentiert und in die weitere Planung mit einbezogen.

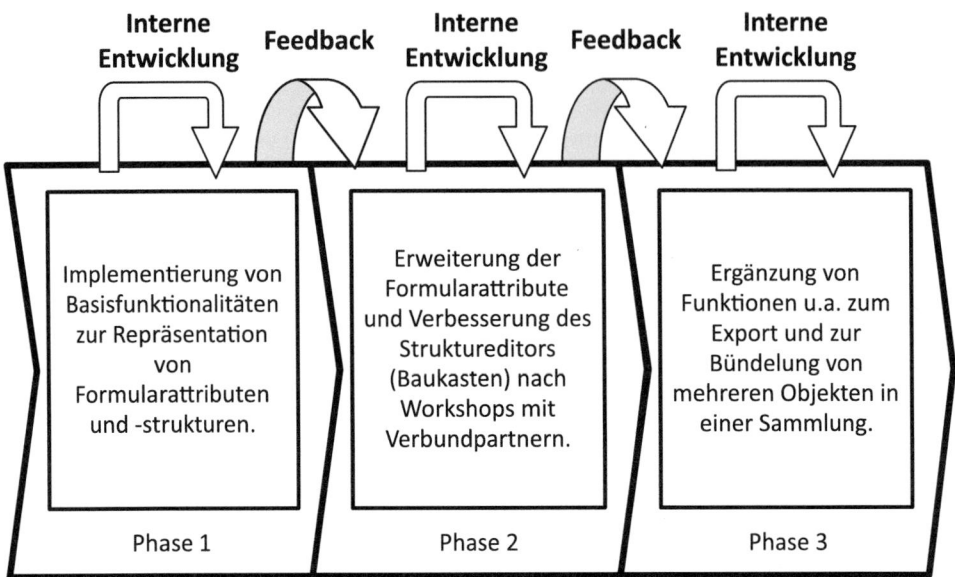

Abb. 3.10 Entwicklungsprozess des IOMT

Die Entwicklung des IOMT begann im Juli 2014 auf Basis eines ersten Konzepts der CXP-Modellierungsmethode. In regelmäßigen Fortschrittstreffen wurde der Prototyp zunächst anwendungsfallbezogen getestet, Defizite und Verbesserungspotenziale wurden diskutiert, dokumentiert sowie in Form von Arbeitspaketen festgehalten. Die Arbeitspakete wurden mit einer kurzen Beschreibung und Priorität versehen und zeitlich terminiert. Anschließend wurden die Arbeitspakete auf das Entwicklerteam verteilt.

Der inhaltliche Fokus bei der Entwicklung des IOMT lag in der ersten Phase auf der Implementierung von Funktionalitäten zur modularen Erfassung von Informationsobjekten. Dabei wurden zunächst rudimentäre Funktionen zur Erfassung zentraler Attribute von Formularen (Name, Beschreibung, Verantwortlichkeit, Formulartyp und Trägermedium) sowie zur Dokumentation der Formularstrukturen implementiert (vgl. Abb. 3.11).

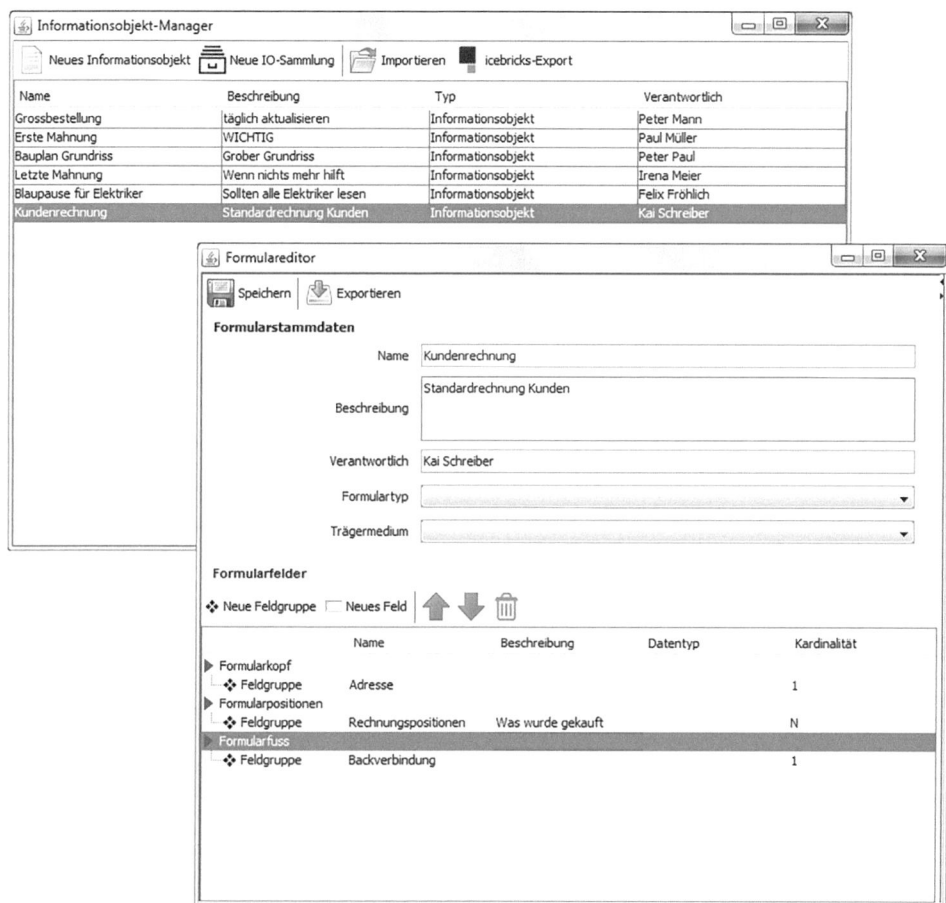

Abb. 3.11 IOMT am Ende der ersten Entwicklungsphase

In der zweiten Phase stand die Erweiterung der Formularattribute um z. B. die Sichtbarkeit und den Erfassungszustand des Formulars sowie um die Möglichkeit, Formulare zu Phasen hinzuzufügen, im Vordergrund (vgl. Abb. 3.12). Ebenfalls wurde die Ausweitung des Struktureditors zur Übernahme von (Teil-)Strukturen aus anderen Formularen nach einem Baukastenprinzip umgesetzt.

In der dritten Phase sind Funktionen zur Dokumentation von Dokumenten und zum Zusammenfügen von Dokumenten und Formularen zu Informationsobjektsammlungen hinzugekommen. Gleichzeitig wurde die Speicherung der erfassten Informationen überarbeitet, um die Annotation von Beispieldateien zu unterstützen. Anschließend wurde die Benutzeroberfläche angepasst. Komfortfunktionen wie etwa die Eingabevervollständigung für einzelne Felder wurden eingebaut und Exportfunktionalitäten wurden bereitgestellt und getestet.

Abb. 3.12 IOMT am Ende der zweiten Entwicklungsphase

3.2.2.1 Anforderungen an das CXP-Informationsobjektmodellierungstool

Die Anforderungen sind anhand der Kategorien Erfassung, Bedienbarkeit und Schnittstellen strukturiert. Dabei umfasst Erfassung alle Anforderungen, die die informationsobjektspezifischen Konzepte im Tool abbilden. Der Kategorie Bedienbarkeit sind technische Eigenschaften zugeordnet, die beispielsweise das Design oder die Steuerung der Software beschreiben. Voraussetzungen für die Installation sind ebenfalls dieser Kategorie zugeordnet. Die dritte Kategorie Schnittstellen dokumentiert Anforderungen an die Exportfunktionalitäten des Prototyps.

Der in der Abb. 3.13 dargestellte schematische Aufbau verdeutlicht die Architektur des entwickelten Prototyps. Als Grundlage für die grafische Programmoberfläche (Präsentationsschicht im Paket org.ercis.cxp.gui) und Programmlogik (Steuerungsschicht und Modell im Paket org.ercis.cxp.logic) dient die aktuelle Java-Laufzeitumgebung. Die Programmoberfläche ist aus „Swing"-Komponenten zusammengestellt. Über die Programmlogik kann das Tool auf die Objekte in der lokalen Hibernate-H2-Datenbank zugreifen. Der Entitymanager übernimmt dabei das Verknüpfen zwischen den Objekten und den entsprechenden Tabellen in der Datenbank. Die Verwendung einer Hibernate-H2-Datenbank erspart dem Benutzer die Installation einer dedizierten Datenbanksoftware. In das „Logic"-Paket sind weitere Bibliotheken eingefügt, die u. a. für den Umgang mit ZIP-Archiven und XML-Strukturen vorgesehen sind.

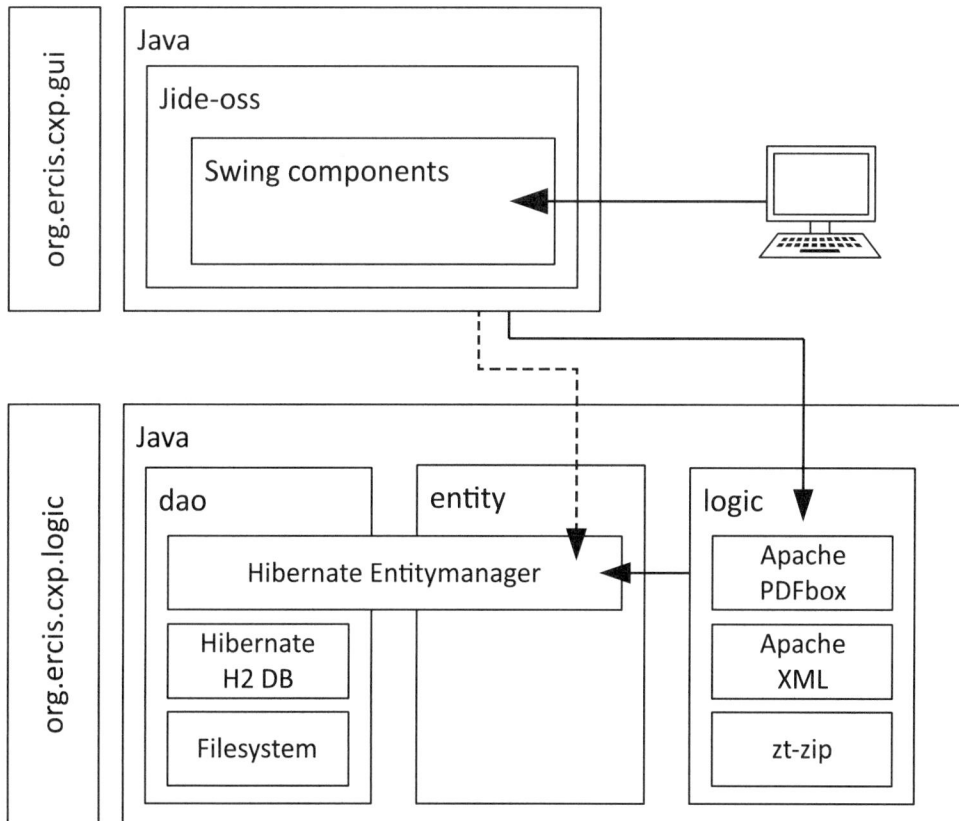

Abb. 3.13 Schematische Darstellung der Architektur des Prototyps

3.2.2.2 Erfassung

Speicherung von Informationsobjekten

Daten können anhand verschiedener Kriterien differenziert werden, beispielsweise lassen sich Stammdaten und Bewegungsdaten unterscheiden (Mertens et al. 2012). Während Stammdaten in der Regel statisch sind und selten modifiziert werden, sind Bewegungsdaten transaktionsbezogen und unterliegen damit einer höheren Anpassungshäufigkeit. Bewegungsdaten zu Informationsobjekten lassen sich durch eine Instanziierung eines Informationsobjektes dokumentieren. Da im IOMT die Modellierung auf Typebene erfolgt, werden nur Stammdaten von Informationsobjekten erfasst. Im Folgenden werden die Stammdaten von Informationsobjekten in Metadaten und Strukturdaten unterschieden. Zu den Metadaten zählen etwa der Name des Informationsobjekts, ein Beschreibungstext, Verantwortlichkeiten und Trägermedien. Strukturdaten beziehen sich auf den inhaltlichen Aufbau eines Informationsobjekts.

Die Erarbeitung und Implementierung einer geeigneten Datenstruktur stellte einen der ersten Entwicklungsschritte dar. Wie in Abb. 3.14 dargestellt, basiert sie auf dem Metamodell der CXP-Modellierungssprache. Die Realisierung des Datenmodells in Java baut dabei auf Java-Standardklassen für Mengen und Listen auf. Zur Verbesserung der Toolperformance beim Umgang mit großen Datenmengen (etwa von mehr als 4.000 Informationsobjekten in der Datenbank) werden einzelne gespeicherte Stammdaten, welche n:m-Beziehungen aufweisen (z. B. die Speicherung von Rollen und Zuständigkeiten für ein Informationsobjekt), zusätzlich als einfache Zeichenketten für die unmittelbare Darstellung vorberechnet und abgespeichert, anstatt erst bei Bedarf unter hohem Zeitaufwand alle benötigten Verknüpfungen aufzulösen. Dies wirkt sich insbesondere auf die Listendarstellung mehrerer modellierter Informationsobjekte einer Datenbank sowie das Durchsuchen derselben positiv aus.

Unterscheidung von Informationsobjekten

Wie einleitend erwähnt, gilt es, drei Typen von Informationsobjekten zu unterscheiden. Formulare sind strukturierte Informationsobjekte, die innerhalb ihrer Stammdaten detaillierte Strukturdaten über ihren Aufbau beinhalten. Bei Dokumenten handelt es sich um umstrukturierte bzw. nicht weiter strukturell detaillierte Informationsobjekte. Hierzu zählen etwa Abbildungen oder Pläne. Im Gegensatz zu Dokumenten und Formularen besitzen Informationsobjektsammlungen nur sehr eingeschränkte Stammdaten. Allerdings lassen sich in Informationsobjektsammlungen beliebig viele andere Informationsobjekte (Formulare und Dokumente) erfassen. Eine detaillierte Übersicht der Unterschiede zwischen den Informationsobjekttypen enthält Tab. 3.3.

Da sich sämtliche Objekttypen viele ihrer Eigenschaften teilen und nur marginal unterscheiden, wurde ein abstrakter Datentyp als Oberklasse implementiert, von dem alle weiteren Objekttypen (Formular, Dokument und Informationsobjektsammlung) erben. Auf diese Weise kann bei der Verarbeitung der Informationsobjekte zwischen den drei Untertypen unterschieden werden. Identische Konzepte müssen jedoch in ihrer gemeinsamen Oberklasse nur einmal implementiert werden. Durch dieses in der Softwareentwicklung gängige Konzept wurden der Aufwand bei der Entwicklung verringert und die Wartbarkeit der Anwendung vereinfacht.

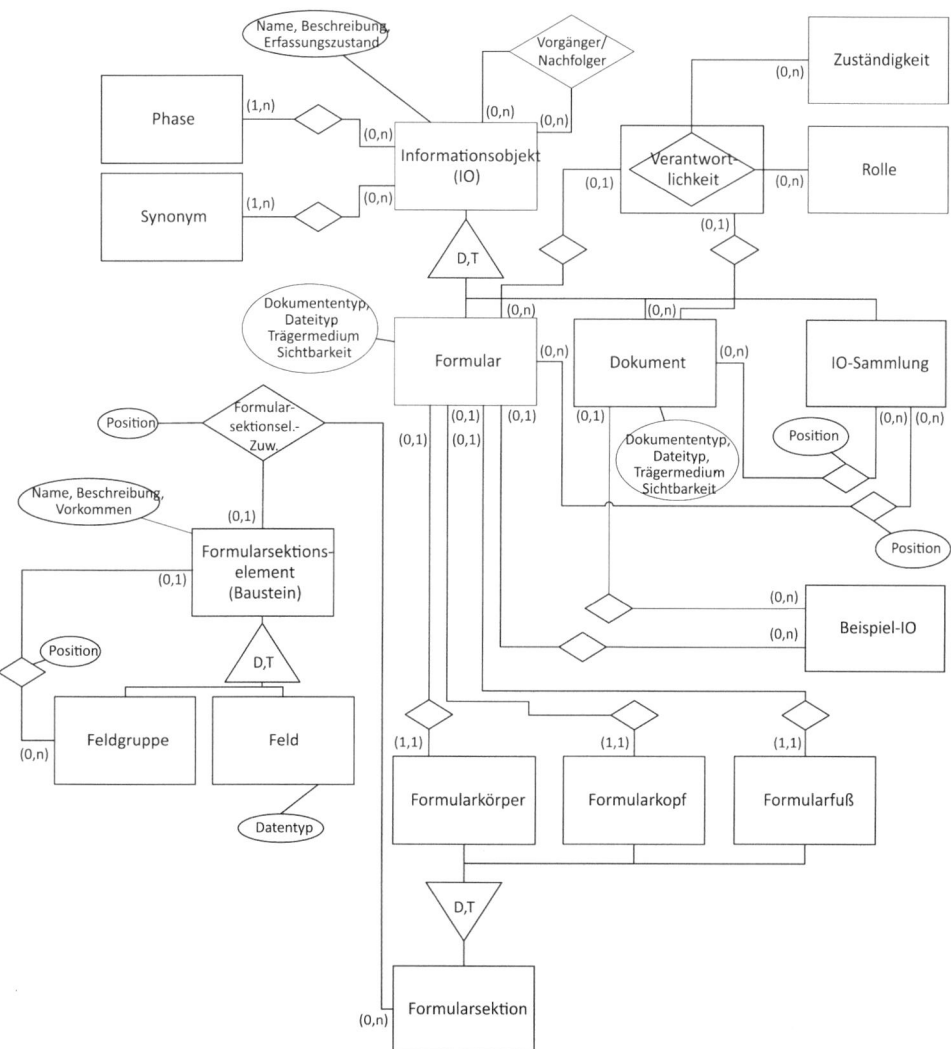

Abb. 3.14 Datenstruktur des IOMT als Entity-Relationship-Modell

Anknüpfungspunkte zur Prozessmodellierung und Informationsobjektfolgen

Das IMOT dient der schematischen Erfassung von Informationsobjekten in betriebswirtschaftlichen Zusammenhängen innerhalb eines Unternehmens und auch über Unternehmensgrenzen hinweg. Nach der Erfassung durch das IMOT können Informationsobjekte mithilfe ihrer Attribute Prozessmodellen zugeordnet und innerhalb dieser verwendet werden.

Durch eine Zuordnung eines Informationsobjekts zu Nutzungsphasen wird festgelegt, in welchen Bereichen eines Ordnungsrahmens ein Informationsobjekt verwendet wird. Hieraus kann abgeleitet werden, für welche Aktivitäten ein Informationsobjekt relevant ist. Zudem verfügen Rollen über Zuständigkeiten sowohl für Prozessaktivitäten als auch für Informationsobjekte. Durch eine Zuordnung von Verantwortlichkeiten zu Informationsobjekten können Zugriffsaktivitäten für Prozessmodelle abgeleitet und die Konsistenz in den Rollenzuweisungen zwischen Aktivitäten und Informationsobjekten kann sichergestellt werden. Neben Nutzungsphasen und Rollen stellen Informationsobjektfolgen eine weitere Schnittstelle zu Prozessmodellen dar. Im Rahmen von Belegflüssen entstehen Vorgänger-Nachfolger-Beziehungen zwischen Informationsobjekten, z. B. folgt ein Auftrag auf ein Angebot. Die Übergänge zwischen Informationsobjekten werden durch Prozesselemente ausgelöst, z. B. das Annehmen eines Angebots.

Attribut	Formular	Dokument	Informationsobjektsammlung
Name, Beschreibung, Synonyme	X	X	X
Verantwortlichkeit	X	X	–
Dateityp, Dokumententyp, Trägermedium	X	X	–
Erfassungszustand	X	X	X
Phasenzuordnung	X	X	X
Sichtbarkeit	X	X	–
Formularbereiche, Feldgruppen, Felder	X	–	–
Enthaltene Informationsobjekte	–	–	X
Vorgänger- und Nachfolgerinformationsobjekte	X	X	X

Tab. 3.3 Attribute von Formularen, Dokumenten und Informationsobjektsammlungen im IOMT

Datenkonsistenz

Die Erfassung von Informationsobjekten innerhalb eines Modellierungsprojekts geschieht mitunter von unterschiedlichen Beteiligten und innerhalb eines längeren Zeitraums. Diese Rahmenbedingungen führen erfahrungsgemäß zu inkonsistenten Daten, da beispielsweise verschiedene Begriffe bzw. Schreibweisen für denselben Sachverhalt verwendet werden (Synonyme) oder identische Bezeichnungen für unterschiedliche Zusammenhänge benutzt werden (Homonyme) (Becker et al. 2012). Die Integration von Mechanismen zur Steigerung der Datenkonsistenz in die Modellierungsumgebung ist somit eine zentrale Anforderung, ohne dadurch die Modellierungsfreiheit einzugrenzen.

Die Bereitstellung einer Autovervollständigung für zahlreiche Eingabefelder ist eine Maßnahme zur Sicherstellung der Datenkonsistenz. Dadurch können einem Benutzer bei der Eingabe bereits gespeicherte Werte vorgeschlagen werden. Auch besitzen einzelne Dialoge eine Plausibilitätsprüfung. Dies betrifft vor allem die Zuordnung von Formularen und Dokumenten zu Informationsobjektsammlungen. Werden etwa die Stammdaten einer Sammlung um eine weitere Phase ergänzt, so wird geprüft, ob die in der Sammlung enthaltenen Informationsobjekte diese Phasenzuordnung bereits besitzen. Der Benutzer wird auf mögliche Inkonsistenzen hingewiesen und kann entscheiden, ob die zusätzliche Phase auf die enthaltenen Informationsobjekte übertragen werden soll. Da die Lösungsvorschläge jedoch stets optional sind, wird die Freiheit bei der Modellierung nicht eingeschränkt.

3.2.2.3 Bedienbarkeit

Startvoraussetzungen

Das Informationsobjektmodellierungstool wurde für die Verwendung auf Java 8-fähigen Betriebssystemen entwickelt. Dies stellt die Mehrplattformfähigkeit des IOMT sicher. Darüber hinaus wurden für Microsoft-Betriebssysteme ab Windows 7 zusätzliche Komfortfunktionen ergänzt: Ein Installationsprogramm sowie eine ausführbare Datei nehmen eventuelle Einstiegshürden. Auf stationären Computern und Laptops (ohne Smartphones) besitzen Windows 7, Windows 8 und Windows 8.1 in Deutschland einen Marktanteil von über 70 %[20] (StatCounter). Da durch die Windows-Unterstützung bereits eine breite Zielgruppe erreicht werden kann, wurden die Komfortfunktionen nicht für weitere Plattformen ergänzt. Dennoch erlaubt die zugrundeliegende Java-8-Laufzeitumgebung die Nutzung der gesamten Funktionalität des IOMT auch unter anderen Betriebssystemen, insbesondere unter Linux.

---

[20] Stand: Juli 2015.

Offline-Verwendung

Auf Wunsch der Verbundpartner wurde das Informationsobjektmodellierungstool als lokale Offline-Lösung konzipiert. Gründe hierfür liegen vor allem in den Bedenken der Unternehmen, dass ansonsten Unbefugte leichter Zugriff auf teils sensible Daten erlangen könnten.

Entsprechend wurde das IOMT so implementiert, dass es auf einer lokalen Datenbankinstanz aufbaut, die im Installations- oder Ausführungsverzeichnis des Tools abgelegt wird. Somit ist weder eine Installation einer eigenständigen Datenbanksoftware eines Drittanbieters, noch eine aktive Verbindung zu einem Datenbankserver notwendig. Ein Mehrbenutzerbetrieb und der systemübergreifende Austausch von Daten werden dadurch stark eingegrenzt. Durch die Integration verschiedener Export- und Austauschformate wird diesem Umstand entgegengewirkt.

Abgrenzung von Modellierungsprojekten

Da ein Unternehmen in der Regel an mehreren Projekten mit ggf. unterschiedlichen Informationsobjekten beteiligt ist, muss das IOMT die gleichzeitige und unabhängige Handhabung unterschiedlicher Projekte unterstützen.

Mithilfe des Informationsobjektmodellierungstools lassen sich beliebig viele Projekte gleichzeitig verwalten und Informationsobjekte in den Projekten dokumentieren. Ein Datenaustausch zwischen Projekten ist mithilfe der Exportfunktionalitäten des Tools möglich.

Intuitive Bedienbarkeit

Eine intuitive Bedienbarkeit wird von den meisten modernen Softwarelösungen angestrebt. In Bezug auf die Informationsobjektmodellierung besteht die Herausforderung darin, einerseits einen potenziell hohen Detaillierungsgrad der Informationsobjekte zu erreichen, um ihre Verwendung in den Erfahrbarkeitsumgebungen zu ermöglichen, andererseits das Tool jedoch so anwenderfreundlich wie möglich zu gestalten und dadurch Einstiegshürden abzubauen. Die Zielgruppe des Tools sind Mitarbeiter in den kooperierenden Unternehmen, die in ihren jeweiligen Domänen über umfassende Kenntnisse verfügen, jedoch nicht zwangsweise modellierungserfahren sind. Eindeutig benannte Funktionen, gut erkenntliche Strukturen und das Aufgreifen vertrauter Bedienkonzepte sind somit zentrale Anforderungen.

Im IOMT kommt in vielen Dialogen die weit verbreitete und insbesondere aus Webbrowsern bekannte registerkartenbasierte Navigation (tabbed navigation) zum Einsatz. Dadurch wird ein einfacher Wechsel zwischen Dialogen unterstützt und die für die Eingabe relevanten Felder lassen sich klar strukturieren. Sämtliche Dialoge zur Erstellung von Strukturen (z. B. Formularstrukturdaten) oder zur Anordnung von Elementen unterstützen zudem intuitive Drag-and-drop-Funktionalitäten. Eine Suchfunktion und die bereits genannte Autovervollständigungsfunktion tragen zur Bedienbarkeit bei.

Exportfunktionalitäten

Das IOMT dient der Erfassung von Informationsobjekten unter besonderer Berücksichtigung von Aspekten der Wiederverwendung. Dabei ist gerade bei abteilungs- oder unternehmensübergreifenden Kooperationen eine rege Abstimmung zwischen den Kooperationspartnern notwendig. Da das IOMT keine Client-Server-Lösung mit einer zentralen Datenbank darstellt und somit nicht mehreren Benutzern Zugriff auf einen zentralisierten Datenbestand gestattet, müssen andere Möglichkeiten für einen toolübergreifenden und ggf. unternehmensübergreifenden Datenaustausch gefunden werden.

Das IOMT adressiert diese Anforderungen, indem es drei Exportmöglichkeiten zur Verfügung stellt. Aus den im Tool dokumentierten Daten lassen sich automatisch PDF-basierte Visualisierungen und Berichte für unternehmensinterne oder auch unternehmensübergreifende Abstimmungen erzeugen. Die dokumentierten Informationsobjekte lassen sich für die Weiterverwendung in die Prozessmodellierungsumgebung *icebricks* exportieren. Die Informationsobjekte werden in *icebricks* als Hierarchien repräsentiert. Dadurch lassen sich sämtliche Strukturelemente eines Informationsobjektes in *icebricks* an Prozesselemente annotieren. Die weiteren im IOMT dokumentierten Stammdaten werden in *icebricks* in den Hierarchieattributsgruppen „CXP-Modellierung Metadaten" bzw. „CXP-Modellierung Strukturdaten" eingefügt. Für die Weiterverwendung der erfassten Informationsobjekte außerhalb von *icebricks* (z. B. in den Erfahrbarkeitsumgebungen) steht ein gesondertes XML-Exportformat zur Verfügung. Das IOMT unterstützt dabei sowohl den Export einzelner Informationsobjekte als individuelle Dateien wie auch den Export der gesamten Datenbank. Letzteres ist insbesondere für den Austausch zwischen zwei Modellierern hilfreich; eine exportierte Datenbank kann durch das IOMT in eine weitere Datenbank importiert werden.

3.2.3 Das CXP-Informationsobjektmodellierungstool in der Anwendung

Im Folgenden wird der aktuelle Prototyp des IOMT anhand von Anwendungsfällen vorgestellt. Die verwendeten Screenshots wurden mit der aktuellen Version der Software erstellt. Sie verdeutlichen die Absichten, die der Entwicklung des IOMT zugrunde lagen und geben einen guten Einblick in die Verwendung des Tools.[21]

---

[21] Die auf den Screenshots gezeigten Daten dienen lediglich der Veranschaulichung der Toolverwendung. Die Daten sind frei erfunden. Mögliche Parallelen zu realen Personen und Unternehmen sind zufällig.

3.2.3.1 Anwendungsfall 1: Erste Schritte und Erfassung eines Informationsobjekts

Der erste Anwendungsfall behandelt die Erfassung eines Informationsobjekts in einem größeren Bauunternehmen. Ein Mitarbeiter, Thomas Meier, arbeitet seit mehreren Jahren in der Buchhaltung des Unternehmens und kennt sich dementsprechend mit den dortigen Arbeitsabläufen aus. Aus diesem Grund wurde er mit der Erfassung aller in seiner Abteilung verwendeten Informationsobjekte beauftragt. Er soll das IOMT verwenden, um die aufgenommenen Daten später den bereits erfassten Prozessmodellen in *icebricks* als Hierarchien hinzuzufügen.

Nachdem Thomas Meier das Tool in einen Ordner seiner Wahl installiert hat, startet er es und sieht den Startdialog (vgl. Abb. 3.15). Da es der erste Start des Tools auf seinem Computer ist, muss er zunächst ein „Projekt anlegen" und dieses anschließend „öffnen".

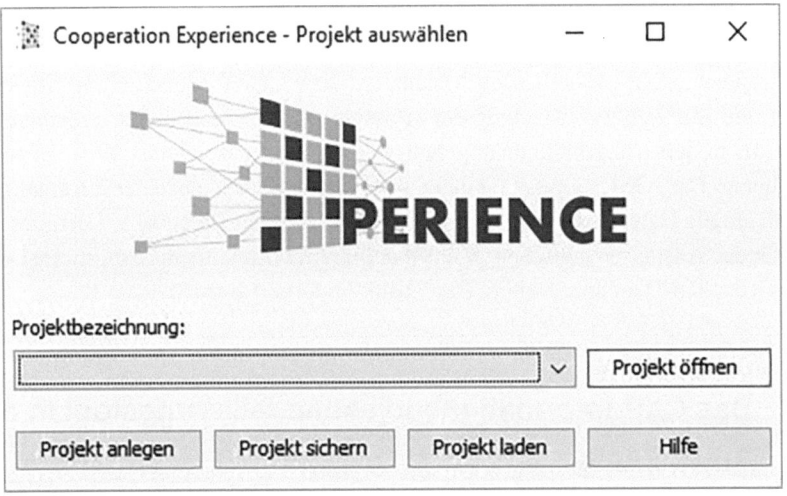

Abb. 3.15 Startdialog des Tools

Anschließend werden im Programmverzeichnis des IOMT die benötigten Dateien, in denen die erfassten Daten gespeichert werden, erstellt und die Programmoberfläche erscheint (vgl. Abb. 3.16). In dem Fenster mit der Einteilung der Informationsobjekte in Formulare, Dokumente und Informationsobjektsammlungen kann Thomas Meier ein neues dieser Objekte über die entsprechenden Buttons an der oberen Fensterleiste anlegen.

Bevor er mit der Erfassung der Informationsobjekte aus der Buchhaltung beginnt, öffnet er den „Zuständigkeiten verwalten"-Dialog (vgl. Abb. 3.17). An dieser Stelle des Tools kann er zum einen Rollen eintragen, die an der Bearbeitung der Informationsobjekte beteiligt sind, sowie zum anderen Zuständigkeiten in Bezug auf Informationsobjekte, mit denen eine Rolle betraut sein kann. Kombinationen aus Objekten der beiden Elementgruppen kann er in den Stammdaten den Informationsobjekten zuweisen. In seiner Abteilung gibt es sieben Rollen und fünf Zuständigkeiten – es lassen sich hier jedoch zu jedem Zeitpunkt weitere Einträge ergänzen.

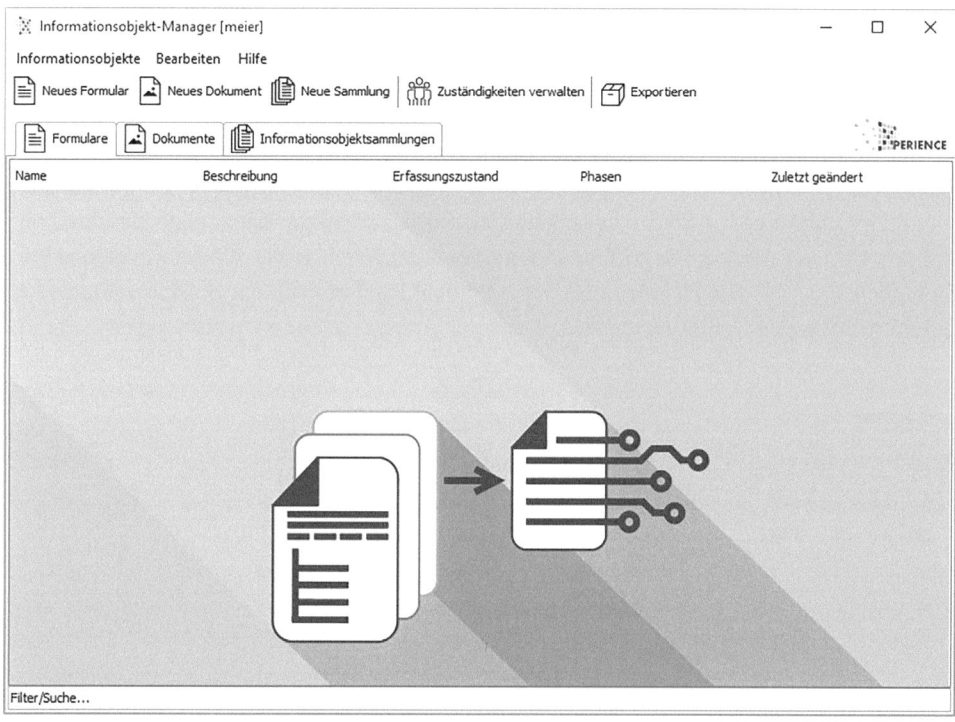

Abb. 3.16 Programmoberfläche des IOMT

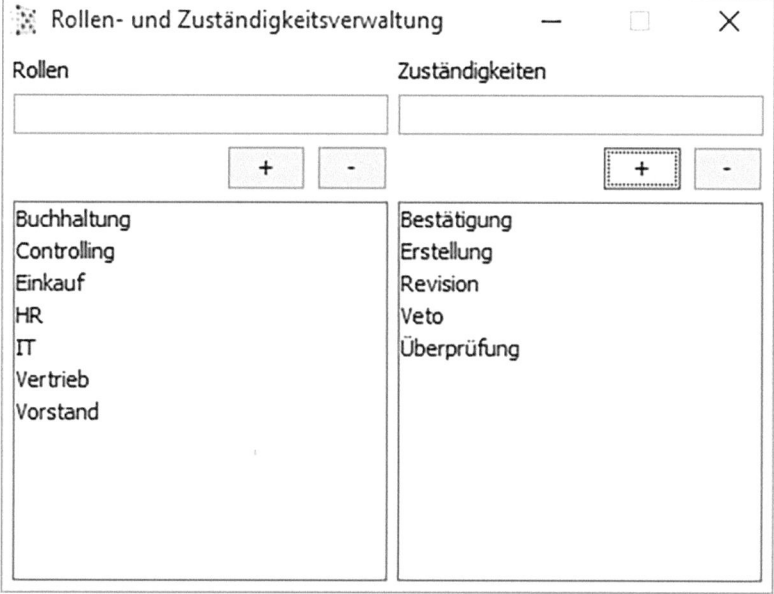

Abb. 3.17 Dialog zur Verwaltung von Zuständigkeiten

Im Anschluss an die Festlegung der Rollen und Zuständigkeiten erfasst Thomas Meier das erste Formular. Es handelt sich um eine Standardrechnung des Unternehmens, für die es eine Vorlage gibt. Über den entsprechenden Button in der Programmoberfläche des Hauptfensters kann er mit der Erfassung eines neuen Formulars beginnen. In Abb. 3.18 ist der obere Teil des Formulareditors zu sehen, der sich für die Erfassung automatisch öffnet. Für die Stammdaten im oberen Teil des Formulareditors trägt Thomas Meier nun alle Informationen ein, die er über dieses Informationsobjekt hat. Dazu zählen ein Name, eine Beschreibung, ein synonym verwendeter Begriff, zwei Verantwortlichkeiten sowie alle Informationen vom Dokumententyp bis zur Phasenzuordnung. Optional kann er auch ein Beispieldokument an der entsprechenden Stelle anhängen.

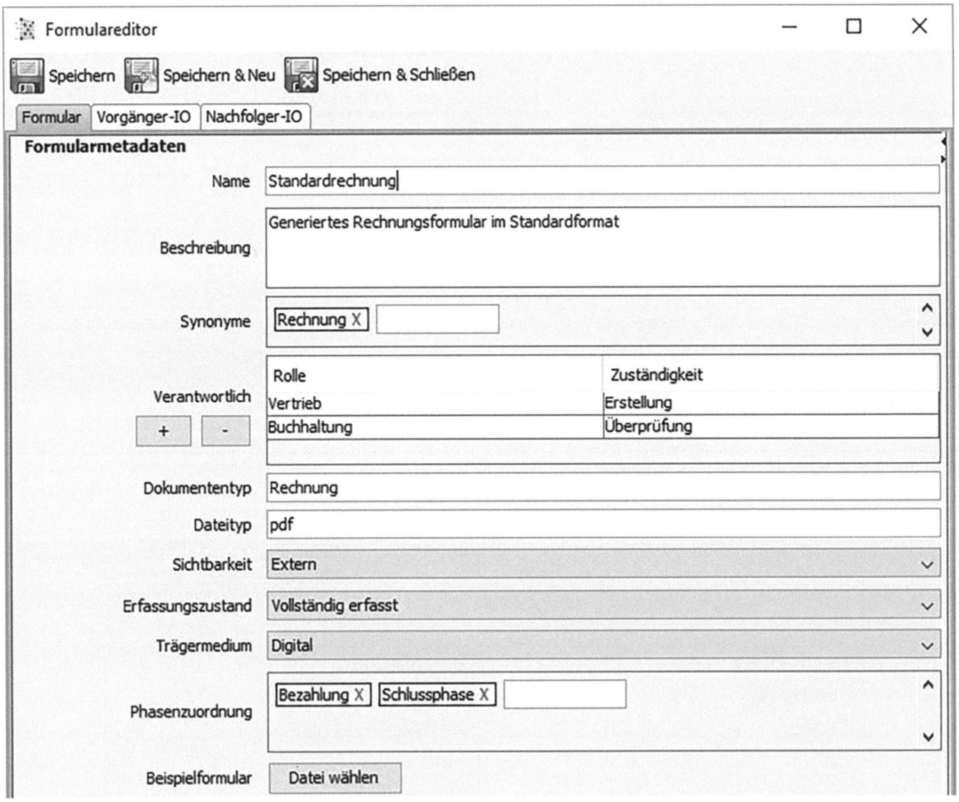

Abb. 3.18 Formulareditor (Teil 1)

	Name	Beschreibung	Datentyp	Vorkommen
▶ Formularkopf				
⊟ ❖ Feldgruppe	Anschrift	Kunde		Einfach [1]
▭ Feld	Adresse	Adresse des Kunden	Mehrzeiliges Textfeld	Einfach [1]
▭ Feld	Betreff	Betreffzeile inkl. RG-Num…	Einzeiliges Textfeld	Einfach [1]
▶ Formularpositionen				
⊟ ❖ Feldgruppe	Rechnungspositionen			Einfach [1]
⊟ ❖ Feldgruppe	Einzelposition			Mehrfach [N]
▭ Feld	Beschreibung	Artikelnummer und Bezei…	Einzeiliges Textfeld	Einfach [1]
▭ Feld	Menge		Dezimalzahl	Einfach [1]
▭ Feld	Einzelpreis		Dezimalzahl	Einfach [1]
▭ Feld	Gesamtpreis	Menge x Einzelpreis	Dezimalzahl	Einfach [1]
▭ Feld	Gesamtpreis	Summe aller Einzelpositio…	Dezimalzahl	Einfach [1]
▶ Formularfuss				
▭ Feld	Zahlungsaufforderung	Zahlungsaufforderung mi…	Statischer Text	Einfach [1]

Abb. 3.19 Formulareditor (Teil 2)

Anschließend trägt der Mitarbeiter den schematischen Aufbau der Standardrechnung in die Formularstrukturdaten ein (vgl. Abb. 3.19). Er hat in den drei festgelegten Bereichen Formularkopf, -positionen und -fuß jeweils die Möglichkeit, beliebig viele Feldgruppen und Felder hinzuzufügen. Für Feldgruppen vergibt er in jedem Fall einen Namen und eventuell eine kurze Beschreibung. Über das Vorkommen kann er bestimmen, ob sich eine Feldgruppe innerhalb des Formulars wiederholen kann. Dies ist bei den Einzelpositionen der Fall (Vorkommen: mehrfach). Felder besitzen zusätzlich einen Datentyp, welcher definiert, um welche Art von Information es sich handelt – etwa um einen einzeiligen Text oder eine Dezimalzahl. Damit ist das erste Informationsobjekt erfolgreich erfasst. In ähnlicher Weise können weitere Objekte erfasst werden.

3.2.3.2 Anwendungsfall 2: Erfassung weiterer Informationsobjekte

Im zweiten Anwendungsfall wird erläutert, wie Thomas Meier vorgeht, um weitere Informationsobjekte mit dem Softwareprototypen zu erfassen. Nachdem im ersten Anwendungsfall ausführlich die Erfassung eines Formulars erklärt wurde, rücken im Folgenden die Datenübernahme bei der Erfassung von Formularen, Dokumenten und Informationsobjektsammlungen sowie die Beziehungen aller Objekte zueinander in den Fokus (z. B. Vorgänger- und Nachfolger-Informationsobjekte).

Ein weiteres Formular, das Thomas Meier erfasst, ist die Rechnung für Stammkundschaft. Diese entspricht weitestgehend dem ersten Formular, jedoch gibt es speziell in den Strukturdaten kleine Unterschiede. Um den Aufwand für die erneute Eingabe der gemeinsamen Strukturen zu reduzieren, können mithilfe der Datenübernahme im rechten Teilbereich des Formulareditors Felder und Feldgruppen aus bestehenden Formularen übernommen werden (vgl. Abb. 3.20). Dazu muss lediglich das gewünschte Formular ausgewählt werden, um anschließend über Drag-and-drop-Bewegungen eine Kopie der jeweils ausgewählten Information im Zielformular an der gewünschten Stelle zu erstellen. Die Erfassung ähnlicher Formulare wird dadurch für die Benutzer erleichtert.

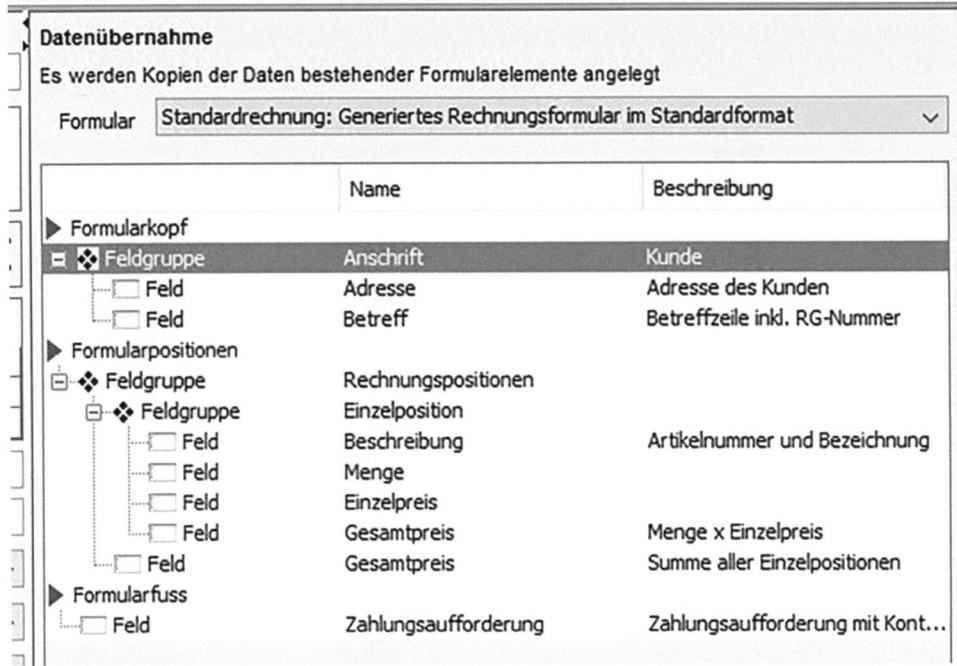

Abb. 3.20 Datenübernahme im Formulareditor

Teilweise gibt es Informationsobjekte, zu denen von Thomas Meier keine Strukturdaten erfasst werden. Einige Kunden schicken unter Umständen frei formulierte Anfragen in die Buchhaltung, die er zwar generell erfassen möchte, für die er jedoch keine Aussagen über ihre Struktur treffen kann. Für diesen Fall legt er ein neues Dokument an. Diese Informationsobjekte besitzen keine Strukturdaten, sind ansonsten aber identisch zu Formularen (vgl. Abb. 3.21).

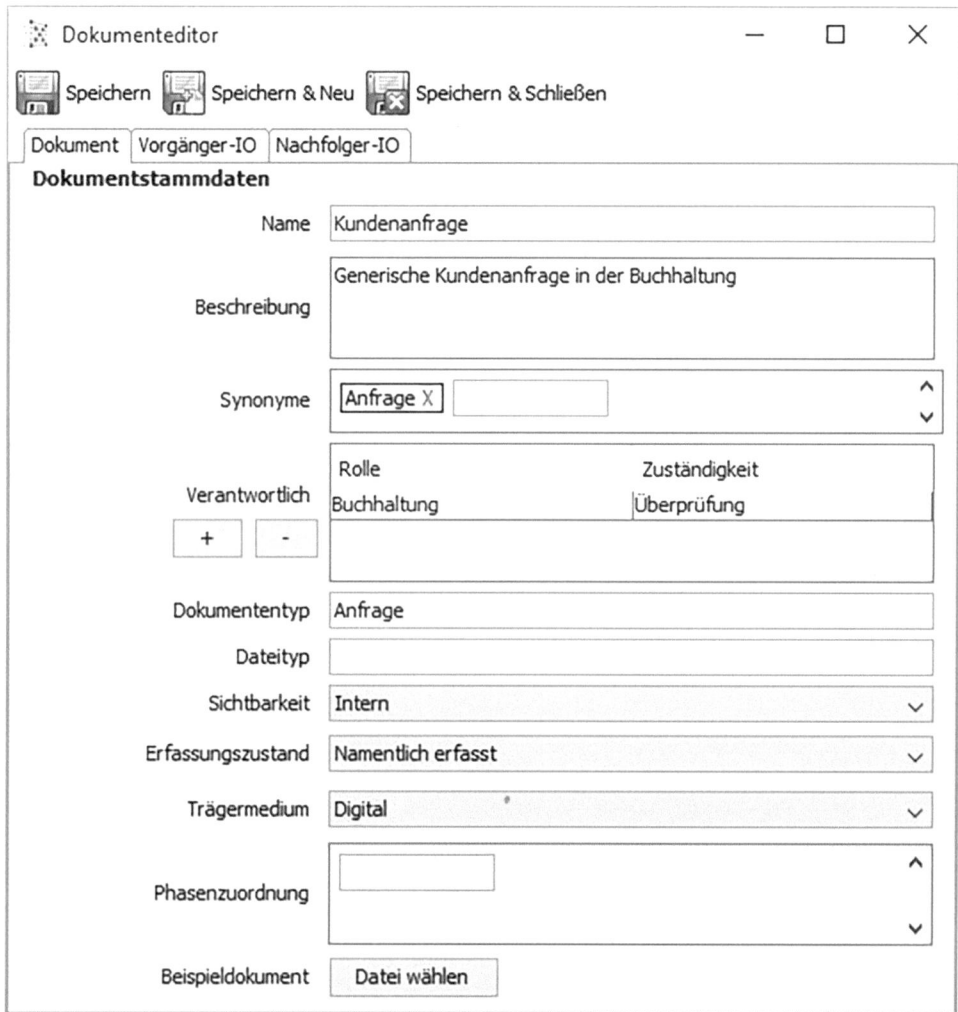

Abb. 3.21 Dokumenteneditor mit Beispieldaten

Im Anschluss an eine Kundenanfrage wird möglicherweise eine Rechnung gestellt. Aus diesem Grund fügt Thomas Meier die bereits erfasste Standardrechnung als Nachfolger-Informationsobjekt der Kundenanfrage hinzu – entweder per Drag-and-drop oder über die dafür vorgesehenen Buttons (vgl. Abb. 3.22). Auf die gleiche Weise können zu jedem anderen Informationsobjekt Vorgänger und Nachfolger hinzufügt werden, um die zeitliche Weiterentwicklung von Informationsobjekten zu verdeutlichen.

Am Ende der Modellierungstätigkeit erstellt Thomas Meier eine Informationsobjektsammlung, der alle erfassten Informationsobjekte zuordnet werden, die für seine Abteilung relevant sind (vgl. Abb. 3.23). Zur Zuweisung der enthaltenen Informationsobjekte kann er die Drag-and-drop-Funktionalität oder die entsprechenden Buttons verwenden.

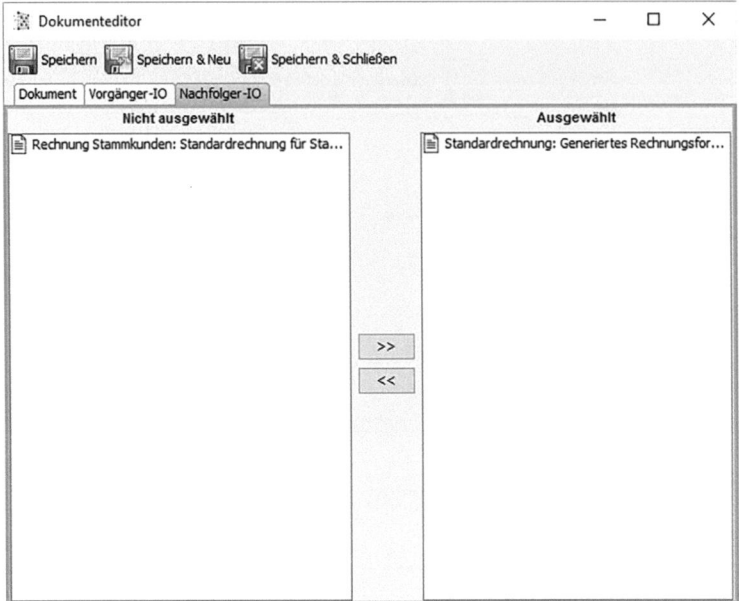

Abb. 3.22 Nachfolger-IO im Dokumenteneditor

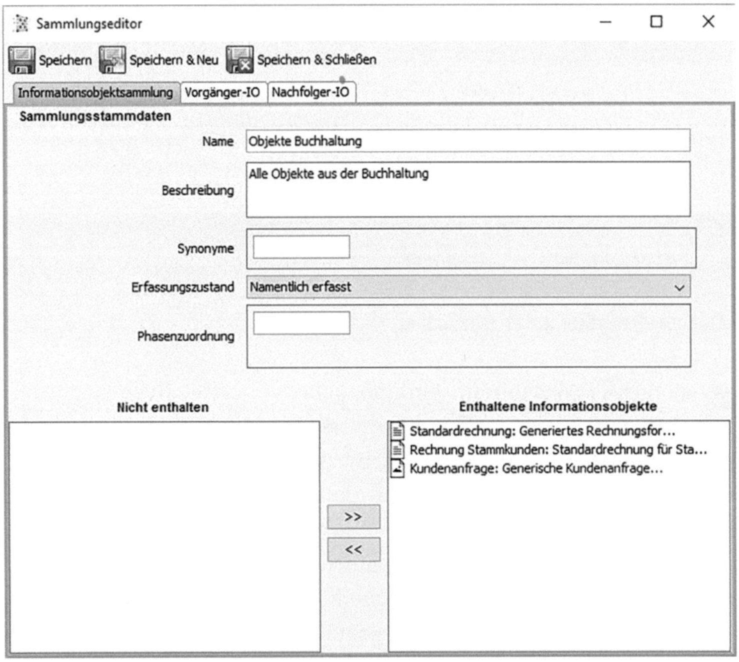

Abb. 3.23 Informationsobjektsammlung

3.2.3.3 Anwendungsfall 3: Export- und Weitergabemöglichkeiten

Im Rahmen des dritten Anwendungsfalls befasst sich Thomas Meier mit der Weitergabe der erfassten Informationsobjekte. Anhand von drei unterschiedlichen Szenarien werden in diesem Abschnitt die Möglichkeiten der Datenweitergabe vorgestellt.

Zunächst ist es denkbar, dass Thomas Meier alle ihm bekannten Informationsobjekte erfasst hat und diese an einen seiner Kollegen zur Ergänzung von weiteren Informationsobjekten übergeben möchte. Dafür muss er das Projekt auf seinem Computer vollständig sichern, indem er es im Startdialog des Tools auswählt und über den entsprechenden Button auf seinem Computer ablegt (vgl. Abb. 3.15). Andere Benutzer können das Projekt anschließend ebenfalls über den Startdialog laden und daran weiterarbeiten.

Weiterhin kommt es vor, dass Thomas Meiers Vorgesetzter über den aktuellen Stand der Modellierung informiert werden möchte. Ihm möchte Thomas Meier jedoch nicht die Datenbank zukommen lassen, sondern aufbereitete PDF-Dateien. In Abb. 3.24 ist das Fenster zum PDF-Export abgebildet. Hierüber können in einer PDF-Datei alle beliebigen Informationsobjekte ausgegeben werden und entweder in einem geteilten Verzeichnis abgelegt oder z. B. per E-Mail zugesendet werden.

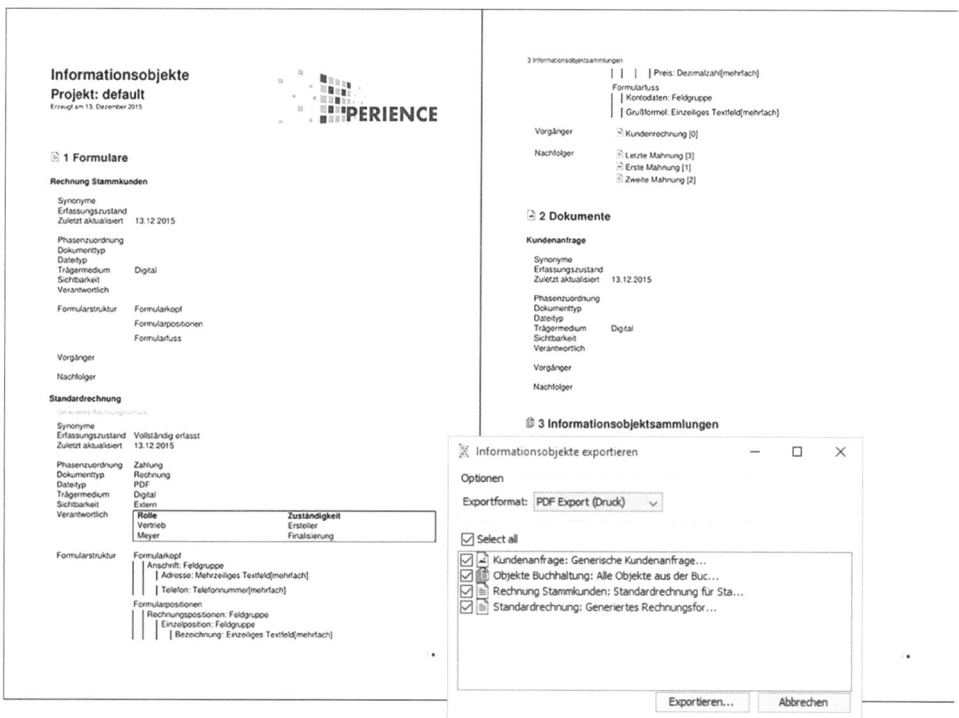

Abb. 3.24 PDF-Export

Das letzte Exportszenario befasst sich mit der Verknüpfung zu Tools der Prozessmodellierung. Ein Kollege möchte alle erfassten Informationsobjekte in das Modellierungswerkzeug *icebricks* importieren. Thomas Meier wählt hierfür das *icebricks*-Exportformat aus und schickt die exportierte Datei an seinen Kollegen. Das Ergebnis des anschließenden *icebricks*-Imports ist in Abb. 3.25 visualisiert: Die Standardrechnung wurde in *icebricks* als Hierarchie importiert und ihre Eigenschaften sind Attribute der Gruppen „CXP-Modellierung Metadaten" bzw. „CXP-Modellierung Strukturdaten".

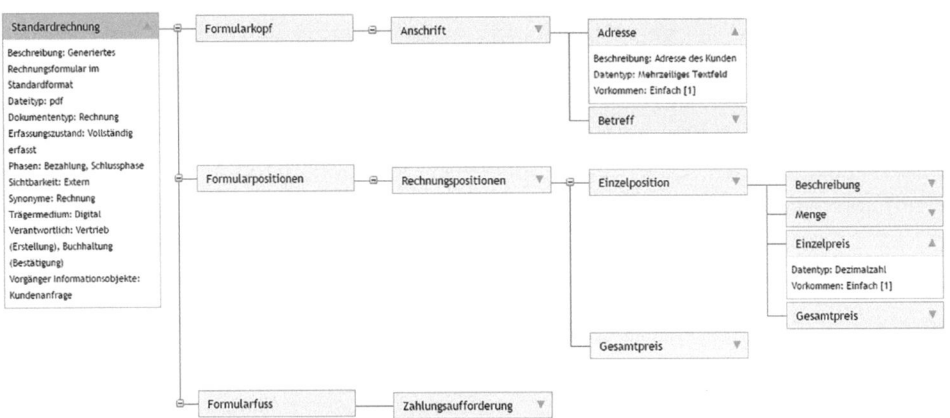

Abb. 3.25 *icebricks*-Import eines Informationsobjekts

Eine weitere Möglichkeit der Datenweitergabe bietet ein XML-Export. Das IOMT bietet diese zusätzlich Exportschnittstelle an, um Daten über eine einzelne oder mehrere XML-Dateien an beliebige Drittanwendungen wie Erfahrbarkeitsumgebungen übergeben zu können. Diese müssen an die Struktur der XML-Dokumente angepasst werden, um die Informationsobjekte anschließend verwenden zu können.

3.2.4 Schlussfolgerungen und Ausblick

Im Rahmen dieses Kapitels wurde ein Tool-Prototyp zur Dokumentation von Informationsobjekten vorgestellt, welcher die folgenden Ziele erfüllt: (1) Umfassende Modellierung von Attributen, Strukturen und Beziehungen von Informationsobjekten, (2) Umsetzung eines Baukastens zur strukturellen Repräsentation, (3) Komplementierung von anderen Modellierungstools durch Bereitstellung von Schnittstellen, bspw. zur Ergänzung der Prozessmodellierung in *icebricks* und (4) einfache Installation und Bedienung. Das Tool wurde mit Praktikern evaluiert und findet Anwendung in der Dokumentation des Referenzmodells für den Bau und Betrieb von Gebäuden. Es steht seit dem Frühjahr 2016 unter den Bedingungen der Apache License 2.0 auf www.cooperation-experience.de zum Download bereit.

Potenzielle Weiterentwicklungsmöglichkeiten bestehen in der Konsolidierung der Daten zweier Projekte in ein zusammenfassendes Projekt. Hier ist insbesondere die Identifikation identischer Objekte relevant. Zudem ließen sich tieferverschaltete Informationsobjektsammlungen, d. h. Sammlungen, die aus Sammlungen bestehen, realisieren. Außerdem kann das Tool durch eine parametrisierte Suche erweitert werden, die es erlaubt, nicht alle Spalten nach einem Suchbegriff zu durchsuchen, sondern eine Auswahl durch den Benutzer ermöglicht. Eine weitergehende Verwendung von Tooltipps würde zudem die Bedienbarkeit erhöhen.

!	**Informationsobjektdetailmodellierung**
	• Das Informationsobjektmodellierungstool dient zur Erfassung von Metadaten und Strukturen zu Informationsobjekten wie Dokumenten und Formularen.
	• Die Entwicklung des Prototyps wurde von folgenden Zielen geleitet: (1) Detaillierte Modellierung von Informationsobjekten für die Anbindung an Erfahrbarkeitsumgebungen, (2) Implementierung eines Baukastens zur Berücksichtigung der Modularität von Informationsobjekten, (3) Implementierung von Schnittstellen zu anderen Modellierungstools und (4) intuitive Installation und Bedienbarkeit.
	• Es implementiert Konzepte der CXP-Modellierungsmethode.

Literatur

Baines, T. S., Braganza, A., & Kingston J. (2009). State-of-the-art in product service-systems. Proceedings of the Institution of Mechanical Engineers, Part B: Journal of Engineering Manufacture 221, 1543-1552.

Becker, J., Beverungen, D., & Knackstedt, R. (2013). Designing interaction routines in service networks: A modularity and social construction-based approach. Scandinavian Journal of Information Systems 25, 17-47.

Becker, J., Probandt, W., & Vering, O. (2012). Grundsätze ordnungsmäßiger Modellierung: Konzeption und Praxisbeispiel für ein effizientes Prozessmanagement. Berlin, Heidelberg: Springer-Verlag.

Beverungen, D., Knackstedt, R., & Matzner, M. (2013). Bridging the Gap Between Manufacturing and Service Through IT-Based Boundary Objects. IEEE Transactions on Engineering Management publication information 60, 468-482.

Gruber, T. R. (1993). A Translation Approach to Portable Ontology Specifications. Knowledge Acquisition 5, 199-220.

Hull, R., Damaggio, E., & Fournier, F. (2010). Introducing the guard-stage-milestone approach for specifying business entity lifecycles. In M. Bravetti, T. Bultan (Hrsg.), Proceedings of the 7th International Workshop on Web Services and Formal Methods (S. 1-24). Hoboken.

Liu, R., Bhattacharya, K., & Wu, F. Y. (2007). Modeling Business Contexture and Behavior Using Business Artifacts. In J. Krogstie, A. Opdahl, G. Sindre (Hrsg.), Proceedings of the 9th International Conference on Advanced Information Systems Engineering, 324-339. Trondheim.

Mertens, P., Bodendorf, F., König, W. et al. (2012). Grundzüge der Wirtschaftsinformatik, 11. Auflage. Berlin, Heidelberg: Springer-Verlag.

Nigam, A., & Caswell, N. S. (2003). Business artifacts: An approach to operational specification. IBM Systems Journal 42, 428-445.

Object Management Group (2011). Business Process Model and Notation (BPMN): Version 2.0. http://www.omg.org/spec/BPMN/2.0/PDF. Aufgerufen 3. November 2014.

Soffer, P., Golany, B., Dori, D., & Wand, Y. (2001). Modelling Off-the-Shelf Information Systems Requirements: An Ontological Approach. Requirements Engineering 6, 183-199.

Sommerville, I. (2007). Software Engineering, 8. Aufl. Wesley: Pearson Addison.

SparxSystems. Enterprise Architect. http://www.sparxsystems.com /products/ea/index.html. Aufgerufen 8. Dezember 2015.

Stanford University. protégé. http://protege.stanford.edu/products.php. Aufgerufen 8. Dezember 2015.

StatCounter. Marktanteile der führenden Betriebssystemversionen in Deutschland von Januar 2009 bis September 2015. http://de.statista.com/statistik/daten/studie/158102/umfrage/marktanteile-von-betriebssystemen-in-deutschland-seit-2009/. Aufgerufen 8. Dezember 2015.

Visual Paradigm. Visual Paradigm. http://www.visual-paradigm.com/. Aufgerufen 8. Dezember 2015.

3.3 Integriertes Softwarewerkzeug für die Cooperation Experience-Modellierungssprache

Matthias Strotmeier, Patrick Jähne, Max Riffel, Arthur Winter

Die Cooperation Experience-Modellierungsmethode (CXP) wurde dafür entwickelt, das Vorgehen einer Kooperation zu planen und zu dokumentieren. Um diese Methode mit seinen Eigenschaften optimal unterstützen zu können, wurde mit dem Cooperation Manager ein spezieller Softwareprototyp entwickelt. In diesem Kapitel wird die Anwendung des Cooperation Managers zunächst praxisorientiert anhand eines Fallbeispiels beschrieben. Anschließend werden spezifische Gestaltungsentscheidungen erläutert, einige besondere Features hervorgehoben und deren Implementierung detailliert aufgezeigt.

3.3.1 Motivation

Die CXP-Modellierungssprache ermöglicht es, ein Wertschöpfungsnetzwerk über drei Modellebenen abzubilden. Dabei werden auf der obersten Modellebene der Zweck der Wertschöpfungspartnerschaft und die beteiligten Akteure abgegrenzt. Auf der mittleren Ebene werden die zwischen den Akteuren auszutauschenden Informationsobjekte und relevante Koordinationsaktivitäten fokussiert. Die untere Ebene detailliert einerseits die dynamischen Abläufe und andererseits den statischen Aufbau der ausgetauschten Dokumente.

Im Folgenden wird mit dem Cooperation Manager ein softwaretechnischer Prototyp für die Modellierung dieser Ebenen vorgestellt. Dabei steht auf der dritten, detaillierten Modellebene die Prozessbeschreibung im Vordergrund. Für die Spezifikation der Dokumente wurde mit dem Informationsobjektmodellierungstool ein speziell auf diese Aufgabe ausgerichteter Prototyp entwickelt, der im Folgenden vorgestellt wird.

Anhand des Cooperation Manager lässt sich zeigen, wie sich die für die CXP-Modellierungssprache vorgeschlagenen Diagrammtypen softwaretechnisch umsetzen lassen. Die elektronische Verwaltung und Pflege der Kooperationsmodelle stellt im Vergleich zu einem rein papierbasierten Vorgehen, bereits einen Wert für sich dar, weil die Aufwände für Erstellung und Wartung mittels Modelleditoren in der Regel drastisch reduziert werden können. Im Fall des CXP-Modellsystems kommt dieses Potenzial besonders zum Tragen, weil sich wesentliche Teile eines Modells jeweils aus der darüberliegenden Modellebene automatisiert ableiten lassen. Beispielsweise können aus der ersten Ebene die identifizierten Akteure auf die zweite Ebene übernommen werden. Die dritte Ebene greift die auf der übergeordneten Ebene definierten Aktivitäten auf und bringt diese detailliert in eine zeitlich-sachlogische Ordnung.

Über die Erleichterung der Anfertigung von der grafischen Darstellung kommt dem Cooperation Manager aber noch weitere Bedeutung zu, weil mittels ergänzender, teilweise eigenständiger prototypischer Implementierungen untersucht wurde, wie sich durch geeignete Gestaltung eines solchen Editors die Verständlichkeit und Erlebbarkeit des CXP-Modellsystems zusätzlich fördern lassen:

- *Filter*: Die Nachvollziehbarkeit der Informationsflüsse in der Wertschöpfungspartnerschaft wird erhöht, indem es den Modellnutzern ermöglicht wird, individuelle Filter zu setzen, die jeweils nur einen Ausschnitt des Informationsaustauschs sichtbar machen. Indem der Nutzer mittels der Filter Fragen zum Modell formulieren kann, wird die Interaktion zum Erschließen des Modellinhalts gezielt gesteigert.

- *Animation*: Der Ablauf des Informationsaustauschs lässt sich im Cooperation Manager zudem schrittweise animieren. Dabei werden die Informationsflüsse nacheinander eingeblendet. Nutzer können die Animation mittels Stoppen, Rückspulen und Fortsetzen individuell steuern.

- *Beispiele*: Die Verständlichkeit des Modells wird zudem erhöht, indem es der Editor an vielen Stellen ermöglicht, Instanzenbeispiele in Form von Dateien zu hinterlegen. Damit bleibt die Spezifikation der Wertschöpfungspartnerschaft mithilfe des Cooperation Managers nicht allein auf Strukturinformationen auf Typebene beschränkt, sondern die Verständlichkeit des Modells wird durch die Bereitstellung exemplarischer Ausprägungen dieser Strukturen gefördert.

- *Spracherweiterung*: Einen weiteren Beitrag zur Erhöhung der Erlebbarkeit der Wertschöpfungspartnerschaft wurde mit der Entwicklung einer Wiki-Umgebung geschaffen, die im nachfolgenden Kapitel 3.4 ausführlich vorgestellt wird. Im Cooperation Manager wurde in Form der Annotation von Plugins eine Spracherweiterung eingeführt, um eine automatisierte Überführung von CXP-Modellen in diese Erfahrbarkeitsumgebung zu ermöglichen.

Der Cooperation Manager wird im Folgenden zunächst anhand eines modellebenenübergreifenden Anwendungsbeispiels vorgestellt und im Anschluss werden einzelne Implementierungsentscheidungen im Detail erläutert.

3.3.2 Anwendungsfallgetriebene Werkzeugeinführung

Das Softwarewerkzeug für die Cooperation Experience-Modellierungsmethode wird anhand einer anwendungsfallgetriebenen Werkzeugeinführung vorgestellt. In Abschnitt 3.3.1 wurde aus dem Bereich der hybriden Wertschöpfung das Beispiel „Landau" beschrieben und ein Kooperationsmodell mithilfe der Cooperation Experience-Modellierungsmethode über drei Ebenen erstellt. Landau ist ein Unternehmen, das Land- und Erntemaschinen produziert und sich in den letzten Jahren verstärkt darum bemüht, Dienstleistungen mit Maschinen zu bündeln. Für kleine und mittelständische landwirtschaftliche Betriebe soll ein Performance Contracting-Geschäftsmodell eingeführt werden. Landau plant, für den Kunden die Ernte und Teile der vorgelagerten Wertschöpfungsaktivitäten zu übernehmen. Der Kunde muss sich dann lediglich um die Weiterverarbeitung des Ernteguts und ausgewählte Tätigkeiten kümmern, benötigt jedoch für die Ernte keine eigenen Maschinen und kein eigenes Personal. Soweit möglich, stellt Landau die Erntemaschinen. Die Möglichkeiten des eigenen Vertriebsnetzes werden durch die Einbindung von Kooperationspartnern in das Geschäftsmodell gezielt ausgeweitet. Personal wird bei Bedarf von der Landjob GmbH gestellt. Zusätzlich notwendige Erntemaschinen werden von Agrotech angemietet. Saatgut und Dünger werden vom Saatguthersteller Aaseesaat in die Kooperation eingebracht. Der Kunde kommuniziert jedoch ausschließlich mit Landau *(one face to the customer)*. Dieses Beispiel wird im Folgenden aufgegriffen und mithilfe des Softwarewerkzeugs modelliert.

3.3.2.1 Ebene 1 – Ordnungsrahmen

Die erste Ebene der Cooperation Experience-Modellierungsmethode umfasst den Ordnungsrahmen, dessen Gestalt an der eines Hauses angelehnt ist (zum Referenzdesign von Ordnungsrahmen vgl. Meise 2001). Diese Darstellung wird auch im Cooperation Manager verwendet (vgl. Abb. 3.26). Mithilfe der Symbole auf der rechten Seite des Fensters können Prozesse dreier Arten erstellt werden:

- △ Managementprozesse
- ∑ Kernprozesse
- ▭ Supportprozesse

Einem Management- und einem Supportprozess wird ein Name gegeben.

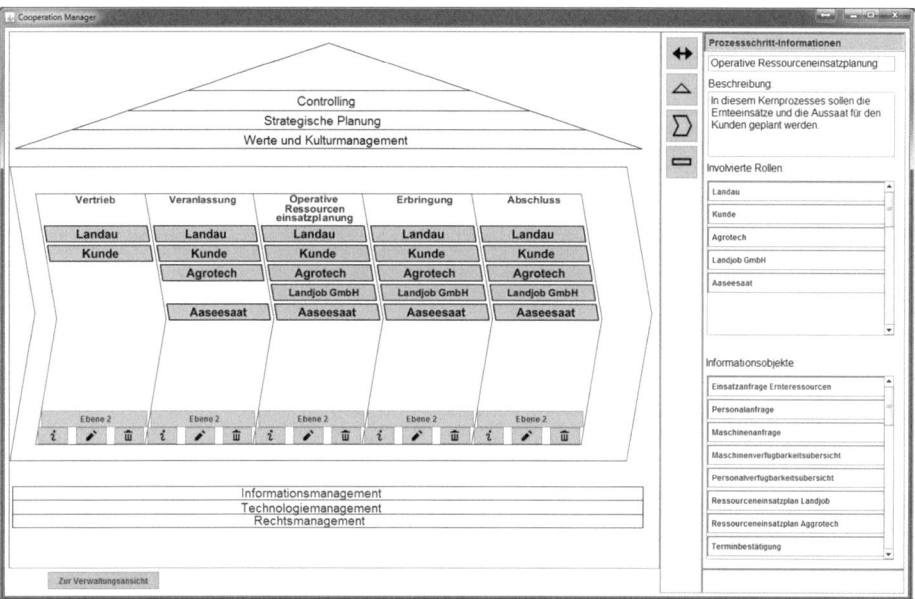

Abb. 3.26 Ebene 1 – Ordnungsrahmen

Für die Kernprozesse werden neben einem Namen und einer Beschreibung zusätzlich die involvierten Rollen angegeben (vgl. Abb. 3.27). Mittels eines Drop-down-Menüs können die bereits zuvor angelegten Rollen im unteren Teil des Fensters ausgewählt und ihre Kernprozessbeteiligung begründet werden.

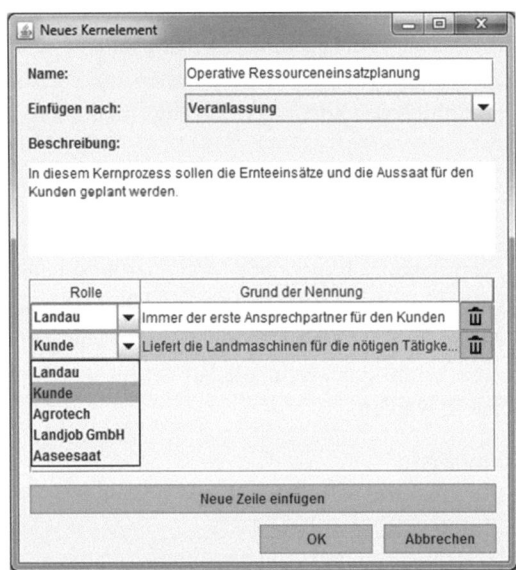

Abb. 3.27 Dialog zum Erstellen eines Kernprozesses

Um weitere Informationen über die jeweiligen Kernprozesse festzuhalten, können diese ausgewählt werden, indem auf das Informationssymbol *i* geklickt wird. Je nachdem, welcher der Kernprozesse ausgewählt wird, ändert sich die Ansicht im rechten Teil des Bildschirms, dem Informationsbereich (vgl. Abb. 3.26). Im Beispiel wurde der Kernprozess *Operative Ressourceneinsatzplanung* ausgewählt. Zum gewählten Kernprozess wird die bei der Erstellung angegebene Beschreibung angezeigt, die über das mit diesem Prozess verfolgte Ziel Auskunft geben sollte. Die im Kernprozess involvierten Rollen werden darunter angezeigt. Die gleiche Art der Auflistung wird bei der Darstellung der Informationsobjekte sichtbar, die in dem jeweiligen Kernprozess ausgetauscht werden. Eine detaillierte Pflege der Informationen zu Rollen und Informationsobjekten erfolgt auf der zweiten Ebene. Dabei können den Informationsobjekten Dateien (z. B. im PDF-Format oder weiteren Grafikstandards) zugeordnet werden. Diese Dateien können per Doppelklick mithilfe eines lokal installierten Softwarewerkzeugs angezeigt werden.

Der Button zur Bearbeitung öffnet den Dialog zur Pflege eines Kernprozesses. Der Button ermöglicht das Löschen eines Kernprozesses. Um für einen Kernprozess in die zweite Ebene zu gelangen, muss auf den dazugehörigen Button Ebene 2 im Kernprozess geklickt werden.

3.3.2.2 Ebene 2 – Kooperationsszenarien

Die zweite Ebene dient dazu, das Kooperationsszenario eines Kernprozesses darzustellen. Hierbei steht vor allem der Informationsfluss zwischen den Rollen im Vordergrund und es soll dargestellt werden, wer in welcher Reihenfolge wem ein Informationsobjekt senden muss. Die Oberfläche ist so aufgeteilt, dass im rechten Viertel – wie schon auf der ersten Ebene – der Informationsbereich dargestellt wird und der Rest des Bildschirms zur Modellierung der Kooperationsszenarien zur Verfügung steht (vgl. Abb. 3.28).

Zu Beginn ist diese Ebene bereits mit den involvierten Rollen, die aus dem Ordnungsrahmen der Ebene 1 übernommen werden, gefüllt. Die Rollen werden aufgeführt in Rechtecken, die sich um die Seiten der zentralen, ebenfalls rechteckigen Gestaltungsfläche für Kooperationsaktivitäten anordnen. Im Fallbeispiel sind das Landau, der Kunde, die Landjob GmbH, Agrotech und Aaseesaat. Mit dem Button [Neue Kooperationsaktivität] können neue Kooperationsaktivitäten erstellt werden, die dann untereinander angeordnet werden – beispielsweise *Erntewunsch äußern*. Im nächsten Schritt müssen die Rollen mit den Aktivitäten verbunden werden, was durch die folgenden Funktionen ermöglicht wird:

- Bearbeiten einer Rolle
- Pflege eines Informationsflusses zwischen Rolle und Kooperationsaktivität
- Löschen einer Rolle aus dem Kernprozess

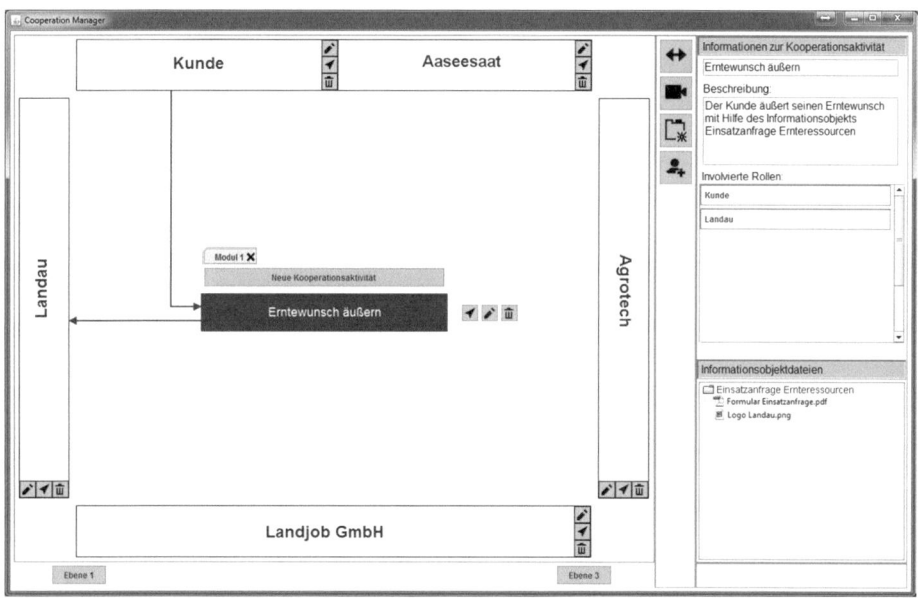

Abb. 3.28 Ebene 2 – Kooperationsszenarien

Die Kooperationsaktivitäten selbst werden über ein Smart-Menü gepflegt. Wird eine Kooperationsaktivität angeklickt, ändert sich – analog zur ersten Modellebene – der Informationsbereich. Es werden der Name, eine Beschreibung (optional) und die involvierten Rollen angezeigt. Darunter werden die Informationsobjektdateien aufgelistet, die in dieser Kooperationsaktivität ausgetauscht werden. Mithilfe des Bearbeiten-Symbols ✏ können Informationsobjekte hinzugefügt oder der Name und die Beschreibung verändert werden. Durch das linke Symbol ◀ wird wiederum ein Informationsfluss zwischen der Kooperationsaktivität und einer Rolle gepflegt. Das Symbol ganz rechts 🗑 ermöglicht es, nach einer Sicherheitsabfrage die Kooperationsaktivität zu löschen. Wie schon in der ersten Ebene können die Informationsobjekte via Doppelklick geöffnet werden, um die Verständlichkeit des Informationsflusses zu erhöhen und zu prüfen, ob alle benötigten Daten ausgetauscht werden.

Werden in einem Szenario viele Kooperationsaktivitäten ausgeführt und viele Informationsobjekte ausgetauscht, so kann die zweite Ebene unübersichtlich werden (vgl. Abb. 3.29).

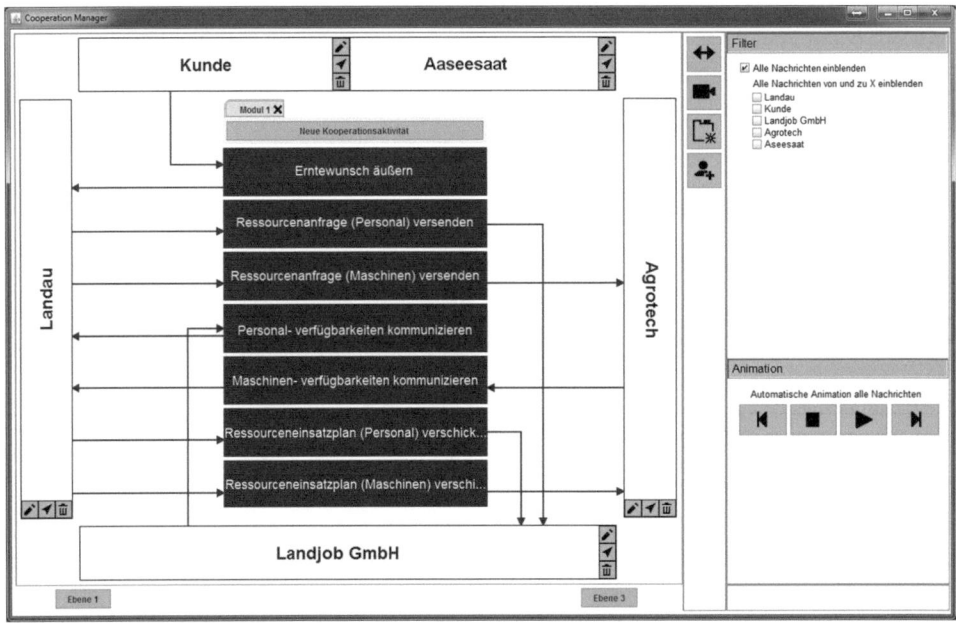

Abb. 3.29 Ebene 2 – Kooperationsszenarien (Filter)

Um den Überblick der Informationsflüsse zwischen den Rollen und Kooperationsaktivitäten nicht zu verlieren, wurden in zusätzlichen, teilweise eigenständigen prototypischen Implementierungen zwei Ideen untersucht, welche die Lesbarkeit und Verständlichkeit des Modells erhöhen (Lewalter 1997):

1. *Reduzierung der dargestellten Pfeile durch eine Filterung*:
   Mithilfe von Filtern können bestimmte Pfeile ein- oder ausgeblendet werden. Im rechten Teil des Bildes sind oben die Filter zu sehen, die für dieses Kooperationsszenario möglich sind. So können beispielsweise alle Informationsflüsse ein- oder ausgeblendet werden oder es können Informationsflüsse ausgewählt werden, an denen bestimmte Rollen beteiligt sind.

2. *Verdeutlichung des Informationsaustauschs durch Animation*:
Um die Verständlichkeit des Modells weiter zu erhöhen, wurde auch die Idee einer Animation der Informationsflüsse untersucht. Mithilfe der einem Medien-Abspielgerät nachempfundenen Buttons ⏮ ⏹ ▶ ⏭ kann die Animation gesteuert werden. Sobald das Symbol für das Abspielen ▶ angeklickt wird, startet die Animation und es werden nacheinander Informationsflüsse eingeblendet. Außerdem ändert sich das Symbol für das Abspielen in das Symbol für Pause ⏸ , mit dem die Animation an einem gewünschten Zwischenstand angehalten werden kann. Sobald die Animation pausiert, kann sie mithilfe der Symbole für Vorwärts ⏭ und Zurück ⏮ Schritt für Schritt durchgespielt werden. Dabei wird jeweils der nächste Informationsfluss eingeblendet bzw. der vorangegangene ausgeblendet. Das Symbol für Stopp ⏹ setzt die Animation zurück auf den Anfang.

Falls beim Modellieren der zweiten Ebene Änderungsbedarfe für den Ordnungsrahmen erkannt werden, so kann über den Button [Ebene 1] am unteren Rand wieder in die erste Ebene zurückgekehrt werden. Sobald die zweite Ebene vorerst zufriedenstellend modelliert wurde, kann mit dem Button [Ebene 3] in die dritte Ebene gesprungen werden.

3.3.2.3 Ebene 3 a – Prozessdetailmodelle

Die dritte Ebene dient dazu, die bisher beschriebenen Prozessabläufe um Schleifen und Verzweigungen zu ergänzen. Diese Detaillierungsebene wird auch für die Simulation der Kooperation mittels einer Erfahrbarkeitsumgebung genutzt, die in Kapitel 3.4 beschrieben wird.

Das Softwarewerkzeug ermöglicht es, eine grundlegende Version des Prozessmodells automatisch zu generieren, indem die Informationen zum Kernprozess aus der Modellebene 2 (Kooperationsszenarien) übernommen werden (vgl. Abb. 3.30).

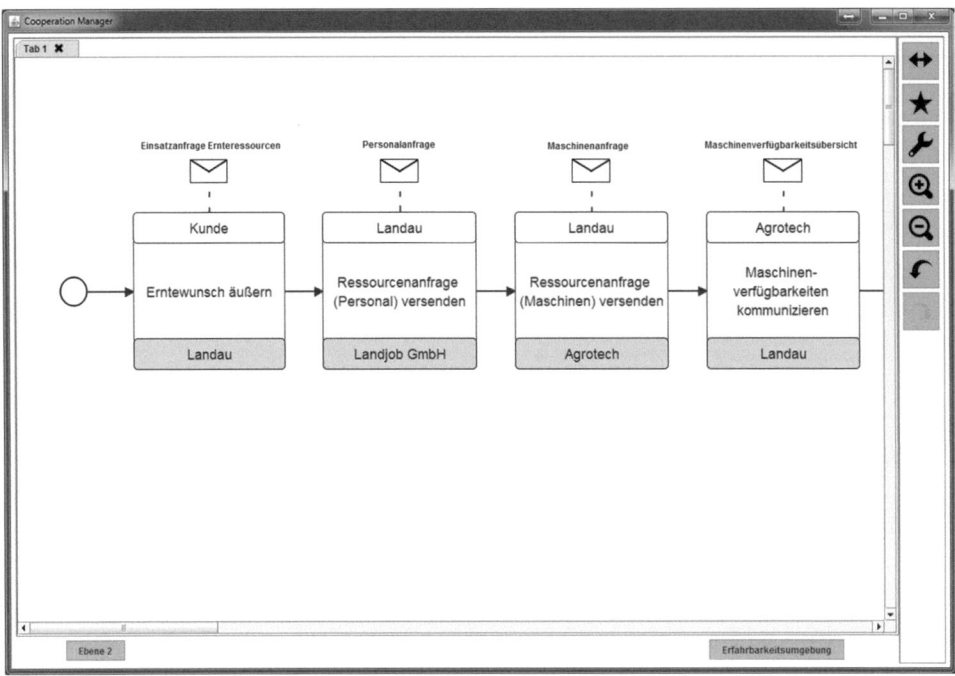

Abb. 3.30 Ebene 3 – Prozessdetailmodellierung (automatisch generiert)

Jede der auf der zweiten Modellebene eingeführten Kooperationsaktivität wird auf der dritten Ebene automatisch in eine Choreografieaktivität umgewandelt. Den abgeleiteten Choreografieaktivitäten werden dabei die Informationsobjekte aus der zweiten Modellebene hinzugefügt. Außerdem werden die Sender und Empfänger, die auf der zweiten Ebene durch die Richtungen der Informationsflüsse festgelegt wurden, übernommen.

Mithilfe des umgesetzten Vorgehens ist es möglich, die dritte Ebene zu einem großen Teil automatisch zu generieren. Da die zweite Ebene allerdings nicht dafür konzipiert wurde, Schleifen und Verzweigungen zu berücksichtigen, müssen auf der dritten Ebene gegebenenfalls vorhandene Verbindungen zwischen den Choreografieaktivitäten gelöscht und Choreografieaktivitäten über Gateways neu verbunden werden (vgl. Abb. 3.31) (Berglehner, Wilbers 2015).

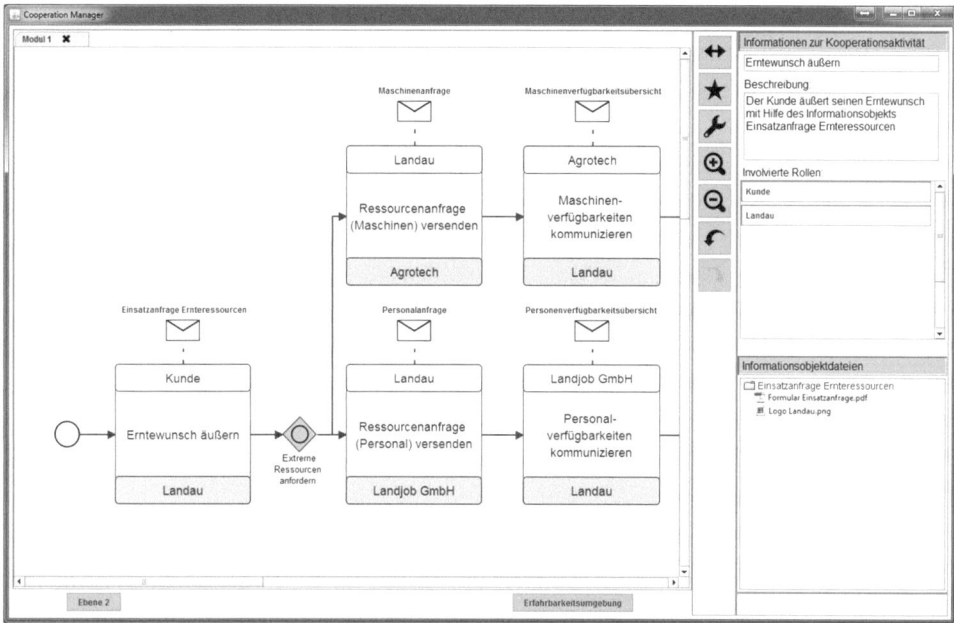

Abb. 3.31 Ebene 3 – Prozessdetailmodellierung (Verknüpfung hinzugefügt)

Es ist möglich, die Choreografieaktivitäten auf der dritten Ebene zu bearbeiten, wobei Änderungen automatisch in die zweite Modellebene zurückgespielt werden. Mithilfe dieses Verfahrens muss bei Änderungen, die alle Ebenen betreffen, nicht jede Ebene einzeln geändert werden, sondern das Softwarewerkzeug übernimmt die Anpassungsarbeit für den Modellierer. Auf diesem Wege wird es dem Modellierer prinzipiell ermöglicht, den Prozess vollständig in der dritten Ebene zu modellieren. Die zweite Ebene wird aus diesem Modell generiert und steht anschließend ebenfalls zur weiteren Bearbeitung zur Verfügung. Bei der Erstellung und Bearbeitung der Choreografieaktivitäten ist der Dialog umfangreich, erlaubt es aber, alle nötigen Informationen in einem Dialog anzugeben und nicht mehrere aufrufen zu müssen (vgl. Abb. 3.32).

Der Name der Choreografieaktivität wird in der ersten Zeile des Dialogs angegeben. Gleich daneben wird die Position der Aktivitäten für die zweite Modellebene angegeben, die automatisch hochgezählt wird. Die Informationsobjekte, die innerhalb dieser Aktivität versandt werden, können mit dem dafür vorgesehenen Button `Weiteres Informationsobjekt hinzufügen` hinzugefügt werden. Da es möglich ist, mehrere Informationsobjekte innerhalb einer Nachricht an einen Empfänger zu senden, werden diese in der darüberliegenden Fläche aufgelistet (im Beispiel die Datei „Einsatzanfrage Ernteressourcen.pdf"). Mit dem Button hinter dem Informationsobjekt kann es geöffnet und mit dem Button kann es gelöscht werden. Da eine Choreografieaktivität mehr als ein Informationsobjekt beinhalten kann, muss ein Name hierfür vergeben werden, der in dem Modell dann oberhalb beziehungsweise unterhalb des Briefumschlags steht (vgl. nochmals Abb. 3.31). Im Dialog wird dieser Name direkt unter dem Namen der Aktivität vergeben.

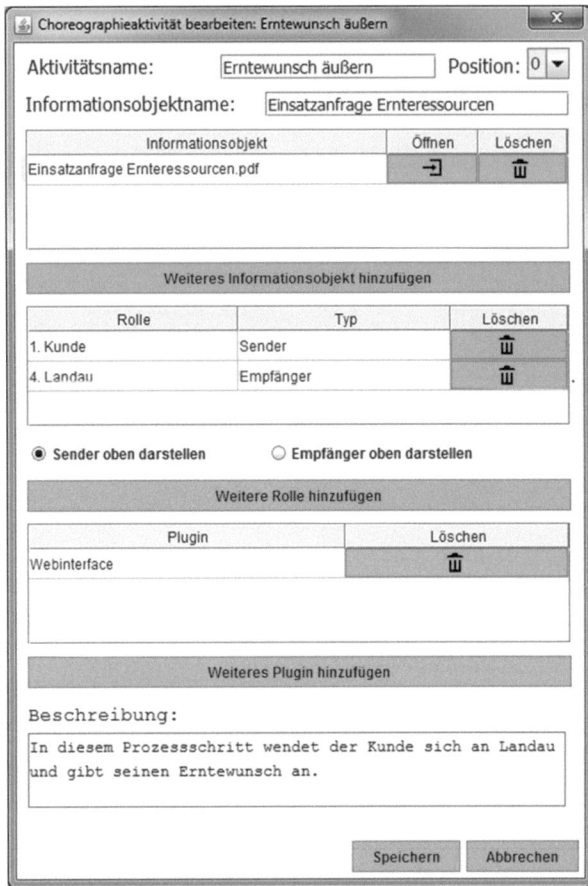

Abb. 3.32 Ebene 3 – Dialog Choreografieaktivität bearbeiten

Die Rollen, die in der Verwaltung erstellt wurden, können unter den Informationsobjekten ausgewählt und hiermit der Choreografieaktivität zugeordnet werden. Durch den Button Weitere Rolle hinzufügen können bei mehreren Empfängern weitere Zeilen für die Rollen hinzugefügt werden, die dann via Drop-down-Menü ausgewählt werden können. Standardmäßig ist der Sender oben dargestellt, doch sollte es Sinn ergeben, dies zu tauschen, so kann die Positionierung mittels der Checkbox „Empfänger oben darstellen" einfach geändert werden. Die Plugins, die unter den Rollen hinzugefügt werden, werden für die Konfiguration der Erfahrbarkeitsumgebung genutzt, die im nächsten Kapitel 3.4 dieses Buches vorgestellt wird. Mithilfe des Buttons Weiteres Plugin hinzufügen können Plugins hinzugefügt werden, die dann via Drop-down-Menü ausgewählt werden. Mithilfe des Buttons 🗑 ist es möglich, die Plugins wieder zu löschen.

3.3.3 Grundlegende Entscheidungen bei der Implementierung des Cooperation Managers

3.3.3.1 Wie soll das Interface aufgebaut sein?

Die Benutzerfreundlichkeit des Cooperation Managers war bei der Entwicklung sehr wichtig. Die Benutzer sollen ohne schriftliche Anleitung nach einer kurzen Einweisung mit der Software umgehen und selbstständig eine Kooperation modellieren können. Aus diesem Grund hat die Benutzeroberfläche der verschiedenen Ebenen immer den gleichen Aufbau (vgl. Abb. 3.33) (Nielsen 1995).

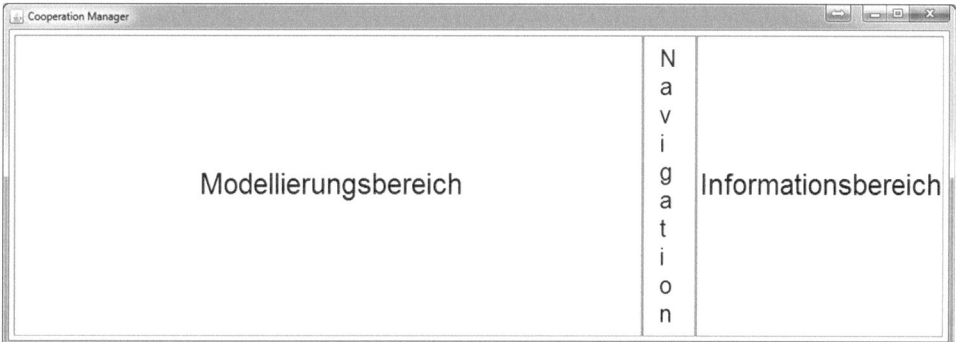

Abb. 3.33 Grundstruktur des Cooperation Managers

Der größte Bereich ist für die Modellierung vorgesehen und nimmt ca. zwei Drittel des gesamten Fensters ein (Modellierungsbereich). Um spezifische Informationen zu den Ebenen und Symbolen auf den Ebenen anzuzeigen, dient der ausblendbare Informationsbereich, der durch den Navigationsbereich vom Modellierungsbereich abgetrennt ist. Im Navigationsbereich stehen Funktionen bereit, die individuell für jede Ebene sind und das Modellieren vereinfachen sollen.

3.3.3.2 Soll der Prototyp als Anwendung im Webbrowser oder als Client-Software realisiert werden?

Um zu entscheiden, ob der Cooperation Manager als Anwendung im Webbrowser oder als Client-Software realisiert werden soll, wurden die Unternehmenspartner des Cooperation Experience-Projektes befragt, wozu sie ein solches Tool nutzen würden. Die Anforderungen an das Werkzeug beinhalteten nicht nur die Dokumentation der Prozessmodelle der Kooperation. Die Software sollte auch bei der Umsetzung der Prozesse genutzt werden und an Orten verfügbar sein, an denen kein Internetzugang möglich ist. Zudem ist das Modellieren in einer Webplattform meist mit einer Verzögerung verbunden (Vieritz 2015), was mit der Verbindung zum Server zusammenhängt. Aus diesen Gründen wurde entschieden, den Cooperation Manager als Client-basierte Software zu entwickeln (vgl. Abb. 3.34).

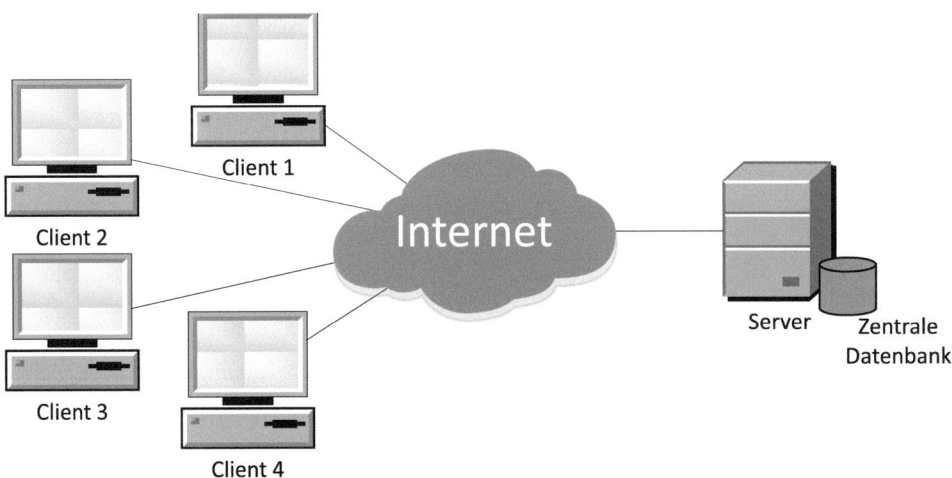

Abb. 3.34 Client-Server-Struktur

Um die Daten aller Kooperationspartner auf allen Clients verfügbar zu haben, muss zusätzlich ein Server zur Verfügung stehen, auf dem die aktuelle Version der Prozessmodelle gespeichert und an alle Clients verteilt wird (Dadam 2013).

3.3.3.3 Welche Programmiersprache wird verwendet?

Um eine Software zu entwickeln, können viele Programmiersprachen verwendet werden und jede bietet ihre individuellen Vor- und Nachteile. Die Programmiersprache des Cooperation Managers sollte folgende Anforderungen erfüllen (Ullenboom 2004; Rottmann 2013; Nikishkov, Nikishkov, Savchenko 2003):

- Plattformunabhängig
- Robust

- Objektorientiert
- Anbindung von SQLite und SQL möglich
- Lizenzfrei

Diese Anforderungen werden beispielsweise durch die Programmiersprache Java erfüllt. Nachteilig ist jedoch der Performanceverlust, der durch die Plattformunabhängigkeit verursacht wird (Georges, Eeckhout, Buytaert 2008). Da die Systemanforderungen der Software sehr gering sind, stellt dies jedoch beim Cooperation Manager kein Problem dar.

3.3.3.4 Wie werden die erzeugten Daten gespeichert?

Die erzeugten Daten der Modelle müssen auf den Clients gespeichert werden, bevor sie mit dem Server synchronisiert werden können, da nur so eine Bearbeitung der Modelle ohne Internetverbindung möglich ist. Um die Daten lokal auf dem Client zu speichern, wurde eine SQLite-Datenbank ausgewählt. Sie benötigt keine gesonderte Installation und erstellt eine Datei, in die alle Daten vom Programm gespeichert werden (Hwaci – Applied Software Research 2014). Dies hat insbesondere die folgenden Vorteile:

- Die Daten können direkt beim Editieren der Modelle gespeichert werden. Dies stellt sicher, dass keine Daten verlorengehen, sollte das System einmal abstürzen.
- Der Benutzer muss sich nicht um das Laden und Speichern kümmern, da durch die direkte Speicherung die aktuellste Version immer in der Datenbank vorhanden ist.

3.3.4 Beschreibung und Implementierung der Ebenen

Die Cooperation Experience-Modellierungssprache unterscheidet drei Modellebenen. Die Beschreibung der Implementierung orientiert sich im Folgenden an dieser Ebeneneinteilung. Zusätzlich wird die Verwaltung der Projekte beschrieben.

3.3.4.1 Beschreibung und Implementierung der Ebene 1 – Ordnungsrahmen

Beschreibung

Die erste Ebene stellt den Ordnungsrahmen der Kooperation grafisch und inhaltlich dar. Im Modellierungsbereich werden die Managementprozesse als Dach, die Supportprozesse als Fundament und die Kernprozesse als zentral platzierte Prozessdarstellung abgebildet (vgl. Abb. 3.35).

Der Navigationsbereich beinhaltet vier Symbole, mit denen sich die unterschiedlichen Prozesse erstellen lassen und die Benutzeroberfläche gesteuert wird:

- ↔ *Ein- Ausblenden des Informationsbereichs*
  Mithilfe dieser Funktion kann der Informationsbereich ein- und ausgeblendet werden, um den Modellierungsbereich zu vergrößern.

- △ *Managementprozess*
  Der Dialog zum Erstellen der Managementprozesse wird aufgerufen.

- ∑ *Kernprozess*
  Der Dialog zum Erstellen eines Kernprozesses wird aufgerufen.

- ▭ *Supportprozess*
  Der Dialog zum Erstellen der Supportprozesse wird aufgerufen.

Die Management- und Supportprozesse werden dem Ordnungsrahmen mit einem Namen hinzugefügt. Die Kernprozesse nehmen einen höheren Stellenwert in der Kooperation ein (Osterloh, Frost 2016). Daher können beteiligte Rollen den Kernprozessen mit einer Begründung hinzugefügt werden.

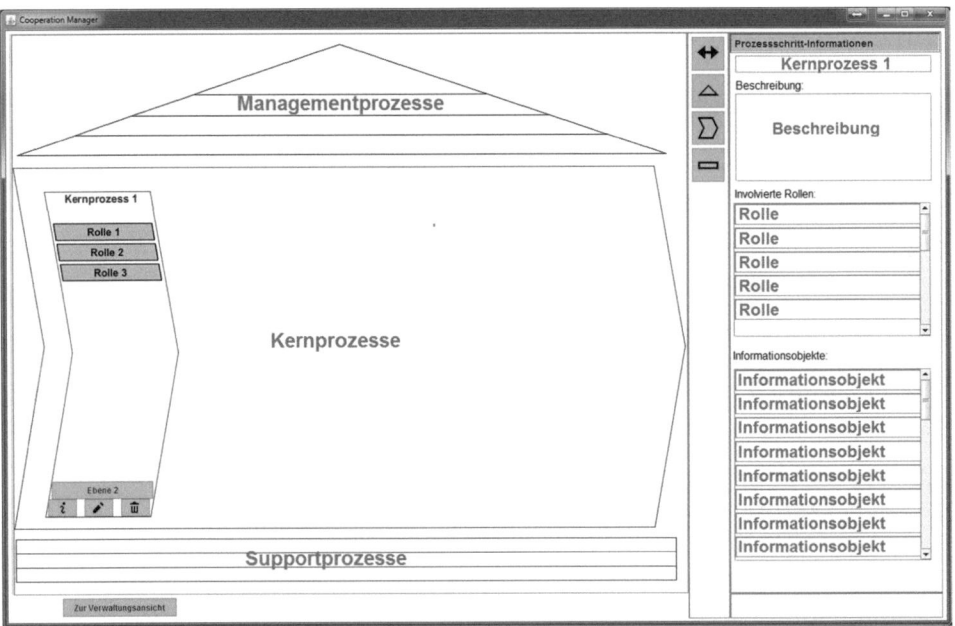

Abb. 3.35 Darstellung der Ebene 1 – Ordnungsrahmen

Die an den Kernprozessen beteiligten Rollen werden immer sichtbar für alle Kernprozesse direkt unter dem Namen grafisch dargestellt. Zusätzliche Informationen zu den individuellen Kernprozessen werden nach dem Klick auf den Informationsbutton *i* eines Kernprozesses im Informationsbereich angezeigt. Von oben nach unten lauten diese:

- Name des Kernprozesses
- Beschreibung des Kernprozesses
- Involvierte Rollen des Kernprozesses
- Genutzte Informationsobjekte in dem Kernprozess

Implementierung

Der Informationsbereich stellt für jede Ebene individuelle Funktionen und Informationen bereit. Der Aufbau dieser Anzeige ist in zwei getrennte Panels unter Verwendung eines GridBagLayouts vorgenommen worden. Im oberen Panel befinden sich die Informationen des Kernprozesses (Name, Beschreibung, Rollen). Die Anzeige geschieht mittels einer SQLite-Datenbank-Abfrage. Sobald ein Aufruf der Informationen in der ersten Ebene oder beim Wechsel in die zweite Ebene erfolgt, wird die Prozessschritt-ID übergeben und die dazugehörigen Informationen geladen. Das zweite Panel dient der Anzeige von Dateien, die den Kernprozessen hinzugefügt werden können. Die Anordnung der Informationsobjekte erfolgt mittels einer Tabelle. Informationsobjekte werden in einen Bitstream umgewandelt und in der SQLite-Datenbank gespeichert, weshalb nicht eine Vielzahl von Dateien gemanagt werden muss, sondern nur eine Datei für das komplette Modell inklusive der Dateien erstellt wird. Hinterlegte Informationsobjekte können direkt geöffnet oder gelöscht werden. Damit erkannt werden kann, welches Informationsobjekt angesprochen wird, wird die Zeile, in der der jeweilige Button geklickt wurde, übergeben. Anhand dieser Zeile kann das besagte Informationsobjekt geladen und in einem File transferiert werden.

```
1. private void infoObjectMouseHandler(MouseEvent event, boolean onDrag){
2.    int rowIndex = infoObjectTable.rowAtPoint(event.getPoint());
3.    this.onUpdate = true;
4.    if(rowIndex <=0) {
5.    this.selectedInfoobject = infoObjectModel.
         getInformationObject(rowIndex);
6.    if(infoObjectTable.columnAtPoint(event.getPoint()) == 1 && !onDrag){
7.       if (Desktop.isDesktopSupported()){
8.         try{
9.            File myFile = selectedInfoobject.getInfoobject();
10.           Desktop.getDesktop().open(myFile);
11.        } catch (IOException ex)
12. …
```

Das File kann danach mithilfe der Methode „Desktop.getDesktop().open(File)" geöffnet und angezeigt werden. Für das Entfernen eines Informationsobjektes wird ähnlich vorgegangen. Die anhand der Tabellenzeile selektierte Informationsobjekt-ID wird an eine statische SQL-Methode übermittelt („ebene2.gui.core. SQLStatements.deleteInfobjekt(selectedInfobject.getId()"). Mithilfe mehrerer SQL-Aufrufe innerhalb dieser Methode werden daraufhin sämtliche Daten bezüglich des gelöschten Objekts (Verbindungen zu anderen Datenbanktabellen) aufgehoben. Dies alles geschieht zudem unter Bezugnahme der aktuellen Version. Somit ist gewährleistet, dass der Anwender beim Laden einer früheren Version dortige noch nicht gelöschte Dateien wiederfinden kann. Um dem Anwender eine einfache und individuelle Handhabung der genannten Features zu ermöglichen, wurden die genannten Funktionen für die Informationsobjekte an verschiedenen Stellen eingefügt. So kann der Anwender nicht nur Änderungen an den Dateien über das besagte Panel vornehmen, sondern auch beispielsweise, indem er den Editieren-Button einer Aufgabe (Ebene 2 und Ebene 3) klickt. Im sich öffnenden Pop-up-Fenster erhält er somit dieselben Funktionen wie im Subpanel.

3.3.4.2 Beschreibung und Implementierung der Ebene 2 – Kooperationsszenarien

Beschreibung

In der zweiten Ebene werden die kooperativen Aktivitäten innerhalb eines Kernprozesses dargestellt. Im Modellierungsbereich werden hierfür die Rollen, die in der ersten Ebene dem Kernprozess hinzugefügt wurden, in einem Rechteck angeordnet. Im Zentrum dieses Rechtecks werden die Kooperationsaktivitäten mithilfe des Buttons Neue Kooperationsaktivität erstellt. Nachdem eine Kooperationsaktivität erstellt wurde, kann diese mit den beteiligten Rollen verbunden werden (vgl. Abb. 3.36). Des Weiteren werden den Kooperationsaktivitäten noch Informationsobjekte, die zwischen den Rollen ausgetauscht werden, hinzugefügt, wodurch ein Informationsfluss zwischen den Rollen dargestellt wird.

Der Navigationsbereich beinhaltet vier Symbole, mit denen diese Ebene gesteuert wird:

- *Ein- und Ausblenden des Informationsbereichs*
  Mithilfe dieser Funktion kann der Informationsbereich ein- und ausgeblendet werden, um den Modellierungsbereich zu vergrößern.

- *Animation durchführen und Filter einblenden*
  Diese Schaltfläche legt nahe, auch die Animation der Pfeile über den Navigationsbereich zugänglich zu machen und in die Oberfläche zu integrieren. Der Informationsbereich zeigt dann die Buttons zur Animationssteuerung an. Zudem werden mögliche Filter zum Ein- und Ausblenden von Pfeilen angezeigt (vgl. nochmals Abb. 3.29).

- *Neues Modul*
  Ein neues Modul wird erstellt, für das ein Name und eine Beschreibung angegeben werden muss.

- *Neue Rolle*
  Eine vorhandene Rolle kann diesem Kernprozess hinzugefügt werden oder eine neue Rolle kann für das Projekt erstellt und hinzugefügt werden.

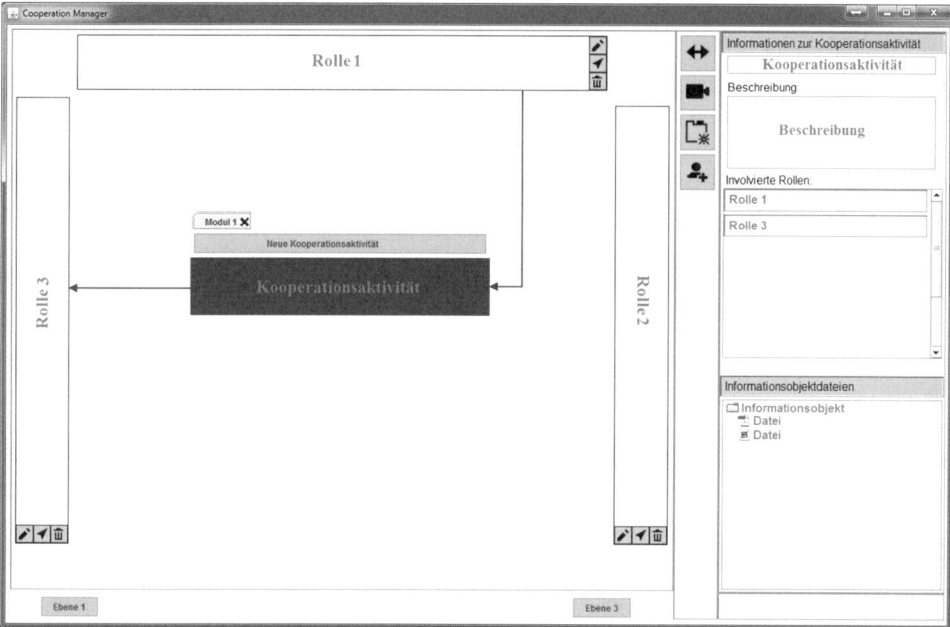

Abb. 3.36 Darstellung der Ebene 2 – Kooperationsaktivitäten

Mithilfe der Buttons Ebene 1 und Ebene 3 am unteren Bildschirmrand kann entweder zurück zur ersten Ebene oder zur dritten Ebene navigiert werden. Der Informationsbereich ist ähnlich zur ersten Ebene aufgebaut, nur dass nicht die Informationen vom Kernprozess angezeigt werden, sondern die Informationen der aktivierten Kooperationsaktivität. Von oben nach unten lauten diese:

- Name der Kooperationsaktivität
- Beschreibung der Kooperationsaktivität
- Involvierte Rollen in der Kooperationsaktivität
- Genutzte Informationsobjektdateien in der Kooperationsaktivität

Implementierung

Zeichnen der Pfeile

Für eine Zuweisung der Kooperationsaktivitäten und den zugehörigen Rollen werden gerichtete Pfeile gezeichnet. Das Zeichnen der Pfeile ist mit einigen speziellen Anforderungen verbunden. Dazu zählt, dass sie nur vertikal und horizontal verlaufen dürfen bzw. mittels Knicken die Richtung rechtwinklig ändern können. Zur eindeutigen Richtungsdarstellung verfügen die Pfeile am Ende über eine Pfeilspitze. Weiterhin ist eine Überlagerung verschiedener Pfeile implementiert, sodass jeder Pfeil eindeutig von Quelle zur Senke identifiziert werden kann.

Das Verfahren dazu sieht zunächst vor, dass für jeden Pfeil eine „Connection" angelegt wird, die die Kooperationsaktivität und die zugehörige Rolle inklusive der Richtung bündelt. Iterativ wird jede Kooperationsaktivität individuell betrachtet. Nun wird für die aktuelle Kooperationsaktivität jede „Connection" ermittelt, in der sie vorkommt. Daraus werden in eine Liste alle Rollen extrahiert, die mit der Aktivität verbunden werden.

Für die möglichen Verbindungspunkte, an denen ein Pfeil andocken kann, wird die rechteckige Fläche in die Richtungen oben, unten, rechts und links unterteilt. Auch die Rollen bestehen durch das gegebene Design aus je einer rechteckigen Fläche. Um die Seite zu ermitteln, an der der Pfeil mit der Rolle bzw. der Aktivität verknüpft ist, wird jeweils der Mittelpunkt der Rechtecke berechnet. Der Richtungsvektor zwischen den Mittelpunkten gibt nun an, ob die kürzere Distanz von links oder von rechts zur Aktivität verläuft. Der Sonderfall, dass eine Rolle aus dem unteren Bereich auf die unterste Aktivität durch einen Pfeil verbunden werden kann, der an der Unterseite der Aktivität andockt, wird gesondert betrachtet. Nun kann durch die Liste aller Rollen, die zu einer Aktivität gehören, ermittelt werden, wie viele Pfeile von rechts oder von links in die Kooperationsaktivität eingehen. Die jeweilige Seite wird anschließend äquidistant in Abhängigkeit der Anzahl der Pfeile eingeteilt, sodass der Abstand zwischen den einzelnen Pfeilen maximiert wird.

Nun ist die Position an der Kooperationsaktivität eindeutig bestimmt, jedoch ist die Anordnung der Pfeile jeder Rolle offen. Dies wird durch eine erneute Iteration über die „Connections" gelöst. Diese Iteration isoliert jede Rolle und erzeugt jeweils die zugehörige Liste aller Kooperationsaktivitäten, die mit dieser Rolle verbunden sind. Daraufhin steht fest, wie viele Pfeile aufseiten der Rolle verbunden sind. Äquivalent zu der Aktivität wird auch bei der Rolle die betreffende Seite, an der der Pfeil liegen soll, in äquidistante Andockpunkte aufgeteilt. Da die „Connections" die Verbindung zwischen den Rollen und den Kooperationsaktivitäten enthalten, steht nun der Start- und Endpunkt eines jeden Pfeils fest.

Damit die Pfeile durchgehend gezeichnet werden können, aber dennoch nur vertikale und horizontale Abschnitte entstehen, werden entsprechende Knickpunkte berechnet. Solange eine direkte Verbindung zwischen einer Rolle und einer Kooperationsaktivität möglich ist, wird diese Verbindungsart priorisiert. Die Knicke im Falle einer nicht direkt möglichen Verbindung sind nicht trivial, daher wird das Problem in kleinere Teilprobleme aufgeteilt (Sedgewick, Schidlowsky 2003). Zunächst wird die minimale Anzahl der Knicke bestimmt. Diese Anzahl wird durch den Richtungsvektor zwischen dem Verknüpfungspunkt an der Rolle und dem an der Kooperationsaktivität gebildet. Dabei wird wie folgt unterschieden: Ist der Verknüpfungspunkt von der Rolle innerhalb der horizontalen Grenzen der Kooperationsaktivität, so sind mindestens zwei Verknüpfungspunkte nötig. Wenn bei diesem Szenario der zweite Knick zu dicht an der Kooperationsaktivität liegt, so wird ein Mindestabstand erzeugt, bis der vorher festgelegte Grenzwert erfüllt ist. Dies verlangt einen weiteren Knick, damit der Verknüpfungspunkt an der Rolle erreicht werden kann (vgl. Abb. 3.37). Falls der Mindestabstand bereits erfüllt ist, so ist kein Verschieben nötig und die Knicke können gleichmäßig erzeugt werden.

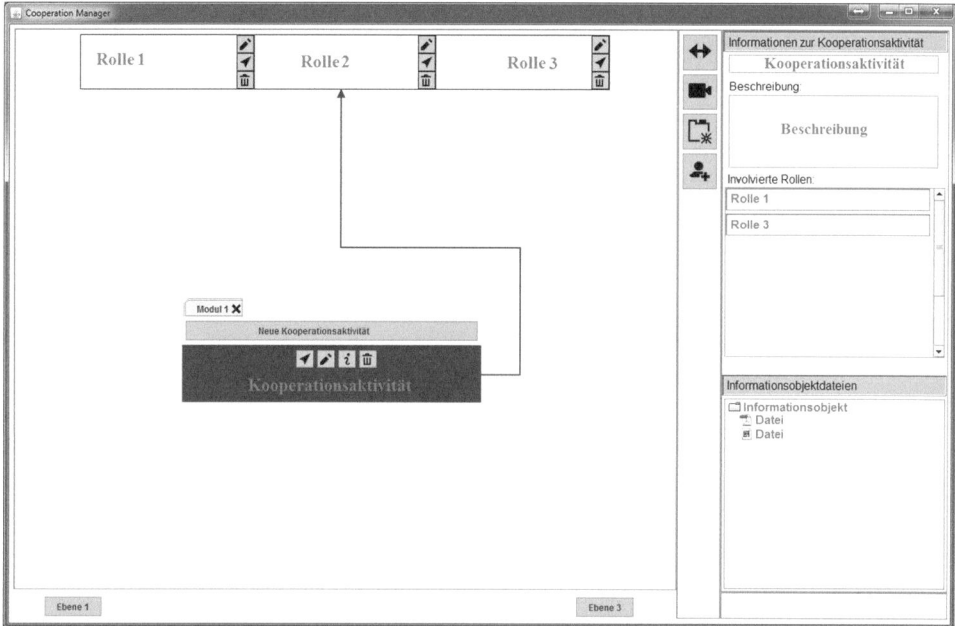

Abb. 3.37 Darstellung der Knicke einer Verbindung

Wenn eine Verknüpfung mit den Rollen rechts oder links an der Seite gebildet werden soll, so wird eine weitere Fallunterscheidung vorgenommen. Entweder ist eine direkte Verbindung ohne Knicke möglich, sofern die Kooperationsaktivität von der vertikalen Position mit der Höhe des Verknüpfungspunktes an der Rolle übereinstimmt. Andernfalls ist ein vertikaler Knick in der Pfeilmitte nötig, der die entsprechende Distanz überbrückt. Die letzte Ausnahme bildet ein Pfeil, der auf die untere Kooperationsaktivität zielt und mit einer Rolle aus dem unteren Segment verbunden ist. Hier wird nicht die rechte oder linke Seite der Kooperationsaktivität als Verknüpfungspunkt gewählt, sondern ausnahmsweise ermöglicht, dass der Pfeil an der Unterseite andocken kann. Trotz dieser Unterscheidung je nach Position der Rollen bzw. der Kooperationsaktivitäten ist die Pfeilrichtung für das Umbrechen nicht relevant, da die Pfeilspitze zuletzt an die Seite der Senke gezeichnet wird.

Animation der Abfolge der Kooperationsszenarien

Alle Pfeile werden in einer ArrayList verwaltet. Dabei wird jedem Pfeil im Moment des Anlegens eine fortlaufende ID vergeben. Diese ID identifiziert eindeutig die Reihenfolge der Pfeile und spiegelt die Sequenz bei der Animation wider.

Die Animation der Pfeile beginnt mit der Darstellung ohne Pfeile. Ein zugehöriger Counter beginnt beiNull. Anschließend wird durch einen Thread der Counter inkrementiert und ein festgelegtes Zeitintervall pausiert. Das Inkrementieren löst direkt die Zeichenroutine neu aus, sodass entsprechend des Counters die ersten Pfeile dargestellt werden. Sobald der Counter die maximale Anzahl an Pfeilen erreicht hat, wird er nicht weiter inkrementiert und es werden alle Pfeile angezeigt.

Neben der zeitbasierten Animation durch den Thread ist auch ein manuelles Eingreifen in die Animation möglich. Dies erlaubt es dem Anwender, durch entsprechende Klicks auf den Weiter- oder Zurück-Button im Animationspanel Manipulationen des Counters vorzunehmen. Analog zu dem zeitbasierten Event wird durch das Klick-Event der Counter verändert und anschließend die Zeichenroutine aufgerufen. Wenn der Counter durch mögliches Dekrementieren negativ werden würde, wird er stattdessen auf Null zurückgesetzt.

3.3.4.3 Beschreibung und Implementierung der Ebene 3 a – Prozessdetailmodelle

Beschreibung

In der dritten Ebene werden die kooperativen Aktivitäten innerhalb eines Kernprozesses mithilfe von Choreografiediagrammen dargestellt. Der Modellierungsbereich dient als Bearbeitungsfläche, um Choreografiediagramme zu erstellen, die den in der ersten Ebene ausgewählten Kernprozess genau beschreiben. Anders als in Ebene 2 können in Ebene 3 auch Schleifen und Verzweigungen modelliert werden, um einen komplexen Prozess darzustellen (vgl. Abb. 3.38).

Basierend auf der Modellierung in der zweiten Ebene wird automatisiert die dritte Ebene erstellt, die der Anwender der Software dann nach seinen Wünschen anpassen kann. Durch dieses Vorgehen werden bei der Modellierung Zeit eingespart und Doppelarbeiten vermieden. Mithilfe von Navigationspfeilen, Work und Smart Menus findet die komplette Erstellung des Modells im Modellierungsbereich statt.

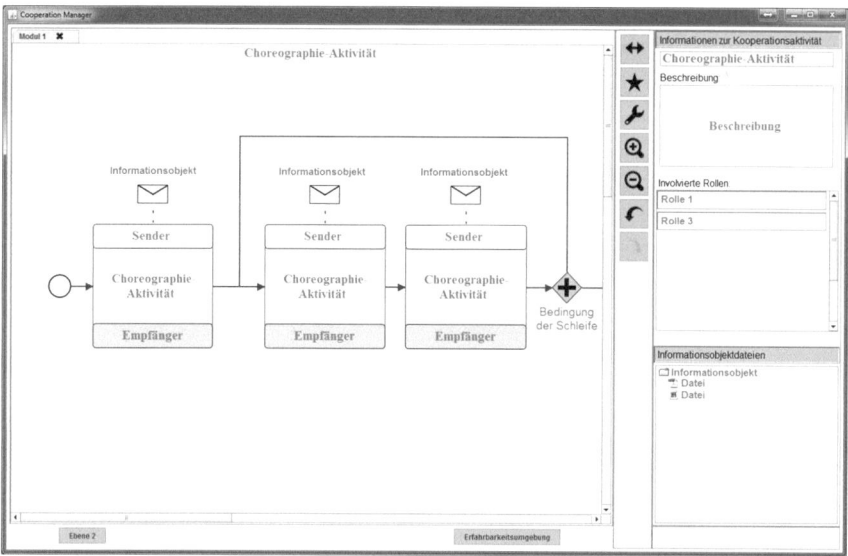

Abb. 3.38 Darstellung der Ebene 3 – Choreografiediagramme

Der Navigationsbereich dient dazu, Einstellungen und spezielle Features vorzunehmen und weist acht verschiedene Symbole auf:

- ↔ *Ein- und Ausblenden des Informationsbereichs*
  Mithilfe dieser Funktion kann der Informationsbereich ein- und ausgeblendet werden, um den Modellierungsbereich zu vergrößern.

- ★ *Favoriten*
  Es werden vormodellierte Abläufe im Informationsbereich eingeblendet, die dem Modellierungsbereich hinzugefügt werden können.

- 🔧 *Einstellungen*
  Unterschiedliche Einstellungen, die das Modellieren erleichtern, werden im Informationsbereich eingeblendet und können ein- und ausgeschaltet werden.

- 🔍 *Zoom in*
  Die Symbole im Modellierungsbereich werden vergrößert.

- 🔍 *Zoom out*
  Die Symbole im Modellierungsbereich werden verkleinert.

- ↶ *Undo*
  Die letzte Aktion wieder widerrufen.

- ↷ *Redo*
  Die letzte widerrufene Aktion wird nochmals ausgeführt.

Mithilfe der Buttons `Ebene 2` und `Erfahrbarkeitsumgebung` am unteren Bildschirmrand kann entweder zurück zur zweiten Ebene navigiert werden oder der Export für die Erfahrbarkeitsumgebung aufgerufen werden. Der Informationsbereich ist ähnlich zur zweiten Ebene aufgebaut und stellt von oben nach unten Folgendes dar:

- Name der Choreografie-Aktivität
- Beschreibung der Kooperationsaktivität
- Involvierte Rollen in der Choreografie-Aktivität
- Genutzte Informationsobjektdateien in der Choreografie-Aktivität

Implementierung

Modellierungsbereich

Den Modellierungsbereich der dritten Ebene bildet ein Konstrukt aus JLayerdPane, JScrollPane und JTabbedPane (vgl. Abb. 3.39). Alle Elemente des Diagramms und einige Bearbeitungsfunktionen liegen direkt in dem JLayerdPane, welches anhand des Singleton-Musters implementiert ist. Hier werden im Konstruktor die Funktionen der Ebene erstellt und der Instanz des JLayerdPanes zugewiesen. Das gestattet den Zugriff auf alle wichtigen Objekte und Funktionen. Um große Diagramme zu ermöglichen, liegt das JLayerdPane in einem JScrollPane, welches einen Ausschnitt des Inhalts zeigt und das vertikale und horizontale Scrollen ermöglicht. Schließlich erlaubt das JTabbedPane dem Nutzer einen schnellen Zugriff auf mehrere Diagramme.

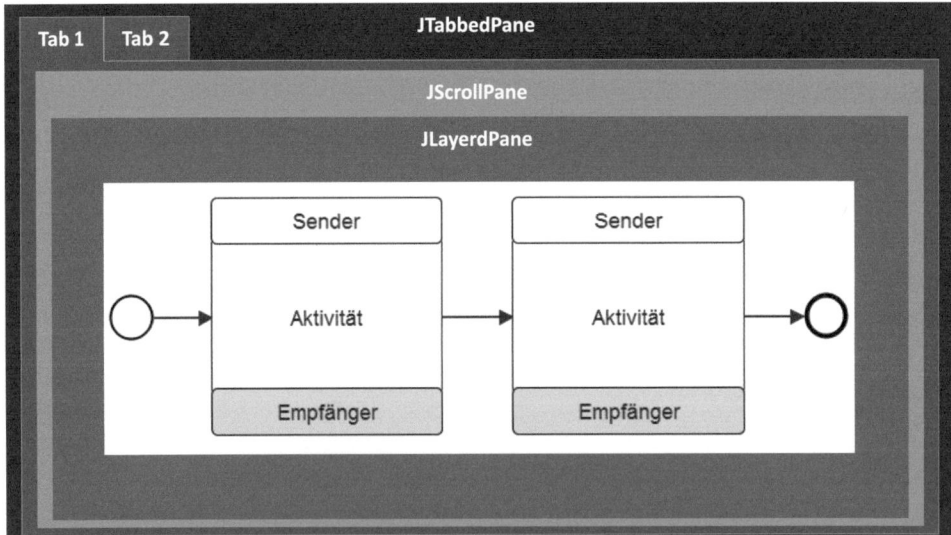

Abb. 3.39 Illustration der Panes im Modellierungsbereich der dritten Ebene

Um die Übersicht bei großen Diagrammen zu behalten, ist die Zoom-Funktion ein essenzielles Feature (Kanter 2011). Das Zoomen in Java mit Elementen, die der Nutzer verschieben und anklicken kann, stellt dabei ein großes Problem dar, da der ViewPort des JScrollPanes nicht mit skaliert wird, sodass der Bereich, bei dem ein MouseEvent ausgelöst wird, nicht mit dem Bereich des gezeichneten Elements übereinstimmt. Hierfür muss als erstes jedes grafische Element in der paintComponent Methode von JLayerdPane durch den Aufruf von „scale()" mit dem Parameter *Zoomfaktor* skaliert werden. Der Zoomfaktor kann durch Buttons oder durch die Maus manipuliert werden. Weiterhin müssen die MouseEvents angepasst werden. Dieses Problem kann durch die Klasse *AffineTransformation* gelöst werden, indem in jeder Methode der *MouseListener*- und *MouseMotionListener*-Klasse folgendes aufgerufen wird:

```
1. Rectangle r = aItem.getBounds();
2. AffineTransform at =
3.    AffineTransform.getScaleInstance(zoomFactor, zoomFactor);
4. Shape scaledBounds = at.createTransformedShape(r);
5. if(scaledBounds.contains(point)) {…}
```

In Zeile 1 wird als erstes ein Rechteck aus den Werten eines Elements im JLayerdPane erzeugt. In Zeilen 2 und 3 wird eine Abbildung mit dem aktuellen Zoomfaktor erstellt. Mithilfe der Abbildung und dem Rechteck wird in Zeile 4 eine Form generiert. In Zeile 5 wird schließlich überprüft, ob die Koordinaten des *MouseEvents* in der Form enthalten sind. Falls dies der Fall ist, kann im Rumpf der if-Abfrage eine Aktion erfolgen.

Vererbung der Symbole in der dritten Ebene

Da alle Elemente nur mit einem Listener angesprochen werden, müssen diese irgendwie voneinander unterschieden werden. Hierfür eignet sich die Vererbung hervorragend (vgl. Abb. 3.40) (Breymann 2008). Alle Elemente, die durch eine Maus beeinflusst werden können, erben von der Klasse *Anklickbares Objekt* und können später durch die Abfrage des Instanz-Typs oder durch die Festlegung der Typen durch eine Enumeration umgewandelt und abgerufen werden. So kann der Zugriff auf das Work Menu, Smart Menu und die Choreografie Objekte erfolgen.

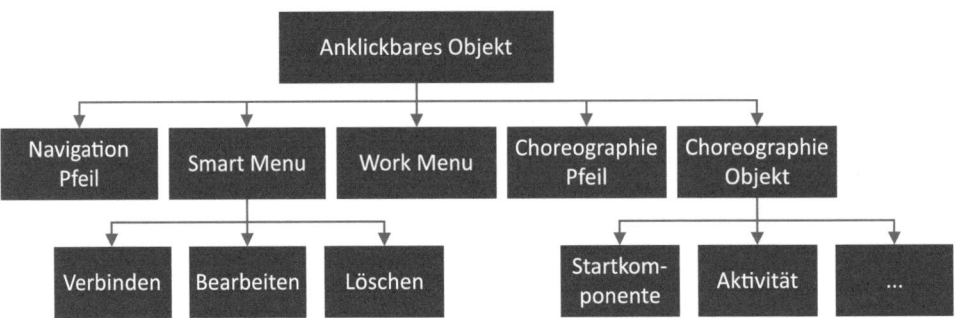

Abb. 3.40 Darstellung der Vererbung der Items in der dritten Ebene

Smart Menu und Work Menu

Wenn der Nutzer auf ein Choreografieelement klickt, wird das entsprechende Element durch das Smart Menu und die Navigationspfeile ergänzt. Für jede Himmelsrichtung gibt es genau einen Pfeil, durch welchen das Work Menu aufgerufen werden kann. Im Work Menu befinden sich nur die Elemente, die auch tatsächlich nach dem Element folgen dürfen (vgl. Abb. 3.41).

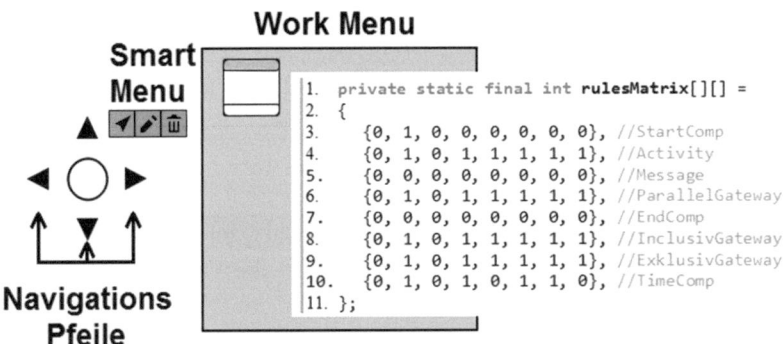

Abb. 3.41 Darstellung des Smart Menu und Work Menu

Diese Restriktionen werden als eine statische Matrix abgebildet. Jedes Element wird mit einem anderen durch eine Zahl verknüpft. Diesen Zahlen können unterschiedliche Bedeutungen zugewiesen werden. Für den einfachsten Fall reichen zwei Zahlen aus. Die Null wird vergeben, falls ein Element auf das aktuelle nicht folgen darf. So dürfen beispielsweise nach einer Nachricht oder dem Endelement keine weiteren Elemente folgen. Entsprechend kann bei einer Eins ein Element verwendet werden. Nach dem Startelement dürfen beispielsweise alle Gateways und die Aktivität folgen. Je nach Bedarf können zusätzliche Zahlen für weitere Restriktionen verwendet werden. Eine Zwei könnte angeben, dass auf dieses Element mindestens zwei Elemente folgen müssen. Als Alternative bietet sich die Implementation der

Regeln als eine weitere Tabelle in der Datenbank an. Der Vorteil ist die flexible Ergänzung der Regeln und vereinfachtes Einfügen von neuen Restriktionen.

Nach der Auswahl des nächsten Elements im Work Menu wird dieses mit dem Vorgänger verknüpft und die Navigationspfeile sowie das Smart Panel direkt dem neuen Element zugewiesen, sodass der Nutzer sofort vom neuen Element aus weiterarbeiten kann. Wann die Elemente mit Inhalten gefüllt werden sollen, ist dem Nutzer überlassen. Dieses Vorgehen ermöglicht ein sehr schnelles Erstellen von ersten und provisorischen Diagrammen, die beispielsweise den Ablauf des Prozesses vorweg übersichtlich präsentieren können. Die Implementierung der automatischen Verknüpfung der Elemente erfolgt durch die Weitergabe des Vorgängerelements. Bei einem Mausklick auf ein Choreografieelement wird eine neue Instanz der Navigationspfeile mit dem Choreografieelement als Parameter aufgerufen. Ausgehend von den Navigationspfeilen wird dann eine Instanz vom Work Menu aufgerufen und das Choreografieelement weitergereicht, sodass alle neuen Elemente die Informationen über den Vorgänger bekommen, mit dem sie im nächsten Schritt verbunden werden.

Der Aufruf vom Smart Menu verläuft nach dem gleichen Prinzip. Beim Klick auf ein Choreografieelement wird eine neue Instanz vom Smart Menu mit dem jeweiligen Element als Parameter erzeugt, sodass den Funktionen im Smart Menu das zu bearbeitende Element übergeben werden kann. Mit dem linken Symbol ◂ können neue Pfeile zwischen den Choreografieelementen eingefügt werden. Beim Klicken auf dieses Symbol wird ein globales Objekt erzeugt und der Mauszeiger als Fadenkreuz dargestellt. Nach der Auswahl des Zielelements, ebenfalls durch einen Mausklick, wird zwischen dem globalen und dem angeklickten Element eine neue Verbindung erstellt. Durch das mittlere Symbol ✎ kann das jeweilige Choreografieelement in einem neuen Dialogfenster bearbeitet werden (vgl. Abb. 3.42).

Im JDialog können komplexe Formulare implementiert und viele nützliche Einstellungen sehr einfach festgelegt werden. So lassen sich beispielsweise die Position des neuen Fensters festlegen und der Typ auf modal umstellen. Modale Dialogfenster sperren die Aktionen, die nicht in Verbindung mit dem Fenster stehen, solange dieses offen ist. Je nachdem welches Element ausgewählt wird, öffnen sich verschiedene Dialogfenster mit unterschiedlichen Formularen. Das elementarste Dialogfenster (Wurzelelement) besteht aus einer Beschreibung und den beiden Buttons Speichern und Abbrechen.

Abb. 3.42 Bearbeiten einer Choreografieaktivität

Dieses Fenster wird von allen Choreografieelementen als erstes angesprochen, falls keine spezifischen Formulare für den jeweiligen Typ existieren. Für die Aktivität wurde ein erweitertes Dialogfenster implementiert, welches vom Wurzelelement erbt und elementspezifische Eingaben ermöglicht. Schließlich kann ein Choreografieelement durch das rechte Symbol gelöscht werden. Hierfür wird die Klasse JOptionPane verwendet, welche sich besonders für Standard-Dialogfenster wie z. B. Entscheidungsfragen, Warnhinweise, Fehleranzeigen oder allgemeine Informationsdarstellung eignet.

Automatische Generierung der dritten Ebene

Ein weiteres Feature ist die automatische Generierung von Diagrammen, basierend auf den Ergebnissen aus Ebene 2. Bereits in der zweiten Ebene kann der Nutzer die Bearbeitungsreihenfolge der Aufgaben und die beteiligten Rollen angeben, sodass schon hier eine Basis für ein Choreografiediagramm gegeben ist. Die einzigen Elemente, die nicht festgelegt werden können, sind die Gateways. Die automatische Generierung arbeitet ähnlich wie das Model-View-Controller-Prinzip (Chlebek 2011). Die zweite und dritte Ebene nutzen das gleiche Modell, also identische Datenstrukturen, aber unterschiedliche Sichten (Views) und Verarbeitungsfunktionen (Controller). Den Kern bilden also die Controller, die der Sicht entsprechend die Daten darstellen, manipulieren und wieder abspeichern, ohne die jeweils andere Ebene dabei zu zerstören. Alle nötigen Informationen, um eine Kooperationsaktivität zu erstellen, werden in einem Dialog abgefragt (vgl. nochmals Abb. 3.42). Der Name „Kooperationsaktivität" wird auch in der dritten Ebene so übernommen. Rolle 1 entspricht dem Sender und Rolle 3 dem Empfänger einer Aktivität in der dritten Ebene. Weiterhin ist die Reihenfolge der Aktivitäten in der zweiten Ebene für die Reihenfolge der Aktivitäten in der dritten Ebene entscheidend. In der zweiten Ebene kann der Nutzer die Reihenfolge durch eine Liste festlegen, wobei die Aktivitäten vertikal von oben nach unten aufsteigend sortiert werden, sodass die Aktivität mit dem kleinsten Index in der dritten Ebene direkt nach dem Startelement dargestellt wird. Ein Gateway kann dann manuell in der dritten Ebene eingefügt werden und das Startelement wird automatisch generiert (vgl. Abb. 3.43). Unter der Annahme, dass der Nutzer zurück in die zweite Ebene wechselt und dort eine weitere Aktivität einfügt, muss das Gateway bei der nächsten automatischen Generierung mitberücksichtigt werden.

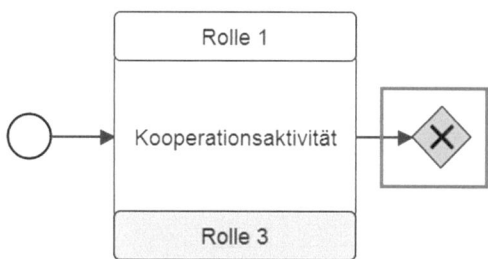

Abb. 3.43 Startelement, Kooperationsaktivität und Gateway in Ebene 3

Die Generierung geschieht in mehreren Schritten:

1. Als erstes wird immer die Verbindung zwischen den Elementen aktualisiert. Das Gateway folgt dann auf die neue Aktivität, welche wiederum nach der Kooperationsaktivität folgt. Dafür werden die Vorgängerelemente ausgelesen, temporär zwischengespeichert und danach auf das neue Element verwiesen.

2. Im nächsten Schritt werden die x-Koordinaten in der dritten Ebene aktualisiert. Ausgehend von der eingefügten Aktivität werden alle nachfolgenden bereits existierenden Elemente mithilfe einer rekursiven Funktion verschoben. Die Y-Koordinate spielt dabei keine Rolle, da das Diagramm immer von links nach rechts gezeichnet wird und deshalb hier keine Aktualisierung erforderlich ist. Durch diese Vorgehensweise bleibt die Struktur des Diagramms in der dritten Ebene weitestgehend erhalten und muss nicht neu angepasst werden.

3. Im letzten Schritt werden die Positionen der Aktivitäten in der zweiten Ebene abgespeichert. Ebenso haben die Veränderungen der Pfeile in der dritten Ebene Auswirkungen auf die Reihenfolge der Aktivitäten in der zweiten Ebene. Tauscht der Nutzer beispielsweise später die beiden Aktivitäten in der dritten Ebene, so muss in der zweiten Ebene die neue Aktivität ganz oben dargestellt werden. Nachdem der Nutzer die alten Verbindungen gelöscht hat, muss er neue Verbindungen zwischen den Elementen definieren. Dabei werden alle Choreografieelemente rekursiv durchgegangen und nach möglichen Positionen untersucht. Ausgehend von der Position Null wird jeder Aktivität eine Position zugewiesen. Bei Verzweigungen muss außerdem nochmals global überprüft werden, ob die geplante Position nicht bereits in einem anderen Teilschritt in der Verzweigung belegt wurde. Das Festlegen von der Position beim Erzeugen von neuen Aktivitäten erfolgt durch die Betrachtung der Position einer vorherigen Aktivität. Sollte der direkte Vorgänger ein anderes Element als eine Aktivität

sein, so muss wieder rekursiv nach weiteren Vorgängern gesucht werden, bis eine Aktivität gefunden wurde. Zusätzlich besteht die Möglichkeit, die Positionen manuell anzupassen, falls unerwünschte Reihenfolgen festgelegt wurden.

3.3.4.4 Beschreibung der Verwaltung

Um die Projekte und die darin verwendeten Rollen, Informationsobjekte und Plugins zu administrieren, wurde eine Verwaltungsoberfläche erstellt. Diese stellt die erforderlichen Informationen übersichtlich dar und bieten zudem noch die Möglichkeit unterschiedliche Typen anzulegen, wodurch ein Variantenmanagement unterstützt wird (vgl. Abb. 3.44).

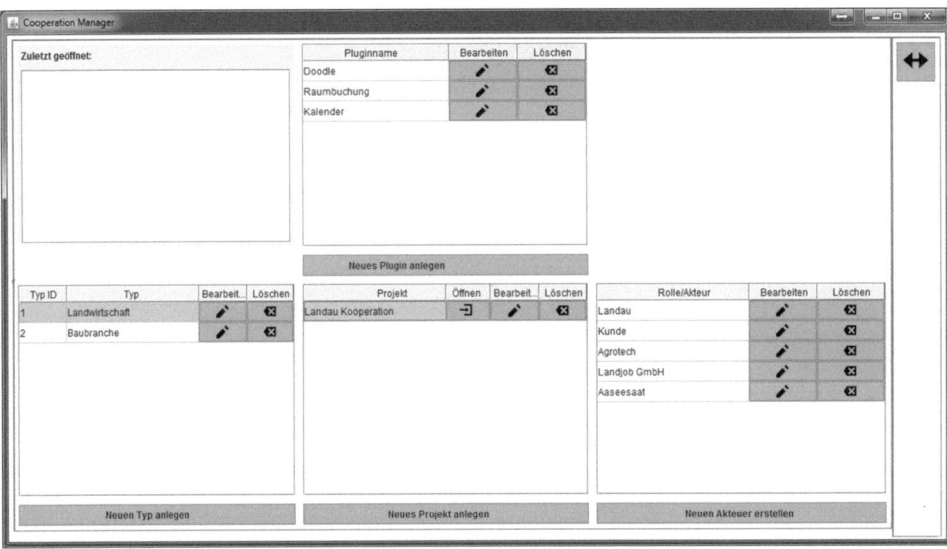

Abb. 3.44 Darstellung der Verwaltungsoberfläche

Das Fenster teilt sich in fünf Bereiche auf, die alle gleich groß sind und jeweils bestimmte Information zur Verfügung stellen. In der oberen Reihe werden als erstes die zuletzt geöffneten Projekte chronologisch dargestellt, um ein schnelles Öffnen und Weiterarbeiten zu ermöglichen. Im oberen zentralen Bereich werden die Plugins verwaltet, die in den Projekten zur Verfügung stehen. Auf die Rolle der Plugins wird in Kapitel 3.4 eingegangen. Um ein neues Plugin anzulegen, wird der Button Neues Plugin anlegen angewählt. In dem so aufgerufenen Dialog muss ein Name und optional eine Beschreibung eingegeben werden. Wie bei den Rollen können die Plugins gelöscht oder bearbeitet werden. Im unteren Teil des Fensters werden die Typen von Projekten angezeigt, die in der Datenbank vorhanden sind. Mithilfe dieser Kategorisierung können die Projekte unterteilt und Referenzmodelle hinterlegt werden. Diese Referenzmodelle können dann auf das jeweilige Projekt angepasst werden, was der Kooperation viel Arbeit erspart. Durch den Button Neuen Typ anlegen können neue Typen erstellt werden.

Nachdem ein Typ angewählt wurde, werden im Bereich der Projekte die entsprechend typisierten Projekte angezeigt. Mithilfe des Buttons [Neues Projekt anlegen] können neue Projekte angelegt werden, für die ein Name eingegeben werden muss und eine Beschreibung angegeben werden kann. Um in die erste Ebene der Modellierung eines Projektes zu gelangen, muss neben dem Projekt der Öffnen-Button  betätigt werden. Hierdurch gelangt der Benutzer in die erste Ebene und kann beginnen, die Kooperation zu modellieren. Um die Rollen in einem Projekt optimal verwalten zu können, wurde eine Rollenverwaltung implementiert. Im unteren rechten Bereich werden die Rollen angezeigt, die in dem Projekt bisher angelegt wurden. Um eine neue Rolle zu erstellen, kann mit dem Button [Neue Rolle anlegen] der Dialog zur Verwaltung der Rollen aufgerufen werden (vgl. Abb. 3.45).

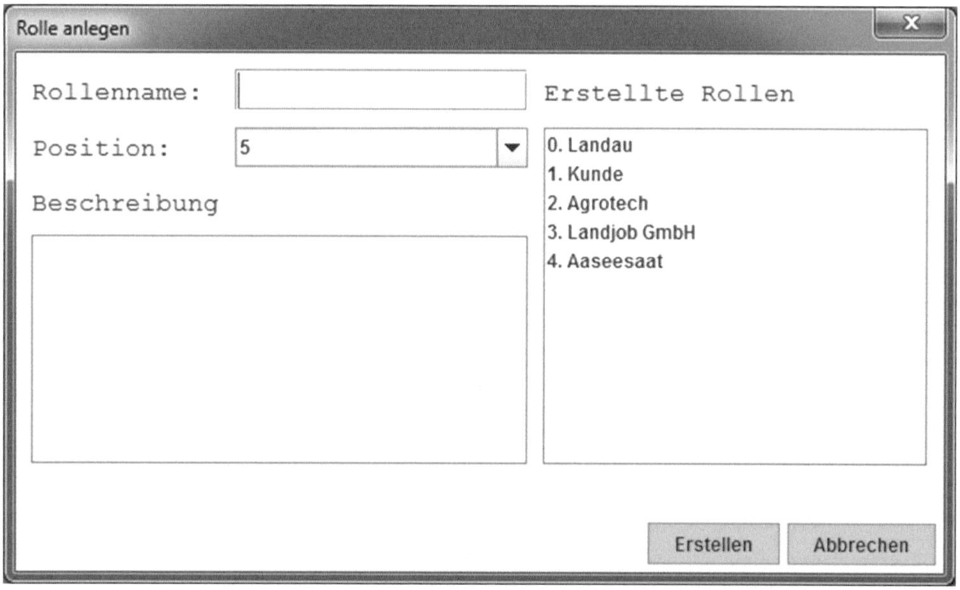

Abb. 3.45 Rollenverwaltung mit fünf aktuell erstellten Rollen (Beispiel: Landau)

Für jede Rolle muss ein Name eingegeben und eine Position bestimmt werden. Die Position gibt an, wo auf der ersten Ebene und zweiten Ebene die Rolle dargestellt wird (vgl. Abschnitt 3.3.4.1 und 3.3.4.2). Die Eingabe einer Beschreibung ist auch hier möglich, aber nicht zwingend notwendig. Um eine Rolle zu löschen, kann in der Verwaltungsansicht der Löschen-Button angewählt werden.

3.3.5 Fazit

Der Cooperation Manager ist ein Software-Prototyp zur Unterstützung der Konstruktion von CXP-Modellen. Während die Modellierungssprache entwickelt wurde, wurden die Modellierungskonzepte begleitend im Rahmen der Softwareentwicklung auf Machbarkeit und

Funktionalität getestet und die Ergebnisse wurden der Methodenentwicklung zurückgemeldet. Indem die Software die grafische Aufbereitung der Modelldaten übernimmt, durch fest vorgegebene Restriktionen Modellierungsfehler unterbindet und damit die Modellqualität erhöht sowie durch Dialoge die vollständige Datenerhebung unterstützt, wird die Anwendung des CXP-Modellierungsansatzes erleichtert. Zudem ist die Erstellung von Modellen durch eine automatische Generierung wesentlich effektiver und erlaubt es den Anwender, schneller Modelle zu erstellen. Die Checkliste soll abschließend Hilfestellung bei der Anwendung der Software und beim Erstellen von Kooperationsmodellen leisten.

✓ Verwaltung

- Auswahl eines Typs oder Anlegen eines neuen Typs
- Anlegen eines neuen Projekts für den ausgewählten Typ
- Anlegen der in dem Projekt involvierten Rollen

✓ Ebene 1 – Ordnungsrahmen

- Anlegen der Managementprozesse
- Anlegen der Supportprozesse
- Anlegen der Kernprozesse mit der Auswahl der beteiligten Rollen und Begründung der Auswahl dieser Rollen

✓ Ebene 2 – Kooperationsszenarien

- Erstellen von Kooperationsaktivitäten mit Informationsobjekten
- Verbinden von Rollen mit den Kooperationsaktivitäten
- Animation des Informationsflusses, um die Korrektheit nachzuvollziehen

✓ Ebene 3 a – Prozessdetailmodelle

- Generierung der dritten Ebene auf der Grundlage der zweiten Ebene
- Hinzufügen von Verzweigungen in den Prozess
- Hinzufügen von Schleifen in den Prozess
- Noch fehlende Informationsobjekte hinzufügen

Literatur

Berglehner, F., & Wilbers, K. (2015). Schulisches Prozessmanagement – Eine Einführung. In Schulisches Prozessmanagement. Einführung, Praxisreflexion, Perspektiven (S. 17-91). Berlin: Epubil GmbH.

Breymann, U. (2008). C++. Einführung und professionelle Programmierung. Hanser.

Chlebek, P. (2011). Praxis der User Interface-Entwicklung: Informationsstrukturen, Designpatterns, Vorgehensmuster. Wiesbaden: Springer-Verlag.

Dadam, P. (2013). Client/Server-Anwendungen. In: Verteilte Datenbanken und Client/Server-Systeme: Grundlagen, Konzepte und Realisierungsformen (S. 22) Berlin, Heidelberg, New York: Springer-Verlag.

Georges, A., Eeckhout L., & Buytaert D. (2008). Java performance evaluation through rigorous replay compilation. ACM Sigplan Noticesn 3(10), 367-384.

Hwaci – Applied Software Research (2014). SQLite Datenbank. https://www.sqlite.org/. Aufgerufen 10. März 2016.

Kanter, M. (2011). Zoom in, zoom out. Harvard business review 89(3), 112-116.

Lewalter, D. (1997). Darstellungsqualitäten darstellender grafischer Bilder und Animationen. In D. Lewalter, Lernen mit Bildern und Animationen: Studie zum Einfluss von Lernermerkmalen auf die Effektivität von Illustrationen (S. 89-90). Münster, New York, München, Berlin: Waxmann.

Meise, V. (2001). Ordnungsrahmen zur prozessorientierten Organisationsgestaltung. Modelle für das Management komplexer Reorganisationsprojekte. Hamburg.

Nikishkov, G., Nikishkov, & G., Savchenko, V. (2003). Comparison of C and Java performance in finite element computations. In: Computers & structures 81(24), 2401-2408.

Nielsen, J. (1995). 10 usability heuristics for user interface design. In: Nielsen Norman Group.

Osterloh, M., & Frost, J. (2006). Prozessmanagement als Kernkompetenz – Wie Sie Business Reengineering strategisch nutzen können. Berlin et al.: Springer-Verlag.

Rottmann, H. (2013). Warum ausgerechnet .NET?: Fakten und Vergleiche mit Java und C++ – Beispielprogramme – Glasklare Entscheidungshilfen. Wiesbaden: Springer-Verlag.

Sedgewick, R. Schidlowsky, M. (2003). Algorithmen in Java (Vol. 3). München: Pearson Studium.

Ullenboom, C. (2004). Java ist auch eine Insel. Galileo Press.

Vieritz, H. (2015). Definition der zentralen Begriffe. In: Barrierefreiheit im virtuellen Raum (S. 9-14). Wiesbaden: Springer Fachmedien.

3.4 Erfahrbare Wertschöpfungspartnerschaften mithilfe von Enterprise-Wikis

Matthias Strotmeier, Patrick Jähne

Kooperationsprozesse sind aufgrund der Vielzahl beteiligter Akteure aus verschiedenen Unternehmen sehr komplex und anfällig für Fehler und Prozessschwächen. Die Modellierung von Kooperationsprozessen mit der Cooperation Experience-Modellierungssprache (CXP) kann dabei unterstützen, diese bereits frühzeitig zu entdecken und Gegenmaßnahmen einzuplanen. Schwachpunkt bei der Modellierung ist häufig, dass Akteure, die keine Kenntnisse über die Modellierungsmethode haben, der Dokumentation nur schwer folgen können. Aus diesem Grund wurde – basierend auf einem Enterprise-Wiki – eine Software entwickelt, die eine Simulation der dokumentierten Prozesse ermöglicht. Die Anwendung dieser Erfahrbarkeitsumgebung wird zunächst praxisorientiert anhand eines Fallbeispiels beschrieben. Anschließend wird auf die Vorteile der Entwicklung auf der Basis eines Wikis und dem prozessmodellunabhängigen Umsetzung mittels XML-Dateien eingegangen und die technische Implementierung der Erfahrbarkeitsumgebung detailliert beschrieben.

3.4.1 Motivation

Kooperationen sind unter anderem durch die Vielzahl beteiligter Akteure gekennzeichnet, die verschiedene Aufgaben erfüllen. Oftmals gehören die Akteure unterschiedlichen Organisationen an, was die Zusammenarbeit zusätzlich erschwert. Mithilfe der Cooperation Experience-Modellierungssprache können Kooperationen effektiv konzeptioniert und dokumentiert werden, wodurch für die unterschiedlichen Akteure ein gemeinsamer Handlungsrahmen geschaffen wird. Den Kooperationspartnern wird durch die Modellierung der Kooperation transparent gemacht, welchem Ablauf die Kooperation folgt und welche Aufgaben zu welchem Zeitpunkt vom wem zu erledigen sind. Da nicht grundsätzlich vorausgesetzt werden kann, dass die Akteure ein Verständnis für die Modellierung von Prozessen, Informationsflüssen oder weiteren Elementen der Zusammenarbeit besitzen, ist neben der einfachen Anwendung auch die Nachvollziehbarkeit der Kooperationsmodelle für die erfolgreiche Nutzung von hoher Bedeutung.

Die Simulation der Prozesse ist dabei eine Möglichkeit, diese Nachvollziehbarkeit für die Kooperationspartner sicherzustellen. Simulationen werden in vielen Unternehmen nach der Modellierung von Prozessen insbesondere dafür eingesetzt, um zu überprüfen, ob sich die modellierten Prozesse bei deren späteren Ausführung so verhalten wie geplant. Mit der Anwendung von Simulationen nach der Soll-Modellierung, um mehr Informationen über die spätere Ausführung der Kooperationsprozesse zu evaluieren (Becker et al. 2012), können Erfahrungen über das Prozessverhalten erlangt und Fehler in den modellierten Prozesse entdeckt werden.

Im Gegensatz zu den Prozessen einzelner Unternehmen werden Kooperationsprozesse häufig nicht innerhalb nur eines Anwendungssystems bearbeitet, sodass es schwierig ist, den systemübergreifenden Ablauf bereits vor seiner Umsetzung erfahrbar zu gestalten. Dennoch ist es gerade aufgrund der höheren Komplexität wünschenswert, die Prozesse nicht erst auf ihre Korrektheit zu überprüfen, wenn sie bereits umgesetzt sind.

Vor dem Hintergrund dieser Umstände und der Tatsache, dass meist nicht alle Kooperationsbeteiligten die verwendete Modellierungssprache vollständig beherrschen und anwenden können, wurde eine prototypische Erfahrbarkeitsumgebung – der CXP-Wiki-Ansatz – für CXP-Modelle entwickelt. Diese sollte

- es erlauben, ohne Prozessdatenhistorie aus einem System eine Simulation der Prozesse durchzuführen und

- den Ablauf der Kooperationsprozesse auch dann verständlich darzustellen, wenn keine Kenntnis über die Modellierungssprache vorhanden ist.

3.4.2 Anwendungsfallgetriebene Werkzeugeinführung

Die Erfahrbarkeitsumgebung für die Cooperation Experience-Modellierungs-sprache wird anhand einer anwendungsfallgetriebenen Werkzeugeinführung vorgestellt. In Kapitel 2.3 wurde aus dem Bereich der hybriden Wertschöpfung das Beispiel der Firma Landau beschrieben und für diese ein Prozessmodell mithilfe der Cooperation Experience-Modellierungssprache auf drei Ebenen erstellt. Landau ist ein Unternehmen, das Land- und Erntemaschinen produziert und sich in den letzten Jahren verstärkt um Dienstleistungen im Zusammenhang mit ihren Produkten bemüht. Für kleine und mittelständische landwirtschaftliche Betriebe soll ein neues Performance-Contracting-Geschäftsmodell eingeführt werden. Hier plant Landau, für den Kunden die Ernte und Teile der vorgelagerten Wertschöpfungsaktivitäten zu übernehmen. Der Kunde muss sich lediglich um die Weiterverarbeitung des Ernteguts und ausgewählte Tätigkeiten kümmern, jedoch für die Ernte keine Maschinen und Personal stellen. Soweit das Vertriebsnetz es erlaubt, stellt Landau die Erntemaschinen. Andernfalls werden Personal von der Landjob GmbH und Erntemaschinen von Agrotech angemietet. Auch Saatgut und Dünger bezieht Landau extern vom Saatguthersteller Aaseesaat und stellt diese anschließend zur Verfügung. Der Kunde kommuniziert jedoch ausschließlich mit Landau (*one face to the customer*). Dieses Beispiel soll hier aufgegriffen werden und mithilfe der Erfahrbarkeitsumgebung in Teilen simuliert werden.

3.4.2.1 Prozessmodell

Die Erfahrbarkeitsumgebung basiert auf den Choreografiediagrammen, die in der dritten Ebene der Cooperation Experience-Modellierungsmethode entstehen, da erst hier die für die Simulation wichtigen Schleifen und Verzweigungen hinzugefügt werden. Als Prozessmodell, auf dem die exemplarische Vorstellung der Erfahrbarkeitsumgebung in diesem Kapitel basiert, ist bewusst das gleiche Modell gewählt worden, wie es aus Kapitel 2.3 und Kapitel 3.3 bereits bekannt ist (vgl. Abb. 3.46).

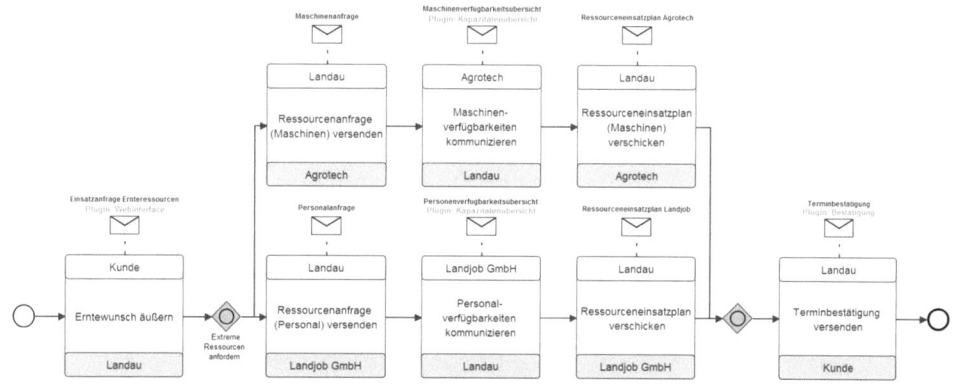

Abb. 3.46 Choreografiediagramm des Moduls *Ernteeinsatz planen*

Der Prozess beginnt mit einem Erntewunsch, den der Kunde an Landau mithilfe des Informationsobjekts Einsatzanfrage Ernteressourcen äußert. Im Gegensatz zum Prozessmodell aus Kapitel 2.3 ist dem Informationsobjekt noch das Plugin „Webinterface" hinzugefügt. Dieses zeigt an, in welchem Medium oder mit welcher Anwendung das Informationsobjekt erfasst wird, damit dies in der Erfahrbarkeitsumgebung berücksichtigt werden kann. Nachdem der Erntewunsch geäußert wurde, verzweigt sich mithilfe des Oder-Konnektors der Prozess und je nach Anforderung kann eine Ressourcenanfrage an Agrotech oder an die Landjob GmbH oder beide erfolgen. Nachdem Landau die Ressourcen bei Agrotech und/oder der Landjob GmbH angefragt hat, prüfen beide Unternehmen ihre Ressourcen und melden die Kapazitäten des Personals und der Maschinen zurück an Landau. Auf der Grundlage dieser Kapazitätenübersichten kann von Landau geplant werden, welche Ressourcen wann genutzt werden, und kommuniziert dies wieder zurück zu Agrotech und der Landjob GmbH. Abschießend informiert Landau noch den Kunden mit der Terminbestätigung über den Termin, wann die Ernte eingeholt werden wird.

Um den modellierten Prozess in der Erfahrbarkeitsumgebung simulieren zu können, sind nur wenige Schritte und damit ein minimaler Zeitaufwand nötig. In dem Softwarewerkzeug kann in der dritten Ebene mit dem Button Erfahrbarkeitsumgebung ein Dialog geöffnet werden, der es erlaubt, das aktuelle Choreografiediagramm als XML-Datei zu exportieren und ein Bild des Prozesses zu speichern.

3.4.2.2 Vorbereiten der Erfahrbarkeitsumgebung durch Administrator

Bevor die Benutzer die Erfahrbarkeitsumgebung nutzen können, muss der Administrator das Prozessmodell als XML-Datei, ein Bild des dazugehörigen Prozesses, hochladen und einige Einstellungen vornehmen. Mithilfe des Prozessmodell-Uploaders (vgl. Abb. 3.47) können die XML-Datei und die Abbildung des Modells vom Administrator in die Erfahrbarkeitsumgebung geladen werden.

Abb. 3.47 Prozessmodell-Uploader zum Hochladen des zu simulierenden Prozesses

Der Prozessmodellname sollte so gewählt werden, dass der damit zu simulierende Prozess wiedererkannt werden kann. Der Pfad zum Modell gibt an, wo die XML-Datei liegt, und kann mit dem Button `Modell auswählen` ausgewählt werden. Der Pfad zum Bild gibt an, wo die Abbildung des Prozesses liegt und kann mit dem Button `Bild auswählen` ausgewählt werden. Um weitere Informationen zur Verwaltung der Prozesse in der Erfahrbarkeitsumgebung zu hinterlegen, dient das Feld Beschreibung. Nachdem die Daten eingegeben wurden, kann der Administrator den Upload mithilfe des Buttons `Hochladen` abschließen.

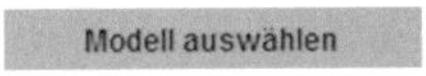

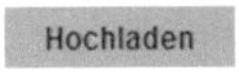

Nachdem der Prozess und das Bild hochgeladen wurden, kann der Administrator sich auf der Erfahrbarkeitsumgebung anmelden. Hier gibt er seine Nutzerdaten ein und gelangt in die administrative Ansicht (vgl. Abb. 3.48).

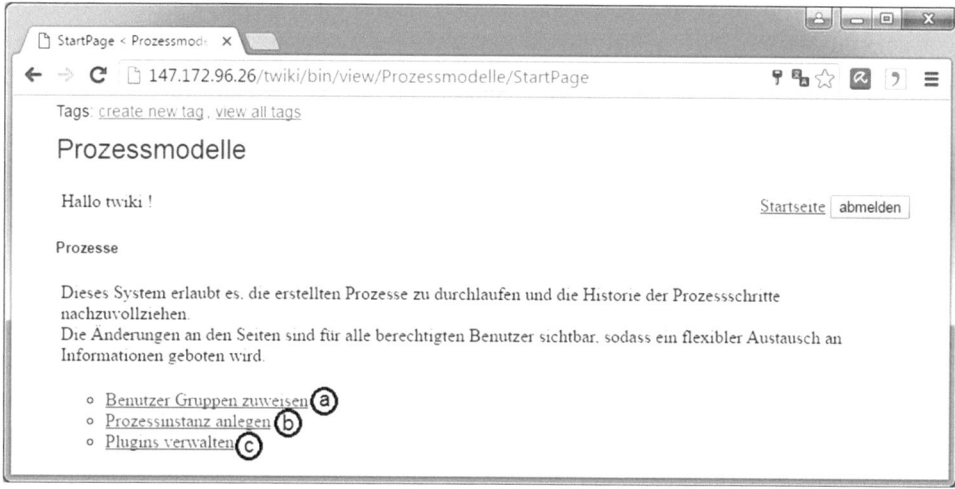

Abb. 3.48 Administrative Ansicht der Erfahrbarkeitsumgebung

Zur Verwaltung stehen drei Bereiche zur Verfügung:

ⓐ Die Benutzer der Simulationsumgebung müssen zu Gruppen hinzugefügt werden (vgl. Abb. 3.49).

① Die Benutzer werden zunächst vom Administrator ausgewählt.

② Danach werden die Benutzer einzelnen Gruppen zugeordnet.

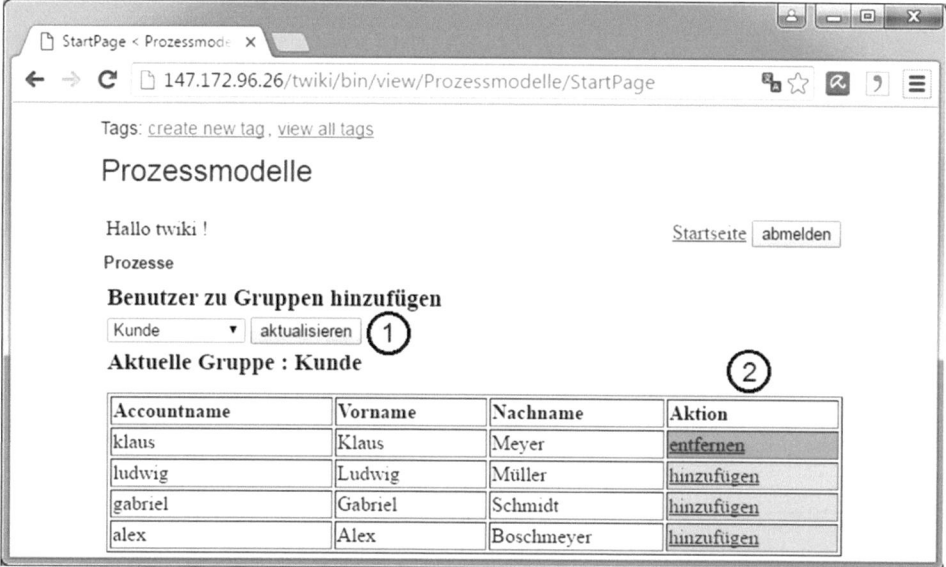

Abb. 3.49 Benutzer werden verschiedenen Gruppen zugewiesen

ⓑ Um einen Prozess simulieren zu können, muss eine Instanz angelegt werden und den Rollen im Prozess müssen Gruppen zugewiesen werden. Der entsprechende Dialog bietet auf einem Blick alles, was nötig ist, um eine Instanz anzulegen (vgl. Abb. 3.50).

① Alle Prozessmodelle, die mit dem Prozessmodell-Uploader hochgeladen wurden, sind via Drop-down-Menü auswählbar.

② Der aktuell ausgewählte Prozess wird verkleinert dargestellt.

③ Der Name der anzulegenden Prozessinstanz muss eingegeben werden.

④ Eine Beschreibung zur Prozessinstanz kann angegeben werden.

⑤ Alle Prozessinstanzen, die zu dem ausgewählten Prozessmodell gehören, werden aufgelistet. Den Rollen der angelegten Prozessinstanzen, die automatisch aus der XML-Datei ausgelesen werden, müssen Gruppen zugewiesen werden. Dies geschieht, indem der Administrator auf den Namen der Instanz klickt, die er bearbeiten will. Hierdurch wird eine weitere Ansicht geöffnet, in der er die notwendige Zuweisung vornehmen kann.

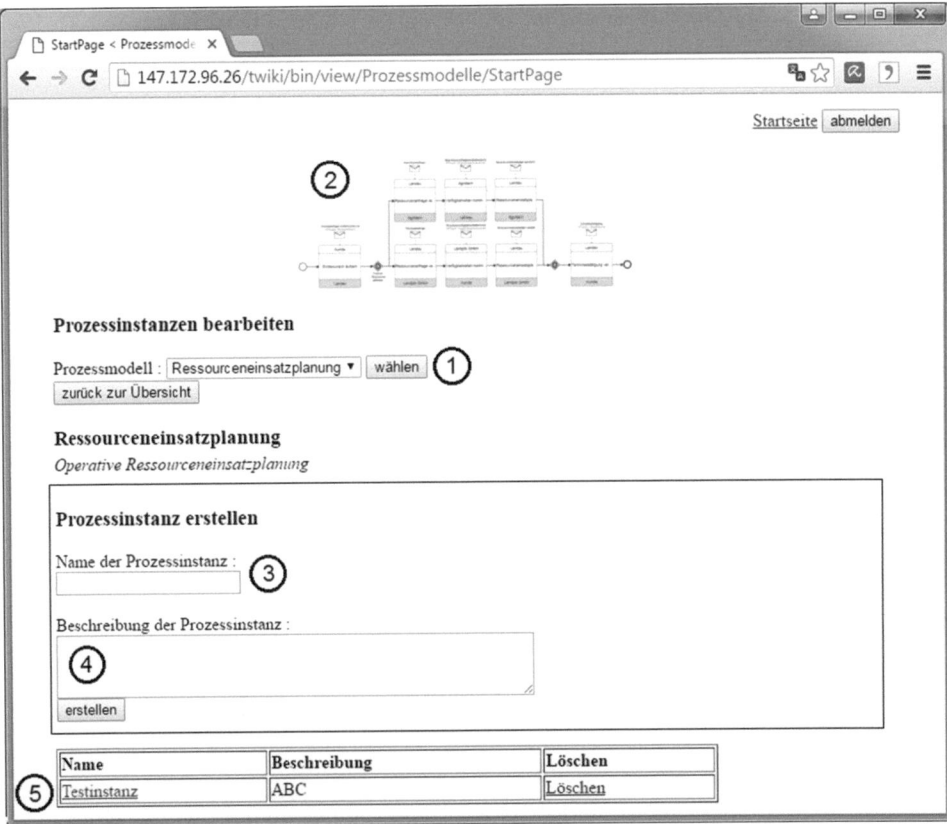

Abb. 3.50 Prozessinstanzen anlegen

ⓒ Die Plugins haben in der Erfahrbarkeitsumgebung einen besonderen Stellenwert. Sie dienen dazu, die Simulation noch realistischer zu gestalten und dem Benutzer eine bessere Vorstellung davon zu geben, was bei der Kooperation im jeweiligen Prozessschritt von ihnen verlangt wird. Im Prozessmodell des Cooperation Managers werden diese mit einer blauen Schrift unter den Informationsobjekten angeben (vgl. nochmals Abb. 3.46). Die Erfahrbarkeitsumgebung identifiziert diese Plugins in der XML-Datei automatisch und stellt anschließend in der Simulation mittels des zugeordneten Pluginauslösers die unter „Plugintext" dargestellte Grafik dar (vgl. Abb. 3.51). Diese Plugins gelten für alle Prozessmodelle und Prozessinstanzen gleichermaßen.

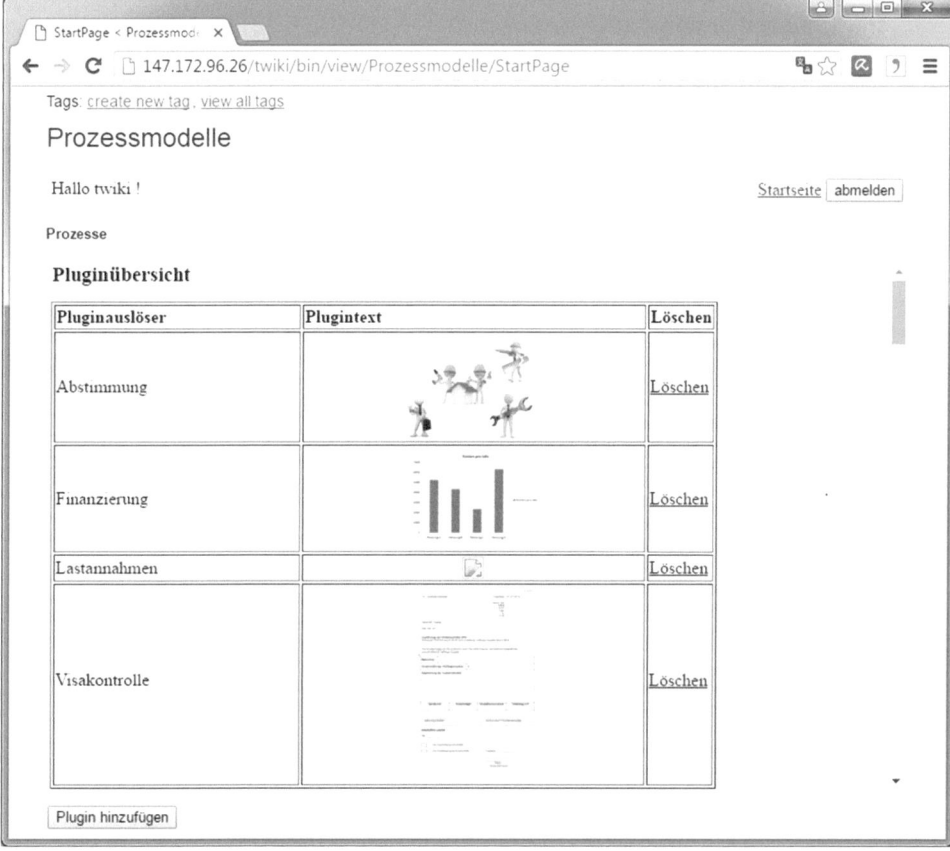

Abb. 3.51 Verwaltung der Plugins

3.4.2.3 Simulieren der Prozesse durch die Kooperationspartner

Nachdem der Administrator die Erfahrbarkeitsumgebung vorbereitet hat, bekommt jeder Kooperationspartner das für ihn eingerichtete Benutzerkonto, mit dem er sich auf der Webplattform anmeldet (vgl. Abb. 3.52).

① Nach der Anmeldung wird der Benutzer individuell begrüßt, um sicherzustellen, dass er sich auch mit seinem Namen eingeloggt hat.

② Bei der Darstellung des zu simulierenden Prozesses liegt der Fokus nicht darauf, dass jedes Wort lesbar ist, sondern es soll eine grobe Übersicht über den Prozess geliefert werden. Möchte der eingeloggte Benutzer den Prozess genauer und größer sehen, so kann er diesen anklicken, wodurch sich ein neuer Tab im Browser öffnet, in dem der Prozess dargestellt wird.

③ Die Prozessinstanzen, die abgeschlossen sind, werden hier in grün dargestellt. Prozessinstanzen, die noch nicht abgeschlossen sind und an denen entweder der angemeldete Benutzer oder ein anderer Benutzer noch mindestens eine Aktivität durchführen muss, werden rot dargestellt.

④ Wenn der Benutzer seine Aktivitäten einer abgeschlossenen Instanz sehen will oder noch offene Aktivitäten einer offenen Instanz durchführen möchte, so klickt er auf den Namen der jeweiligen Instanz, wodurch sich die Ansicht der Prozessinstanz (vgl. Abb. 3.53) öffnet.

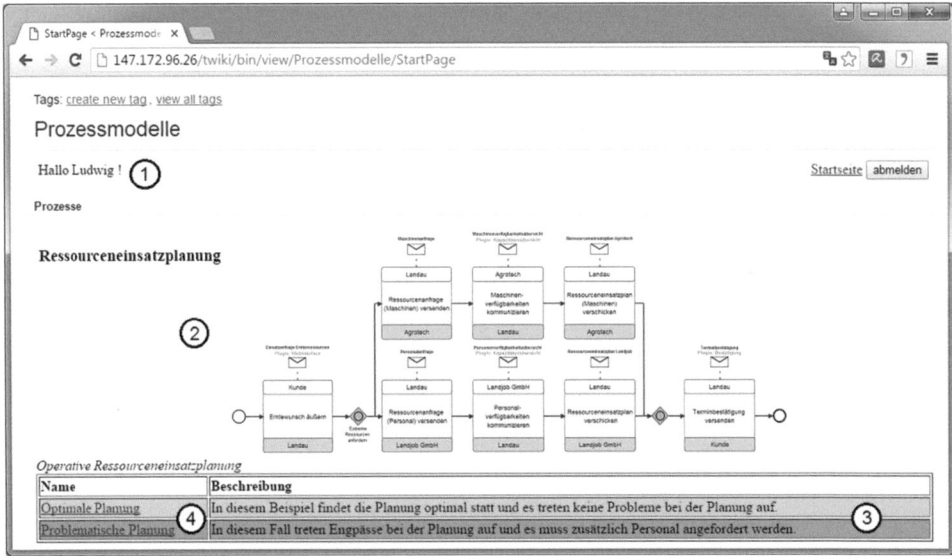

Abb. 3.52 Darstellung der Prozessinstanzen in der Erfahrbarkeitsumgebung

Der Aufbau der Seite zur Bearbeitung einer Prozessinstanz ist ähnlich zu dem Aufbau der Seite zur Übersicht aller Prozessinstanzen (vgl. weiterhin Abb. 3.53).

① Wie auch in der Übersicht der Prozessinstanzen, wird der Benutzer wieder direkt mit seinem Namen begrüßt.

② Darunter wird der aktuelle simulierte Prozess dargestellt.

③ Unter der Prozessabbildung werden die eingegangenen Informationsobjekte aufgelistet und können erneut aufgerufen werden, um zu überprüfen, ob alle nötigen Informationen enthalten sind. Alle Informationsobjekte, die bisher in dem Prozess von dem eingeloggten Benutzer empfangen wurden, werden hier mit einem Namen und einem Link dargestellt. Im angezeigten Beispiel wurde die erste Choreografieaktivität vom Kunden durchgeführt, wodurch Landau das Informationsobjekt „Einsatzanfrage Ernteressourcen" erhalten hat und es hier angezeigt bekommt.

④ Klickt der Benutzer auf den Link „ansehen", so wird das dazugehörige Informationsobjekt in einem neuen Tab im Browser geöffnet.

⑤ Unter den eingegangenen Informationsobjekten werden die Choreografieaktivitäten aufgelistet, die der eingeloggte Benutzer bisher erledigt (abgeschlossen) hat.

⑥ Auch die Choreografieaktivitäten, die der Benutzer aktuell bearbeiten muss (offen), werden aufgeführt. Es werden keine Aktivitäten angezeigt, die in der Zukunft liegen. Sollte der Benutzer aktuell keine offenen Aktivitäten haben und auf Nachrichten von anderen Kooperationspartnern warten, werden auch keine Choreografieaktivitäten als „offen" angezeigt. Wählt der eingeloggte Benutzer eine Choreografieaktivität mit dem Status „offen" aus, so wechselt der Browser die Ansicht zur Bearbeitung dieser Aktivität (vgl. Abb. 3.54).

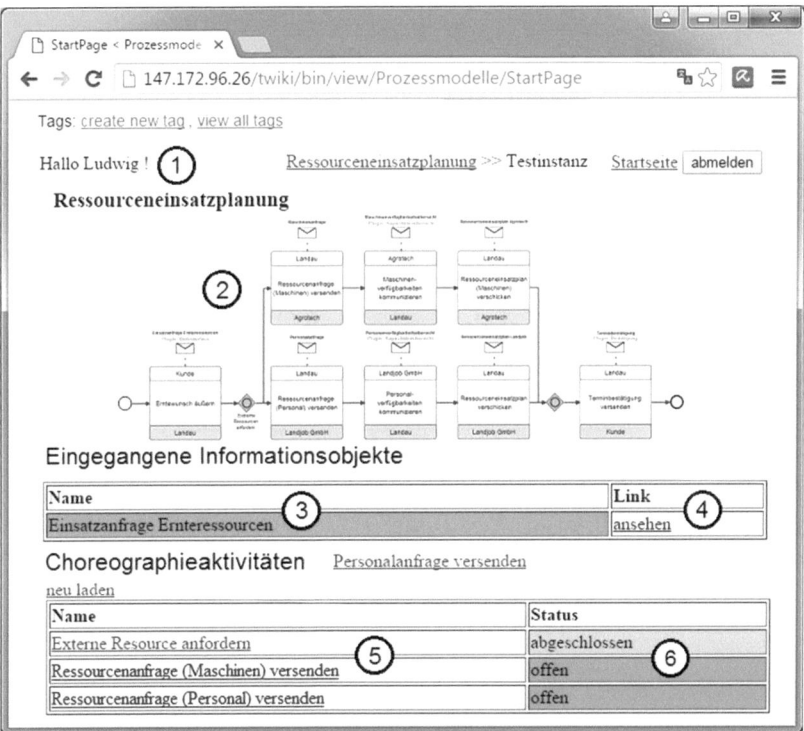

Abb. 3.53 Erfahrbarkeitsumgebung nach der Auswahl einer Prozessinstanz

Der Aufbau der Seite zur Bearbeitung einer Aktivität ist ähnlich zu dem Aufbau der Seite zur Bearbeitung einer Prozessinstanz (vgl. weiterhin Abb. 3.54).

① Wie auch in bei der Bearbeitung einer Prozessinstanz wird der Benutzer mit seinem Namen begrüßt.

② Darunter wird der aktuelle simulierte Prozess dargestellt.

③ Aus der XML-Datei, die in die Erfahrbarkeitsumgebung hochgeladen wurde, werden die Namen der Aktivitäten extrahiert und die jeweils aktuelle hier genannt.

④ Das Informationsobjekt, das in diesem Schritt versandt werden soll (Maschinenanfrage), wird dargestellt, um dem Kooperationspartner zu verdeutlichen, welche Informationen er hier versenden muss.

⑤ Der Benutzer kann mit dem Link „Übersicht anzeigen" zurück zur Bearbeitung einer Prozessinstanz oder die Aufgabe mit einem Klick auf dem Button Aufgabe abschließen abschließen. Durch das Abschließen wird die Aufgabe beendet und der Benutzer gelangt zurück zur Übersichtsseite.

⑥ Abschließend sieht der Benutzer die Aktivität, die nach der aktuell zu bearbeitenden Aktivität folgt.

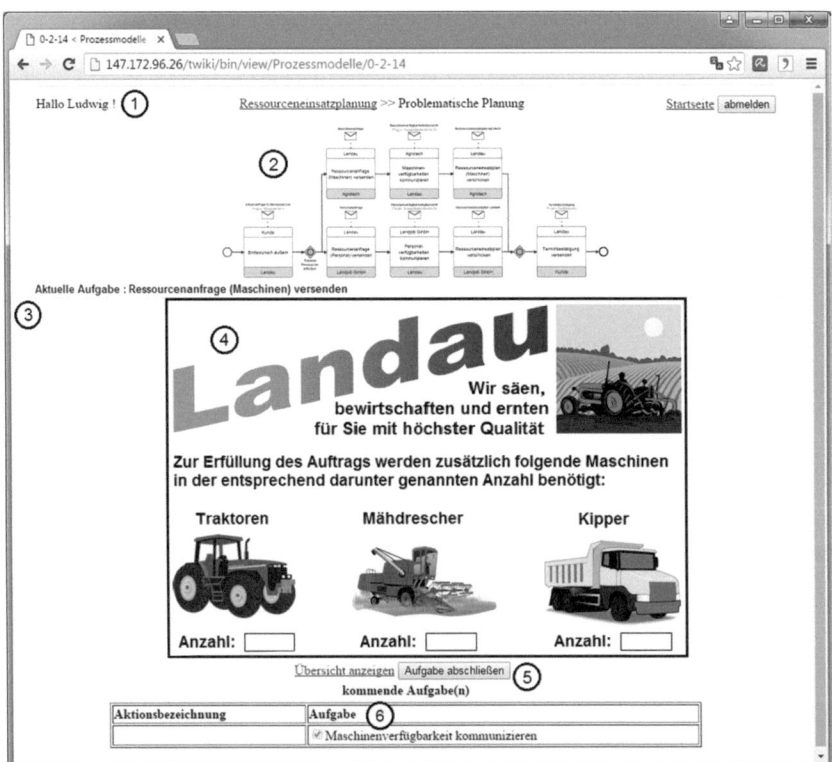

Abb. 3.54 Bearbeitung der Aktivität *Ressourcenanfrage (Maschinen) versenden*

3.4.3 Grundlegende Entscheidungen bei der Implementierung der Erfahrbarkeitsumgebung

3.4.3.1 Wikis als Basis der Erfahrbarkeitsumgebung

Zwar werden aktuell bereits Wikis in einigen Unternehmen eingesetzt, ihr Potenzial wird aber bei Weitem noch nicht ausgeschöpft. In einer Studie hat das Statistische Bundesamt 2013 erhoben, dass nur 17 % aller Unternehmen mit einem Internetzugang Wiki-Wissensmanagementsysteme nutzen. 17 % sind recht wenig, betrachtet man den möglichen Nutzen beziehungsweise die unterschiedlichen Einsatzmöglichkeiten, die ein Wiki bieten kann. Es kann beispielsweise als Dokumentationsplattform für die Prozesse eines Unternehmens oder als Projektmanagement-Plattform für interne und externe Projekte genutzt werden. Dies sind nur zwei der Anwendungsfelder, bei denen ein Wiki einen sehr einfachen und unkomplizierten Nutzen bietet.

Ein Wiki einzurichten und für ein Unternehmen nutzbar zu machen, stellt technisch keine große Herausforderung dar. Schwieriger als die technische Implementierung gestalten sich meist die inhaltliche Ausgestaltung und die Sicherstellung einer aktiven Nutzung. Bei der Nutzung eines Wikis als Wissensmanagementsystem treten unterschiedliche Probleme auf, an denen die Einführung eines Wikis scheitern kann. Die Nutzer haben insbesondere folgende Vorbehalte und Ängste (vgl. im Folgenden Miller, Pfeiffer 2009):

1. *Angst vor einer öffentlichen Blamage*
   Da die eingestellten Informationen in einem Wiki für viele Personen im Unternehmen einsehbar sind, entsteht die Gefahr, dass der Ersteller sich oder andere Mitarbeiter durch einen Beitrag blamiert.

2. *Fehlende explizite Erlaubnis*
   Abhängig von der Unternehmenskultur werden Mitarbeiter am Aufbau der Inhalte des Wikis teilnehmen oder nicht.

3. *Festhalten an traditionellen Arbeitsprozessen*
   Menschen möchten nicht immer ihre aktuellen Arbeitsstrukturen aufbrechen und etwas Neues lernen und nutzen.

Diesen Herausforderungen kann mithilfe eines automatisiert erstellten Wikis in der zuvor vorgestellten Form teilweise gezielt entgegengewirkt werden. Wird das Wiki automatisiert aus den gemeinschaftlich erstellen Kooperationsbeschreibungen generiert, so dürfte sich die als erstes aufgeführte Angst deutlich reduzieren lassen. Die Kooperationsdarstellung wird in Workshops von den Wertschöpfungspartnern erstellt. Dabei werden die Teilnehmer durch die Struktur der CXP-Modellierungsmethode intensiv angeleitet. Wesentliche Beiträge werden erbracht, indem konkrete Beispiele zur Prozessdurchführung und zu auszutauschenden bzw. ausgetauschten Informationsobjekten eingebracht werden. Im Vergleich zu einem gänzlich frei zu gestaltenden neuen Wiki-Beitrag erscheint die Hemmschwelle der Beteiligung deutlich reduziert.

Die zweite Schwierigkeit kann durch die Kommunikation des Nutzens des Wikis für das Unternehmen adressiert werden. Der Nutzen des Wikis in der hier vorgestellten Form wird für die Beteiligten allerdings recht schnell konkret erfahrbar. Sind wichtige Prozesse im Wiki abgebildet und die benötigen Dokumente und Informationen, welche die Mitarbeiter für einen Arbeitsschritt benötigen, ebenfalls vorhanden, so wird deutlich erkennbar, dass mithilfe des Wikis fehlerhafte Abläufe in der Kooperation frühzeitig erkannt und vermieden werden können und dass vorteilhafte und erwünschte Abläufe sich auf diesem Wege leichter unter den Wertschöpfungspartnern verbreiten lassen.

Das dritte Problem hat mit der Motivation der Mitarbeiter zu tun, das Wiki aktiv zu nutzen. Hierbei ist es förderlich, wenn das Wiki den Mitarbeiter bei den täglichen Arbeiten unterstützt. Sollten die Prozesse des Mitarbeiters im Wiki abgebildet sein und die benötigten Dokumente vorliegen, wäre dies eine Erleichterung der täglichen Arbeit der Mitarbeiter. Häufig wird auch der erhöhte Zeitbedarf der Nutzung als hinderlich empfunden. Viele Mitarbeiter geben laut der bereits zitierten Studie an, keine Zeit für die Wiki-Nutzung zu haben (Statistisches Bundesamt 2013). Sollte jedoch die Nutzung des Wikis eine offensichtliche Zeitersparnis bedeuten, so würde das Problem nicht nur gelöst, sondern die Mitarbeiter hätten mehr Zeit zur Verfügung, um andere Tätigkeiten auszuführen. Dies könnte in einer späteren Ausbaustufe des hier präsentierten Ansatzes durch die Unterstützung der Prozesse durch das Wiki selbst geschehen. Die Erweiterungen insbesondere der sogenannten Enterprise-Wikis und ihre Nutzung als Projektmanagementplattformen sprechen dafür, dass über die hier präsentierte Simulation der Prozesse hinaus auch die Unterstützung der operativen Ausführung von Prozessen denkbar ist.

Einerseits bilden die erläuterten Potenziale von Wikis selbst und andererseits die Bedeutung der Erfahrbarkeitsumgebung für die Förderung der Verbreitung von Wikis den Hintergrund für die Entscheidung, die prototypische Umsetzung auf Wiki-Basis zu untersuchen.

3.4.3.2 XML-Datei als Input der Erfahrbarkeitsumgebung

Die Erfahrbarkeitsumgebung sollte nicht nur als eine Simulationsumgebung für die Cooperation Experience-Modellierungssprache und deren Softwarewerkzeuge dienen, sondern auch andere Prozessmodelle unterstützen. Aus diesem Grund wurde beschlossen, den Input der Erfahrbarkeitsumgebung als XML-Datei zu realisieren, die dann durch eine Software interpretiert wird und so die Erfahrbarkeitsumgebung automatisch individuell dem Prozessmodell anpasst.

Um die weitverbreitete Modellierungssprache BPMN 2.0 (Object Management Group 2011) zu unterstützen, wurde das Webtool Signavio als Basis verwendet und der XML-Export dieser Software als Grundlage genutzt. Von BPMN 2.0 wird das Kollaborationsdiagramm unterstützt, wobei hier nicht alle Symbole interpretiert werden können, sondern nur ein Auszug von diesen (vgl. Abb. 3.55).

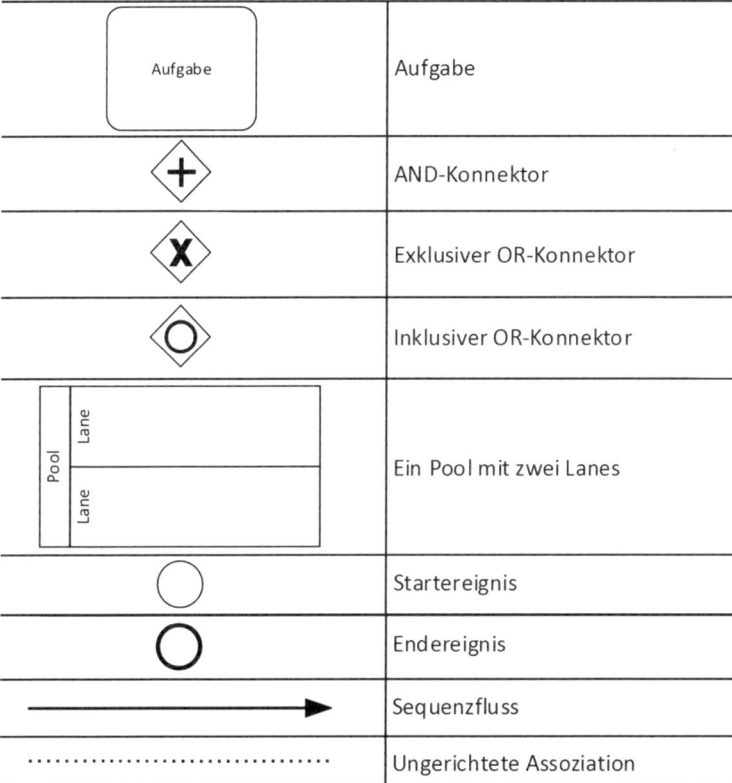

Abb. 3.55 Symbole der Kollaborationsdiagramme, die simuliert werden können

Um die Plugins zu unterstützen, wurde die ungerichtete Assoziation verwendet. Hierbei ist es unabdingbar, dass das Wort „Plugin:" vor der Nennung des Namens eines Plugins geschrieben wird (vgl. Abb. 3.56), da dieses Wort dem XML-Interpretierer anzeigt, dass nun der Name eines Plugins folgt und keine sonstige Beschreibung.

Abb. 3.56 Darstellung der Plugins in Kollaborationsdiagrammen

Mithilfe dieses Vorgehens ist es möglich, dass auch andere Modellierungssprachen verwendet werden, um Prozesse für die Erfahrbarkeitsumgebung zu erstellen.

3.4.4 Implementierung der Erfahrbarkeitsumgebung

Die Erfahrbarkeitsumgebung erwartet als Eingabe für die darzustellenden Prozesse, dass ein standardisiertes BMPN 2.0 XML-Prozessmodell mit den zugehörigen „Prozessmodell-Uploader" hochgeladen wird. Der Upload umfasst weiterhin eine Rastergrafik des Prozesses, welche im Verlauf der Simulation dargestellt wird. Der Upload erfolgt durch eine Webservice-Schnittstelle. Dafür ist die Klasse „WSAgent" verantwortlich, welche alle uploadrelevanten Methoden der Schnittstelle „WebserviceManagement" enthält.

Als Technologie wird SOAP verwendet, ein XML-Protokoll zum Austausch von Nachrichten, unabhängig von einem gemeinsamen Betriebssystem des Clients und Servers. Weiterhin kann diese Schnittstelle unabhängig von einer bestimmten Programmiersprache verwendet werden. Mit Annotationen wird der SOAP-Envelope definiert, der den Transfer der Daten steuert. Schließlich wird auf dem Server eine bestimmte Methode inklusive der bereitgestellten Parameter übergeben, die dann dort ausgeführt wird. Die Daten werden von SOAP standardmäßig im Klartext übertragen, allerdings wird die Kommunikation über einen SSL-Port durchgeführt.

So erwartet die Methode „uploadProcessModel" ein „FileInfo"-Objekt, das das Prozessmodell als binary-Array, den Prozessmodellnamen, das Prozessmodellbild als binary-Array und eine Beschreibung bündelt. Dieses Objekt wird aufseiten des Clients erzeugt und wird durch eine Webservice-Verbindung zu der Klasse „Publisher" aufseiten des Servers aufgebaut. Das binary-Array wird vom Server inhaltsbasiert analysiert. Dazu wird es segmentweise eingelesen und auf die standardisierte BMPN 2.0-Spezifikation geprüft, indem ein Schema validiert wird. Im Falle eines fehlerhaften Prozessmodells wird dieses verworfen und alle Änderungen durch den Upload-Prozess werden zurückgesetzt.

Sobald ein gültiges Prozessmodell hochgeladen wurde, wird von dem „BPMNModel" eine grobe Struktur angelegt. Dabei wird zunächst im T-Wiki ein Web erzeugt, welches die Inhalte voneinander abgrenzt und strukturell Übersicht schafft. Innerhalb des Webs können anschließend Prozessinstanzen angelegt werden, die verschiedene Simulationen desselben Prozessmodells zur selben Zeit ermöglichen. Dazu wird von dem T-WikiFileHandler eine T-Wiki-konforme Textdatei angelegt, welche die zu interpretierenden Darstellungselemente in der T-Wiki-Markup-Language beschreibt. Die Verbindung der statischen T-Wiki-Seiten und dem dynamischen Prozessmodell erfolgt durch das Einbinden von Frames. Dadurch integriert sich ein fest definierter Bereich in die Webseite des T-Wiki und kann eine direkte Verbindung zum Webserver der Prozessmodelle aufbauen. Eine zugehörige Benutzerverwaltung, die ebenfalls vom Webserver gesteuert wird, verwaltet die Zugriffsrechte und erlaubt registrierten Nutzern die Simulation. Nicht registrierte Nutzer können einen Account anlegen, der per Mailauthentifizierung bestätigt werden muss. Damit ein Benutzer schließlich an einem Prozess partizipieren kann, muss er von einem dedizierten Superuser dafür eingeteilt werden.

Neben dem T-Wiki wird auch auf dem Server in einer Datenbank eine zusätzliche Struktur erzeugt. Das „BMPN-Model" analysiert das Startelement des Prozesses und legt eine Prozessmodellelementinstanz an. Zu jedem Prozessmodell gehören beliebig viele Prozessmodellinstanzen, die verschiedene Simulationen desselben Prozesses erlauben. Jede Prozessinstanz enthält Prozesselemente wie bspw. das Startelement, Aktivitäten oder Verzweigungselemente. Für das mehrfache Durchlaufen einer Prozesssequenz, also Schleifen, wird für jedes Prozesselement jeweils eine Prozesselementinstanz erstellt. Derzeit werden die folgenden Prozesselemente unterstützt, lassen sich aber bei Bedarf aufgrund der Modularität und Vererbung generalisierter Klassen problemlos erweitern:

- Association
- Business Rule Task
- Collaboration
- End Event
- Exclusive Gateway
- Inclusive Gateway
- Manual Task
- Message Flow
- Parallel Gateway
- Receive Task
- Script Task
- Send Task
- Sequence Flow
- Service Task
- Start Event
- Task
- Text Annotation
- User Task

Die Synergien des T-Wiki und der Simulation werden durch Java Server Pages in Form von IFrames ermöglicht. Daraus entsteht ein homogenes System, welches dynamisch die Prozesse erlebbar macht. Die Java Server Pages sind eine Technologie für die Webseitenentwicklung, die dynamischen Inhalt unterstützt, indem in den statischen HTML-Code weitere JSP-Tags eingebunden werden, die ein Tomcatserver zur Laufzeit interpretiert. Ausgezeichnet werden diese Tags durch ein initiierendes „< %" und ein schließendes „% >". Die Dynamik entsteht durch die Anbindung einer Datenbank, die in Abhängigkeit der angemeldeten Benutzerrolle und des Fortschritts einer bestimmten Prozessinstanz alle relevanten Informationen darstellt. Vorteilhaft ist die Wiederverwendbarkeit des Codes, da die Logik des „BPMNModels" in reinem Java geschrieben wurde und die ServerPages direkt die Methoden nutzen können. IFrames sind Bereiche innerhalb einer Webseite, die flexibel ausgetauscht werden können. So behält das T-Wiki seine strukturierte, jedoch statische Darstellung, kann aber gleichzeitig ein IFrame darstellen, dessen Inhalt durch Java Server Pages dynamisch generiert wird. Das Generieren der dynamischen Seiten erfordert ein Zusammenspiel mehrerer Klassen, die in Tab. 3.4 aufgeschlüsselt werden.

Klasse	Beschreibung
BPMNDynamic-Administration	Diese Klasse verwaltet den Zustand von dynamischen Prozesselementen und wertet beispielsweise den Status einer Aufgabe (offen, inaktiv oder erfüllt) aus.
BPMNModel	Hier wird die Struktur eines Prozessmodells eingelesen und rekursiv in die unterstützten Prozesselemente aufgegliedert.
T-WikiHandler	Diese Schnittstelle definiert alle Aktivitäten, die im T-Wiki anfallen, so zum Beispiel das Erstellen und Löschen von Webs, Topics.
T-WikiFileHandler	Der T-WikiFileHandler realisiert alle vorher im T-WikiHandler definierten Aktivitäten. Da das T-Wiki eine textbasierte Datenverwaltung benutzt, legt diese Klasse im jeweiligen Verzeichnis die erforderlichen Ordner und Dateistrukturen an.
T-WikiInterpreter	Hier wird der Inhalt für das T-Wiki erzeugt, das sich aus den Prozesselementen ableiten lässt oder auch durch die Textannotationen des BPMN-Modells ein Plugin des T-Wiki aktiviert wird.

Tab. 3.4 Klassen für dynamische Seitengenerierung

Das BPMNModel liest die Prozessmodelldatei, die im XML-Format vorliegt, ein und baut eine Baumstruktur auf. Hierfür wird eine Liste aller Prozesselemente angelegt. Diese Prozesselemente bestehen aus einer ID, einem Namen und Konnektoren. Die Konnektoren – grafisch als Pfeile repräsentiert – werden für jedes Element jeweils als Liste der eingehenden und ausgehenden Konnektoren gespeichert, sodass ein schnelles Durchsuchen dieser doppelt verketteten Liste möglich ist. Jedes Prozesselement hat weiterhin eine Methode, die einen HTML-Output liefert, der schließlich eine Repräsentation des Objekts in dem IFrame des T-Wiki darstellt, sodass dort interagiert werden kann.

Die technische Umsetzung der Erfahrbarkeitsumgebung erlaubt es dem Prozessmodellierer, die Prozesse auf eine andere Weise den Benutzern zu verdeutlichen. Diese Darstellung benötigt mehrere Schritte, die der Prozessmodellierer umsetzen muss (vgl. Abb. 3.57).

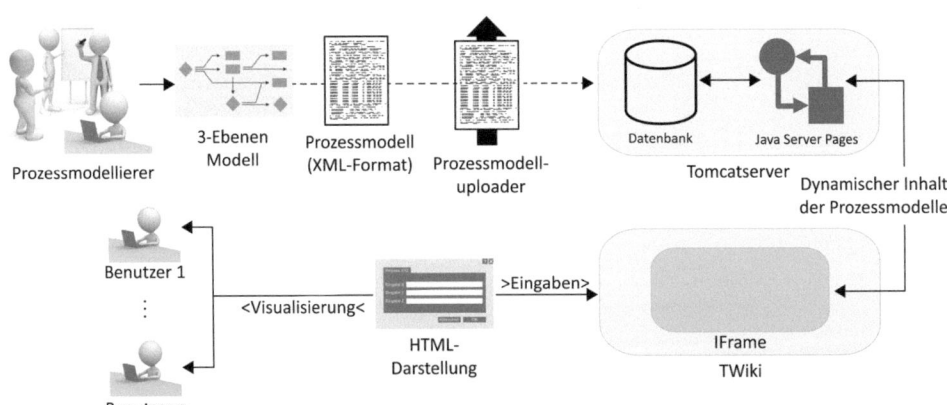

Abb. 3.57 Vom Prozessmodell zur Simulation in der Erfahrbarkeitsumgebung

Anfangs wird von einem Prozessmodellierer in Absprache mit allen beteiligten Kooperationspartnern der gemeinsame Prozess diskutiert und mit der CXP-Modellierungssprache modelliert. Dies erfolgt in einem 3-Ebenen-Modell, dessen Detailgrad mit steigender Ebenentiefe wächst. Schließlich stellt die dritte Ebene einen erarbeiteten Kooperationsprozess dar, der sich als Prozessmodell exportieren lässt. Dieses Prozessmodell, welches bereits als BPMN 2.0-konformes XML-Dokument eingeführt wurde, lässt sich anschließend mit einem Prozessmodell-Uploader in die Erfahrbarkeitsumgebung einpflegen. Dort werden die notwendigen Einstellungen in einer Datenbank gespeichert, die eine wesentliche Grundlage für die Java Server Pages bietet und Informationen bidirektional bereitstellt. Die vorgestellte dynamische Datenstruktur, die ebenfalls auf dem Tomcatserver hinterlegt ist, verwaltet den anzuzeigenden Inhalt der Java Server Pages und stellt entsprechende Methoden für den Ablauf der hochgeladenen Prozesse bereit. Eingebettet sind die Java Server Pages in dem T-Wiki durch ein IFrame, welches das zentrale Interface zwischen den Benutzern und den kodierten Prozessmodellen bildet. Die Benutzer erhalten eine Visualisierung der generierten HTML-Darstellungen, welche in deren Browser dargestellt wird. Dort können sie Aktionen bestimmen und durch Eingaben mit dem System interagieren. Diese Eingaben werden vom Browser an das IFrame geleitet, sodass die Kommunikation mit den Java Server Pages möglich ist und entsprechende Reaktionen auf Grundlage des Datenmodells zu einer aktualisierten Darstellung des Prozessmodells führt. Die Darstellungen unterscheiden sich je nach Prozesselement. So werden bei Tasks alle hinterlegten Attribute angezeigt, die für die Durchführung notwendig sind. Fallunterscheidungen bieten wiederum Entscheidungsmöglichkeiten, die den Verlauf des Prozesses beeinflussen. Eine besondere Interpretation ist dem Element der Textannotation zugewiesen, welches einerseits als reine Ergänzung von informativen Texten gilt, aber auch durch eine dynamische Funktionalität angereichert wurde.

Wenn ein Prozesselement mit einer Textannotation versehen wurde und diese Annotation einem bestimmten Muster, nämlich „Plugin:%Pluginname%" entspricht, wobei „%Pluginname%" durch einen qualifizierten Ausdruck zu ersetzen ist, wird nicht der reine Text angezeigt, sondern es findet eine Interpretation statt. Dieses Interpretieren ermöglicht Flexibilität und Erweiterbarkeit. So lässt sich in der Datenbank für jeden Ausdruck, der über den Pluginnamen eindeutig bestimmt ist, ein vordefiniertes Plugin für das T-Wiki laden. Wird beispielsweise für „Plugin: Abstimmung" eine Eingabe von Auswahlmöglichkeiten hinterlegt, so lässt sich bei der Simulation in jeder Prozessinstanz die Textannotation interpretieren und es wird ein entsprechendes Template für eine Abstimmung dargestellt. Diese Modularität erlaubt es, beliebig viele Plugins in das System einzufügen und die Simulation mit zusätzlicher Interaktion zu versehen.

Die parallelen Zugriffe auf die Datenbank werden durch einen „Connection Pool" gewährleistet, der je nach Anfragefrequenz eine Liste an offenen Verbindungen zur Datenbank hält. Diese werden erst nach einem festen Zeitintervall geschlossen, wenn diese Verbindung nicht aktiv war. So werden Ressourcen im Falle niedriger Nutzungsaktivität gespart, aber bei hoher Beanspruchung die Leistung für alle Nutzer gewährleistet.

Der Zugriff auf die Datenbank erfolgt, sobald ein Prozessmodell hochgeladen wurde. Daraufhin hat ein Superuser die Aufgabe, eine Prozessinstanz für diesen oder bereits hochgeladene Prozesse zu erstellen. Der Superuser zeichnet sich dadurch aus, dass er nicht gelöscht werden kann. Weiterhin besitzt er gegenüber regulären Nutzern noch Rechte, die ihm die Verwaltung der Prozessmodelle und die bereits erwähnten Plugins möglich macht. Es wurde eine Struktur für die Benutzer angelegt, die diese in Gruppen einteilt. So lassen sich mehrere Benutzer in eine Gruppe bündeln, die dann für eine bestimmte Prozessinstanz die Rechte zur Simulation haben. Dies ermöglicht einem Benutzer an mehreren Prozessen zu arbeiten, aber gleichermaßen auch Kollegen, die denselben Prozessen zugeordnet sind, die anstehenden Aufgaben zu bearbeiten. Realisiert ist dies durch eine Klasse „Usertoken", die dem regulären Benutzer entspricht, der „Authentication", die den Anmeldeprozess steuert, und dem „SuperUserToken", der explizit für den Superuser existiert. Der „AccountHandler" kann die angemeldeten Accounts den Gruppen zuordnen, die der Superuser in seinem Interface bereits manuell erzeugt hat.

Sobald der Superuser die Gruppen und Plugins für eine Prozessinstanz angelegt hat, können sich die beteiligten Benutzer anmelden und sehen in ihrem Dashboard die neue Prozessinstanz. Parallel dazu wurde von der „BPMNDynamic-Administration" von dem Startelement eine Prozesselementinstanz angelegt, die der erste prozessbeteiligte Benutzer in seinem Interface angezeigt bekommt. Jeder Benutzer aus der Gruppe, die die Zuweisung der aktuellen offenen Aufgaben hat, darf diese abschließen bzw. mit den Plugins interagieren. Das Abschließen der Aufgaben sorgt dafür, dass die „BPMNDynamicAdministration" auf das statische „BPMNModel" zurückgreift und über die doppelt verkettete Liste alle folgenden Prozesselemente sucht. Diese werden in einer Liste gebündelt und anschließend auf die Akteure aufgeteilt, die sie bearbeiten dürfen. Die Zuweisung in die Gruppen erfolgt durch interne Lanes, die jedem Prozesselement automatisch einer Benutzergruppe zuweist. Dies geschieht in Abhängigkeit von dem geklickten Prozesselement. Bei einer Fallunterscheidung durch XOR wird ausschließlich die Auswahl des Akteurs berücksichtigt; Gleiches gilt für OR. Bei einer Parallelisierung werden automatisch alle darauffolgenden Aufgaben in die Liste aufgenommen. Handelt es sich bei dem Verzweigungsoperator jedoch um ein zusammenführendes Element, so werden alle Vorbedingungen geprüft. Da dies dynamisch von den bereits absolvierten Aufgaben der Benutzer abhängt, muss mit der dynamischen Komponente, der „BPMNDynamicAdministration" in der Datenbank der Zustand aller eingehenden Prozesselemente geprüft werden. Die Zustände werden intern als Enumerations behandelt und umfassen: *abgeschlossen*, *in Bearbeitung* und *offen*. Offen beschreibt dabei den Zustand, dass das Element erst bearbeitet werden kann, wenn ein oder alle vorangegangenen Elemente abgeschlossen sind. Durch die Gruppierung wird eine Aufteilung der Prozesselemente in Sichten ermöglicht. So bekommt jeder Benutzer nur genau die Aufgaben zu sehen, die auch nur er erledigen soll. Den gesamten Prozessverlauf kann er jedoch jederzeit anhand des hochgeladenen Prozessmodellbildes erkennen, da dieser eine globale Ansicht aller Tätigkeiten zeigt. Sobald schließlich keine offenen und sich in Bearbeitung befindlichen Prozesselementinstanzen existieren – und das übergreifend für alle Prozesselemente –, wird die gesamte Prozessinstanz für alle Benutzer als abgeschlossen markiert.

3.4.5 Fazit

Die prototypische Umsetzung der Erfahrbarkeitsumgebung zeigt, dass sich CXP-Prozessdetailmodelle sehr schnell und aufwandsarm in Wiki-Umgebungen überführen lassen, die es aktuellen bzw. zukünftigen Wertschöpfungspartnern erlauben, ihre kooperative Zusammenarbeit realitätsnah zu simulieren. Die Umsetzung quasi per Knopfdruck schafft die Voraussetzung dafür, dass bereits in Modellierungs-Workshops der Ablauf der Kooperation erfahrbar gestaltet werden kann. Die Wertschöpfungspartner müssen nicht bis zur Entwicklung einer aufwendigen Softwarelösung und damit bis zum erneuten Zusammentreffen in einem weiteren Workshop warten, bis sie ihre Abstimmung untereinander erfahrbar testen können.

Durch die Pflege und Bereitstellung zusätzlicher Plugins kann der Grad der Erfahrbarkeit schrittweise ausgebaut werden. Die Präsentation exemplarischer Informationsobjekte und Dokumente unterstützt die Nachvollziehbarkeit wichtiger Gestaltungsparameter einer Kooperation zusätzlich. Insgesamt ergibt sich so ein fortschrittlicher Ansatz, die konzeptionelle Modellierung mit Beiträgen zur Förderung der Verständlichkeit ihrer Ergebnisse zu verbinden. Einige ausgewählte in der folgenden Checkliste aufgeführte Hinweise stellen eine abschließende fokussierte Zusammenfassung über dieses Vorgehen bereit.

 Vorbereitung der Erfahrbarkeitsumgebung durch den Administrator

- Prozessmodell mithilfe des Prozessmodell-Uploaders hochladen
- Benutzer und Gruppen anlegen
- Benutzer den Gruppen zuweisen
- Prozessinstanz mit einem Namen und einer Beschreibung anlegen
- Den Rollen des Prozessmodells einzelne Gruppen zuweisen
- Plugins überprüfen und, falls nötig, neue anlegen

 Durchführen der Simulation mit der Erfahrbarkeitsumgebung

- Anmelden mit dem individuellen Benutzerkonto
- Zu simulierende Prozessinstanz auswählen
- Nacheinander die Prozessschritte durchführen und so den Prozess erfahren
- Überlegungen zur Verbesserung der Kooperation anstellen
- Verbesserungsoptionen in das Kooperationsmodell einfließen lassen
- Simulation gegebenenfalls erneut starten

Literatur

Becker, J., Berning, W., & Kahn, D. (2012). Projektmanagement. In: J. Becker, M. Kugeler, M. Rosemann Hrsg.), Prozessmanagement – Ein Leitfaden zur prozessorientierten Organisationsgestaltung (S. 17-46). Berlin et al.: Springer..

Miller, S., & Pfeiffer, T. (2009). Wie man ein Wiki zum Leben erweckt. Wissensmanagement 1, 14-15.

Object Management Group (2011). Business Process Model and Notation (BPMN): Version 2.0. http://www.omg.org/spec/BPMN/2.0/PDF. Aufgerufen: 2. Februar 2016.

Statistisches Bundesamt (2013) Soziale Medien halten Einzug in die Unternehmen. https://www.destatis.de/DE/PresseService/Presse/Pressemitteilungen/ 2013/12/ PD13_417_52911pdf.pdf?__blob=publicationFile. Aufgerufen: 22. August 2014.

3.5 Erfahrbarkeit von hybriden Wertschöpfungsnetzwerken: Die Cooperation Experience-App

Sebastian Bräuer, Hendrik Scholta

Mithilfe von hybriden Wertschöpfungsnetzwerken lassen sich innovative Geschäftsmodelle realisieren. Durch die Heterogenität der Beteiligten kooperierenden Unternehmen und die Notwendigkeit der Koordination unternehmensübergreifender Abläufe erhöht sich jedoch die Komplexität des Managements der den Wertschöpfungsnetzwerken zugrundeliegenden Prozesse. Gleichzeitig bilden die Prozessmodelle einen zentralen Ausgangspunkt für die Planung der Wertschöpfungsnetzwerke und die Unterstützung der Abläufe durch IT. Ein gemeinsames Grundverständnis der Aufgaben und Pflichten eines jeden Partners ist somit essentiell. Zahlreiche Vorgehensweisen und Tools aus dem Geschäftsprozessmanagement (BPM) und dem kollaborativen Geschäftsprozessmanagement (cBPM) adressieren bereits die unternehmensübergreifende Erstellung und das gemeinsame Management von Prozessmodellen. Die breite Verständlichkeit von Modellen über die einzelnen Partner eines Wertschöpfungsnetzwerks hinweg wird jedoch häufig nachrangig behandelt. Mit der Cooperation Experience-App beschreiben wir im vorliegenden Beitrag einen Android-basierten App-Prototyp für Smartphones und Tablets, der Modellierungsunerfahrenen das „Erfahren" von Prozessmodellen ermöglicht. Die App unterstützt die Navigation durch BPMN-Diagramme und icebricks-Prozessmodelle und ist somit zur Cooperation Experience Modellierungsmethode kompatibel. Ein integriertes Wiki mit kontextsensitiven Erläuterungen zu Prozessmodellelementen erleichtert den Einstieg. In Verbindung mit einem für den Raspberry-Pi optimierten Workshop-System-Prototypen stehen weitere Funktionen zur Verfügung.

3.5.1 Mit der Cooperation Experience-App zu einem besseren Verständnis von hybriden Wertschöpfungsnetzwerken

Mithilfe von hybriden Leistungsbündeln und diesen häufig zugrunde liegenden hybriden Wertschöpfungsnetzwerken lassen sich innovative Geschäftsmodelle realisieren und Differenzierungsmöglichkeiten im zunehmenden internationalen Wettbewerb erreichen (Baines et al. 2009; Becker et al. 2013). Dies gilt für den Maschinen- und Anlagenbau ebenso wie für den lebenszyklusoptimierten Bau und Betrieb von Gebäuden (Averbeck et al. 2013; Becker et al. 2013; Bräuer et al. 2013) Im Rahmen verfügbarkeits- bzw. ergebnisorientierter Betreibermodelle werden dem Kunden dabei komplexe Problemlösungen angeboten, die die Kundenzufriedenheit steigern und sich von Wettbewerbsangeboten klar differenzieren lassen (Tukker 2004; Tukker, Tischner 2006; Becker, Krcmar 2008; Baines et al. 2009). Ein heterogenes und sich komplementierendes Leistungsangebot der in den Wertschöpfungsnetzwerken kooperierenden Unternehmen ist dabei sowohl Schlüssel zum Erfolg als auch zentrale Herausforderung (Beverungen et al. 2013).

Bedingt durch diese Heterogenität und die Notwendigkeit unternehmensübergreifender Abläufe erhöht sich die Komplexität des Managements der Geschäftsprozesse in hybriden Wertschöpfungsnetzwerken (Adam et al. 2005; Böhmann, Krcmar 2006; Legner et al. 2007). So müssen Aufgaben klar definiert werden, unternehmensübergreifende Informationsbedarfe erhoben, Austauschroutinen festgelegt sowie Prozessschnittstellen abgestimmt werden. Das Geschäftsprozessmanagement (engl. Business Process Management, BPM) wie auch das für hybride Wertschöpfungsnetzwerke relevante kollaborative Geschäftsprozessmanagement (engl. collaborative Business Process Management, cBPM) beschäftigen sich mit diesen Herausforderungen (Houy et al. 2010; Niehaves, Plattfaut 2011; van der Aalst 2013). Der Fokus liegt auf operativen Geschäftsprozessen und ihrem Management, ihrer Verbesserung, ihrer Neugestaltung, ihrer Analyse und nicht zuletzt der Verbesserung ihrer Unterstützung durch Informationssysteme (IS) (van der Aalst et al. 2003). Als zentrale Artefakte des Geschäftsprozessmanagements definieren Prozessmodelle die Aktivitäten und ihre Reihenfolge, Aufgaben und Rollen der einzelnen Wertschöpfungspartner sowie Übergänge in den Verantwortlichkeiten. Die Modelle bilden den Ausgangspunkt für die realweltliche und IT-technische Umsetzung der Prozesse bei den Wertschöpfungspartnern und legen somit die gemeinsame Erwartungshaltung fest.

Entsprechend existieren zahlreiche (Prozess-)Modellierungssprachen und -tools, die das (kollaborative) Geschäftsprozessmanagement unterstützen. Die Verinnerlichung und Prüfung der komplexen Modelle setzt spezifische Kenntnisse der Modellierungssprachen voraus. Die Fachexperten der Unternehmen, die an Wertschöpfungsnetzwerken teilnehmen, verfügen jedoch vielfach nicht über diese Kenntnisse (Leopold et al. 2012; Recker et al. 2014). Ohne Aufbereitung sind die Prozessmodelle für sie nicht verständlich und eignen sich entsprechend nur begrenzt für den gemeinsamen Diskurs und als zuverlässige Grundlage für die Kooperation.

Die Verständlichkeit von Modellen im Allgemeinen wird von der internationalen BPM-Gemeinde unter dem Begriff *model understandability* verzeichnet (Houy et al. 2012; Houy et al. 2014). Vorschläge, die speziell die Modellverständlichkeit im kollaborativen Geschäftsprozessmanagement adressieren, sind jedoch rar (Hermann et al. 2017). Häufig bleibt somit nur die aufwendige Aufbereitung der Prozessmodelle oder das Ergänzen der Prozessmodelle um textuelle Erläuterungen. Durch die resultierenden Aufwände stehen diese Ansätze jedoch im starken Gegensatz zum Streben nach einer Reduzierung der (Planungs-)Kosten von hybriden Wertschöpfungsnetzwerken (Beverungen et al. 2013). IT-Lösungen, die Prozessmodelle automatisch aufbereiten und auch für Modellierungsunerfahrene verständlich visualisieren, stellen einen möglichen Ausweg dar.

Mit der Cooperation Experience-App beschreiben wir im Folgenden einen Android-basierten App-Prototyp für Smartphones und Tablets, mit dem wir uns dem Ziel verständlicherer Prozessmodelle nähern. Aufbauend auf BPMN-Kollaborations- oder -Choreografiediagrammen, die mit gängigen BPMN-2.0-Tools erzeugt werden können, sowie auf *icebricks*-Modellen bereitet die App die Prozesse automatisch auf, sodass ein „Erfahren" der in den Prozessmodellen dokumentierten Abläufe möglich wird (vgl. Abb. 3.58, links oben und rechts unten). Die App ist somit für die Verwendung mit der in Kapitel 2.3 vorgestellten CXP-Modellierungsmethode sowie mit der in Kapitel 3.1 vorgestellten *icebricks*-Modellierungsumgebung abgestimmt. In der App generierte Alternativdarstellungen vermitteln eine Übersicht über die Prozessmodelle und erlauben das einfache Auffinden einzelner Tätigkeiten oder Informationsobjekte innerhalb der Modelle. Ein in die App integriertes Wiki stellt eine kontextsensitive Hilfe bereit, durch die sich Modellierungsunerfahrene jederzeit über die Bedeutung einzelner Modellelemente informieren können.

Abb. 3.58 Die Cooperation Experience-App und das Workshop-System in der Übersicht

Weitere Funktionalitäten stehen in Verbindung mit dem portablen Workshop-System-Prototyp zur Verfügung. Das für den Einsatz auf einem Raspberry-Pi optimierte Workshop-System stellt eine Webplattform bereit, mit der sich Workshops und Workshop-Teilnehmer verwalten lassen (vgl. Abb. 3.58, rechts oben und links unten). Auf der Webplattform lassen sich Prozessmodelle ablegen und für einzelne Workshops oder Teilnehmer freischalten. Die Workshop-Teilnehmer verbinden sich mit ihren Android-Endgeräten und der Cooperation Experience-App mit dem System und erhalten so Zugriff auf die Modelle und erweiterten Kommentarfunktionen. Für den portablen Einsatz stellt der Raspberry-Pi ein W-LAN-Netzwerk bereit, sodass die Ausrichtung von Workshops ohne zusätzliche IT-Infrastruktur oder Änderungen an Firmennetzwerken (Serverbereitstellung, Portfreigabe für Workshops etc.) möglich ist.

Der weitere Beitrag gliedert sich wie folgt: Zunächst wird in die Aspekte von „Erfahrbarkeit" eingeführt, die von dem App-Prototyp adressiert werden, und darauf aufbauend wird das Vorgehen bei der Entwicklung der Prototypen dargestellt. Anschließend werden die im Laufe der Entwicklung gesammelten Anforderungen erläutert. Folgend werden sowohl die technische Realisierung der Prototypen als auch die implementierten Funktionen beschrieben. Der Beitrag endet mit einer Zusammenfassung, der Darstellung von Limitationen und einem kurzen Ausblick.

3.5.2 Der Begriff „Erfahrbarkeit" und das Vorgehen bei der Entwicklung der Prototypen

Die Konzeption und Implementierung der Cooperation Experience-App erstreckte sich über einen Zeitraum vom Frühjahr 2014 bis Herbst 2015. Die drei zentralen Stationen sind in der nachfolgenden Abb. 3.59 dargestellt.

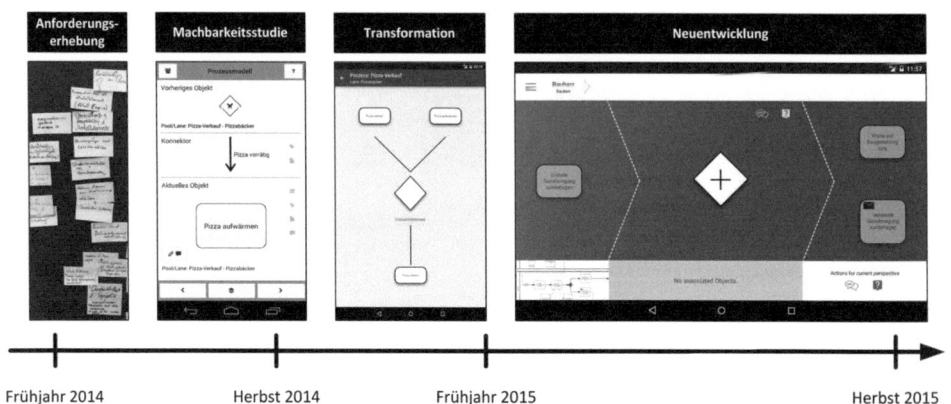

Abb. 3.59 Entwicklungsstadien der Cooperation Experience-App

Im Frühjahr 2014 begann die Entwicklung zunächst mit einer *Anforderungserhebung*, die insbesondere die Diskussion der Bedeutung des Terminus „Erfahrbarkeit von Wertschöpfungsnetzwerken" und dessen Auslegung für die Entwicklung des App-Prototyps umfasste. Der Begriff „Erfahrung" wurde von vielen Philosophen definiert. Eisler beschreibt den Erfahrungsbegriff als „jedes Vorfinden, Erleben von Inhalten irgend welcher Art, jedes Aufnehmen eines Inhalts […]" (Eisler 1904, 273). Demnach ist jede Handlung, bei der ein Wissensinhalt aufgenommen wird, eine Erfahrung. Im Online-Wörterbuch Philosophie wird Erfahrung als „eine durch den fortgesetzten Umgang mit einer bestimmten Tätigkeit erworbene Übung und Fähigkeit der Beherrschung der Tätigkeit, ohne dass dazu theoretisches Wissen um die relevanten Ursachen und Vorgänge erforderlich wäre" beschrieben (Blume 2003). Dies ergänzt die Definition von Eisler um einen weiteren Aspekt: Es muss kein theoretisches Wissen zu der Handlung bestehen, um diese zu verstehen bzw. erlernen zu können. Das resultierende Verb „erfahren" wird im Grimmschen Wörterbuch u. a. mit „durchfahren", „erleben", „erkunden" oder „wahrnehmen" gleichgesetzt (Grimm, Grimm 1998). Der Duden spricht u. a. von „an sich selbst erleben, zu spüren bekommen" (Bibliographisches Institut GmbH).

Wir beziehen den Begriff der „Erfahrbarkeit" in diesem Beitrag vor allem auf Prozessmodelle als essenzielle Bestandteile von Kooperationen. Prozessmodelle bilden die zentralen Aufgaben und Aufgabenübergänge zwischen Akteuren ab und integrieren verschiedene Sichten auf die Problemstellungen, wie die Organisationssicht, die Datensicht, die Leistungssicht und die Funktionssicht (Scheer 2002) und formen somit die Basis für die Planung von Wertschöpfungsnetzwerken. Durch das Erfahren, d. h. das *Erkunden und Durchnavigieren* der Prozessmodelle, soll die Verständlichkeit der Modellinhalte erhöht und die Orientierung in den Modellen erleichtert werden. In Anlehnung an das oben aufgeführte Zitat von Blume (2003) ist dazu keine Kenntnis über die Handlung der Prozessmodellierung an sich notwendig. Laut einer Studie von Bederson und Boltmann lässt sich durch die *Animation* von Modellen im zweidimensionalen Raum ein besseres Modellverständnis erreichen (Bederson und Boltman 1999). Erfahren erfordert zudem eine *Individualisierung*, denn, wie oben beschrieben, bedeutet es „an sich selbst erleben" (Bibliographisches Institut GmbH). Durch Interaktivität kann eine Individualisierung des Erlebnisses erreicht werden (Petko, Reusser 2005). Entsprechend sehen wir die Interaktion des Nutzers mit der App etwa durch Gestensteuerung (physische Interaktion), den digitalen Austausch mit anderen Nutzern (digitale Interaktion) sowie die rollenspezifische Aufbereitung von Prozessmodellen als weitere zentrale Anforderungen vor (vgl. Abb. 3.60). Um das Aufnehmen von Wissensinhalten zu steuern, muss das Erfahren *geleitet und unterstützt* erfolgen, etwa durch die Bereitstellung von vordefinierten Einstiegspunkten in die Prozessmodelle und jederzeit verfügbaren Hilfsfunktionen.

Auf dem resultierenden Verständnis aufbauend, wurde im Sommer 2014 ein erstes Konzept zur App-gestützten Erfahrbarkeit von Wertschöpfungsnetzwerken entwickelt, das im Herbst 2014 in einer ersten Machbarkeitsstudie resultierte. Das Ergebnis der Studie bildete eine prototypische hybride *Stand-alone-Erfahrbarkeits-App*, die das Durchnavigieren von BPMN 2.0-Kollaborationsdiagrammen mit begrenztem Elementumfang auf mobilen Endgeräten ermöglichte. Im Gegensatz zu einer nativen App, die für eine bestimmte Plattform wie z. B. Android oder IOS in einer zielplattformspezifischen Programmiersprache entwickelt werden muss (Smutny 2012), werden Hybrid-Apps anhand von Websprachen wie HTML, CSS und JavaScript programmiert. Unter Verwendung eines Frameworks wie PhoneGap oder Titanium lässt sich die programmierte Web-App in eine Hybrid-App umwandeln und sowohl auf Android-Endgeräten als auch Smartphones und Tablets von Apple ausführen. Bei Hybrid-Apps bestehen jedoch Einschränkungen in der Nutzung der für die Plattformen stilgebenden Oberflächen und die Performance ist schlechter als mit nativen Apps. Die Entscheidung für BPMN 2.0-Kollaborationsdiagramme fiel aufgrund der hohen Verbreitung der Modellierungssprache sowie der Standardisierung und leichten Serialisierbarkeit der aus gängigen BPMN-Modellierungsumgebungen stammenden Prozessmodellexporte im XML-Format. Da die App die Aufbereitung der Modelle für die Visualisierung selbstständig vornehmen konnte, kam sie ohne eine zusätzliche Webplattform aus (*stand-alone*). Allerdings war dadurch die geräteübergreifende Kommunikation stark eingegrenzt und basierte lediglich auf dem Versenden von in der App kommentierten Modellen. Die Entwicklungsschritte von den ersten Mockups bis zur prototypischen Umsetzung lassen sich in Abb. 3.61 exemplarisch nachvollziehen.

Abb. 3.60 In der App adressierte Aspekte von Erfahrbarkeit

Durch Tests mit Probanden wurde schnell deutlich, dass grundsätzlich die schrittweise Aufbereitung der Modelle in der Machbarkeitsstudie als hilfreich empfunden wurde, die in der App gewählte Visualisierungsform jedoch zu stark vom ursprünglichen Modell abweicht und somit die Wiedererkennbarkeit von Modellbestandteilen stark einschränkt. Auch bemängelten die nicht mit Hybrid-Apps vertrauten Probanden das fehlende Aufgreifen von nativen Oberflächen und Menüstrukturen von Android oder iOS. Ebenso wurde die Performance beim Vor- und Zurücknavigieren kritisiert. Wir entschieden uns in der Folge für die Erarbeitung eines neuen Visualisierungskonzepts und die Implementierung einer nativen App.

Aufgrund existierender Vorkenntnisse und der geringeren Kosten für Android-Endgeräte sowie dazugehöriger Entwicklungsumgebungen (die iOS-App-Entwicklung setzt Mac-Endgeräte mit Mac OS voraus) wurde Android als alleinige Zielplattform der App festgelegt. Die Entwicklungen begannen im November 2014 mit der *Transformation* der Web-App-Funktionen in native Android-Funktionen und wurden zwischen April und September 2015 maßgeblich durch die *Neuentwicklung* vom Bachelor-Projektseminar „Apps 4 Process Experience" vorangetrieben. Im Rahmen des Projektseminars wurden vorgegebene Konzepte technisch umgesetzt. Das Workshop-System wurde in diesem Zeitraum ebenfalls implementiert.

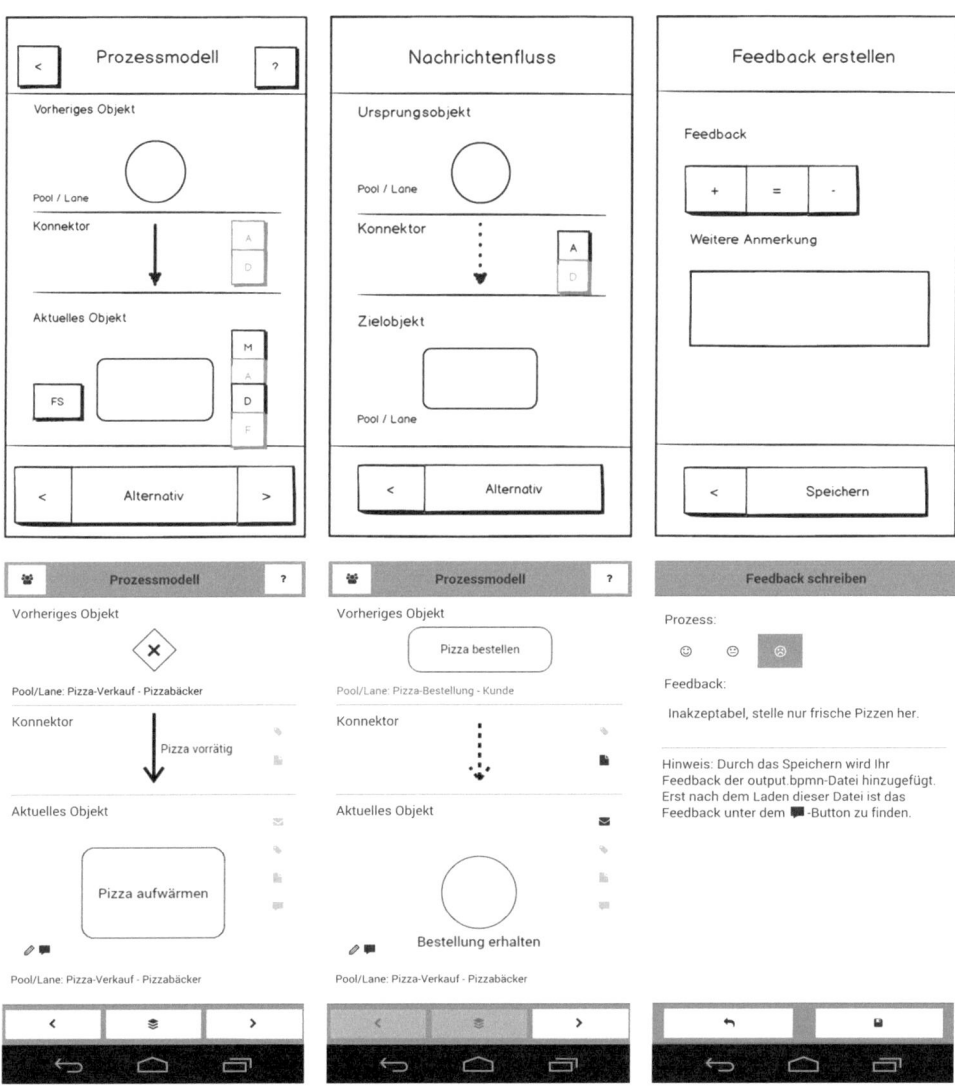

Abb. 3.61 Gegenüberstellung Mockups und Realisierung der Machbarkeitsstudie

Angelehnt an das Scrum-Framework wurden insgesamt vier Sprints zwischen Mai und September 2015 geplant und durchgeführt (vgl. Abb. 3.62). Fortschrittstreffen wurden wöchentlich abgehalten und nach Abschluss der jeweiligen Sprints fanden umfassende Retrospektiven statt. Im Anschluss an den zweiten und dritten Sprint wurden jeweils Anwendungstests mit Probanden abgehalten, deren Ergebnisse in die späteren Sprints eingeflossen sind. Ziele des ersten Sprints waren die Entwicklung einer Webapplikation zur Verwaltung von Workshops und Prozessmodellen sowie die Neuumsetzung der Modellnavigation in der Android App. Der zweite Sprint fokussierte Feedbackfunktionen innerhalb der Android App und die Kommunikation zwischen Android App und Webapplikation. Im dritten Sprint ging es schwerpunktmäßig um die Verfeinerung der Modellnavigation und die Entwicklung von ausführlichen Hilfefunktionen und einem Einführungs-Tutorial, die Nutzern den Einstieg in die App erleichtern sollen. Zudem wurde die Webapplikation für die Ausführung auf einem Raspberry-Pi optimiert. Im vierten Sprint wurden die Unterstützung für BPMN-Choreografiediagramme und *icebricks*-Modelle umgesetzt und Authentifizierungsmechanismen in die Webapplikation aufgenommen.

Sämtliche Quellcodes für die Android App und die Webapplikation stehen zusammen mit Kurzanleitungen auf www.cooperation-experience.de zum Download bereit. Die Inhalte stehen unter der Apache-Lizenz der Version 2.0, die unter anderem die freie Modifikation und das Verteilen der Software unter Angabe des ursprünglichen Lizenzgebers erlaubt.

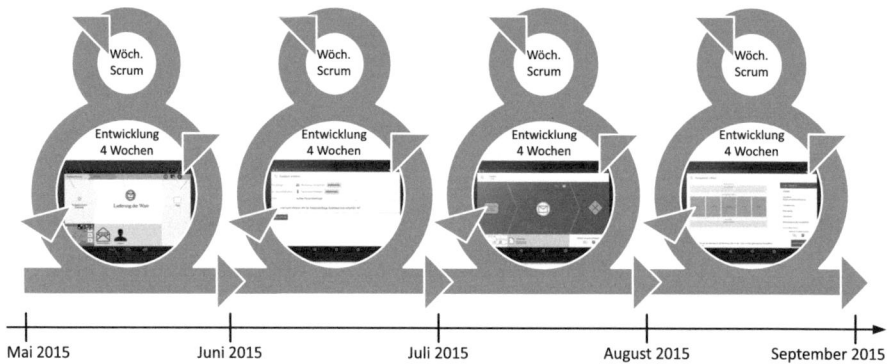

Abb. 3.62 Sprints des Projektseminars *Apps 4 Process Experience*

3.5.3 Anforderungen an die Cooperation Experience-App und an die unterstützende Infrastruktur

Im Rahmen der eineinhalbjährigen Entwicklung haben wir durch Gespräche mit Kolleginnen und Kollegen, Recherchen, Treffen mit den Verbundpartnern im Projekt Cooperation Experience, dem Austausch mit Studierenden und nicht zuletzt dem Feedback von Probanden zahlreiche Eindrücke von „Erfahrbarkeit" gesammelt. Aus den Eindrücken sind Anforderungen an unseren konkreten „Erfahrbarkeitsprototyp" entstanden, der auf dem Prinzip der rollengetriebenen Animation von Prozesspfaden und Navigation durch Prozesspfade aufbaut. Die im Weiteren dokumentierten Anforderungen sind in die Entwicklung des App-Prototyps und des Workshop-System-Prototyps eingeflossen. Eine Zusammenfassung der Anforderungen und ihrer Auslegung im Rahmen des Entwicklungsprojektes findet sich in Tab. 3.5 am Ende des Kapitels.

3.5.3.1 Anforderung 1: Prozessmodelle Schritt für Schritt „erfahren"

Die hohe Komplexität von Prozessmodellen in hybriden Wertschöpfungsnetzwerken spiegelt sich in der Anzahl der dokumentierten Elemente, in der Menge der Prozessverzweigungen sowie in den annotierten Attributen wider. Wird ein entsprechendes Prozessmodell in seiner Gänze betrachtet, wirkt es schnell unübersichtlich. Daher eignet es sich kaum, um den einzelnen modellierungsunerfahrenen Akteuren eines Wertschöpfungsnetzwerks ihre Aufgaben und die Zusammenhänge zu weiteren Tätigkeiten zu erläutern.

In der rollenspezifischen und sequenziellen Aufbereitung der Prozessmodelle und fokussierten Navigation durch die Prozessmodelle besteht eine Möglichkeit, um diese Modelle zu erkunden, die Abläufe abstrakt selbst zu erleben und somit die Kooperation zu erfahren. Entsprechend ihrer Rolle müssen Nutzer der App die relevanten Prozesssequenzen Element für Element durchnavigieren können. Zur Erhöhung der Wiedererkennbarkeit sollte sich die Darstellung der Elemente am ursprünglichen Prozessmodell orientieren. Alle für das jeweilige Element relevanten Informationen müssen auf einen Blick erkennbar sein und die Sichtbarkeit sollte auf unmittelbare Vorgänger und Nachfolger eingeschränkt sein. Gleichzeitig sollte eine Übersichtskarte die jeweilige Position im Prozessmodell verdeutlichen, damit der Nutzer den Gesamtzusammenhang nicht aus dem Blick verliert.

Um Prozessmodelle entsprechend aufzubereiten, ist eine Interpretation der Modelle und Hinterlegung der notwendigen Shapes zur Visualisierung der Elemente notwendig. Durch zu den Modellierungssprachen passende kleine Animationen wirkt die Navigation flüssiger und die App erscheint lebendiger. Die Logik der App und die Oberflächen müssen somit auf einzelne Prozessmodellierungssprachen zugeschnitten werden. Für die Cooperation Experience-App sind dies Kollaborationsdiagramme und Choreografien des weitverbreiteten BPMN-2.0-Standards (vgl. Kapitel 2.3 für weitere Erläuterungen) sowie die sich durch Einfachheit auszeichnenden *icebricks*-Modelle (vgl. Kapitel 3.1 für weitere Erläuterungen).

3.5.3.2 Anforderung 2: Prozessmodellelementbedeutungen verstehen

Die Bedeutung von Prozessmodellelementen zu verstehen, ist ein für die Kommunikation der Modelle und die Erarbeitung eines gemeinsamen Verständnisses unerlässlicher Aspekt. Vor allem in Bezug auf den BPMN-2.0-Standard, der mehr als 60 Ereignistypen, 7 Entscheidungs-Gateway-Typen und zahlreiche typisierte Aktivitäten umfasst, ist eine Erläuterung der Modellelemente zentral. Häufig haben unerfahrene Betrachter der Modelle passende Erläuterungen jedoch nicht zur Hand oder müssen langwierig in umfassenden Dokumenten (die offizielle BPMN-Spezifikation umfasst mehr als 500 Seiten (Object Management Group (2011))) nach Bedeutungen suchen.

Um dem entgegenzuwirken, sollten Benutzer der App bei der Navigation durch die Prozesse die Möglichkeit erhalten, kontextsensitiv zum jeweiligen angezeigten Element Erläuterungen einzublenden. Zudem kann die App als allgemeines Nachschlagewerk zur Verbesserung des Wissens über Modellelemente dienen. Der Fokus liegt dabei ausdrücklich nicht auf der Vermittlung von Syntaxwissen für die Anwendung der Modellierungssprachen oder verwendbare Muster, sondern ausschließlich auf der Erläuterung von Modellelementbedeutungen.

3.5.3.3 Anforderung 3: Eigene Aufgaben in der Kooperation auf einen Blick identifizieren

Anstatt den gesamten Prozess Element für Element zu erfahren, kann der Fokus darauf liegen zu identifizieren, an welchen Tätigkeiten ein Kooperationspartner insgesamt beteiligt ist und welche Informationsobjekte oder IT-Systeme dabei eine Rolle spielen.

Die App muss somit die alternative visuelle Aufbereitung der Prozessmodelle, etwa in Form einer Tabelle, unterstützen. Sortier- und Filtermöglichkeiten erlauben dabei das leichte Auffinden relevanter Einträge. Durch die Bereitstellung von Verknüpfungen an die entsprechenden Stellen des Prozessmodells sollte zudem der Schnelleinstieg in das Modell ermöglicht werden.

3.5.3.4 Anforderung 4: Den zu einem gemeinsamen Modellverständnis führenden Diskurs unterstützen

Für die Erarbeitung eines gemeinsamen Verständnisses der Abläufe und Pflichten in den unternehmensübergreifenden Wertschöpfungsnetzwerken ist nicht nur die Kommunikation zwischen den Modellierern und Prozessverantwortlichen, sondern auch zwischen den Wertschöpfungspartnern essenziell. Der Austausch über Prozessmodelle und Modellelemente ermöglicht dies. Nur durch ein gemeinsames Verständnis und die gemeinsame Überprüfung der Modelle auf fachliche Korrektheit und Zweckmäßigkeit während der Planung lassen sich kostspielige Fehler in der nachfolgenden Implementierung der Prozesse vermeiden.

Durch die Kommentierung von Prozessmodellen oder einzelnen Elementen und die übersichtliche Aufbereitung der Kommentare lassen sich Verständnisprobleme identifizieren, Differenzen ausräumen und wertvolle Hinweise für weitere Anpassungen an den Modellen sammeln. Sowohl die App als auch das Workshop-System müssen entsprechend Funktionen bereitstellen, mit denen sich Kommentare erstellen, beantworten und verwalten lassen. Eine Typisierung der Kommentare erlaubt eine leichtere Bestimmung des Anliegens und der Zielgruppe. Zudem erhöht die Typisierung die Übersichtlichkeit und erlaubt den Einsatz von Filtermechanismen.

3.5.3.5 Anforderung 5: Verbergen von wettbewerbsrelevantem Prozesswissen gegenüber Dritten

Für die Kommunikation ist hinderlich, dass die beteiligten Wertschöpfungspartner häufig über spezifisches und wettbewerbsrelevantes Prozesswissen verfügen, das sie nur widerwillig mit anderen Wertschöpfungspartnern teilen. In der BPM-Forschung ist dies ein häufig genanntes Problem (Shen, Liu 2001; Legner et al. 2007). Gleichzeitig müssen jedoch mindestens die Schnittstellen und Übergänge zu den anderen Akteuren kommuniziert werden, damit der sachgemäße Ablauf der Prozesse nicht gefährdet wird.

Sollen auch Prozesse mit sensiblen Informationen in Workshops diskutiert werden, müssen das Workshop-System und die App Funktionalitäten bereitstellen, um den Zugriff der Workshop-Teilnehmer selektiv zu begrenzen. Hierdurch lässt sich sicherstellen, dass etwa ein Mitarbeiter des Bauunternehmens den Angebotserstellungsprozess seines Unternehmens in der App nachvollziehen kann, dem Architekten beim „Erfahren" der Abläufe die detaillierten Abläufe jedoch vorenthalten bleiben und lediglich die Übergänge zu seinen Tätigkeiten sichtbar sind.

3.5.3.6 Anforderung 6: Flexible und portable Lösung zur Ausrichtung von Workshops

Bei der Durchführung IT-gestützter Modellierungs-Workshops kann das Problem bestehen, dass die benötigte IT-Infrastruktur und das angestrebte Vorgehen beim Workshop im Gegensatz zu den IT-Sicherheitsrichtlinien in den beteiligten Unternehmen stehen. Beispielsweise führen Zugriffe auf eine externe Weblösung dazu, dass sensible Daten das Unternehmen verlassen. Zudem müssen dafür häufig Ausnahmen in der Unternehmensfirewall oder auf den Endgeräten der Teilnehmer eingerichtet werden. Auch bei der Installation proprietärer Software zur Durchführung der Workshops stößt man schnell an Grenzen.

Um dieser Einschränkung aus dem Weg zu gehen, muss der Workshop-System-Prototyp portabel, d. h. ohne Internetzugriff betrieben werden können. Auch die App muss sich leicht auf mobilen Endgeräten der Teilnehmer oder bereitgestellten Tablets installieren lassen. Insgesamt sollten die einmaligen Kosten für die Durchführung der Workshops einen niedrigen dreistelligen Eurobetrag nicht überschreiten. Aktuelle Mini-Computer wie der Raspberry Pi, Banana Pi, ODROID oder CuBox bieten ausreichend Rechenleistung für die Bereitstellung eines Workshop-Servers, können durch entsprechende Erweiterung ein autonomes Netzwerk für die Workshop-Teilnehmer bereitstellen und benötigen nach kurzer Konfiguration zum Betrieb lediglich einen Stromanschluss. Mithilfe der Mini-Computer kann auch sichergestellt werden, dass die Prozessmodelle und Informationen über die Modelle den Workshop-Raum im Idealfall nie verlassen müssen.

#	Anforderung	Auslegung
1	Prozessmodelle Schritt für Schritt „erfahren"	Rollenspezifische und sequenzielle Aufbereitung der Prozessmodelle um schrittweise Navigation durch Prozessmodelle zu ermöglichen
2	Prozesselementbedeutungen verstehen	Bereitstellung kontextsensitiver Erläuterungen zu den Prozesselementen und Integration eines Nachschlagewerkes
3	Eigene Aufgaben in der Kooperation auf einen Blick identifizieren	Bereitstellung alternativer visueller Aufbereitungen von Prozessmodellen, etwa in Form von Tabellen und Anbieten von Sortier-, Such- und Filterfunktionen
4	Den zu einem gemeinsamen Modellverständnis führenden Diskurs unterstützen	Integration von Kommentarfunktionen und Typisierung von Kommentaren für schnellere Auffindung
5	Verbergen von wettbewerbsrelevantem Prozesswissen gegenüber Dritten	Selektive Begrenzung des Zugriffs auf Prozessmodelle und des Anzeigens von Modellelementen
6	Flexible und portable Lösung zur Ausrichtung von Workshops	Rückgriff auf mobile Endgeräte und Mini-Computer, die in einem flexibel einzurichtenden, autonomen Netzwerk interagieren

Tab. 3.5 Zusammenfassung der erhobenen Anforderungen und ihrer Auslegung

3.5.4 Die Cooperation Experience-App

3.5.4.1 Technische Realisierung

Die endgültige für den vollumfänglichen Betrieb der Cooperation Experience-App notwendige Architektur ist in der nachfolgenden Abb. 3.63 visualisiert. Die Architektur umfasst zwei Artefakte. Ein Server hostet das als Webapplikation implementierte Workshop-System zur Verwaltung der Workshops und Prozesse. Die Android App dient zur Visualisierung von lokal auf dem mobilen Endgerät gespeicherten oder in die Webapplikation eingepflegten Prozessmodellen. Die Android App greift auf vom Server zur Verfügung gestellte Ressourcen über eine RESTful HTTP-API (im Folgenden REST-API) zu. Server und Android App nutzen eine gemeinsame Implementierung der Datenschicht zur Verarbeitung von *icebricks*- und BPMN-Geschäftsprozessmodellen. Auf der Server-Seite dient diese Logik dazu, die relevanten Daten aus hochgeladenen Prozessmodellen zu extrahieren. Die App nutzt die Datenschicht, um Prozessmodelle zu visualisieren. Die Durchführung der Implementierung dieser Datenschicht (im Folgenden als Data Model bezeichnet) wurde in der Programmiersprache Java durchgeführt. Da auch Android-Anwendungen in Java erstellt werden, steht das Data

Model der Android App direkt, d. h. ohne weitere Schnittstellen, zur Verfügung. Der Server greift auf das Data Model über eine Abstraktionsschicht zu, die mithilfe des Nachrichtenbrokers RabbitMQ implementiert wurde. Die Vereinheitlichung der komplexen Logik zur Verarbeitung von Geschäftsprozessmodellen hat den Vorteil der Ressourcenersparnis.

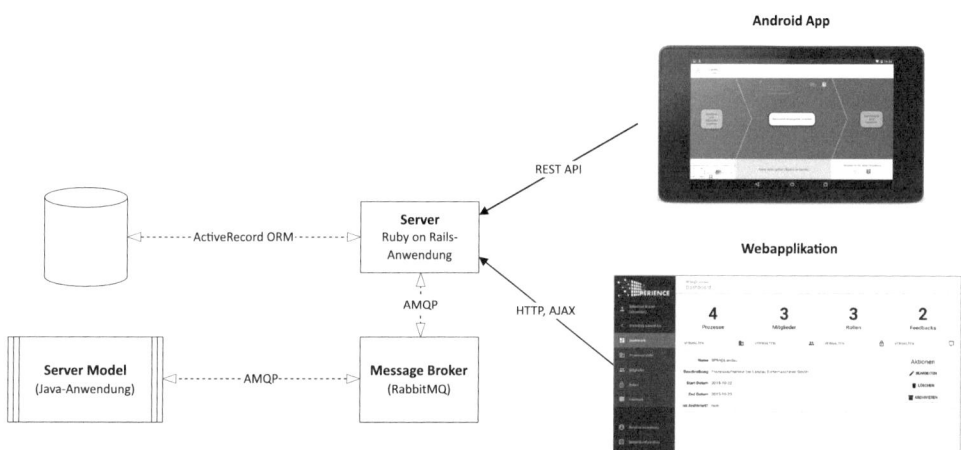

Abb. 3.63 Architektur zum Betrieb der Android App und der Webapplikation

Die Android App ist eine native, d. h. mit den vom Betriebssystemhersteller Google zur Verfügung gestellten Bibliotheken und der Entwicklungsumgebung Android Studio erstellte Android-Anwendung in der Programmiersprache Java. Weitere externe Abhängigkeiten werden für die Verarbeitung von XML für das Model in Form der Bibliothek JDOM2 und für einige Elemente der grafischen Benutzeroberfläche der Android App benötigt. Diese Abhängigkeiten sind im Projekt festgelegt und werden vom Standard Build-Tool Gradle automatisch heruntergeladen und installiert. Die Android App ist als Anwendung für Android-Betriebssysteme ab Version 5.0 „Lollipop" ausgelegt und wurde mit der Android-Version 5.1 ebenfalls getestet.

Der Server ist eine in Ruby mit dem Framework Ruby on Rails geschriebene Webanwendung. Der Server stellt eine Webapplikation bereit, mit der Workshops, Prozessmodelle und Rückmeldungen verwaltet werden können. Diese Webanwendung wird vom Server ausgeliefert und verwendet das UI-Framework „Material Design Lite" von Google, Angular.js und jQuery für die Darstellung der Anwendung. Der Server nutzt die zum Stand September 2015 aktuelle Version 4.2 des Frameworks Ruby on Rails mit der Stand September 2015 ebenfalls aktuellsten verfügbaren Version 2.2 der Programmiersprache Ruby.

Für die portablen Workshops wird ein Raspberry Pi 2 Model B verwendet. Der Raspberry ist mit einer 32 GB großen Micro SDHC-Speicherkarte, einem USB-W-LAN-Stick und einem Gehäuse ausgestattet. Für den stabilen Betrieb wurde zudem ein 2.000 mAh-Ladegerät angeschafft. Die Kosten betrugen etwa 80 Euro (Sommer 2015). Als Betriebssystem wird auf dem Raspberry Pi das kostenlose Raspbian (basierend auf Debian 7) genutzt. Weiterhin werden die folgenden, ebenfalls kostenlos erhältlichen Anwendungen benötigt:

- supervisord: Starten und Überwachen der für den Server benötigten, selbstentwickelten Dienste (Rails-Server, Rails-AMQP-Listener, Server-Model und hostapd zur Bereitstellung eines WiFi-Netzwerks)
- nginx: Frontend-Webserver für den Rails-Server
- postgresql: Datenbankserver
- RabbitMQ: Nachrichtenbroker
- iptables-persistent: Laden der Firewall-Regeln beim Starten des Systems
- Ruby MRI: Interpreter für die Ruby Programmiersprache

Das System wurde so konfiguriert, dass der Raspberry Pi nur an den Strom angeschlossen werden muss und alle notwendigen Dienste automatisch starten. Weitere Details stehen auf www.cooperation-experience.de zur Verfügung.

3.5.4.2 Die Webapplikation und die App in der Anwendung

Im Weiteren werden die zentralen Funktionen der Webapplikation zur Verwaltung von Workshops und der App zum Erfahren von Prozessmodellen erläutert. Dies geschieht zunächst aus der Perspektive eines Workshop-Leiters und anschließend aus der Perspektive eines Nutzers der Cooperation Experience-App.

Die Webapplikation – Perspektive des Workshop-Leiters

Der Workshop-Leiter startet einen beliebigen Browser über Laptop, Tablet oder Smartphone und meldet sich mit seinen Zugangsdaten auf der Webapplikation zum Workshop-Management an. Nach Anlegen oder Selektion eines Workshops gelangt der Nutzer in die Dashboard-Oberfläche (vgl. Abb. 3.64). Hier werden im Hauptbereich Informationen über den Workshop angezeigt, wie die Anzahl der im Workshop dokumentierten Prozessmodelle, die Anzahl der Teilnehmer, die Anzahl der den Teilnehmern zugewiesenen Rollen und die Anzahl der Kommentare zum Workshop und zu den Prozessmodellen. Zudem werden die Metadaten des Workshops angezeigt und Änderungen an diesen sind möglich. In der Navigation auf der linken Seite lässt sich der eigene Account verwalten, es kann zur Workshop-Auswahl zurückgekehrt werden und Schnellzugriffe für Prozessmodelle, Mitglieder, Rollen und Feedbacks stehen zur Verfügung. Als Administrator können zudem neue Benutzer in der Benutzerverwaltung angelegt werden und bei Ausführung auf dem Raspberry Pi kann dieser in der Systemkonfiguration ohne Datenverluste heruntergefahren werden.

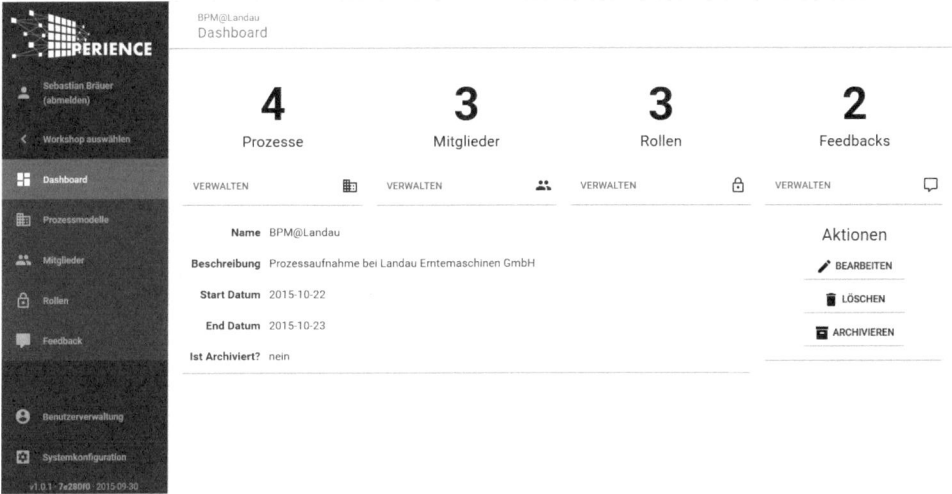

Abb. 3.64 Dashboard-Oberfläche des Workshop-Systems

Damit App-Nutzer auf Prozessmodelle zugreifen können, müssen die Modelle aus den Modellierungstools exportiert und ins Workshop-System hochgeladen werden. Um bei BPMN-Modellen die Übersichtsgrafik nutzen zu können, ist zusätzlich der Export des Modells als SVG-Datei (Vektorgrafik) notwendig. Der Importprozess von BPMN-Modellen ist für das Modellierungstool Signavio optimiert. Nach dem Hochladen werden die Modelle vom System aufbereitet. Anschließend kann der Zustand eines Prozessmodells festgelegt werden. Das System bietet hier drei Optionen, die in Abb. 3.65 visualisiert werden. Damit Nutzer auf die Modelle zugreifen können, müssen sie explizit dem Workshop zugeordnet werden. Auch eine Beschränkung von Benutzern auf einzelne Pools bzw. Lanes (BPMN-Kollaborationsdiagramme) oder Haupt- und Detailprozesse (*icebricks*) ist möglich. Abschließend hat der Workshop-Leiter die Möglichkeit, sich das Feedback für einen Workshop anzeigen zu lassen, nach Feedback eines bestimmten Typs zu filtern sowie Kommentare zu bearbeiten oder auf diese zu antworten.

Abb. 3.65 Prozessmodelle, Berechtigungen und Sichtbarkeiten im Workshop-System

Die Android App – Perspektive des App-Nutzers

Nach dem Start der App auf dem mobilen Endgerät hat der Nutzer die Möglichkeit, entweder ein lokal auf dem mobilen Endgerät gespeichertes Modell zu öffnen (etwa aus einer E-Mail oder aus einer Cloud-Speicherlösung wie Dropbox) oder sich mit dem Workshop-Server zu verbinden (vgl. Abb. 3.66). Abhängig von der Verortung ist hierzu entweder eine Internetverbindung zum entsprechenden Server oder eine W-LAN-Verbindung zum Raspberry-Pi notwendig. Alternativ kann auch auf in der App hinterlegte Beispielmodelle zugegriffen werden, damit der Nutzer sich mit der App vertraut machen kann. Zudem hat der Nutzer über das Hauptmenü direkten Zugriff auf das Wiki mit Erläuterungen zu Prozessmodellelementen, ein Tutorial zur Benutzung der App und weitere Einstellungen.

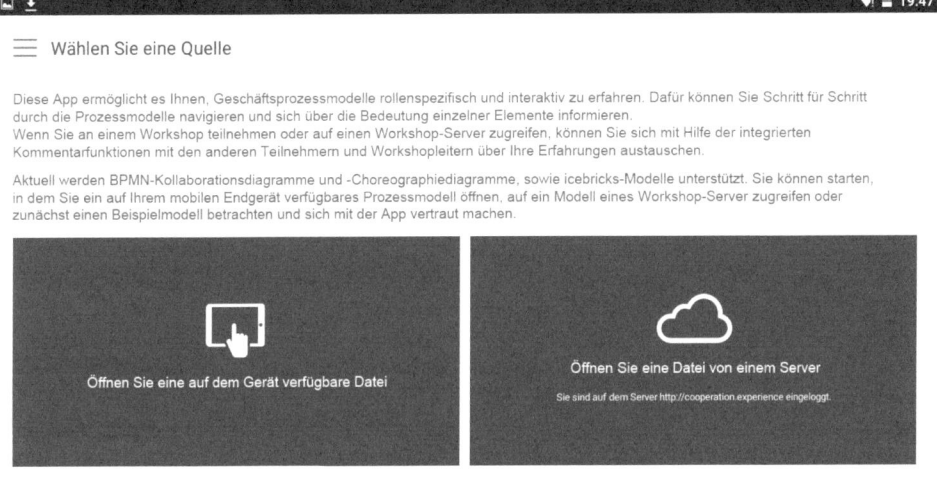

Abb. 3.66 Startbildschirm der App mit Auswahlmöglichkeiten

Entweder nach Auswahl eines lokalen Modells oder nach Auswahl eines Workshops und Zugriff auf eines der im Workshop hinterlegten Modelle gelangt der Nutzer in die Modellübersicht und Perspektivauswahl (vgl. Abb. 3.67). Der Nutzer hat hier die Möglichkeit, eine Perspektive bzw. Rolle oder einen Prozesspfad auszuwählen und vom entsprechenden Einstiegspunkt aus das Modell detailliert zu erkunden (sogenannte Sliding Activity). Unabhängig davon, ob es sich um ein BPMN-Kollaborationsdiagramm, ein BPMN-Choreografiediagramm oder ein *icebricks*-Modell handelt, ist die Oberfläche immer identisch aufgebaut. Auf der linken Seite befindet sich eine visuelle Repräsentation des Modells (1), entweder in Form des Gesamtmodells (BPMN) oder auf Basis des Ordnungsrahmens als Einstiegspunkt in das hierarchisch aufgebaute Modell (*icebricks*). Auf der rechten Seite befinden sich eine übersichtliche Darstellung der Einstiegsmöglichkeiten in die Sliding Activity (2) sowie Zugriffsmöglichkeiten auf die alternative Tabellendarstellung des Prozessmodells (3) und des Wikis (4). Die Verbindung mit dem Workshop-Server vorausgesetzt, können Kommentare zum Modell hinzugefügt oder angezeigt werden (5). Zudem lässt sich von jeder Maske aus das Hauptmenü der App aufrufen (6).

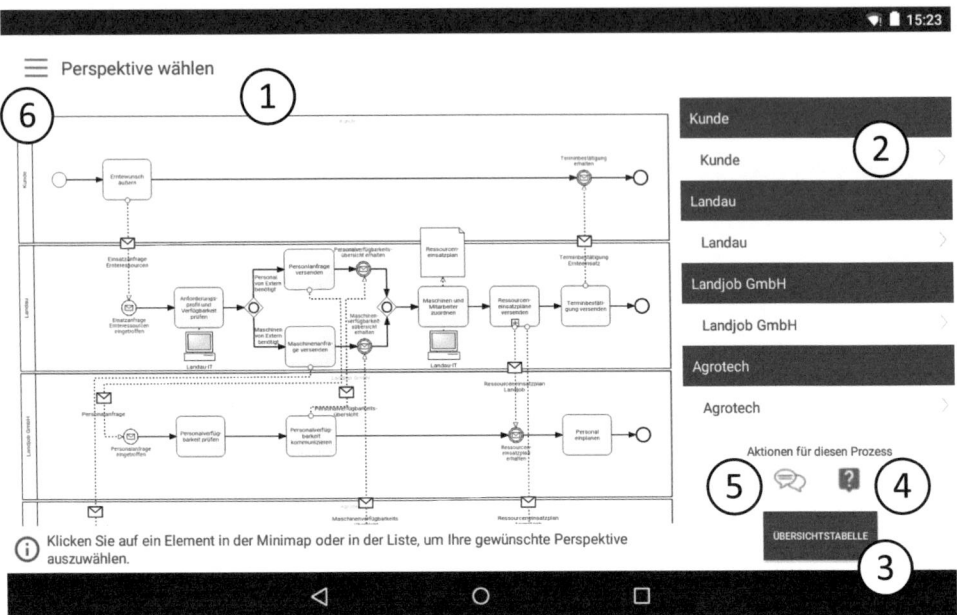

Abb. 3.67 Perspektivauswahl in der Android App

Die Tabellendarstellung des Prozessmodells (vgl. Abb. 3.68) erlaubt je nach Quellmodell die Darstellung der Prozessbeteiligten und Aktivitäten, der Interaktionen zwischen den Beteiligten (beides BPMN) oder der Hierarchieebenen, Aktivitäten und Varianten (*icebricks*). Filter ermöglichen die Eingrenzung der angezeigten Tabelleneinträge, etwa nach Attributen. Auch die Suche nach Prozesselementen ist möglich. Die Einträge in den Tabellen sind zudem mit den Modellelementen verknüpft, sodass aus der Tabellendarstellung heraus an die entsprechenden Stellen im Modell in der Sliding Activity gesprungen werden kann.

Die Sliding Activity setzt auf der Darstellung eines Prozessmodellausschnittes auf (vgl. Abb. 3.69). So zeigt der Bildschirm immer das aktuelle Element in der Mitte (1), mögliche Vorgänger des aktuellen Prozesselementes links (2) und mögliche Nachfolger rechts (3). Durch Wischen des Vorgänger- oder Nachfolgerelementes zur Bildschirmmitte (Sliding) gelangt der Nutzer von Element zu Element. Sollten mehrere Vorgänger- oder Nachfolgerelemente existieren (etwa nach einem Entscheidungs-Gateway in BPMN-Modellen), muss der Nutzer zunächst ein Element durch Tappen auswählen und kann anschließend den Prozess entsprechend des gewählten Pfades durch Wischen fortsetzen. Durch das Zurücknavigieren können Entscheidungen wiederholt werden. Sollte das Modellelement einen zusätzlichen eingehenden oder ausgehenden Nachrichtenfluss haben (BPMN-Kollaborationsdiagramm), wird dieser beim aktuellen Element visualisiert und kann durch Tappen verfolgt werden. Handelt es sich um ein hierarchisch aufgebautes Prozessmodell (wie etwa in *icebricks*), so kann durch Tappen auf das aktuelle Prozesselement auf die darunterliegende Ebene gewechselt werden. Verlässt ein Nutzer den für seine Rolle angedachten Modellpfad, werden die Modellelemente ausgegraut (vgl. Screenshot oben rechts). Ein restriktiveres Rollen- und Berechtigungskonzept (z. B. zum Verbergen von vertraulichen Prozessmodellinhalten) ist aktuell nicht umgesetzt.

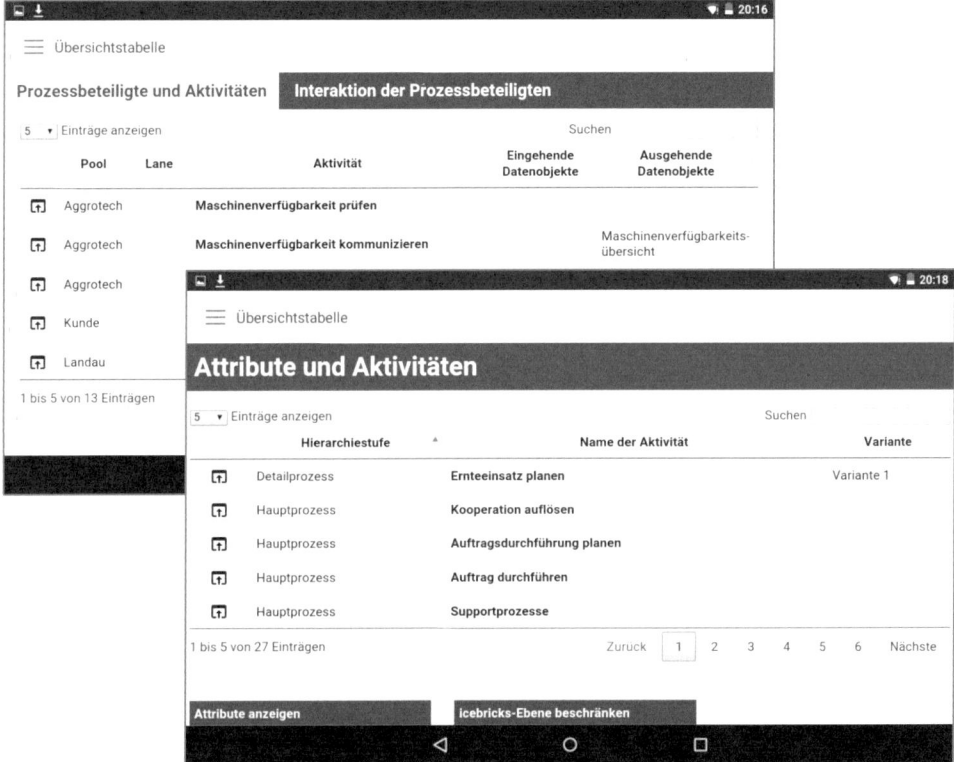

Abb. 3.68 Tabellendarstellung von BPMN-Modellen (oben) und K-Modellen (unten)

Neben der Prozesselementfolge enthält der Bildschirm der Sliding Acitivity weitere Informationen. Oben links befindet sich das aus anderen Android Apps bekannte Symbol für den Aufruf des Hauptmenüs (4). Daneben wird die aktuell gewählte Perspektive (BPMN) bzw. der aktuelle Pfad im Modell (*icebricks*) dargestellt (5). Durch Klicken auf die Elemente ist eine Schnellnavigation entsprechend des Pfades möglich. Die Icons direkt über dem angezeigten Prozessmodellelement erlauben das Anlegen und Anzeigen von Kommentaren sowie das Aufrufen des Wiki mit einer kontextsensitiven Hilfe zu diesem Modellelement (6). Am unteren Rand des Bildschirmes wird links eine Übersichtsgrafik des Prozessmodells angezeigt, die dynamisch mitscrollt und das aktuell angezeigte Modellelement farbig hervorhebt (7). Durch Klicken auf diese Übersichtsgrafik gelangt der Nutzer zur Perspektivauswahl. In der Mitte werden Informationen zu Attributen angezeigt (8), die dem aktuellen Modellelement zugewiesen sind. Durch Tappen auf die entsprechenden Icons können Details (z. B. eine detaillierte Organisationsstruktur in *icebricks*) angezeigt werden. Unten rechts befinden sich Einstiegspunkte zum Wiki sowie zu Kommentaren, die die spezifische gesamte Perspektive betreffen (nur BPMN) (9).

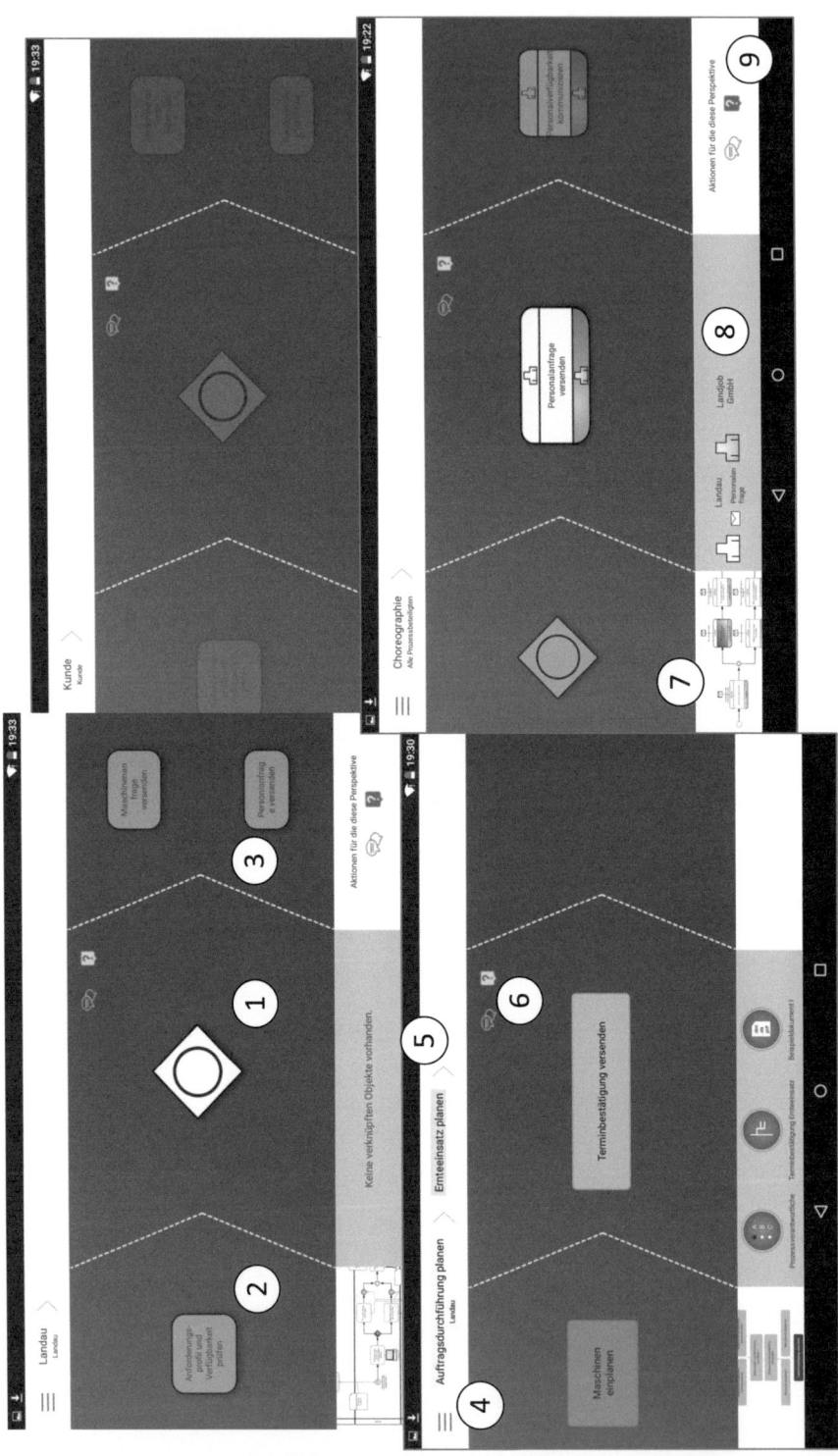

Abb. 3.69 Verschiedene Ausprägungen der Sliding Activity

Bei Verbindung mit dem Workshop-System kann der Nutzer der App Feedback zu Workshops und zu Prozessmodellelementen geben (vgl. Abb. 3.70 oben). Das Feedback kann sowohl an die Workshop-Teilnehmer als auch an die Workshop-Leiter gerichtet werden. Zur weiteren Strukturierung des Feedbacks wird zwischen Fragen, Ideen, fachlichen Problemen und modellierungsbezogenen Problemen unterschieden. Das Wiki (vgl. Abb. 3.70 unten) umfasst Erläuterungen zu vielen Modellelementen aus BPMN-Kollaborations- und -Choreografiediagrammen sowie zu den Grundelementen aus *icebricks* und kann ohne Verbindung zum Workshop-System genutzt werden.

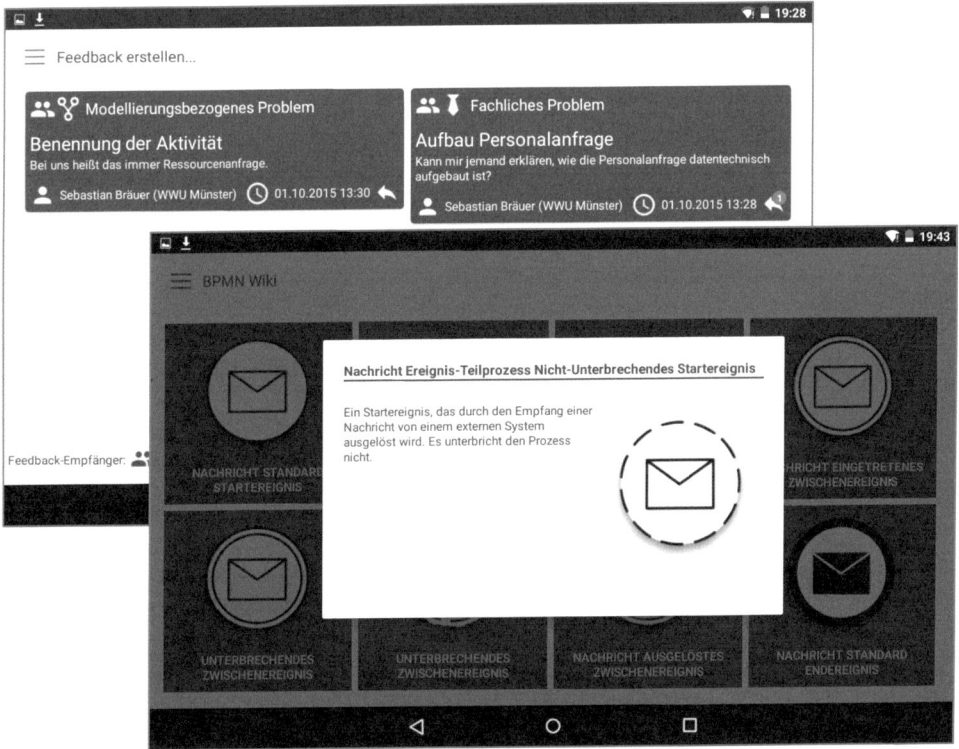

Abb. 3.70 Darstellung des Feedbacks in der App (oben) und des BPMN-Wiki (unten)

3.5.5 Zusammenfassung und Ausblick

Im vorliegenden Beitrag wurden die Cooperation Experience-App und das unterstützende Workshop-System vorgestellt. Die durch eine Android App vermittelte „Erfahrbarkeit" basiert auf der rollenspezifischen und sequenziellen Aufbereitung von BPMN-Kollaborations- und BPMN-Choreografiediagrammen sowie *icebricks*-Modellen und der schrittweisen Navigation durch die Prozessmodelle. Die beiden Prototypen sind auf die Verwendung im Zusammenspiel mit der CXP-Modellierungsmethode (Kapitel 2.3) und mit der *icebricks*-Modellierungsumgebung abgestimmt. Eine kontextsensitive Hilfsfunktion unterstützt Nutzer beim Verstehen der Modellelementbedeutungen. Eine Kommentarfunktion soll die Dokumentation von Verbesserungsvorschlägen, Fragen und Änderungsbedarfen vereinfachen. Zudem ermöglicht eine Webapplikation die Verwaltung von Workshops und Prozessmodellen, auf die gleichzeitig von mehreren Workshop-Teilnehmern zugegriffen werden kann. Durch die Ausrichtung der Webapplikation für einen handelsüblichen Raspberry-Pi können Workshops örtlich flexibel und ohne Bedarf einer kostspieligen Infrastruktur durchgeführt werden. Neben der Beschreibung der technischen Realisierung und der Darstellung der Anwendung der Prototypen aus Sicht eines Workshop-Leiters und aus Sicht eines Workshop-Teilnehmers enthält der Beitrag die Zusammenfassung des Vorgehens bei der Entwicklung der Prototypen sowie die zu insgesamt sechs Anforderungen zusammengefassten Erfahrungen während der Konzeption, Entwicklung und dem Testen des Prototypen.

Den prototypischen Charakter der Android App und des Workshop-Systems begründen vorliegende Limitationen. Die App wurde auf Nexus-7- und Nexus-10-Endgeräten (Baujahr 2012) mit Android 5.0 und 5.1 getestet. Durch einen fehlenden Breitentest auf und eine Optimierung für weitere Android-Endgeräte kann es auf weiteren Geräten vereinzelt zu Fehlern kommen. Auch nehmen weder die App noch das Workshop-System eine Detailprüfung der Prozessmodelle vor, sodass eine unsachgemäße oder nicht vonseiten der Entwickler vorgesehene Modellierung zu Fehlern in der Ausführung der App führen kann.

Zudem konnten nicht alle aufgeführten Anforderungen vollständig umgesetzt werden. So funktioniert das Information Hiding in der aktuellen Version nur eingeschränkt, da sämtliche Nutzer Zugriff auf die Übersichtsgrafik des Prozessmodells haben (BPMN-Kollaborationsdiagramme). Als Ausweg müsste die Übersichtsgrafik vom System rollenspezifisch aufbereitet werden. Auch könnte die Android App beim Zugriff auf nicht der eigenen Rolle zugehörigen Aktivitäten in der Sliding Activity restriktiver konfiguriert werden, sodass die unternehmensexternen Prozesselemente nicht angezeigt werden. Die Wikis mit Erläuterungen zu den Modellierungssprachen sind statisch im Code der App hinterlegt. Um eine leichtere workshop-spezifische Anpassung zu erlauben, könnten die Wikis auf das Workshop-System ausgelagert und anpassbar gestaltet werden. Dann müssten Lösungen für die Verwendung des Wikis ohne Server-Zugriff und die leichte Verknüpfung von Modellelementen oder Modellmustern zu Wiki-Einträgen gefunden werden, damit die kontextsensitive Hilfsfunktion verfügbar bleibt.

Auch stehen zur Kommentierung der Modelle im aktuellen Prototyp grundlegende Funktionen bereit, die in Zukunft stärker von Funktionen der mobilen Endgeräte wie der Kamera zur Hinterlegung von Fotos oder der Aufnahme von Audio- und Videodateien unterstützt werden könnten. Darüber hinaus wurden die App und das Workshop-System für BPMN-Modelle lediglich auf das Zusammenspiel mit dem Signavio Process Editor optimiert. So wurde der Import für beide Prototypen entsprechend der Vorgaben des BPMN-2.0-XML-Austauschformates gestaltet, zum Erzeugen der Prozessübersichtsgrafik greift die App jedoch auf die zusätzlich zu exportierende SVG-Datei zu, die die modellierungstoolspezifischen grafischen Visualisierungen enthält. Leider ist die Detailstruktur dieser SVG-Dateien weder modellierungstoolübergreifend standardisiert noch unterstützen alle gängigen BPMN-2.0-Tools einen SVG-Export. Ein Ausweg für zukünftige Weiterentwicklungen könnte somit eine App-interne, ausschließlich auf den XML-Dateien basierende Aufbereitung der visuellen Repräsentation der Modelle sein. Abschließend könnte eine vollständige Evaluation der Prototypen durchgeführt und der tatsächliche Beitrag der App zum Prozessmodellverständnis detailliert analysiert werden.

> **Erfahrbarkeit**
>
> - Die von der Cooperation Experience-App adressierten Aspekte von Erfahrbarkeit für hybride Wertschöpfungspartnerschaften umfassen:
>   - Erkunden und Durchnavigieren von Prozessmodellen
>   - Visualisieren und Animieren von Aktivitätsübergängen
>   - Individualisierung des Erlebnisses durch Interaktivität und Rollenbezug
>   - Leiten und Unterstützen durch Hilfsfunktionen

> **Die Umsetzung der App**
>
> - Der Cooperation Experience Android App Prototyp ermöglicht das „Erfahren" von BPMN-Kollaborations- und Choreografiediagrammen sowie von *icebricks*-Modellen.
> - Im Zusammenspiel mit dem für den Betrieb auf einem Raspberry-Pi optimierten portablen Workshop-System-Prototyp lassen sich Workshops losgelöst von existierender Infrastruktur ausrichten und verwalten.
> - Die Prototypen können inklusive Quellcodes auf www.cooperation-experience.de heruntergeladen werden.

3.5.6 Danksagung

Wir danken allen Kolleginnen und Kollegen, die uns bei der Konzeption und Entwicklung mit Rat und Tat zur Seite gestanden haben. Ein besonderer Dank gilt Johannes Voscort, der mit seiner Bachelorarbeit die Machbarkeit unserer Konzepte bereits in einem frühen Stadium des Projektes nachgewiesen hat. Zudem danken wir dem Projektseminar „Apps 4 Process Experience" mit Philipp Alexander Commandeur, Max Dietrich, Tim Geisler, Marius Pohling, Felix Seidel und Lars Strodthoff, die unsere Visionen technisch umgesetzt haben.

Literatur

Adam, O., Hofer, A., Zang, S., Hammer, C., Jerrentrup, M., & Leinenbach, S. (2005). A collaboration framework for cross-enterprise business process management. In Preproceedings of the First International Conference on Interoperability of Enterprise Software and Applications INTEROP-ESA, 499-510.

Averbeck, A.-K., Bernhold ,T., Bräuer, S., Knackstedt, R., & Matzner, M. (2013). Towards a Reference Model of Information Exchange and Coordination in Facility Management Networks. In H. Meier (Hrsg.), Product-Service Integration for Sustainable Solutions, 107-120. Berlin et al.: Springer.

Baines, T. S., Braganza, A., Kingston, J., Lockett, H., Martinez, V., Michele, P., Tranfield, D., Walton, I., & Wilson, H. (2009). State-of-the-art in product service-systems. Proceedings of the Institution of Mechanical Engineers, Part B: Journal of Engineering Manufacture 221, 1543-1552.

Becker, J., Beverungen, D., Knackstedt, R., Matzner, M., Müller, O., & Pöppelbuß, J. (2013). Designing interaction routines in service networks: A modularity and social constructionbased approach. Scandinavian Journal of Information Systems 25, 17-47.

Becker, J., & Krcmar, H. (2008). Integration von Produktion und Dienstleistung – Hybride Wertschöpfung. Wirtschaftsinformatik 50,169-171.

Bederson, B. B., & Boltman, A. (1999). Does animation help users build mental maps of spatial information?. In Proceedings of the 1999 IEEE Symposium on Information Visualization, 28-35, San Francisco.

Beverungen, D., Knackstedt, R., Matzner, M., Oliver, M., & Jens, P. (2013). Bridging the Gap Between Manufacturing and Service Through IT-Based Boundary Objects. IEEE Transactions on Engineering Management publication information 60, 468-482.

Bibliographisches Institut GmbH. Erfahren auf www.duden.de. http://www.duden.de/node/791693/revisions/1371474/view. Aufgerufen 12. Dezember 2015.

Blume, T. (2003). Online-Wörterbuch Philosophie: Das Philosophielexikon im Internet – Erfahrung. http://www.philosophie-woerterbuch.de/online-woerterbuch/?tx_gbwbphilosophie_main%5Bentry%5D=290&tx_gbwbphilosophie_main%5Baction%5D=show&tx_gbwbphilosophie_main%5Bcontroller%5D=Lexicon&cHash=cccfc9b841ec8da3bbad517c4eb9a01a. Aufgerufen 12. Dezember 2015.

Böhmann, T., & Krcmar, H. (2006). Komplexitätsmanagement als Herausforderung hybrider Wertschöpfung im Netzwerk. In F. Wojda, A. Barth (Hrsg.), Innovative Kooperationsnetzwerke. Berlin et al.: Springer, 81-105.

Bräuer, S., Knackstedt, R., & Matzner, M. (2013). Informationsflussanalyse am Beispiel der Schnittstellen zwischen Bauprozess und Verwaltung. In: IRIS 2013 123-132. Salzburg.

Eisler, R. (1904). Wörterbuch der philosophischen Begriffe, 2. Aufl. Berlin: Mittler.

Grimm, J., & Grimm, W. (1998). Deutsches Wörterbuch von Jacob Grimm und Wilhelm Grimm. Erfahren. http://www.woerterbuchnetz.de/ DWB?lemma=erfahren. Aufgerufen 12. Dezember 2015.

Hermann, A., Scholta, H., Bräuer, S., & Becker, J. (2017). Collaborative Business Process Management — A Literature-based Analysis of Methods for Supporting Model Understandability. In Proceedings of the 13. Internationale Tagung Wirtschaftsinformatik (WI 2017), St. Gallen, 286-300.

Houy, C, Fettke, P, & Loos, P (2010). Empirical research in business process management – analysis of an emerging field of research. Business Process Management Journal 16, 619-661.

Houy, C., Fettke, P., & Loos, P. (2010). Empirical research in business process management – analysis of an emerging field of research. Business Process Management Journal 16, 619-661.

Houy, C., Fettke, P., & Loos, P. (2012). Understanding understandability of conceptual models – What are we actually talking about? In P. Atzeni, D. Cheung, S. Ram S (Hrsg.), Conceptual Modeling, 64-77. Berlin, Heidelberg: Springer.

Legner, C., & Wende, K. (2007). Challenges of interorganizational Business Process Design: A research Agenda. In Proceedings of the 15th European Conference on Information Systems, St. Gallen, 106-118.

Leopold, H., Mendling, J., & Polyvyanyy, A. (2012). Generating Natural Language Texts from Business Process Models. In J. Ralyte, X. Franch, S. Brinkkemper, S. Wrycza (Hrsg.), Advanced Information Systems Engineering, 64-79. Berlin et al.: Springer.

Niehaves, B., & Plattfaut, R. (2011). Collaborative business process management: status quo and quo vadis. Business Process Management Journal 17, 384-402.

Object Management Group (2011). Business Process Model and Notation (BPMN): Version 2.0. http://www.omg.org/spec/BPMN/2.0/PDF. Aufgerufen 3. November 2014.

Petko, D., & Reusser, K. (2005). Das Potenzial interaktiver Lernressourcen zur Förderung von Lernprozessen. E-Learning Eine multiperspektivische Standortbestimmung, S. 183-207.

Recker, J., Reijers, H. A., & van de Wouw, S. G. (2014). Process model comprehension: The effects of cognitive abilities, learning style, and strategy. Communications of the Association for Information Systems 34, 199-222.

Scheer, A.-W. (2002). ARIS – Vom Geschäftsprozeß zum Anwendungssystem, 4. Aufl. Berlin et al.: Springer.

Shen, M., & Liu, D.-R. (2001). Coordinating Interorganizational Workflows Based on Process-Views. In H. C. Mayr, J. Lazansky, G. Quirchmayr, P. Vogel (Hrsg.), Database and Expert Systems Applications, 274-283. Berlin, Heidelberg: Springer.

Smutny, P. (2012). Mobile development tools and cross-platform solutions. Carpathian Control Conf. (ICCC), 2012 13th Int. 653-656.

Tukker, A. (2004). Eight Types of Product-Service System: Eight Ways to Sustainability? Experience from Suspronet. Business Strategy and the Environment 13, 246-260.

Tukker, A., & Tischner, U. (2006). New Business for Old Europe – Product-Service Development, Competitiveness and Sustainability. Sheffield: Greenleaf.

van der Aalst, W. M. P. (2013). Business Process Management: A Comprehensive Survey. ISRN Software Engineering 2013, 1-37.

van der Aalst, W. M. P., ter Hofstede, A. H. M., & Weske, M. (2003). Business Process Management: A Survey. In W. M. P. van der Aalst, A. ter Hofstede, M. Weske (Hrsg.), Proceedings of the 2003 International Conference on Business Process Management, 1-12. Berlin, Heidelberg: Springer-Verlag.

4 Cooperation Experience-Referenzmodell

4.1 Referenzmodellierung Integraler Planung

Jana Koers, Torben Bernhold, Nathalie Günther

Die Planung und Errichtung von Immobilien haben bereits in der Vergangenheit fachlich Beteiligte dazu bewogen, Prozesse effektiver und effizienter zu gestalten. Gerade in Anbetracht in Schieflage geratener – vor allem öffentlicher – Hochbauprojekte rückt die Integrale Planung und mit ihr auch die Integrale Gebäudedokumentation in den Mittelpunkt zahlreicher Überlegungen. Insoweit scheint eine Vertiefung und vor allem Differenzierung der Thematik geboten. In diesem Kontext sind auf der einen Seite Softwarewerkzeuge zur Unterstützung und Modellierung der Immobilie an sich zu nennen, auf der anderen Seite sind organisatorische Fragestellungen der Beziehungen zwischen den an der Planung beteiligten Akteuren und damit verbundenem Informationsfluss zu beschreiben. Letztgenannte werden in diesem Kapitel adressiert, um die Kooperationsbeziehungen der Akteure vor dem Hintergrund einer funktionierenden Informationslogistik zu beschreiben. Eingedenk dessen stehen hier insbesondere der Informationsaustausch und die dazugehörigen Beziehungen der Wirtschaftssubjekte innerhalb der Wertschöpfungspartnerschaft zueinander im Fokus. Integrale Planung soll folgend als Methode verstanden werden, um Akteure und die von diesen auszutauschenden Informationen besser über die Wertschöpfungskette hinweg zu planen und zu steuern.

4.1.1 Integrale Planung verbindet Bau und Betrieb von Gebäuden – Der Lebenszyklusgedanke und kontextbezogene Herausforderungen

Im Hinblick auf die Komplexität heutiger Immobilien wird deutlich, dass sich eine Vielzahl an Akteuren und damit unterschiedlichen Disziplinen und Professionen mit der Planung und Errichtung von Gebäuden beschäftigt. Im wesentlichen Unterschied zu vergangenen Zeiten sollen Immobilien heutzutage ein Vielfaches mehr leisten, sodass es zu einer Schwerpunktverlagerung im Sinne der zu berücksichtigen Aspekte kommt. Dabei wird immer mehr eine nachhaltige und lebenszyklusorientierte Planung adressiert. Der DGNB (Deutsche Gesellschaft für Nachhaltiges Bauen e.V.) z. B. zertifiziert Immobilien hinsichtlich Nachhaltigkeit und Lebenszyklusorientierung nach einem bestimmten System. Partiell vergleichbare bzw. divergierende Systeme anderer Institutionen zur Gebäudezertifizierung finden ebenfalls zunehmend Anklang (vgl. z. B. Pohl 2016). Heutzutage kommt Immobilien auch in kultureller, gesellschaftlicher oder politischer Sicht ein bedeutender Stellenwert zu (Voigtländer et al. 2013). Dabei sollten sie nicht nur funktional und ästhetisch sein, sondern gleichfalls den nachhaltigen Gesichtspunkten genügen; letztgenannter Aspekt greift den Gleichklang von Ökologie, Ökonomie und sozialen Gesichtspunkten auf. Darüber hinaus sollten Immobilien Unternehmen nach außen hin deutlich Ausdruck verleihen und die Heimat neuer Arbeitswelten sein. Gleichfalls sollten sie eine hohe Funktionalität und eine in der Form sinkende Spezifität zur Erhöhung der Drittverwendungsmöglichkeit aufweisen (Bernhold et al. 2015). Mit zunehmender Immobilienkomplexität wird die Beherrschung der „Informationsflut" eine der wesentlichen Ziele innerhalb von Planungs- und Baukooperationen sein, da im Vergleich zur traditionellen Planung eine integrale Vorgehensweise einen höheren Kooperationsbedarf zwischen den involvierten Akteuren bedingt und eine höhere Menge an Daten und Informationen, die auszutauschen sind (Both et al. 2013; Kalusche 2012).

Einer der elementaren Gedanken der Integralen Bauplanung, welcher dem Grunde nach bereits mannigfaltig in anderen Branchen umgesetzt wird, ist die der Lebenszyklusorientierung. In diesem Kontext sind nicht nur die rein investiven Maßnahmen der Planung und Erstellung zu betrachten, sondern der gesamte Immobilienlebenszyklus mit all seinen Kosten von der Planung über den Betrieb bis zur Umnutzung bzw. Verwertung. Dabei haben – anders als z. B. im Maschinen- und Anlagenbau – Begriffe wie TCO (Total Cost of Ownership) oder WLC (Whole Life Cost) erst in der letzten Dekade wirklichen Durchbruch im Immobilienmanagement erlangt.

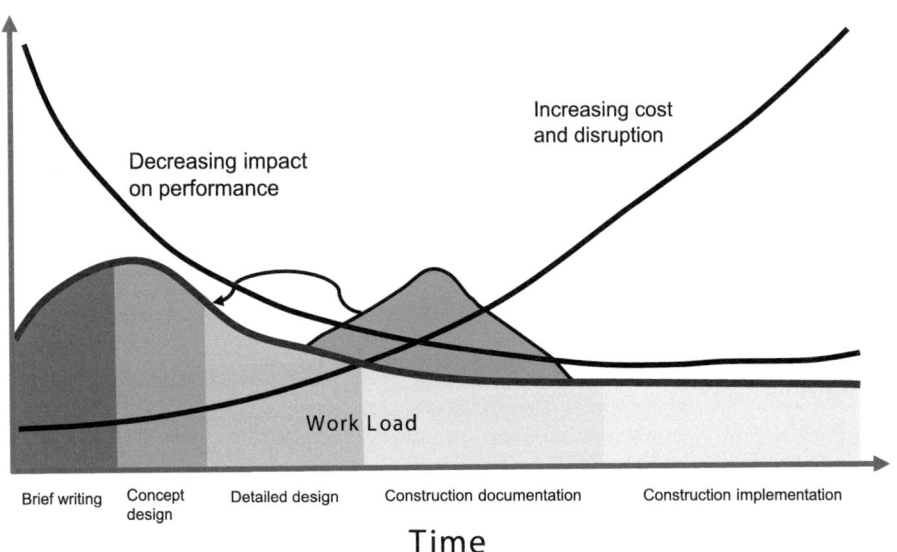

Abb. 4.1 Zusammenhang zwischen Planungsprozess und Kostenbeeinflussungsgrad im Rahmen der Bauplanung (Nordby et al. 2014)

Der Lebenszyklusgedanke rekurriert auf die Struktur der im Lebenszyklus anfallenden Kosten und vor allem auch der sich dazu diametral verhaltenden Einflussmöglichkeit. Anders ausgedrückt sinkt mit zunehmender Planungskonkretisierung die Möglichkeit der Beinflussbarkeit der Kosten, welche sodann dauerhaft, traditionell mit einer Perspektive von bis zu 30 Jahren, getragen werden müssen. Dabei stehen Planung, Bau und Betrieb in engem kausalen Zusammenhang und erfordern aufgrund dessen eine neue Form des Netzwerkdenkens und der spezifischen Form der Zusammenarbeit (Bernhold et al. 2007).

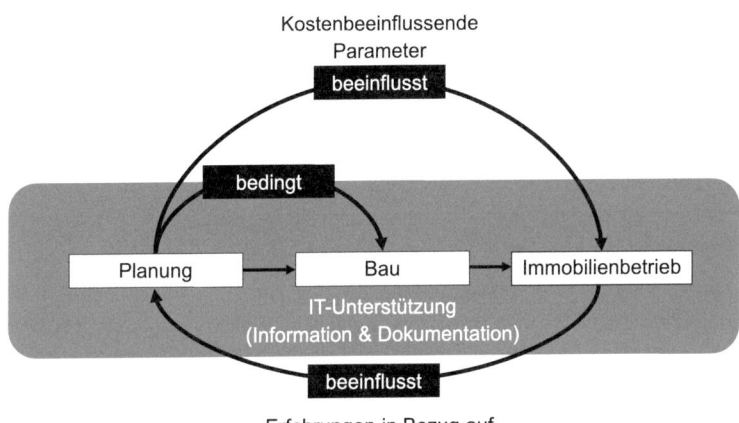

Abb. 4.2 Grundsätzlicher Zusammenhang zwischen Planung, Bau und Betrieb (Bernhold et al. 2009)

Dabei wird in der Bauphase typischerweise nur das gebaut, was im Vorfeld geplant wurde; entsprechende bauliche und technische Einrichtungen stehen mit Inbetriebnahme zur Nutzung zur Verfügung, sollten jedoch auch unter den Gesichtspunkten von z. B. der Betreiberverantwortung (vgl. GEFMA 190) sicher genutzt werden können. Damit beeinflusst jedoch die Planung in direkter Weise den späteren Immobilienbetrieb, bspw. durch bestimmte Oberflächenbeschaffenheit, durch bestimmte funktionale Gliederungen und Strukturen oder aber auch durch vorgegebene technische Einbauten. Dabei sind unterschiedliche Planungsvarianten an den Kriterien der Lebenszykluskosten sowie der Nutzwerte der Alternativen auszurichten und zu optimieren (IFMA 2014). Nicht selten wird jedoch im Immobilienbetrieb festgestellt, dass bestimmte Fragestellungen hätten auf andere Weise besser gelöst werden können (bspw. die bekannte Störanfälligkeit einer technischen Anlage); mithin sind in diesem Stadium Änderungen nur noch zu hohen Kosten möglich (Nordby 2014).

An diesem Punkt setzen die Integrale Planung, die Abstimmung der Akteure untereinander sowie der Austausch der Informationen und Dokumente im Planungsprozess an. Während in der traditionellen Planung das Gebäude an sich im Fokus steht und die einzelnen Leistungsphasen vorwiegend sequenziell hintereinanderliegend bearbeitet werden, liegen in der Integralen Bauplanung die serviceorientierten Ziele darin, die Bedürfnisse des Kunden während der Nutzungsphase optimal in die Planung mit einzubinden (König et al. 2009). Gerade durch diese Kombination von Produkt und Dienstleistung in einer spezifisch kundenorientierten Lösung als untrennbarer Bestandteil wird die Bedeutung der Integralen Planung im Verständnis einer hybriden Wertschöpfung deutlich.

Die Integrale Bauplanung ist eine Planungsphilosophie, die einen ganzheitlichen und systemischen Denkansatz verfolgt (Both 2013). Das Wort „integral" stammt aus dem Lateinischen und bedeutet „zu einem Ganzen dazugehörend und es erst zu dem machend, was es ist" (Duden 2015). Auf die Bauplanung übertragen bedeutet dies, dass zum einen der gesamte Lebenszyklus einer Immobilie – von der Initiierung bis zum Rückbau – in den Planungsprozessen berücksichtigt wird. Zum anderen wird der Planungsprozess an sich ganzheitlich betrachtet, indem die Beteiligten durch Teamarbeit, strukturierter Kollaboration und intensiver Kooperation in Aufgaben und Schritte involviert werden (Both 2013). Es handelt sich hier also nicht um einen integralen Partner, sondern um ein Team, das kooperativ zusammenarbeitet (Both 2013). Die Integrale Planung adressiert also intensiv die gestaltenden Aktivitäten und Prozesse zwischen den Planungsbeteiligten im Rahmen der Wertschöpfungspartnerschaft. Dass gerade auch in diesem Umfeld Vertrauen, Informationsmanagement sowie Aspekte der interdisziplinären Zusammenarbeit von Belang sind, weisen auch andere Studien und Untersuchungen auf (vgl. u. a. Bernhold et al. 2009, Kovacic et al. 2012). Auf der anderen Seite werden eine offene Kommunikation, Interdisziplinarität und gemeinsame Zielsetzungen als Erfolgsfaktoren beschrieben (vgl. Kovacic et al. 2012). Wenn in diesem Kontext also Lebenszykluskosten vor allen in den frühen Planungsphasen gestaltbar sind, hier jedoch mangelnde Erfahrungen, Prozesskenntnis und eine ineffiziente Informationslogistik zu konstatieren sind, werden letztendlich viele Ziele der Partnerschaft nicht erreicht werden können.

Auch wenn durch entsprechende innovative Methoden vieles in der Bauplanung gesteuert werden kann, werden die Lenkung und Haltung innerhalb der Planung noch maßgeblich dadurch beeinflusst, aus welcher Blickrichtung bzw. Profession gearbeitet und argumentiert wird. So gibt es eine eher vorwärtsgewandte Strömung mit Schwerpunkten im Bereich der Architektur, welche aus der Planung über die HOAI (Honorarordnung für Architekten und Ingenieure) in den Betrieb „schaut"; auf der anderen Seite finden sich vor allem die Vertreter des Facility Managements, welche insbesondere aus der betrieblichen Nutzungsperspektive rückwärtsintegriert blicken und argumentieren, dass das Gros der Lebenszykluskosten einer Immobilie während der Nutzungsphase auftrifft (GEFMA 220-1 2010; Pfnür 2011). Wenngleich dem Facility Management mitunter nur eine operative, ausführende Bedeutung zugestanden wird, ist es gerade diese lebenszyklusübergreifende Perspektive, die das FM zu einer strategischen Aufgabe werden lässt und damit erhebliche terminologische Analogien zum Immobilienmanagement aufweist.

Aufgrund der oben dargelegten komplexen Anforderungen an eine Immobilie, steht die Integrale Bauplanung vor der Herausforderung, eine große Anzahl an Planungsbeteiligten als Entscheidungs- und Wissensträger mit einzubeziehen (Both 2013). Erschwerend kommen von subjektiven Empfindungen und Entscheidungen geprägte Sichtweisen hinzu (Both 2013) sowie der Umstand, dass sich die Projektteams eines Planungsprozesses immer wieder neu zusammensetzen. Die unterschiedlichen Konstellationsformationen dienen jedoch im Grunde der Steigerung von Handlungspotenzialen und der Ausschöpfung aller Potenziale einer hybriden Wertschöpfung (Bernhold et al. 2007; Bernhold, Knackstedt 2011). Denn jeder besitzt nur ein begrenztes Maß an Wissen, Einfluss und Erfahrung und ist auf Informationen anderer Beteiligter angewiesen. Umso wichtiger ist ein unvoreingenommener und umfänglicher Wissensaustausch aller Projektbeteiligten und die Zurverfügungstellung von Informationen (König et al. 2009).

4.1.2 Integrale Dokumentation und Informationslogistik – Herausforderung Übergang Bau zu Betrieb

Durch die enge Kausalität von Planung und Betrieb (vgl. Motsch 2009) ergeben sich essenzielle Anforderungen an die Informationslogistik und damit ebenfalls an die Integrale Immobiliendokumentation. Das Facility Management ist im Betrieb auf gezielte und schnelle Informationen angewiesen. Denn die Betriebsphase greift auf die Dokumente der Planungs- und Bausituation zurück. Bei ineffizienter Informationslogistik bilden sich entsprechende Defizite über den Lebenszyklus fort und erschweren indes die Ausbringung und Erbringung von operativen Leistungen des Gebäudemanagements (bspw. TGA-Anlagenverzeichnis, Raumbuch nach DIN 277/gif). In der Praxis stellt jedoch insbesondere der kontrollierte Informationsübergang von der Bauphase zur Betriebsphase durch eine vollständige, redundanzfreie, aktuelle und transparente Dokumentation eine Herausforderung dar. Die Zielsetzung eines FM-gerechten Informationsmanagements besteht dabei in der zentralen Sammlung und Bereitstellung von Immobiliendaten über den gesamten Lebenszyklus hinweg, um die Entscheidungsprozesse im Sinne eines wirtschaftlichen Umgangs mit den immobilienbezogenen Ressourcen zu unterstützen. Hierfür umfasst der Informationsaspekt das Sammeln, Aufbereiten und Verteilen von Informationen sowie die Sammlung, Erfassung und Archivierung der Dokumente zur (Homann 2000):

- Informationssicherung für die Nutzungsphase / das Betreiben des Objektes,
- Erfüllung der gesetzlichen Auskunftspflichten,
- Informationssicherung für die spätere Gewährleistungsauseinandersetzung.

Um diese Aspekte beim Übergang in die Betriebsphase zu gewährleisten, ist die Durchgängigkeit von Informationen, Daten und Dokumenten während der Planung und des Betriebs essenziell (IFMA 2014). Das Ziel besteht unter anderem darin, CAFM-Daten des Bauprozesses zu generieren, die über die gesamte Nutzungsdauer des Gebäudes verfügbar sein und stetig aktualisiert werden sollten (Nävy 2006). Hierbei kann eine Integrale Dokumentation zugleich Planungs- und Prozessunterstützung sein, da sie als Grundlage für Planungsentscheidungen dienlich ist (GEFMA 198-1 2012; Kalusche 2012). Zahlreiche Dokumente fallen in der Planungs- und Bauphase an, die für den späteren Betrieb von Wichtigkeit sind (GEFMA 198-1 2012). Umgekehrt sollten zu Beginn der Planung Erwartungen bezüglich der für die Bewirtschaftung relevanten Dokumente und Daten definiert werden. Viele dieser Informationen sind in Dokumenten oder anderen Quellen zusammengefasst und werden den Kooperationsbeteiligten über verschiedene Medien und in verschiedenen Formen (Datenbanken, Formulare, unstrukturierte E-Mails, etc.) zur Verfügung gestellt. Dabei werden bei Weitem nicht immer alle Informationen an die Kooperationsakteure übermittelt, die sie für die Erfüllung ihrer Aufgaben benötigen. Auch der Bereitstellungszeitpunkt von Informationen entspricht nicht immer dem Bedarfszeitpunkt, sodass Planungsprozesse häufig aufgrund mangelnder Informationen unterbrochen oder verzögert werden. Ebenso führt die Erzeugung von nicht oder anders benötigten Dokumenten zu einer negativen Beeinflussung der Kooperationsprozesse und deren Ergebnis. Hierbei werden Ressourcen gebunden oder Engpässe erzeugt, die entweder ihrerseits zu Verzögerungen führen oder zusätzliche Kosten erzeugen, indem die Engpassstellen durch zusätzliche Ressourcen unterstützt werden.

Die Analyse der Informationsbedarfe ist daher Grundlage für die Planung der Informationsflüsse innerhalb von Planungsprozessen. Die Planung und Steuerung der Informationsprozesse in unternehmensübergreifenden Organisationen stellt dabei aufgrund von Schnittstellen, Medienbrüchen und heterogener Prozesse eine besondere Herausforderung dar, ist aber zugleich der entscheidende Erfolgsfaktor für eine im Sinne der Transaktionskostentheorie effiziente Informationskette (Voß 2001). Der Einbezug z. B. eines FM-Planers kann sicherstellen, dass entsprechende Informationen von der Planung bis zur Bewirtschaftung durchgängig vorhanden sind (IFMA 2014).

Eine weitere Herausforderung stellt bei der Baudokumentation – wie auch bei der Integralen Planung – die hohe Anzahl der Beteiligten dar, die die Optionen für den Informationsaustausch gleichermaßen wie die Optionen für potenzielle Informationsquellen multiplizieren (Kalusche 2012; GEFMA 198-1 2012). So breit wie die Varietät der Akteure ist, so vielfältig sind auch die Austausch- und Datenformate, Interpretationen der Informationen und das Verständnis von Begrifflichkeiten (König et al. 2009). Dies führt zu Reibungsverlusten und hohen Kosten für nachträgliche Datenaufbereitungen (GEFMA 198-1 2012; Möller et al. 2013). Deshalb sollten mindestens bei Gebäudeübernahmen einheitliche Regeln für Bestandsaufnahme und Dokumentation gelten. Dies geschieht durch eindeutig benannte Dokumente, konkrete Verantwortlichkeiten und eine vertraglich vereinbarte Dokumentationsstruktur (GEFMA 198-1 2012). In der Integralen Dokumentation werden die unterschiedlichen Akteure eines Planungs-, Bau- und Betriebsprozesses lebenszyklusübergreifend beteiligt, damit zu jedem Zeitpunkt sichergestellt ist, wer die richtigen Informationen

- zu der richtigen Zeit,
- in dem richtigen Format,
- in der richtigen Qualität,
- an den richtigen Adressaten,
- an den richtigen Ort liefert (und bereithält) (Bernhold et al. 2015).

In diesem Zusammenhang darf der Blick ebenfalls über den „Tellerrand" gehoben werden. Dabei ist eine durchgängige Immobiliendokumentation nicht nur für einen rechtssicheren Betrieb und das Treffen von Entscheidungen essenziell, sondern unterstützt auch im Weiteren den Informationsbedarf anderer Akteure. Eingedenk dessen ist bspw. innerhalb eines Immobilientransaktionsprozesses in der Regel eine Due Diligence angezeigt, um einem potenziellen Käufer einer Immobilie einen umfassenden technischen und wirtschaftlichen Überblick zu verschaffen. Je transparenter und valider entsprechende Informationen vorliegen, desto effizienter kann der Transaktionsprozess verlaufen und desto geringer werden die Informationsasymmetrien zwischen Käufer und Verkäufer ausfallen. Derzeit werden hierzu in der Regel projektbezogene Datenräume mit Informationen bestückt, welche vor allem auf einen kunden-/projektbezogenen Kontext zurückgehen und zumeist keinen generischen Charakter aufweisen.

Hierbei gilt die frühzeitige Integration aller am Planungs-, Bau- und Betriebsprozess Beteiligten, um eine durchgängige Dokumentation zu erreichen und damit Kosten- und Zeiteinsparungen zu erzielen. Die Datenaufnahme wird auf den Entstehungsprozess verlagert, d. h. die Akteure dokumentieren die Ergebnisse ihres Schaffens kontinuierlich (Nävy 2006). Der Leistungsumfang geht über die in der Leistungsphase 08 der HOAI geforderten Dokumentation hinaus (Nävy 2006). Entsprechend wird sich die FM-gerechte Dokumentation einem ergänzenden Leistungsbild der Architekten und Fachplaner entwickeln (Nävy 2006).

Die Planung der Informationsinhalte ist ein wesentlicher Bestandteil von integralen Planungsprozessen. Zusätzlich muss jedoch auch der Transport der Informationen, d. h. deren Bereitstellung unter den oben gelisteten Aspekten geplant und überwacht werden. Unter Informationslogistik wird die Logistik des Gutes „Information" verstanden (Voß 2001). Sofern die Informationsinhalte keinen Einfluss auf die Art und Weise der Informationsbereitstellung haben, sind sie nicht Gegenstand der Informationslogistik. Diese betrachtet lediglich alle unternehmensinternen und -externen Informationsflüsse (Voß 2001) und beschäftigt sich mit deren optimaler Gestaltung und einem störungsfreien Ablauf. Informationslogistische Fragestellungen in Kooperationsprozessen befassen sich beispielsweise mit der Auswahl des Erfassungs- und Bereitstellungsmediums aber auch den organisatorischen Bearbeitungs- und Änderungsrichtlinien (Götzer et al. 2004).

In der Praxis enden viele Projekte jedoch mit enormen Informationsdefiziten. Ein bekannter Grund hierfür ist – neben Zeitmangel –, dass die Akteure die Dokumentation nur als die Sammlung von Unterlagen sehen, die zwangsläufig anfallen. (Kalusche 2012; GEFMA 198-1 2012). Hieran wird die Wichtigkeit eines gemeinsamen Verständnisses der integralen Prozesse deutlich, sodass die Dialoge zwischen den Beteiligten verbessert werden können (Lim et al. 2012; Smith et al. 2007).

4.1.3 Zusammenfassung und Ausblick

In diesem Kapitel wurde in die Integrale Bauplanung als Methode und Integrale Dokumentation als Prozessunterstützung eingeführt, um die jeweiligen Herausforderungen dazu aufzuzeigen. Insbesondere organisatorische und prozessuale Fragestellungen der Beziehungen zwischen den an der Planung beteiligten Akteuren sind hier zu nennen. Dabei steht der Informationsaustausch bzw. die Informationslogistik innerhalb der Wertschöpfungskette im Fokus. Diese Darstellung dient als Grundlage für das im folgenden Kapitel beschriebene Referenzmodell. Dieses greift die obengenannten Herausforderungen auf und bietet eine Lösungsmöglichkeit zur besseren Planung und Steuerung von Informationen über die Wertschöpfungskette hinweg.

> **Lebenszyklusorientierung**
>
> - ... bedeutet die ganzheitliche wert- und ertragsorientierte Betrachtung einer Immobilie von der Initiierung über die Planung, den Bau und Betrieb bis zur Umnutzung bzw. Verwertung;
> - ... erweitert die Immobilienperspektive um serviceorientierte und funktionale Ziele;
> - ... erfordert die Integration von Fachwissen aus dem Immobilienbetrieb, z. B. des Facility Managers in die Planung und Errichtung von Gebäuden.

> **Integrale Planung**
>
> - ... ist eine Methode zur Integration von Planungsbeteiligten eines lebenszyklusorientierten Immobilienprojektes;
> - ... involviert Beteiligte durch Teamarbeit, strukturierte Kollaboration und intensive Kooperation in Aufgaben und Prozessschritte;
> - ... steht vor der Herausforderung, dass eine große Anzahl an Planungsbeteiligten als Entscheidungs- und Wissensträger ab Planungsbeginn in die Prozesse einzubeziehen ist und eine gemeinsame Sprache zu finden ist.

> **Integrale Dokumentation**
>
> - ... unterstützt die Integrale Planung durch das Vorhalten und Bereitstellen von Informationen und Dokumenten zum geforderten Zeitpunkt und in der geforderten Qualität;
> - ... dient dem kontrollierten Informationsübergang von der Bauphase zur Betriebsphase durch eine vollständige, redundanzfreie, aktuelle und transparente Dokumentation;
> - ... steht vor der Herausforderung, dass alle Beteiligten Kenntnis darüber besitzen sollten, zu welchem Zeitpunkt in welcher Güte und zu welchem Ort ihre Informationen fließen sollten.

Literatur

Bernhold. T., Koers, J., & Platner, V. (2015). Integrale Dokumentation – Aktuelle Ergebnisse aus der empirischen Forschung. In T. Bernhold, M. May, J. Mehlis, Handbuch Facility Management: Grundlagen, Arbeitsfelder, Wissens-management: 47. Ergänzungslieferung (S. 1-32). Heidelberg, München, Landsberg, Frechen, Hamburg : ecomed SICHERHEIT.

Bernhold, T., & Knackstedt, R. (2011). Informationslogistik und Kooperationsprozesse im Rahmen der FM-gerechten Planung. In: Facility Management Messe 2011 Tagungsband (S. 525-534). Berlin, Offenbach: VDE Verlag.

Bernhold, T., Dircksen, M., Haastert, M., Keeve, H., Lönnegren, H.-M., Melchert, M., Rosenkranz, C., & Schäfermeyer, M. (2009). Management der Integration von Dienstleistungen und Produktion im Baugewerbe. Endbericht zum Forschungsprojekt Mind-Bau. In K. Gellenbeck, R. Holten, F. Riemenschneider, F. Vallée (Hrsg.) Münsteraner Studien zum Facility Management. Münster, Ahlen, Frankfurt am Main.

Bernhold, T., Nitzsche, F., & Rosenkranz, C. (2007). Ein Ordnungsrahmen für lebenszyklusorientierte Planung im Facility Management. In M. Bichler, T. Hess, H. Krcmar, U. Lechner, F. Matthes, A. Picot, B. Speitkamp, P. Wolf (Hrsg.) Multikonferenz Wirtschaftsinformatik (S. 1625-1636). Berlin: Gito-Verlag.

Bibliographisches Institut – Dudenverlag (2015). Integral. http://www.duden.de/rechtschreibung/Integral, Abruf 15.Januar 2016.

Both, P. V., Koch, V., & Kindsvater, A. (2013). BIM – Potenziale, Hemmnisse und Handlungsplan. Analyse der Potenziale und Hemmnisse bei der Umsetzung der integrierten Planungsmethodik Building Information Modeling – BIM – in der deutschen Baubranche und Ableitung eines Handlungsplanes zur Verbesserung der Wettbewerbssituation. 1. Auflage. Stuttgart: Fraunhofer IRB Verlag.

GEFMA (2004). GEFMA-Richtlinie 190: Betreiberverantwortung im FM. Bonn.

GEFMA (2013). GEFMA-Richtlinie 198-1: Dokumentation im Facility Management. Begriffsabgrenzung, Vorgehensweise, Gliederung und Instrumente. Bonn.

GEFMA (2010). GEFMA-Richtlinie 220-1: Lebenszykluskostenrechnung im FM; Einführung und Grundlagen. Bonn.

Götzer, K., Maier, B., Schneiderath, U., & Komke, T. (2004). Dokumenten-Management. Informationen im Unternehmen effizient nutzen. 3. Auflage. Heidelberg: dpunkt-Verlag.

HOAI 2013-Textausgabe (2013). Honorarordnung für Architekten und Ingenieure vom 10. Juli 2013, 5. Auflage. Wiesbaden: Springer Fachmedien.

Homann, K. (2000). Bau-Projektmanagement. In K.-W. Schulte (Hrsg.), Immobilienökonomie, Band 1. Betriebswirtschaftliche Grundlagen (S. 229-274). München: Vahlen.

International Facility Management Association (IFMA) (2014). Planungs- und baubegleitendes Facility Management. Praxisleitfaden für die Empfehlung SIA 113. 1. Auflage. Zürich: CRB Schweizerische Zentralstelle für Baurationalisierung.

Kalusche, W. (2012). Projektmanagement für Bauherren und Planer. 3. Auflage. München: Oldenbourg Wissenschaftsverlag.

König, H., Kohler, N., Kreissig, J., & Lützendorf, R. (2009). Lebenszyklusanalyse in der Gebäudeplanung. Grundlagen. Berechnungen. Planungswerkzeuge, 1. Auflage. München: DETAIL.

Kovacic, I., Achammer, C., Müller, C., Seibel, H., Wiegand, D., Sreckovic, M., & Glöggler, J. (2012). Integrale Planung. Leitfaden für Public Policy, Planer und Bauherrn. Institut für interdisziplinäres Bauprozessmanagement, Wien: TU Wien.

Lim, C.-H., Kim, K.-J., Hong, Y.-S., & Park, K. (2012). PSS Board: a structured tool for product-service system process visualization. Journal of Cleaner Production 37, 42-53.

Nordby, A. S., Carlucci, S. Amann, S. et al. (2014): Integrated Design Process Guide. Deliverable within the frame of the IEE project MaTrID. http://www.integrateddesign.eu/toolkits/process_guidelines.php

Möller, D.-A., & Kalusche, W. (2013). Planungs- und Bauökonomie. Wirtschaftslehre für Bauherren und Architekten. 6. Auflage. München: Oldenbourg Wissenschaftsverlag.

Motsch, N. (2009). Von der Bauplanung zur Gebäudebewirtschaftung: Ein integrales Bewertungs- und Transformationsmodell. Technische Universität, Kaiserslautern.

Nävy, J. (2006). Facility Management. Grundlagen. Computerunterstützung. Systemeinführung. Anwendungsbeispiele. 4. Auflage. Heidelberg: Springer.

Pfnür, A. (2011). Modernes Immobilienmanagement. Immobilieninvestment, Immobiliennutzung, Immobilienentwicklung und -betrieb. 3, Auflage. Berlin, Heidelberg: Springer.

Pohl, S. (2016). Nachhaltigkeit im Gebäudebetrieb – Grundlagen, Systematik und Methodik eines prozessorientierten Handlungs- und Bewertungsrahmens. In T. Bernhold, M. May, J. Mehlis, Handbuch Facility Management: Grundlagen, Arbeitsfelder, Wissensmanagement: 48. Ergänzungslieferung 03/16, Kapitel 2.2.12.3 (S. 1-36). Heidelberg, München, Landsberg, Frechen, Hamburg: ecomed SICHERHEIT.

Smith, A. M., Fischbacher, M., & Wilson, F. A. (2007). New Service Development: From Panoramas to Precision. European Management Journal Vol. 25, No. 5, 370-383.

Voigtländer, M., Biener, S., Braun, N., Geiger, P., Haas, H., Henger, R., Hesse, M., Jaroszek, L., Just, T., Kröncke, T. A., Schäfer, P., Schier, M., & Steininger, B. I. (2013). Wirtschaftsfaktor Immobilien 2013. Gesamtwirtschaftliche Bedeutung der Immobilienwirtschaft, Hrsg.: Deutscher Verband für Wohnungswesen Städtebau und Raumordnung e.V./Gesellschaft für Immobilienwirtschaftliche Forschung e.V. Zeitschrift für Immobilienökonomie, Sonderausgabe 2013, Berlin.

Voß, S., & Gutenschwager, K. (2001): Informationsmanagement. Berlin, Heidelberg: Springer.

4.2 Umsetzung des Referenzmodells am Beispiel der Integralen Planung

Jana Koers, Torben Bernhold, Christian Junker

In der Integralen Planung und dem Betrieb von Immobilien finden komplexe Prozesse eines breiten Themenspektrums und einer hohen interdisziplinären Akteursvielfalt statt. Zusätzlich gestalten sich Voraussetzungen und immer höher werdende Anforderungen eines jeden Bauprojektes stets individuell. Die Wahrung eines Überblicks über all die notwendigen Informationen, Dokumente und Daten von der Projektinitiierung bis zum Betrieb und Abriss einer Immobilie wird zunehmend diffiziler. Vor diesem Hintergrund wurde mit Cooperation Experience ein Referenzmodell im Hinblick auf einen besseren Umgang mit dieser Komplexität entwickelt. Das aus unterschiedlichen Fallbeispielen der Bau- und Immobilienbranche hergeleitete Modell konzentriert sich auf dokumentenbasierte Kooperations- und Informationsaustauschprozesse zwischen den Projektbeteiligten. Für die Praxis bietet das Referenzmodell ein Werkzeug und eine Diskussionsgrundlage für die Planung von Kooperationen hybrider Wertschöpfungsnetzwerke der Bau- und Immobilienbranche. Das CXP-Referenzmodell setzt sich aus einem überblickgebenden Ordnungsrahmen, einer dokumenten- und interaktionsfokussierenden Kooperationsvisualisierung und einem prozessorientierten Choreografiediagramm zusammen. Aufgrund dieser unterschiedlichen Abstraktionsniveaus können Akteure jeglichen Fachwissens in die Planung von Kooperationen eingebunden werden.

4.2.1 Anforderungen an ein Immobilien-Referenzmodell aus Fallbeispielen der Immobilienwirtschaft

Als Grundlage für die Entwicklung des CXP-Referenzmodells eignen sich Fallstudien, durch die in ausführlicher Tiefe auf einzelne Bestandteile des Modells eingegangen werden kann (Yin 2014). Dem Anspruch an Fallstudien, mehrere Quellen zu berücksichtigen, wird durch die untersuchten Fälle der Bilfinger HSG und des Kreises Coesfeld aus der Praxis Rechnung getragen, wenngleich auch hieraus noch keine allgemeine Generalisierbarkeit abgeleitet werden soll (Yin 2014).

Subsumierend wurden aus den mit den Praxispartnern des Projektes durchgeführten Workshops zwei zentrale Herausforderungen extrahiert:

- Komplexitätssteigerung, z. B. des Projektmanagements, der Kooperationen oder der Projekt- und Gebäudedokumentation durch höhere Anforderungen an Qualität bei gleichzeitiger Reduzierung von Zeit und Kosten

- Vorverlegung der Einbindung von Projektbeteiligten, insbesondere in den frühen Phasen aufgrund der lebenszyklusübergreifenden Sichtweise

Vor dem Hintergrund dieser Herausforderungen gilt es, folgende Anforderungen entsprechend der Erkenntnisse aus den Workshops zu erfüllen:

1. Die hohe Akteursvielfalt und Interdisziplinarität in Bauprojekten erfordert eine Anwendung des Modells von unterschiedlichen Nutzern und aus verschiedenen Perspektiven. Infolgedessen soll eine nachvollziehbare Zuordnung von Verantwortlichkeiten zu den Dokumenten ermöglicht werden, sodass ein klares Rollen- und Aufgabenverständnis vor dem Projektstart und während der Projektlaufzeit geschaffen wird. Die Bildung eines Überblicks über Prozessabläufe (Ablaufsicht) oder ein detailliertes Informieren über bestimmte Schnittstellen und Dokumente (Informationsflusssicht) sollen möglich sein. Zum Vorteil einer einfachen Handhabung sollen Betrachtungen von Sonderfällen vermieden werden.

2. Neben der Berücksichtigung einer zeitlich logischen Prozessfolge soll auch die Parallelisierung von Prozessen umsetzbar sein, um eine flexible Anpassung an unterschiedliche Rahmenbedingungen vornehmen zu können. Des Weiteren soll eine stetige Aufbereitung des Projektstatus durch eine lückenlose Projektdokumentation für Personen, die später in dem Projekt mitwirken, berücksichtigt werden.

3. Auch die Forderungen nach einem Wissens- bzw. Dokumentationscontrolling kann aus Literatur und den Praxisfällen konkludiert werden. Durch die Umsetzung eines optimierten Gesamtlösungsansatzes sollen Wissensverluste, wie in der traditionellen Planung oftmals festzustellen (Girmscheid 2007), vermieden werden. Die Kenntnis darüber, welche Informationen bzw. welches Wissen in welchen Dokumenten vorhanden ist, ermöglicht das strukturierte Nachhalten des benötigten Wissens zum entsprechenden Zeitpunkt entlang des gesamten Bauplanungs- und Betriebsprozesses. Die Transparenz über die Prozesse und Informationsobjekte erleichtert insbesondere ein Nachverfolgen der Abläufe und der Dokumentation durch die Projektleitung. Deshalb geht aus den Anwendungsfällen eine starke Nachfrage nach einer Projektmanagementfunktion der CXP-Methode hervor. Das Modell ersetzt allerdings keine Projektmanagementsoftware im klassischen Sinne. Die Methode ist jedoch gleichwohl geeignet, das Projektmanagement zu unterstützen.

4. Die Gebäudebetriebsphase umfasst im Vergleich zu den anderen Lebenszyklusphasen den größten Zeitraum innerhalb des Immobilienlebenszyklus. Um die durch die Bauplanung beeinflussbaren Optimierungspotenziale für den Immobilienbetrieb zu nutzen, sollen die hierfür notwendigen Informationsaustauschprozesse mit den jeweils Verantwortlichen im Modell dargestellt und somit die Integration von speziellem Wissen umgesetzt werden. Dies geschieht durch die Einbindung des Betriebs und der Nutzer in die frühen Phasen der Bauplanung. Experten mit Kenntnis zukünftiger Prozesse innerhalb eines Gebäudes können das Planungsteam bei der Verständnisbildung von Betriebsprozessen und der sinnvollen Berücksichtigung dieser in der Planung unterstützen. Auf diese Weise können Synergien geschaffen werden, da das Know-how des Betriebes in die Planungen einfließt und ansonsten ggf. resultierende Nachträge oder Umbauten vermieden werden können. Überdies steigert eine Einbindung der

späteren Nutzer in die Entscheidungsprozesse die Akzeptanz für die zu entwickelnde Lösung (Vink et al. 2008) sowie die Gebäude- und Nutzungsqualität.

Im Sinne einer praktischen Handhabbarkeit balanciert die problemorientierte und pragmatische Modellentwicklung zwischen realitätsnaher Abbildung aller relevanten Kooperationsprozesse und Dokumente auf der einen sowie der Anwendbarkeit und Komplexitätsreduktion auf der anderen Seite. Dieses Modell soll keine absolute Gültigkeit besitzen, sondern ein vorgefertigtes Lösungsschema zur effizienten Begegnung von Gestaltungsproblemen umfassen. Das Referenzmodell ist ein Modell, das fallspezifisch vom Anwender adaptiert werden kann, und stellt eine erste Blaupause zur Anpassung eigener Planungen dar.

4.2.2 Beschreibung des Referenzmodells

Im Hinblick auf die Bewältigung von Herausforderungen im Kontext der Integralen Bauplanung und des Immobilienbetriebs wurde ein Referenzmodell für dokumentenbasierte Kooperations- und Informationsaustauschprozesse entwickelt. Die Struktur des Referenzmodells differenziert sich in vier wesentliche Elemente:

1. Ordnungsrahmen
2. Akteure
3. Dokumente
4. Referenzprozesse

4.2.2.1 Ordnungsrahmen

Die Konzeption des Ordnungsrahmens hat eine Navigationsfunktion durch das Modell auf einer hochaggregierten Sichtebene zum Ziel. Er fungiert als Werkzeug zur Beherrschung der Komplexität in den Lebenszyklusprozessen und schafft ein gleiches Verständnis bei den unterschiedlichen Anwendergruppen. Folglich bedarf es eines eindeutigen und transparenten Aufbaus zum Zwecke einer schnellen Erfassung der Referenzmodellstruktur.

Als in Deutschland maßgeblicher Rahmen für Planungs- und Realisierungsphasen von Immobilien gilt die HOAI (Honorarordnung für Architekten und Ingenieure 2013). Sie gibt neun Phasen vor, für die jeweils die Vergütungen bestimmter Leistungen festgelegt sind. Die für die Leistungen notwendigen Prozesse werden in diesem Zusammenhang nicht definiert, lediglich die zu honorierenden Leistungstätigkeiten. Die zunehmende Komplexität in der Bauplanung fordert jedoch eine Weiterentwicklung bzw. Erweiterung von Leistungen und deren Prozesse. In der Integralen Planung verlagern sich im Vergleich zur traditionell ausgerichteten Bauplanung Leistungen in die frühen Phasen der HOAI bzw. in Phasen, die nicht in der HOAI erfasst sind. Außerdem laufen zahlreiche Prozesse zeitgleich ab. So belegen im Rahmen der Fallanalyse die Erstellungs-, Bearbeitungs- oder Unterschriftsdaten der untersuchten Dokumente eine starke Parallelität der Prozesse. Es ist daher nicht möglich und auch im Hinblick auf die oben definierten Anforderungen nicht intendiert, anhand der erhobenen Daten eine verbindliche Sequenz für einen Sollprozess zu fixieren.

Für die Modellkonzeption werden unter Berücksichtigung einer logischen Chronologie Referenzphasen einer Integralen Planung definiert, die an die HOAI angelehnt sind, sich einem Einsatz in einem anderen Kontext jedoch nicht verwehren, d. h. der Ordnungsrahmen lässt es zu, einzelne Prozesse und auch Prozessbausteine auszutauschen, zusammenzuführen oder zu parallelisieren, während er jedoch zugleich eine durchaus in der Praxis zu beobachtende übliche Sequenz der Abläufe abbildet. So wurden die Schritte Vorlauf, Entwurf, Ausführung, Betrieb und Auflösung als eine Abfolge definiert, die insbesondere den Charakter einer Immobilie als ein hybrides Produkt, in dem Sach- und Dienstleistung gebündelt werden, hervorhebt. Im Vorlauf finden die Identifizierung der Kundenprobleme, erste Ideenfindungen sowie -priorisierungen der immobilienbezogenen Lösung von kundenspezifischen Herausforderungen statt. Sind die Grundlagen festgelegt, können Konzeptionen und Entwürfe für den Bau und Betrieb des Gebäudes mit entsprechenden sach- und dienstleistungsorientierten Leistungsspektren erarbeitet werden. Zur Vorbereitung der Leistungserbringung im Rahmen der Bauwerkserstellung werden Pläne zur Ausführung konkretisiert und Leistungen ausgeschrieben. Anschließend werden die Vorgaben des Entwurfs umgesetzt und die Leistungen zur Errichtung des Gebäudes ausgeführt.

Während des anschließenden Betriebes des Gebäudes finden immobilienbezogene Dienstleistungen wie Wartungen, Energiemanagement oder Reinigung statt. Die Auflösung des hybriden Leistungsbündels schließt entsprechende Leistungen ab und die Immobilie wird der Nachnutzung oder der Verwertung zugeführt. Dieser Abfolge werden als „kernprozessorientierte Leitdokumente" bezeichnete Prozesse zugeordnet. Insgesamt wurden sechzehn sich gegenseitig beeinflussende und zum Teil aufeinander aufbauende kernprozessorientierte Leitdokumente erhoben (vgl. Abb. 4.3). Diese Dokumente stellen an sich ein Bündel an in zugehörigen Kooperationsprozessen erstellten Dokumenten dar und dienen damit der Strukturierung und Ordnung der Vielzahl an Dokumenten im Lebenszyklus; sie sind somit vielmehr ordnender, denn inhaltlicher Natur.

Gleichzeitig werden Abgrenzungen vorgenommen, sodass jede Phase inhaltlich klar begonnen und abgeschlossen werden kann. Das Projektmanagement als kernprozessorientiertes Leitdokument stellt hier aufgrund seiner phasenübergreifenden Rolle eine Ausnahme dar. Dem Management wohnt sowohl die Aufgabe inne, die Abläufe innerhalb einzelner Phasen zu steuern und zu kontrollieren als auch im Gesamtverlauf des Projektes den Überblick zu wahren und reibungslose Prozesse zu gewährleisten. Daher wird das Projektmanagement übergeordnet als Dach des Ordnungsrahmens visualisiert. Der Fokus des Ordnungsrahmens liegt auf den wertschöpfenden Kernprozessen einer Integralen Bauplanung. Supportprozesse werden hier der Vollständigkeit halber erwähnt, erfahren jedoch keine genauere Spezifikation. In der entwickelten Darstellungsform fließen auch kooperationsrelevante Prozessinformationen ein, indem die in den jeweiligen Phasen miteinander agierenden Akteure konkretisiert werden.

Den schematischen Aufbau des Ordnungsrahmens mit seinen Elementen kernprozessorientierte Leitdokumente, Akteure, Management- und Supportprozesse zeigt die folgende Abbildung.

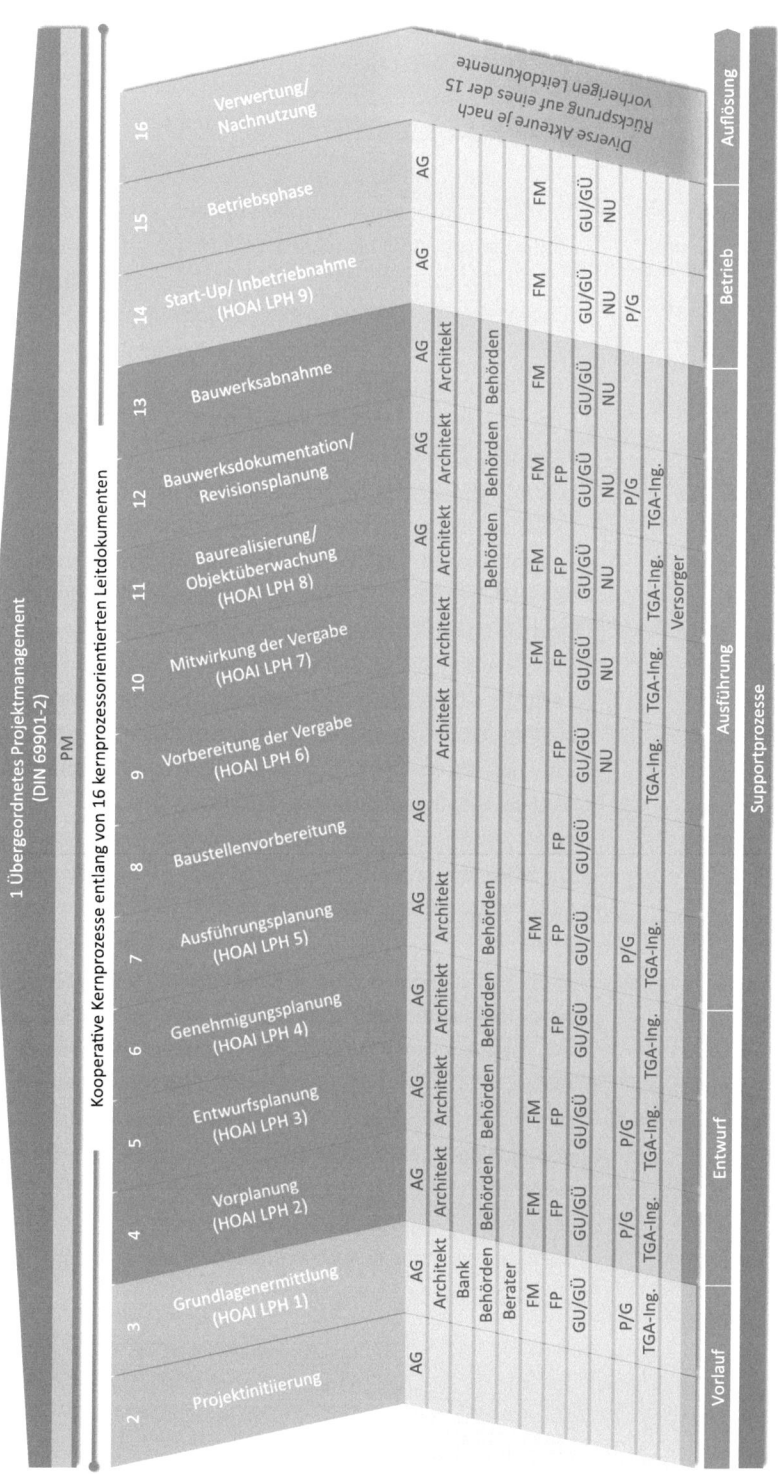

Abb. 4.3 Ordnungsrahmen

Die einzelnen Phasen bzw. kernprozessorientierten Leitdokumente des Ordnungsrahmens werden wie folgt definiert:

Kernprozessorientierte Leitdokumente	Beschreibung
1 Übergeordnetes Projektmanagement	Ein reibungsloser und effizienter Projektablauf wird durch das Projektmanagement gewährleistet, das sich an dem Phasenmodell der DIN 69901-2 (2009) orientiert. Die Projektorganisation versteht sich übergreifend als begleitender Prozess zu allen weiteren kernprozessorientierten Leitdokumenten. In diesem Kontext werden Dokumente erstellt, die et al. das Projektziel, Prozesse, Termine und die Informations- und Kommunikationsstruktur festlegen.
2 Projektinitiierung	Hierbei handelt es sich primär um die Klärung strategischer Überlegungen und die Vision, die mit dem Bauprojekt verwirklicht werden soll. Diese Phase determiniert Grundsatzentscheidungen und besitzt den größten Einfluss auf das später realisierte Bauwerk. Deshalb ist das frühzeitige Einbeziehen von Entscheidungsträgern, Beratern und Ausführenden wichtig. Denn bereits zu diesem Zeitpunkt werden Fragestellungen zur Nutzungsabsicht inklusive späterer Kernprozesse, Flächenbedarfe, Raumaufteilungen und Energienutzung geklärt. Des Weiteren werden Machbarkeitsstudien, Standortanalysen etc. angefertigt, um den Projekterfolg einschätzen und größtmöglich unterstützen zu können. In diesem Zusammenhang werden Gutachten über infrage kommende Grundstücke erstellt. Außerdem werden Finanzierungsstrategien erarbeitet.
3 Grundlagenermittlung	In der Ermittlung und Definition der Projektgrundlagen werden die zuvor formulierten Ideen und Vorstellungen konkretisiert sowie in ersten Skizzen und Konzepten visualisiert und beschrieben. Außerdem werden Voraussetzungen für die Projektumsetzung geschaffen und weitere Informationen eingeholt. So werden kommunale Pläne eingefordert, um bestimmte, das Grundstück betreffende Restriktionen zu identifizieren. Neben der Ausgestaltung der Projektprozesse werden hier auch die Prozesse des Betriebskonzeptes aufgenommen und in der weiteren Planung berücksichtigt.

4 Vorplanung	Auf der Grundlage der Analysen von Anforderungen und Voraussetzungen werden erste Pläne der Architektur, der Statik und der TGA erstellt. Im Hinblick auf den ganzheitlichen Lebenszyklusgedanken werden außerdem erste Entscheidungen für den Betrieb getroffen, die die Bewirtschaftungskosten der nächsten Jahrzehnte wesentlich beeinflussen.
5 Entwurfsplanung	Die unter den Akteuren abgestimmten Vorplanungen werden in dieser Phase detailliert und weitere fachplanerische Konzepte hinzugezogen. Außerdem erfolgt hier die Klärung der Genehmigungsfähigkeit. Je nach Projekt wird ggf. ein Vermietungskonzept erstellt.
6 Genehmigungsplanung	Die Entwurfsplanungen werden in die Bauvorlagen überführt, die Genehmigung des Baus beantragt und seitens der Behörden erteilt.
7 Ausführungsplanung	Hier werden Planungen für die Baurealisierung vorbereitet, indem Detailzeichnungen und konkrete Baubeschreibungen angefertigt werden.
8 Baustellenvorbereitung	Die Vorbereitung des Grundstücks als Baustelle erfolgt gemäß der durch den Generalunternehmer/-übernehmer erstellten Baustellenplanung, insbesondere im Hinblick auf die Baustellenlogistik. Ein SiGeKoKonzept (Sicherheits- und Gesundheitsschutz) gibt unter anderem die Maßgaben zur Baustellensicherheit vor.
9 Vorbereitung der Vergabe	Für die Vergabe der Bauleistungen werden entsprechende Unterlagen wie Leistungsverzeichnisse und Baubeschreibungen erstellt und veröffentlicht. Neben den Bauleistungen werden die Betriebsleistungen ebenfalls ausgeschrieben, wenn sie nicht bereits zuvor vertraglich vereinbart wurden. Dadurch wird eine frühzeitige Begleitung des Bauwerksprozesses durch den Facility Manager möglich und die Inbetriebnahme des Gebäudes erleichtert.
10 Mitwirkung bei der Vergabe	Auf Grundlage der geprüften Angebote werden die Leistungen an die ausführenden Firmen vergeben und Verträge geschlossen.
11 Baurealisierung/ Objektüberwachung	Auf Basis der Ausführungspläne wird das Gebäude auf dem vorbereiteten Grundstück durch den Generalunternehmer/-übernehmer und seinen Nachunternehmern errichtet. Diese ausführenden Tätigkeiten werden seitens des Architekten, Projektmanagers, Bauherren und Fachplaners überwacht.

12 Bauwerksdokumentation/ Revisionsplanung	Während und insbesondere am Ende der Baurealisierung sollten alle relevanten Daten über das Gebäude vorhanden und nutzbar sein. Die Novellierung der Pläne bei nachträglichen Änderungen in der Ausführung ist hierbei äußerst wichtig, um den Ist-Stand (as-built) abbilden zu können. Eine fortlaufende Dokumentation unterstützt im Rahmen der Betriebs-/Nutzungsphase die FM-Prozesse, indem sie die notwendigen Informationen zur Verfügung stellt.
13 Bauwerksabnahme	Die in den einzelnen deutschen Landesbauordnungen geregelte Schlussabnahme eines genehmigungsbedürftigen Bauvorhabens erfolgt durch die zuständige Bauaufsichtsbehörde (gesetzliche Abnahme). Dabei wird die Übereinstimmung des fertiggestellten Baus mit den in der Baugenehmigung enthaltenen Bestimmungen in baurechtlicher und bautechnischer Hinsicht überprüft. Mit der vertraglichen Abnahme hingegen erklärt der Auftraggeber, dass die ausgeführte Bauleistung im Wesentlichen als vertragsgemäß anerkannt wird (Billigung des ausgeführten Werkes).
14 Start-Up/ Inbetriebnahme	Im Wesentlichen finden hier die erstmalige Nutzung der Immobilie, die Inbetriebnahme der technischen Anlagen und der Einzug in die Immobilie statt. Die für das Betreiben der Immobilie notwendigen Prozesse werden eingeleitet und entsprechendes Personal wird eingewiesen.
15 Betriebsphase	Nach dem Einzug beginnt die längste und kostenintensivste Phase eines Gebäudes. Definitionsgemäß wird diese Phase nach DIN EN 15221-Facility Management (DIN EN 15221 2011) gestaltet. So finden immobilienbezogene Dienstleistungen im Rahmen des technischen, kaufmännischen und infrastrukturellen Gebäudemanagements sowie Flächenmanagements statt. Hierzu zählen auch eventuelle Modernisierungs- oder Sanierungsmaßnahmen, sodass sich frühere Teillebenszyklusphasen wiederholen können.
16 Verwertung / Nachnutzung	In dieser Phase erfolgen Nachnutzung, Abbruch/ Rückbau mit anschließendem Recycling und/oder Entsorgung des Bauwerks Die Auflösungsphase kann den Startpunkt für einen erneuten Einstieg in einer der vorhergehenden Phasen des Lebenszyklus bilden.

Tab. 4.1 Kernprozessorientierte Leitdokumente des Referenzmodells

4.2.2.2 Akteure

In jeder Phase des Ordnungsrahmens kollaborieren zahlreiche Akteure in jeweils unterschiedlichen Konstellationen. Zur Identifizierung von Informationsschnittstellen wurden den kernprozessorientierten Leitdokumenten entsprechend agierende Projektbeteiligte anhand der Fallstudien zugeordnet. Für eine bessere Handhabe der Akteursvielfalt wurden insgesamt dreizehn Kernakteure definiert, die wiederum weitere Einzelakteure zusammenfassen. Jeder Einzelakteur kann eine Person oder eine organisatorisch zusammengefasste Zahl von Personen sein wie zum Beispiel ein Team von Fachplanern desselben Gewerkes. Unterschiedliche Akteure im selben Unternehmen können entsprechend differenziert werden, wenn sie unterschiedliche Aufgaben wahrnehmen, z. B. Architekt und Statiker. Umgekehrt beteiligt sich, je nach Fall, nur das vorderste Glied einer ganzen Supply Chain direkt an der Kooperation. Hier kann auf eine Einbindung der nachgelagerten Stellen verzichtet werden, da keine direkten Interaktionen zu weiteren Kooperationspartnern stattfinden. Die für das Referenzmodell identifizierten Akteure lassen sich der folgenden Tabelle entnehmen.

Akteur	Beispiel
Auftraggeber	Bauherr, Bauherrenvertreter, Bauherrenorganisation, Eigentümer, Vermieter, Nutzer, Mieter
Architekt	bzw. Mitarbeiter (z. B. Bauzeichner)
Bank	Finanzberater, Finanzdienstleister, Finanzinstitut, Kreditgeber
Behörde	Bauamt, Bauaufsichtsbehörde, öffentlich bestellter Gutachter, Richtlinenersteller, Stadt
Berater	Asset-/Portfolioberater, Planungs- und Bauberater, Projektentwickler, FM Berater
Fachplaner	Außenanlagen, Arbeitssicherheit, Bauphysik, Brandschutz, Erdbau, Fassade, Geologie, Großküchenplanung, Hydrologie, Statiker, Tragwerksplaner, Verkehrsplanung
Facility Manager	Betreiber, Betrieb, ggf. Property Management
Generalunternehmer/ Generalübernehmer	Abbruch, Ausbau, ausführendes Unternehmen, Baugrube/Verbau, Bauleitung, Haustechnik, Hersteller, Rohbau, Tiefbau
Nachunternehmer	Ausführende Nachunternehmer
Projektmanager	Projektleiter, Projektsteuerung
Prüfer/ Gutachter	Prüfer Gebäudedichtheit, Prüfer Kanaltechnik, Sachverständiger, sonstige Prüfer, TÜV
TGA-Planer	Heizung, Lüftung, Sanitär, Klima, Elektro, Brandschutz, Wasser-/Abwasser, Fernmelde- und Informationsanlagen, Förderanlagen, Gebäudeautomation, nutzungsspezifische Anlagen
Versorger	Gas, Strom, Telekommunikation, Wärme, Wasser

Tab. 4.2 Übersicht der Kooperationsakteure im Referenzmodell

Die identifizierten Akteure kooperieren und interagieren in ihrer Rolle als Experten und Träger von Fachwissen zur Erreichung der Projektziele. Einzelne Fachbereiche und Gewerke sind dabei inhaltlich eng miteinander verknüpft und bauen aufeinander auf oder beeinflussen sich gegenseitig. So kann die Entscheidung eines Sanitärfachplaners oder technischen

Fachplaners Einfluss auf die Planung der Versorgungsschächte nehmen, die wiederum die Architektur und Statik beeinflussen können. Als umso wichtiger ist die Definition von Verantwortlichkeiten und Rollen der Akteure zu werten. Folglich wird im Referenzmodell zwischen Ersteller eines Informationsobjektes (Sender) und Empfänger eines Dokumentes unterschieden. Als Ersteller wird derjenige Akteur bezeichnet, der in hauptsächlicher Verantwortung das Dokument seines Fachbereichs erarbeitet und dafür Sorge trägt, dass das Informationsobjekt bei dem/ den definierten Empfänger/ n verwendbar eingeht. Der Empfänger erhält das Dokument zur Nutzung relevanter Einzelinformationen, zur Überprüfung auf Kollisionen mit seinem Fachgebiet oder zum Treffen von Entscheidungen über die Inhalte des Dokumentes (z. B. Planfreigabe des Auftraggebers). Diese Informationen fließen dann an den verantwortlichen Ersteller zurück. Der Empfänger ist entsprechend für die Einleitung weiterer Aktivitäten auf Grundlage des Dokuments verantwortlich.

4.2.2.3 Dokumente als Grundlage für Kooperations- und Informationsaustauschprozesse in Theorie und Praxis

Entsprechend der festgestellten Anforderungen, insbesondere im Hinblick auf Fragestellungen zur Ausschöpfung von Optimierungspotenzialen in der Betriebsphase, nehmen Dokumente eine prägende Rolle in der Kooperation ein. In Anbetracht dessen werden im Referenzmodell häufig verwendete Dokumente als zentrale Grundlage für Informationsaustauschprozesse verstanden. Zur Unterstützung eines professionalisierten Umgangs mit dem Kooperations- und Informationsaustausch im Rahmen des Baus und Betriebs von Immobilien haben sich bereits einige Standards und Richtlinien etabliert. Entsprechend wurden im Zuge der Modellkonzeption nach diesen Standards bzw. Richtlinien recherchiert und ihre Verwendbarkeit für das Modell untersucht. Drei dokumentenorientierte Richtlinien des deutschsprachigen Raums wurden in die Betrachtungen einbezogen:

- GEFMA 922 – Dokumente im Facility Management (2004)
- GEFMA 198 – Dokumentation im Facility Management (2013)
- KBOB IPB Richtlinie – Bauwerksdokumentation (2013)

In den Richtlinien werden bereits vielfach Prozesse und Dokumente losgelöst voneinander erfasst, jedoch nicht alle Parameter in einem Modell so vereint, dass die Praxis ein anwendungsorientiertes Lösungskonzept für dokumentenbasierte Kooperationsherausforderungen vorfindet. Die untersuchten Standards eignen sich im Kontext der Referenzmodellentwicklung lediglich für die Prüfung und Umsetzung einer möglichst hohen Dichte an Dokumenten. Die Ableitung von Kooperationsprozessen auf Grundlage der Standards ist jedoch nicht möglich.

Die *GEFMA 922:2004*-Richtlinie leitet aus Normen, Richtlinien oder Rechtsvorschriften wie zum Beispiel BGB, BauGB, HOAI, VOB, oder GEFMA Dokumente im Laufe eines Lebenszyklus ab. In einer Excel-Datei listet die GEFMA 922 ca. 640 Dokumente und ordnet sie den adäquaten rechtlichen, normativen oder empfehlenden Grundlagen zu. Entsprechend der Phasen nach GEFMA 100-2:2004 werden diese Dokumente in historischer Reihenfolge entlang des Immobilienzyklus neun Phasen von der Projektentwicklung bis zum Rückbau zugeordnet. Zusätzlich werden die jeweiligen Ersteller der Dokumente benannt, wobei ca. 45 einzelne Akteure unterschieden werden. Zu ca. 400 Dokumenten wird ein Zweck, wie zum Beispiel rechtliche Absicherung, Einhaltung des Termin-/Kostenrahmens oder Voraussetzung für die Abwicklung bestimmter Prozesse angegeben. Des Weiteren wird größtenteils das jeweilige Format eines Dokuments definiert (z. B. Papierform, CAD-Datei oder PDF). Subsumierend ist anhand der Angabe eines Erstellers der Ursprung bzw. die Verantwortlichkeit für ein Dokument ableitbar. Jedoch ist hier nicht ersichtlich, welche weiteren Akteure dieses Dokument zur Information oder Weitbearbeitung erhalten sollten (Empfänger).

Die *GEFMA 198:2013-2* dient als Checkliste zur Ergänzung von Dokumentationsprozessen im Lebenszyklus eines Gebäudes. Es handelt sich um ein Instrument zur Feststellung, Sortierung und Prüfung auf Vollständigkeit für den Bau und Betrieb einer Immobilie notwendiger Dokumente. Diese Richtlinie stellt neben einem Prozessmodell eine ca. 800 Dokumente listende Excel-Tabelle zur Verfügung. Die Dokumente der GEFMA 922:2004 sind hier integriert und nach einem durch die Richtlinie entwickelten Strukturansatz geordnet. Dieser sieht neun Arten von Dokumenten vor, wie z. B. „Allgemeine Daten", „Organisation", „Vertragswesen" oder „Flächen". Weiter werden die Dokumente den Lebenszyklusphasen der GEFMA 100-2, den Kostengruppen der GEFMA 200 und den Kostengruppen der DIN 276 zugeordnet. Hierbei werden lediglich die Ziffern der jeweiligen Phasen bzw. Kostengruppen genannt und nicht die inhaltlichen Bezeichnungen. Demzufolge werden fachspezifische Kenntnisse vorausgesetzt, um zum Beispiel anhand der Ziffer 430 zu erkennen, dass das Dokument „Abnahmeprotokoll" dem Gewerk der Lufttechnik angehört. Des Weiteren ist eine Ableitung von Informationsflüssen aufgrund der fehlenden Informationen zu Erstellern oder Empfängern nicht möglich. Zusammenfassend kann diese Liste für das Referenzmodell ausschließlich als Checkliste zur Prüfung auf Vollständigkeit dienen.

Die *Schweizer Richtlinie zur Bauwerksdokumentation im Hochbau* der KBOB (Koordinationskonferenz der Bau- und Liegenschaftsorgane der öffentlichen Bauherren) und der IPB (Interessengemeinschaft privater professioneller Bauherren) bietet eine Übersicht über den Inhalt einer digitalen und physischen Dokumentation eines Gebäudes während seines gesamten Lebenszyklus. Auch hier handelt es sich um eine Excel-Tabelle, in der ca. 560 Dokumente zusammengetragen sind. Zu jedem Dokument definiert die Richtlinie die notwendige Spezifikationen wie Form, Format, Qualität, Liefertermin, Aufbewahrungsdauer etc. Sie teilt die Dokumente in vier Hauptdokumentarten ein: „Organisation", „Verträge und Kosten", „Konzepte und Beschriebe" sowie „Visualisierungen". Darunter differenzieren sich wiederum weitere Dokumentarten wie „Kostenplanung" oder „Vertragsunterlagen". Wenngleich die Dokumente den verschiedenen Projektphasen nach SIA-Norm 112 zugeordnet werden, ist die Tabelle nicht historisch aufgebaut, sondern orientiert sich vergleichbar mit der GEFMA 198 an den Dokumentarten. Zu jedem Dokument ist zum Verständnis eine kurze Erläuterung vorhanden. Die Zuordnung eines „Lieferanten" erfolgt durch sieben identifizierte Akteure (Projektmanager, Planungsleistung Bau, Planungsleistung Betrieb, Bauleistung, Beauftragter, Unternehmer und Zulieferer). Aufgrund des Fehlens weiterer Bearbeiter oder Empfänger und der nicht historischen Gliederung gestaltet sich auch hier die Formulierung von Informationsaustauschprozessen schwierig.

Die Dokumente der einzelnen Standards wurden untereinander verglichen und zu einer umfangreichen Dokumentenliste von ca. 1.000 unterschiedlichen Dokumenten zusammengeführt. Im Zuge dessen fand eine Selektion der nicht kooperationsrelevanten Dokumente statt. Dieses theoretische Konstrukt wurde in einem nächsten Schritt in das praktische Umfeld eingebettet, indem ein Abgleich mit den Fallbeispielen erfolgte. Insbesondere für das Projektmanagement wurden Dokumente ergänzt, während an anderen Stellen sehr spezielle Dokumente extrahiert oder zu fachspezifischen Dokumenten zusammengefasst wurden. Subsumierend umfasst das Referenzmodell ca. 600 Informationsobjekte.

Keine der unterschiedlichen Dokumentenstrukturen der analysierten Richtlinien lässt sich direkt für das Referenzmodell adaptieren. Infolgedessen wurde ein für die Anforderungen an das Modell konvenierender Aufbau entwickelt. In der Praxis gehen Informationsaustauschprozesse mit einer Reihe von Informationsfragmenten und einzelnen Dokumenten einher, die schließlich in kooperationsrelevante Dokumente mit Meilensteincharakter münden, wie zum Beispiel der Bauantrag. Dies war der Ideentreiber dafür, die Dokumente aus Literatur und Praxisfällen in unterschiedlichen Abstraktionsniveaus zu strukturieren: kernprozessorientiertes Leitdokument, Dokumentensammlungen und Dokumente. Exemplarisch verdeutlicht das kernprozessorientierte Leitdokument der Entwurfsplanung die Dokumentenstruktur (nicht vollständige Darstellung):

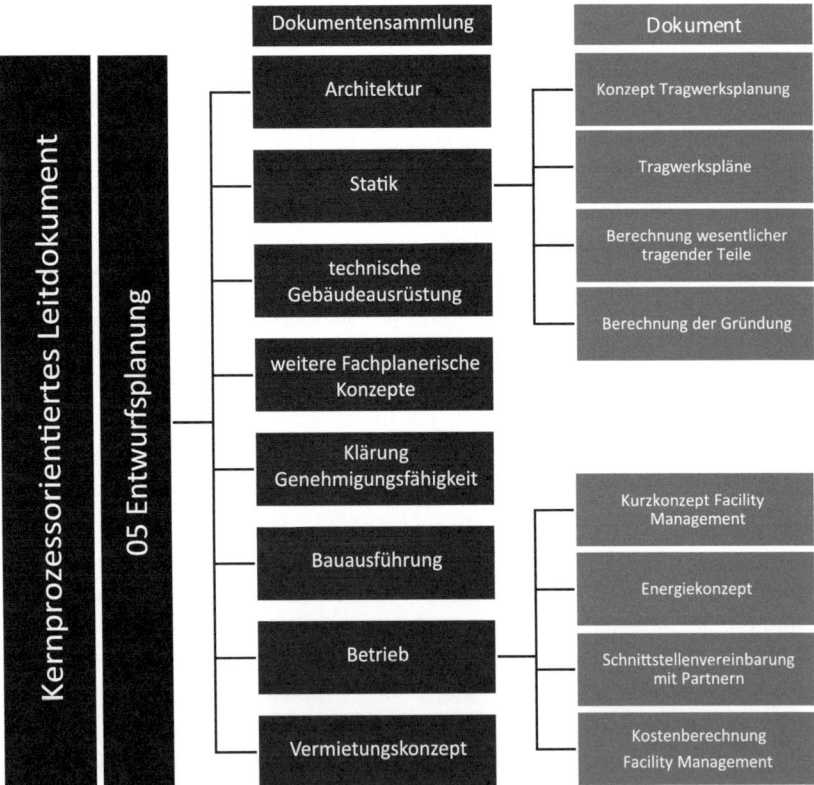

Abb. 4.4 Dokumentenstruktur am Beispiel der Entwurfsplanung

Abb. 4.4 zeigt den schematischen Aufbau der Dokumentenstruktur und demonstriert, welche Dokumente einer Dokumentensammlung und welche Dokumentensammlungen einem kernprozessorientierten Leitdokument angehören. Eine weitere Abstufung des Abstraktionsgrades bedeutet, dass jedes einzelne Dokument wiederum Informationen und Daten impliziert. In dem Referenzmodell werden diese jedoch aus der gesonderten Betrachtung ausgeschlossen. Stattdessen werden sie im Zuge einer allgemeinen Erläuterung beschrieben, damit begriffliche Verwechslungen vermieden werden und eine Verständnisgrundlage für die Akteure aus unterschiedlichen Fachdisziplinen entsteht. Das Dokument „Tragwerkspläne" erhält im Referenzmodell zum Beispiel die Erläuterung „Beschreibt und visualisiert die Statik und Konstruktion eines Bauwerks".

In einem weiteren Schritt werden die Dokumente anhand von Dokumenttypen klassifiziert, um die heterogene Bandbreite unter definierten Dokumentarten zusammenzufassen. Die Dokumenttypen erleichtern es dem Anwender außerdem, strukturähnliche Dokumente als Vorlage für weitere, ähnliche Dokumente heranzuziehen. Die PAS 1091:2010 (Schnittstellenspezifikationen zur Integration von Sach- und Dienstleistung) gibt im Rahmen der hybriden Wertschöpfung einige Dokumenttypen vor, die auf die in der Bauplanung vorkommenden Dokumentenarten übertragen werden können. Darüber hinaus wurden in den Fallstudien 15 weitere wiederkehrende Dokumententypen identifiziert, die ihrerseits typisch für den Bau und Betrieb einer Immobilie sind. Alle insgesamt 30 Dokumententypen können, einmal erstellt, als Vorlage für einzelne Dokumentenaufbauten dienen. Die Dokumententypen sind ihrerseits in einzelne Kategorien zusammengefasst.

Kategorie	Dokumententyp	Erläuterung und Beispiel
Vorgehen	Protokoll	Dokumentation einer erfolgten Leistungserstellung anhand von Istwerten zu Mengen und Zeiten eingesetzter Ressourcen (PAS 1091:2010).
	Konzept	Ein skizzenhafter, stichwortartiger Entwurf oder ein klar umrissener Plan bzw. ein Programm für ein Vorhaben (Duden 2015), z. B. Energiekonzept, Entsorgungskonzept, Sicherheitskonzept etc.
	Plan	Vorstellung von der Art und Weise, in der ein bestimmtes Ziel verfolgt bzw. ein bestimmtes Vorhaben verwirklicht werden soll; Idee oder Vorstellung einer Vorgehensweise. Im Gegensatz zum Konzept ist ein Plan mit einem Vorgehen verbunden, z. B. Projektstrukturplan, Ablaufplan, Kommunikationsplan etc. (Duden 2015).

Tab. 4.3 Beispiel Dokumenttypen

Durch die Betrachtung der Dokumente wird das Abstimmungs- und Kommunikationserfordernis einzelner Akteure deutlich und für die Planung von Kooperationen beachtenswert. So wird etwa ersichtlich, wer mit wem kooperieren sollte, um Informationen für die eigene Arbeit zu erhalten, oder jedoch um sich bewusst zu werden, für welche Stellen die Informationen aus der eigenen Arbeit später im Prozess relevant sind.

4.2.2.4 Prozesse

Nach der Explikation von Chronologie, Dokumenten und Akteuren wurden Referenzprozesse erstellt, die den dokumentenbasierten Informationsaustausch fokussieren. Der CXP-Modellierungssprache entsprechend werden die Prozesse in Form eines Kooperationsszenarios und Choreografiediagramms dargestellt (vgl. hierzu Kapitel 2.3 „Entwicklung und Anwendung der Cooperation Experience-Modellierungsmethode"). Parallel sind die Prozesselemente wie Dokumente und Akteure chronologisch in Excel dokumentiert, um eine beschleunigte Auswertung zu ermöglichen. Es kann beispielsweise sehr schnell über Filterfunktionen festgestellt werden, in welche Prozessen bestimmte Akteure involviert sind oder zu welchem Zeitpunkt bestimmte Dokumente ausgetauscht werden. Es lassen sich zudem weitere Attribute wie beispielsweise inhaltliche Erläuterungen oder Dokumententypen hinterlegen.

Jedes der Prozessmodelle, sei es als Kooperationsszenario, als Choreografiediagramm oder auch als Excel, steht im Interessenkonflikt zwischen möglichst großer Detailgenauigkeit und möglichst praktischer Übersichtlichkeit. In den untersuchten Fällen erfolgt daher eine doppelte Fokussierung:

1. Es werden nur die kooperationsrelevanten Prozessschritte abgebildet; interne Arbeitsgänge werden als bekannt vorausgesetzt. So wird auf einen Prozess „TGA-Plan zeichnen" (interner Vorgang) oder „Plandaten in Software erfassen" (Nebenaktivität) verzichtet, beides ergibt sich implizit durch den visualisierten Prozess „TGA-Plan erstellen".

2. Es wird in der Prozessdarstellung darauf verzichtet, die Schritte abzubilden, die für eine Kooperation ohnehin eindeutig sind und lediglich zu einer Vielzahl weiterer Prozessschritte führen, jedoch keinen inhaltlichen Beitrag leisten. Zum Beispiel wird die Festlegung der Aufgabenstellung zwischen Architekt und TGA-Ingenieur nicht Schritt für Schritt erklärt („Grundlagen zur Aufgabenstellung anfragen", „Grundlagen zur Aufgabenstellung mitteilen", „Aufgabenstellung ausarbeiten"), sondern zusammengefasst: „Aufgabenstellung TGA festlegen".

Die so fokussierten Prozesse werden zunächst als Kooperationsszenario dargestellt. Der erste Schritt hierzu liegt in der Erfassung der Beteiligten. In dem Beispiel der LP04 – Vorplanung kooperieren insgesamt sieben Akteure:

1. Auftraggeber
2. Architekt
3. Fachplaner

4. Facility Manager

5. Generalunternehmer/-übernehmer (GU/GÜ)

6. Projektmanager und

7. TGA-Ingenieure

In diesem Konsortium bildet der Facility Manager die Schnittstelle der Planung zum Betrieb und seine lebenszyklusübergreifende Integration unterstreicht den Gedanken der Integralen Planung.

Das Kooperationsszenario vermittelt einen Überblick darüber, welche Projektbeteiligten welche Informationen bereitstellen und sich über welche Dokumente miteinander austauschen müssen. Wie der Abb. 4.5 zu entnehmen ist, werden die Akteure außen um die entsprechenden Dokumente angeordnet. Im Falle der Vorplanung wird an sechs Dokumentensammlungen gearbeitet, die dem Wertschöpfungsnetzwerk zur Verfügung gestellt werden: Wettbewerbsunterlagen, Planungen der Architektur, der Statik und der Technischen Gebäudeausrüstung (TGA-Konzepte), Unterlagen der Bauausführung und des Betriebs. Die Dokumentensammlungen werden als Zusammenfassungen einzelner Dokumente auf jeweils ein Kooperationsszenario projiziert, wie das Beispiel „TGA-Konzept" zeigt. Innerhalb dieser Dokumentensammlungen finden Kooperationsaktivitäten zu einzelnen Dokumenten statt, wie zum Beispiel die Festlegung der Aufgabenstellung TGA oder der Analyse der Planungsgrundlagen. Diese Dokumente werden zusätzlich in einer Tabelle neben dem Kooperationsszenario gelistet. Die entsprechenden Kooperationsaktivitäten werden von den Akteuren in dieser Darstellung nacheinander ausgeführt, können in der Praxis jedoch auch in der Sequenz variierend oder parallelisiert erbracht werden. Geht der Pfeil von einem Akteur aus, ist dieser der Ersteller des Dokuments und verantwortlich dafür, dass das Dokument den Empfänger (eingehender Pfeil) erreicht.

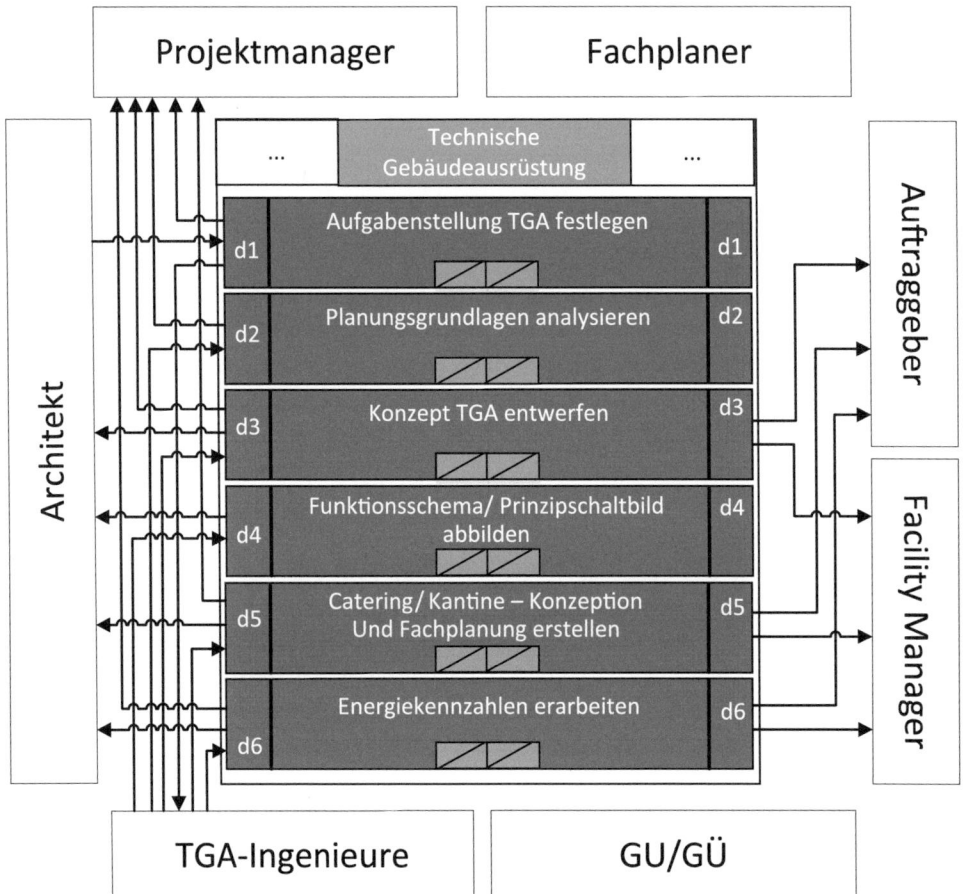

Index	Informationsobjekt
d	**Technische Gebäudeausrüstung (TGA)**
d1	Aufgabenstellung TGA durch Planer
d2	Analyse Planungsgrundlagen, Nutzervorhaben
d3	Konzept TGA
d4	Funktionsschema/ Prinzipschaltbild
d5	Energiekonzept
d6	Energiekennzahlen (Indikation Verbräuche)

Abb. 4.5 Kooperationsszenario Vorplanung – Technische Gebäudeausrüstung

Die Dokumentensammlung „Technische Gebäudeausrüstung" besteht aus insgesamt sechs Dokumenten, sodass das Kooperationsszenario hier nach sechs Aktivitäten abschließt.

Deutlich erkennbar sind im Wesentlichen die TGA-Ingenieure für die Dokumente verantwortlich und kooperieren mit den Akteuren Projektmanager, Architekt und Facility Management. Im ersten Schritt beginnt der Architekt mit dem Festlegen der Aufgabenstellung für die TGA-Ingenieure, die, wie der Projektmanager, die entsprechenden Informationen darüber erhalten. Auf dieser Basis können die TGA-Ingenieure ihre Planungsgrundlagen analysieren und an den Projektmanager weiterreichen. Für die nächste Aktivität „Konzept TGA festlegen" werden neben Architekt und Projektmanager auch der Auftraggeber und der Facility Manager konsultiert bzw. informiert. Das fachspezifische Dokument „Funktionsschemata/ Prinzipschaltbild" leitet der TGA-Ingenieur nur an den Projektmanager weiter, während bei den Aktivitäten „Catering/Kantine Konzept und Fachplanung erstellen" und „Energiekennzahlen erarbeiten" wieder Auftraggeber, Facility Manager, Architekt und Projektmanager involviert sind. Dem Kooperationsszenario ist außerdem zu entnehmen, dass in der gesamten Vorplanung auch weitere Fachplaner sowie der GU/GÜ beteiligt sind.

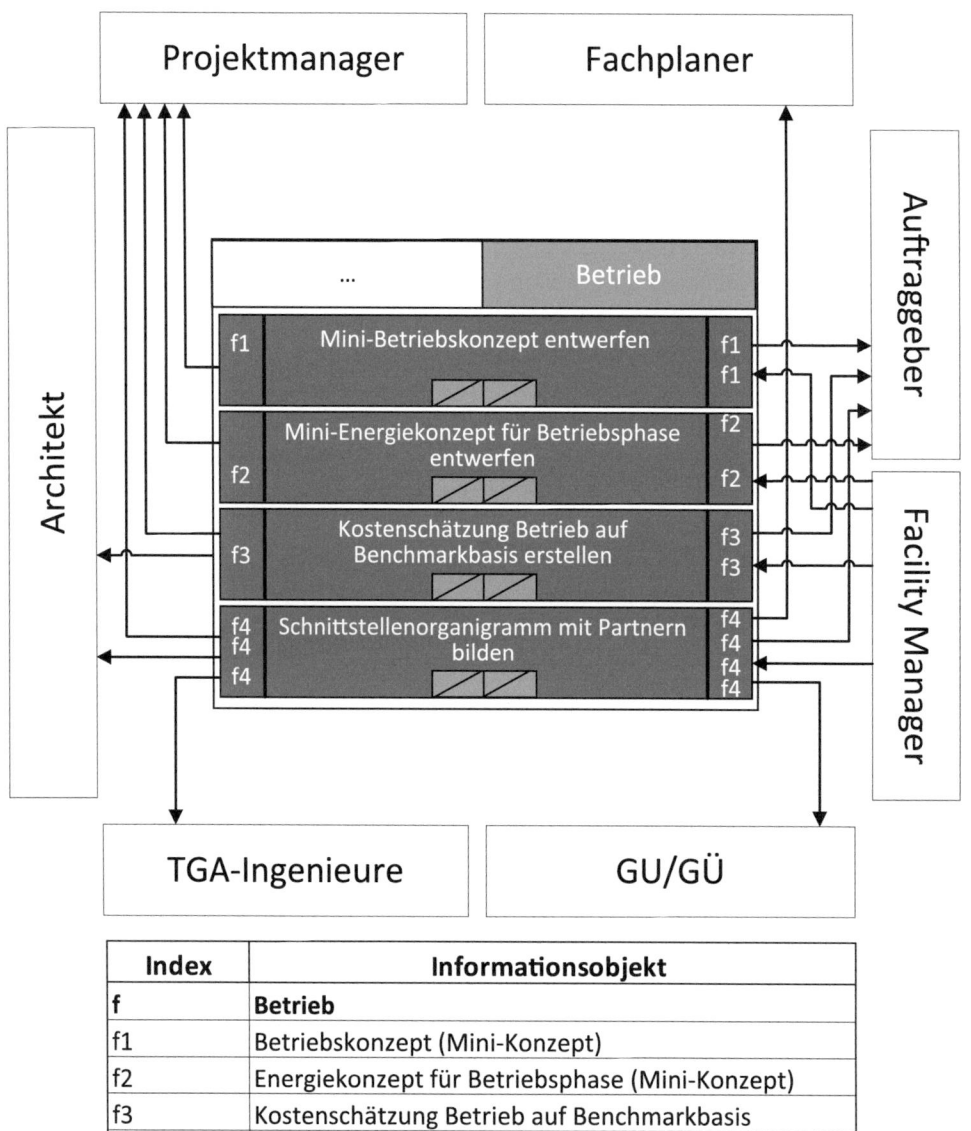

Abb. 4.6 Kooperationsszenario Vorplanung – Betrieb

Im Rahmen der Dokumentensammlung „Betrieb" (vgl. Abb. 4.6) erstellt der Facility Manager betriebsrelevante Konzepte und interagiert insbesondere mit dem Auftraggeber und Projektmanager. In den ersten drei Schritten erarbeitet der Facitilty Manager nacheinander das Betriebskonzept, das Energiekonzept und eine Kostenschätzung des Betriebes auf

Benchmarkbasis. Diese stimmt er mit den Akteuren Architekt, Auftraggeber und Projektmanager ab. Außerdem vereinbart der Facility Manager ein Schnittstellenprogramm mit den Akteuren Architekt, Fachplaner, Auftraggeber, GU/GÜ, TGA-Ingenieure und Projektmanager.

Wie eingangs beschrieben, fokussieren die Kooperationsszenarien den Informationsfluss zwischen den beteiligten Akteuren und bieten eine Übersicht auf einen Blick. In den Choreografiediagrammen hingegen werden die Kooperationsaktivitäten zusätzlich als sequenzieller Prozess dargestellt. Pro Dokumentensammlung liegt bei dieser Modellierung ein sich an den Dokumenten orientierender Prozessstrang vor. Die einzelnen Prozessschritte können auch hier als Bausteine betrachtet werden, die, je nach Projekt, parallel, in anderer Reihenfolge oder gar nicht ablaufen können. Die Anordnung der prozessgestaltenden Elemente „Ersteller", „Sender" und „Dokument" erfolgt in anderer Weise: Oberhalb eines Informationsobjektes ist der Sender (weiß) platziert, während unterhalb in grauer Farbe die Empfänger angeordnet werden. Im Gegensatz zum Kooperationsszenario ergibt sich hier die Möglichkeit, Prozessschleifen aufzunehmen. So weist das Referenzmodell für Bauprojekte typische Schleifen aus, die laut den Fallbeispielen äußerst häufig auftreten. Potenziell können jedoch bei jedem Dokument Schleifen entstehen, sodass es seitens des Erstellers novelliert und dem Netzwerk erneut zugestellt werden muss. In der folgenden Abb. 4.7 sind die oben erläuterten Beispielszenarien als Choreografiediagramme modelliert.

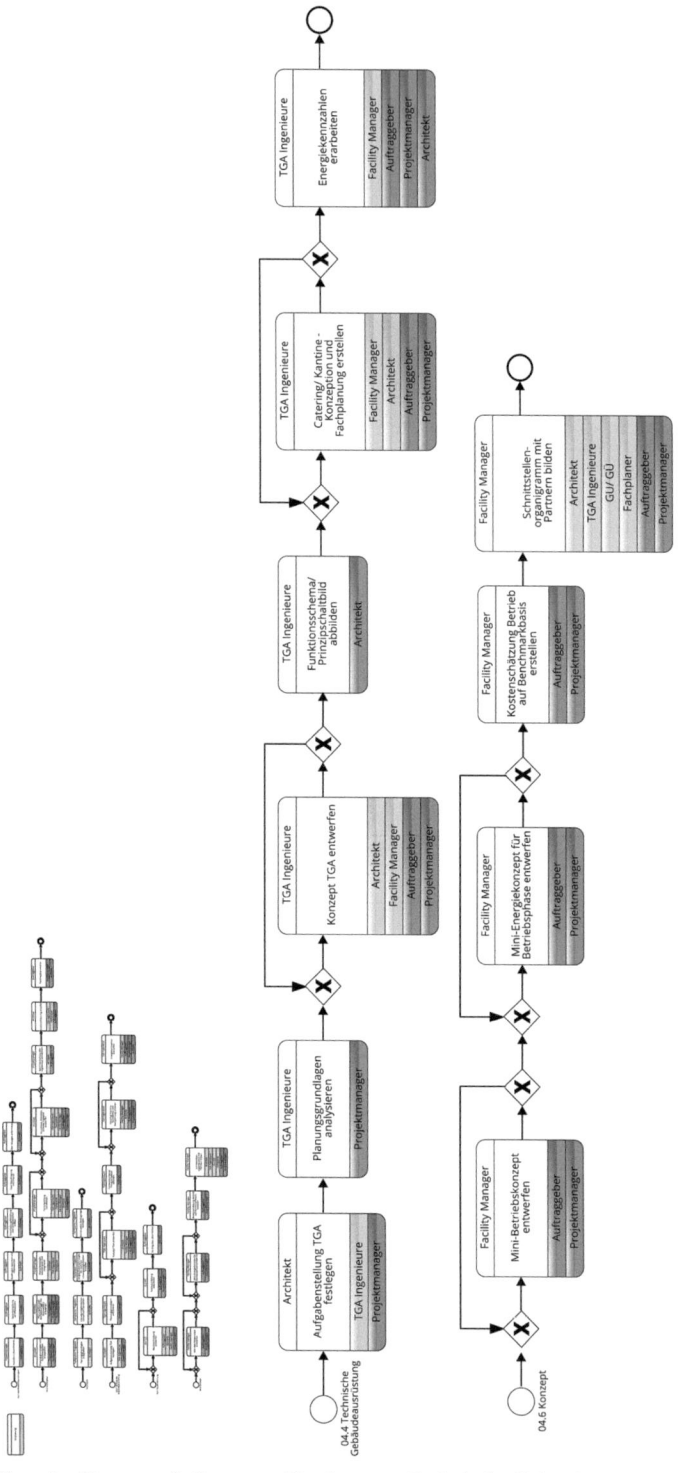

Abb. 4.7 Darstellung im Choreografiediagramm Vorplanung – Technische Gebäudeausrüstung

Analog zu den oben erläuterten Aktivitäten des Kooperationsszenarios ist zum Beispiel auch hier zu erkennen, dass der Architekt die Aufgabenstellung für die TGA festlegt und an die TGA-Ingenieure sowie den Projektmanager weiterleitet. Die analysierten Planungsgrundlagen sendet der TGA-Ingenieur an den Projektmanager. Im dritten Schritt ist eine Schleife abgebildet. Der TGA-Ingenieur legt das TGA-Konzept fest und stimmt es mit den Akteuren Architekt, Facility Manager, Auftraggeber und Projektmanager ab. Seitens der Empfänger werden an diesem Punkt häufig Änderungswünsche oder Anregungen zurückgespiegelt, die der TGA-Ingenieur in seinem Konzept umsetzt und das überarbeitete Dokument erneut an die Beteiligten weiterleitet. Bei weiteren Anmerkungen kann die Schleife auch mehrere Male entstehen.

Die Phase der Vorplanung ist aus Sicht des Bauherrn noch sehr früh für endgültige Entscheidungen, weshalb er sich oftmals noch Lösungsoptionen vorbehalten möchte. Daher gestaltet sich die Festlegung des Leistungssolls in dieser Phase oftmals kritisch und risikoreich, sodass konkrete Planungen für bestimmte Bereiche erschwert werden. So können etwa keine zuverlässigen Aussagen über die zukünftigen Kosten für den Immobilienunterhalt erfolgen, wenn sich der Bauherr erst später in der Lage sieht, über die Art der Bodenbeläge, der Heizverteilung oder Stromversorgung Entscheidungen zu treffen. Für alle kernprozessorientierten Leitdokumente des Referenzmodells sind an den Dokumenten, die häufig aufgrund möglicher Auswirkungen auf Kosten-, Zeit- und Qualitätsänderungen kritisch gewertet werden, entsprechende Schleifen eingezeichnet. Umso wichtiger kann für die Praxis ein mögliches Verständnis des Auftraggebers für die Bauplanungsprozesse gewertet werden. Ein Verstehen der Auswirkungen seiner in diesem Zusammenhang getätigten oder unterlassenen Entscheidungen auf den Prozessverlauf und dem einhergehenden Projekterfolg könnte zu weniger Schleifen und intermittierenden Phasen führen.

4.2.2.5 Übersicht des Referenzmodells

Subsumierend besteht das Referenzmodell aus ca. 600 den kernprozessorientierten Leitdokumenten zugordneten Prozessschritten (wie im obigen Beispiel der Vorplanung ausschnittsweise dargestellt), die in Kooperationsszenarien und Choreografiediagrammen modelliert sind.

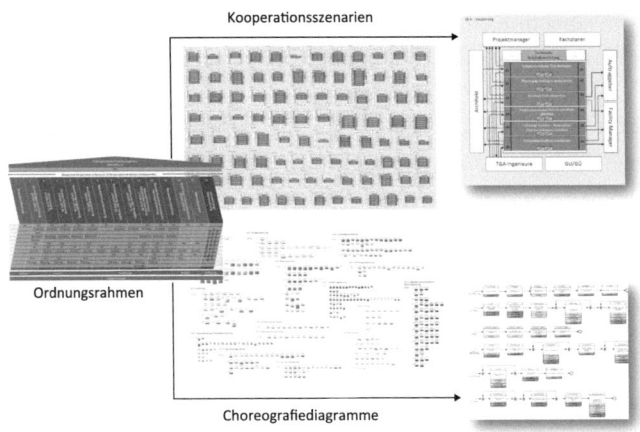

Abb. 4.8 Übersicht Referenzmodell

Neben diesen Darstellungsformen sind die identifizierten Dokumente in einer Excel-Tabelle (vgl. Abb. 4.9) zusammengetragen und mit Informationen zu den Akteuren, zum Inhalt der Dokumente und den Dokumenttypen ergänzt.

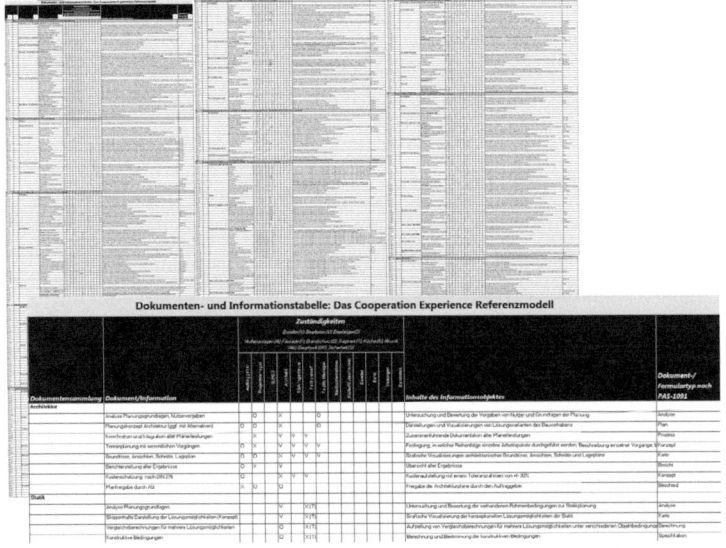

Abb. 4.9 Übersicht Referenzmodell

Retroperspektiv können die gestellten Anforderungen wie folgt an den Lösungsansätzen des Referenzmodells reflektiert werden:

Anforderung	Lösungsansatz
a) Nutzung aus unterschiedlichen Perspektiven und Zuordnung von Verantwortlichkeiten	a) Akteure sind definiert und den einzelnen Informationsobjekten als Sender oder Empfänger zugeordnet.
b) Informationsfluss- und Prozesssicht	b) Informationsflusssicht ist durch Definition von Dokumenten, Sendern und Empfängern in Kooperationsszenarien gelöst; Prozesssicht ist durch Modellierung von Choreografiediagrammen gegeben.
a) Parallelisierung von Prozessen	a) Prozessschritte sind als Bausteine inhaltlich geschlossen und können somit (zeitlich logisch) flexibel in Sequenz und Parallelität gestaltet werden.
b) Flexible Einbindung neuer Akteure	b) Durch Notwendigkeit der Informations- und Dokumentationstätigkeiten ist die Gewährleistung von aktuellem Stand zu jedem Zeitpunkt möglich.
a) Wissens- und Dokumentationscontrolling	a) Informationsobjekte dienen als Checkliste zur vollständigen Projekt- und Gebäudedokumentation zum geforderten Zeitpunkt.
b) Unterstützung im Projektmanagement	b) Transparenz der Kommunikations- und Informationsschnittstellen als Unterstützung für die Koordination der Akteure und Leistungen ist im Modell geschaffen. Außerdem ist ein Abgleich über die Vollständigkeit der Dokumente für die Dokumentation möglich.
a) Umsetzung des lebenszyklusübergreifenden Leitgedankens	a) Integration des Facility Managers als Vertretung der von der Nutzung betroffenen Akteure ist erfolgt.
b) Integration von speziellem Wissen	b) Dokumente aus dem und für den Betrieb sind im Modell in frühen Phasen integriert.

Tab. 4.4 Gegenüberstellung Anforderungen und Lösungsansätze des Referenzmodells

4.2.3 Weiterer Forschungsbedarf und Ausblick – Datenmodell für den Informationsaustausch in der Kooperation als nächster Schritt

Aufgrund der Gesamtkomplexität der auszutauschenden Informationen wurden weitere individuelle Praxisfälle vorerst nicht näher vertieft, hier liegt ein Anknüpfungspunkt für die weitere quantitative Forschung (Heinze 2001). Im Zuge der Informationsobjektdokumentation besteht auch die Möglichkeit zur tiefergehenden Analyse der Daten, die in jedem Dokument enthalten sind. Der Datenbegriff bezieht sich hierbei auf die abstrakte Existenz, d. h. das Vorhandensein einer Angabe wie „Material Bodenbelag". Die konkrete Ausprägung der Daten, z. B. „Parkett Eiche" obliegt dem laufenden Projektmanagement und der Projektdokumentation und ist nicht Gegenstand der CXP-Methode. Was für den einzelnen Experten-Akteur zunächst die Frage aufwirft, warum eine Dokumentation der Daten in CXP sinnvoll ist, wird in der Kooperation ersichtlich. Jeder Experte kennt die Inhalte seiner eigenen Dokumente bestens, nicht jedoch die der übrigen Beteiligten und des Projektmanagements. Für sie ist die Information wertvoll, an welcher Stelle im Projekt eine Information als erstes diskutiert wird, zu welchem Zeitpunkt sie zuerst auftritt und welche Akteure sie später in welchem Kontext benötigen oder weiterverarbeiten. Perspektivisch lässt sich die Information ab ihrem ersten Erscheinen automatisiert weitergeben und verarbeiten. Der so erarbeitete Fluss einzelner Informationen funktioniert bei Änderungswünschen oder Änderungen auch vice versa. Dabei werden alle Betroffenen sicher berücksichtigt. Auch Widersprüche und Konfliktpotenziale für Probleme lassen sich mithilfe des Wissens über Soll-Informationen frühzeitig identifizieren. Im Sinne einer Integralen Planung und Kooperation ist somit auch die Dokumentation vermeintlich offensichtlicher Informationen hilfreich.

Das Referenzmodell dient der inhaltlichen und strukturellen Planung von Informationsaustauschprozessen. Nicht berücksichtigt werden können interkulturelle Aspekte, die in der Praxis jedoch eine wesentliche Rolle für einen effizienten und reibungslosen Kooperationsprozess beim Bau und Betrieb von Gebäuden spielen. Die unterschiedlichen Fachdisziplinen sind in ihrer Kultur und in ihrem Prozessverständnis oftmals unterschiedlich geprägt, was sich in der Kooperation widerspiegelt. Dieser Einfluss auf die Kooperation könnte zum Beispiel mithilfe des Modells nach Deal und Kennedy (2000) untersucht werden, welches unterschiedliche Kulturen und deren Handlungsweisen definiert.

| ! | **Lebenszyklusorientierung** |

- Aufgrund seiner unterschiedlichen Betrachtungsebenen bietet das Modell die Möglichkeit, Akteure jeglicher Disziplin (z. B. Facility Manager) einzubinden und je nach Intention das Werkzeug als Überblick oder Detaillierung von Kooperationen einzusetzen.
- Neben den hier exemplarisch gezeigten Bestandteilen des Referenzmodells für den Bau und Betrieb von Gebäuden existiert ein umfassendes Immobilienreferenzmodell mit ca. 600 dokumentenbasierten Kooperationsaktivtäten.

| ! | **Integrale Planung** |

- Für den individuellen Praxiseinsatz können die einzelnen identifizierten Kooperationsbausteine der Prozesse flexibel sequenziert, parallelisiert oder ergänzt werden.
- Das CXP-Referenzmodell impliziert, je nach Managementanforderung, eine ablauf- oder informationsobjektfokussierende Betrachtung.
- Die Aktivitäten ergeben sich jeweils aus den beteiligten Akteuren, den zwischen ihnen auszutauschenden Dokumenten und den damit verbundenen Aufgaben.

| ! | **Integrale Dokumentation** |

- Verantwortlichkeiten für Informationen und Dokumente werden in den Rollen als Sender und Empfänger definiert.
- Das CXP-Referenzmodell ergänzt bereits bestehende Standards zur Dokumentation im Bau und Betrieb von Gebäuden durch seine Kooperations- und Prozesssicht.

Literatur

Bernhold, T., Nitzsche, F., & Rosenkranz, C. (2007). Ein Ordnungsrahmen für lebenszyklusorientierte Planung im Facility Management. In Bilcher, M. et al. (Hrsg.), Multikonferenz Wirtschaftsinformatik (S. 1625-1636).

Deal, T., & Kennedy, A. (2000). Corporate Cultures: The Rites and Rituals of Corporate Life. 2. Auflage. Perseus Books, USA.

DIN 32736 (2000). Gebäudemanagement. Begriffe und Leistungen. Berlin: Beuth.

DIN 69901-2 (2009). Projektmanagement. Projektmanagementsysteme. Teil 2: Prozesse, Prozessmodell. Berlin: Beuth.

Bibliographisches Institut – Dudenverlag (2015). Konzept. http://www.duden.de/rechtschreibung/Konzept, Abruf 11. Dezember 2015.

Bibliographisches Institut – Dudenverlag (2015). Plan. http://www.duden.de/rechtschreibung/Plan, Abruf 11. Dezember 2015.

GEFMA (2013). GEFMA-Richtlinie 198-1. Dokumentation im Facility Management. Begriffsabgrenzung, Vorgehensweise, Gliederung und Instrumente. Bonn.

GEFMA (2004). GEFMA-Richtlinie 922-1. Dokumente im Facility Management. Bonn.

Girmscheid, G. (2007). Projektabwicklung in der Bauwirtschaft. Wege zur Win-win-Situation für Auftraggeber und Auftragnehmer. 2. Auflage. Berlin, Heidelberg: Springer-Verlag.

Heinze, T. (2001). Qualitative Sozialforschung – Einführung, Methodologie und Forschungspraxis. München: Oldenbourg.

HOAI (2013). HOAI 2013-Textausgabe. Honorarordnung für Architekten und Ingenieure vom 10. Juli 2013. 5. Auflage. Wiesbaden: Springer Fachmedien.

International Facility Management Association (IFMA) (2014). Planungs- und baubegleitendes Facility Management. Praxisleitfaden für die Empfehlung SIA 113. 1. Auflage. Zürich: CRB Schweizerische Zentralstelle für Baurationalisierung.

Koordinationskonferenz der Bau- und Liegenschaftsorgane der öffentlichen Bauherren (KBOB); Interessengemeinschaft privater professioneller Bauherren (IPB) (2013). Bauwerksdokumentation im Hochbau. Dokumentationsmodell BDM13. Zürich.

PAS 1091 (2010). Schnittstellenspezifikationen zur Integration von Sach- und Dienstleistung. Berlin: Beuth.

Vink, P., Imada, A. S., & Zink, K. J. (2008). Defining stakeholder involvement in participatory design processes. Applied Ergonomics (39), 4., 519-526.

Yin R (2014). Case Study Research – Design and Methods. 5. Auflage. Sage: Thousand Oaks.

5 Cooperation Experience-Ansatz in der Anwendung

5.1 Kooperationsvisualisierung in Unternehmen – Ausgangslage, Analyseraster und Hypothesen zu Entwicklungspfaden

Erik Kolek

Die Gestaltung erfolgreicher Unternehmenskooperationen kann durch Kooperationsvisualisierung unterstützt werden. Der Beitrag untersucht die Nutzung bzw. Nutzungspotenziale der Kooperationsvisualisierung in Unternehmen. In einem iterativen Forschungsdesign wurden eine quantitative Studie, eine qualitative Expertenbefragung und eine qualitative Delphi-Studie miteinander verbunden, um erstens die Ausgangssituation der Kooperationsvisualisierung in Unternehmen zu bestimmen, zweitens ein Analyseraster zur Untersuchung der unternehmensspezifischen Ausgangssituation und Nutzungspotenziale zu gestalten und drittens Hypothesen zu Entwicklungspfaden aufzustellen. Die Studie zur Ausgangslage beschreibt die Nutzung und wahrgenommenen Nutzungspotenziale der Kooperationsvisualisierung. Das Analyseraster dient zur systematischen Analyse und umfassenden Beschreibung von Aspekten wie Treiber, Barrieren, Methoden, Chancen oder Risiken der Kooperationsvisualisierung. Diese Aspekte werden anhand des Visualisierungspotenzials, der -erstellung, des -ergebnisses und des -systems differenziert. Die Kooperationsvisualisierung ist auf Pfaden schrittweise entwickelbar. Der Beitrag formuliert Hypothesen zu Entwicklungspfaden, bezogen auf die Schlüsselbereiche Modellierungstechniken, -kompetenzen und -IT-Infrastruktur.

5.1.1 Kooperationsvisualisierung in Unternehmen

In Unternehmenskooperationen arbeiten zwei oder mehr Unternehmen bzw. deren Fachabteilungen und Beschäftigten zur besseren Erfüllung gemeinsam festgelegter Ziele zusammen (in Anlehnung an Aulinger 1997; Bienzeisler, Ganz 2010; Baum 2011; Klein 2014). Unternehmenskooperationen ermöglichen durch die unternehmensübergreifende Integration von Kernkompetenzen, Kunden möglichst komplette Problemlösungen anzubieten. Durch die abgestimmte Zusammenarbeit kann zudem die Ressourceneffizienz erhöht werden.

Um die möglichen Vorteile von Unternehmenskooperationen zu identifizieren und auszuschöpfen, bietet es sich an, den kreativen Prozess der Gestaltung der unternehmensübergreifenden Interaktion durch Kooperationsvisualisierung zu unterstützen. Kooperationsvisualisierungen stellen modellbasierte Repräsentationen von Unternehmenskooperation dar (in Anlehnung an Guerriero et al. 2009; Liu et al. 2011; Prestopnik 2013). Sie dienen der detaillierten Planung, Koordination und Kontrolle von Unternehmenskooperationen und bilden unter anderem die Aufgaben der Beteiligten und deren prozessübergreifende Abhängigkeiten strukturiert ab. Die Komplexität der Kooperation wird durch die modellbasierte Repräsentation für die beteiligten Akteure besser beherrschbar, jedoch nicht unbedingt verringert. Indem die Wertschöpfungspartner gemeinsam am Modell der Kooperation arbeiten, wird das kooperationsweite Verständnis für eine effektive und effiziente Zusammenarbeit gefördert (Prestopnik 2013). Insgesamt kann mit der Kooperationsvisualisierung damit ein wirksamer Beitrag geleistet werden, die Schwierigkeit der organisatorischen Gestaltung von Unternehmenskooperationen zu überwinden (Aulinger 1997).

Den Vorteilen der Kooperationsvisualisierung stehen einige Barrieren gegenüber, welche der Etablierung der Kooperationsvisualisierung in Unternehmen entgegenwirken. In Anlehnung an Befunde zur Prozessmodellierung in Unternehmen kann vermutet werden, dass auch bei der Kooperationsvisualisierung Barrieren zum Tragen kommen, wie z. B. mangelnde strategische Abstimmung, ungenutzte Synergien, Fehlen von qualifizierten modellentwickelnden und modellnutzenden Personen (Rosemann 2006a), mangelnder Realitätsbezug, Fehlen relevanter Details, Fehlen von einfach zu bedienenden Modellierungswerkzeugen, Fehlen ergänzender Methoden, fehlender Fokus in der Modellierung, fehlende Erfahrung in der Modellentwicklung mit neu eingeführten Informationssystemen und fehlende Messung der Modellierungsleistungen (Rosemann 2006b). Andere Ausgangs- und Rahmenbedingungen, welche sich – in Anlehnung an die Befunde zur Prozessmodellierung – vermutlich auch auf die Ergebnisse der Kooperationsvisualisierung auswirken können, sind z. B. die Einfachheit der Zusammenarbeit, Modellierung und Evaluation, Teamarbeit und die Zusammensetzung des Teams, Managementunterstützung, Geschäftsmodell, Kommunikation, Projektmanagement, IT-Systeme in der IT-Infrastruktur für die Modellierung, Veränderungsmanagement, Geschäftsprozessmanagement, Entwicklung, Testen und Fehlerbeseitigung (Recker et al. 2013; Fui-Hoon Nah et al. 2001).

Vor dem Hintergrund dieser gegenläufigen Lösungsbeiträge und Schwierigkeiten ist es das Ziel dieses Beitrags, die Nutzung und die Nutzungspotenziale der Kooperationsvisualisierung genauer zu untersuchen. Damit werden auch die Einsatzbedingungen des Cooperation Experience-Ansatzes genauer beschrieben, ohne die Befunde auf die hier vorgestellten Sprachen, Methoden und Werkzeuge der Kooperationsvisualisierung einzuschränken. Im Detail werden im Folgenden die in Tabelle 5.1 im Überblick zusammengefassten Forschungsfragen behandelt:

- Mittels einer quantitativen Studie wird die Nutzung der Kooperationsvisualisierung in Unternehmen untersucht (F1). Die Ergebnisse der Studie beschreiben die Ausgangslage, auf welche die Einführung fortgeschrittener Ansätze zur Kooperationsvisualisierung wie insbesondere der Cooperation Experience-Ansatz aktuell trifft. In Anlehnung an Befunde zur Prozessmodellierung (Bandara et al. 2006) wird untersucht, welche Nutzungseffekte, -barrieren, -anforderungen und -varianten heute vorherrschen. Beispielsweise kann vermutet werden, dass Kooperationsvisualisierungen für die Dokumentation, die Optimierung und das Controlling verwendet werden. In Anlehnung an Prozessmodellierungsprojekte (Sedera et al. 2002) kann angenommen werden, dass Kooperationsvisualisierungsprojekte als effektiv und effizient angesehen werden, wenn diese die Projektziele erreichen und die dafür geplanten Projektressourcen einhalten.

- Mittels einer qualitativen Expertenbefragung wird untersucht, welche Aspekte berücksichtigt werden sollten, um das Visualisierungspotenzial für Kooperationen systematisch und umfassend zu analysieren (F2). Den Schwerpunkt dieser Analyse bildet die Konstruktion eines Analyserasters, das in der Unternehmenspraxis Projekte mit dem Ziel der Etablierung von Kooperationsvisualisierung dabei unterstützt, die unternehmensspezifische Ausgangslage und Entwicklungsperspektive systematisch und umfassend zu beschreiben. Die durch das Analyseraster unterstützte Reflexion erleichtert die Planung und Priorisierung von Maßnahmen zur Einführung der Kooperationsvisualisierung und unterstützt damit die Praxis darin, die Bedeutung des Cooperation Experience-Ansatzes bzw. allgemein der Kooperationsvisualisierung zu erschließen. Kooperationsvisualisierungsprojekte werden häufig mit den verschiedensten Situationen konfrontiert. Daher bietet jede Kooperationssituation unterschiedliche Ausgangsbedingungen für erfolgreiche Kooperationsvisualisierung. Das Analyseraster soll diesen Besonderheiten gerecht werden. Während Prozessmodellierungsprojekte fundiert erforscht sind (Rosemann et al. 2001; Sedera et al. 2002; Gable et al. 2003; Sedera et al. 2003; Sedera et al. 2004; Bandara et al. 2005; Bandara et al. 2006; Gable et al. 2008; Mans et al. 2013), liegen ähnliche Ergebnisse speziell für die Kooperationsvisualisierung bisher nur unzureichend vor.

- Mittels einer qualitativen Delphi-Studie wird der Versuch unternommen, erste Hypothesen zu Entwicklungspfaden der Kooperationsvisualisierung in Unternehmen aufzustellen (F3). Die vielfältigen Barrieren, Ausgangs- und Rahmenbedingungen sowie kritischen Einflüsse, die im Zusammenhang mit der Bearbeitung der Forschungsfragen F1 und F2 identifiziert wurden, weisen darauf hin, dass für die Kooperationsvisualisierung in Unternehmen Entwicklungspfade eine hohe Relevanz besitzen. Die schrittweise Entwicklung der Kooperationsvisualisierung in verschiedenen relevanten Schlüsselbereichen wird in Reifegraden beschrieben. Diese Reifegrade bilden die Grundlage für die Konstruktion umfassender Reifegradmodelle. Reifegradmodelle wurden bereits für unterschiedliche Einsatzbereiche wie z. B. Business Intelligence (Chamoni und Gluchowski 2004), Informationsmodellierung (Kahl 2009) und Software-Entwicklung (Paulk et al. 1995), entwickelt. Die im Folgenden formulierten Hypothesen bilden einen ersten Beitrag für die Entwicklung und Evaluation eines Reifegradmodells für die Kooperationsvisualisierung. In weiterführenden Arbeiten sollten diese Hypothesen empirisch evaluiert und um weitere Schlüsselbereiche ergänzt werden. Der Entwicklung eines derartigen Reifegradmodells erscheint von praktischer Bedeutung, weil die Etablierung der Kooperationsvisualisierung in Unternehmen die Planung einer schrittweisen Vorgehensweise erfordert. Zur vollen Entfaltung des Unterstützungspotenzials der Kooperationsvisualisierung und damit auch des Cooperation Experience-Ansatzes in Unternehmen ist es daher notwendig, Hypothesen zu sinnvollen Entwicklungspfaden zu bilden. Ein Reifegradmodell stellt Ausgangsüberlegungen zu initialen bis hin zu optimalen Situationen, mit denen Unternehmen konfrontiert sein können, sowie zu notwendigen Entwicklungsschritten zwischen den unterschiedenen Situationen zur Verfügung und erleichtert damit die Planung zur Etablierung der Kooperationsvisualisierung.

Forschungsfrage	Forschungsmethode	Forschungsergebnis
F1: Wie wird Kooperationsvisualisierung in Unternehmen aktuell eingesetzt und welche Einsatzpotenziale werden mit der Kooperationsvisualisierung verbunden?	Quantitative Studie im Rahmen des in Abschnitt 5.1.2 vorgestellten Forschungsdesigns	Statistische Beschreibung der Ausgangslage der Kooperationsvisualisierung in Unternehmen
F2: Anhand welcher Aspekte lassen sich der Einsatz bzw. das Einsatzpotenzial von Kooperationsvisualisierung in Unternehmen systematisch und umfassend analysieren?	Qualitative Expertenbefragung im Rahmen des in Abschnitt 5.1.2 vorgestellten Forschungsdesigns	Analyseraster zur Kooperationsvisualisierung in Unternehmen
F3: Wie lässt sich die schrittweise Einführung bzw. Etablierung von Kooperationsvisualisierung in Unternehmen idealtypisch beschreiben?	Qualitative Delphi-Studie im Rahmen des in Abschnitt 5.1.2 vorgestellten Forschungsdesigns	Hypothesen zu Entwicklungspfaden der Kooperationsvisualisierung in Unternehmen

Tab. 5.1 Forschungsfragen, -methoden und -ergebnisse der empirischen Analyse

5.1.2 Überblick über den Forschungsprozess

Die Ausgangslage, Gestaltung eines Analyserasters und Hypothesen zu Entwicklungspfaden der Kooperationsvisualisierung in Unternehmen repräsentieren die Ergebnisse der Abschnitte 5.1.3 bis 5.1.5. Bei der Ausgangslage handelt es sich um eine statistische Beschreibung der Nutzung und Nutzungspotenziale der Kooperationsvisualisierung in Unternehmen. Es werden verschiedene Nutzungseffekte, -barrieren, -anforderungen und -varianten auf deren Geltung in Unternehmen hin untersucht und beschrieben. Das Analyseraster soll die Visualisierung von Kooperationen für die beteiligten Akteure erleichtern. Das Analyseraster soll sowohl die Ist-Situation als auch Soll-Situation der *Kooperationsvisualisierung in Unternehmen* darstellen können. Die Planung, Koordination und Kontrolle von Kooperationen sowie die schrittweise Entwicklung der Kooperationsvisualisierung in Unternehmen wird dadurch verbessert. Diese schrittweise Entwicklung wird anhand von Hypothesen zu Entwicklungspfaden innerhalb der jeweiligen Schlüsselbereiche beschrieben. Die drei separat untersuchten Schlüsselbereiche zur Etablierung der Kooperationsvisualisierung in Unternehmen sind Modellierungstechniken, -kompetenzen und -IT-Infrastruktur.

Die Gewinnung dieser Ergebnisse erfordert die koordinierte Anwendung einer gemischten Forschungsmethode, bestehend aus quantitativen und qualitativen Ansätzen. Daher wurde ein Forschungsdesign zur Realisierung der quantitativen Studie, qualitativen Expertenbefragung und Delphi-Studie (vgl. Abb. 5.1) entwickelt, das vier *Forschungsstufen* und drei *Forschungsphasen* systematisch umfasst und beschreibt sowie eine Übersicht über das Forschungsdesign ermöglicht (in Anlehnung an Sells et al 1995; Sale et al. 2002; Sein et al. 2011; Lebek et al. 2013).

Um die *Stufe 1: Problemformulierung und Forschungsfragen (Abschnitt 5.1.1)* durchzuführen bzw. beantworten zu können, musste ein iterativer Forschungsansatz, bestehend aus *qualitativer Forschung* sowie *quantitativer Forschung,* ausgewählt und durchgeführt werden, da es sich bei der *Theorie und Praxis* im Bereich der *Kooperationsvisualisierung in Unternehmen* um einen wenig empirisch erforschten Teilbereich der Unternehmensmodellierung handelt.

In *Stufe 2: Konstruktion, Intervention und Evaluation* erfolgt die Anwendung der Forschungsmethoden in drei Phasen, wodurch die *Forschungsergebnisse (Abschnitt 5.1.6)* entstehen, die im letzten Abschnitt diskutiert werden.

In *Phase 1 (Abschnitt 5.1.3)* wird die *angewandte Methode* zur Beschreibung der empirischen *Ausgangslage* der Kooperationsvisualisierung in Unternehmen durch eine *quantitative Studie* repräsentiert, die konzipiert und durchgeführt wurde. Die Messung der Zustimmung und Häufigkeit erfolgte mithilfe eines *standardisierten Fragebogens*, welcher siebenstufige Likert-Skalen für diesen Zweck enthielt (Kopp und Lois 2012). Die Beantwortung der F1 hinsichtlich der *Ausgangslage der Kooperationsvisualisierung in Unternehmen* soll dazu dienen, Implikationen über die *Gestaltung eines Analyserasters* zu gewinnen sowie *Hypothesen zu Entwicklungspfaden* der Kooperationsvisualisierung in Unternehmen zu bilden.

In *Phase 2 (Abschnitt 5.1.4)* ist die *angewandte Methode* zur *Gestaltung eines Analyserasters* zur *Kooperationsvisualisierung in Unternehmen* repräsentiert durch *qualitative Experteninterviews*, deren Daten mithilfe von *Grounded Theory-Prozeduren* (Glaser 2007) analysiert werden, um das Ziel der *Analyseraster-Gestaltung* zu erreichen. Das *Analyseraster* stellt einen Bezugsrahmen zur *Kooperationsvisualisierung in Unternehmen* dar. Dieses realitätskonforme Raster soll den Gegenstandsbezug der sonst abstrakt wahrgenommenen *Kooperationsvisualisierung in Unternehmen* erhöhen, indem konkrete Beschreibungen sowohl zur Einschätzung einer Ist-Situation als auch zur Planung einer Soll-Situation herangezogen werden können.

In *Phase 3 (Abschnitt 5.1.5)* ist zur Bildung von weiteren *Hypothesen zu Entwicklungspfaden* und weiteren Formalisierung des *Analyserasters* zur *Kooperationsvisualisierung in Unternehmen* die *angewandte Methode* eine *qualitative Delphi-Studie*, deren Daten mithilfe eines *Stage-Ansatzes (z. B. Rangfolgen)* ausgewertet werden, um das Ziel der *Hypothesenbildung* zu bewirken. Hier sollen lediglich einzelne Bereiche des *Analyserasters* betrachtet werden, um für die *Theorie und Praxis* aufzuzeigen, wie das Analyseraster funktioniert und erweitert werden kann.

Die *Forschungsergebnisse (Abschnitt 5.1.6)* beziehen sich auf Erkenntnisse für die *Theorie und Praxis* der *Kooperationsvisualisierung in Unternehmen*. Durch den ausgewählten und durchgeführten iterativen Forschungsansatz, bestehend aus *qualitativer Forschung* sowie *quantitativer Forschung*, wurden die empirische *Ausgangslage* beschrieben, ein *Analyseraster* gestaltet und *Hypothesen zu Entwicklungspfaden der Kooperationsvisualisierung in Unternehmen* gebildet. Zusätzlich wurde aufgrund der *angewandten Methoden* eine gemischte *Methode für die Beschreibung der Ausgangslage, Gestaltung eines Analyserasters und zur Bildung von Hypothesen zu Entwicklungspfaden der Kooperationsvisualisierung in Unternehmen* entwickelt und aufgezeigt.

Der iterative Charakter des gewählten und realisierten Forschungsansatzes wird besonders durch die *Stufe 3: Reflexion und Lernen* sowie *Stufe 4: Formalisierung des Erlernten* nachvollziehbar. Hier findet stets eine Anpassung der vorangegangen *Forschungsergebnisse (Abschnitt 5.1.6)* in den jeweiligen *Phasen 1 bis 3* statt, indem z. B. neu hinzukommende Erkenntnisse in das *Analyseraster zur Kooperationsvisualisierung in Unternehmen* eingeordnet und neu interpretiert werden. Die Inhalte des *Analyserasters (Phasen 1 bis 3)* stammen demnach zum einen aus den Ergebnissen der *angewandten* empirischen *Methoden* (*Quantitative Studie, Qualitative Experteninterviews, Qualitative Delphi-Studie*) und zum anderen durch die phasenweise *Reflexion und das phasenweise Lernen (Stufe 3)* sowie durch die *Formalisierung des Erlernten (Stufe 4)*.

Insbesondere werden hierdurch für die *Theorie und Praxis* in *Stufe 4* durch die *Formalisierung des Erlernten* die *Forschungsergebnisse (Abschnitt 5.1.6)* greifbarer, da durch die beschriebenen Analysemöglichkeiten im Raster der iterative Forschungsansatz erkennbar ist und dazu führt, dass aufgrund der *gemischten Methode für die Beschreibung der Ausgangslage, Gestaltung eines Analyserasters und zur Bildung von Hypothesen zu Entwicklungspfaden der Kooperationsvisualisierung in Unternehmen* stets eine Rigorosität und Relevanz der *Forschungsergebnisse (Abschnitt 5.1.6)* für die *Theorie und Praxis* erhalten bleibt.

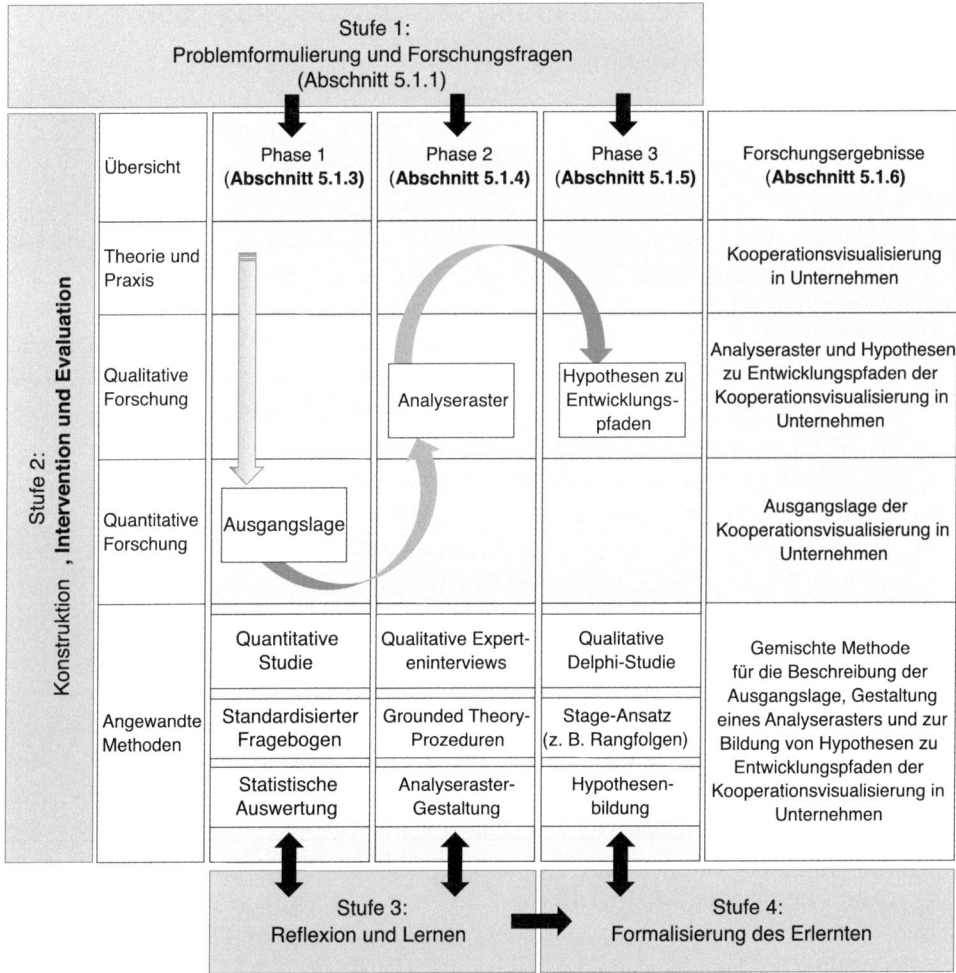

Abb. 5.1 Forschungsdesign zur Realisierung der quantitativen Studie, qualitativen Expertenbefragung und Delphi-Studie (in Anlehnung an Sells et al. 1995; Sale et al. 2002; Sein et al. 2011; Lebek et al. 2013)

5.1.3 Studie zur Beschreibung der Ausgangslage der Kooperationsvisualisierung in Unternehmen

5.1.3.1 Quantitative Studie und standardisierter Fragebogen

Bei dieser quantitativen Studie handelt es sich um eine mengenmäßige Querschnittsuntersuchung mit mengenmäßiger Ausprägung und einer zugrunde gelegten verhaltenswissenschaftlichen Denkweise (Wilde, Hess 2007).

Im Rahmen der Visualisierungspotenzialanalyse an der Stiftung Universität Hildesheim im Forschungsprojekt Cooperation Experience wurde eine repräsentative quantitative Studie in drei Schritten durchgeführt, die die Nutzung der Kooperationsvisualisierung in Unternehmen aus verschiedenen Branchen und Disziplinen untersucht. Die Ergebnisse der empirischen Studie werden nach deren statistischen Auswertung als Ausgangslage der Kooperationsvisualisierung in Unternehmen in Abschnitt 5.1.3.2 beschrieben.

Der erste Schritt dient dem qualitativen Pretest des Studiendesigns. In einer ersten Iteration wurde der qualitative Pretest mit vier erfahrenen Projektmanagern durchgeführt. Darunter befanden sich zwei männliche und zwei weibliche Projektmanager. Das Durchschnittsalter der Projektmanager beträgt 34 Jahre. Diese Manager arbeiten in der IT-Branche (50 %) und Energieversorgung (50 %). Die *Thinking Aloud-Methode* nach Nielsen und Mack (1994) wurde in einem separaten und ruhigen Raum angewendet, um das Nutzungsverhalten der Projektmanager versprachlichen zu können. Die Aufgabe der Projektmanager war es, den Fragebogen in Papierform auszufüllen und dabei laut ihre Gedanken zu den einzelnen Fragen, Inhalten und Problemstellen auszusprechen. Währenddessen wurden Notizen von den laut ausgesprochenen Gedanken erstellt. Es fand eine Nachbesprechung der problematischen Aspekte des Fragebogens statt, nachdem die Pretest-Teilnehmenden das Ausfüllen des Fragebogens beendet hatten. Leider gestattete keiner der Pretest-Teilnehmenden eine Tonaufnahme des qualitativen Pretests, daher war auch keine Transkription der getroffenen Aussagen über den Fragebogen für dessen Verbesserung möglich. Stattdessen wurde in einer weiteren Iteration ein zweiter qualitativer Pretest mit einem männlichen und erfahrenen Projektmanager realisiert, um die durchgeführten Änderungen des Fragebogens nochmals zu überprüfen.

Der zweite Schritt dient dem quantitativen Pretest des Studiendesigns. Nach der Überarbeitung des erstellten Fragebogens wurde dieser in einem Werkzeug für die Durchführung von Online-Befragungen integriert (Brake, Weber 2009). Die 32 Teilnehmenden des quantitativen Pretests als auch die 1.210 Teilnehmenden der darauf durchgeführten quantitativen Studie wurden über verschiedene Online-Panelanbieter selektiert, angefragt und zur Online-Befragung eingeladen.

Der dritte Schritt besteht aus der Durchführung der Studie. Die Studie wurde online im Dezember 2015 durchgeführt. Dabei wurde der Fragebogen unverändert aus dem quantitativen Pretest genutzt, da die Ergebnisse des quantitativen Pretests eine sehr hohe Datenqualität, gemessen an verschiedenen Gütekriterien wie Cronbachs Alpha (Cronbach 1951), aufwiesen und die Befragungsdauer von durchschnittlich 15 Minuten eingehalten wurde. Insgesamt haben 1.210 Manager den Fragebogen online vollständig ausgefüllt. Alle vollständig ausgefüllten Fragebogen werden für die Datenanalyse herangezogen.

Die Grundgesamtheit der quantitativen Studie setzt sich aus allen Managern zwischen 18 und 65 Jahren zusammen, die in Unternehmen mit dem Hauptsitz in Deutschland aus verschiedenen Branchen im Jahr 2015 auf der unteren, mittleren und obersten Managementebene beschäftigt sind. Die folgenden Branchen wurden in der Grundgesamtheit berücksichtigt: Gesundheits- und Sozialwesen, Handel, IT und Telekommunikation, Herstellung und Verarbeitung von Waren, Finanz- und Versicherungsdienstleistungen, Maschinen- und Anlagenbau, Betrieb und Bau von Gebäuden, Energieversorgung, Grundstücks- und Wohnungswesen sowie Wartung und Reparatur von Kraftfahrzeugen. Darauf aufbauend erfolgte die Auswahl der Zielgruppe bzw. Teilnehmer der quantitativen Studie nach Alter, Land, Bundesland, Branche und beruflicher Stellung. Hierdurch wurde ein repräsentativer Querschnitt durch die wichtigsten Branchen in Deutschland erreicht.

Die Ergebnisse, bezogen auf die Stichprobe (n = 1.210) der durchgeführten quantitativen Studie, werden im Rahmen der Datenanalyse mithilfe von statistischen Schätzern in der Stichprobenverteilung wie Quartilen ausgewertet und mit Boxplots dargestellt (Brake 2009). Die Boxplot-Darstellung wurde gruppiert pro Faktor. Dabei wurden die analysierten Daten differenziert nach den tatsächlichen Nutzern, potenziellen Nutzern der Kooperationsvisualisierung und es erfolgte eine Gesamtbetrachtung der Daten. Die Berechnung der Quartile erfolgte auf Basis der erhobenen Daten mit der Software Minitab 17 (Minitab Inc. 2016).

Unter allen 1.210 teilnehmenden Managern befanden sich 432 tatsächliche Nutzer der Kooperationsvisualisierung und 778 potenzielle Nutzer der Kooperationsvisualisierung. Für die potenziellen Nutzer der Kooperationsvisualisierung wurde der Fragebogen im Konjunktiv anstatt, wie für die tatsächlichen Nutzer der Kooperationsvisualisierung, im Indikativ formuliert, damit diese ebenfalls mit in die quantitative Studie aufgenommen werden und ihre Einschätzung hinsichtlich der Nutzung der Kooperationsvisualisierung in Unternehmen beitragen konnten. Zusätzlich erfolgte eine Abfrage weiterer soziodemografischer Daten wie Geschlecht, Berufserfahrung, Aufgabenbereiche, Anzahl der Beschäftigen und Umsatz.

Die Manager wurden gefragt, ob sie aktuell, früher oder noch nie in einer Unternehmenskooperation arbeiten bzw. gearbeitet haben. Darauf folgte die Frage, ob sie aktuell, früher oder noch nie Kooperationsvisualisierungen nutzen bzw. genutzt haben. Manager die in einer Unternehmenskooperation aktuell arbeiten oder früher arbeiteten sowie aktuell als auch früher Kooperationsvisualisierungen nutzen bzw. genutzt haben, wurden als *tatsächliche Nutzer der Kooperationsvisualisierung* betrachtet. Dagegen stellen die *potenziellen Nutzer der Kooperationsvisualisierung* sowohl Manager dar, die in einer Unternehmenskooperation arbeiten, jedoch noch nie Kooperationsvisualisierungen genutzt haben, als auch Manager, die noch nie einer Unternehmenskooperation gearbeitet haben, jedoch für die Zusammenarbeit mit (einem) anderen Unternehmen die Kooperationsvisualisierung nutzen würden. Diejenigen Manager, die noch nie in einer Unternehmenskooperation gearbeitet haben und für die Zusammenarbeit mit (einem) anderen Unternehmen die Kooperationsvisualisierung nicht nutzen würden, können als reine Nicht-Nutzer der Kooperationsvisualisierung gelten. Diese Nutzergruppe wurde ebenfalls den potenziellen Nutzern der Kooperationsvisualisierung zugeordnet, da diese prinzipiell zukünftig in einer Unternehmenskooperation arbeiten und sich für die Nutzung der Kooperationsvisualisierung entscheiden können.

Die Messung der Zustimmung zu den einzelnen Hypothesen über die Nutzungseffekte, -barrieren und -anforderungen erfolgte über eine siebenstufige Likert-Skala (1 = stimme überhaupt nicht zu; 4 = neutral; 7 = stimme voll und ganz zu) (Kopp, Lois 2012). Die Messung der Häufigkeit der Nutzungsvarianten der Kooperationsvisualisierung in Unternehmen erfolgte ebenfalls über eine siebenstufige Likert-Skala (1 = nie; 7 = sehr häufig) (Kopp, Lois 2012). Die zu überprüfenden Hypothesen wurden in den Fragebogen aufgenommen und durch die Manager hinsichtlich der Zustimmung oder Häufigkeit beurteilt. Es bestehen weitere Nutzungsfaktoren der Kooperationsvisualisierung in Unternehmen. Diese wurden offen abgefragt und aufgrund ihrer hohen Vielfalt nicht in die Datenanalyse aufgenommen.

5.1.3.2 Statistische Auswertung der empirischen Ausgangslage der Kooperationsvisualisierung in Unternehmen

Nutzer der Kooperationsvisualisierung in Unternehmen

Die Nutzer unterscheiden sich in ihren soziodemografischen Eigenschaften *Managementebenen* und *Aufgabenbereiche*. Es folgt eine differenzierte Betrachtung der *tatsächlichen Nutzer der Kooperationsvisualisierung* (Stichprobe n = 432), *potenziellen Nutzer der Kooperationsvisualisierung* (Stichprobe n = 778) und eine *Gesamtbetrachtung* (Stichprobe n = 1.210) nach den soziodemografischen Eigenschaften *Managementebene* und *Aufgabenbereiche*.

Die berufliche Stellung wurde in Bezug auf die drei *Managementebenen* abgefragt: *Untere Managementebene* (z. B. Gruppenleitung, Beschäftigte mit Planungs-, Organisations-, Steuerungs-, Koordinations-, Projektaufgaben), *mittlere Managementebene* (z. B. Abteilungs-, Bereichs-, Betriebs-, Projektleitung) und *oberste Managementebene* (z B. Geschäftsführung, Vorstand, Präsidium, Prokura). Die anderen beruflichen Stellungen (ohne Managementaufgaben, wie oben aufgeführt) wurden von dieser quantitativen Studie ausgeschlossen, da eine Betrachtung der drei *Managementebenen* (untere, mittlere, oberste) im Vordergrund steht.

Aufgrund der Verteilungen in den Daten ist ein deutlicher Schwerpunkt bei den *tatsächlichen Nutzern der Kooperationsvisualisierung* auf der *mittleren Managementebene* (54 %) erkennbar. *Potenzielle Nutzer der Kooperationsvisualisierung* sind dagegen vermehrt auf der *unteren Managementebene* (40 %) vertreten. Im Vergleich mit der *Gesamtbetrachtung* fällt auf, dass die *oberste Managementebene* (23 %) die Kooperationsvisualisierung tatsächlich nutzt (20 %) bzw. potenziell nutzen (25 %) würde.

Aufgrund dieser statischen Betrachtung der Ausgangslage der Kooperationsvisualisierung in Unternehmen kann angenommen werden, dass für Manager auf der mittleren Ebene die Kooperationsvisualisierung einen höheren Stellenwert hat als für die Geschäftsführung auf der obersten Ebene. Die Kooperationsvisualisierung wird auf der mittleren Managementebene zur Verbesserung der Effizienz von Kooperationen tatsächlich genutzt, da die Kooperation im bzw. mit (einem) anderen Unternehmen nicht ohne die Beteiligung der mittleren

Managementebene als Planungs-, Steuerungs- und Kontrollinstitution effektiv ablaufen kann. Viele potenzielle Nutzer der Kooperationsvisualisierung in Unternehmen finden sich sowohl auf der untersten als auch auf der obersten Managementebene.

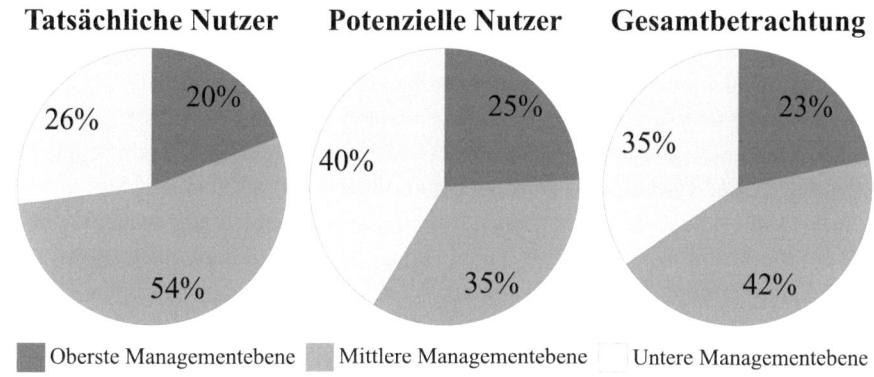

Abb. 5.2 Managementebenen

Die Aufgabenbereiche der Manager in den Unternehmen sind in der nachfolgenden Tabelle aufgeführt und mit Beispielen hinterlegt. Andere Aufgabenbereiche wurden aus zeitlichen Gründen hinsichtlich der Gesamtumfragedauer von 15 Minuten nicht offen abgefragt.

Aufgabenbereich	Beispiele
Geschäftsleitung	Management von Unternehmen, Betrieben
IT	Informations-, Kommunikationstechnik, Informatik, EDV
Vertrieb	Verkauf von Produkten, Dienstleistungen
Projektmanagement	Projektleitung, -durchführung
Personal	Aus- und Weiterbildung, Sozialwesen, Verwaltung, Organisation
Produktion	Fertigung, Wartung, Instandhaltung
Einkauf	Beschaffung
Rechnungswesen	Finanzen, Buchhaltung
Produktmanagement	Planung, Steuerung und Kontrolle von Produkten
Controlling	Konzern-, Unternehmens-, Abteilungscontrolling
Forschung und Entwicklung (F&E)	Konstruktion
Marketing	Preisgestaltung, Werbung, Public Relation
Prozessmanagement	Geschäftsprozessgestaltung, -dokumentation
Logistik	Lagerhaltung, Materialwirtschaft, Transport

Tab. 5.2 Aufgabenbereiche und Beispiele

Die Aufgabenbereiche der tatsächlichen Nutzer der Kooperationsvisualisierung, potenziellen Nutzer der Kooperationsvisualisierung und Nutzer in der Gesamtbetrachtung sind wie in der Abb. 5.3 aufgeteilt. Abweichungen zwischen den Nutzern sind so leichter beurteilbar. Ausgehend von der Gesamtbetrachtung sind die wichtigsten Aufgabenbereiche der Nutzer Geschäftsleitung (22 %), IT (11 %), Vertrieb (11 %), Projektmanagement (8 %) und Personal (7 %). Bei den tatsächlichen Nutzern der Kooperationsvisualisierung sind folgende Schwerpunkte auf die folgenden Aufgabenbereiche vorhanden: Geschäftsleitung (22 %), Einkauf (18 %), Marketing (9 %), IT (7 %), Rechnungswesen (7 %) und F&E (6 %). Potenzielle Nutzer der Kooperationsvisualisierung vertreten dagegen folgende Aufgabebereiche: Geschäftsleitung (22 %), (Forschung und Entwicklung) F&E (13 %), Einkauf (8 %), Marketing (8 %) und Rechnungswesen (7 %). Gegenüber der Gesamtbetrachtung ist hervorzuheben, dass die Kooperationsvisualisierung in Unternehmen tatsächlich auch im Einkauf, Marketing, Rechnungswesen und F&E genutzt wird und in diesen Aufgabenbereichen die Kooperationsvisualisierung ebenfalls potenziell genutzt werden würde. Der Aufgabenbereich mit dem größten Einfluss auf die Nutzung der Kooperationsvisualisierung in Unternehmen stellt die Geschäftsleitung dar. Vertrieb, Projektmanagement und Personal spielen in der differenzierten Betrachtung der Nutzer eine untergeordnete Rolle.

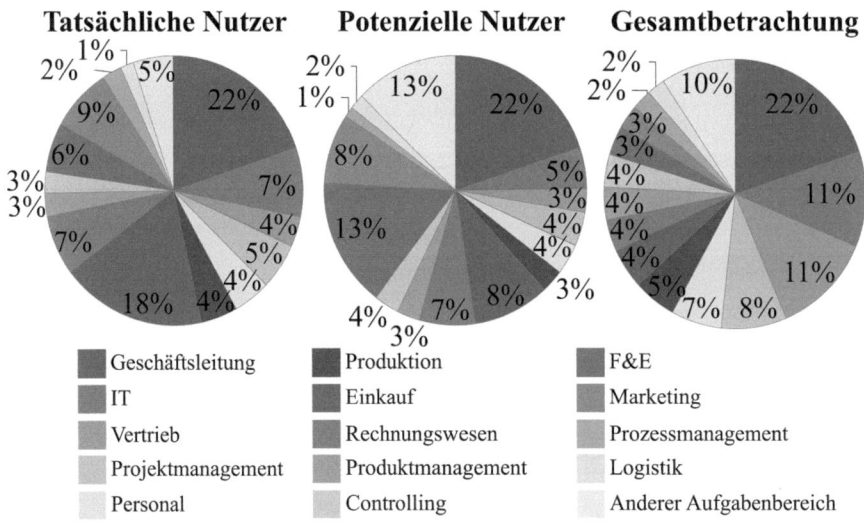

Abb. 5.3 Aufgabenbereiche

Nutzung der Kooperationsvisualisierung in Unternehmen

Die Ergebnisse der quantitativen Studie wurden in das in Abschnitt 5.1.4 entwickelte *Analyseraster zur Kooperationsvisualisierung in Unternehmen* eingeordnet (vgl. Abb. 5.4, Abb. 5.9 und 5.10).

Das Analyseraster besteht aus den Treibern, Barrieren, Methoden, Chancen und Risiken, welche den vier Dimensionen der Kooperationsvisualisierungserstellung gegenübergestellt sind. Die vier Dimensionen sind: Visualisierungspotenzial, Visualisierungserstellung, Visualisierungsergebnis (in Anlehnung an Kleinaltenkamp 1997; Kleinaltenkamp et al. 2008) sowie Visualisierungssysteme, welche den Prozess der Kooperationsvisualisierungserstellung unterstützen und vervollständigen.

Da sich die quantitativen Studienergebnisse auf die Kooperationsvisualisierung als *Visualisierungsergebnis* aus der Sicht der *tatsächlichen Nutzer der Kooperationsvisualisierung* und gleichzeitig als *Visualisierungspotenzial* aus der Sicht der *potenziellen Nutzer der Kooperationsvisualisierung* fokussieren, wurde keine Zuordnung zu den anderen Dimensionen vorgenommen. Die Zuordnung der analysierten Hypothesen zu Entwicklungen der Kooperationsvisualisierung in Unternehmen erfolgte auf Basis der in Abschnitt 5.1.4 beschriebenen Analyserasterinhalte, welche Meinungen von Experten repräsentieren. Diese Zuordnung war möglich auf Basis des in Abschnitt 5.1.2 dargestellten *iterativen Forschungsansatzes*.

Jeweils mit Fokus auf dem *Visualisierungsergebnis* wurden die *Nutzungseffekte* als *Treiber*, *Nutzungsbarrieren* als *Barrieren*, *Nutzungsanforderungen* als *Methoden* und die *Nutzungsvarianten* als *Chancen* interpretiert. Der Analyserastergestaltung folgend, wirken die *Nutzungseffekte* (*Treiber*) und *Nutzungsbarrieren* (*Barrieren*) auf die *Nutzungsanforderungen* (*Methoden*), welche einen Einfluss auf die Umsetzung der *Nutzungsvarianten* (*Chancen*) nehmen können. Die Zuordnung dieser *Treiber*, *Barrieren*, *Methoden* und *Chancen* kann aus der Sicht der *potenziellen Nutzer der Kooperationsvisualisierung* ebenfalls hinsichtlich des *Visualisierungspotenzials* erfolgen.

Diese Bereiche des Analyserasters werden in den nächsten Abschnitten betrachtet.

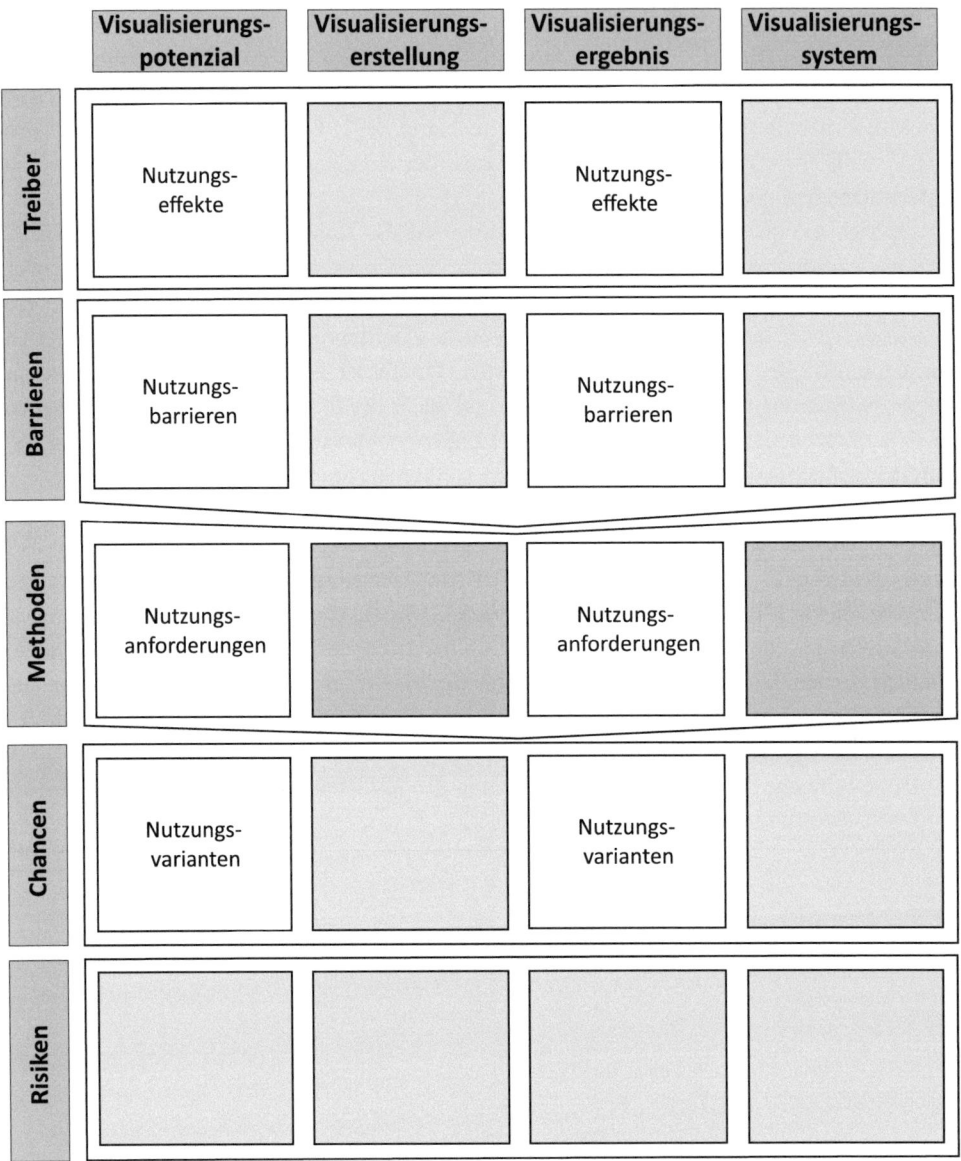

Abb. 5.4 Hypothesen im Analyseraster zur Kooperationsvisualisierung in Unternehmen

Nutzungseffekte

Übersicht über die Ergebnisse

In der quantitativen Studie wurden die folgenden *Nutzungseffekte* empirisch untersucht (siehe Abb. 5.5): *Kosten- und Aufwandsverringerung, Planung von Kooperationen, Koordination von Kooperationen, Kontrolle von Kooperationen, Steigerung der Arbeitsleistung* und *Steigerung der Arbeitsqualität*.

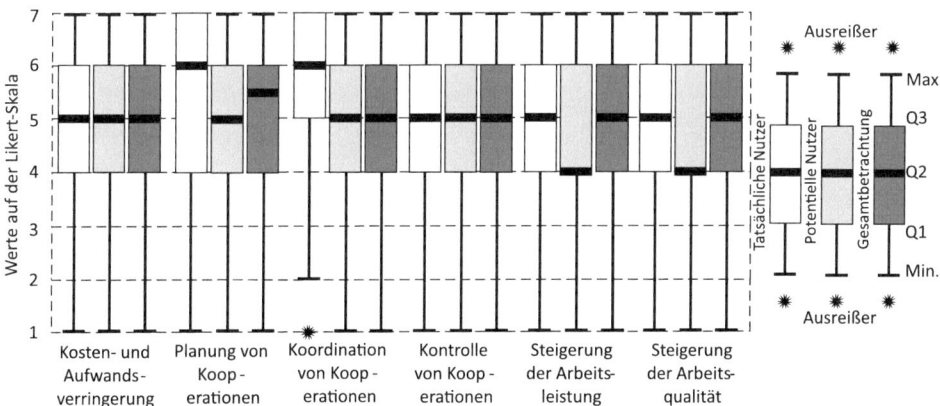

Abb. 5.5 Nutzungseffekte

Kosten- und Aufwandsverringerung

Es entsteht eine deutliche *Kosten- und Aufwandsverringerung* in der Zusammenarbeit mit (einem) anderen Unternehmen durch die Nutzung der Kooperationsvisualisierung. Die tatsächlichen und potenziellen Nutzer der Kooperationsvisualisierung stimmen dieser Hypothese zu. In der Gesamtbetrachtung zwischen den tatsächlichen und potenziellen Nutzern der Kooperationsvisualisierung bestehen keine relevanten Unterschiede.

Planung von Kooperationen

Eine bessere *Planung von Kooperationen* hinsichtlich der Geschäftsprozesse, Aufgaben und Partner wird durch die Nutzung der Kooperationsvisualisierung möglich. Die tatsächlichen Nutzer der Kooperationsvisualisierung stimmen dieser Hypothese zu. Die potenziellen Nutzer der Kooperationsvisualisierung stimmen ebenfalls tendenziell zu. Insgesamt besteht eine Tendenz zur Zustimmung.

Koordination von Kooperationen

Eine bessere *Koordination von Kooperationen* hinsichtlich der Geschäftsprozesse, Aufgaben und Partner wird durch die Nutzung der Kooperationsvisualisierung möglich. Diese Hypothese wird durch die tatsächlichen Nutzer der Kooperationsvisualisierung (n = 432) bestätigt trotz eines Ausreißers in den erhobenen Daten. Die potenziellen Nutzer der Kooperationsvisualisierung (n = 778) stimmen der Hypothese tendenziell auch zu. Insgesamt wird die Hypothese durch die Nutzer der Kooperationsvisualisierung bestätigt.

Kontrolle von Kooperationen

Eine bessere *Kontrolle von Kooperationen* hinsichtlich der Geschäftsprozesse, Aufgaben und Partner wird durch die Nutzung der Kooperationsvisualisierung möglich. Die tatsächlichen Nutzer der Kooperationsvisualisierung stimmen dieser Hypothese zu. Derselbe Sachverhalt liegt bei den potenziellen Nutzern der Kooperationsvisualisierung (n = 778) als auch in der Gesamtbetrachtung vor.

Steigerung der Arbeitsleistung

Eine *Steigerung der Arbeitsleistung* von Kooperationspartnern ist durch die Nutzung der Kooperationsvisualisierung realisierbar. Die tatsächlichen Nutzer der Kooperationsvisualisierung bestätigen diese Hypothese tendenziell über ihre Zustimmung. Unentschlossen bzw. neutral sind dagegen die potenziellen Nutzer der Kooperationsvisualisierung. Insgesamt besteht eine tendenzielle Zustimmung.

Steigerung der Arbeitsqualität

Eine *Steigerung der Arbeitsqualität* von Kooperationspartnern ist durch die Nutzung der Kooperationsvisualisierung realisierbar. Bei den tatsächlichen Nutzern der Kooperationsvisualisierung genauso wie in der Gesamtbetrachtung erfolgt eine tendenzielle Zustimmung zu dieser Hypothese. Neutral eingestellt sind dagegen die potenziellen Nutzer der Kooperationsvisualisierung.

Nutzungsbarrieren

Übersicht über die Ergebnisse

In der quantitativen Studie wurden die folgenden *Nutzungsbarrieren* empirisch überprüft (siehe Abb. 5.6): *Finanzieller Aufwand, personelle Ressourcen, notwendiges Know-how, eigentliche Arbeitsaufgaben, komplexe Geschäftsprozesse* und *Nutzung lohnt sich nicht*.

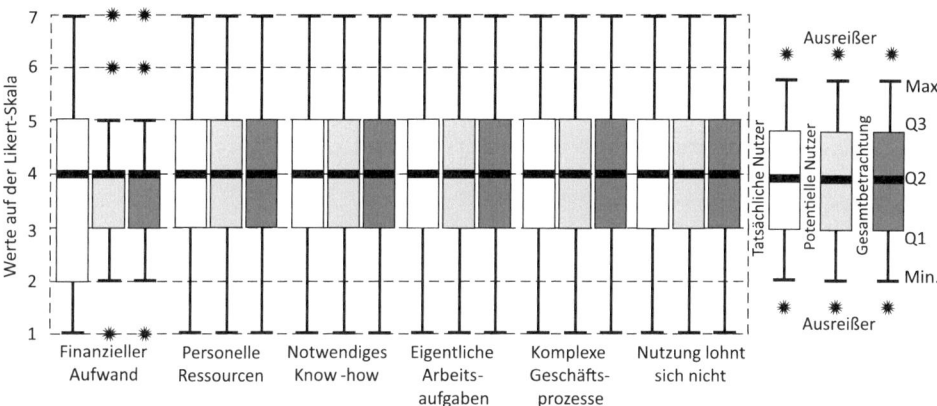

Abb. 5.6 Nutzungsbarrieren

Finanzieller Aufwand

Der *finanzielle Aufwand* für die Nutzung von Kooperationsvisualisierungen ist zu hoch. Gegenüber dieser Hypothese erfolgte die Zustimmung eher neutral bei den tatsächlichen Nutzern, potenziellen Nutzern der Kooperationsvisualisierung sowie in der Gesamtbetrachtung. Es existieren jedoch auch einige Ausreißer.

Personelle Ressourcen

Es sind nicht genügend *personelle Ressourcen* für die Nutzung von Kooperationsvisualisierungen vorhanden. Die tatsächlichen und potenziellen Nutzer der Kooperationsvisualisierung sind in ihrer Zustimmung gegenüber dieser Hypothese neutral. Es bestehen keine Unterschiede in der Gesamtbetrachtung.

Notwendiges Know-how

Es fehlt das *notwendige Know-how* zur Nutzung der Kooperationsvisualisierung in den Unternehmen. Hier herrscht Neutralität in der Zustimmung bei den tatsächlichen und potenziellen Nutzern der Kooperationsvisualisierung als auch in der Gesamtbetrachtung beider Nutzergruppen.

Eigentliche Arbeitsaufgaben

Es besteht die Gefahr, dass die Nutzung von Kooperationsvisualisierungen zu sehr von den *eigentlichen Arbeitsaufgaben* ablenkt. Diese Hypothese wird ebenfalls durch die tatsächlichen und potenziellen Nutzer der Kooperationsvisualisierung neutral bewertet. Derselbe Sachverhalt wird in der Gesamtbetrachtung bestätigt.

Komplexe Geschäftsprozesse

Die *Geschäftsprozesse* in den Unternehmen sind zu *komplex*, um sie verständlich abzubilden. Es herrscht eine geteilte neutrale Meinung bei den tatsächlichen Nutzern, potenziellen Nutzern der Kooperationsvisualisierung und in der Gesamtbetrachtung der Nutzer.

Nutzung lohnt sich nicht

Das Arbeiten in einer Unternehmenskooperation erfolgt so selten, dass *sich* die *Nutzung* von Kooperationsvisualisierungen *nicht lohnt*. Hier wird – genauso wie in der Gesamtbetrachtung – weder voll und ganz zugestimmt noch überhaupt nicht zugestimmt durch die tatsächlichen und potenziellen Nutzer der Kooperationsvisualisierung.

Nutzungsanforderungen

Übersicht über die Ergebnisse

In der quantitativen Studie wurden die folgenden *Nutzungsanforderungen* empirisch analysiert (siehe Abb. 5.7): *Eigene Geschäftsprozesse, Geschäftsprozesse der Kooperationspartner, alle relevanten Informationen, Erstellung schnell und einfach, keine langen Einarbeitungszeiten* und *Verweis auf Informationsobjekte*.

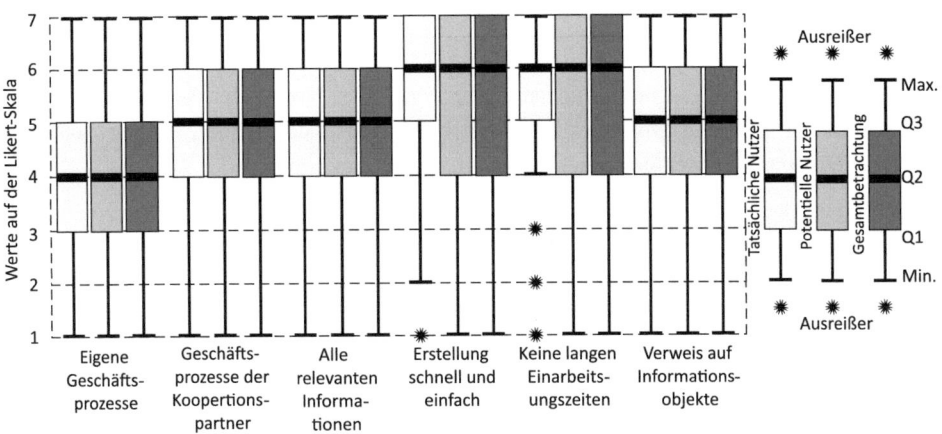

Abb. 5.7 Nutzungsanforderungen

Eigene Geschäftsprozesse

Kooperationsvisualisierungen sollten auf *Geschäftsprozesse* im *eigenen* Unternehmen begrenzt sein. Hier besteht Neutralität – wie in der Gesamtbetrachtung – bei den tatsächlichen und potenziellen Nutzern der Kooperationsvisualisierung.

Geschäftsprozesse der Kooperationspartner

Kooperationsvisualisierungen sollten die *Geschäftsprozesse der Kooperationspartner* mit einschließen. Es besteht eine Tendenz zur Zustimmung bei den tatsächlichen und potenziellen Nutzern der Kooperationsvisualisierung genauso wie in der Gesamtbetrachtung.

Alle relevanten Informationen

Kooperationsvisualisierungen sollten *alle relevanten Informationen* enthalten (z. B. über Geschäftsprozesse, Aufgaben und Verantwortlichkeiten). Gegenüber dieser Hypothese besteht eine Tendenz zur Zustimmung bei den Nutzern insgesamt, tatsächlichen und potenziellen Nutzern der Kooperationsvisualisierung in Unternehmen.

Erstellung schnell und einfach

Die *Erstellung* von Kooperationsvisualisierungen sollte *schnell und einfach* sein. Die tatsächlichen Nutzer – trotz eines Ausreißers – als auch die potenziellen Nutzer der Kooperationsvisualisierung in Unternehmen stimmen dieser Hypothese zu. Diese Zustimmung findet sich auch in der Gesamtbetrachtung wieder.

Keine langen Einarbeitungszeiten

Kooperationsvisualisierungen sollten *keine langen Einarbeitungszeiten* erfordern. Bei dieser Hypothese herrscht eine große Zustimmung bei den Nutzern insgesamt, tatsächlichen und potenziellen Nutzern der Kooperationsvisualisierung. Bei den tatsächlichen Nutzern der Kooperationsvisualisierung existieren drei Ausreißer.

Verweis auf Informationsobjekte

Kooperationsvisualisierungen sollten auf *Informationsobjekte verweisen* (z. B. auf wichtige Dokumente). Die Nutzer insgesamt, die tatsächlichen und potenziellen Nutzer der Kooperationsvisualisierung stimmen dieser Hypothese mehrheitlich tendenziell zu.

Nutzungsvarianten

Übersicht über die Ergebnisse

In der quantitativen Studie wurden die folgenden *Nutzungsvarianten* empirisch nachgeprüft (siehe Abb. 5.8): *Nutzung in einer Schulung, Nutzung in einem Planspiel, Nutzung in einem Projekt, Nutzung in einem Meeting, Nutzung in einer Software* und *Nutzung in einer Präsentation*.

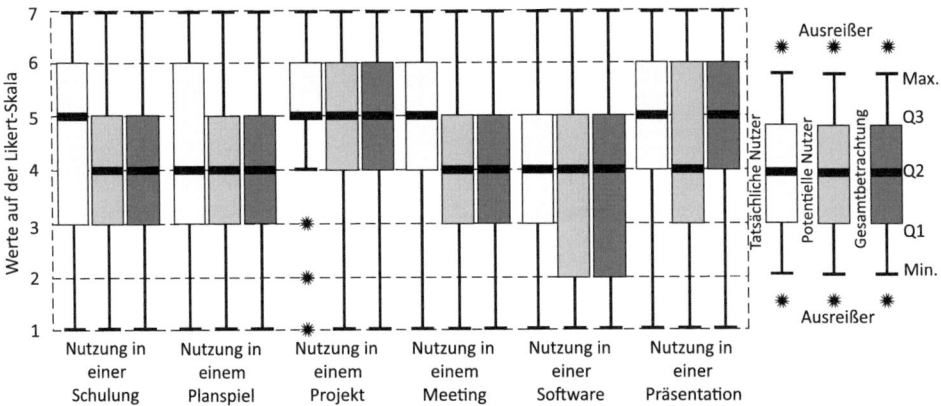

Abb. 5.8 Nutzungsvarianten

Nutzung in einer Schulung

Kooperationsvisualisierungen werden *in einer Schulung* genutzt bzw. können *in einer Schulung* genutzt werden. Die Häufigkeit der *Nutzung in einer Schulung* wird als tendenziell hoch bei den tatsächlichen Nutzern und mittel bei den potenziellen Nutzern der Kooperationsvisualisierung und Nutzern insgesamt eingeschätzt.

Nutzung in einem Planspiel

Kooperationsvisualisierungen werden *in einem Planspiel* genutzt bzw. können *in einem Planspiel* genutzt werden. Die Häufigkeit der *Nutzung in einem Planspiel* wird als mittel von den Nutzern insgesamt, tatsächlichen und potenziellen Nutzern der Kooperationsvisualisierung in Unternehmen beurteilt.

Nutzung in einem Projekt

Kooperationsvisualisierungen werden *in einem Projekt* genutzt bzw. können *in einem Projekt* genutzt werden. Die Häufigkeit der *Nutzung in einem Projekt* wird bei den Nutzern insgesamt, tatsächlichen und potenziellen Nutzern der Kooperationsvisualisierung als tendenziell hoch eingestuft. Laut den tatsächlichen Nutzern werden Kooperationsvisualisierungen in Projekten in der Praxis genutzt. Die potenziellen Nutzer können sich die Nutzung *in einem Projekt* durchaus vorstellen.

Nutzung in einem Meeting

Kooperationsvisualisierungen werden *in einem Meeting* genutzt bzw. können *in einem Meeting* genutzt werden. Die Häufigkeit der *Nutzung in einem Meeting* wird als tendenziell hoch bei den tatsächlichen Nutzern sowie als mittel bei den Nutzern insgesamt und potenziellen Nutzern der Kooperationsvisualisierung in Unternehmen angenommen.

Nutzung in einer Software

Kooperationsvisualisierungen werden in einer Software genutzt bzw. können in einer Software genutzt werden. Die Häufigkeit der Nutzung in einer Software wird sowohl bei den Nutzern in der Gesamtbetrachtung als auch bei den tatsächlichen und potenziellen Nutzern der Kooperationsvisualisierung als mittel eingestuft.

Nutzung in einer Präsentation

Kooperationsvisualisierungen werden *in einer Präsentation* genutzt bzw. können *in einer Präsentation* genutzt werden. Die Häufigkeit der *Nutzung in einer Präsentation* wird bei den tatsächlichen Nutzern und Nutzern insgesamt als tendenziell hoch sowie bei den potenziellen Nutzern der Kooperationsvisualisierung als mittel bewertet.

5.1.4 Expertenbefragung zur Gestaltung eines Analyserasters zur Kooperationsvisualisierung in Unternehmen

5.1.4.1 Qualitative Experteninterviews und Grounded Theory-Prozeduren

Bei diesen qualitativen Experteninterviews handelt es sich um eine nicht-mengenmäßige Querschnittsbefragung mit nicht-mengenmäßiger Ausprägung und einer zugrunde gelegten verhaltenswissenschaftlichen Denkweise (Wilde, Hess 2007).

Mithilfe von leitfadenbasierten Experteninterviews wurden empirische qualitative Daten erhoben. Diese wurden als schriftliche Protokolle – Transskripte – nach der Realisierung der Experteninterviews transkribiert. Insgesamt wurden im Rahmen des Forschungsprojekts Cooperation Experience zwölf mindestens einstündige Interviews mit Experten aus unterschiedlichen Unternehmen und Branchen geführt, vollständig transkribiert und ausgewertet. Die Grundlage dafür ist eine umfangreiche qualitative Datenmenge, bestehend aus unabhängig gewonnenen Expertenmeinungen. Die Auswahl von aussichtsreichen Kategorien ermöglicht es, die F2 im Hinblick auf neue Erkenntnisse zu beantworten.

Die Struktur der Forschung in *Phase 2* (vgl. Abb. 5.1 in Abschnitt 5.1.2) unterteilte sich daher in: Planung und Durchführung der Experteninterviews sowie Auswahl und Anwendung der Auswertungsmethode Grounded Theory (GT) nach Corbin, Strauss 1990 (Freitag et al. 2011). In der Datenanalyse der leitfadenbasierten Experteninterviews wurde das angepasste GT-Kodierungsparadigma (in Anlehnung an Corbin, Strauss 1990; Ahrend et al. 2014) konzeptionell verbunden mit dem integrativen Visualisierungserstellungsprozess, bestehend aus dem Visualisierungspotenzial, der Visualisierungserstellung, dem Visualisierungsergebnis (in Anlehnung an Kleinaltenkamp 1997; Kleinaltenkamp et al. 2008) und der Unterstützung dieses Produktionsprozesses durch computergestützte Systeme für die Visualisierung. In diesem Forschungsbeitrag wurden diese Visualisierungssysteme dem integrativen Visualisierungserstellungsprozess hinzugefügt.

Um die F2 ausreichend beantworten zu können, wird detailliertes und/oder spezifisches Expertenwissen über die Kooperationen und/oder Visualisierung benötigt. Dieses Detail- und/oder Spezialwissen gilt als wichtige Voraussetzung für die GT-basierte Entwicklung von Kategorien. Es wurde durch Praxis erworbenes Betriebswissen in den Experteninterviews erhoben. Experten trafen Aussagen über ihre eigene Wahrnehmung der derzeitigen und zukünftigen Kooperationssituation (Burger 2011).

Die Expertenauswahl erfolgte mit dem Ziel, unterschiedliche Einsichten in die gesamte Kooperation zu gewinnen, damit geeignete Kategorien für die Erklärung der GT entstehen. Befragt wurden Experten zu ihren individuellen Erfahrungen, Erlebnissen und Handlungen als Wissens- und Verantwortungsträger in Unternehmenskooperationen (Burger 2011). Daher ist für die Auswahl der Experten eine Voruntersuchung der potenziellen Interviewteilnehmenden durchgeführt worden. Für die Auswahl relevanter Experten wurden diese befragt nach ihrem Alter, ihrer Ausbildung, Berufstätigkeit (z. B. berufliche Stellung, Aufgaben, Berufserfahrung), ihren Tätigkeiten in der Kooperation (z. B. was genau? Wie viel Zeit wird hierfür verwendet?) und ihrer Erfahrung mit der Visualisierung (z. B. von Prozessen, Projekten, Informationen, Kooperationen) (in Anlehnung an Ahrend et al. 2014).

Die Branchen der Unternehmen mit Hauptsitz in Deutschland, in denen die Experten arbeiten, sind Maschinen- und Anlagenbau, Facility Management und öffentliche Verwaltung. Die Experten sind zwischen 18 und 65 Jahren alt. In ihrer beruflichen Stellung sind diese in einer Organisationsfunktion auf der unteren und mittleren Managementebene beruflich tätig. Diese haben mehr operative als strategische Aufgaben in den Unternehmenskooperationen. Alle Experten hatten vor dem Interview Erfahrung in der Visualisierung und die Hälfte der Experten hatte Erfahrung in der Kooperationsvisualisierung. Die Visualisierungserfahrung beträgt zwischen 3 und 39 Jahren. Die Experten können aufgrund ihrer umfangreichen Erfahrungen in Kooperationen und mit der Visualisierung als erkenntnisbringende Wissensträger für *Theorie und Praxis* der *Kooperationsvisualisierung in Unternehmen* betrachtet werden.

Der konzipierte Leitfaden zur Durchführung der Experteninterviews ist strukturiert aufgebaut anhand der Dimensionen *Visualisierungspotenzial, Visualisierungserstellung, Visualisierungsergebnis* (in Anlehnung an Kleinaltenkamp 1997; Kleinaltenkamp et al. 2008) und *Visualisierungssystem*. Das *Visualisierungssystem* wurde im integrativen Visualisierungserstellungsprozess ergänzt. Nach einem Pretest mit fünf Experten (darunter u. a. Unternehmensberater und Architekten) wurden in der Expertenbefragung: (1) Fragen zur Kooperation, (2) Fragen zum Ergebnis der Visualisierung, (3) Fragen zur Erstellung der Visualisierung, (4) Fragen zum Potenzial der Visualisierung und (5) Fragen zu dem System für die Visualisierung gestellt. Diese Reihenfolge ist für die Experten leichter zu verstehen, da an erster Stelle nach dem Ergebnis und nicht nach dem Potenzial gefragt wurde. Außerdem erfolgten eine soziodemografische Datenerhebung, ein Gespräch im Nachhinein und die Mitteilung von Vorabinformationen zur geplanten qualitativen Delphi-Studie (vgl. Abschnitt 5.1.5).

Die Datenanalyse der leitfadenbasierten Experteninterviews erfolgte durch die Anwendung der Auswertungsmethode Grounded Theory (GT) unter Berücksichtigung der GT-Prozeduren (Corbin, Strauss 1990; Glaser 2007; Ahrend et al. 2014). Als Ergebnis dieser Datenanalysemethode entwickelten sich geeignete Kategorien in Form von *Treibern, Barrieren, Methoden, Chancen* und *Risiken*. Diese fünf Kategorien wurden entsprechend den im Experteninterviewleitfaden strukturierten Visualisierungsdimensionen (Potenzial, Erstellung, Ergebnis, System) gegenübergestellt und zugeordnet in einem *Analyseraster zur Kooperationsvisualisierung in Unternehmen* (vgl. Abb. 5.9). Das ursprüngliche GT-Kodierungsparadigma (Corbin, Strauss 1990), bestehend aus den Kernkategorien *Kontext, Bedingungen, Strategien* und *Konsequenzen*, wurde für die Gestaltung des *Analyserasters zur Kooperationsvisualisierung in Unternehmen* angepasst.

Der *Kontext* der Expertenaussagen fokussierte sich auf deren Fachgesprächsgrundlagen (z. B. Kooperationsprozesse, Kooperationsaktivitäten, Kooperationsprozessvisualisierung, Kooperationsinformationssysteme) und ist für die Einbindung im *Analyseraster* ungeeignet, da die Aussagen ebenfalls zuordenbar sind zu den *Treibern, Barrieren, Methoden, Chancen* und *Risiken*. Aufgrund der fehlenden Eindeutigkeit der *Kontexte* – wie dies allgemein bei allen Arten von *Kontexten* gegeben ist – werden diese nicht in das *Analyseraster zur Kooperationsvisualisierung in Unternehmen* (vgl. Abb. 5.9) eingebunden.

Dagegen wurden die *Treiber* als Bedingungen mit positiven Effekten auf den Visualisierungserstellungsprozess (Potenzial, Erstellung, Ergebnis, System) erklärt. Im Umkehrschluss wurden die *Barrieren* als Bedingungen mit negativen Effekten auf den Visualisierungserstellungsprozess erläutert. Die *Treiber* und *Barrieren* haben einen Einfluss auf bzw. bestimmen die angewandten *Methoden*. Basierend auf den *Treibern* und *Barrieren* wurden die angewandten *Methoden* erklärt als *Strategien* zur Chancenwahrnehmung und -erhöhung sowie Risikovermeidung und -minimierung jeweils durch Aktionen und Interaktionen begründet. Die *Chancen* erklären positive Konsequenzen und die *Risiken* negative Konsequenzen aufgrund des Visualisierungserstellungsprozesses jeweils durch die *angewandten Methoden* unter Beachtung der *Treiber* und *Barrieren*. Die *Treiber, Barrieren, Methoden, Chancen* und *Risiken* repräsentieren Ergebnisse des Forschungsprozess in *Phase 2* (vgl. Abb. 5.1). Für die

Analyseraster-Gestaltung mit Eignung für *Theorie und Praxis* ist es wichtig, beide Dimensionen zu beachten. Dies erfolgte für die *Theorie* durch die angewandten GT-Prozeduren und für die *Praxis* durch die Strukturierung des Experteninterviewleitfadens nach dem Visualisierungserstellungsprozess. Hierdurch entsteht eine Annäherung zwischen *Theorie und Praxis*, denn das *Raster* ist *entwickelt* für die *Analyse*, Beschreibung und Beurteilung der *Kooperationsvisualisierung in Unternehmen*.

Die angewandten GT-Prozeduren werden in der nachfolgenden Tabelle aufgeführt und deren prozessbasierten Charakter beschrieben (in Anlehnung an Glaser 2007; Glaser 2012; Glaser 2013a; Glaser 2013b; Glaser 2013c). Die Anwendung der GT-Prozeduren (Glaser 2007) erfolgte in dem Softwarewerkzeug MAXQDA 12 (VERBI GmbH 2016) zur Analyse der qualitativen Transkriptionsdaten. Das Werkzeug ermöglichte unter anderem die Kodierung der Daten (05, 06, 10), das Memoschreiben (14) und Sortieren (15).

Nr.	GT-Prozedur	Beschreibung der GT-Prozedur
01	Theoretische Sensivität	Benötigt werden Offenheit, Vertrauen in entstehende Konzepte und die Fähigkeit, Erkenntnisse zu beschreiben.
02	Der Einstieg	Der Fokus liegt in der Konzeptualisierung von Anfang an. Dafür werden Daten erhoben, kodiert und analysiert.
03	Arten von Daten	Die GT kann alle Arten von Daten nutzen, jedoch hauptsächlich qualitative Daten, z. B. aus Interviews.
04	Nutzung der Literatur	Kritsch ist die Vermeidung von Vorannahmen während der Konzeptualisierung durch ausschweifendes Lesen.
05	Theoretisches Kodieren	Theoretische Kodes tragen dazu bei, erste Bedeutungen und Sichtweisen zu gewinnen.
06	Offenes Kodieren	Der offene Kodierungsprozess startet Linie pro Linie, um wichtige Kodes in den Daten freizulegen.
07	Theoretische Stichproben	Der Prozess der Datenerhebung besteht aus der Sammlung, Kodierung und Analyse der Daten zur Entwicklung der Theorie.
08	Stetige komparative Methode	Diese vergleichende Methode beschreibt einen systematischen und genauen Kodierungs- und Analyseprozess. Die GT entfaltet neue oder konkretisiert Variablen.
09	Kernvariablen	Die Kernkategorie kann jede Art von theoretischem Kode darstellen – ein Prozess, eine Bedingung, Dimension, Konsequenz etc. Der Sinn von Kernkategorien ist es, eine in den Daten eingebundene Theorie zu beschreiben.
10	Selektives Kodieren	Selektives Kodieren meint abgrenzendes Kodieren der Variablen, welche bezogen sind auf die Kernkategorien, bis diese ausreichen, um eine Theorie zu beschreiben.
11	Abgrenzen	Abgegrenzt wird durch die Relevanz für den zu beschreibenden konzeptionellen Rahmen. Dies wird fortgesetzt, bis die Kernkategorie ausreichend beschrieben ist.

12	Austauschbarkeit von Indikatoren	Konzeptionelle Kodes können mit Gleichheiten konfrontiert werden. Unterschiede der Bedeutungen zwischen den Kernkategorien weisen auf eine Einheitlichkeit hin.
13	Anpassen	Wichtige theoretische Entwicklungen entstehen durch Wachstum und Reife, d. h. es darf nichts akzeptiert werden, bis etwas in den Daten passiert.
14	Memos schreiben	Die GT-Beschreibung wird durch das Memoschreiben erleichtert, z. B. durch freie Memos ohne fixierte Struktur.
15	Sortieren und aufschreiben	Die zahlreichen Memos werden beurteilt, sortiert und eingebunden hinsichtlich der Kernkategorien, um eine aussagekräftige GT zu beschreiben.
16	Analysevorschriften bei der Sortierung entwickeln	Diese Regeln leiten das Sortieren und Beschreiben der Theorie. Eine Analyseregel ist: Eine Sortierung kann jederzeit starten, daher können direkt Memos ohne vorherige Sortierung geschrieben werden.

Tab. 5.3 Beschreibung der angewandten GT-Prozeduren (in Anlehnung an Glaser 2007; Glaser 2012; Glaser 2013a; Glaser 2013b; Glaser 2013c)

5.1.4.2 Analyseraster zur Kooperationsvisualisierung in Unternehmen

Analyseraster-Gestaltung

Das *Analyseraster zur Kooperationsvisualisierung in Unternehmen* (vgl. Abb. 5.9) ist ein Ergebnis der Auswertung der Experteninterviews mit den GT-Prozeduren (Corbin und Strauss 1990; Glaser 2007; Ahrend et al. 2014) und Zuordnung der in Abschnitt 5.1.4.1 beschriebenen GT-Kategorien zu dem um das Visualisierungssystem erweiterten integrativen Visualisierungserstellungsprozess (in Anlehnung an Kleinaltenkamp 1997; Kleinaltenkamp et al. 2008).

Das *Analyseraster* umfasst die *Treiber, Barrieren, Methoden, Chancen* und *Risiken* der Kooperationsvisualisierung in Unternehmen. Es wurde eine Zuordnung dieser GT-Kategorien hinsichtlich des Visualisierungserstellungsprozesses vorgenommen. Dieser Prozess besteht dabei aus den Möglichkeiten, welche sich aus der Kooperationsvisualisierung eröffnen (Visualisierungspotenzial), den Produktionsprozessen der Kooperationsvisualisierung (Visualisierungserstellung) und der modellbasierten Abbildung der Unternehmenskooperation (Visualisierungsergebnis) sowie aus der unterstützenden IT-Infrastruktur für die Modellierung (Visualisierungssystem). In der Kooperationsvisualisierung in Unternehmen können die *Treiber* und *Barrieren* auf die *Methoden* einwirken, welche einen Einfluss auf die entstehenden *Chancen* und *Risiken* haben können.

	Visualisierungs-potenzial	Visualisierungs-erstellung	Visualisierungs-ergebnis	Visualisierungs-system
Treiber	Kostenreduzierung durch geringere Suchkosten und identifizierte Verschwendung in der Kooperation	Vertrauen und eine positive Einstellung der Partner durch die Kooperations-visualisierung	Kooperationsvi-sualisierungen können einen effektiven Wissenstransfer und Transparenz fördern	Kooperations-portale fördern die Verbreitung und Nutzung von Kooperations-visualisierungen
Barrieren	Niedrige Akzeptanz der Kooperationsvisualisierung aufgrund des hohen Dokumentations-aufwands	Geheimhaltung bewirkt eine niedrige Bereitschaft der Partner zur Offenheit und Transparenz	Hohe Angst vor Fehlern und missverständlichen Darstellungen in der Kooperations-visualisierung	Hoher Einfüh-rungsaufwand für ein Kooperations-visualisierungs-werkzeug
Methoden	Kompetenz-management zur Bildung von Visualisierungs-kompetenz sowie -wirtschaftlichkeit	Angewandte Methoden sind Interviews, Zeitplanung, Modellie-rungstechniken und -werkzeuge	Ergebnisbeitrag zur Optimierung, Koordination und zum Controlling und Kompetenz-management	Softwarewerkzeug für Kompetenz-management, Dokumentation und Kooperationsman-agementprozesse
Chancen	Erfindung von Geschäftsmodellen und Geschäfts-prozessmodellen	Intensivierung der kooperations-übergreifenden Reflexion der abgebildeten Situation	Optimierte Koope-ration, koordi-nierte Umsetzung und Controlling-Daten liegen vor	Bessere Plan- und Erfahrbarkeit von Kooperationen durch Simulation, Schulung und Prozessstabilität
Risiken	Innovationshemm-nis, da Unterneh-men sich an Wieder-nutzung und Stan-dardvisualisie-rungen orientieren	Dokumentations-aufwand durch zu viele Details führt zu fehlenden Ressourcen für die Kooperation	Fehler in der Kooperations-visualisierung fließen in die Pro-zessdurchführung ein	Technischen Ver-fügbarkeit der Vi-sualisierungen und Integration in die bestehende Funk-tionslandschaft

Abb. 5.9 Analyseraster zur Kooperationsvisualisierung in Unternehmen

Treiber

Visualisierungspotenzial

Eine *Kostenreduzierung durch geringere Suchkosten und identifizierte Verschwendung in der Kooperation* entsteht mithilfe der Durchführung der Kooperationsvisualisierung in Unternehmen. In der Kooperationsvisualisierung sind konsistente Informationen enthalten. Die Informationen sind zentral an einer Stelle verfügbar und müssen nicht mehr umständlich eingeholt werden. Durch die zentral verfügbare Kooperationsvisualisierung entstehen *geringere Suchkosten*. Hohe Kommunikations- und Abstimmungskosten sind nicht mehr notwendig, da einzelne Prozessschritte abgebildet sind. In der Kooperationsvisualisierung dargestellte Informationsobjekte sparen Zeit und Kosten, da hierdurch die Gestaltung von Kooperationsprozessen und *Identifizierung von Verschwendung in der Kooperation* möglich werden.

Visualisierungserstellung

Das *Vertrauen und eine positive Einstellung der Partner* werden *durch die Kooperationsvisualisierung* gefördert. Das *Vertrauen* zur Gründung und Beibehaltung einer Kooperation wird gefördert, da die Einschätzung und Beurteilung vertrauensvoller Kooperationspartner ermöglicht wird. Das stärkt das gegenwärtig bestehende gegenseitige Vertrauen der Kooperationspartner. Durch dieses Vertrauen wird *eine positive Einstellung der Partner* gegenüber der Kooperation gefördert.

Visualisierungsergebnis

Kooperationsvisualisierungen können *einen effektiven Wissenstransfer fördern*. Kooperationsvisualisierungen explizieren vorhandenes Wissen, das dadurch leichter und schneller wahrgenommen und übertragen werden kann. *Kooperationsvisualisierungen* können *Transparenz fördern*, da diese sich dabei auf Spezialwissen konzentrieren, das notwendig ist für die Durchführung der Kooperation. Diese sollten daher stets angepasst sein auf die Kompetenzen der Kooperationspartner.

Visualisierungssystem

Kooperationsportale fördern die Verbreitung und Nutzung von Kooperationsvisualisierungen. Die Verbreitung von Kooperationsvisualisierungen in Unternehmen wird durch Kooperationsportale gefördert, da für alle Partner mit Zugang zum Kooperationsportal gewährleistet ist, dass diesen die Kooperationsvisualisierung bereitgestellt wird. Kooperationsportale werden implementiert für die Nutzung von Kooperationsvisualisierungen, Informationen und Dokumenten. Diese werden dazu genutzt, Kooperationsvisualisierungen zu teilen, freizugeben und zu steuern.

Barrieren

Visualisierungspotenzial

Die *Akzeptanz der Kooperationsvisualisierung ist niedrig aufgrund des hohen Dokumentationsaufwands*. Das Visualisierungspotenzial kann durch eine niedrige Akzeptanz der Partner gegenüber der Kooperationsvisualisierung gekennzeichnet sein. Dies begründet sich zum einen über den Aufwand mit der Kooperationsvisualisierung selbst als auch den Nutzen, der mit der Kooperationsvisualisierung erreicht werden kann. Die Experten äußerten auch häufig ein geringes Akzeptanzpotenzial der Kooperationsvisualisierung, wenn der Aufwand als zu hoch und der zu erwartende Nutzen als zu gering eingestuft wird. Die Kooperationsvisualisierung kostet Zeit und Geld und die Akzeptanz der Kooperationsvisualisierung ist niedrig. Insbesondere der mit der Kooperationsvisualisierung verbundene Aufwand für die Dokumentation von Geschäftsprozessen der an der Kooperation beteiligten Unternehmen sei hoch. Die Partner würden die Kooperationsvisualisierung ablehnen, wenn damit zu viele Kosten verbunden und deren Unterstützungsfunktion nicht nachvollziehbar sind.

Visualisierungserstellung

Die *Geheimhaltung bewirkt eine niedrige Bereitschaft der Partner zur Offenheit und Transparenz*. Nicht nur persönliche Motive, die verantwortlich sind für das Schützen beispielsweise von eigenen Quellen und Arbeitsergebnissen, sondern insbesondere die vom Unternehmen verlangte *Geheimhaltung bewirkt eine niedrige Bereitschaft der Partner zur Offenheit und Transparenz*, welche durch die Kooperationsvisualisierung gefördert werden soll. Aufgrund dessen werden verschiedenste Informationen nicht für die Kooperationsvisualisierung zur Verfügung gestellt. Diese fehlende Unterstützung, die sich in einer *niedrigen Bereitschaft der Partner zur Offenheit* bzw. Weitergabe von Informationen äußert, erschwert die Visualisierungserstellung und verringert die *Transparenz* der Kooperation

Visualisierungsergebnis

Die Partner können charakterisiert sein durch eine *hohe Angst vor Fehlern und missverständlichen Darstellungen in der Kooperationsvisualisierung*. Eine fehlende Kompetenz in der Erstellung der Kooperationsvisualisierung kann laut den Experten durch Versuch und Irrtum kompensiert werden. Das reduziere die *hohe Angst vor Fehlern in der Kooperationsvisualisierung*. Kooperationsvisualisierungen können *missverständlich* und mehrdeutig sein. Die textliche als auch bildliche *Darstellung* kann *Missverständnisse* und falsche Interpretationen bei den Partnern verursachen, wenn diese in relativ schneller Zeit aufgebaut werden würde. Das führe dazu, dass Kooperationsvisualisierungen mehrere Bedeutungen haben können und aufgrund der Komplexität schwieriger für die Partner zu verstehen sind.

Visualisierungssystem

Ein *hoher Einführungsaufwand* für ein Kooperations*visualisierungswerkzeug* ist zu erwarten. Es handelt sich hierbei um ein Informationssystem für die Kooperationsvisualisierung, das standardisiert durch alle Partner während der prozessbasierten Durchführung der Kooperation genutzt werden kann. Diese fehlende prozessbasierte Dokumentationslösung für die Kooperationsvisualisierung kann als computergestütztes Kooperationsvisualisierungswerkzeug konzipiert und eingeführt werden. Dieses Werkzeug muss unternehmens- bzw. kooperationsweit eingeführt sein. Es integriert alle Kooperationsvisualisierungen inklusive deren Verbindung zwischen Daten- und Prozesssicht und kennzeichnet deren verschiedenen Stände wie finale Versionen. Die Experten kritisieren bei dem zu erwartenden *hohen Einführungsaufwand* vor allem die hohen Anschaffungs-, Schulungs- und Lizenzkosten für ein geeignetes Werkzeug zur Kooperationsvisualisierung. Daher existiere bisher kein solches Kooperationsvisualisierungswerkzeug, obwohl es für die Planung, Koordination und Kontrolle von Kooperationen sinnvoll einsetzbar wäre.

Methoden

Visualisierungspotenzial

Ein etabliertes *Kompetenzmanagement zur Bildung von Visualisierungskompetenz sowie -wirtschaftlichkeit* ist eine wichtige Voraussetzung, um das derzeitige Potenzial des Unternehmens zur Erstellung der Kooperationsvisualisierung bestimmen zu können. Um dieses Visualisierungspotenzial festzustellen, ist eine Benchmark-Analyse in der Form eines Ist-Soll-Vergleichs zu empfehlen. Es sollten die Effekte der Kooperationsvisualisierung im Unternehmen nach der Einführung untersucht werden. Es gilt zu vergleichen, ob die Einführung der Kooperationsvisualisierung zu einer Verbesserung der Planung, Koordination und Kontrolle von Kooperationen geführt hat. Die Akzeptanz der Kooperationsvisualisierung sollte hierbei in den Fachbereichen der Unternehmen untersucht werden. Nach Meinung der Experten sind hierfür besonders leitfadenbasierte Interviews geeignet, die dazu dienen, das notwendige Know-how für die Kooperationsvisualisierung im Unternehmen aufzubauen. Es werden bestehende Vorgehensmodelle, ausgewählte IT-Systeme für die Modellierung sowie die eigenen als auch die Geschäftsprozesse der Kooperationspartner untersucht. Damit die Geschäftsprozesse auch in der Unternehmenskooperation funktionieren, wird die Kooperationsvisualisierung benötigt. Außerdem werden in der Kooperation durch die Visualisierung Chancen realisierbar und Risiken reduzierbar. Um das notwendige Know-how erfassen zu können, ist ein spezielles Softwarewerkzeug erforderlich. Dieses sollte die drei Bereiche Kompetenzmanagement, Dokumentation und Kooperationsmanagementprozess gleichermaßen unterstützen können. In Workshops erlernbare *Visualisierungskompetenzen* (beispielsweise in einem Projektkontext in Schulungen, Meetings und Präsentationen) erleichtern eine effektive Umsetzung der Kooperationsvisualisierung als auch für eine effektive Nutzung dieses Softwarewerkzeugs. *Visualisierungskompetenzen* können als das methodische Wissen angesehen werden, das benötigt wird, um die Kooperationsvisualisierung durchzuführen.

Es unterstützt bei der Einschätzung, ab wann sich eine Kooperationsvisualisierung effektiv lohnt. Diese *Visualisierungswirtschaftlichkeit* und die *-kompetenz* sind wichtige zu *bildende* Bestandteile eines *Kompetenzmanagements* innerhalb der Unternehmenskooperation.

Visualisierungserstellung

Im Prozess *angewandte Methoden sind Interviews, Zeitplanung, Modellierungstechniken und -werkzeuge* zur Erstellung der Kooperationsvisualisierung. Aus Expertensicht sind leitfadenbasierte *Interviews* mit Kooperationspartnern und die *Zeitplanung* von Abläufen in der Kooperation anwendbare *Methoden*, mit denen Aspekte von Kooperationen darstellbar sind. Die *Zeitplanung* der Aufgaben der Partner erfolgt während der Kooperationsvisualisierung. Die Aufgabenbeschreibungen für jeden Schritt im Kooperationsprozess können eingebunden und durch das Kooperationsvisualisierungswerkzeug angezeigt werden. Eine Zeitplanung ermöglicht den Partnern die Abschätzung der nötigen Zeiten und Ressourcen pro Aufgabe. Auf Grundlage der Schritte im Kooperationsprozess können Aufgaben delegiert werden und es ist erkennbar, welcher Partner welche Aufgabe bis wann erledigen muss. Es würden noch gar nicht genug geeignete *Modellierungstechniken* speziell für die Kooperationsvisualisierung geben und die *Zeitplanung* allein wäre hierfür nicht ausreichend. Momentan würden daher nur situativ geeignete *Modellierungstechniken und -werkzeuge* für die Kooperationsvisualisierung genutzt werden, wie z. B. BPMN-Diagramme (Business Process Model and Notation) in Signavio. Laut den Experten würde außerdem ein Rahmen fehlen, der speziell die Kooperationsvisualisierung abdeckt. Ein geeigneter Rahmen würde durch die Umsetzung von einfach zu bedienenden Funktionen im *Modellierungswerkzeug* entstehen. Dieses gibt vor, wie die Kooperationsvisualisierung durch den Einsatz der unterschiedlichen Funktionen erstellt wird. Das würde die Visualisierungserstellung erleichtern, z. B. in Planungsgesprächen mit den Kooperationspartnern, um die Ist-Situation und Entscheidungen abzubilden.

Visualisierungsergebnis

Die Kooperationsvisualisierung liefert einen *Ergebnisbeitrag zur Optimierung, Koordination und zum Controlling* von Kooperationen sowie *zum Kompetenzmanagement*. Laut den Experten ist die Kooperationsvisualisierung ein Instrument für das Management der Kooperationsprozesse. Eine Kooperationsvisualisierung könnte als ein Instrument für die *Optimierung, Koordination und das Controlling* von Kooperationen verstanden werden. Dieses ermöglicht die Abbildung kooperativer Geschäftsprozesse, die Organisation von Zeiten, Beschreibung von Aufgaben in der Kooperation und Regelung der Durchführung der Kooperation. Es wird genutzt für die Planung, Koordination und Kontrolle von Kooperationen. Eine einheitliche Kooperationsvisualisierung könnte die Abstimmung erleichtern. Vor der Kooperationsvisualisierung müsse geprüft werden, ob die jeweilige Kooperation sinnvoll abgebildet werden sollte. Die Einbindung der Kooperationsvisualisierung in das *Kompetenzmanagement* erfolgt daher zur Sicherstellung der *Ergebnisbeiträge zur Optimierung, Koordination und zum Controlling* von Kooperationen.

Visualisierungssystem

Ein geeignetes *Softwarewerkzeug* deckt die drei Bereiche *Kompetenzmanagement, Dokumentation und Kooperationsmanagementprozess* ab. Es leitet durch die Kooperationsmanagementprozesse, indem notwendige Daten *dokumentiert*, festgehalten, verteilt und nutzbar gemacht werden. Zusätzlich sollte eine Einbindung in *Kooperationsmanagementprozesse* unterstützt sein, damit eventuelle Fehler in der Konzeption der Kooperation frühzeitig erkannt und vermieden werden können.

Chancen

Visualisierungspotenzial

Die *Erfindung von Geschäftsmodellen und Geschäftsprozessmodellen* wird durch die Kooperationsvisualisierung möglich. Es handelt sich nach der Meinung der Experten hierbei um innovative *Geschäftsmodelle und Geschäftsprozessmodelle,* die in der Kooperationsvisualisierung abgebildet werden sollten oder darauf aufbauend *erfunden* werden könnten. Dabei ginge es um die Abbildung von Zeiten, Auslastungen, Zuständen, Akteuren, Instanzen, Budgets, Zeit-, Kapazitäts- und Ressourcenengpässe etc. Eventuelle Probleme würden durch die Kooperationsvisualisierung frühzeitig erkannt werden und sind daher vermeidbar. Die dargestellten Inhalte würden gedanklich in einem Reflexionsprozess wahrgenommen und verarbeitet werden. Besonders die Kooperationsvisualisierung würde eine unternehmenseigene, aber auch kooperationsübergreifende Reflexion – nicht nur ausschließlich von Problemen wie Engpässen – herbeiführen.

Visualisierungserstellung

Es entsteht eine *Intensivierung der kooperationsübergreifenden Reflexion der abgebildeten Situation* durch die Nutzung der Kooperationsvisualisierung. Diese Intensivierung der kooperationsübergreifenden Situationsreflexion durch die Nutzung der Kooperationsvisualisierung wird ermöglicht durch effizientere Informations- und Austauschprozesse in den beteiligten Unternehmen. Der Reflexionsprozess der beteiligten Akteure über die ausgetauschten Informationen wird ebenfalls intensiviert. Der Verweis auf Informationsobjekte in der Kooperationsvisualisierung und die Nutzung der Kooperationsvisualisierung intensiviert darüber hinaus die kooperationsübergreifende Reflexion der aktuellen und zukünftigen Situation innerhalb der Kooperation. Die Experten beschreiben insgesamt eine Beziehung zwischen der Nutzung der Kooperationsvisualisierung und Intensivierung der kooperationsübergreifenden Reflexionsprozesse. Die Nutzung führe zur Reflexionsintensivierung und diese wiederum zur Nutzung der Kooperationsvisualisierung. Dadurch würde die Kooperation effektiver und effizienter werden in der Erbringung der Leistungen durch die verschiedenen beteiligten Akteure. Ausgehend von den Expertenmeinungen, werden innovative Kooperationsvisualisierungen kreiert, indem alle Beteiligten der Kooperation bei der Visualisierungserstellung eingebunden sind. In einem ersten Schritt können die Kooperationsvisualisierungen in Workshops erstellt werden. Im zweiten Schritt können diese zwei bis fünf Personen aus der Kooperation zur Diskussion gestellt werden, damit Unklarheiten beseitigt und Anpassungen ermöglicht werden. Kooperationsvisualisierungswerkzeuge unterstützen während der Visualisierungserstellung.

Visualisierungsergebnis

Das Ergebnis der Kooperationsvisualisierung wird laut den Experten beschrieben durch eine *optimierte Kooperation, koordinierte Umsetzung und Controlling-Daten liegen vor*. Die in der Kooperationsvisualisierung abgebildeten Daten und Informationen stellen eine wichtige Grundlage für die *Optimierung, Koordination und* das *Controlling* der Kooperation dar. Laut den Expertenmeinungen existiert eine Beziehung zwischen der Kooperationsvisualisierung und Unternehmenskooperation z. B. bei Veränderungen. Hier besteht durch die Nutzung der Kooperationsvisualisierung die Chance die Unternehmenskooperation zu optimieren. Denkbare Veränderungen in Kooperationen sind Optimierungen der Abläufe der Kooperationsprozesse als auch Optimierungen der Kompetenzen von Kooperationspartnern. Diese Veränderungen müssen sich in der Kooperationsvisualisierung widerspiegeln. Außerdem können Unternehmenskooperationen besser koordiniert werden. Umstrukturierungen von Unternehmen in Kooperationen würden die Neukonzeption von allen Prozessen und Schritten erfordern. Daraus entstehen neue Anforderungen an die Prozesse und an die beteiligten Unternehmen. Die Koordination mithilfe der Kooperationsvisualisierung kann über die schrittweise Umstellung realisiert werden. Durch die Nutzung der Kooperationsvisualisierung besteht die Möglichkeit, Unternehmenskooperationen zu kontrollieren. Die Vorgaben an die Kooperationsvisualisierung werden durch das Management definiert. Einmal festgelegte zu modellierende Inhalte, wie z. B. Kooperationsprozesse, sind verpflichtend einzuhalten. Die Daten und Informationen für das Controlling liegen vor, z. B. über Kooperationsprozesse. Eine Kooperationsvisualisierung stellt ein geeignetes Controlling-Instrument dar z. B. für eine Abweichungsanalyse. Diese kann – je nach Art der Kooperationsvisualisierung, z. B. Abbildung von Kooperationsprozessen – in einer Analyse der geplanten abgebildeten Soll- und derzeitig realisierten Ist-Werten angewandt werden.

Visualisierungssystem

Eine *bessere Plan- und Erfahrbarkeit von Kooperationen durch Simulation, Schulung und Prozessstabilität* wird durch ein Kooperationsvisualisierungswerkzeug gefördert. Die Einführung und Nutzung eines computergestützten Werkzeugs erfolgt zur Verbesserung der *Plan- und Erfahrbarkeit von Kooperationen*. Es kann alle auf Papier dokumentierten Geschäftsprozesse digitalisiert abbilden und vereinfacht *durch Simulation* der Kooperationsmanagementprozesse die *Plan- und Erfahrbarkeit* in der Kooperation. Fehler in der Konzeption der Kooperation können so frühzeitig erkannt und vermieden werden. Für die *Simulation* müssen die Ist- und Soll-Situation der Geschäftsprozesse für die beteiligten Akteure darstellbar sein. Benutzer sollten verstehen können, welche Partner für welche Prozessschritte verantwortlich sind und wie der Prozessablauf in der Kooperation geplant ist. Ein Organisationshandbuch ist zur *Schulung* des Werkzeugs verfügbar. Das Handbuch unterstützt außerdem das *Planen und Erfahren von Kooperationen*, da die Funktionen und Simulationsmöglichkeiten des Werkzeugs darin erklärt sind. Das Werkzeug – zusammen mit dem Handbuch – kann eine *bessere Plan- und Erfahrbarkeit von Kooperationen* bewirken. Das sorgt für eine gewisse *Prozessstabilität* in der Kooperation, da jeder Partner das notwendige Know-how über die Geschäftsprozesse in der Kooperation einsehen und erlernen kann. *Prozessstabilität* entsteht zusätzlich durch eine geringere Fluktuation im Prozess (z. B. Wechsel von Verantwortlichen, Aufgaben und Anforderungen) und durch ein besseres Management im Prozess (z. B. durch Nutzung des Softwarewerkzeugs, der Dokumentation und Kompetenzen).

Risiken

Visualisierungspotenzial

Die Kooperationsvisualisierung gilt als *Innovationshemmnis, da Unternehmen sich an Wiedernutzung und Standardvisualisierungen orientieren*. Ein hoher Schwierigkeitsgrad in der Kooperation und daraus folgend komplexe Themen in der Kooperationsvisualisierung können zu einem *Innovationshemmnis* führen. Das kann die Erfindung von Geschäftsmodellen und Geschäftsprozessmodellen erschweren, z. B. zum Management von Engpässen. Die verschiedenen beteiligten Akteure können während der Kooperationsvisualisierung organisatorische, kapazitäts-, kosten- und ressourcenbasierte Probleme verursachen. Daher werden in beteiligten Unternehmen die *Wiedernutzung und Standardvisualisierungen* bevorzugt. Eine mehrmalige Nutzung und Standardisierungen von Kooperationsvisualisierungen führen dazu, dass der kooperationsübergreifende Reflexionsprozess der aktuellen und zukünftigen Situation in der Kooperation abnimmt. Die *Wiedernutzung und Standardvisualisierungen* führen zur Verkürzung des Reflexionsprozesses und das wiederum zu einem geringeren Mehrwert der Kooperationsvisualisierung für die beteiligten Unternehmen.

Visualisierungserstellung

Der *Dokumentationsaufwand durch zu viele Details führt zu fehlenden Ressourcen für die Kooperation* während der Visualisierungserstellung. Laut den Experten könne die persönliche Neigung, die Kooperationsvisualisierung möglichst detailreich und schön zu erstellen, den Aufwand für die Dokumentation erhöhen. Dieser Sachverhalt führe oft zu Nachlässigkeit, Ungenauigkeiten und Fehlern in der Kooperationsvisualisierung. Das könne zu einer Erhöhung der Leistungs- und Kostenstruktur der Partner führen, da mehr Eigenleistungen zu erbringen sind. Die Kosten für die Leistungserbringung in der Kooperation können dadurch insgesamt steigen. Daher gilt es vorab zu klären: Welcher Partner muss welche Ressourcen für die Dokumentation und Kooperation bereitstellen?

Visualisierungsergebnis

Die *Fehler in der Kooperationsvisualisierung fließen in die Prozessdurchführung ein*. Aus Expertensicht kann eine hohe Fehlerrate in der Kooperationsvisualisierung den Erfolg der Unternehmenskooperation mindern. Das zeige sich insbesondere in der *Prozessdurchführung* in Kooperationen, da hier *in der Kooperationsvisualisierung enthaltene Fehler einfließen* würden. Schlechtes Projektmanagement könne zu fehlerhaften Kooperationsvisualisierungen führen. Dadurch können Koordinationsprobleme entstehen, da es zu einer Kommunikation mit den falschen Partnern und durch Probleme in der Kooperation zu Prozessstillständen kommen könnte. Durch die Nutzung von fehlerbehafteten Kooperationsvisualisierungen wären außerdem keine Verbesserungs- und Vereinfachungsmöglichkeiten der Prozesse identifizierbar. Die Schwierigkeiten in der Kooperation oder welche Aufgaben zu übernehmen sind, könnten den Partnern nicht, wie geplant, aufgezeigt werden. Es würden sich Unklarheiten bei den Partnern bilden bei den zu erledigenden Aufgaben im Ablauf der Kooperationsprozesse: Was ist der nächste Prozessschritt in der Kooperation? Die *Fehler* würden außerdem zu einer niedrigen Akzeptanz der Kooperationsvisualisierung, fehlerhaften Bewertung der Beziehungen, Kosten und zeitlichen Restriktionen in der Kooperation führen. Es bestünde während der Prozessdurchführung das Risiko, falsche Entscheidungen, Maßnahmen und Problemlösungen zu beschließen. Vor der Prozessdurchführung von Unternehmenskooperationen sollte daher stets eine Fehlerüberprüfung der Kooperationsvisualisierung stattfinden, damit die Kooperation reibungslos funktioniert.

Visualisierungssystem

Es existiert ein Risiko bezüglich der *technischen Verfügbarkeit der Visualisierungen und Integration in die bestehende Funktionslandschaft*. Laut den Experten müssten die beteiligten Akteure viele verschiedene IT-Systeme im Unternehmen und in Kooperationen benutzen. Durch die Einführung eines weiteren Softwarewerkzeugs wie ein Werkzeug für die Kooperationsvisualisierung oder drei Bereiche Kompetenzmanagement, Dokumentation und Kooperationsmanagementprozesse würde die Anzahl der bestehenden IT-Systeme nochmals gesteigert werden. Aus Nutzersicht wäre damit die *technische Verfügbarkeit der Visualisierungen* nicht mehr zu hundert Prozent gewährleistet. Fehlende Updates, unterschiedliche Versionen von IT-Systemen, viele gleichzeitig zu nutzende IT-Systeme führen zur Verlangsamung von Arbeitsplatzrechnern, Kompatibilitätsproblemen der gespeicherten Dateien beim Öffnen, Redundanzen der Dateien durch doppelte oder sogar mehrfache Datenerfassung. Zudem wären schlechter IT-Support bei IT-Systemanfragen und IT-Systemabstürzen normal. Die IT-Unterstützung wäre aufgrund der sinkenden IT-Effizienz für Kooperationen nicht zu gewährleisten und damit auch nicht die *technische Verfügbarkeit der Visualisierungen*. Die in den verschiedensten IT-Systemen *integrierten Funktionen* wären außerdem kaum noch überschaubar für die beteiligten Akteure in Kooperationen. Die *technische Integration in die bestehende Funktionslandschaft* der bestehenden IT-Systeme würde oft eine Hürde darstellen. Wenn die Funktionen keine Übereinstimmung mit der *Funktionslandschaft* aufweisen, würden aufgrund niedriger Akzeptanz der Nutzer (z. B. verursacht durch unlogische, redundante und schwierig zu handhabende Funktionen) diverse IT-Insellösungen entstehen, oft in Form von eigenen Excel-Lösungen. Diese Daten würden sich dann nicht in den unternehmenseigenen IT-Systemen befinden und wären nicht für die beteiligten Akteure in Kooperationen verfügbar. Diese IT-Systemumgehung würde die Nutzung von unternehmenseigenen IT-Systemen und damit die *technische Verfügbarkeit der Visualisierungen* verringern mit schlechten Folgen für Kooperationen wie fehlende oder nicht ausreichende Kompetenzen und Informationen für die (geplante) Prozessdurchführung innerhalb der Unternehmenskooperation.

5.1.5 Delphi-Studie zur Hypothesenbildung zu Entwicklungspfaden der Kooperationsvisualisierung in Unternehmen

5.1.5.1 Qualitative Delphi-Studie und Stage-Ansatz

Bei dieser qualitativen Delphi-Studie handelt es sich um eine qualitative Querschnittsuntersuchung mit qualitativer Ausprägung und einer zugrunde gelegten verhaltenswissenschaftlichen Denkweise (Wilde, Hess 2007).

Eine Delphi-Studie stellt eine fragebogenbasierte Methode zur Organisation und zum Austausch von Meinungen dar. Damit wird im Speziellen auf Expertenmeinungen Bezug genommen. Das Ziel einer Delphi-Studie ist es, auf Basis von Expertenmeinungen einen inhaltlichen Konsens herzustellen. Diese Expertenmeinungen werden in Bezug auf einen Untersuchungsgegenstand, hier Hypothesen zu Entwicklungspfaden der Kooperationsvisualisierung in Unternehmen, systematisch erhoben. Dieser wird mithilfe eines Fragebogens erforscht, der die einzelnen Expertenmeinungen erfassen kann, damit in der letzten Runde der Delphi-Studie ein Expertenkonsens herstellbar ist. Für diesen Zweck unterstützt der Fragebogen den Kommunikationsprozess zwischen den Experten. Delphi-Studien können für alle Arten von Untersuchungsgegenständen durchgeführt werden. Es handelt sich hierbei um eine zumeist qualitative Forschungsmethode zur Meinungsermittlung durch eine Gruppendiskussion (Häder 2014).

Die Delphi-Studie kann ebenfalls als gemischte Forschungsmethode mit qualitativen und quantitativen Anteilen betrachtet werden, insbesondere wenn in der ersten Runde qualitative Daten, z. B. Expertenmeinungen, textuell erhoben werden und diese in späteren Runden quantitativ durch die Experten beurteilt werden sollen. Die Delphi-Studie kann daher zur Erhebung von qualitativen und quantitativen Daten genutzt werden (Stewart 2001).

Der Ablauf einer Delphi-Studie kann in fünf Schritten geplant und realisiert werden. In einem ersten Schritt wird der Fragebogen zur Abfrage von forschungsfragenrelevanten Sachverhalten aufgebaut. Im zweiten Schritt wird der Fragebogen an eine Expertengruppe gesendet. Die Experten füllen diesen Fragebogen anonym und mithilfe ihres Fachwissens aus. Im dritten Schritt erfolgt die Auswertung des Fragebogens. In einem vierten Schritt werden die Auswertungsergebnisse in den Fragebogen integriert und der zweite Schritt wird erneut durchgeführt, d. h. die Experten werden mit den Ergebnissen der vorherigen Runde konfrontiert. Der Schritt fünf sieht bei Bedarf vor, dass die Schritte zwei bis vier wiederholt werden können (Schulz, Renn 2009).

In der ersten Runde kann mit einer offenen Fragestellung zur Erhebung von qualitativen Daten gestartet werden. Diese Fragen werden durch die Experten völlig frei beantwortet. Für die Vorbereitung der zweiten Runde findet darauf eine Zusammenfassung dieser offenen Antworten statt, z. B. mithilfe einer qualitativen Inhaltsanalyse. Danach kann in einer zweiten Runde eine Bewertung der genannten Aspekte durch die Experten erfolgen, z. B. in Form einer Rangfolgenbildung durch die Experten (Paetz et al. 2011).

In diesem Forschungsbeitrag wurde die methodische Vorgehensweise nach Paetz et al. (2011) zur Durchführung der Delphi-Studie in zwei Runden angewendet und adaptiert. Es wurden empirische qualitative Daten erhoben. In einem ersten Schritt wurde das Thema bzw. der Untersuchungsgegenstand festgelegt und konkretisiert. Darauf aufbauend erfolgten die Entwicklung eines Online-Fragebogens sowie die Gewinnung von Experten zur Durchführung der Delphi-Studie in zwei Runden. Nach der ersten Runde wurden die qualitativ erhobenen Daten in einer zweiten Befragungsrunde quantitativ durch die Experten zur Konsensbildung bewertet. In diesem Beitrag werden die Gesamtergebnisse der Datenanalyse dargestellt (Köck-Hódi, Mayer 2013). Die Ergebnisse beider Runden der Delphi-Studie repräsentierten die Experteneinschätzungen zu den Hypothesen zu Entwicklungspfaden der Kooperationsvisualisierung in Unternehmen hinsichtlich der untersuchten Schlüsselbereiche Modellierungstechniken, -kompetenzen und -IT-Infrastruktur (Abramovici et al. 2010).

Die Datenerhebung wurde als eine zweistufige Online-Befragung mit dem Befragungswerkzeug LimeSurvey (LimeSurvey GmbH 2016) durchgeführt. Dafür wurde zuvor eine zu befragende Expertengruppe festgelegt. Die Experten sollten möglichst Erfahrungen durch ihre Arbeit in Unternehmenskooperationen und mit der Kooperationsvisualisierung in Unternehmen aufweisen. Dazu wurden infrage kommende Experten mit einem Motivationsanschreiben zur Delphi-Studie über ein Online-Netzwerk für Geschäftskontakte sowie über bestehende Kontakte zur Unternehmenspraxis aus dem Forschungsprojekt Cooperation Experience angefragt. Das Ergebnis bestand aus einer Liste mit 50 potenziellen Teilnehmenden. In der ersten Runde sind online 17 Fragebogen vollständig ausgefüllt worden.

Die Datenerhebung in der zweiten Runde der Delphi-Studie (Stichprobe n = 11) basiert auf der Auswertung der elf vollständig ausgefüllten Fragebogen einer Gruppe von Experten, welche ebenfalls an der ersten Runde der Delphi-Studie (Stichprobe n = 17) teilgenommen hatten. Sechs dieser Experten nahmen nicht an der zweiten Runde teil. Die Rücklaufquote beträgt demnach 34 % in der ersten Runde und 65 % in der zweiten Runde der Delphi-Studie. Die Experten wurden per E-Mail zu den einzelnen Runden eingeladen und es wurde eine Erinnerung an die Teilnahme zur Delphi-Studie nach einer Woche per E-Mail versendet. Die gesamte Feldlaufzeit der Delphi-Studie wurde vom 03.11 bis zum 16.11 (erste Runde) und vom 20.11 bis zum 11.12.2015 (zweite Runde) geplant und eingehalten.

Die Expertengruppe in der zweiten Runde der Delphi-Studie (Stichprobe n = 11) hatte ein Durchschnittsalter von 33 Jahren sowie eine durchschnittliche Berufserfahrung von 11 Jahren. Die Unternehmen, in denen die Experten arbeiten, haben ihren Hauptsitz in Deutschland (100 %). Die Gruppe bestand zu 55 % aus männlichen Experten und zu 45 % aus weiblichen

Experten. Ein Anteil von 55 % der Expertengruppe arbeitet aktuell in einer Unternehmenskooperation, 27 % haben früher in einer Unternehmenskooperation und 18 % haben noch nie in einer Unternehmenskooperation gearbeitet. Von den Experten, welche in Unternehmenskooperationen arbeiten oder gearbeitet haben (82 %), nutzen aktuell 44 % die Kooperationsvisualisierung, 22 % nutzten früher die Kooperationsvisualisierung und 33 % haben noch nie die Kooperationsvisualisierung genutzt. Von den Experten, welche noch nie in einer Unternehmenskooperation gearbeitet haben (18 %), wird die Nutzung der Kooperationsvisualisierung als sinnvoll (50 %) bzw. nicht sinnvoll (50 %) angesehen. Die Experten haben ihren Aufgabenbereich zu 55 % im Projektmanagement (z. B. Projektleitung, -durchführung) und zu 45 % in der Forschung und Entwicklung (z. B. Konstruktion). Die Expertengruppe besteht aus Beschäftigten auf der unteren Managementebene 45 % (z. B. Gruppenleitung, Beschäftigte mit Planungs-, Organisations-, Steuerungs-, Koordinations-, Projektaufgaben), mittleren Managementebene 27 % (z. B. Abteilungs-, Bereichs-, Betriebs-, Projektleitung), obersten Managementebene 9 % (z. B. Geschäftsführung, Vorstand, Präsidium, Prokura) und 18 % haben eine berufliche Stellung ohne Managementaufgaben, wie oben aufgeführt.

Die Branchen der Unternehmen, in denen die Experten arbeiten, sind: Erbringung von Beratungsdienstleistungen (18 %), Wissenschaft (36 %), Bau und Betrieb von Gebäuden (18 %), Anlagen- und Maschinenbau (9 %), öffentliche Verwaltung (9 %) und sonstige Branchen (9 %). Die Standorte der Unternehmen mit ihrem Hauptsitz in Deutschland befinden sich in den folgenden Bundesländern: Bayern (9 %), Hessen (18 %), Mecklenburg-Vorpommern (9 %), Nordrhein-Westfalen (55 %) und Sachsen (9 %). Die Unternehmen haben in etwa 1 bis 9 Beschäftigte (9 %), 10 bis 499 Beschäftige (18 %) und 500 und mehr Beschäftigte (73 %). Der Umsatz der Unternehmen beträgt in etwa weniger als 1 Million (10 %), 1 Million bis weniger als 50 Millionen (45 %) und 50 Millionen und mehr (45 %). Darunter befanden sich demnach kleine Unternehmen (10 %), mittlere Unternehmen (45 %) und große Unternehmen (45 %), d. h. die kleinen und mittleren Unternehmen (KMU) sind mit einem Anteil von 55 % in der Expertengruppe vertreten (Institut für Mittelstandsforschung Bonn 2016).

Die Nennungen aus der ersten Runde wurden einer qualitativen Inhaltsanalyse unterzogen (Paetz et al. 2011). Das Ziel war es, den Einfluss auf die quantitative Rangfolgenbildung auf Basis der Ergebnisse der zweiten Runde der Delphi-Studie minimal zu halten. Es wurden daher Anonymisierungen, Rechtschreibkorrekturen und Zuordnungen zu der im Online-Fragebogen der ersten Runde der Delphi-Studie angegebenen schrittweisen Entwicklung der zahlreichen Nennungen vorgenommen sowie Redundanzen eliminiert. Zusammenfassungen in Klassen erfolgten bei Nennungen, welche bereits wörtlich oder dem Sinn nach in anderen Nennungen enthalten waren.

Für die Ermittlung der Ergebnisse der zweiten Runde der Delphi-Studie wurden pro ausgewählte Nennung alle vergebenen Ränge aus dem Online-Fragebogen ermittelt. Für die Rangfolgenbildung wurden die Daten ordinalskaliert (Auer, Rottmann 2015). Dazu wurden die Anzahl und Summe der Ränge gebildet. Die Summe wurde darauf durch die Anzahl der Ränge geteilt, um den jeweiligen Durchschnittsrang der Nennung zu berechnen. Die Durchschnittsränge der ausgewählten Nennungen wurden aufsteigend sortiert. Dadurch wurde die schrittweise Entwicklung der Kooperationsvisualisierung in Unternehmen erkennbar. Der Rang einer Nennung wurde über alle berechneten Durchschnittsränge der Nennungen bestimmt. Die Ränge der Nennungen unterstützten bei der Bestimmung von sinnvoll getrennten Entwicklungsschritten pro Schlüsselbereich in den Hypothesen zu Entwicklungspfaden der Kooperationsvisualisierung in Unternehmen.

5.1.5.2 Gebildete Hypothesen zu Entwicklungspfaden der Kooperationsvisualisierung in Unternehmen

Entwicklungspfade der Kooperationsvisualisierung in Unternehmen

Die drei untersuchten Schlüsselbereiche Modellierungstechniken, -kompetenzen und -IT-Infrastruktur wurden bei den Methoden in das Analyseraster zur Kooperationsvisualisierung in Unternehmen einsortiert (vgl. Abb. 5.4, Abb. 5.9 und Abb. 5.10).

Die Modellierungskompetenzen bestimmen das Visualisierungspotenzial und Visualisierungsergebnis aus der Sicht der potenziellen und tatsächlichen Nutzer der Kooperationsvisualisierung. Die Modellierungstechniken werden für die Visualisierungserstellung benötigt. Die Modellierungs-IT-Infrastruktur repräsentiert das Visualisierungssystem zur Unterstützung des Visualisierungserstellungsprozesses in allen drei Dienstleistungsprozessschritten: Visualisierungspotenzial, Visualisierungserstellung und Visualisierungsergebnis..

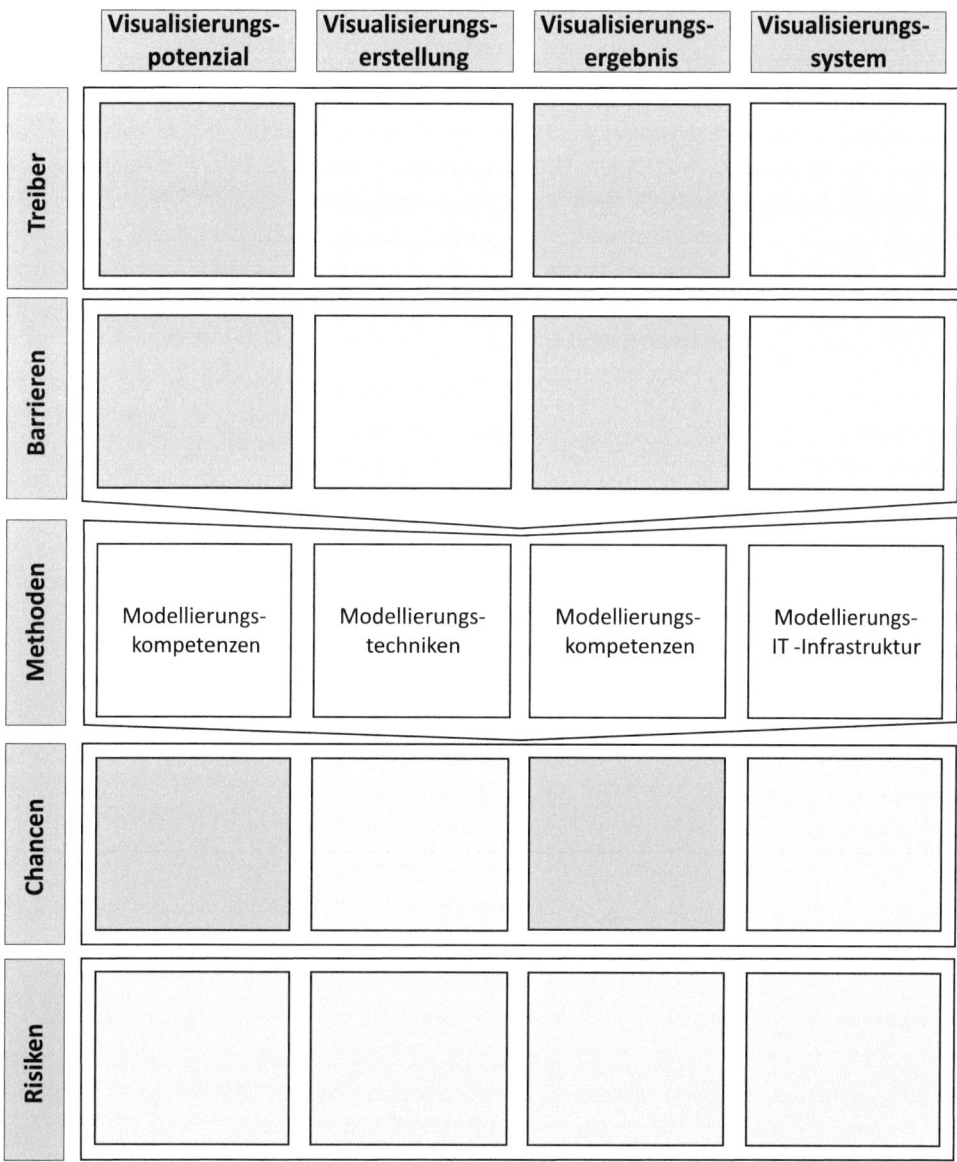

Abb. 5.10 Schlüsselbereiche im Analyseraster zur Kooperationsvisualisierung in Unternehmen

Die Entwicklungspfade der Kooperationsvisualisierung in Unternehmen sind gekennzeichnet durch eine anfängliche, unvollständige Situation (*Entwicklungsstufe 1: Initial*) und eine optimale, definierte Situation (*Entwicklungsstufe 5: Optimierend*). Dazwischen befinden sich Entwicklungsstufen, die es ermöglichen sollen, die Kooperationsvisualisierung in Unternehmen schrittweise einzuführen. Bei der Benennung der fünf Entwicklungsstufen erfolgte eine Orientierung an dem Capability Maturity Model Integration (CMMI) (in Anlehnung an Kahl 2009, wibas GmbH 2015a, wibas GmbH 2015b). Die fünf *Entwicklungsstufen* sind: *(1) Initial, (2) Gemanagt, (3) Definiert, (4) Etabliert Gemanagt* und *(5) Optimierend* (vgl. Abb. 5.11).

Auf der *Entwicklungsstufe 1: Initial* werden die Aktivitäten normalerweise *improvisiert, spontan und ohne festgelegte Reihenfolge* ausgeführt. Bei der *Entwicklungsstufe 2: Gemanagt* werden die Aktivitäten entsprechend der *Reihenfolgen geplant und durchgeführt*. In der *Entwicklungsstufe 3: Definiert* werden die Aktivitäten verständlich beschrieben mithilfe von *Gesetzmäßigkeiten, Prozeduren, Werkzeugen und Ansätzen*. Auf der *Entwicklungsstufe 4: Etabliert Gemanagt* sind die *Ziele der Kooperationsvisualisierung* in Unternehmen als Kriterien für das Kooperationsmanagement *etabliert*. Bei der *Entwicklungsstufe 5: Optimierend* wird die Kooperationsvisualisierung in Unternehmen *kontinuierlich verbessert* durch ein Verständnis der Ziele und Leistungen. Die Unternehmen nutzen einen geeigneten, optimierten Ansatz, um die Kooperation einfach und verständlich abzubilden (vgl. Abb. 5.11).

In einer Detailbetrachtung hinsichtlich der fünf *Entwicklungsstufen* für die Schlüsselbereiche Modellierungstechniken, -kompetenzen und -IT-Infrastruktur am Beispiel der Methoden ist ersichtlich, wie die Unternehmen von der anfänglichen Situation zu einer bestmöglichen Situation gelangen und diese drei Entwicklungspfade planen, koordinieren und kontrollieren können (vgl. Abb. 5.11).

Die Entwicklung wird am Beispiel der *Methoden* in den folgenden Abschnitten aufgezeigt, indem auf die drei *Schlüsselbereiche* und fünf *Entwicklungsstufen* eingegangen wird.

Entwicklung der Kooperationsvisualisierung in Unternehmen	Schlüsselbereich I: Modellierungstechniken	Schlüsselbereich II: Modellierungskompetenzen	Schlüsselbereich III: Modellierungs-IT-Infrastruktur
Entwicklungsstufe I: Initial (Improvisiert, spontan und ohne festgelegte Reihenfolge)	Auswahl einer situativ geeigneten Modellierungstechnik für die Kooperationsvisualisierung	Situative Schulungen und undifferenzierte Schulungsangebote für die Kooperationsvisualisierung	Recherchen nach situativ geeigneten Werkzeugen und Browserlösungen für die Kooperationsvisualisierung
Entwicklungsstufe II: Gemanagt (Reihenfolgen geplant und durchgeführt)	Granularität durch Modellierungssystemebenen in der Kooperationsvisualisierung	Weiterbildungspfad und aufeinander aufbauende Schulungen der Kooperationsvisualisierung	Kollaboratives Arbeiten in der Modellierung z. B. mit Hilfe einer Cloud-Lösung
Entwicklungsstufe III: Definiert (Gesetzmäßigkeiten, Prozeduren, Werkzeuge und Ansätze)	Etablierung eines Metamodells, der Modellierungskonventionen und des -handbuchs	Unternehmensspezifischer Weiterbildungspfad und die Vorteile der Regelbasis werden verstanden und akzeptiert	Weiterentwicklung zu einem kollaborativen Modellierungswerkzeug wie ARIS oder Signavio
Entwicklungsstufe IV: Etabliert Gemanagt (Ziele der Kooperationsvisualisierung etabliert)	Evaluationsrahmenwerks für die Modellierung führen zu niedrigeren Kosten und zu einer höheren Modellqualität	Beurteilungskriterien sind bekannt und dienen für die Unterscheidung von guten und schlechten Kooperationsmodellen	Monitoring der Kooperationsmodellierung in Echtzeit durch automatisiert erstellte und dargestellte Kennzahlen
Entwicklungsstufe V: Optimierend (Kontinuierlich verbessert)	Gezielte Maßnahmen aufgrund der optimierten Kosten-Nutzen-Relation der Kooperationsvisualisierung	Grundlegende Infragestellung ob alles komplett anders gemacht werden soll oder wie man gemeinsam modelliert	Metamodellierungswerkzeug und Durchsuchen von großen Modellsystemen mit einer Modellabfragesprache

Abb. 5.11 Hypothesen zu Entwicklungspfaden der Kooperationsvisualisierung in Unternehmen

Hypothesen zum Entwicklungspfad der Modellierungstechniken

Entwicklungsstufe 1: Initial

Die *Auswahl einer situativ geeigneten Modellierungstechnik* für die Koopertionsvisualisierung erfolgt bereits bei der Planung, jedoch spätestens bei der Einführung der Kooperationsvisualisierung in Unternehmen. Die Abbildung der verfügbaren Kompetenzen auf Personalebene erfolgt hinsichtlich des vorhandenen Wissens. Verfügbare Ressourcen werden dargestellt. Die ausgewählte Modellierungstechnik sollte ebenfalls die Modellierung auf einem Flip Chart bzw. Whiteboard ermöglichen. Beispiele für die *Auswahl einer situativ geeigneten Mo-*

dellierungstechnik für die Kooperationsvisualisierung sind: Eine Modellierungstechnik für die Abbildung von Geschäftsmodellen, z. B. Business Model Canvas (BMC) zur Darstellung von Schlüsselfaktoren der Kooperation oder eine Modellierungstechnik für die Abbildung von Geschäftsprozessen, z. B. BPMN (Business Process Model and Notation), umgesetzt als ein Swimlane-Diagramm für das Prozessscreening in der Kooperation.

Entwicklungsstufe 2: Gemanagt

Es entsteht *Granularität durch Modellierungssystemebenen in der Kooperationsvisualisierung* in Unternehmen. Die Granularität durch Modellierungssystemebenen wird erzeugt, indem ein systematischer und umfassender Aufbau durch verschiedene Ebenen in der Kooperationsvisualisierung umgesetzt wird. Dazu eignet sich für die erste Ebene der Kooperationsvisualisierung ein Ordnungsrahmen, der zur Detailmodellverfeinerung aufgebaut werden sollte. Die Kooperationsvisualisierung erfolgt pro Ebene durch die Anwendung der ausgewählten situativ geeigneten Modellierungstechnik schrittweise.

Entwicklungsstufe 3: Definiert

Die Entwicklung und Einführung *eines Metamodells* als bessere Übersicht über die abgebildeten Geschäftsmodelle bzw. Geschäftsprozesse ist *etabliert*. Es erfolgt die Erweiterung der ausgewählten situativ geeigneten Modellierungstechnik um notwendige Details sowie die periodische Überprüfung der Modelle. Dafür ist die Einführung der *Modellierungskonventionen* notwendig. Es werden Symbole und Pfeile sowie Navigations- und Verknüpfungsoptionen zur Modellierungstechnik hinzugefügt. Die eingeführten *Modellierungskonventionen* liefern die Regeln für die Modellierung der Kooperation. Das *Metamodell* und die *Modellierungskonventionen* werden in einem *Modellierungshandbuch* für die Kooperationsvisualisierung in Unternehmen dokumentiert. Das *Modellierungshandbuch* enthält auch notwendige Erklärungen für die Modellierung der Geschäftsmodelle bzw. Geschäftsprozesse und auszutauschenden Informationen in der Kooperation.

Entwicklungsstufe 4: Etabliert Gemanagt

Die Nutzung eines *Evaluationsrahmenwerks für die Modellierung führen zu niedrigeren Kosten und zu einer höheren Modellqualität* innerhalb der Kooperationsvisualisierung in Unternehmen. Ein Evaluationsrahmenwerk ermöglicht es, die Effektivität und Effizenz der Kooperationsvisualisierung in Unternehmen hinsichtlich der Modellierung der Geschäftsprozesse bzw. Geschäftsmodelle zu verbessern. Die Kosten aus der Sicht der Modellierung bzw. Modellierer werden hierdurch verringert, da weniger Aufwand für die Entwicklung und Interpretation der Modelle durch eine höhere Verständlichkeit notwendig ist. Die Modellqualität wird gleichzeitig erhöht, da die Modelle beispielsweise eine höhere Zweckmäßigkeit für die Nutzung in der Kooperation aufweisen.

Entwicklungsstufe 5: Optimierend

Unternehmen können *gezielte Maßnahmen aufgrund der optimierten Kosten-Nutzen-Relation der Kooperationsvisualisierung* vornehmen. Dazu ist es wichtig, die Kosten-Nutzen-Relation der Kooperationsvisualisierung zu verbessern und auch selbst zu hinterfragen. Gezielte Maßnahmen können nur dann vorgenommen werden, wenn entsprechende Kennzahlen aus dem Evaluationsrahmenwerk bekannt sind, z. B. über die Einfachheit der Nutzung der Kooperationsvisualisierung in Unternehmen. Daher können gezielte Maßnahmen auch als Gegenmaßnahmen bei gemessenen Kennzahlen mit unzureichender Ausprägung verstanden werden. Eine niedrige Einfachheit der Nutzung würde dann gezielte Maßnahmen erfordern wie z. B. die Reduzierung der Komplexität durch weniger Details in der Kooperationsvisualisierung. Eine webbasierte Erfahrbarkeitsumgebung ist zur Verbesserung der Kosten-Nutzen-Relation der Kooperationsvisualisierung eingeführt und wird weiter optimiert, indem ein kooperationsübergreifender Cooperation Experience-Wiki-Ansatz verfolgt und Plugins überprüft und, falls nötig, neue angelegt werden, wie z. B. ein verbessertes Webinterface. Darüber hinaus wird die Kooperationsvisualisierung optimiert, indem Verbesserungen an den Abbildungen, der zur Verfügung gestellten Dokumentation in der Erfahrbarkeitsumgebung wie dem Modellierungshandbuch und Werkzeugen für die Kooperationsvisualisierung abgeschlossen werden.

Hypothesen zum Entwicklungspfad der Modellierungskompetenzen

Entwicklungsstufe 1: Initial

Im Unternehmen werden *situative Schulungen durchgeführt und undifferenzierte Schulungsangebote für die Kooperationsvisualisierung* zusammengestellt. Dafür wurden genügend Modellierer eingestellt. Die Inhalte der situativen Schulungen und undifferenzierten Schulungsangebote sind die Symbole und Syntax der ausgewählten situativ geeigneten Modellierungstechnik, die erlernt werden soll. Im Vordergrund steht das Erlernen der Abbildung der Kernprozesse im Unternehmen, welche für Interaktionen in der Kooperation wichtig sind. Das Denken in Prozessen, Kooperationen und Informationsobjekten wird durch die situativen Schulungen gefördert. Es entsteht ein allgemeines Abstraktionsvermögen.

Entwicklungsstufe 2: Gemanagt

Im Unternehmen werden ein *Weiterbildungspfad und aufeinander aufbauende Schulungen der Kooperationsvisualisierung* eingeführt. Die Systematisierung in den *Schulungen* ermöglicht es, die an Detailierungsgrade angepasste Modellierung zu erlernen. Die Modellierer werden im *Weiterbildungspfad* gezielt in der Anwendung der zu nutzenden Modellierungstechnik geschult. Im *Weiterbildungspfad* werden die Kenntnisse über die Prozesse und der Prozessmodellierung ausgebaut. Hierfür sind konzeptions- und präsentationsbasierte Aspekte wichtig.

Entwicklungsstufe 3: Definiert

Mittlerweile besteht ein *unternehmensspezifischer Weiterbildungspfad und die Vorteile der Regelbasis werden verstanden und akzeptiert*. Im Unternehmen wird nicht mehr nur allgemein die Modellierungstechnik erlernt, sondern auch das Modellierungswerkzeug, die Kooperationsregeln und Moderationstechniken zur Informationsermittlung werden über gemeinsame Schulungen angeeignet. *Die Vorteile der Regelbasis* bzw. Modellierungskonventionen *werden verstanden und akzeptiert*. Die Modellierer können das Modellierungshandbuch lesen, aktualisieren und wissen, wo im Unternehmen das Handbuch als Rahmenwerk für die Modellierung der Kooperation – nicht nur für Schulungszwecke – aufzufinden ist. Der *unternehmensspezifische Weiterbildungspfad* ermöglicht ein funktionierendes Prozessmanagement. Es bestehen hervorragende IT-Kenntnisse, Kenntnisse über die Modellierungstechnik und das Werkzeug für die Kooperationsvisualisierung. Darauf aufbauend kann die Analyse der Kooperationsvisualisierung erfolgen. Für die Analyse von abgebildeten Kooperationsprozessen werden gemeinsame Workshops geleitet. Allgemein besteht eine Fähigkeit zur Standardisierung in der Modellierung. Die Modellierer sind in der Lage, die Komplexität der Kooperation zu abstrahieren, zu ordnen und grafisch zu designen.

Entwicklungsstufe 4: Etabliert Gemanagt

Die *Beurteilungskriterien sind bekannt und dienen für die Unterscheidung von guten und schlechten Kooperationsmodellen*. Die Modellierer haben ein ausgeprägtes Priorisierungsvermögen entwickelt und kennen die Beurteilungskriterien für die Erstellung und Analyse der Kooperationsvisualisierung in Unternehmen. Dadurch ist es ihnen möglich, gute von schlechten Kooperationsmodellen zu unterscheiden. Diese haben die Kompetenz, die Vorteile der Kooperation herauszuarbeiten, um die Zweckmäßigkeit der Modellierung zu erkennen und einzuhalten. Die Multizwecke der Modellierung der Kooperation sind bekannt und können unterschieden werden. Es entsteht ein Überblick über Standards der Kooperationsmodellierung.

Entwicklungsstufe 5: Optimierend

Es entsteht die *grundlegende Infragestellung, ob alles durchgängig anders gemacht werden soll oder wie man gemeinsam modelliert*. Die Fähigkeit zur einfach verständlichen Kooperationsvisualisierung wird ausgebaut. Das führt zu der Frage, ob alles komplett anders gemacht werden soll. Das Konfliktmanagement wird eingeführt und optimiert. Die Anwendung der Prozessmodellierung erfolgt in kleinen Testgruppen. Die Vermittlung von Kenntnissen konzentriert sich auf die Kenntnisse hinsichtlich des Modellierungshandbuches. Es wird eine zielgruppengerechte Präsentation der Kooperationsvisualisierungen angestrebt. Daher stellt sich die Frage, wie man gemeinsam modelliert, sodass trotzdem Effektivität und Effizienz in der Kooperationsvisualisierung in Unternehmen aufrechterhalten bleibt.

Hypothesen zum Entwicklungspfad der Modellierungs-IT-Infrastruktur

Entwicklungsstufe 1: Initial

Im Unternehmen finden *Recherchen nach situativ geeigneten Werkzeugen und Browserlösungen für die Kooperationsvisualisierung* statt. Anfangs werden situativ geeignete Werkzeuge wie PowerPoint, Excel und Visio sowie Browserlösungen wie Signavio für die Kooperationsvisualisierung in Unternehmen recherchiert, eingeführt und genutzt – mit allen Vorteilen, welche so ein Programm gegenüber einem computergestützten Modellierungswerkzeug wie ARIS nicht hat, z. B. die Überprüfung der Kooperationsmodelle auf fehlerfreie Syntax.

Entwicklungsstufe 2: Gemanagt

Das *kollaborative Arbeiten in der Modellierung* wird möglich z. B. mithilfe einer Cloud-Lösung. Die IT-Abteilung hat dafür eine Kooperationsplattform bereitgestellt. Eine kooperationsübergreifende IT-Sicherheitsinfrastruktur für die Modellierung wurde installiert. Es besteht eine kooperationsunterstützende und flexible Rechentechnik. Die Modellierung erfolgt mit einem kollaborativen Werkzeug für die Kooperationsvisualisierung. Z. B. wird am PC *kollaboratives Arbeiten in der Modellierung mithilfe einer Cloud-Lösung* sichergestellt. Über die *Cloud-Lösung* ist die zentrale, geschützte Ablage von Daten möglich. Das Werkzeug unterstützt bei der Durchführung von Änderungen an der Kooperationsvisualisierung. Es können Sperrprotokolle für Änderungen festgelegt sowie Änderungen mit Kommentaren versehen werden. Das Werkzeug gibt Standardaustauschformate für die Daten vor und es können damit kooperationsübergreifende Datenschutzrichtlinien erstellt werden – nicht nur Sperrprotokolle. Dadurch können Daten jederzeit ohne Anpassung der Datenformate ausgetauscht werden. Das kollaborative Werkzeug ist dazu gedacht, von dem einen Modelltyp in den anderen Modelltyp zu verweisen. Es ist nicht unbedingt für die automatische Modellierung geeignet.

Entwicklungsstufe 3: Definiert

Die *Weiterentwicklung zu einem kollaborativen Modellierungswerkzeug wie ARIS oder Signavio* wurde durchgeführt. Die Kooperationsplattform wurde durch die IT-Abteilung ausgebaut. Das *kollaborative Modellierungswerkzeug* für die Kooperationsvisualisierung wurde auf den neuesten Stand angepasst. Es deckt die folgenden Anforderungen ab: einfache Handhabung, Transparenz, Kompatibilität und Flexibilität. Es wurden Datenbanken bereitgestellt und eine (öffentliche) Schlüsselinfrastruktur aufgebaut. Das *weiterentwickelte kollaborative Modellierungswerkzeug* ermöglicht nun unter anderem die schnelle und einfache Anpassung von Regeln für die Modellierung, das Ablegen von Objekten im Repository und den Zugriff auf unterschiedliche Modelle.

Entwicklungsstufe 4: Etabliert Gemanagt

Das *Monitoring der Kooperationsmodellierung in Echtzeit durch automatisiert erstellte und dargestellte Kennzahlen* ist im Unternehmen etabliert. Für das Monitoring der Kooperationsmodellierung wird eine schnelle und flexible Netzwerktechnik genutzt, die das Auslesen von Echtzeit-Daten ermöglicht, z. B. eine Service-Oriented Architecture (SOA) oder ein Enterprise Service Bus (ESB). Durch die automatisiert erstellten und dargestellten Kennzahlen ist das Modellierungscontrolling möglich, z. B. wie viele Fehler aktuell in der Kooperationsmodellierung korrigiert wurden. Andere Beispiele für Kennzahlen bei Prozessmodelländerungen sind z. B. Anzahl der Eliminationen, Parallelisierungen, Auslagerungen, Einbindungen, Varianten, Iterationen etc. Ausgewählte Kennzahlen werden in dem kollaborativen Modellierungswerkzeug bildlich aufbereitet und in Echtzeit automatisch aktualisiert. Damit ist ein effektives Modellierungscontrolling sichergestellt.

Entwicklungsstufe 5: Optimierend

Im Unternehmen werden das *Metamodellierungswerkzeug und Durchsuchen von großen Modellsystemen mit einer Modellabfragesprache* kontinuierlich verbessert. Grundlegende Dienste für die Kooperationsmodellierung werden optimiert, so z. B. installierte Plugins und die Suchfunktion in dem kollaborativen Modellierungs- und *Metamodellierungswerkzeug*. Dadurch wird das *Durchsuchen von großen Modellsystemen mit einer Modellabfragesprache* möglich. Es sind Workflow Patterns festlegbar, die im *großen Modellsystem* aufgezeigt werden können. Es entstehen mustergültige Kooperationsprozesse, welche das Potenzial haben, die Effektivität und Effizienz des Technologiemanagements zu erhöhen. Neue Konzepte für die kollaborative Kooperationsmodellierung in Unternehmen, wie ein Cooperation Experience-Cockpit oder Cooperation Experience-War Room werden ausprobiert und es wird eine Entscheidung darüber getroffen, ob diese eingeführt werden sollen oder nicht. Mehrere Computer und Bildschirme repräsentieren ein installiertes Instrument für das Modellierungscontrolling – das Cooperation Experience-Cockpit. Dieses ermöglicht ebenfalls das Monitoring der Kooperationsmodellierung in Echtzeit durch automatisiert erstellte und auf mehreren Bildschirmen dargestellte Kennzahlen. Beim Cooperation Experience-War Room handelt es sich um einen kreativitätsfördernden Modellierungsraum, ausgestattet mit Whiteboards, Flip Charts, Pinnwänden, Grafiktabletts, Beamer, Remote-Controller für die gemeinsame Nutzung des Modellierungswerkzeugs und der Erfahrbarkeitsumgebung etc. Wahlweise können beide Konzepte im Unternehmen miteinander verbunden werden, indem das Cooperation Experience-Cockpit im Cooperation Experience-War Room aufgebaut wird.

5.1.6 Diskussion der Forschungsergebnisse

Ausgangslage der Kooperationsvisualisierung in Unternehmen

Die statistische Beschreibung der *Ausgangslage der Kooperationsvisualisierung in Unternehmen* hilft bei der eigenen Positionierung, indem ein Abgleich zwischen den beschriebenen statistischen Ergebnissen in Abschnitt 5.1.3 und der eigenen Situation in der Kooperationsvisualisierung vorgenommen wird. Dafür wurden die notwendigen Nutzungseffekte, -barrieren, -anforderungen und -varianten beschrieben. Beispielsweise könnte eine Kooperationsvisualisierung in Unternehmen darin bestehen, dass diese lediglich für die Planung von Kooperationen (Nutzungseffekt), den Aufbau des notwendigen Know-hows (Nutzungsbarriere) ohne lange Einarbeitungszeiten (Nutzungsanforderung) in einem kooperativen Projekt (Nutzungsvariante) genutzt werden soll. Die beschriebene Ausgangslage ermöglicht es Unternehmen z. B., weitere Einsatzbereiche zu erkennen, die in anderen Unternehmen erschlossen werden. Diese Impulse können dazu beitragen, dass Unternehmen mit wenig Aufwand mehr erreichen und das Potenzial der Kooperationsvisualisierung besser ausnutzen.

Zu beachten ist, dass die Ergebnisse der quantitativen Studie nur für die Bundesrepublik Deutschland repräsentativ sind. Daher ist die Ausgangslage nur für KMUs und große Unternehmen mit dem Standort Deutschland relevant.

Analyseraster zur Kooperationsvisualisierung in Unternehmen

Das in Abschnitt 5.1.4 gestaltete *Analyseraster* kann als Instrument zur Unterstützung bei der *Kooperationsvisualisierung in Unternehmen* sowie bei Entscheidungen nach Fink et al. (2014) dienen. Das Raster bietet ein breites Analysespektrum, da durch die Schlüsselfaktoren beachtenswerte Aspekte dargestellt werden können. Es unterstützt bei der systematischen und umfassenden Diskussion aller 20 Analysemöglichkeiten hinsichtlich der Frage: Wo stehe ich und was sind geeignete Maßnahmen? Die *Kooperationsvisualisierung* kann anhand des *Analyse-Rasters* über die Zuordnung und Beschreibung unternehmensindividueller Aspekte zu der ersten Dimension *Treiber, Barrieren, Methoden, Chancen* und *Risiken* und zu der zweiten Dimension *Visualisierungspotenzial, -erstellung, -ergebnis* und *-system* geplant, koordiniert und kontrolliert werden.

Die empirische Datenbasis aufgrund der Experteninterviews für die Gestaltung und Verbesserung des *Analyserasters* könnte erweitert werden. Es könnten andere Experten befragt werden und es wären andere Auswertungsmöglichkeiten anwendbar, wie z. B. die Bildung von Kategorien nach Meuser und Nagel (1991) oder die qualitative Inhaltsanalyse nach Mayring (2003). Dadurch könnte das *Analyseraster* in weiterführenden Forschungsarbeiten iterativ durch andere und/oder ergänzende Dimensionen optimiert werden, z. B. durch den Einbezug der fünf Entwicklungsstufen als eine ergänzende dritte Dimension. Den Unternehmen würde ein noch bedarfsgerechteres Raster zur Planung der Soll- und Analyse der Ist-Situation der Kooperationsvisualisierung zur Verfügung stehen.

Hypothesen zu Entwicklungspfaden der Kooperationsvisualisierung in Unternehmen

Die *Hypothesen zu Entwicklungspfaden* strukturieren die Maßnahmen und unterstützen bei der gezielten Weiterentwicklung der Kooperationsvisualisierung – dem Erreichen eines höheren Reifegrades. Auf jedem der drei hypothesenbasierten Entwicklungspfaden Modellierungstechniken, -kompetenzen und -IT-Infrastruktur kann die *Kooperationsvisualisierung in Unternehmen* gemäß den fünf Entwicklungsstufen (1) Initial, (2) Gemanagt, (3) Definiert, (4) Etabliert Gemanagt und (5) Optimierend geplant, koordiniert und kontrolliert werden. Das bedeutet, dass für Unternehmen in Kooperationen nun ersichtlich ist, wie diese von einer anfänglichen Situation zu einer besser strukturierten Situation gelangen können, indem diese die drei Schlüsselbereiche und fünf Entwicklungsstufen hinsichtlich ihrer Kooperationsvisualisierung umfassend und systematisiert weiterentwickeln. Hierbei sollte eine Orientierung an den bereits in Abschnitt 5.1.5 beschriebenen Schlüsselbereichen und Entwicklungsstufen erfolgen.

Es kann aufgrund der Besonderheiten der Kooperationsvisualisierung in Unternehmen vorkommen, dass Managemententscheidungen zu einzelnen Schlüsselbereichen und Entwicklungsstufengetroffen werden müssen. Daher wäre es sinnvoll, die empirische Datenbasis (z. B. gewonnen durch eine Delphi-Studie) für die Bestätigung und Verfeinerung der Hypothesen zu Entwicklungspfaden zu verbessern. Auch hier könnten andere Experten befragt als auch andere Auswertungsmethoden und Vorgehensweisen angewandt werden, wie z. B. die Varianzanalyse oder das Gruppendelphi (Schulz, Renn 2009). Dadurch könnten die Hypothesen zu Entwicklungspfaden in anknüpfenden Forschungsarbeiten konfrontiert werden mit anderen und/oder ergänzenden Schlüsselbereichen und Kombinationen von Schlüsselbereichen sowie mit einer unterschiedlichen Anzahl an Entwickelungsstufen pro Schlüsselbereich.

> **! Ausgangslage, Analyseraster und Hypothesen zu Entwicklungspfaden**
>
> - Die identifizierte Ausgangslage zur Kooperationsvisualisierung ermöglicht es Unternehmen, Nutzungseffekte, -barrieren, -anforderungen und -varianten besser als andere Unternehmen umzusetzen und somit das Potenzial der Kooperationsvisualisierung im gegenseitigen Wettbewerb besser zu nutzen. In dieser Potenzialanalyse sollte ein Abgleich zwischen den beschriebenen statistischen Ergebnissen und der unternehmensindividuellen Kooperationsvisualisierung vorgenommen werden.
> - Es können im Analyseraster unternehmensindividuell Aspekte als Treiber, Barrieren, Methoden, Chancen oder Risiken berücksichtigt werden, die das Visualisierungspotenzial, -ergebnis, -system oder die -erstellung betreffen. Während der Systematisierung beachtenswerter Aspekte sollte eine Orientierung an den beschriebenen Analysemöglichkeiten erfolgen.
> - Es können unternehmensindividuell die drei Schlüsselbereiche Modellierungstechniken, -kompetenzen und -IT-Infrastruktur anhand der fünf Entwicklungsstufen (1) Initial, (2) Gemanagt, (3) Definiert, (4) Etabliert Gemanagt und (5) Optimierend geplant, koordiniert und kontrolliert werden. Für die schrittweise Umsetzung sollten als Grundlage die beschriebenen Schlüsselbereiche und Entwicklungsstufen dienlich sein.

Literatur

Abramovici, M., Bellalouna, F., & Neubach, M. (2010). Delphi-Studie PLM 2020: Experteneinschätzungen zur künftigen Entwicklung des Product Lifecycle Managements. Industrie Management 26, 47-50.

Ahrend, N., Pittke, F., & Leopold, H. (2014). Barriers and strategies of process knowledge sharing in public sector organizations. In D. Kundisch, L. Suhl, L. Beckmann (Hrsg.) Tagungsband Multikonferenz Wirtschaftsinformatik (S. 571-596).

Auer, B., & Rottmann, H. (2015). Statistik und Ökonometrie für Wirtschaftswissenschaftler. Wiesbaden: Springer Gabler.

Aulinger, A. (1997). Kooperation als Strategie ökologischer Unternehmenspolitik: Die Vielfalt der Möglichkeiten. Ökologisches Wirtschaften 2, 13-16.

Bandara, W., Gable, G. G., & Rosemann, M. (2005). Factors and measures of business process modeling. Model building through a multiple case study. European Journal of Information Systems 14, 347-360.

Bandara, W., Gable, G. G., & Rosemann, M. (2006) Business Processing Modeling Success: An Empirically Tested Measurement Model. In Proceedings of the Twenty-Fourth International Conference on Information Systems (ICIS). Milwaukee, Wisconsin, USA, 895-913.

Baum, H. (2011). Morphologie der Kooperation als Grundlage für das Konzept der Zwei-Ebenen-Kooperation. Wiesbaden: Gabler Verlag.

Becker, J., Knackstedt, R., & Pöppelbuß, J. (2010). Vergleich von Reifegradmodellen für die hybride Wertschöpfung und Entwicklungsperspektiven. In Tagungsband der Multikonferenz Wirtschaftsinformatik (MKWI 2010), 2109-2121.

Bienzeisler, B., & Ganz, W. (2010). Management hybrider Wertschöpfung: Einführung in die Problemstellung. In B. Bienzeisler B, W. Ganz (Hrsg.) Management hybrider Wertschöpfung. Stuttgart: Fraunhofer Verlag.

Brake, A. (2009). Schriftliche Befragung. In: S. Kühl, P. Strodtholz, A. Taffertshofer (Hrsg.) Handbuch Methoden der Organisationsforschung (S. 392-412). Wiesbaden: VS Verlag für Sozialwissenschaften.

Brake, A., & Weber, S. M. (2009). Internetbasierte Befragung. In: Kühl S, Strodtholz P, Taffertshofer A (Hrsg.) Handbuch Methoden der Organisationsforschung. VS Verlag für Sozialwissenschaften, Wiesbaden, 413-434.

Burger, D. (2011). Computergestützter organisationaler Wissenstransfer und Wissensgenerierung, S. 127-134. Wiesbaden: VS Verlag für Sozialwissenschaften.

Chamoni, P., & Gluchowski, P. (2004). Integrationstrends bei Business-Intelligence-Systemen: Empirische Untersuchung auf Basis des Business Intelligence Maturity Models. Wirtschaftsinformatik 46, 119-128.

Chin, W. W. (1998). The partial least squares approach to structural equation modeling. In: Modern methods for business research. In Marcoulides GA (Hrsg.). Quantitative methodology series. Lawrence Erlbaum, NJ, USA, 295-336.

Corbin, J. & Strauss, A. L. (1990). Grounded Theory. Procedures, Canons, and Evaluative Criteria. Qualitative Sociology 13, 3-21.

Cronbach, L. J. (1951). Coefficient alpha and the internal structure of tests. Psychometrika 16, 297-334.

Fink, A., Kliewer, N., Mattfeld, D., Mönch, L., Rothlauf, F., Schryen, G., Suhl, L., & Voß, S. (2014). Modellbasierte Entscheidungsunterstützung in Produktions- und Dienstleistungsnetzwerken. Wirtschaftsinformatik 1, 21-29.

Freitag, A., Matthes, F., & Schulz, C. (2011). M&A Driven IT Transformation: Empirical findings from a Series of Expert Interviews in the German Banking Industry. In: 10th International Confererence on Wirtschaftsinformatik, Zürich.

Fui-Hoon Nah, F., Lee-Shang Lau, J., & Kuang, J. (2001). Critical factors for successful implementation of enterprise systems. Business Process Management Journal 7, 285-296.

Gable, G. G., Sedera, D., & Chan, T. (2003). Enterprise systems success: a measurement model. In S. T. March, A. Massey, J. I. DeGross (Hrsg.), Proceedings Twenty-Fourth International Conference on Information Systems (S. 576-591). Seattle, USA.

Gable, G. G., Sedera, D., & Chan ,T. (2008). Re-conceptualizing information system success. The IS-Impact Measurement Model. Journal of the Association for Information Systems 9, 377-408.

Gemino, A., & Wand, Y. (2004). A framework for empirical evaluation of conceptual modeling techniques. Requirements Eng 9, 248-260.

Glaser, B. G. (2007). Remodeling Grounded Theory. Historical Social Research, Supplement 19, 47-68.

Glaser, B. G. (2012). Stop. Write! Writing Grounded Theory. Grounded Theory Review: An International Journal 11(1), http://groundedtheoryreview.com /2012/06/01/stop-write-writing-grounded-theory/. Aufgerufen: 14. Juni 2016.

Glaser, B. G. (2013a). Staying Open: The Use of Theoretical Codes in GT. The Grounded Theory Review: An International Journal 12(1), http://groundedtheoryreview.com/2013/06/22/staying-open-the-use-of-theoretical-codes-in-gt/. Aufgerufen: 14. Juni 2016.

Glaser, B. G. (2013b). Introduction: Free Style Memoing. The Grounded Theory Review: An International Journal 12(2), http://groundedtheoryreview.com/2013/12/22/introduction-free-style-memoing/. Aufgerufen: 14. Juni 2016.

Glaser, B. G. (2013c). Secondary Analysis: A Strategy for the Use of Knowledge from Research. The Grounded Theory Review: An International Journal 12(2), http://groundedtheoryreview.com/2013/12/22/secondary-analysis-a-strategy-for-the-use-of-knowledge-from-research/. Aufgerufen: 14. Juni 2016.

Guerriero, A., Kubicki, S., & Halin, G. (2009). Trust-Orientated Multi-Visualization of Cooperation Context. In Proceedings of the Second International Conference in Visualization (S. 96-101).

Häder, M. (2014). Delphi-Befragungen, 3. Aufl. Wiesbaden: Springer.

Institut für Mittelstandsforschung Bonn (2016). KMU-Definition des IfM Bonn. http://www.ifm-bonn.org/mittelstandsdefinition/definition-kmu-des-ifm-bonn/. Aufgerufen: 11. Januar 2016.

Kahl, T. (2009). Das Information Modeling Maturity Model: Ein Reifegradmodell für die Informationsmodellierung. In: P. Loos (Hrsg.) Wirtschaftsinformatik – Theorie und Anwendung (S. 1-261). Berlin: Logos Verlag Berlin.

Klein, B. (2014). Coopetitive Dynamics. Wiesbaden: Springer Gabler.

Kleinaltenkamp, M. (1997). Kundenintegration. Wirtschaftswissenschaftliches Studium 27, 350-354.

Kleinaltenkamp, M., Griese, I., & Klein, M. (2008). Wie Kundenintegration effizient gelingt. Marketing Review St. Gallen 2, 40-43.

Köck-Hódi, S., & Mayer, H. (2013). Die Delphi-Methode: Übereinstimmung zu einem Thema durch die Befragung von Expertinnen. ProCare 18, 16-20.

Kopp, J., & Lois, D. (2012). Sozialwissenschaftliche Datenanalyse. Wiesbaden: VS Verlag für Sozialwissenschaften.

Lebek, B., Uffen, J., Neumann M., & Hohler, B. (2013). Towards A Needs Assessment Process Model For Security, Education, Training And Awareness Programs: An Action Design Research Study. In Proceedings of the European Conference of Information Systems (ECIS). Utrecht, Netherlands, Paper 128, URL: http://aisel.aisnet.org/ecis2013/128.

LimeSurvey GmbH (2016). LimeSurvey. https://www.limesurvey.org/de/. Aufgerufen: 18. April 2016.

Liu, X., Chen, X., Li, D., & Shen, G. (2011). Modeling on the Process of Cooperative Discussional Problem Solving Based on Extended Mind Map. In Proceedings of the Fifteen International Conference on Computer Supported Cooperative Work in Design (S. 268-275).

Mans, R., Reijers, H., Berends, H., Bandara, W., & Prince, R. (2013). Business Process Mining Success. In Proceedings of the 21st European Conference on Information Systems ECIS 2013.

Mayring, P. (2003). Qualitative Inhaltsanalyse. Weinheim: Beltz.

Meuser, M., & Nagel, U. (1991). Experteninterviews – vielfach erprobt, wenig bedacht: ein Beitrag zur qualitativen Methodendiskussion. In: Garz D, Kraimer K (Hrsg.) Qualitativ-empirische Sozialforschung: Konzepte, Methoden, Analysen. Westdt. Verlag, Opladen:441-471.

Minitab Inc. (2016). Minitab 17. https://www.minitab.com/de-de/products/minitab/. Aufgerufen: 18. April 2016.

Nielson, J., & Mack, R. L. (1994). Usability Inspection Methods. Wiley John + Sons, Inc.

Paetz, N. V., Ceylan, F., Fiehn, J., Schworm, S., & Harteis, C. (2011). Kompetenz in der Hochschuldidaktik: Ergebnisse einer Delphi-Studie über die Zukunft der Hochschullehre. Wiesbaden: VS Verlag für Sozialwissenschaften.

Paulk, M. C., Weber, C. V., Curtis, B., & Chrissis, M. B. (1995). The Capability Maturity Model: Guidelines for Improving the Software Process. Boston: Addison-Wesley.

Prestopnik, N. (2013). Cooperative Visualization: A Design Case. Library Hi Tech 31, 371-390.

Recker, J., Mendling, J., & Hahn, C. (2013). How collaborative technology supports cognitive processes in collaborative process modelling: A capabilities-gains-outcome model. Information Systems 38, 1031-1045.

Rosemann, M. (2006a). Potential pitfalls of process modelling: part A. Business Process Management Journal 12, 249-254.

Rosemann, M. (2006b). Potential pitfalls of process modelling: part B. Business Process Management Journal 12, 377-384.

Rosemann, M., Sedera, W., & Gable, G. (2001). Critical Success Factors of Process Modeling for Enterprise Systems. In: Proceedings AMCIS 2001, 1128-1130.

Sale, J.E. M., Lohfeld, L. H. & Brazil, K. (2002). Revisiting the Quantitative-Qualitative Debate: Implications for Mixed-Methods Research. Quality & Quantity 36, 43-53.

Schalles, C., Creagh, J., & Rebstock, M. (2011). Usability of Modelling Languages for Model Inpretation: An Empirical Research Report. In: Proceedings of the 10th International Conference on Wirtschaftsinformatik, Zürich, Schweiz:787-796.

Schalles, C. (2013). Usability Evaluation of Modeling Languages. Wiesbaden: Springer Gabler.

Schulz, M., & Renn, O. (2009). Das Gruppendelphi: Konzept und Vorgehensweise. In M. Schulz, O. Renn (Hrsg.) Das Gruppendelphi: Konzept und Fragebogenkonstruktion (S. 11-21). Wiesbaden: VS Verlag für Sozialwissenschaften.

Sedera, W., Gable, G. G., Rosemann, M., & Smyth, R. (2004). A success model for business process modeling. Findings from a multiple case study. In Proceedings Eighth Pacific Asia Conference on Information Systems, Shanghai, China, 485-498.

Sedera, W., Rosemann, M., & Doebeli, G. (2003). A Process Modelling Success Model. Insights from a Case Study. In Proceedings 11th European Conference on Information Systems ECIS 2003, 1-11.

Sedera, W., Rosemann, M., & Gable, G. G. (2002). Measuring Process Modelling Success. In Proceedings 10th European Conference on Information Systems. Gdańsk, Poland, 331-341.

Sein, M. K., Henfridsson, O., Purao, S., Rossi, M., & Lindgren, R. (2011). Action Design Research. MIS Quarterly 35 (1), 37-56.

Sells, S. P., Smith, T. E., & Sprenkle, D. H. (1995). Integrating Qualitative and Quantitative Research Methods: A Research Model. Family Process 34, 199-218.

Stewart, J. (2001). Is the Delphi technique a qualitative method?. Medical Education 35, 922-923.

VERBI GmbH (2016) MAXQDA 12. http://www.maxqda.de/produkte/maxqda-12/ Aufgerufen 18. April 2016.

wibas GmbH (2015a). Darstellung in Reifegraden (CMMI-DEV). http://cmmi.de/cmmi/darstellung-in-reifegraden-cmmi-dev. Aufgerufen: 11. Januar 2016.

wibas GmbH (2015b). Generische Elemente. http://cmmi.de/cmmi/generische-elemente. Aufgerufen: 11. Januar 2016.

Wilde, T., & Hess, T. (2007). Forschungsmethoden der Wirtschaftsinformatik – Eine empirische Untersuchung. Wirtschaftsinformatik 49, 280-287.

5.2 Fallstudien zur Anwendung des Cooperation Experience-Ansatzes

Herr Prof. Torben Bernhold

Bilfinger HSG Facility Management GmbH, CLAAS KGaA mbH, Kreis Coesfeld

Referenzmodelle dienen als Good oder Best Practice für grundsätzlich vergleichbare Fälle. Die Vergleichbarkeit kann dabei besonders häufig für dieselbe oder sehr ähnliche Domänen hergestellt werden. Der Bau und Betrieb von Gebäuden verlangt daher im Umkehrschluss z. B. andere Referenzmodelle als der Maschinen- und Anlagenbau. Selbst innerhalb des Baus und Betriebs von Gebäuden lassen sich domänenintern Fälle differenzieren, z. B. private oder öffentliche Immobilien. An dieser Stelle werden daher zwei Fälle aus dem Bereich Immobilien (Bilfinger HSG Facility Management GmbH und Kreis Coesfeld) sowie ein Fall aus dem Maschinen- und Anlagenbau (CLAAS KGaA mbH) beschrieben, in denen der Cooperation Experience-Ansatz erfolgreich eingesetzt wurde.

5.2.1 Fallbeispiel Bilfinger HSG Facility Management GmbH

Bilfinger HSG Facility Management GmbH

Die Bilfinger HSG Facility Management GmbH ist einer der führenden, europäischen Service-Provider für den Betrieb von Immobilien und Liegenschaften. Im Konzernverbund Bilfinger sorgen global fast 70.000 Mitarbeiter mit ihrem Engagement für die Erbringung von Engineering- und Serviceleistungen. Als zentralen Teil der Division Facility Services erbringt Bilfinger HSG Facility Management im Kerngeschäft den Betrieb und die Optimierung von Immobilien und Prozessen. Verbesserte Betriebsabläufe, störungsfrei arbeitende Anlagentechnik, wachsende Energieeffizienz – Bilfinger HSG Facility Management liefert die passenden Lösungen für diese Anforderungen von Unternehmen und öffentlichen Einrichtungen.

5.2.1.1 Herausforderungen von Kooperationen in hybriden Wertschöpfungsnetzwerken

Immobilien und Liegenschaften werden in ihrem Nutzen von vielen Faktoren beeinflusst. Funktionalität, Rentabilität, Nutzungsdauer und Architektur schaffen und definieren ihren Wert. Das Planen, Bauen und erfolgreiche Betreiben von Immobilien wird immer mehr zu einer komplexen Herausforderung. Die in den folgenden Abschnitten behandelten Themen haben den Schwerpunkt in der Immobilienerrichtung bzw. Sanierung und deren Betrieb im Sinne der Erbringung von Facility Management (FM)-Leistungen.

Im Lebenszyklus einer Immobilie sind Kooperationen phasenbezogen sowie phasenübergreifend von entscheidender Bedeutung. Kooperationen in hybriden Wertschöpfungsnetzwerken, welche die Integration von Sach- und Dienstleistungsanteilen beinhalten, liegen in diesem Zusammenhang insbesondere im Zusammenspiel von Bau und Betrieb bzw. Nutzung vor. Im Hinblick auf die Lebenszykluskosten ist eine gleichzeitige Betrachtung der Immobilie als Substanz und der darin geplanten Betriebs- und Nutzungsprozesse bereits in der Entwicklungs- und Planungsphase von großer Wichtigkeit für deren späteren Erfolg.

Obwohl der Mehrwert dieser hybriden Wertschöpfungsnetzwerke, bezogen auf Bau und Betrieb, von vielen im Immobilienmarkt bereits erkannt wird, ist die Umsetzung nicht gängige Praxis; klassische Bauprojekte sind heutzutage in der Regel noch keine Lebenszyklusprojekte. Verschiedene Herausforderungen hybrider Wertschöpfungsnetzwerke spielen hierfür eine Rolle. Beispielsweise können Interessenskollisionen der Beteiligten bezüglich Qualitätsanforderungen, Kosten oder zu fokussierender Zeiträume den Planungs- und Bauprozess erschweren bzw. verzögern. Ein funktionierender Kreis von Akteuren, der die Bedürfnisse der weiteren Partner versteht, verspricht hier Erfolg.

Im Hinblick auf die Konstellation Bau und Betrieb herrscht häufig ein unterschiedliches Verständnis der Betrachtungs- und Verantwortungszeiträume bei den Beteiligten. Ist der Verantwortungszeitraum der Disziplin Bau beispielsweise für die technische Gebäudeausrüstung begrenzt auf die Bauphase und die daran anschließende Gewährleistungszeit, so trägt die Verantwortung für die Anlagen im Hinblick auf Qualität und Kosten für die lange Zeit der Betriebs- und Nutzungsphase der Immobilienbetreiber. Über die Interessenskollision hinaus wird häufig auch in der klassischen Disziplin des Planens und Bauens ein erhöhter Aufwand mit hybriden Wertschöpfungsnetzwerken verbunden, da neue Akteure (z. B. Betrieb) in bestehende Prozesse wie beispielsweise den Planungs- und den Bauprozess integriert werden müssen.

Darüber hinaus besteht in Kooperationen grundsätzlich eine Herausforderung in der Umsetzung eines transparenten und lückenlosen Informations- und Dokumentenmanagements. Es existiert eine Vielzahl an Informationen und Dokumenten, die während des Lebenszyklus einer Immobilie in der Planungs- und Bauphase entstehen und zumeist in iterativen Prozessen versendet werden. Für die Aufnahme des Betriebes und somit die Wahrnehmung der übertragenen Betreiberverantwortung wird zum Zeitpunkt der Abnahme, ausgehend von der Neuerrichtung bzw. Sanierung einer Immobilie, die gesamte As-Built-Dokumentation der Planer und der Errichter benötigt. Diese ist jedoch in der überwiegenden Zahl der Fälle zum erforderlichen Zeitpunkt nicht verfügbar oder nicht vollständig, sodass eine eklatante Lücke bestehen bleibt. Aktuell sind auch keinerlei Regularien vorhanden, die den Umfang und die inhaltliche Qualität der Dokumentation verbindlich bestimmen.

Zunehmend werden Lebenszyklusprojekte, die die Integration von Planung, Bau und Betrieb von Beginn an fokussieren, nicht nur wie bisher schwerpunktmäßig in Public-Private-Partnership-Projekten (PPP/ÖPP-Projekten), sondern auch von privaten Corporate Clients erwünscht und durchgeführt. Dabei profitiert der Kunde/Auftraggeber von einer FM-gerechten Planung und Ausführung, da der Betriebspartner bzw. FM-Berater diese Expertise aufweist.

Der Projektmanager, der zumeist dem Bau (GU/GÜ) zugeordnet ist, aber auch einer weiteren Partei zugehörig oder ein externer Dritter sein kann, übernimmt in der Planungs- und Bauphase die zentrale Koordination aller Projektbeteiligten. Er fungiert als Ansprechpartner des Kunden und ist für eine zielgeführte Projektsteuerung verantwortlich. Zu seinen Aufgaben zählen unter anderem das Termin- und Kostenmanagement sowie das Informations- und Dokumentenmanagement.

Das Informations- und Dokumentenmanagement zeichnet sich oftmals durch viel Gesprächs- und Erinnerungsbedarf aus, um eine möglichst geordnete und vollständige Ablage und Weitergabe von Informationen und Dokumenten an die zuständigen Projektbeteiligten zu gewährleisten. Für die Ablage der Dokumente werden in der Planungs- und Bauphase marktgängige webbasierte Datenräume eingesetzt. Diese sorgen hierbei für Zentralität, Transparenz und Struktur. Gegenwärtig beschränkt sich der Einsatz der Datenräume allerdings überwiegend auf die Ablage von Plänen in der Planungs- und Bauphase.

Ein wesentlicher Bestandteil des Dokumentenmanagements im Hinblick auf Kooperationen in hybriden Wertschöpfungsnetzwerken ist jedoch die Übergabe der Bestandsdokumentation (Revisionsunterlagen) von der Bauphase in die Betriebsphase. Dieser Übergang wird mit den aktuellen Datenräumen nicht abgedeckt. Aufgrund verschiedenster Ursachen ist die Übergabe der Revisionsunterlagen häufig gekennzeichnet durch eine unbefriedigende Inhalts- und Termintreue. Der Betreiber, der nicht zuletzt durch seine Betreiberverantwortung ein großes Interesse an diesen Unterlagen hat, muss häufig große Mühen bei der Beschaffung der Unterlagen investieren.

Im Sinne einer gleichberechtigten Kooperation werden in Lebenszyklusprojekten bereits heute Schnittstellenvereinbarungen zwischen Bau und Betrieb eingesetzt. Diese stellen die Rechte und Pflichten der einzelnen Parteien während der Kooperation dar und sind für die Parteien bindend. Die zuvor angesprochenen Interessenskonflikte lassen sich hierdurch zwar nicht gänzlich verhindern, ein gleichberechtigter Umgang soll hiermit jedoch ermöglicht werden.

Im Hinblick auf die Herausforderung eines transparenten und lückenlosen Informationsmanagements ist zur Unterstützung des Projektmanagers die Erstellung projektspezifischer Informationsflussschemata zur Orientierung aller Projektbeteiligten nützlich, die die einzelnen Projektphasen und die entsprechenden Interaktionen zwischen den Akteuren abbilden. Erfolgsfaktoren für den Einsatz eines Informationsflussschemas sind die Vermeidung eines Mehraufwandes in der Projektabwicklung sowie die Integration der Nutzung des Flussschemas im Vertrag. Parallel zur Schnittstellenvereinbarung sollte hiermit eine Verpflichtung zum gewünschten bzw. erforderlichen Informationsaustausch im Vorfeld der Projektabwicklung definiert werden. Ziel des Einsatzes eines solchen Informationsflussschemas ist ein verstärkt instrumentalisierter Ablauf zur Sicherstellung der geordneten Kanalisierung von Informationen und zur Entlastung des Projektmanagers sowie grundsätzlich die Einschränkung von Informationsverlusten und die Vermeidung von Redundanzen.

5.2.1.2 Cooperation Experience als Unterstützung zum besseren Umgang mit Kooperationsherausforderungen

Cooperation Experience setzt an der oben beschriebenen Problemstellung an und kann als roter Faden zum Informationsaustausch in komplexen Kooperationsabläufen verstanden werden. Insbesondere Kooperationen der Komplexität hybrider Wertschöpfungsnetzwerke können von dieser Unterstützung profitieren, um die übergeordneten Ziele wie Zeit- und Kosteneffizienz sowie Kundenorientierung zu steigern. In Bezug auf die Kundenorientierung ist eine funktionierende Wertschöpfungskette des Auftragnehmers, betrachtet als Kooperation mehrerer Akteure, ein Instrument zur Bildung einer soliden und vertrauensvollen Partnerschaft mit dem Auftraggeber.

Für die praktische Anwendung liegt der Vorteil der CXP-Methode insbesondere in der Erfassung aller Informationsflüsse rund um die Prozesse in den einzelnen Projektphasen. Sie stellt durch die anschließende Möglichkeit der Überprüfung der Einhaltung der Lieferung von Informationen an die vorgesehenen Empfänger bzw. Bearbeiter ein Controlling- und Steuerungsinstrument dar, welches präventiv im Sinne einer Vermeidung von Lücken genutzt werden kann.

Die Fokussierung der kooperativen Prozesse und des damit verbundenen Informationsaustausches ist besonders wichtig. Ziel ist die Fokussierung auf den partnerschaftlichen und möglichst vollständigen Austausch erforderlicher Informationen zwischen den beteiligten Akteuren. Neben dem Vorhandensein einer koordinierenden Stelle ist in diesem Zusammenhang insbesondere der Aspekt Transparenz von hoher Relevanz. Klarheit im Prozess für alle

Beteiligten führt zu einer Steigerung der Effektivität und ermöglicht eine Verringerung von Informationsverlusten sowie zur Akzeptanz des Systems.

Darüber hinaus ist in der Projektarbeit grundsätzlich Flexibilität von hoher Bedeutung. Jedes Projekt weist seine eigenen Anforderungen auf, dies wird durch die Heterogenität in der Immobilienlandschaft begründet: Jedes Gebäude ist als Unikat anzusehen. Die Flexibilität der CXP-Methode und des Referenzmodells werden daher sehr begrüßt, um eine frühzeitige Reaktion auf die speziellen Anforderungen und Herausforderungen zu ermöglichen. Die Abwicklung von Projekten kann durch die Anwendung der CXP-Methode und das Referenzmodell für die Errichtung und den Betrieb von Immobilien in der Praxis genutzt werden, da die Systematik folgende Eigenschaften bietet:

- selbsterklärend in der Darstellung
- intuitiv in der Handhabung
- mobil anwendbar
- angemessen in der Detaillierungstiefe (projektbezogen)
- ausreichend flexibel im Hinblick auf Anpassungen
- mit geringem Erstellungsaufwand verbunden

Durch die CXP-Methode wird wegen der Konzentration auf Kooperationsprozesse keine vollumfängliche Darstellung der einzelnen Prozessschritte in den jeweiligen Projektphasen gewährleistet. Dies ist nicht erforderlich, da die einzelnen Prozessschritte mit den zugehörigen Dokumenten den Experten und Fachleuten auf dem jeweiligen Gebiet grundsätzlich bekannt sein müssen. Eine zu detaillierte Vorgabe seitens des Systems würde höchstwahrscheinlich auf wenig Akzeptanz aufseiten der Akteure stoßen, die im bewährten klassischen Planungs- und Bauprozess agieren. Damit stehen Akzeptanz, Detailtreue, Handhabbarkeit und Erstellungsaufwand in einem angemessenen Verhältnis.

5.2.1.3 Ausblick

In der Baubranche ist der Einsatz der CXP-Methode insbesondere für komplexe und interdisziplinäre Projekte mit einer Vielzahl beteiligter Akteure vorstellbar und sinnvoll. Zu diesen Projekten zählen Lebenszyklusprojekte wie die zuvor erwähnten PPP/ÖPP-Projekte bzw. Lifecycle-Projekte mit Corporate Clients. Förderlich ist der Einsatz hierbei speziell bei der strukturierten Einführung neuer Akteure im Prozess. Im Falle der Lebenszyklusprojekte ist in diesem Zusammenhang die Einführung der Betriebsakteure (z. B. Facility Manager) in den regulären Planungs- und Bauprozess von entscheidender Bedeutung. Auch bei Großprojekten, bei denen die gelungene Interaktion einer Vielzahl von Akteuren für den Erfolg des Projektes eine Rolle spielt, ist die Methode ein geeignetes Instrument zur Optimierung und Steuerung der Informationsaustauschprozesse. Grundsätzlich ist der Einsatz auch isoliert in den einzelnen Phasen – z. B. Planen, Bauen, Betreiben – möglich, sofern in diesen Phasen Kooperationen vorzufinden sind.

Im nächsten Schritt ist eine Synchronisierung der Parallelprozesse sinnvoll, sodass die Möglichkeit zur Steuerung von Prozessen in unterschiedlichen Phasen, die aber zeitlich parallel ablaufen, gegeben ist. Dazu ist das Einbauen weiterer Dimensionen und Verbindungen in der Prozessdarstellung erforderlich.

In Anbetracht des Trends zum Thema Building Information Modeling (BIM) in der Immobilienbranche ist eine Weiterentwicklung der CXP-Methode unter diesem Fokus denkbar. Hierzu ist die detaillierte Definition der erforderlichen Informationen notwendig, eingeordnet in den Phasen des Immobilienlebenszyklus. Insbesondere die Fokussierung der notwendigen Informationen aus Betriebssicht spielt für hybride Wertschöpfungspartnerschaften hierbei eine zentrale Rolle.

Zur Steigerung der Akzeptanz beim Bau und Betrieb von Immobilien ist bereits aus heutiger Sicht eine Erweiterung bzw. Weiterentwicklung vom Softwareprototypen hin zu einer Projektmanagementlösung erstrebenswert. So kann in einer ersten, einfachen Entwicklungsstufe eine Schnittstelle zu gängigen Kalender- und Terminierungsanwendungen ergänzt werden. Mit der Darstellung eines notwendigen Beitrages könnte so zugleich ein Terminkalendereintrag zur Fertigstellung mit versendet werden. Eine Implementierung der Ergebnisse im Prozesssystem im Qualitätsmanagement ist erstrebenswert und zu prüfen.

5.2.2 Fallbeispiel CLAAS E-Systems

CLAAS KGaA mbH

CLAAS ist europäischer Markführer bei Mähdreschern und gehört zur Weltmarktführerschaft bei den selbstfahrenden Feldhäckslern. Ebenso belegt das Unternehmen in weltweiter Agrartechnik mit Traktoren sowie mit landwirtschaftlichen Pressen und Grünland-Erntemaschinen vorderste Plätze. Zur Produktpalette gehört ebenfalls modernste landwirtschaftliche Informationstechnologie. Die CLAAS KGaA mbH beschäftigt rund 11.000 Mitarbeiter weltweit und hat im Geschäftsjahr 2013 einen Umsatz von 3,8 Milliarden Euro erzielt. Das Unternehmen hat seinen Hauptsitz im westfälischen Harsewinkel.

5.2.2.1 Herausforderungen für IoT-Lösungen in der Landtechnik – Neue Formen der Kooperation zwischen Kunden, Vertrieb und Service

Die Vernetzung von Produkten und Dienstleistungen hin zu einer nächsten Generation von effizienten und hochqualitativen Systemen stellt einen großen Trend dar, der sämtliche Anwendungsbranchen und die damit verbundenen Produkt- und Dienstleistungsangebote umfasst. Ein wesentliches Merkmal solcher Systeme ist die anwender- und herstellerübergreifende Integration von Dienstleistungen. Diese wird durch die Bereitstellung standardisierter und öffentlich zugänglicher Schnittstellen in die beteiligten Maschinen und Systeme möglich. Insbesondere die Vernetzung der Maschinen untereinander ermöglicht einen dynamischen Datenaustausch für eine weitere Automatisierung bis hin zu autonomen Arbeitsabläufen. Zu erwarten ist, dass hierdurch die Produktivität landwirtschaftlicher Betriebe zukünftig weiter ansteigen wird.

Neben technologischen Kerninnovationen bedarf es auch Veränderungen im Bereich der Organisation zur Leistungserbringung. Es ergeben sich daher zwei Kern-Handlungsfelder:

- *Technologie und Integration*: Bereitstellung einer standardisierten Kommunikationsinfrastruktur, die die Vernetzung der Maschinen sowie aller Prozessbeteiligten ermöglicht. Hierfür müssen Hard- und Softwareschnittstellen entwickelt und in die Systeme integriert werden.

- *Organisation und Kooperation*: Schaffung einer einheitlichen Informationsbasis und die Integration sämtlicher relevanter Akteure im Wertschöpfungsnetzwerk. Somit wird die Entwicklung datenbasierter Mehrwertdienstleistungen ermöglicht, welche eine Optimierung der Wertschöpfung im Ökosystem zulassen.

Abzuleitende Innovationen ermöglichen eine vernetzte Bearbeitung und Steuerung der Prozesse. Gerade in sehr heterogenen Prozessen bildet das „Wissen" um Zustände und Ziele der anderen Beteiligten einen Kernausgangspunkt für die Reduzierung von Ressourcenaufwänden. Für CLAAS-Kunden bietet eine hersteller- und maschinenübergreifende Kommunikation folgende Nutzenpotentiale:

1. Transparenz durch Bereitstellung relevanter Steuerungsinformationen, bspw. Zustandsinformationen anderer Beteiligter – Wo sind die anderen?
2. Assistenz durch kontextbezogene Empfehlungen, bspw. durch Empfehlung einer Abfuhrreihenfolge an den Überladewagenfahre – Welcher Mähdrescher sollte als erstes angefahren werden, weil der Korntank fast voll ist?
3. Automatisierung durch Übernahme manueller Prozesse bis hin zur (teilweisen) Autonomie, bspw. durch Übernahme der Maschinensteuerung in kritischen Prozessen – Automatisierte Steuerung der Traktorvorfahrtsgeschwindigkeit durch den Mähdrescher.

Aus den genannten abstrakten Nutzenpotenzialen leiten sich in der Landwirtschaft konkrete Optimierungspotenziale, insbesondere für Produktion und Logistik ab, die sich in Einsparungen pro Flächen- oder Zeiteinheit ausdrücken.

Die Vorteile von IoT Lösungen in der Landwirtschaft wurden erkannt, jedoch müssen für den Betrieb neue Vertriebs- und Serviceprozesse entwickelt und etabliert werden. Insbesondere für die Kundenintegration und Distribution ergeben sich gravierende Veränderungen im Vergleich zu bestehenden Prozessen des Maschinenbaus und Produktvertriebs. Heute erfolgt die Einrichtung, Bereitstellung und Instandhaltung einer Maschine im Wesentlichen durch die Vertriebsstufen, d. h. den lokalen Händler. Der Hersteller selbst ist in diesen Prozessen kaum sichtbar und interagiert nur sehr begrenzt mit dem Kunden als Betreiber der Maschine.

Demgegenüber erfordern M2X-/IoT-basierte Systeme eine deutlich intensivere Interaktion zwischen Hersteller und Kunden. Zwei Beispiele sind hier besonders hervorzuheben: zum einen Kauf, Aufbau und Lizensierung des Systems, zum anderen die Behandlung von Service- und Supportanforderungen. Daneben müssen die eingesetzten Technologien gleichzeitig den Anforderungen an IT-Systemen wie bspw. „Sicherheit", „Datenschutz" usw. genügen.

Spiegelbildlich zum Systemaufbau auf der Maschine ist für diese Interaktion eine Kooperationsplattform notwendig, die Nutzer, Handel und Servicepartner in die wesentlichen Prozesse einbindet. Ein auf diese Anforderungen ausgerichtetes Portal ist eine Schlüsselressource, um die verschiedenen Dimensionen der Lösung zusammenzuführen: handelnde Personen, Maschinen und ihre Ausstattung, Dienstleistungen und ihre Anforderungen an die Geschäftsprozesse. Konkret sind für den Endkunden benutzerfreundliche und einheitliche Prozesse bereitzustellen, die ihn bei der Auswahl von Diensten, Maschinen und Lizenzen unterstützen. Ist bei einer Maschine für die Nutzung eines bestimmten Dienstes eine hardwareseitige Nachrüstung erforderlich und möglich, ist der Händler oder Servicepartner einzubinden. Nach Konfiguration und Kauf eines Dienstes erfolgt die direkte, sichere und schnelle Installation des Dienstes auf der Maschine. Zu berücksichtigen ist hierbei, dass ein lokales Netzwerk des Kunden aus Sicherheitsgründen oft nicht einsetzbar ist. In der Abbildung 5.12 sind die benötigten CLAAS-Komponenten des beschriebenen Anwendungsfalls dargestellt. Weiterhin werden auch die Zusammenhänge aufgezeigt.

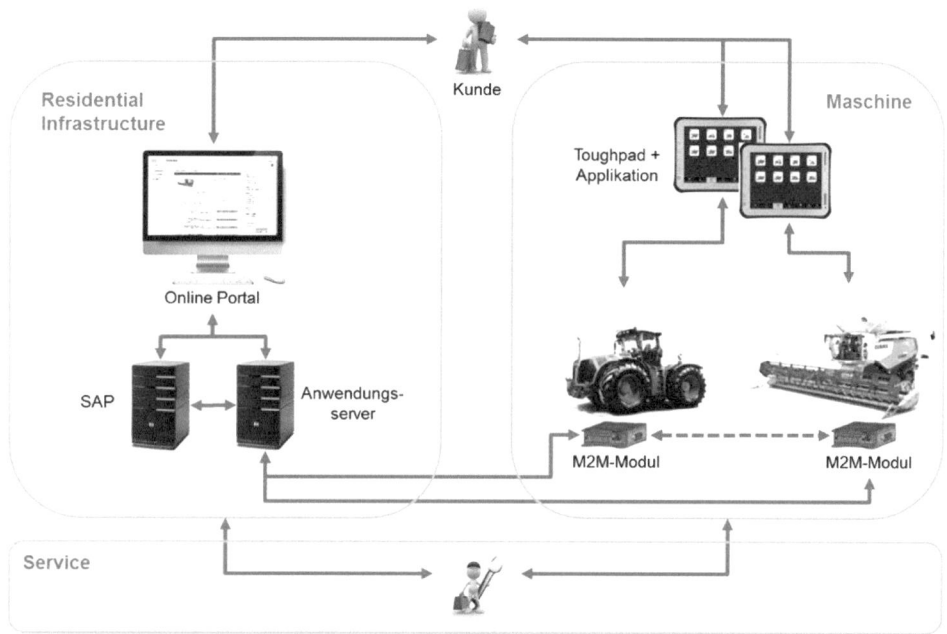

Abb. 5.12 Komponenten des CLAAS-Anwendungsfalls

Für den Betrieb dieser Anwendungen sind einfache und wirksame Kooperationsszenarien notwendig. Diese müssen die veränderten Erwartungen der Nutzer einerseits (B2C-Implikationen) und andererseits das existierende Wertegerüst, bspw. die Erlösquellen des Handels berücksichtigen.

Klare Erwartungshaltung der Kunden ist hier sowohl die Einbindung der Servicepartner vor Ort als auch ein direkter Kontakt zum Handel. Ziel ist es sicherzustellen, dass der Händler oder Servicepartner zu jeder Zeit über die online georderten Mehrwertdienste informiert ist und bei Bedarf vor Ort unterstützen kann. Gleichzeitig sind viele Aspekte dieser Systeme hochkomplex und erfordern eine direkte Interaktion mit den Experten des Herstellers. Ein wesentliches Werkzeug sowohl zur Unterstützung des Servicepartners als auch zur Interaktion mit einem zentralen Kundendienst ist die Fernanbindung der Maschine zu Wartungs- und Reparaturzwecken, dem sogenannten „Remote Service".

Hierbei kann sich der Kundenservice nach der Freigabe des Kunden direkt auf die Maschine einloggen und analysieren. Dies würde Anfahrtskosten sparen, denn im Gegensatz zum Automobil werden Landmaschinen direkt beim Kunden vor Ort gewartet. Für die Wartung heutiger, komplexer Landmaschinen werden Spezialisten benötigt. Durch den Remotezugriff kann der Servicetechniker dieses Wissen direkt an der Maschine beziehen und gemeinsam das Problem mit dem Spezialisten beheben. Dadurch können die Probleme vor Ort besser und schneller gelöst und Ausfallzeiten minimiert werden.

Daraus ergibt sich folgende Rahmenbedingung:

Heute besteht eine direkte und intensive Beziehungen zwischen CLAAS und dem Handel sowie dem Handel und dem Kunden. Diese orientiert sich am Lebenszyklus der Maschine.

In Zukunft werden Kooperationen über den gesamten Lebenszyklus der IoT-Lösungen auch über den Lebenszyklus der Maschine hinaus notwendig sein.

Spezifizierte Kooperationsszenarien bilden eine wichtige Voraussetzung für die erfolgreiche Umsetzung von Technik und des Geschäftsmodells auf Basis von Remote- und IoT-Lösungen. Derzeitige Sales- und After-Sales-Prozesse sind auf die neuen Anforderungen auszurichten. Diese Veränderungsbedarfe wurden im Projekt CXP aufgegriffen.

5.2.2.2 Ansatz von Cooperation Experience: Kooperation designen – Prozess gestaltet Technik

Die unterschiedlichen Welten „Technik" und „Prozess" sind nicht getrennt zu betrachten, sondern hängen voneinander ab und sind Teil derselben Organisation.

Die zielgerichtete Weiterentwicklung des Geschäftsmodells durch Ausnutzung technischer Innovationen kann nur dann systematisch erfolgen, wenn zum einen das Potenzial der Innovation identifiziert werden kann und zum anderen verstanden wird, wie eine Technologieadaption in der Organisation erfolgt.

Technikszenario

Im Projekt CXP und den Begleitprojekten wurden der Systemaufbau und die benötigte Interaktionsplattform sowie die verwendete Hard- und Software beschrieben. Eine große Herausforderung für die beschriebenen M2M-Anwendungen sind heterogene Maschinenflotten. Zurzeit werden solche Lösungen mit herstellerspezifischer Hard- und Software entwickelt. Aufgrund der hohen Hardware- und Kommunikationskosten wird über eine Standardisierung der herstellerübergreifenden Applikationsplattform nachgedacht. Dadurch wird die Möglichkeit geschaffen, auf eine standardisierte Infrastruktur aufzusetzen und die Entwicklungskapazitäten auf die Entwicklung von neuen, kundenspezifischen Applikationen zu konzentrieren. Kernkomponenten im Technikszenario, die im Businessszenario zu berücksichtigen sind, lauten: Kommunikationsmodul, Software, Antenne, Anzeigegerät sowie sekundäre maschinenseitige Komponenten zur Kommunikation und Interaktion, bspw. Kabel, Informationsdokumente. Ergänzend wurde zu diesen Elementen auch ein Retrofit-Konzepte skizziert.

Businessszenario

Aufbauend wurde beschrieben, wie sich die Vertriebswege und Betreiberprozesse ändern, wenn sich CLAAS zu einem Anbieter von lösungsorientierten Geschäftsmodellen weiterentwickelt.

Die beschriebenen Lösungen können nicht nur vom Händler vertrieben werden. Vielmehr ist eine Kollaboration zwischen Hersteller, Handel und Kunden notwendig. Schlüssel für diese Interaktion bilden eine Kollaborationsplattform und die zugehörigen Geschäftsprozesse. Die resultierenden Veränderungen aus den neuen Kooperationsformen bieten große Chancen zur Erreichung einer intensiveren und direkten Kundenbeziehung. Daneben wird das klassische Maschinengeschäft um Dienstleistungen weiter ergänzt. Zu kompensieren sind mittelfristig allerdings Komplexitätszuwächse – insbesondere durch den parallelen Betrieb alter und neuer bzw. herstellerspezifischer Welten. Daneben sind Investitionen in neue Fähigkeiten des Geschäftsprozessbetriebs notwendig und ausstehende Sicherheits- und Prozessherausforderungen zu lösen.

Die erforderlichen Veränderungsprozesse in beiden Welten müssen im Rahmen von Business Alignment-Prozessen geplant, umgesetzt und gesteuert werden, dazu gehört auch die Erfolgsmessung. Im Projekt Cooperation Experience wurde dazu ein Methoden Engineering aufgesetzt, das für die einzelnen Ebenen Modelle bereitstellt. Den erforderlichen Rahmen bildete eine in CXP entwickelte Prozesssicht (grob) und Prozessfolge auf Ebene der notwendigen Hauptprozesse:

1. Zielbildung (Unterprozess Bedürfnisdefinition)

2. Information (Unterprozesse: Informationsbeschaffung, Beratung)

3. Auswahl (Unterprozesse: Problemdefinition, Evaluation, Priorisierung)

4. Kauf (Unterprozesse: Verhandlungsführung, Vertragsabschluss)

5. Nachbetreuung (Unterprozess: Serviceinanspruchnahme)

Neu bei CLAAS ist ein Product-Service-System aus Soft- und Hardwarekomponenten für die landwirtschaftliche Arbeit, das beispielsweise Lenksysteme, Maschinenoptimierung und die Maschinen selbst umfasst (2016). Es ist als Gesamtpaket erhältlich, d. h. der Kunde erhält eine entsprechend seinen Anforderungen und Maschinenvoraussetzungen konfigurierte Gesamtlösung, die alle erforderlichen Bestandteile einschließt und direkt beim Kunden in Betrieb genommen wird. Besondere Herausforderungen für CLAAS bei diesem-Angebot und dessen Vermarktung sind:

- Wachstum und Übertragbarkeit im Business Development auf neue Standorte

- Beteiligung einer Vielzahl kooperierender interner und externer Akteure

- Kundenindividualität des Angebots

Im Fall CLAAS wurden alle drei Ebenen der CXP-Methode abgebildet. Im ersten Schritt wurde ein Ordnungsrahmen entwickelt, der die Leistungsphasen des Lebenszyklus gliedert (vgl. Abb. 5.13).

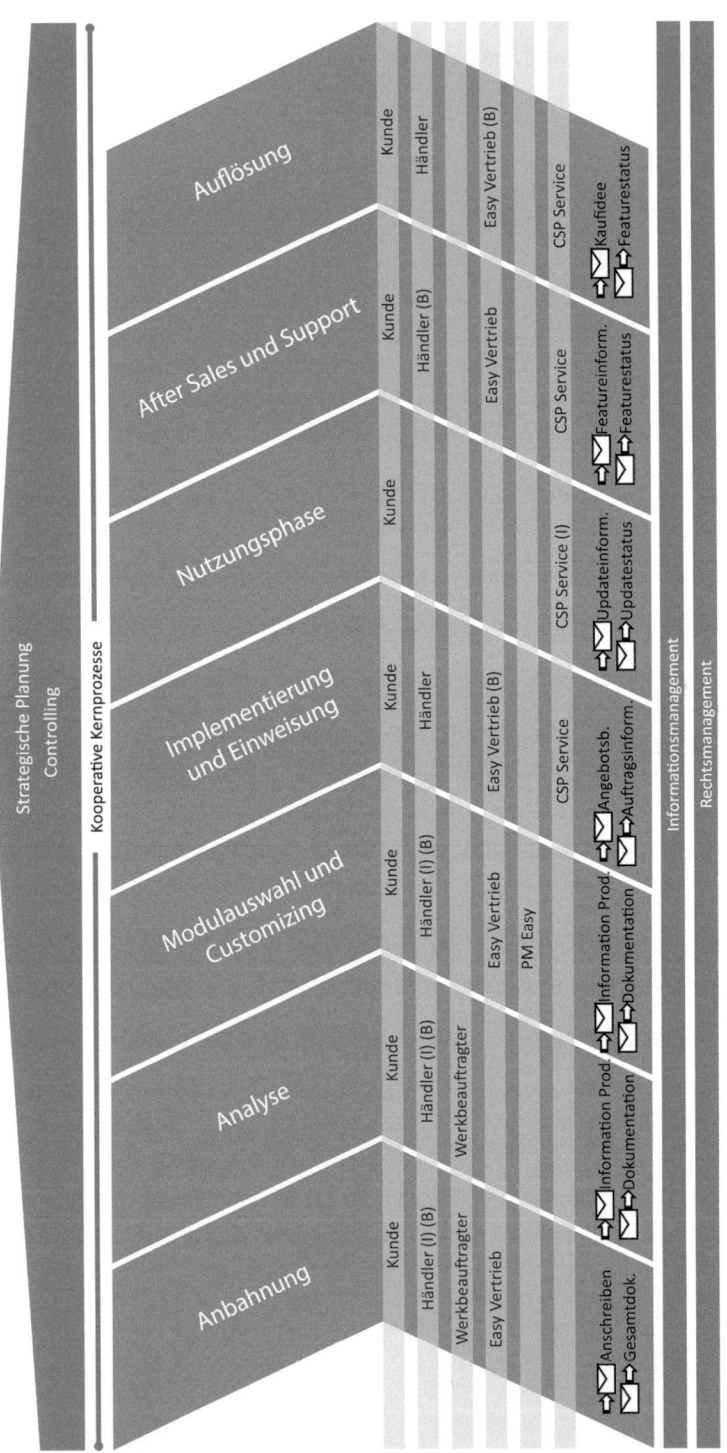

Abb. 5.13 Ordnungsrahmen CLAAS

Der Ordnungsrahmen enthält sieben Phasen und unterscheidet sich inhaltlich deutlich von denen des Immobilienreferenzmodells, wenngleich eine gewisse gemeinsame Struktur ersichtlich wird. Betrachtet wird, wie bei einer Immobilie, der gesamte Lebenszyklus, der in der Phase der Anbahnung bereits mit der gezielten Kundenauswahl beginnt und mit der Auflösung des Angebots endet.

Im Anwendungsfall CLAAS sind diese ersten Leistungsphasen aufgrund der hohen Kooperationsintensität und ihrer Bedeutung für die Kundenzufriedenheit bei der Umsetzung der CXP-Methode besonders im Fokus. Die Bereitstellung umfasst hier drei Leistungsphasen, in denen die Kundenanforderungen analysiert, das Produkt darauf abgestimmt und es schließlich implementiert wird. Jedoch wird auch in der Nutzungsphase und der abschließenden Auflösung zwischen CLAAS, Kunden und vermittelnden Händlern regelmäßig aktiv zusammengearbeitet. Daher werden diese Phasen ebenfalls im Ordnungsrahmen berücksichtigt.

Im Fall CLAAS steht das Prozessgestaltungsziel im Vordergrund. Für das neue Angebot, das bereits entwickelt und bei einer Reihe von Kunden implementiert ist, soll der bestehende Prozess verbessert und so dokumentiert werden, dass er sich auch auf neue Standorte übertragen lässt. Dabei stehen die einzelnen kooperativen Abläufe zwischen den Hauptakteuren im Vordergrund, insbesondere auch die Frage der Verantwortlichkeiten und Schnittstellen innerhalb der Kooperation.

Zusätzlich zu den Hauptakteuren CLAAS, Händler und Kunden, wurden weitere Unterscheidungen, z. B. in einzelne CLAAS-Unternehmensbereiche vorgenommen. Hintergrund hierfür ist die Annahme, dass es für die Gestaltung der Prozesse zunächst unerheblich ist, ob juristisch gesehen interne oder externe Akteure für die einzelnen Aktivitäten verantwortlich sind. In beiden Fällen ist das Verhalten der Beteiligten als eigenständige Einheit in der Kooperation maßgeblich.

Im Fall CLAAS kommt der Analyse der unternehmensinternen Akteure bzw. deren Schnittstellen eine große Bedeutung zu, da hier ein erheblicher Anteil der Produkterstellungskosten entsteht. Für die Analyse und später auch die Verbesserung der Prozesse werden die einzelnen Leistungsphasen aus dem Ordnungsrahmen daher mit internen und externen Akteuren abgebildet.

Die Darstellung der zweiten Ebene der CXP-Methode gibt einen Überblick über die beteiligten Akteure sowie deren Interaktionen (vgl. Abb. 5.14). Die Akteure bilden den Rahmen für die Kooperationsaktivitäten, die innerhalb einer Phase, z. B. der Implementierung und Einweisung, durchgeführt werden. Ein- und ausgehende Pfeile zeigen in der bereits vertrauten Darstellungsweise des Kooperationsszenarios die Beteiligten als Initiator einer Aktivität oder Empfänger eines Ergebnisses. Die Kooperationsszenarien dienen im Fall CLAAS dementsprechend der Gestaltung der Kooperationsprozesse, d. h. dem Zusammenspiel der an der Kooperation beteiligten Akteure.

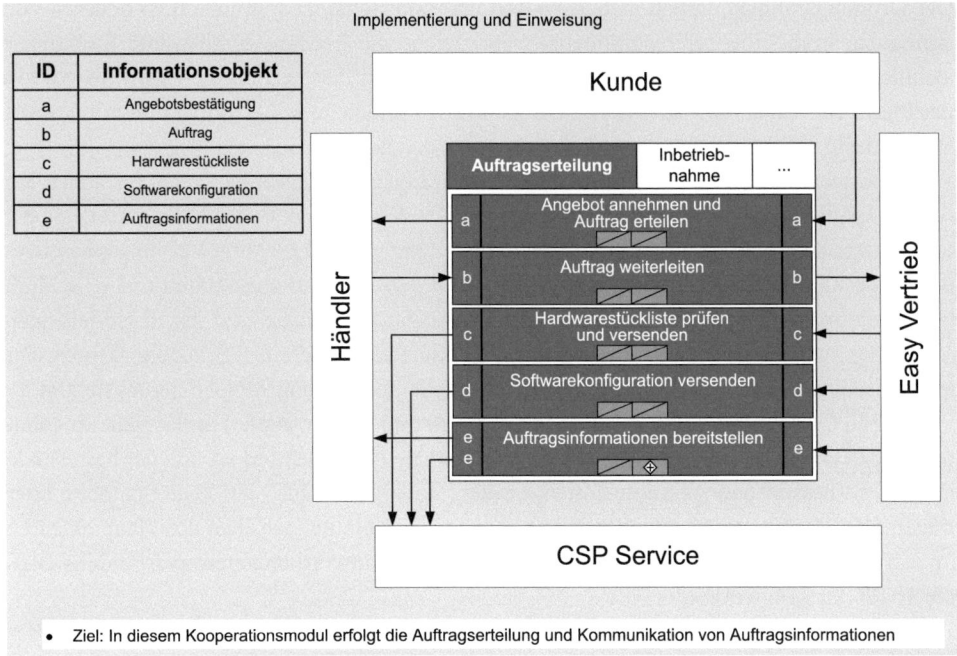

Abb. 5.14 Kooperationsszenariobeispiel CLAAS

Ähnlich wie in der Immobilienbranche, besteht auch bei CLAAS die Herausforderung, eine Vielzahl beteiligter Akteure vollständig einzubinden und in der Zusammenarbeit die Bereitstellung der benötigten Informationen

- zum richtigen Zeitpunkt,
- in der richtigen Qualität und
- an die richtigen Adressaten

zu gewährleisten.

Gleichzeitig sollen möglichst effiziente Prozesse umgesetzt werden, durch die ein wettbewerbsfähiges Kooperationsergebnis erzielt werden kann. Für diese Zielsetzung sollten die Informationsflüsse genau bekannt sein, um sie anschließend kritisch hinterfragen zu können. Die Kooperationsgestaltung mithilfe von Kooperationsszenarien bietet hierfür eine solide Basis.

Nach der Kooperationsgestaltung verfolgt das Unternehmen zwei Ziele. Erstens gilt es, eine Übertragbarkeit der Prozesse auf andere Standorte zu gewährleisten. Zweitens sollen die Kooperationsprozesse vor dem Hintergrund des soeben erstellten Kooperationsüberblicks verbessert werden.

Die Übertragbarkeit auf im Umgang mit den Kooperationsszenarien nicht geschulte Personen lässt sich durch die dritte Ebene der CXP-Methode erleichtern, in der die in den Kooperationsszenarien enthaltenen Prozesse als BPMN Choreografiediagramm dargestellt werden. Diese entsprechen eher der klassischen ablauforientieren Darstellung ohne Kooperationsfokus. Es lassen sich zur Wissensvermittlung auch Ablaufbeschreibungen formulieren und bisher nicht berücksichtigte interne oder nicht kooperationsrelevante Schritte ergänzen. Zusätzlich können hier eventuelle Schleifen und Verzweigungen abgebildet werden. Damit enthalten die Prozesse in der Visualisierung noch einmal weitere, auf den Prozessablauf ausgerichtete Informationen.

Neben diesem Ziel der Prozessdokumentation zur Übertragung auf andere Personen und Standorte konnte im Case eine Prozessverbesserung anhand beider Prozessdarstellungen in Kombination erreicht werden. Potenziale und ein Überblick in puncto Kooperation wurden im Kooperationsszenario offensichtlich:

- Müssen alle Akteure, wie gegeben, am Prozess beteiligt sein?
- Welche Akteure können von ihrer Qualifikation her am besten bestimmte Prozesse umsetzen?
- Welche Akteure bilden besondere Engpässe in der Zusammenarbeit?
- Werden die Ergebnisse vom empfangenden Akteur tatsächlich und in der definierten Beschaffenheit benötigt?
- etc.

Darüber hinaus wurde anhand der auch für ungeschulte Beteiligte vertrauten Choreografiediagramme dokumentiert und tiefer gehend hinterfragt (vgl. Abb. 5.15):

- Welche Akteure mit höheren Stundensätzen können durch solche mit günstigeren Stundensätzen ersetzt werden?
- Ist der Informationsfluss gewährleistet?
- Wo halten sich wiederholende Abstimmungsschleifen den Prozess auf?
- Gibt es besondere Probleme oder Potenziale in jedem einzelnen Prozess?
- etc.

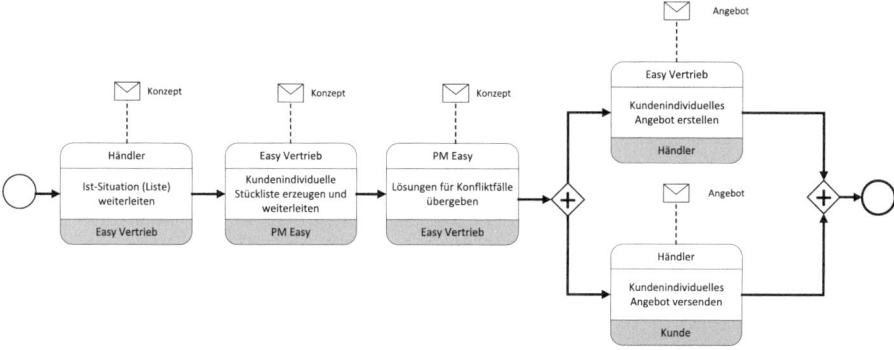

Abb. 5.15 Choreografiediagrammbeispiel CLAAS

Um die so gefundenen Potenziale zu priorisieren und die entwickelten Maßnahmen hinsichtlich ihrer Auswirkung zu bewerten, wurden im Fall CLAAS in einer begleitenden MS-Excel-Tabelle auch die kooperationsbedingten Kosten sowie der Wertschöpfungsbeitrag je Aktivität ermittelt. Gleichzeitig wurden Aktivitäten mit hohen Kosten und geringem Wertschöpfungsbeitrag in den Mittelpunkt der Analyse übernommen.

5.2.2.3 Ausblick

Mit der weitergehenden Entwicklung von IoT-Systemen für die Landwirtschaft entwickelt sich auch CLAAS zunehmend vom Maschinenhersteller zum Lösungsanbieter weiter. Diese Entwicklung führt zu Veränderungen sowohl in der Technischen Architektur als auch auf Ebene der Geschäftsarchitektur. Beide Ebenen sind dabei wechselseitig aufeinander auszurichten.

Hierzu leistete das Projekt Cooperation Experience einen Beitrag zur Modellierung der notwendigen Geschäftsprozesse. In Zukunft sollen die in CXP entwickelten Methoden und Prozesse genutzt werden, um die Remote-Service-Anwendungen weiter zu entwickeln und zu etablieren. Dabei besteht die große Herausforderung darin, alle Beteiligten in dem Kooperationsmodell einer wechselseitigen Ausrichtung zwischen Technik und Business abzubilden und diese dann auch „aktiv zu leben".

Um die erwähnten Veränderungsprozesse zu realisieren, ist die Kooperation der Beteiligten ein Schlüsselfaktor. Die im Projekt erarbeiteten Kooperationsmodelle sind hierfür eine wichtige Vorrausetzung.

5.2.3 Fallbeispiel Kreis Coesfeld

Kreis Coesfeld

Die Verwaltung des Kreises Coesfeld ist mit ihrem Hauptsitz in der Kreisstadt Coesfeld angesiedelt und mit insgesamt rund 700 Beschäftigten einerseits ein wichtiger Arbeitgeber, andererseits auch Ansprechpartner für kreispolitische Angelegenheiten. Sie liegt geografisch in zentraler Lage des Münsterlandes, umgeben von den Kreisen Borken, Recklinghausen, Steinfurt, Unna und Warendorf sowie den kreisfreien Städten Münster und Hamm. Der Kreis Coesfeld bietet unterschiedliche Dienstleistungen sowie zentrale Verwaltungsdienste an. Insbesondere gehört auch der Bereich Bauen und Umwelt zu seinen Aufgaben. Es befinden sich rund 32 Immobilien im Besitz des Kreises, sie sind hinsichtlich ihrer Art, Nutzung und ihres Alters sehr heterogen ausgeprägt. Neben den klassischen Verwaltungsgebäuden gehören auch zwei Burgen, Berufskollegs, Rettungswachen und Bauhöfe dazu. Dies bewirkt eine zunehmende Bedeutung des Facility Managements in der Arbeit der Kreisverwaltung; Bau und Betrieb der kreiseigenen Immobilien verlangen ein Zusammenwirken unterschiedlicher interner und externer Organe.

5.2.3.1 Herausforderungen von Kooperationen im Bau und Betrieb von Gebäuden

Wie können Innovationen im Bereich des Facility Managements gefördert werden? Welche neuen Instrumente und Erkenntnisse haben das Potenzial, die Prozesse beim Bau und Betrieb von Gebäuden zu verbessern, und wie können die Lebenszykluskosten von Immobilien optimiert werden?

Um diesen Fragestellungen nachzugehen, beteiligte sich der Kreis Coesfeld am Projekt Cooperation Experience. Die Kreisverwaltung mit elf kreisangehörigen Städten und Gemeinden unterhält 40 Liegenschaften im westlichen Münsterland und bietet ihren vielfältigen Kunden aus dem öffentlichen Bereich ein heterogenes Leistungsspektrum, das sowohl den Bau als auch die Sanierung und den Betrieb von Immobilien mit einschließt. Zu diesen Immobilien gehören von Bürogebäuden über Schulen und Rettungswachen bis hin zu denkmalgeschützten Kulturzentren die unterschiedlichsten Gebäudetypen. Da zum einen die Grundlagen für die späteren Betriebskosten schon während der Gebäudeplanung gelegt werden und zum anderen die Erkenntnisse und Informationen, die während des Gebäudebetriebs entstehen, wertvolle Hinweise für Architekten sind, um effektiv auf Kundenwünsche und Bedürfnisse einzugehen, wird beim Kreis Coesfeld besonders auf eine effiziente Kooperation und Abstimmung der Akteure aus den Bereichen Gebäudebau und Gebäudebetrieb geachtet. Dementsprechend hat die Kreisverwaltung ein natürliches Interesse an Entwicklungen und Innovationen, welche diese immobilienwirtschaftlichen Prozesse beim Bau und Betrieb von Gebäuden verbessern können.

Der Kreis Coesfeld beteiligte sich daher an dem Forschungsprojekt Cooperation Experience mit dem Ziel, Innovationen durch neue Erkenntnisse zu fördern sowie die hybriden Wertschöpfungspartnerschaften beim Bau und Betrieb von Gebäuden durch den Einsatz neuer Instrumente zu optimieren.

Betrachtet man sowohl den Hochbau als auch den Gebäudebetrieb als eine hybride Wertschöpfungskette, so sind die Herausforderungen, auf die der Kreis Coesfeld im Verlauf eines Immobilienlebenszyklus trifft, sehr vielfältig. Zunächst sind hier die vielfältigen Akteure zu nennen, die im Verlauf eines Gebäudelebenszyklus beteiligt sind. Insbesondere in den Phasen des Gebäudebaus ist eine Vielzahl von Akteuren einzubeziehen. Da Bauprojekte vergleichsweise individuell sind und selten schematisch verlaufen, variieren auch die Akteure, die an einem Projekt beteiligt sind. Welche Personen zu beteiligen sind, ist unter anderem abhängig vom Gebäude selbst und den individuellen Projektbedingungen. Handelt es sich z. B. um ein denkmalgeschütztes Gebäude, so erweitert sich der einzubeziehende Personenkreis um Mitarbeiter der unteren und der oberen Denkmalbehörde. Des Weiteren variieren die Akteure auch mit der jeweiligen Auftragshöhe. Überschreitet das Volumen eines Auftrags eine bestimmte Summe, so müssen andere Akteure diesen Auftrag bewilligen. Im öffentlichen Bereich muss ferner ab einer bestimmten Auftragshöhe die Rechnungsprüfung, die im Auftrag der politischen Vertretung den Haushalt kontrolliert, mit einbezogen werden. Wird zudem ein Auftrag mit Fördergeldern finanziert, sind auch die Vorgaben der fördernden Institute zu berücksichtigen. Folglich ist es eine Herausforderung, die Übersicht über alle beteiligten Akteure zu behalten. Darüber hinaus ist es eine noch größere Herausforderung, den Überblick zu behalten, zu welchem Zeitpunkt die jeweiligen Akteure mit einzubeziehen sind bzw. welche Informationen für die einzelnen Beteiligten relevant sein könnten. Diese Problematik besteht insbesondere für die Akteure beim Projektmanagement und Gebäudebau, wenn vor Ort keine ausreichende mobile Datenverbindung gegeben ist, um auf zentral gespeicherte Informationen zurückgreifen zu können.

Zu Projektbeginn wurde eine Ist-Analyse beim Kreis Coesfeld durchgeführt, die gezeigt hat, dass ein Informationsaustausch zwischen den Akteuren, die für die Unterhaltung der Immobilien der Kreisverwaltung zuständig sind, häufig stattfindet, wenn von den jeweiligen Akteuren ein Bedarf zur Abstimmung wahrgenommen wird. Dabei herrschte zu Projektbeginn jedoch keine Einigkeit darüber, zu welchen Zeitpunkten im Verlauf eines Gebäudelebenszyklus eine Abstimmung zwischen den Beteiligten stattfinden sollte bzw. welche Informationen für die jeweiligen Akteure relevant sein könnten.

5.2.3.2 Cooperation Experience als Unterstützung zum besseren Umgang mit Kooperationsherausforderungen

Nach Einschätzung des Kreises Coesfeld stellt sich die transparente Darstellung der kooperationsrelevanten Schnittstellen und Informationen in Cooperation Experience als ein guter Ansatz dar, um ein Immobilienprojekt zu planen bzw. um Optimierungspotenziale in einem bestehenden Ablauf aufzudecken. Dabei ist insbesondere die zweite Ebene der entwickelten Modellierungssprache hilfreich, um für die beteiligten Akteure komplexe Strukturen nachvollziehbarer darzustellen. Da bei dieser Ebene der Schwerpunkt auf der Beschreibung der

Aktivitäten zwischen den Kooperationspartnern liegt, eignet sie sich besonders dafür, den Akteuren genau aufzuzeigen, wo und wann sie mit einbezogen werden sollen. Sie können außerdem präzise angeben, zu welchem Zeitpunkt sie ihrer Meinung nach beteiligt werden möchten. Dabei ist es eine Herausforderung, die Modellierung zum einen nicht zu allgemein und oberflächlich zu gestalten, da sonst die Modelle für die Experten keine Unterstützung darstellen würden. Zum anderen kann bei einer sehr detaillierten Modellierung, die jede Eventualität berücksichtigt, schnell die Übersichtlichkeit verloren gehen. Dies liegt insbesondere an der Komplexität des Bauwesens und den vielfältigen Akteuren, die ggf. an einem Bauprojekt beteiligt bzw. zu beteiligen sind. Die CXP-Methode lässt hier den erforderlichen Gestaltungsspielraum; sowohl im Ordnungsrahmen als auch in der zweiten Ebene der Kooperationsszenarien können die beteiligten Rollen bedarfsgerecht aggregiert oder differenziert werden. Das Referenzmodell gibt zudem vorab eine hilfreiche Empfehlung, welche Akteure an welchen Stellen integriert werden sollten, die flexibel an das jeweilige Projekt angepasst werden kann.

Da die Ist-Analyse des Prozessablaufs beim Kreis Coesfeld anhand von Workshops mit Verantwortlichen aus den zuständigen Fachdiensten für Gebäudebau und Gebäudebetrieb durchgeführt wurde, ergaben sich, basierend auf den in der Methode veranschaulichten Darstellungen des Prozessablaufs, schon während der Ist-Aufnahme Verbesserungsvorschläge, die in die spätere Soll-Konzeption übernommen wurden. So wurden, basierend auf den Ergebnissen der Prozessanalyse, schon in den frühen Projektphasen erste Maßnahmen zur Verbesserung der kreisinternen immobilienwirtschaftlichen Prozesse durchgeführt. Diese Maßnahmen umfassten unter anderem die Einführung regelmäßiger fachdienstübergreifender Baubesprechungen sowie gemeinsame Begehungen der Kreisobjekte mit den zuständigen Architekten, Facility Managern, der Verwaltung vor Ort sowie ggfs. weiteren beteiligten Akteuren. Als Folge läuft die Kooperation und Abstimmung der am Bau und Betrieb von Gebäuden beteiligten Mitarbeiter nun strukturierter ab als noch zu Projektbeginn. Dadurch wird ein verbesserter Informationsfluss zwischen den verschiedenen Fachbereichen und Abteilungen sichergestellt und die Planung unterstützt.

Im Zuge der Entwicklung eines Referenzmodells für den Bau und Betrieb von Immobilien wurde nach der Modellierung der Akteure in Ebene zwei die dritte Ebene erstellt. Hier fand ein Abgleich der vom Kreis Coesfeld in Immobilienprojekten verwendeten Dokumente mit der Dokumentenliste der GEFMA-Richtlinie 198-2 statt. Ziel war es, aus beiden Quellen Dokumente für das Referenzmodell zu extrahieren. Dabei erwies sich die Liste der GEFMA in vielen Punkten als zu umfangreich, sie enthält viele projektspezifische Dokumente, die i. d. R. beim Kreis Coesfeld nicht benötigt werden. Gleiches gilt für die Dokumente der GEFMA 922 und der KBOB aus der Schweiz.

In den Immobilienprojekten des Kreises Coesfeld variieren die benötigten Dokumente in Abhängigkeit von den Gegebenheiten eines Bauprojektes stark, insbesondere der Hochbau unterliegt einer individuellen Komplexität. Deshalb werden die oben genannten Dokumentenlisten als Maximallösungen verstanden. Die Auflistung potenziell relevanter Dokumente je Prozessschritt läuft nach Ansicht der Experten des Kreises Coesfeld dem Ziel einer übersichtlichen Darstellung des Prozessablaufs zuwider. Daher ist der Verzicht hierauf in der Prozessdarstellung wie erfolgt hilfreich. Die im Rahmen des Projekts erstellte prozessbegleitende separate Liste ist übersichtlicher als die genannten verfügbaren Quellen, jedoch erscheint sie für kleinere Bauprojekte noch immer sehr umfangreich. Beim Kreis Coesfeld wird in der Regel nur ein Bruchteil der Dokumente im Tagesgeschäft benötigt.

Diese Einschätzung unterscheidet sich von der Beurteilung der anderen Verbundpartner im Projekt Cooperation Experience, da diese aufgrund ihrer Unternehmensgröße ein größeres Spektrum der möglichen Projekte und erforderlichen Dokumente abdecken. Gleiches gilt für Unternehmen, die tendenziell wenige bis keine Aufgaben fremdvergeben oder in Großprojekten arbeiten, sodass infolgedessen mehr Dokumente Anwendung finden. Naturgemäß deckt die Liste der Dokumente umgekehrt nicht alle beim Kreis Coesfeld verwendeten Unterlagen ab. Es verbleibt ein Bedarf an spezifischen Unterlagen, die zur besonderen internen Abstimmung notwendig sind.

5.2.3.3 Ausblick

Die transparente Darstellung der kooperationsrelevanten Akteure, Schnittstellen und Informationen mittels des Drei-Ebenen-Modells ist ein vielversprechender Ansatz, um einen Prozessablauf zu planen oder um Optimierungspotenziale in einem bestehenden Ablauf aufzudecken. Langfristig wird beim Kreis Coesfeld nun beobachtet, inwiefern die getroffenen Maßnahmen die Planungsqualität und die benötigte Planungszeit beeinflussen und inwieweit der erwartete Nutzen diesen Initialaufwand überwiegt.

5.3 Übergreifender Vergleich der Anwendungsfälle

Nathalie Günther, Christian Junker, Frank Riemenschneider

In Cooperation Experience wurde ein CXP-Immobilien-Referenzmodell auf Grundlage verschiedener Bauprojekte und literaturbasierter Quellen erstellt. Dieses Referenzmodell mit seiner Ausrichtung auf den Kooperationsprozess in Bauprojekten und die darin fließenden Informationen wird im folgenden Kapitel mit einem Fall aus dem Maschinenbau verglichen. Beide nutzen die CXP-Methode zur Prozessverbesserung in ihren Kooperationen und verfolgen ein gemeinsames Prozessdokumentationsziel. Es finden sich zudem einzelne Elemente, die beide Domänen teilen, beispielsweise in der Kategorisierung der Informationsobjekte. Unterschiede ergeben sich insbesondere beim zentralen Augenmerk, das im ausgewählten Immobilienreferenzmodell eher auf dem Informationsfluss einer etablierten Kooperation liegt, im Maschinenbau-Beispiel eher auf dem Ablauf eines noch jungen Kooperationsprozesses. Im ersten Fall steht die Komplexitätsbeherrschung, die Verbesserung des Informationsflusses in kooperativen, komplexen Projekten im Vordergrund. Im zweiten Fall geht es um die Gestaltung kooperativer Prozesse für eine danach folgende Übertragung auf neue Standorte im Business Development.

5.3.1 Gemeinsame Ziele

Immobilienprojekte und das Beispiel Maschinen- und Anlagenbau mögen sich in ihren Zielsetzungen unterscheiden, sie werden aber auch durch eine Reihe von Gemeinsamkeiten vereint, beispielsweise ein gemeinsames Dokumentationsziel. Beim Bau und Betrieb von Gebäuden steht nach der Verbesserung des Informationsflusses auch die Dokumentation der ausgetauschten Inhalte auf der Tagesordnung. In der Praxis lässt sich häufig beobachten, dass diese Dokumentation nicht stattfindet (Bernhold, Koers und Platner 2015; Lotz 2012). Ein Grund hierfür mag beispielsweise ein fehlendes Bewusstsein dafür sein, welche nachgelagerten Stellen im Kooperationsprozess die festzuhaltenden Informationen später noch benötigen werden. Die CXP-Methode schafft hier Transparenz und kann als Argumentationshilfe unter den Partnern dienen.

Mittelfristig kann als Weiterentwicklung der CXP-Methode eine Einbindung in das Projektmanagement eines Bauprozesses erfolgen. Das Referenzmodell oder das spezifische Kooperationsprozessmodell bilden dabei die Grundlage für die durch das Projektmanagement zu verfolgenden Informationsflüsse und damit auch für die Dokumentation und Archivierung dieser Informationen. Mit der CXP-Methode lassen sich die bestehenden Dokumentationspflichten strukturiert darstellen und erleichtern somit das sich anschließende Projektmanagement, das seinerseits für eine verbesserte Dokumentation und damit für einen verbesserten Kooperationsprozess sorgen kann.

In beiden Domänen kann die CXP-Methode auch über das Projektmanagement hinaus eine Grundlage für Prozessverbesserungen bilden. Die entstehende Transparenz schafft zunächst einmal eine Basis für das Heben organisatorischer Potenziale. Auf Ebene der Kooperationsszenarien wird im Überblick deutlich, wie sich Kooperationsflüsse in puncto Aufgabenzuordnung verbessern lassen. Es gilt zu klären, ob jeder Prozess von einer ausreichend qualifizierten oder überqualifizierten Stelle ausgeführt wird. Ziel sollte dabei im Sinne der Subsidiarität sein, Aufgaben von Stellen mit ausreichender, aber gleichzeitig möglichst geringer Qualifikation ausführen zu lassen. Unterstellt sei dabei ein positiver Zusammenhang zwischen Qualifikation und Stundensatz der Mitarbeiter. Beim Modellieren zeigt sich außerdem, welche Akteure bei einer Aufgabe eingebunden sind oder ggf. sein sollten und es bis dato noch nicht sind. Es zeigt sich weiterhin, wem besonders viele Aufgaben zugeordnet sind und wer somit ggf. einen Flaschenhals im Ablauf bildet oder zu viele Schnittstellen zu anderen Beteiligten hat.

Nach dieser übergeordneten Analyse der Kooperation wird auf Ebene der Choreografiediagramme der Prozess mit seinen einzelnen Schritten einfach kommunizierbar dokumentiert und noch einmal tiefergehend untersucht. Potenziale für jeden einzelnen Schritt können hier festgehalten werden. Es ist zudem in beiden Domänen möglich, die Gesamtlänge eines Prozesses einzuordnen. Insbesondere die Darstellung von sich mehrfach wiederholenden Schleifen ergibt Hinweise auf evtl. vorhandene Potenziale. In Kombination mit weiteren Tools, z. B. einer Abbildung der Kosten in MS Excel für jeden Prozessschritt, eröffnen sich auch hier Möglichkeiten der kostenorientierten Prozessverbesserung.

5.3.2 Referenzbausteine für andere Anwendungen

Zusätzlich zu allgemeinen gemeinsamen Zielen können auch ganz konkrete Referenzbausteine für mehrere Fälle eingesetzt werden. Entlang des Ebenen-Modells ist hier zunächst die allgemeine Struktur des Ordnungsrahmens zu nennen. Sowohl beim Bau und Betrieb von Gebäuden als auch im Maschinenbau-Fall beinhaltet der Ordnungsrahmen Management- und Supportprozesse. Auch die grundlegende sequenzielle Struktur des Ordnungsrahmens ist vergleichbar, nach einer Vorlaufphase schließen sich im Bau Entwurf, Ausführung und Betrieb an, bis es schließlich zur Auflösung kommt. Im Maschinenbau-Case bestehen die Phasen des Ordnungsrahmens analog et al. aus Anbahnung, Implementierung, Nutzung und Auflösung.

Auf der Ebene der Kooperationsszenarien und Choreografiediagramme gibt es, ähnlich wie beim Vergleich der Ordnungsrahmen, eine Vielzahl grundlegend ähnlich ablaufender Prozesse, es existieren aber auch fundamentale Unterschiede. Die zu Beginn zu erstellende Stückliste im Maschinenbau-Beispiel entspricht entfernt einer modularen Auswahl im Fertighausbau oder auch einem Raumbuch oder der Anforderungsliste für Immobilien. Bei der Modulauswahl handelt es sich jedoch eher um eine Auswahl unterschiedlicher Architektenentwürfe, denen vergleichsweise deutlich komplexere Analysen der Rahmenbedingungen für einen Bau vorangehen.

Im Gegensatz zur Landmaschine steht beim Bau einer Immobilie der Kunde im Sinne des späteren Nutzers selten zu Projektbeginn bereits fest. Daher erfolgt auch die Akteursbeteiligung in diesen frühen Phasen des Ordnungsrahmens abweichend, häufig spricht beispielsweise der Architekt mit einem Investor oder Vermieter, der planmäßig nicht selbst Nutzer ist. Im dann anschließenden Vergabeprozess sind, wie bei allen untersuchten kaufmännischen Prozessen, wieder mehr Gemeinsamkeiten festzustellen..

Einweisung, Inbetriebnahme und Abnahme einer Landmaschine entsprechen der Einweisung und Abnahme eines Objektes. In beiden Fällen wird in diesem Zuge auch die Dokumentation übergeben. Upgrades und der After-Sales-Service lassen sich mit der Instandhaltung einer Immobilie vergleichen, wobei ein Analogon zum Landmaschinen-Support im Baubereich in aller Regel nicht zu finden sein wird, in der Integralen Planung mit Betreibergedanken ist das ausnahmsweise der Fall. Schlussendlich erfolgt die Auflösung einer Landmaschinen-Lösung ohne einen definierten physischen Prozess mit Materialflüssen, dies ist bekanntlich beim Abriss eines Gebäudes anders.

Es ist anzunehmen, dass die exemplarisch für das vorliegende Referenzmodell und den Maschinenbau-Fall gezeigten prozessualen Gemeinsamkeiten und Unterschiede nicht direkt auf neue Cases übertragbar sind und wenn, dann nur auf einer vergleichsweise hohen Aggregationsebene. Jedem Fall wohnt eine gewisse Individualität inne. Sie entsteht im Vergleich Immobilien und CLAAS auch durch die unterschiedlichen Schwerpunkte und Zielsetzungen mit der Anwendung der CXP-Methode. Die untersuchten Bau-Fälle bilden in den Kooperationsszenarien bzw. Choreografiediagrammen in erster Linie einen Informationsfluss ab, während CLAAS sich auf den Ablauf der Schritte konzentriert. Insofern müssten an dieser Stelle konsequenterweise eigentlich zwei Parallelen verfolgt werden, einmal der Vergleich der Informationsflüsse und zum zweiten der Vergleich der Prozessabläufe. Da diese beiden Stränge aber miteinander verknüpft sind – Informationen sind häufig mit Aktionen verbunden und umgekehrt –, lassen sich trotzdem gewisse Gemeinsamkeiten zwischen Immobilienreferenzmodell und Maschinenbau-Beispiel ausmachen.

Mit Konzentration auf den Informationsfluss bietet die PAS 1091 eine Möglichkeit der Kategorisierung von Dokumenten für Produkt-Service-Systeme, wie sie die Fälle beide darstellen (PAS 1091 2010). Es werden insgesamt 30 Typen von Dokumenten vorgestellt, die für Cooperation Experience noch einmal konkretisiert und ergänzt wurden. Im Ergebnis liegen z. B. Dokumenttypen wie Terminpläne, Kalkulationen, Angebote, Verträge, Rechnungen, Pläne oder Protokolle vor, die in beiden Domänen mit einem vergleichbaren Aufbau eingesetzt werden. Es gibt allerdings auch Dokumenttypen, die nur im Bau Verwendung finden, beispielsweise Anträge, Genehmigungen oder Bescheide. Da der Fall CLAAS im Gegensatz zu Bilfinger oder anderen Immobilienbeispielen jünger ist, sind hier die Informationsflüsse teilweise noch nicht final formalisiert, Dokumente werden noch erarbeitet bzw. kontinuierlich angepasst.

5.3.3 CXP-Entwicklungsperspektiven

Zusammenfassend zeigen die Fälle die Einsetzbarkeit der CXP-Methode in beiden Domänen. Sowohl im Ordnungsrahmen als auch auf Ebene der Kooperationsszenarien und Choreografiediagramme existieren eine Reihe struktureller Gemeinsamkeiten auf abstrakter Ebene.

Je konkreter die Prozesse im Detail betrachtet werden, umso deutlicher werden aber auch Unterschiede. Diese liegen neben den beiden verschiedenen Branchen nicht zuletzt darin begründet, dass bei Gebäuden vornehmlich Informationsflüsse und im Fall CLAAS in erster Linie Prozessabläufe fokussiert wurden. Beides geht zwar Hand in Hand einher, die Schwerpunktsetzung erklärt aber notwendige Abweichungen. Diese unterschiedlichen Zielsetzungen und die dennoch mit letztendlich derselben Vorgehensweise erreichten Ergebnisse belegen die Flexibilität der CXP-Methode. Je nach Fragestellung und Anwendungskontext lässt eine unterschiedliche Schwerpunktsetzung in der CXP-Methode die passgenaue Erstellung eines Referenzmodells oder eines konkreten Prozessmodells für einen Anwendungsfall zu.

Trotz dieser Flexibilität und aller genannten Unterschiede existieren auch in den Detailprozessen Gemeinsamkeiten. Hier sind beispielsweise kaufmännische Prozesse zu nennen, die vergleichbar ablaufen. Außerdem finden sich wiederkehrende Dokumenttypen, bei denen vermutlich auch ein branchenübergreifender Einsatz in weiteren Fällen sinnvoll ist. Der Einsatz der CXP-Methode in zusätzlichen Unternehmen der Immobilienbranche sowie des Maschinen- und Anlagenbaus, aber auch in weiteren Branchen wird die Prüfung dieser Thesen ermöglichen. Aus entsprechenden Anwendungsfällen werden sich neue Impulse für das Immobilienreferenzmodell ergeben und ggf. auch Bausteine abzeichnen, die referenzmodellübergreifend oder für die Bildung neuer Referenzmodelle eingesetzt werden können.

Auf Basis des CXP-Projektes mit seinen durchgeführten Untersuchungen, Referenzprozessmodellierungen und erstellten Prototypen im systematischen Dreiklang kann der Blick weiterführend in die Managementpraxis von Wertschöpfungspartnerschaften im Immobilien- und Facility-Management gerichtet werden. Hieraus lassen sich Implikationen für die wissenschaftliche, aber auch für die wirtschaftliche Anschlussfähigkeit ableiten.

Mit Blick in die aktuelle Planungspraxis sowie auch auf die vorhandenen partiell zu konstatierenden Fehlentwicklungen in verschiedenen Hochbauvorhaben – gerade mit Bezug zur durchgängigen Immobiliendokumentation – zeigt sich der zumeist noch manifest sequenziell aufgebaute Planungsprozess. Leistungsphasen werden vielfach nachgelagert von den Akteuren abgewickelt und relevante Informationen zwischen den Akteuren nicht durchgängig ausgetauscht respektive aktuell gehalten. Die in der Folge entstehenden Planungs- und/oder Dokumentationsmängel sind indes nur mit großem Aufwand wieder zu beherrschen. Hier scheint eine vollständig neue Form des Denkens von Wertschöpfungspartnerschaften mit hohem Vertrauen der Akteure untereinander erforderlich zu werden, die Informationsobjekte transparent, aktuell und mit dem Ziel der optimierten Erstellung des hybriden Produktes austauschen. Projektziel und Nutzen müssen einen deutlich höheren Stellenwert bekommen als die solitäre Nutzenmaximierung des einzelnen Akteurs. Die Akteure müssen sich mehr als Teil des Ganzen im Rahmen eines Netzwerkes verstehen mit dem Ziel, das hybride Produkt, die Immobilie mit ihren facettenreichen Anforderungen, kundenspezifisch umzusetzen. Dabei erfordert sowohl die Weitergabe von Informationen als auch das „Arbeiten auf einer

Plattform" ein hohes Maß an Disziplin, aber auch Vertrauen zwischen den Akteuren. In diesem Kontext erscheint es sinnvoll, die Beteiligten mehr als zuvor als Wertschöpfungspartner zu verstehen, die konsequent miteinander arbeiten. Dies gilt umso mehr vor dem Hintergrund, dass die Akteure vielfach sehr heterogene Interessen vertreten und bei Immobilien jeweils auch einen anderen zeitlichen Horizont verfolgen. Dabei scheint sich gegenwärtig aber auch als Herausforderung abzuzeichnen, dass die Akteure sich untereinander erst einmal verstehen müssen; gerade hier herrscht mitunter eine Begriffskonfusion vor, sodass zu Beginn ein einheitlicher Sprachrahmen hilfreich wäre. Unterstützt werden können diese Kooperationen und Partnerschaften durch die Strukturierung planungsbegleitender Prozesslandschaften entlang des CXP-Ansatzes, die eindeutig definieren, welche Information in welchem Format an wen zu welchem Zeitpunkt gehen müssen.

Gegenwärtig wissen die einzelnen Beteiligten vielfach zu wenig von den Prozessen und Aufgaben des Gegenübers, sodass mitunter Missverständnisse und ggf. auch Misstrauen vorherrschen können. Durch die prozessuale Absicherung der Aufgaben in der Wertschöpfungspartnerschaft werden Zuständigkeiten für Aktivitäten, aber auch für die erforderliche Dokumentation beschrieben. Eine Benennung eines Dokumentationsbeauftragten, der letztendlich als „Mediator" und Garant für eine durchgängige lebenszyklusübergreifende Dokumentation gelten kann, scheint ebenfalls hilfreich zu sein. Einigen Facetten dieses Dokumentationsbeauftragten trägt die Praxis bspw. durch den Einsatz von BIM-Beauftragten Rechnung. Reine Dokumentationsmodelle, losgelöst von der prozessualen Darstellung und Rollenverteilung, sind dabei nur ein Teil der Problemlösung.

Gerade mit Blick auf den Einsatz „neuer" Formen der bauwerksbezogenen Dokumentation, bspw. unter Nutzung von BIM (Building Information Modeling), spielt aktuelles Prozesswissen eine essenzielle Rolle. Dabei erscheint es ebenfalls relevant, die Prozess- und Dokumentationsanforderungen im Vorfeld der Kooperation zu fixieren und nicht erst im Laufes des Projektes. Wertschöpfungspartnerschaften sind planbar, sie müssen aber auch hinsichtlich der Aufgaben und Zuständigkeiten von den Partnern erlebt, erfahrbar gemacht und gelebt werden können. Die Modellierung und Simulation der Prozesse entlang des CXP-Ansatzes lanciert diese Anforderungen der vorweggenommenen Leistungserbringung und verschafft allen Partnern ein transparentes Bild eigener, aber kooperationsrelevanter Aktivitäten. Zugehörige Maßnahmen sind dabei ebenfalls gegenständlich im 10-Punkte-Aktionsplan des BMBVI, in dem bspw. kooperatives Planen im Team, die Umsetzung einer partnerschaftlichen Projektzusammenarbeit und auch klare Prozess und Zuständigkeiten adressiert werden.

Daher werden zukünftig verstärkt digitale Bauwerksmodelle die Integrale Planung unterstützen (Building Information Modeling). Gegenwärtig wird die dokumenten- und attributierungsrelevante Differenzierung und Aufarbeitung zugehöriger Normen und Standards aufgegriffen; die prozessuale Betrachtung dessen im Bereich der Sender-Empfänger-Problematik wird vielfach nur rudimentär betrachtet. So kann es vorkommen, dass zwar Methoden und Instrumente der Bauwerksabbildung vorliegen, die Wertschöpfungspartner diese jedoch nicht befüllen können und/oder wollen, dieses ggf. nicht aktuell unternehmen oder nur Partialinformationen bereitstellen. Es stellt sich dann die Frage, ob und inwieweit eine organisatorische Herausforderung wie die Unterstützung der Erfahrbarkeit einer Wertschöpfungspartnerschaft, prozessualer Aufgaben und Zuständigkeiten durch eine klassische IT-Fokussierung und Umsetzung gelöst werden kann. Letztendlich ist Cooperation Experience als Plädoyer zu verstehen, beides umzusetzen, auf der einen Seite die prozessorientiere Organisation der Kooperation der Leistungspartner, auf der anderen Seite die Nutzung digitaler Bauwerksmodelle. Dessen unbeschadet sehen die Autoren erstgenannten Punkt als Conditio sine qua non für den Einsatz der Informationstechnologie in Form eines BIM.

Wird dieser Gedanke konstruktiv und logisch weitergedacht, könnte der Immobilienbetrieb dauerhaft davon profitieren. Technologische Fortschritte, die unter Begriffen wie cyber-physische Systeme, Smart Products/Factory/Services und Industrie 4.0 die Verschmelzung physischer und digitaler Welt adressieren (Kagermann et al. 2013; Lasi et al. 2014), eröffnen auch dem Facility Management neue Perspektiven. Beim Betrieb von Gebäuden werden mit zunehmender Digitalisierung und Ausbreitung von Sensoren/Aktoren immer mehr Daten anfallen (Gärtner 2014). Mittels Sensoren sammeln physische Objekte (bspw. Gebäude) Daten über sich und ihre Umwelt (Lasi et al. 2014). Zudem lässt sich über Aktoren auf die Objekte und ihre Daten über das Internet zugreifen („Internet der Dinge") (Kagermann 2014). Durch die Vielzahl an Objekten mit jeweils mehreren Sensoren und Aktoren wird dabei eine sehr große Menge an Daten produziert. Diese große Datenmenge, „Big Data" genannt (Jagadish et al. 2014), kann mit herkömmlichen Analysemethoden nicht sinnvoll verarbeitet werden und es werden spezielle Algorithmen zur Mustererkennung, Datenreduktion und Datenfusion benötigt (Data Mining), um aus den Daten Informationen und neues Wissen für proaktives Handeln zu generieren (Smart Data) (Kagermann 2014). In einer mit BIM unterstützten digitalen Bauwerkswelt zeichnen sich insoweit ganz neue Möglichkeiten der Leistungs- und Entscheidungssteuerung ab. Bisher statische, zumeist erst ex post vorliegende Informationen können in dieser Welt für die Erstellung von Prognosemodellen, bspw. zur Kapazitätsplanung und -steuerung der Dienstleister eingesetzt werden. Dieses vorhandene Potenzial muss vor allem vor dem Hintergrund eines großen Immobilienportfolios eingeschätzt und bewertet werden, letztendlich würde dadurch eine bedarfsorientierte Ressourcenallokation mit der Folge einer gesteigerten Prozesseffizienz umsetzbar.

Der Blick auf mögliche Anwendungsszenarien kann jedoch noch deutlich ausgeweitet werden, bspw. auf den Immobilientransaktionsprozess. Gerade in diesem Bereich werden zumeist projektbezogen und im Rahmen der Bewertung der Transaktion aufwendige Dokumenträume erstellt, um einem potenziellen Käufer Dokumente zur Prüfung im Rahmen der Due Diligence zu übergeben. Würden für Immobilien bauwerksbezogene Zustandsdaten (bspw. mittels BIM), zustands-, bewegungs- und finanzwirtschaftlich orientierte Daten (bspw. mittels ERP und CAFM-Systemen) digital in einer geplanten Struktur vorliegen, so könnten Immobilientransaktionen deutlich effektiver und auch effizienter abgewickelt werden. Bei Verknüpfung dieser Informationen mit bspw. GIS-Systemen (Geoinformationssystemen) würde ggf. eine ungeahnte Datentransparenz generiert werden, welche unter anderem dazu dienen kann, Informationsasymmetrien im Transaktionsprozess zu reduzieren.

Insgesamt manifestiert sich das volle Potenzial des CXP-Ansatzes in seiner weiteren Fortschreibung im Kontext der zunehmenden Digitalisierung; diese wird auch von der Immobilien- und Dienstleistungsbranche keinen Halt machen; vielmehr müssen die Potenziale aufgezeigt, systematisch entwickelt und durch geeignete Instrumente der IT mit Leben erfüllt werden.

5.3.4 Fazit

! Einsatzmöglichkeiten der CXP-Methode

- Die CXP-Methode ist in unterschiedlichen Branchen und für unterschiedliche Zwecke einsetzbar.
- Mit der Methode lassen sich, je nach Zielsetzung, Kooperationsaktivtäten als Ablauf fokussieren oder Informationsflüsse zwischen den Akteuren in den Mittelpunkt der Betrachtung rücken.
- Es lassen sich Referenzbausteine identifizieren, die jedoch für den individuellen Projekteinsatz angepasst werden müssen.
- Neben den hier exemplarisch gezeigten Bestandteilen des Referenzmodells für den Bau und Betrieb von Gebäuden existiert ein umfassendes Immobilienreferenzmodell mit ca. 600 Kooperationsaktivitäten für erfolgreiche Projekte. Die Aktivitäten sind jeweils mit den beteiligten Akteuren und ihren Aufgaben beschrieben und um die zwischen ihnen auszutauschenden Informationen ergänzt.

Literatur

Bernhold T., Koers J., & Platner V. (2015). Dokumentationsreport 2015: So dokumentiert Deutschland – Managementorientierte Zusammenfassung auf Basis der Theorie des geplanten Verhaltens. In: T. Bernhold (Hrsg.), Studentische Studien der Immobilienwirtschaft Band 1 (S. 1-34). Münster.

Bernhold T., Nitzsche F., & Rosenkranz C. (2008). Ein Ordnungsrahmen für lebenszyklusorientierte Planung im Facility Management. In M. Bichler et al. (Hrsg.) Multikonferenz Wirtschaftsinformatik 2008. Berlin.

Bilfinger HSG Facility Management GmbH. http://www.bilfinger.com/leistungen/immobilien/bilfinger-one/. Zugriff: 15. Oktober 2015.

BMVI: Pressemitteilung. http://www.bmvi.de/SharedDocs/DE/Pressemitteilungen/2015/060-dobrindt-reformkommission.html, Abruf: 7. September 2016.

CLAAS KGaA mbH. http://www.claas.de/produkte/easy. Zugriff: 18. Januar 2016.

Gärtner, A. (2014). Fma.Codex – Gebäudetechnische Systemintegration durch innovative Plug und Play Technologie. In T. Bernhold, M. May, J. Mehlis (Hrsg.), Handbuch Facility Management: Grundlagen, Arbeitsfelder, Wissensmanagement (S. 1-36). Heidelberg, München, Lundsberg, Frechen, Hamburg: ecomed SICHERHEIT.

GEFMA 198-1 (2013). GEFMA-Richtlinie 198-1: Dokumentation im Facility Management. Begriffsabgrenzung, Vorgehensweise, Gliederung und Instrumente, Bonn.

GEFMA 198-2 (2013). GEFMA-Richtlinie 198-2: Dokumentation im Facility Management. Einzeldokumente (Dokumentenliste), Bonn.

Glöckner, J. (2015). Bau- und Architektenrecht. Köln: Werner.

Handschuhmacher, J. (2014). Immobilienrecht praxisnah. Wiesbaden: Springer.

HOAI (2013). HOAI 2013 – Honorarordnung für Architekten und Ingenieure. Wiesbaden: Springer Vieweg.

Hochtief AG. http://www.hochtief.de/hochtief/1.jhtml. Zugriff: 18. Januar 2016.

Jagadish, H. V., Gehrke, J., Labrinidis, A., Papakonstantinou, Y., Patel, J. M., Ramakrishnan, R., & Shahabi, C. (2014). Big Data und Its Technical Challenges, Communications of the ACM 57:7, 86-94.

Kagermann, H., Wahlster, W., & Helbig, J. (Hrsg.), (2013). Deutschlands Zukunft als Produktionsstandort sichern – Umsetzungsempfehlungen für das Zukunftsprojekt Industrie 4.0: Abschlussbericht des Arbeitskreises Industrie 4.0. Frankfurt, acatech – Deutsche Akademie der Technikwissenschaften e.V.

Kagermann, H. (2014). Industrie 4.0 und Smart Services. In W, Brenner, T. Hess (Hrsg.), Wirtschaftsinformatik in Wissenschaft und Praxis (S. 243-248). Berlin, Heidelberg: Springer.

KBOB, Koordinationskonferenz der Bau- und Liegenschaftsorgane der öffentlichen Bauherren; Interessengemeinschaft privater professioneller Bauherren (IPB) (2013): Bauwerksdokumentation im Hochbau. Dokumentationsmodell BDM13. Zürich.

König H., Kohler N., Kreißig J., & Lützkendorf T (2009). Lebenszyklusanalyse in der Gebäudeplanung – Grundlagen, Berechnungen, Planungswerkzeuge. München: Detail.

Landkreis Coesfeld (2016). http://www.kreis-coesfeld.de/. Zugriff: 18. Januar 2016.

Lasi, H., Fettke, P., Kemper, H.-G., Feld, T., & Hoffmann, M. (2014). Industrie 4.0.WIRTSCHAFTSINFORMATIK 56:4, 261-264.

Lotz, B. (2012). Bauunterlagen und Dokumentation. BauR 2012(2), 157-166.

Ministerium für Inneres und Kommunales NRW. https://recht.nrw.de/lmi/owa/br_text_anzeigen?v_id=5820031106092333838. Zugriff am 18.01.2016.

PAS 1091 (2010) Schnittstellenspezifikationen zur Integration von Sach- und Dienstleistung. Berlin: Beuth.

Autorenverzeichnis

Prof. Dr. Dr. h.c. Dr. h.c. Jörg Becker

Westfälische Wilhelms-Universität Münster
Lehrstuhl für Wirtschaftsinformatik und Informationsmanagement
Leonardo-Campus 3
48149 Münster
becker@ercis.uni-muenster.de

Tätigkeits- und Themenschwerpunkte:
Geschäftsprozessmanagement, Hybride Wertschöpfung, Handelsinformationssysteme, E-Government, Prozess- und Datenmodellierung

Prof. Dr. Torben Bernhold

Fachhochschule Münster
Immobilien und Facility Management
Corrensstraße 25
48149 Münster
bernhold@fh-muenster.de

Tätigkeits- und Themenschwerpunkte:
Immobilienmanagement und Immobilienökonomie, insb. Beschaffungsmanagement, integrale Planung und Dokumentation, Wertschöpungspartnerschaften, Organisation (CREM/FM)

Sebastian Bräuer, M. Sc.

Westfälische Wilhelms-Universität Münster
Lehrstuhl für Wirtschaftsinformatik und Informationsmanagement
Leonardo-Campus 3
48149 Münster
sebastian.braeuer@ercis.uni-muenster.de

Tätigkeits- und Themenschwerpunkte:
Dienstleistungsforschung, speziell im Bereich der hybriden Wertschöpfung und der Nachnutzung von Elektroautobatterien

Dr. Nico Clever

Westfälische Wilhelms-Universität Münster
Lehrstuhl für Wirtschaftsinformatik und Informationsmanagement
Leonardo-Campus 3
48149 Münster
nico.clever@ercis.uni-muenster.de

Tätigkeits- und Themenschwerpunkte:
Geschäftsprozessmanagement, Geschäftsprozessmodellierung, Compliance Management, Datenmodellierung

Jan Christoph Dageförde, M. Sc.

Westfälische Wilhelms-Universität Münster
Lehrstuhl für Praktische Informatik in der Wirtschaft
Leonardo-Campus 3
48149 Münster
jan.dagefoerde@ercis.uni-muenster.de

Tätigkeits- und Themenschwerpunkte:
Programmiersprachen, Software Engineering, Automatische Testfallgenerierung

Nathalie Günther, M. Sc.

Stiftung Universität Hildesheim
Institut für Betriebswirtschaft und Wirtschaftsinformatik
Abteilung Informationssysteme und Unternehmensmodellierung
Universitätsplatz 1
31141 Hildesheim
nathalie.guenther@uni-hildesheim.de

Tätigkeits- und Themenschwerpunkte:
Geschäftsprozessmanagement, Prozessmodellierung, Organisationsberatung, Projektmanagement

Patrick Jähne, B. Sc.

Stiftung Universität Hildesheim
Institut für Betriebswirtschaft und Wirtschaftsinformatik
Abteilung Informationssysteme und Unternehmensmodellierung
Universitätsplatz 1
31141 Hildesheim
jaehne@uni-hildesheim.de

Tätigkeits- und Themenschwerpunkte:
Prototypenkonzeption und Implementierung, maschinelles Lernen

Dr. Christian Junker

Fachhochschule Münster
Wirtschaft
Johann-Krane-Weg 27
48149 Münster
junker@fh-muenster.de

Tätigkeits- und Themenschwerpunkte:
Unternehmenskooperationen, Strategieentwicklung

Prof. Dr. Ralf Knackstedt

Stiftung Universität Hildesheim
Institut für Betriebswirtschaft und Wirtschaftsinformatik
Abteilung Informationssysteme und Unternehmensmodellierung
Universitätsplatz 1
31141 Hildesheim
ralf.knackstedt@uni-hildesheim.de

Tätigkeits- und Themenschwerpunkte:
Geschäftsprozessmanagement, Unternehmensmodellierung, Dienstleistungsforschung, hybride Wertschöpfungsnetzwerke, Entwicklung nachhaltiger Geschäftsmodelle

Jana Koers, M. Eng.

Fachhochschule Münster
Immobilien und Facility Management
Corrensstraße 25
48149 Münster
koers@fh-muenster.de

Tätigkeits- und Themenschwerpunkte:
Integrale Bauplanung, Prozessmodellierung

Erik Kolek, Dipl.-Betriebswirt (FH), M. A., M. Sc.

Stiftung Universität Hildesheim
Institut für Betriebswirtschaft und Wirtschaftsinformatik
Abteilung Informationssysteme und Unternehmensmodellierung
Universitätsplatz 1
31141 Hildesheim
erik.kolek@uni-hildesheim.de

Tätigkeits- und Themenschwerpunkte:
Kooperations- und Prozessmodellierung, qualitative und quantitative Forschungsmethoden, Modellevaluation, Dienstleistungskonzeptionen

Prof. Dr. Martin Matzner

Friedrich-Alexander-Universität Erlangen-Nürnberg
Institut für Wirtschaftsinformatik
Lehrstuhl für Digital Industrial Service Systems
Lange Gasse 20
90403 Nürnberg
martin.matzner@fau.de

Tätigkeits- und Themenschwerpunkte:
Geschäftsprozessmanagement, Business Process Analytics, Dienstleistungsforschung

Prof. Dr. Frank Riemenschneider

Fachhochschule Münster
Immobilien und Facility Management
Corrensstraße 25
48149 Münster
riemenschneider@fh-muenster.de

Tätigkeits- und Themenschwerpunkte:
Innovationsforschung, Hybride Wertschöpfung, Facility Management

Max Riffel, B. Sc.

Stiftung Universität Hildesheim
Institut für Betriebswirtschaft und Wirtschaftsinformatik
Abteilung Informationssysteme und Unternehmensmodellierung
Universitätsplatz 1
31141 Hildesheim
riffel@uni-hildesheim.de

Tätigkeits- und Themenschwerpunkte:
Softwareengineering, Prozessmanagement

Florian Runschke, B. Sc.

Westfälische Wilhelms-Universität Münster
Lehrstuhl für Wirtschaftsinformatik und Informationsmanagement
Leonardo-Campus 3
48149 Münster
florian.runschke@uni-muenster.de

Tätigkeits- und Themenschwerpunkte:
Prototypenkonzeption, -implementierung und -dokumentation

Hendrik Scholta, M. Sc.

Westfälische Wilhelms-Universität Münster
Lehrstuhl für Wirtschaftsinformatik und Informationsmanagement
Leonardo-Campus 3
48149 Münster
hendrik.scholta@ercis.uni-muenster.de

Tätigkeits- und Themenschwerpunkte:
Geschäftsprozessmanagement, E-Government, Formularmanagement, Konzeptuelle Modellierung

Thorsten Schoormann, M. Sc.

Stiftung Universität Hildesheim
Institut für Betriebswirtschaft und Wirtschaftsinformatik
Abteilung Informationssysteme und Unternehmensmodellierung
Universitätsplatz 1
31141 Hildesheim
thorsten.schoormann@uni-hildesheim.de

Tätigkeits- und Themenschwerpunkte:
Unternehmens- und Prozessmodellierung, Entwicklung und Gestaltung nachhaltiger Geschäftsmodelle

Matthias Strotmeier, M. Sc.

Stiftung Universität Hildesheim
Institut für Betriebswirtschaft und Wirtschaftsinformatik
Abteilung Informationssysteme und Unternehmensmodellierung
Universitätsplatz 1
31141 Hildesheim
matthias.strotmeier@uni-hildesheim.de

Tätigkeits- und Themenschwerpunkte:
Geschäftsprozessmanagement, Prozessmodellierung, Prototypenkonzeption

Arthur Winter, B. Sc.

Stiftung Universität Hildesheim
Institut für Betriebswirtschaft und Wirtschaftsinformatik
Abteilung Informationssysteme und Unternehmensmodellierung
Universitätsplatz 1
31141 Hildesheim
wintera@uni-hildesheim.de

Tätigkeits- und Themenschwerpunkte:
Implementierung und Prototypenkonzeption

MIX
Papier aus verantwortungsvollen Quellen
Paper from responsible sources
FSC® C105338

If you have any concerns about our products,
you can contact us on
ProductSafety@springernature.com

In case Publisher is established outside the EU,
the EU authorized representative is:
**Springer Nature Customer Service Center GmbH
Europaplatz 3, 69115 Heidelberg, Germany**

Printed by Libri Plureos GmbH
in Hamburg, Germany